JN429094

〈6판〉

교육사회학

김신일 · 강대중 저

교육과학사

제6판 머리말

모든 아동과 청소년들에게 올바른 지식과 가치관을 가르치기 위한 교육제도를 모든 현대국가에서 운영하고 있다. 사실에 근거한 지식과 보편타당한 가치를 가르치며, 그 교육을 받을 기회를 누구도 부당하게 차별받지 않도록 한다는 것이 현대교육제도의 목표이자 이상이다. 이러한 제도는 근대시대에 계몽주의, 국민국가, 산업화가 발흥함에 따라 필요해진 보편적 국민교육을 위한 학교제도로 구체화되었다. 특히 근대적 사회체제가 발전함에 따라 전 근대사회의 신분제도가 무너지고 능력주의에 의한 사회적 선발기능을 학력이 대신하게 되자 누구에게나 교육의 중요성이 더욱 커지게 되었다. 모든 나라에서 학교교육이 확대되었고, 부모들은 자녀들을 좋은 학교에 보내기 위하여 모든 노력을 기울인다.

그런데 교육은 따지고 보면 누군가를 가르치는 행위이고, 그것은 곧 가르치는 대로 그 대상이 배우도록 관리하고 통제하는 활동이다. 학교에서는 교육과정 내용은 반드시 배우도록 지도하고 흔히 시험, 숙제 등을 통하여 강요하기도 하지만, 교육과정에 들어 있지 않은 지식이나 가치관은 배우지 않도록 억제하고 금지하기도 한다. 말 그대로 학습에 대한 관리와 통제이다. 사실, 인류는 학습활동을 일찍부터 관리하고 통제해 왔다. 사회구성원들이 알아야 할 지식이나 지켜야 할 행동규칙은 반드시 배우도록 지도하고 때로는 강제하였다. 반면에 지배층이 인정하지 않거나 자신들에게 위험하다고 생각하는 지식이나 가치관은 배우지 못하도록 억제하고 흔히 금지하였다. 그러면서 거의 모든 사회에서 하층민과 여성의 학습활동은 막았다. 학습활동에 대한 이러한 관리와 통제 행위가 역사에서 교육이라고 불러온 것이다. 오늘날에도 교육이라는 이름으로 학습에 대한 관리와 통제는 세계 곳곳에서 여전히 전개되고 있다. 학습에 대한 이러한 관리와 통제를 위한 사회적 장치와 구체적 방법은 현대사회에서는 교육제도와 정책으로 규정되어 있고, 학교와 같은 교육현장에서는 일상적인 교육활동 속에서 구체적으로 실천되고 있다.

결국, 사람들은 교육제도와 정책이 만들어 놓는 제도적 환경 속에서 지식, 가치, 기능 등을 학습하여 역량을 키운다. 그런데 학교와 대학에서의 학습은 졸업장과 학위라는 이름으로 사회적 인정을 받아 사회적 생존경쟁에서 활용할 중요한 무기가 된다. 즉 제도 속에서의 학습은 지식의 확대와 동시에 학위라는 또 하나의 무기를 확보하는 길이 된다. 높은 학력을 향한 경쟁이 일어나는 것은 자연스러운 일이다. 사회적 지위상승 경쟁에 있어서, 학력과 학위의 비중이 높은 사회에서는 그렇지 않은 사회에 비하여 학력경쟁이 더욱 치열해질 수밖에 없다. 그러므로 이런 사회에서는 상급학교 입학을 위해서는 온갖 방법을 쓰고 사교육을 철저히 활용할 뿐만 아니라 자기에게 유리한 방법이 입시정책으로 결정되도록 온갖 수단을 강구한다. 집단 간 양극화와 대립이 벌어지고 정치적 갈등까지 전개된다. 이런 상황에서 정상적인 교육을 운영하기는 매우 어렵다. 한국이 그런 경우이다. 획기적인 변화를 만들지 못하면 한국교육의 정상화는 기대하기 어려운 상태까지 왔다.

한국교육에는 여러 가지 쟁점들이 얽혀있다. 대학입시제도의 교육적 결함과 불공정, 고교평준화와 자사고. 특목고, 사교육 문제, 학업성취의 양극화, 남녀의 교육평등, 학생권리와 교사권리의 대립, 감소하는 학생자원과 대학의 생존, 사학의 자율과 책임, 학부모의 교육비 부담과 교육재정 확보, 중앙정부와 지방의 교육에 대한 권한과 책임 등이 자주 거론되는 논쟁거리이다. 그리고 최근에는 시대의 변화에 따라 성인 계속교육의 확대와 새로운 평생학습체제의 수립이 주요과제로 떠오르고 있다.

교육문제가 심각하기 때문에 학부모와 시민들이 강한 불만과 함께 여러 주장을 내놓고, 전문가와 정치인들도 교육문제에 대한 논쟁을 펼치지만, 자기주장만 되풀이하다가 결론을 이끌어내지 못하고 끝내는 일이 흔하다. 더욱이 최근에는 교육문제를 정치적 정파의 입장에서 논쟁하는 경우가 많고, 정파적 목적을 위한 정치연설로 끝나는 일이 흔하다. 합리적 해결책을 찾기보다 상대편 주장을 흠집 내는데 열중하는 정략적 논쟁으로 사태는 더욱 악화된다.

개인이나 정부나 어떤 교육문제에 부딪치면 해결책을 찾고, 행동방향을 결정해야 한다. 가능한 대로 올바르고 합리적인 결정을 내려야 한다. 그러기 위해서는 자기주장을 만들기 전에 앞에 놓인 상황에 대한 정확한 사실을 파악하는 데에 집중해야 한다. 먼저 사실을 파악하고 나서 그 문제에 관한 여러 주장과 이론을 검토한 뒤에 자신의 주장을 만드는 것이 합리적이다. 그래야 근거가 확실하고 설득력 높은 주장을 펼 수 있다. 상대방이 다른 주장을 내세우면 무턱대고 반대하기 전에 그 주장이 근거하고 있는 사실을 먼저 확인하는 일이 필요하다. 그래서 그 사실의 틀린 점이나 사실의 해석에 잘못된 점을 지적할 수 있으면 현명하다. 어느 쪽이든 그래야 토론이 감정대립으로 흐르지 않고 이성적 대화로 진행될 수 있다. 그렇게 한다고 해서 모든 교육문제에 대하여 언제나 최선의 답에 도달할 수 있는 것은 아니겠으나, 적어도 생산적인 토론 환경은 계속하여 유지할 수 있을 것이다.

이 책의 집필 목적의 하나는 교육에 관한 우리 사회의 생산적인 토론

환경을 만드는 데에 도움을 주는 것이다. 교육학과 교육정책의 각 주제에 대하여 서로 다른 여러 이론이나 관점을 설명하면서, 각 이론 또는 관점의 토대가 연구들에 의하여 어떻게 지지받거나 비판받고 있는지 확인하는 방식으로 정리하였다. 물론 어떤 주제에 관한 연구도 완결된 것은 없다. 모든 연구들은 앞으로 더욱 세밀하고 깊이 있게 그리고 동시에 영역을 확장하며 계속 진행되어갈 것이다. 이 책을 공부하는 당신이 그런 연구를 이어갈 바로 그 사람일 수 있음은 말할 것도 없다.

교육은 그 자체로 존재하는 것이 아니고 역사와 사회적 맥락 속에서 사람들이 만들어가는 것이다. 각 사회의 시대적 상황이 반영되고, 그 속에 사는 사람들의 욕망과 소망도 반영된다. 지배집단의 헤게모니도 작용하지만, 그것도 사람들을 떠나서 존재할 수는 없다. 교육은 결국 역사적 사회적 산물이다. 19세기와 20세기에 유럽에서 발전한 공교육제도도 종교지배와 절대권력으로부터 자유로운 사회를 건설하려는 그 시대 사람들의 열망에서 시작한 것이다. 그러나 이 교육제도는 정보혁명이 이끄는 21세기 새로운 문명에는 더 이상 적합하지 않기 때문에 새로운 교육제도의 창출이 피할 수 없는 과제로 등장했다. 지금은 새로운 교육제도를 만들어가는 시기이다. 새로운 제도를 선점하기 위한 경쟁이 사실상 이미 벌어지고 있다. 그러므로 새로운 시대를 정확하게 전망하고, 그 토대 위에 우리가 원하는 새로운 사회와 그에 적합한 새 교육제도를 만들기 위한 학습과 논의를 서둘러야 한다. 이 책의 제4부는 이 일에 관한 것이다.

제6판 개정에 강대중 교수가 공저자로 참여하였다. 모든 내용을 함께 검토하며 새로운 이론적 논의와 연구들을 가능한 대로 포함시키고, 중요한 제도와 정책의 변화를 반영하며 동시에 통계자료는 되도록 최신 것으로 교체하였다. 그러나 책의 전체적 구조와 서술방식은 되도록 많이 바꾸지 않는 것을 원칙으로 삼았다. 강의를 위한 교재나 개인적 학습도서로서의 안정성도 중요하다고 생각했기 때문이다.

원고를 준비하는 과정에서 여러 사람의 도움을 받았다. 최돈민 교수는 여러 부분의 내용과 설명방식에 대하여 구체적 의견을 주었다. 새로운 문헌과 자료의 검색 및 최근 통계자료의 수집과 정리를 포함하여 전반적인 보조를 서울대 대학원 박사과정의 류정현과 김진한이 해주었다. 역시 서울대 대학원의 강문정, 김유나, 민지선, 박시형, 백지현, 신재윤, 유주영, 조은은 교정에 많은 시간을 제공했다. 모든 분들에게 크게 감사한다. 교육과학사의 정경식 부장은 여전히 말없는 독려로 작업의 진행을 밀어주어 고맙고, 한정주 사장은 어려운 여건에서도 교육출판사업을 잘 이끌고 있어서 감사드린다.

교육 상황이 혼란스럽고 논쟁이 겉도는 우리나라에서 교육사회학의 안목으로 합리적이고 생산적인 토론의 장을 만들고, 새로운 문명시대를 향한 학습사회를 구상하고 실현시킬 수 있는 시민들의 역량을 갖추는 데에 이 책이 공헌할 수 있다면 더 큰 기쁨이 없겠다.

2022. 1. 26.

김신일

차례

◈ 제6판 머리말 3

제1부 교육과 사회

서 론 교육의 사회성 ····· 21

제1장 교육사회학의 발달 ····· 27

1. 한국 교육사회학의 전개 31
   1) '교육사회학'의 출발 _ 31
   2) '학교와 지역사회' _ 34
   3) '교육사회학'의 부활 _ 37
2. 미국과 유럽에서의 발전 43
   1) 초창기 _ 43
   2) 학교에 대한 사회학적 연구 확대 _ 46
   3) 교육내용에 관한 연구의 등장 _ 52

제2장 경쟁하는 이론들 61

1. 기능주의 교육이론 67

1) 기능주의 _ 67
2) 뒤르켐의 교육 설명 _ 70
3) 파슨스의 교육 설명 _ 75
4) 기능이론의 계승 _ 79

2. 갈등론적 교육이론 81

1) 갈등이론 _ 81
2) 마르크스의 교육 설명 _ 91
3) 보울즈와 진티스의 재생산 이론 _ 93
4) 재생산 이론의 계승 _ 96
5) 기능이론과 갈등이론의 비교 _ 100

3. 교육에 대한 해석적 접근 102

1) 해석적 이론 _ 102
2) 교육에 대한 설명 _ 106
3) 해석적 접근의 한계 _ 113

4. 새로운 이론을 향하여 117

제2부 교육제도의 변천

제3장 교육제도의 형성과 확대 125

1. 국민교육제도의 등장과 그 특징 129

1) 근대국가와 국민교육제도 _ 129
2) 국민교육제도의 성격: 보편성과 통일성 _ 136

2. 학교 본위 교육제도의 동요 139

1) 학교제도 내부의 혁신 _ 139

2) 학교 본위 제도의 개혁운동 _ 141

3. 평생교육의 등장 147

1) 평생교육의 개념 _ 147
2) 평생교육의 지향 _ 150

제4장 한국교육제도의 변천 ········ 157

1. 근대적 학교제도의 도입 161

1) 개화기 이전의 교육 _ 161
2) 개화기의 교육 _ 164

2. 일제(日帝) 강점기 167

1) 식민지교육 _ 167
2) 교육 독립투쟁 _ 170

3. 분단하의 교육제도 173

1) 미 군정기의 교육 _ 1/4
2) 국민교육제도의 수립과 전개 _ 175
3) 몇 가지 특징과 변화 _ 181
4) 교육개혁 _ 186

제5장 학교교육의 확대와 원인 ········ 193

1. 학교교육의 확대 197

1) 국제적 동향 _ 197
2) 한국의 학교팽창 _ 202

2. 학력상승의 원인 205

1) 학습욕구이론 _ 206
2) 기술기능이론 _ 212
3) 마르크스이론 _ 217
4) 지위경쟁이론 _ 221
5) 국민통합이론 _ 228

3. 논의 231

제3부 교육의 사회적 기능

제6장 사회평등과 교육 243

1. 사회계층과 사회이동 247
2. 교육의 기능 252
   1) 평등화론 _ 253
   2) 불평등재생산론 _ 259
   3) 무관계론 _ 264
3. 논의 269

제7장 교육평등론 273

1. 교육기회 분배와 결정요인 277
   1) 교육기회 분배상황의 측정 _ 278
   2) 분배구조 _ 283
   3) 교육기회 분배의 결정요인 _ 290
2. 교육평등론의 전개 294
   1) 교육기회의 허용적 평등 _ 298
   2) 교육기회의 보장적 평등 _ 301
   3) 교육조건의 평등 _ 303
   4) 교육결과의 평등 _ 304
   5) 사회개혁에 의한 교육평등 _ 306
3. 교육평등정책 307
   1) 교육평등 정책의 단계적 성격 _ 307
   2) 교육의 사회평등화 논쟁 종합 _ 310

제8장 교육선발과 시험 315
1. 학생흐름과 선발 319
1) 학생흐름 319
2) 교육단계와 선발 322
2. 입학선발 329
1) 초 · 중등학교 _ 329
2) 대학 _ 332
3) 한국 교육선발의 특성 _ 337
3. 시험의 기능 345
1) 시험의 교육적 기능 _ 347
2) 시험의 사회적 기능 _ 353

제9장 학업성취와 격차 361
1. 학업성취의 구성요소 365
2. 학업성취 결정요인 369
1) 개인적 요인 _ 370
2) 학교 요인 _ 371
3) 가정 요인 _ 373
4) 지역사회 _ 375
5) 사교육 _ 377
3. 학교의 학업성취 향상 효과 380
1) 학급과 학교 규모 _ 382
2) 학교의 교육여건 _ 386
3) 집단편성 _ 387
4) 교사 능력과 활동 _ 390
5) 학교문화 _ 392

4. 학업성취의 격차와 원인 394
1) 지능 _ 394
2) 가정배경 _ 396
3) 지역 _ 400
4) 남녀 간 격차 _ 403

제10장 교육과정의 사회적 성격 407
1. 교육과정사회학 411
2. 사회화와 표준교육과정 이론 417
1) 사회화 기능 _ 417
2) 경제체제 유지기능 _ 421
3. 지배구조와 재생산이론 424
1) 지배문화 _ 424
2) 문화제국주의 _ 429
3) 재생산이론 _ 432
4. 문화갈등과 탈재생산이론 439
1) 저항이론 _ 441
2) 상대적 자율이론 _ 446

제4부 교육사회학의 과제와 전망

제11장 교육사회학 담론의 확장 455
1. 세계화 459
1) 세계화의 특징 _ 460
2) 교육의 변화와 과제 _ 462
2. 여성주의 467
1) 여성주의 관점들 _ 468

2) 교육상황과 과제 _ 473

3. 학습사회 478

1) 평생학습활동의 확장 _ 479
2) 학습활동 관리의 변화 _ 482
3) 교육제도와 사회의 변화 _ 487

제12장 교육현실과 교육학의 과제 493

1. 성찰과 반성 497

1) 식민지 교육의 잔재 _ 497
2) 발전교육론 _ 507
3) 분단의 교육현실 _ 511

2. 교육의 새로운 현실 515

1) 교육의 본질 _ 517
2) 교육권 _ 519
3) 학습권 _ 520
4) 교육민주화: 민주화의 완성 _ 523

3. 새로운 교육학 패러다임 모색 526

1) 교육학의 성격 _ 526
2) 교육학의 새 패러다임 _ 531

◈ 참고문헌 541
◈ 찾아보기 591

〈표 차례〉

〈표 1-1〉「교육사회학연구」 게재 논문의 시기별 주제구성 경향(1990~2010) • 41
〈표 3-1〉 한국의 미인가 대안학교 교육목적별 현황(2018) • 143
〈표 3-2〉 홈스쿨링 상황 • 146
〈표 5-1〉 세계 지역별 중등교육 총 취학률 • 198
〈표 5-2〉 세계 지역별 고등교육 총 취학률 • 199
〈표 5-3〉 한국 학교급별 순 취학률 추이 • 203
〈표 5-4〉 국민의 학력 구성비 변화(25세 이상 성인) • 205
〈표 5-5〉 산업별 고용구조의 추이 • 214
〈표 5-6〉 직업구조의 변화 • 215
〈표 5-7〉 한국의 학력별 교육수익률 변화 • 224
〈표 5-8〉 학교급별 사립학교 학생 구성비 추이 • 236
〈표 6-1〉 한국 계급구조의 변화(1955-1992) • 249
〈표 7-1〉 일부 국가의 초등학교 유급률(1999년과 2012년) • 282
〈표 7-2〉 시도별 인구 및 대학진학 관련 집단 구성비(2018) • 284
〈표 7-3〉 농촌지역의 고등교육 교육선발지수 추이(서울대) • 285
〈표 7-4〉 부모의 소득수준별 자녀의 대학진학률 • 286
〈표 7-5〉 서울대 신입생 보호자 학력 구성비 추이 • 287
〈표 7-6〉 대학유형별 부의 직업지위 상황 • 289
〈표 7-7〉 대학유형별 소득계층분포(미국) • 289

〈표 8-1〉 일부 국가의 초등학교 유급률(1999년과 2012년) • 325
〈표 9-1〉 학교급별 전체학생 1인당 월평균 사교육비 • 378
〈표 9-2〉 한국의 학교급별 학급당 평균 학생수 추이 • 383
〈표 9-3〉 부모의 소득수준과 자녀의 수능성적 • 397
〈표 9-4〉 부모의 교육수준과 자녀의 수능성적 • 397
〈표 9-5〉 학업성취도(학습도달률) 지역 격차(1978) • 400
〈표 9-6〉 중3 학생들의 지역별 학업성취도(2003~2012) • 402
〈표 9-7〉 초등학교 학생의 학업성취도 남녀차(1973) • 404
〈표 9-8〉 초6 성별 학업성취도(2003~2012) • 404
〈표 11-1〉 OECD 대학신입생 전공분야별 여성 비율(2006) • 474
〈표 11-2〉 과학교과서 편찬자 남녀 구성 • 476
〈표 11-3〉 OECD 학력별 · 성별 평균 취업률(2006) • 477

[그림 차례]

[그림 2-1] 교사-학생 간 상호작용, 제약조건 및 기대의 모형 • 111

[그림 3-1] 교육제도의 변천과 평생학습의 등장 • 149

[그림 6-1] 계층구조 형태 • 248

[그림 6-2] 계급별 교육과 소득의 관계 • 262

[그림 6-3] 소득불평등과 교육불평등의 변화 • 266

[그림 7-1] SES에 따른 특수목적고 및 특성화고 진학 선택 확률 변화 • 288

[그림 7-2] 계층이동에 대한 교육의 효과 경로도형 • 313

[그림 8-1] 2008년 초등학교 입학자 학생흐름 • 320

[그림 9-1] 지역사회와 학업성취 • 374

[그림 10-1] 교육과정과 과학기술 및 사회변화의 관계 • 422

제 1 부

교육과 사회

서 론 교육의 사회성

제 1 장 교육사회학의 발달

제 2 장 경쟁하는 이론들

서론

교육의 사회성

......
진정한 깨달음은
자신이 직접 도달하는 것이지
타인의 날개를 타고 갈 수는 없기에.
그러므로 그대들 한 사람 한 사람이
홀로 신과 마주 대해야 하듯이
그대들 한 사람 한 사람은
홀로 신을 깨닫고
홀로 대지를 이해해야 하리라.

칼릴 지브란, 『예언자』

연구자가 어떤 관심을 취하느냐에 따라 교육학의 학문적 성격은 사뭇 달라진다. 무엇이라도 능률적으로 잘 가르치는 방법을 개발하는 데에 노력을 집중하는 연구자들이 있다. 반면에 가르치는 내용이 무엇인지, 왜 그것을 가르치는지, 누가 가르치며 그 대상은 누구인지 등을 밝히는 데에 큰 관심을 가지는 연구자들도 있다. 교육사회학은 전자의 연구자들이 시작하여 후자의 연구자들이 발전시켜온 학문이다.

인간은 학습하는 존재이다. 생명을 존속하기 위해 인간은 부단히 주위 환경에 적응하고 맞선다. 인간은 학습으로 지적, 기능적 행동능력을 확장하고 판단능력을 향상시켜 환경에 대한 대응능력을 높인다. 한마디로 인간은 환경을 이해하고 그에 대한 영향력을 키우기 위하여 부단히 학습한다. 인류의 문명은 환경에 대한 대응능력을 키우려는 학습 활동이 집단적으로 빚어낸 결과라 할 수 있다. 개체로서 인간은 자기 자신에 대한 부단한 성찰과 학습을 통해 인격을 함양하기도 한다. 율곡(栗谷) 이이(李珥) 선생은 「격몽요결(擊蒙要訣)」에서 끊임없는 배움을 통해서만 인간이 인간답게 성장한다고 말했다. 철학자 베르그송은 인간은 학습을 통하여 창조적으로 진화한다고 했다(Bergson, 1907). 학습은 인간에게 필수적 행위이며 생존본능이라 할 수 있다. 인간은 이런 의미에서 학습동물이다.

인간의 학습능력은 다른 동물과 비교할 수 없을 정도로 뛰어나다. 학습능력 덕분에 인류는 지구 역사상 어느 생명체도 이루지 못한 문명을 발전시키며 지구를 지배하게 되었다. 인류는 약 400만 년 전에 직립보행을 시작하였고, 230만 년 전에 도구를 사용하면서 뇌 크기가 확대되기 시작하여 50만 년 전에는 뇌가 현대 인류 수준으로 커졌다. 지금부터 5만 년 전에는 드디어 언어능력이 발달했다. 마지막 빙하기에 인류는 생존의 극한상황에 몰렸는데, 이 시기를 거치며 언어능력과 함께 뇌기능도 확대되어 지적 행동을 할 수 있게 되었다(Wells, 2006). 이때부터 인류는 탁월한 학습능력을 발휘하여 다른 동물이 갖지 못한 지식, 기능, 판단력을 발전시켜 나갔다. 다른 동물들과 구별되는 인류의 가장 뚜렷한 특성의 하나인 학습능력을 발달시킨 것이다. 오늘날에도 인간은 어느 동물보다도 많은 시간을 학습활동에 사용한다. 인류의 학습능력은 산업혁명 이후에는 지구의 생태 환경에 큰 변화를 일으킬 정도가 되었다. 현대 인류는 인공 구조물로 뒤덮인 거대 도시를 불과 수백 년 만에 지구 표면 곳곳에 건설하는 지식과 기술을 발전시켰다.

인간의 학습은 누군가의 가르침을 받는 활동으로 이루어지는 경우가 많다. 그러나 모든 학습이 가르침의 결과는 아니다. 오히려 인간은 누가 시키지 않아도 스스로 학습활동을 해나간다. 가르치는 이가 없어도, 배울 곳이 주어지지 않아도, 자발적으로 혼자 학습한다. 생존과 자아의 확대를 위해서 학습이 반드시 필요하기 때문이다. 관찰하고, 남의 이야기를 주의해 듣고, 책을 읽고, 연습하고, 사유하여, 지식을 얻고, 기능을 익히고, 지혜를 깨닫는다. 때로는 어떤 것을 먼저 알고 있는 사람을 찾아가 간절히 가르침을 청하기도 한다. 인간은 누구나 일생의 많은 시간을 학습하는 데 사용한다.

그러나 사회 속에서 살아가는 인간의 학습활동은 자발적, 자율적으로만 이루어지지 않고 간섭도 많이 받는다. 사람들은 학습을 강요받기도 하고 금지당하기도 한다. 흔히, 부모, 교사, 지도자의 지도를 받아 어떤 지식, 규범, 기능을 학습하지만, 때로 어떤 학습활동은 이들에 의하여 제지당하기도 한다. 현대사회에서는 국민 전체의 학습활동을 제도적으로 관리하는 것이 보편적 현상이다. 즉, 학교제도를 수립해 놓고, 일정 연령에 도달한 모든 국민을 의무적으로 취학시켜서 정해진 지식, 규범, 기능을 가르쳐서 배우도록 만든다. 한편, 특정 교파가 주도하는 미국 어느 지방의 교육청이 진화론을 학교에서 가르치지 못하도록 금지시키는 경우처럼 어떤 것은 가르치지 않을 뿐만 아니라, 학습자 스스로도 배우지 못하도록 막는다. 때로는 지배세력에 비판적인 책들을 '불온서적'으로 규정하여 읽지 못하도록 금지하기도 한다. 우리가 교육이라고 부르는 것은 이와 같이 학습에 대하여 간섭하는 다양한 행위를 일컫는다. 즉, 교육은 학습을 관리하는 행위이자 제도이다.

학습에 대한 관리는 개인적인 것도 있고 집단적인 것도 있으며, 사적인 것도 있고 공적인 것도 있다. 그러므로 교육은 개인적 교육과 집단적 교육, 그리고 사적 교육과 공적 교육으로 구분할 수 있다. 학습에 대한 관리로서의 교육은 그 자체로서 사회성을 띠고 있다. 일상적 표현으로 말하면 교육은 배우는 자와 가르치는 자의 관계이므로 이미 사회적이다. 뿐만 아니라 현대 사회에서 교육은 국가의 주요 사업이 되어 있어서, 이해관계를 달리하는 다양한 집단이 교육을 둘러싸고 상호작용을 전개하고 있다. 교육을 전체 사회를 바라보는 입장에서 관찰하고 이해하려는 이유가 여기에 있다.

그러나 교육학의 역사는 사회적 관점보다는 방법적 관점에서 출발하였다. 교육연구자들은 교육의 제도적 성격과 교육방향을 주어진 것으로 받아들인 상태에서 효과적이고 능률적인 교육방법을 개발하는 일에 처음부터 주력하였다. 교육연구자들은 주로 교사양성기관에서 장래의 교사들에게 효과적 교수방법과 학생지도방법을 가르치는 일을 담당하였다. 이런 상황 속에서 교육학은 교수방법 중심으로 발전하게 된다.

그런데 교육학의 이러한 경향을 비판하면서, 새로운 관점을 취하는 교육연구자들이 나타났다. 이들은 교육이 사회적 진공 속에서 이루어지는 탈사회적 현상이 아니라, 사회적 맥락 속에서 이루어지는 현상의 일부라는 사실을 지적한다. 학교제도는 물론이고 교육내용, 교육대상, 졸업장과 학위의 가치도 사회적으로 결정되어 왔다는 점을 강조한다. 그러므로 교육의 사회성을 주장하는 교육연구자들은 사회현상으로서 교육을 분석, 해석, 설명하는 일을 중시한다. 교육사회학은 이 관점에 입각해 발달한 분야이다.

교육은 한 사회의 과거, 현재, 미래가 어우러지는 활동이다. 축적된 문화인 과거를, 미래의 삶을 위하여, 현재의 관점에서 가르치고 배우는 것이다. 그래서 교육은 흔히 세대 간의 상호작용으로 이루어진다. 앞선 세대가 다음 세대에게 가르치는 활동이 중심을 이루었다. 부모가 자식을 가르치고 기성세대가 새로운 세대를 가르치는 것이 보편적이었다. 가정교육과 학교교육에서는 이러한 세대 간 교육적 상호작용(教育的 相互作用)이 전형을 이루어 왔다. 그러나 기성세대와 새로운 세대 사이라고 해서 교육적 관계가 언제나 일방적인 것은 아니다. 오늘날에는 부모세대가 자녀세대로부터 스마트폰을 비롯한 새로운 정보기기의 사용법을 배우는 것을 흔히 볼 수 있다. 상호작용이라는 용어가 의미하듯이 가르치는 자와 배우는 자의 관계는 전자가 비록 지배적 위치에 서는 경우가 많다 하더라도 서로 영향을 주고받는다. 쌍방적이기 때문에 순응과 협조가 있는가 하면, 대립과 갈등이 나타나기도 한다. 교육은 가르치는 자와 배우는 자 사이의 복합적 상호작용을 통하여 이루어진다. 가르치는 자와 배우는 자, 즉 교육자와 학습자 간의 상호작용이 역사적, 사회적 맥락 속에서 이루어져 왔다. 그러므로 각 시대의 교육은 그 시대의 사회적, 경제적, 정치적 조건에 의하여 영향을 받고, 또 역으로 교육이 사회 각 부문에 영향을 준다. 그러므로 교육은 사회마다 다르기도 하다.

제1장

교육사회학의 발달

눈을 감은 동안에도
사건들은 쉴 새 없이 일어나고
귀를 막은 동안에도
전파는 공중을 가득히 날아다닌다.
……
얼마나 억울한 일인가
나 혼자 눈을 감는 것은
얼마나 어리석은 짓인가
나 혼자 귀를 막는 것은

김광규, 「보고듣기」

교육사회학은 크게 실천지향과 이론지향으로 구분된다. 학교, 지역사회, 사회체제 등으로 연구대상이 확대됨에 따라 이 두 경향은 서로 경쟁하며 부침해 왔다. 교육사회학은 유럽과 미국에서 서로 영향을 주고받으며 발전하였고, 한국의 교육사회학은 서양의 영향을 받으면서도 한국 사회의 특성을 반영해 왔다.

교육은 언제나 사회성을 띠고 있고, 또한 사회적 맥락 속에서 이루어지기 때문에 사회과학적 탐구대상이 되어왔다. 교육에 대한 사회학적 탐구, 즉 교육사회학 연구에는 두 가지 조류가 오랫동안 병존해 왔다. 하나는 사회학의 지식을 교육실천에 응용하려는 실천지향적 연구이고, 다른 하나는 교육현상에 대한 사회과학적 탐구를 통하여 사회과학의 지식과 이론을 넓혀 가려는 이론지향적 연구이다. 전자는 교육실천에 응용하기 위한 사회학적 지식체계로서, 대체로 교수방법지향적 교육학자들이 발전시켜 왔으며 흔히 영어로 '교육적 사회학(Educational Sociology)'으로 불린다. 후자는 교육현상을 분석하고 설명하는 사회학의 지식체계로, 주로 사회학자들이 중심 역할을 해 왔으며 '교육의 사회학(Sociology of Education)'으로 불린다. 미국과 유럽 학계에서의 이러한 발전과는 달리 우리나라에서는 양자의 명칭을 구별하지 않고 모두 '교육사회학'으로 부른다. 뿐만 아니라 우리나라에서 이 두 분야를 전문적으로 연구하는 사람은 대부분 교육학자들로, 사회학자는 많지 않다. 그러므로 우리나라에서는 두 조류의 구분이 덜 분명하다.

실천지향적 교육사회학과 이론지향적 교육사회학은 교육학에서 시대에 따라 그 강약이 부침해 왔다. 초기에는 실천지향성이 지배적이다가 다음에는 이론지향성이 강세를 나타냈으며, 최근에는 교육학의 학문적 체계 속에서 두 개의 지향성을 통합적으로 수용하려는 노력이 나타나고 있다. 교육학이 사회과학의 한 학문분야로서 새로운 학문적 체계를 구축하게 되면 교육사회학의 학문적 성격은 아마도 새롭게 규정될 것이다.

1. 한국 교육사회학의 전개

1) '교육사회학'의 출발

우리나라 교육사회학은 다른 학문분야와 마찬가지로 미국과 유럽의 영향 속에서 전개되었다. 우리의 현대 교육제도는 유럽에서 200여 년 전에 형성된 학교 중심 공교육제도가 일제 강점기에 이식된 것이다. 해방된 뒤에도 남한은 주로 미국의, 북한은 주로 소련의 영향을 받으면서 교육제도가 형성·발전해 왔기 때문에, 연구경향도 그쪽의 영향을 직접·간접으로 받아왔다. 남한의 경우만을 말한다면, 해방 이후 미군정기(1945-1948)에 미국 교육제도의 도입이 여러모로 시도되었다. 그러나 일제 식민지교육의 잔재를 완전히 털어내지 못한 상태에서 미국식 제도를 도입하였으므로, 한국의 교육은 미국 교육의 영향을 매우 강하게 받았으면서도 식민지교육의 잔재가 뒤섞여 있다.

무엇보다도 다른 학문분야와 마찬가지로 교육학자들의 해외 유학과 연구가 미국에 편중되었기 때문에, 학문 전반이 미국 학문의 영향하에 놓이게 되어 학문적 편향성이 높다. 특히 영어가 학문 세계의 지배적인 언어가 되면서 그 편향성은 전 세계적으로 강화되고 있다. 한국의 교육사회학은 미국과 그리고 부분적으로 유럽 교육학의 영향을 받아, 그쪽의 연구동향이 약간의 시차를 두고 한국의 연구동향에 강하게 반영되었다. 한국이 학문적 편향에서 벗어나기 위해서는 고등교육, 특히 고급 연구인력과 학자를 양성하는 대학원 교육을 강화하고 학문연구의 하부 구조를 발전시켜 학문의 대외 의존도를 낮추고 학문의 자립능력과 주체성을 높이는 것이 중요하다.

한국에 '교육사회학' 강좌가 처음으로 개설된 것은 1952년 9월이다. 한국전쟁으로 부산에 피난 내려가 있던 서울대학교 사범대학에 선택과목의 하나로 개설되었다. 담당자는 진원중(陳元重) 교수였다. 다른 강좌에 비하여 '교육사회학'의 개설이 늦었던 것인데, 그 이유는 일제강점기 중에 교육사회학 강좌가 없었으므로 관심도 적었고 가르칠 교수도 양성되어 있지 않았기 때문이다. 사회학을 비롯한 사회과학의 발달은 시민사회의 등장과 때를 같이하는데, 일본 군국주의자들이 지배하는 식민지 한반도에서 사회과학에 관한 연구가 허용될 리가 없었다. 사회과학을 통하여 개발되는 비판적 안목을 식민지 지배자들이 두려워했기 때문이다. 식민지 지배자들뿐만 아니라 모든 독재자와 전제주의자들은 사회과학을 증오하고 억압한다. 권좌를 유지하는 데 있어서는 국민의 사회과학적 비판의식이야말로 무엇보다도 무섭고 강력한 적이기 때문이다.

교육사회학이 대학강좌로 등장하자 그에 대한 관심은 빠른 속도로 높아졌다. 선택과목으로 시작한 지 2년이 지난 1954년에는 서울대학교 사범대학의 모든 학생이 수강해야 하는 필수과목으로 지정되었고, 1955년에는 교육공무원자격검정령세칙(문교부령 제39호)의 규정에 의하여 중등학교 교사자격 취득을 위한 교직과정의 한 과목으로 포함되었다. 뿐만 아니라 현직교사들의 연수를 위한 각종 강습회에도 필수과목으로 포함되기 시작하였다(진원중, 1969: 47). 그리하여 10년도 되지 않는 짧은 기간에 교육사회학은 많은 대학에 뿌리를 내리고 연구자를 양성하게 되었다. '교육사회학'을 강의하는 교수의 수도 늘고 책도 출판되기 시작하였다. 「교육사회학」 제목을 단 대학교재가 1961년에 번역서를 포함하여 세 권이 출판되었고(김선호, 「교육사회학: 한국사회와 교육」; 황종건, 「교육사회학: 지역사회와 학교」; Ottaway, 김종철 역, 「교육사회학개론」), 이듬해에는 두 권이 더 출판되었다(이규환, 「교육사회학원론: 사회집단과 교육」; 진원중, 「교육사회학 원론: 전근대적 및 근대적 사회와 교육」).

'교육사회학'을 강의하고 연구하는 사람이 늘게 되자 1963년 3월에는 최초로 교육사회학 세미나가 개최된다. 그 이후 수시로 관련 학자들이 모여 논문발표와 토론을 계속하다가 1967년 4월 17일에 한국교육학회 내에 분과학회로 「교육사회학연구회」를 창설한다. 초대회장으로 진원중(陳元重) 교수, 운영위원으로 이규환(李圭煥), 황종건(黃宗建), 김선호(金善鎬), 김종서(金宗西), 박용헌(朴容憲) 교수 등이 선출되었다. 「교육사회학연구회」는 이후 「한국교육사회학회」로 확대발전하고, 학회지 「교육사회학연구」도 출판하여 2023년에 제33권에 이르렀다.

교육사회학을 교육학자들이 활발하게 연구하고 있었지만, 유럽과 미국과는 달리 한국의 사회학자들은 교육에 관한 연구에 큰 관심을 보이지 않았다. 한국사회학회의 「한국사회학 45년」(1990)에 수록된, 1964년 창간호부터 1988년까지의 학회논문집 게재논문을 제목으로 분석해본 결과, 수백 편의 논문 가운데 교육에 관한 것은 몇 편 되지 않았으며, 그것도 대체로 교육학자들이 집필한 것이었다. 이후로도 「한국사회학」의 최근호에 이르기까지 전체 게재논문 가운데 교육에 관한 논문은 여전히 소수에 지나지 않는다. 한국에서는 교육사회학 연구가 교육학자들 손에 주로 맡겨져 온 셈이다.

초창기에 '교육사회학'의 성격은 실천지향적이었다. 즉, 교육자가 학교에서 교사로 활동하거나 행정가로 학교를 운영하고 정책을 수립하는 데 유용하리라고 여겨지는 사회학적 지식을 모아 놓은 것들이었다. 교육자들이 교육현장에서 활용할 수 있는 사회학적 지식을 체계화한 것이다. 사회학 지식의 교육적 응용인 셈이다. '교육사회학' 강좌를 최초로 서울대학교에 개설한 진원중 교수의 저서 「교육사회학 원론」(범문사, 1962)의 장별 제목을 일별하면 당시의 경향을 알 수 있다.

〈진원중, 교육사회학원론, 1962〉

1. 교육사회학의 학적 성격
2. 교육사회학의 연구방법
3. 문화와 교육
4. 사회통제와 교육
5. 사회계층과 교육
6. 사회집단과 교육의 예비적 분석
7. 가족집단과 교육
8. 유희 · 오락집단과 교육
9. 지역사회와 교육
10. 학교사회와 교육
11. 경제사회와 교육
12. 국가사회와 교육

2) '학교와 지역사회'

대학 강좌로서의 '교육사회학'은 1970년대에 큰 변화를 겪는다. 당시 박정희 정부가 추진하고 있던 '새마을운동'에 보조를 맞추기 위하여 1972년에 문교부령을 개정하여 교원양성을 위한 교직과정에서 '교육사회학'을 빼고 필수과목으로 '학교와 지역사회'라는 강좌를 신설한 것이다. 그 이유는 새마을운동을 추진함에 있어서 학교가 지역사회개발 정책에 공헌할 수 있기 위해서는 교사가 이에 관한 지식과 열의를 가지고 있어야 한다는 것이었다. 이에 따라 교직과정을 설치하고 있는 모든 대학이 '학교와 지역사회'를 강의하기 시작한다.

'학교와 지역사회'가 기존의 '교육사회학'을 대체한 셈이었기 때문에 전국의 대학에 개설되었던 '교육사회학' 강좌는 대부분 자취를 감추었다. 출관계에도 영향을 미쳐 「교육사회학」 제목의 책은 갑자기 서점에서 사라지고, 「학교와 지역사회」 제목의 책이 우후죽순으로 나타났다. 결과적으로 대학 강좌를 중심으로 볼 때, 교육사회학의 내용이 '지역사회개발에 이바지하는 학교의 역할강화를 위한 원리와 지식' 위주로 바뀐 것이다.

학교교육이 지역사회와 밀접한 관련 속에서 이루어져야 한다는 주장이 1970년대 처음 등장한 것은 아니다. 이미 1952년, 한국전쟁으로 모든 것이 파괴된 한국에 파견되었던 국제연합 한국부흥위원단(UNKRA)과 유네스코(UNESCO) 사절단이 한국교육의 재건을 위하여 '지역사회학교(community school)'의 건설을 건의한 바가 있다. '지역사회학교'는 지역사회 문제와 요구를 교육과정에 반영하고, 지역사회를 교육의 장으로 활용하며, 교사와 학생들이 지역사회에 직접 참여하여 봉사활동을 벌이는 한편, 지역사회가 학교의 운영에 적극적으로 참여하는 학교를 말한다. 그렇다고 새로운 학교를 설립하는 것은 아니고 기존의 학교들을 그렇게 운영하여야 한다는 것이다.

지역사회학교운동은 급속히 파급되어 1950년대 말에는 전국의 많은 학교가 참여하였고, 경기도의 경우 교육위원회가 공식적 장학방침으로 수용함으로써 도내의 모든 학교가 지역사회학교로 운영되었다. 그리고 1960년 4 · 19혁명을 계기로 집권한 민주당 정부는 지역사회개발을 주요 정책의 하나로 채택하여, 지역사회학교운동을 정부 차원의 교육정책의 하나로 강화한다. 이어 등장한 공화당 정부도 지역사회학교의 중요성을 인식하고 이를 강력히 추진한다. 공화당 정부가 지역사회학교의 명칭을 '향토학교'로 바꾸었으나 내용은 지역사회학교와 동일한 것이었다. 1970년대에 정부는 지역사회개발을 새마을운동으로 새롭게 체계화하여 농촌뿐만 아니라 도시 및 기업에서까지 이 운동을 강력하게 전개한다. 이는 근면 · 자조 · 협동을 내세운 잘살기 운동이자 의식개혁 운동이었다. 대통령이 직접 진두지휘할 정도로 우선순위가 매우 높은 국가시책이었다.

교사양성을 위한 교직과정에 '학교와 지역사회' 강좌를 새로 만들어 필수 과목으로 지정한 데에는 이러한 배경이 있었다. 이는 학교교육을 지역사회와 밀착시켜 운영함으로써, 정부가 강력히 추진하고 있는 새마을운동을 지원하려는 데 목적이 있었다. 따라서 강좌의 내용은 지역사회에 관한 기초적 지식, 지역사회개발의 이론과 방법, 지역사회학교의 운영을 중심으로 이루어졌다. 이 강좌의 교재로 여러 종류의 책이 출판되었는데, 다음 책의 목차를 보면 강좌가 어떤 내용으로 구성되어 있었는지 짐작할 수 있다.

〈이규환, 학교와 지역사회, 1979〉

제1장 학교의 사회성
제2장 교육의 장으로서의 지역사회
제3장 농촌의 학교와 도시의 학교
제4장 지역사회학교
제5장 지역사회개발과 교육

〈박용헌 · 이상주 · 김영찬, 학교와 지역사회, 1979〉

제1장 인간과 사회 · 문화적 환경
제2장 교육의 사회적 성격
제3장 교육의 사회학적 접근
제4장 지역사회의 성격
제5장 농촌사회의 특성과 교육
제6장 도시사회의 특성과 교육
제7장 지역사회의 변동과 개발과정
제8장 학교와 지역사회의 관계
제9장 지역사회개발을 위한 학교교육

이들 두 권의 책 내용과 앞의 「교육사회학」 책 내용을 비교하면 그 차이가 뚜렷한 것을 알 수 있다. 「학교와 지역사회」는 지역사회개발사업인 새마을운동을 추진하는 데 학교를 활용하기 위한 지역사회 및 지역사회개발에 관한 내용을 중심으로 담고 있다. 이 책들은 뚜렷하게 실천지향적인 내용으로 구성되었다.

3) '교육사회학'의 부활

'학교와 지역사회' 강좌는 1985년에 교직과정이 개편되면서 폐지되었다. 그 자리에 '교육사회학'이 다시 들어섰다. 다시 등장한 '교육사회학'의 내용은 1960년대와는 다른 것으로 바뀌었다. 실천지향 성격이 약화되고 사회학지향 성격이 강해졌다. 학교교육에 관한 사회학적 연구가 강조되기 시작한 것이다. 이렇게 변화가 일어난 데에는 그동안 구미의 교육사회학에 일어난 성격변화를 국내 학자들이 수용한 이유도 있지만, 1980년대의 국내 민주화운동이 사회과학 전반에 끼친 영향의 결과이기도 하다. 1980년대는 과거 어느 때보다도 반정부운동, 사회개혁운동, 체제비판운동 등이 사회과학과의 긴밀한 관련 속에서 전개되었다.

대학생과 학생운동가 출신이 주축인 젊은 지식인들이 주도적 역할을 한 1980년대의 사회운동에 있어서 사회과학 이론이 광범위하게 활용되었고, 동시에 사회과학도 실천적 운동에 의하여 크게 영향을 받았다. 1980년대 전반에 걸친 사회구성체(社會構成體) 논쟁은 그 좋은 예이다. 학생운동 및 사회운동 단체들이 운동의 방향과 노선을 결정하기 위한 이론 정립 과정에서 한국 사회의 역사와 현실의 성격을 놓고 벌인 논쟁이 그것이다. 이 논쟁은 운동권에 의하여 시작되었지만 마르크스주의적 성향을 띤 젊은 사회과학도들의 한국 사회 연구 경향에 큰 영향을 미쳤다. 사회구성체 논쟁은 교육사회학에도 반영되어 한국 교육의 성격을 규명하는 데에 연구모형으로도 활용되었다(예컨대 고형일, 1988).

이에 따라 교육사회학 연구의 이념적 스펙트럼도 확장되었다. 과거에는 체제지향적이고 보수적인 성향에서 벗어나지 못하였으나, 1980년대에 들어와서는 마르크스(Karl Marx) 및 베버(Max Weber)의 갈등론적 관점이 소개되어 자본주의 체제의 학교교육에 대한 비판적인 연구를 자극하였다. 젊은 교육사회학자들은 선배들에 비하여 한결 진보적인 관점을 가지고 한국 교육의 현실에 대하여 신랄한 비판을 가하였다. 마르크스주의 관점도 상당한 정도로 수용되어 한국의 자본주의 체제하의 학교교육의 모순을 파헤치는 연구물들이 출판되고(예컨대, 이건만, 1994; 이규환, 1987), 제3세계의 신식민주의 또는 종속이론적 시각에서 한국 교육의 과거와 현재를 설명하는 논문들도 활발하게 발표되었다(예컨대, 제3세계문화연구소, 1988). 새롭고 다양한 이념적 관점을 가진 다수의 연구자들이 한국 교육의 다양한 측면에 대하여 사회과학적인 연구를 활발하게 진행하여 연구성과가 쌓이기 시작한 것도 이 시기이다(예컨대, 김기석, 1987; 김신일 외, 1989; 한국교육문제연구회, 1989; 한국교육사회학연구회, 1990).

그 결과로 과거처럼 외국의 이론을 해설하고 소개하는 것에서 벗어나 한국의 교육문제를 분석하고 설명하는 연구경향이 자리 잡기 시작했다. 한국의 교육문제를 이해하기 위해서는 현대교육이 싹트기 시작한 조선왕조 말의 개화기, 서양 교육 제도가 도입되고 민족의 교육전통이 말살되는 일제 강점기, 해방 직후부터 정부 수립까지의 미군정 시기 등에 대한 연구가 긴요해짐에 따라, 이 시기에 대한 연구관심이 한층 고조되었다. 사회사(社會史)적 접근을 강화한 교육사회학 연구자들의 '역사적 현실'에 대한 연구는 한국의 교육학 연구 활동을 한결 풍부하게 만들었다. 1980년대 교육사회학 연구의 활성화는 교육학 전반에 사회학적 접근에 대한 관심을 불러일으켰다. 당시 한국 사회의 지적 풍토가 사회과학에 대한 관심이 전반적으로 높았던 것과도 무관하지 않지만, 한국 교육의 현재와 과거를 사회과학적으로 이해하려는 욕구가 어느 때보다도 강했다. 전공분야가 어디에 속하든지 간에 교육학과 학생뿐만 아니라 사범대학의 다른 학과 학생들도 교육사회학적 주제에 관하여 많이 읽고, 토론을 벌이는 것이 하나의 경향이 되었다.

교육사회학 논의의 관점은 1990년대 이후 더욱 다양해진다. 여기에는 1980년대에서 1990년대로 넘어오는 시기에, 국내에서 군사정권 퇴진과 아울러 국제적으로 동서 유럽을 가로막고 있던 베를린 장벽의 붕괴와 소련의 와해가 끼친 영향이 크다. 국내적으로는 군사통치의 종식으로 사회적, 학문적 활동에 자유의 공간이 확대되어 과거와 같은 편파적 이념의 장벽을 뛰어넘을 수 있게 되었고, 국제적으로는 동독과 소련의 사회주의체제 와해와 나아가 중국의 자본주의 시장원리 도입으로 이념적 양분구조에서 벗어나게 되었다. 이에 따라 학문적 논의에 있어서 이념적 한계나 이념적 대결구도가 약화되어, 매우 다양한 관점이 자유롭게 표출되었다. 문제의식도 다양해진다. 탈근대주의, 세계화, 정보화 등을 교육과 연결시켜 논의하는 논문이 많이 발표된다(예컨대, 고형일 · 이두휴, 2013; 김경희, 1996; 김기홍, 1999; 신현석 · 주영효, 2013; 한숭희, 1998).

1990년대 이후의 또 한 가지 특징은 교육개혁에 관한 활발한 논의이다. 교육개혁의 열풍은 전 세계적으로 1980년대부터 불었지만 국내에서는 1990년대에 와서 본격적인 개혁 작업으로 구체화되었다. 특히, 김영삼 정부 시기에 「교육개혁위원회」가 1995년 5월부터 1997년 5월 사이에 발표한 일련의 교육개혁방안은 교육제도의 성격을 전면적으로 혁신하는 내용을 담고 있어서 많은 토론을 불러일으켰다. 특히 대학입시제도의 개혁과 학교의 자율화와 경쟁원리의 도입은 세계적인 교육개혁에 관한 논쟁과 맞물려 적지 않은 토론을 촉발시켰다(노상우, 1999; 손준종, 1996; 심성보, 1999; 이규환, 1996).

2000년대에 들어서면서 교육개혁은 가속화된다. 김대중 정부 그리고 노무현 정부도 1995년에 발표한 교육개혁위원회의 소위 「5 · 31 교육개혁 방안」의 주요 내용을 수용하고, 추진한다. 그에 따라 교육제도와 정책의 변화에 대한 이해관계를 달리하는 집단 간에 논쟁이 확대되고, 갈등양상까지 나타나, 급기야 주요 교육정책이 정치적 쟁점으로 비화한다. 국내뿐만 아니라 국제적으로도 교육개혁정책은 2000년대에도 계속하여 논쟁거리가 된다. 특히, 여러 나라에서 신자유주의 교육정책이 강화됨에 따라 그에 대한 찬반양론이 일어나고, 연구자들도 새로운 정책의 당위성 또는 부당성과 교육적 결과에 관한 논문들을 많이 발표한다(예컨대 강창동, 2011; 김천기 · 김양자, 2003; 박부권, 2008; 서덕희, 2006; 신재영, 2005; 오욱환, 2008). 2010년대에 들어서는 정치권의 보수 · 진보 논쟁이 교육정책에도 영향을 미쳐 교육담론이 더욱 정치화하는 현상이 뚜렷해진다. 특히 교육감 직선제 도입 등 교육자치제도가 본격화하면서 보수와 진보 간의 대립이 대학입시, 고교평준화, 교육과정과 교과서 등 교육정책 전반에서 더욱 노골적으로 전개되고, 이와 관련한 연구도 활발해지고 있다.

한편, 교육사회학이 교육학의 다른 영역과 마찬가지로 학교연구에 치중하는 것은 예나 지금이나 크게 다름이 없었다. 평생교육에 관한 사회학적 연구들이 없지는 않지만 대다수 교육사회학자들의 관심은 여전히 학교에 쏠려있다. 그러나 변화가 일어나고 있는 것은 분명하다. 학교 외 교육에 관한 연구가 늘었으며, 평생교육에 관한 논의도 증가하고 있다(권인탁, 2004; 김경희, 1998; 오욱환, 2007; 정유성, 1998; 한숭희, 2004). 평생교육과 아울러 평생학습에 대한 교육사회학의 관심도 확대될 전망이다.

전체적으로 교육사회학연구는 그 범위가 크게 확대되었다. 김경근(2012) 교수가 1990~2010년 사이에 한국교육사회학회의 학술지 「교육사회학연구」에 게재된 461편의 논문을 분석한 결과에 따르면, 교육에 관한 거의 모든 주제를 포함하고 있다(〈표 1-1〉). 각 논문이 다루고 있는 내용을 분석하여 주제별 빈도를 계산한 결과는 젠더에 관한 논문편수가 가장 많고, 교육사회학 이론적 논의에 관한 논문이 두 번째로 많이 발표되었다. 그리고 초중등교육제도와 고등교육문제에 관한 논문이 순위를 이었고, 학교효과와 교육격차에 관한 연구도 상당수를 차지하고 있는 것으로 나타났다.

표 1-1 「교육사회학연구」 게재 논문의 시기별 주제구성 경향(1990~2010)

주제	1990~1995	1996~2000	2001~2005	2006~2010	전체
젠더	12	9	17	3	41(8.9%)
교육사회학이론	10	8	6	8	32(6.9%)
초중등 교육정책(제도)	6	8	5	10	29(6.3%)
고등교육	5	12	8	4	29(6.3%)
아동청소년문제	1	13	4	1	19(4.1%)
학교효과	0	3	7	8	18(3.9%)
교육격차	0	3	3	12	18(3.9%)
학교선택	1	1	10	4	16(3.5%)
교육사회학	4	3	6	3	16(3.5%)
사교육	1	0	6	7	14(3.0%)
교실(학교)문화	4	7	1	0	12(2.6%)
교직문화	4	3	3	2	12(2.6%)
가족과 교육	0	3	2	6	11(2.4%)
교육과정(사회학)	3	3	2	2	10(2.2%)
평생교육	0	4	5	1	10(2.2%)
다문화교육	0	0	0	10	10(2.2%)
한국교육의 이해	3	5	0	2	10(2.2%)

세계화, 정보화의 교육	1	5	2	2	10(2.2%)
교육과 노동시장	3	3	2	1	9(2.0%)
문화재생산	1	2	0	5	8(1.7%)
북한교육	1	0	5	1	7(1.5%)
대안교육	0	4	1	2	7(1.5%)
교육사회학 연구 동향	1	3	3	0	7(1.5%)
사회자본의 효과	1	0	2	3	6(1.3%)
교육평등 및 사회평등	2	2	1	0	5(1.1%)
교육시민운동	1	0	2	2	5(1.1%)
시민교육	1	4	0	0	5(1.1%)
컴퓨터의 교육적 영향	0	0	2	3	5(1.1%)
진로 또는 포부	0	1	2	2	5(1.1%)
교육복지	0	1	1	3	5(1.1%)
기타	21	18	15	16	70(15.2&)
계	87	128	123	123	400(100.0%)

출처: 김경근(2012). p. 40 〈표 8〉을 정리하였음.

젠더문제로서 여성주의 관점의 논문들은 이후로도 뚜렷이 증가하는 추세를 보였고, 다양한 연구가 발표되었다(예컨대, 김안나, 2007; 김정숙, 2007; 손홍숙, 2004; 심미옥, 2012; 안재희 외, 2008; 임선희 · 전혜영, 2004; 이혜정, 2012; 이혜정 · 박미희, 2020; 정민승, 2004). 한국 사회의 성불평등 사회구조와 문화에 대한 인식이 높아감에 따라, 교육의 여러 면에 침투되어 있는 성불평등 현상을 드러내는 연구와 양성평등을 위한 교육방안을 제시하는 연구들이 증가하고 있는 것이다.

2000년대 들어와서 빠르게 증가하는 또 하나의 연구주제가 결혼이주민 가정과 그 자녀들의 교육이다. 취업을 위한 외국인의 한국 이주가 크게 늘고 한국인과 결혼하는 외국 여성의 결혼이민이 급속하게 증가함에 따라 제기되는 것이 다문화가정의 교육문제이다. 이에 관한 연구가 최근에 많이 발표되었다(예컨대 강창동, 2010; 김정원, 2006; 박철희, 2007; 서덕희, 2015; 서덕희 · 테레사 편, 2017; 오성배, 2006; 이경희, 2011; 이민경, 2013; 장은영 · 이정아, 2018; 정민승 · 조지연, 2012; 조혜영 외, 2008; 황규호, 2012).

2. 미국과 유럽에서의 발전

1) 초창기

'교육적 사회학'

사회학의 지식을 교육실천에 응용하려는 노력으로서의 '교육사회학'이 처음으로 등장한 것은 1907년에 스잘로(Henry Suzzalo)가 미국의 컬럼비아 대학교에 'Educational Sociology' 강좌를 개설하면서부터로 알려져 있다. 그 후 10년쯤 지난 1916년에는 이 대학에 교육사회학과가 창설된다. 1920년대 말에는 200개에 가까운 미국 대학들이 '교육사회학' 또는 이와 유사한 명칭의 강좌를 가르친다. 그리고 이미 1923년에는 미국교육사회학회(National Society for the Study of Educational Sociology)가 창립되고(Zook, 1926), 1927년에 전문학술지로 「The Journal of Educational Sociology」가 창간된다(Brookover & Erickson, 1975: 5-7).

이 시기의 미국 '교육사회학'은 학교의 여러 가지 문제를 해결하고 학습자를 지도하는 데 필요한 사회문화적 지식을 모아 놓은 것이었다. 이 강좌가 사범대학에만 개설되어 있었던 것은 아니고 사회학과에도 개설되어 있었으나 성격은 비슷하였다. 그러나 교육의 실천에 응용할 사회문화적 지식의 체계라는 공통점을 지니고 있을 뿐, 내용체계는 일정하지 않았고 학문적 엄격성과 이론적 체계성은 매우 낮았다.

실천지향적 교육사회학에 대한 관심은 1950년대 중반까지도 유지되었다. 그러나 1940년대부터 성격이 약간 바뀌면서 학자들의 관심이 떨어지기 시작하였다. 지역사회학교(community school)운동 또는 사회중심교육(society-centered education)운동의 영향을 받았기 때문인 것으로 보이며, 학교와 지역사회의 관계가 이 강좌의 중심으로 등장하였다. 지역사회의 문제해결에 학교가 적극적으로 참여해야 한다고 강조하는 지역사회학교운동은 실천지향적 교육사회학을 더 강하게 요구할 것임에도 불구하고, 오히려 당시 미국 사회학의 지역사회연구 경향과 맞물려 지역사회의 구조와 성격을 분석하고 그 속에서의 학교의 기능을 밝히는 일이 중심과제가 되었다. 이것은 사회학적 지식을 학교장면에 적용하는 일과는 다른 것이었다. 이것은 그동안 실천지향적 교육사회학에 열중해 오던 사람들의 관심을 돌리게 하는 결과를 가져왔을 것이다. 그들은 지역사회에 대한 학문적 연구에는 큰 관심이 없었기 때문이다.

교육사회학의 연구과제가 지역사회와 학교의 관계를 분석하는 것으로 변하자 실천지향적 교육학자들의 관심은 줄었으나, 사회학자들의 관심을 높이는 결과를 가져왔다. 사회학자들에게 있어서 지역사회에 관한 연구는 당연히 자신들의 탐구영역이었으므로, 지역사회의 한 기관 또는 사회조직체로서의 학교에 대한 관심이 증가한 것이다. 이들의 관심은 지역사회에 관한 지식을 학교교육 실천에 활용하는 데 있다기보다는 지역사회와 학교의 사실적 관계를 밝히는 데 있었다. 그리하여 실천지향적 성격이 강했던 이전의 교육사회학 강좌는 급격히 줄어 1940년대 말에는 겨우 수십 개를 헤아리는 정도가 되었다.

'교육의 사회학'

1950년대 미국에서는 교육사회학을 교육현상을 사회학적으로 탐구하는 학문으로 생각하는 학자들이 점차 늘어갔다. 대부분 사회학자 또는 사회학적 훈련을 받은 사람들이었다. 1960년대에 이 경향은 더 강화되었다. 종래의 실천지향적 교육사회학은 여전히 그대로 남아 있었지만, 새로운 성격의 교육사회학이 등장한 것이다. 새로운 성격, 즉 이론지향적 교육사회학의 위상은 1963년 전문학술지를 확보함으로써 확고해졌다. 그런데 이것은 새로운 학술지를 창간한 것이 아니라 실천지향적 교육사회학의 학술지로서의 역할을 해오던 「Educational Sociology」를 「Sociology of Education」으로 제호를 바꿈으로써 이루어졌다. 이것은 교육사회학의 성격을 둘러싼 논쟁에 있어서 신흥학문이 승리를 거두는 그런 사건이었다고 표현해도 좋을 것이다. 제호의 변화는 내용의 변화도 동반하였다. 제호 변경 이전에는 교육실제에 직접 응용할 원리, 정책, 방법, 주장 등을 주로 실어왔으나, 변경 이후에는 실증적 자료와 과학적 방법에 근거한 설명지향적 논문에 중점을 두기 시작하였다. 뿐만 아니라 제호의 변경과 동시에 미국사회학회(American Sociological Association)의 간행물로 편입되었다. 이제까지 교육학의 학술지였던 것이 사회학의 학술지로 바뀐 것이었다. 바야흐로 사회학자들이 교육사회학의 영토권을 주장하기 시작한 것이다.

유럽에서도 발전의 경향은 미국과 비슷하였다. 다만 미국에 비하여 유럽은 이론지향적 교육사회학의 발전이 다소 늦은 편이었다고 말할 수 있을 정도이다. 영국에서는 제2차 세계대전 이전에는 사회학자들이 이 분야에 관심을 거의 기울이지 않았다. 교육학자들이 교육문제의 해결에 사회학적 지식을 산발적으로 적용하는 수준에 있었다. 제2차 세계대전 이후 사회학자들이 교육에 대한 관심을 보이기 시작하면서 교육사회학이 교육학의 하위영역인가 아니면 사회학의 하위영역인가를 따지는 논쟁이 일어났고, 서서히 사회학의 영역으로 자리를 굳혀갔다(Bernbaum, 1977: 20). 1950년대까지는 대학이나 대학원에 'Sociology of Education'이라는 강좌가 없었으나, 1964년에 런던대학교 교육학대학에 교육사회학 석사과정이 설치되면서 본격적인 연구가 이루어졌다(Bernstein, 1977: 164-265). 전문 학술지인 「British Journal of Sociology of Education」은 1980년에야 비로소 창간되었다. 독일에서도 마찬가지로 실천지향적 교육사회학과 이론지향적 교육사회학이 경쟁을 벌이며 발전하였다(이규환, 1987: 21-23; 진원중, 1962: 39-41).

2) 학교에 대한 사회학적 연구 확대

앞에서 이론지향적 교육사회학, 즉 학교를 중심으로 한 교육현상을 사회과학적으로 연구하여 이론을 구축하려는 노력이 유럽과 미국에서 1950년대부터 대두되었다고 했다. 그러나 이러한 노력의 첫 출발은 훨씬 오래 전에 이루어졌다. 이미 19세기 말에 프랑스의 한 위대한 교육사회학자가 씨를 뿌려 놓았다. 다만 뿌려놓은 씨앗이 제대로 피어나지 못하고 명맥만 유지해오다가 20세기 중반에 이르러서야 꽃을 피우게 된 것이다.

초기의 교육사회학

이론지향적 교육사회학의 기초를 놓은 사람은 뒤르켐(Émile Durkheim)이다. 사회학의 형성에 결정적 역할을 한 몇 사람 가운데 하나인 뒤르켐은 대학교수 생활을 교육학 담당교수로 시작하였다. 1887년에 대학교수로 처음 부임한 보르도(Bordeaux)대학에서 담당한 과목은 교육학과 사회학이었다. 이후로 그는 사회학에 관한 연구와 아울러 교육학에 관한 연구와 강의를 계속 병행하였다.

뒤르켐은 교육에 관한 전문가의 활동을 세 가지로 구분하는 것이 편리하다고 생각하였다. 즉, ① 교육에 관한 과학적 연구, ② 교육의 실제적 방법을 위한 교수학(pedagogy), ③ 교육의 실천적 활동으로 나누어 보자고 제안하였다(Durkheim, 1922). 이 가운데 두 번째의 교수학은 교육실천과 교육에 관한 과학적 이론을 연결하는 일종의 실천이론이다. 다시 말하면 실제적 교육상황에서 무엇을 어떻게 가르칠 것인가를 지시하는 '교육방법의 원리'의 체계이다. 이 점에서 보면 뒤르켐에 있어서 교육학은 둘로 나눌 수 있어서, 하나는 다른 사회과학, 예컨대 정치학, 경제학처럼 교육현상을 기술하고 설명하는 사회과학지향의 교육학과, 다른 하나는 교육실천을 위한 구체적 지침을 제공하는 실천지향의 교육학이 따로 존재하고 있는 셈이다. 그는 실천지향의 교육학은 비교적 역사가 오래되었다고 보았다. 그러나 사회과학지향의 교육학은 당시로서 아직 형성되지 못한 수준에 있으며, 앞으로 발전시켜야 할 학문영역이라고 주장하였다.

학문지향적 교육학, 더 구체적으로 사회과학으로서의 교육학에 관심을 가졌던 뒤르켐은 교육을 사회적 사실(social fact)로 인식하고, 사회구조의 한 부분으로서의 교육의 사회적 기능을 밝히는 것이 교육학 연구의 핵심이라고 보았다(Durkheim, 1922). 그에게 있어서 교육은 "한 사회가 자체의 존재조건을 의도적으로 재창조하는 수단"이며, 그 핵심은 "새로운 세대의 체계적 사회화"이었다. 그러므로 교육의 목적은 사회체계를 개인에게 내면화시키는 데 있다고 생각하였다. 그리하여 교육학, 좁게는 교육사회학의 연구영역은 다음과 같은 것을 포함해야 할 것으로 보았다.

① 교육에 관한 사회적 사실들과 그것들의 사회적 기능을 밝히는 일
② 교육과 사회 및 문화 변화 간의 관계를 밝히는 일
③ 교육체계의 여러 유형을 비교문화적 및 비교학적으로 연구하는 일
④ 살아 있는 사회체계로서의 학급과 학교를 탐구하는 일

그러나 뒤르켐의 교육에 대한 학문적 관심은 제대로 전수되지 못하였기 때문에 이 분야는 오랫동안 발전을 하지 못하고 묻혀있었다. 뒤르켐처럼 교육을 사회학적으로 연구하려는 사람이 전혀 없었던 것은 아니지만 극소수에 불과하였다. 그 가운데 앤젤(Robert C. Angell)과 월러(Willard Waller)가 다소의 공헌을 하였다. 앤젤은 실천지향적 교육사회학이 지배하던 1920년대에 교육사회학자들이 교육의 과정에 관한 연구에 관심을 집중해야 한다면서 "교육사회학은 순수 사회과학(science of sociology)의 한 영역"이라고 내세웠다(Angell, 1928). 그러나 이러한 주장은 당시로서는 소수의견일 뿐이었다. 월러는 교육을 사회학적으로 연구해야 한다는 주장에 그치지 않고, 1932년에 「학습지도의 사회학(The Sociology of Teaching)」이라는 저서를 출판할 정도로 이 분야의 연구에 노력을 기울인 사람이다. 이 저서는 학교의 구조와 문화를 분석한 고전으로 대접받고 있다.

2차대전 이후

이론지향적 교육사회학이 본격적으로 발전하기 시작한 것은 1950년대부터이다. 앞서 언급한 바와 같이 이때까지는 교육학자들이 중심이 되어 왔으나 차츰 사회학자들의 수가 늘어갔다. 이들 가운데는 뒤르켐이 그러했듯이 사회학과와 교육학과의 강의를 함께 담당하거나 겸임하는 교수도 많았다. 교육에 대한 사회학자들의 관심이 높아진 이유는 무엇인가? 미국의 경우를 브루코버(Wilbur B. Brookover)가 관찰한 바에 따르면 전에는 교육연구에 대한 학계의 인정도가 낮았기 때문에 사회학자들의 관심이 적었다. 그러나 제2차 세계대전 이후 교육에 대한 사회의 관심이 증대되어 연구비가 늘어났을 뿐만 아니라 개인생활이나 사회생활에서 교육이 차지하는 비중이 높아져, 교육은 사회를 연구하는 데 빼놓을 수 없는 영역으로 성장한 것이다(Brookover & Erickson, 1975: 10-11).

영국의 경우도 제2차 세계대전이 일어나기 전에는 교육에 관한 연구가 실천적 측면에만 치우쳐 있어서 사회학자들의 관심을 끌지 못하였다(Banks, 1976: 7-8). 영국에서 1950년대 중반부터 1960년대 초반까지 교육사회학을 키워온 사람으로는 핼시(Albert H. Halsey)와 플로드(Jean Floud)를 들 수 있다(Taylor, 1966: 179-213 참조). 만하임(Karl Mannheim)이 좀 더 오래 생존하였더라면 영국의 교육사회학은 더 일찍 꽃피었을지 모른다. 현대의 위대한 사회학자의 한 사람인 만하임은 1940년대 London School of Economics의 사회학 교수로 있으면서 런던대학교 교육대학(University of London, Institute of Education)에서 강의를 하였으며, 1946년에는 이 대학의 교육과장으로 부임하였다. 그러나 이듬해 그의 갑작스러운 죽음은 교육사회학에 그가 공헌할 가능성이 매우 컸다는 점에서 아쉬움이 크다. 그의 교육사회학에 관한 구상의 일부는 사후에 출판된 저서에서 볼 수 있다(Mannheim & Stewart, 1962).

여하튼 이론지향적 교육사회학은 1950년대 이후로 큰 발전을 보였다. 강좌를 설치하는 대학이 늘고 석사과정과 박사과정도 개설한다. 이 분야가 발전하면서 연구경향도 드러나기 시작한다. 브루코버가 미국의 연구동향을 분석한 바에 따르면 1970년대 중반까지 미국 교육사회학의 연구경향은 크게 세 가지로 나누어진다(Brookover & Erickson, 1975: 11-13).

첫째는 2차대전 직후의 경향으로, 주로 학생의 학업성취와 태도형성에 미치는 가족, 이웃, 사회의 영향을 규명하는 연구에 집중되었다. 사회심리학적 접근을 통하여 학생의 자아개념, 가치관, 세계관의 형성과정을 설명하는 연구도 많이 나왔다. 두 번째 경향은 1950년대와 1960년대 초에 걸쳐 각광을 받은, 교육의 사회적 기능을 밝히는 연구들이었다. 발전교육론, 즉 국가발전에 기여하는 교육의 기능을 전체적으로 또는 경제적, 정치적, 사회적 발전으로 나누어 설명하는 연구가 성황을 이루었다. 세 번째 경향은 1960년대에 걸쳐서 활발했던 사회조직체로서의 학교에 관한 연구이다. 학교 내의 인간관계, 역할, 사회적 풍토, 학교문화에 관하여 많은 연구가 이루어졌다. 학교 관료체제의 성격을 밝히는 연구들도 이루어졌다. 브루코버가 관찰한 미국 교육사회학의 이러한 동향은 일반사회학의 연구동향과 대체로 일치하는 것이다. 당연한 일이기는 하지만 사회학지향적 교육사회학이 사회학의 한 하위영역임을 확인시켜 주는 셈이다.

이론적 동향

교육사회학 연구의 동향은 1970년대에 들어와서 또 한 차례 변화를 겪는다. 이 새로운 동향도 역시 일반사회학의 동향을 반영한 것이다. 당시까지의 교육사회학 연구를 '기능주의(functionalism)'라고 몰아붙이는 새로운 주장이 나타났다. 이른바 갈등이론의 등장이다. 교육사회학의 기능이론과 갈등이론에 관하여는 다음 장에서 자세히 다룰 것이기 때문에 여기에서는 간단히 언급하는 정도로 그치겠다. 갈등이론은 종래의 교육사회학 연구들이 사회의 한 하위체제로서의 교육, 특히 학교의 순기능에만 지나치게 치중해 왔으며 역기능에는 거의 주의를 기울이지 않았던 데에 대한 하나의 반성에서 출현하였다.

교육, 좁게는 학교의 사회적 기능에 대한 태도는 1960년대까지만 해도 대체로 낙관적이었다. 교육은 자라나는 세대에 문화를 전수시켜 주는 사회화의 기능과, 능력에 따라 가르쳐 적재적소에 배치하는 사회선발의 기능을 수행함으로써 사회를 안정적으로 발전시킨다고 믿었다. 이 시기의 교육사회학 이론은 이러한 낙관적 믿음을 뒷받침해 주었다. 그러나 1970년대에 들어오면서 이러한 이론이 현실을 바르게 설명하고 있지 못하다는 비판이 일어났다. 교육은 문화전수보다는 편협한 주장과 왜곡된 지식을 주입시키고, 능력을 근거로 한 선발보다는 사회경제적 배경에 의하여 크게 좌우되는 학력의 불평등 분배를 용인하고 있다는 연구결과들이 보고되었다. 이런 현상은 사회를 집단 간의 경쟁과 갈등관계로 보는 갈등이론으로 정확히 설명할 수 있다는 입장이 부상하였다. 비판적 교육사회학이라고도 불리는 이 입장은 1970년대에 그 세력을 확장하였다. 비판적 교육사회학은 교육체제는 물론 사회체제도 문제로 삼았다. 교육문제는 기능상이 아닌 구조상의 결함 내지 사회체제 자체의 모순에서 비롯된다고 보았기 때문이다.

기능이론과 갈등이론 사이의 공방이 1980년대 후반 소강상태에 접어들면서 양대 이론의 한계를 극복하려는 노력이 나타나기 시작하였다. 두 이론은 학교의 사회적 기능에 대한 쟁점을 부각시키는 데에 크게 기여하였지만, 두 이론 모두 교육현상을 설명하는 데에 한계가 있는 것도 드러났기 때문이다. 두 이론은 교육을 설명하는 데 서로 대립적으로 보이지만, 더 큰 시각에서 보면 두 이론은 모두 교육을 도구적 기능으로 파악한다는 점에서 일치한다. 두 이론은 교육이 그 자체로서는 '빈 그릇'과 다름없다고 보고 사회적 상황에 따라 담기는 내용물에 따라 순기능도 하고 역기능도 한다고 본다. 그러나 교육에는 '사람들'이 있다. 학생이 있고 교사가 있고 학부모가 있다. 뿐만 아니라 행정가도 있고 지역사회 주민도 있다. 교육이 무엇이 되느냐 하는 것은 학교 또는 '교육계'를 구성하고 있는 '사람들'이 어떤 의지를 가지고 어떻게 행동하느냐에 따라 결정된다. 비록 교육이 한 사회의 역사적이고 사회구조인 조건 속에서 그 성격이 규정되는 것이 사실이지만 그것이 전부는 아니다. 교육을 이끌어가는 행위자들이 역사와 사회구조를 어떻게 인식하고 자신들의 미래를 어떻게 만들기를 원하느냐에 따라 교육의 성격은 달라질 수 있는 것이다.

이 점에서 교육에 관한 연구는 교육을 사회 구성원들이 주체적 의지를 가지고 역사적 사회적 조건과 교섭하면서 협력, 경쟁, 갈등, 타협을 해나가는 실체로 이해하고 설명하는 작업이다. 이것은 교육을 사회구조적 조건에 따라 결정되는 수동적 도구라고 보는 기능이론과 갈등이론의 입장을 넘어서는 것이다. 이 관점은 사회학의 거목인 베버(Max Weber)의 사회이론에 기초를 두고 현상학과 해석학의 영향을 받으면서 발전한 해석적 교육사회학 이론이다. 이에 관하여는 다음 장에서 자세히 다룰 것이므로, 학교제도 형성과정에 있어서의 사회 집단 간의 갈등과 타협, 희망과 좌절, 역사적 조건과 행위자들의 의지 등에 관한 연구와 이러한 문제를 역사적 맥락에서 설명하는 사회사적 연구들이 국내외에서 진행되고 있다는 점을 지적해 둔다(예컨대 김기석, 1999; 김성천 · 양정호, 2007; 김영화, 2006; 우용제 외, 1998; Archer, 1984).

3) 교육내용에 관한 연구의 등장

교육사회학에 갈등이론이 등장하던 1970년대에 또 다른 변화가 일어났는데 이른바 '신'교육사회학(new sociology of education)의 출현이다. 전자가 미국이 주 무대였다면 후자는 영국이 무대이다. 신교육사회학자들은 종래의 교육사회학이 연구주제를 잘못 선택하였다고 비판하면서 새로운 연구주제를 들고 나왔다. 연구에 임하는 자세도 또한 새로운 것을 주장하였다. 종래의 교육사회학이 주로 사회구조가 교육기회 분배와 계층구조 유지에 어떻게 작용하는가를 밝히는 것에 몰두해온 것을 비판하면서, 학교 내부의 교육과정과 수업 진행과정 및 교사 · 학생관계를 탐구하여야 한다고 역설하였다. 그런 의미에서 전자를 거시적(macro) 접근, 후자를 미시적(micro) 접근이라고 부를 수도 있다.

신교육사회학 또는 미시적 교육사회학의 발전에 큰 공헌을 한 사람은 영국의 번스타인(Basil Bernstein)과 영(Michael F. D. Young)이다. 번스타인은 사회언어학적(socio-linguistic) 연구에서 시작하여 교육내용이론 형성을 위한 연구범위의 확대에 많은 노력을 기울였다(1973a, 1973b, 1977). 그는 1963년 런던대학교 교육대학에 부임한 이후 학교의 교육내용과 내부현상에 대한 연구를 강조하였다(Karabal & Halsey, 1977: 45). 번스타인은 교육내용의 연구가 교육학, 좁게는 교육사회학에서 차지하는 중요성을 인식시키는 데 결정적 공헌을 하였다. 종래의 교육사회학을 단호하게 비판하면서 교육사회학의 새로운 방향을 뚜렷이 제시한 사람은 영이다. 그는 새로운 교육사회학 연구영역 개척에 가장 중요한 역할을 한 문헌의 하나로 꼽히는 「지식과 통제(Knowledge and Control)」를 편집하면서 부제를 "교육사회학의 새 방향"이라고 달았다(Young, 1971). 이 책의 서장에서 영은 종래의 교육사회학은 사회계층과 교육기회의 분배문제에만 집착한 나머지 학교 내부의 현상에 대하여 주목하지 않았으나, 이제부터는 교육기관에서 가르치고 있는 지식의 사회성에 눈을 돌려야 하며, 종국에는 교육사회학과 지식사회학이 한 학문임을 인식하게 될 날이 올 것이라고 역설하였다(1971: 3).

번스타인과 영 외에도 교육사회학의 새로운 발전에 이바지한 사람에는 고버트(David Gorbutt), 이글스톤(John Eggleston), 휘티(Geoff Whitty) 등이 있다. 고버트는 '신교육사회학'이라는 명칭을 처음 쓴 사람이기도 하다. 그는 교육내용의 중요성을 강조하는 새로운 학문동향을 가리켜 신교육사회학(The new sociology of education)이라 명명하고 이것은 종래의 교육사회학을 대치할 대안적 패러다임(alternative paradigm)이라고 주장하였다(Gorbutt, 1972). 휘티는 학교에서 가르치는 지식의 정치학적 성격을 파헤치는 데 노력을 기울였다(Whitty & Young, 1976).

당시 영국에서는 사회평등의 구현을 위한 수단으로서 학교교육에 대한 관심이 극도로 고조되어 있었다. 이 무렵의 연구는 학교교육기회의 분배상황과 기회분배의 결정요인을 규명하는 데 집중되었다. 연구결과는 사회계층 배경이 중요한 결정요인으로 드러났다. 처음에는 한정되어 있는 교육기회를 대폭 늘리고 정예주의적인 복선학제를 단선학제로 고치면 계층에 의한 교육불평등은 해소될 것으로 생각하였다. 그러나 복선학제를 고치고, '11세 이상 시험(Eleven+ Examination)', 즉 초등학교 졸업시험으로 대표되는 조기 선발제도를 포기하였음에도 불구하고 교육의 평등은 좀처럼 실현되지 않았다. 교육기회의 개방과 여러 가지 보완조치가 평등교육으로 이어지지 않은 것이다. 오히려 교육은 여전히 사회적 지위를 상속해 주는 교량 역할을 하고 있는 것으로 나타났다(예컨대 Miller, 1971).

학교가 사회적 지위 상속의 수단으로 활용되는 증거는 미국에서도 마찬가지로 나타났다(예컨대 Wright & Perrone, 1977). 이러한 연구결과에 직면하여 미국과 영국의 교육사회학은 각기 다른 방향으로 활로를 찾기 시작하였다. 미국의 학자들은 앞서 지적한 바와 같이 갈등이론에서 해결책을 구하였다. 즉, 문제의 소지가 학교나 교육제도에 있는 것이 아니라 불평등한 사회제도에 있다는 것으로 설명을 시도하였다. 다시 말하면 교육 불평등은 교육 그 자체의 속성이 아니라 전체 사회의 구조적 불평등이 그대로 교육에 반영된 것에 불과하다는 것이다(예컨대 Collins, 1977). 그리하여 미국의 교육사회학 연구는 사회의 구조적 특징과 교육구조와의 관계를 규명하는 내용이 강화된다.

이와는 대조적으로 영국의 경우에는 교육 내부의 문제로 시선을 돌렸다. 위에서 지적한 바와 같이 번스타인과 영이 중심이 되어 학교 내의 제 현상, 특히 교육내용의 성격을 규명함으로써 구조기능적 접근의 한계를 벗어나려고 시도한 것이다. 이들은 교육에 관한 제반 문제를 해명하기 위해서는 무엇보다도 먼저 교육의 내부현상을 분명히 파악해야 한다고 생각한 것이다. 특히 교육내용의 성격과 그것이 전수되는 과정을 명백히 이해해야 한다고 생각하였다. 즉 교육내용으로서의 지식에 관한 연구와 교사와 학생 간의 상호작용에 관한 연구가 주요 주제로 대두되었다(Williamson, 1974).

영국의 교육사회학자들이 교육내용에 특별히 관심을 갖게 된 이유는 무엇인가? 영국은 강고한 계급구조를 유지해 온 나라로서, 전통적으로 정예주의교육을 지향해 왔으며, 상류문화가 교육을 지배해 왔다. 이에 비하면 미국의 교육은 일찍부터 대중교육제도를 발전시켰으며, 교육내용도 특별히 상류문화를 고집하지 않았다. 영국의 상류문화 지향적 교육내용은 제2차 세계대전 후에 불어닥친 대중교육의 물결과 불가피하게 부딪히게 된 것이다. 상류문화 지향의 교육내용을 계층의 상하에 관계없이 누구에게나 가르치는 것을 정당화하든지, 아니면 교육과정을 새로 만드는 일이 불가피해졌다. 어찌 되었든 교육내용이 중요한 문제로 대두된 것이다.

이러한 상황에 버거와 루크만(Berger & Luckman)의 지식사회학에 관한 설득력 있는 저서(1966)가 출판되었고, 사회학에 슈츠(Alfred Schutz)의 현상학적 방법론이 도입되고, 가핑클(Harold Garfinkel, 1967) 등의 민족방법론(民族方法論, ethnomethodology)이 널리 소개되어 교육내용과 내부현상에 관한 연구열이 한층 고조되었다. 영국은 이미 만하임(Karl Mannheim)이 남겨 놓은 지식사회학의 유산을 가지고 있었기 때문에 교육과정을 '사회적으로 형성된 지식체계'로 보려는 신교육사회학자 또는 교육과정사회학자들을 고무하고도 남았다. 더욱이 민속연구방법론 및 현상학(phenomenology)적 방법론과 상징적 상호작용(symbolic interaction)이론의 등장은 학교의 내부현상을 탐구하는 데 있어서 방법론상의 어려움을 크게 덜어 주었다. 그리하여 교육과정사회학의 주창자들은 종래의 거시사회학(macro-sociology)의 관점에서 벗어나 미시사회학(micro-sociology)의 방향으로 나아갈 수 있게 되었다. 여기에 과학철학자 쿤(Thomas Kuhn)의 「과학혁명의 구조」(1970)도 교육과정에 대한 관심을 고조시켰다.

신교육사회학 또는 교육과정사회학의 연구주제는 위에서 언급한 바와 같이 크게 나누어 두 가지이다. 교육과정과 교사 · 학생 간 상호작용이다. 교육과정을 보는 이들의 관점은 한마디로 지식의 사회성에 바탕을 두고 있다. 학교의 교육내용은 사회적으로 결정된 문화전수의 한 방편이기 때문에 그것은 보편적인 것도 절대적인 것도 아니라는 것이다. 교육과정은 사회적·정치적 산물이라는 것이다(Eggleston, 1977). 뿐만 아니라 교사와 학생 간의 상호작용도 사회적 환경 속에서 형성되는 것이기 때문에 항상 교육적인 것은 아니라는 입장이다. 학생과 교과지식에 대한 교사의 범주 구분 방식도 사회적으로 형성되는 것이어서, 중간계층 학생에게 유리하게 작용함으로써 낮은 계층 학생에게는 불리하게 작용할 수 있다는 것이다(Keddie, 1971).

교육과정사회학은 교육사회학의 연구범위를 넓혀준 점, 그리고 무엇보다도 교육 외의 사회구조적 문제에만 편중되어 있던 교육사회학의 연구관심을 교육 내부의 문제로 끌어들인 공적이 크다. 그러나 교육과정사회학의 여러 약점도 지적되었다(Blackledge & Hunt, 1985: 290-315; Karabel & Halsey, 1977: 52-61). 첫째, 교육과정사회학자들은 학교지식을 '사회적으로 만들어진 것(socially constructed)'이라고 규정함으로써, 지식의 사회적 성격을 지적한 것까지는 좋으나, 지식을 마치 누구나 자기 멋대로 만들어낼 수 있는 것처럼 과장하는 문제가 있다. 지식이 사회적으로 형성된다고 해서 학교 교육과정이 엄격한 학문적 검토과정을 거치지 않고 언제나 자의적(恣意的)으로 만들어지는 것은 아니다. 또, 지식이 특정 시대에 특정 집단에 의하여 만들어진다고 해서, 그 지식이 그 시대와 그 집단의 이익에만 봉사한다고 결론 내릴 수는 없다. 특정 집단, 예컨대 자본가 계급 또는 중류 계급의 이익에 도움이 되는 지식이 있을 수는 있으나 모든 지식이 항상 그런 것은 아니다. 그런데 교육과정사회학자들은 이것을 구별하지 않고 마치 학교가 가르치는 모든 지식이 특정 계급을 위한 지식인 것처럼 암시한다. 그러므로 교육과정사회학은 자칫하면 극단적 상대주의적 지식관으로 치달을 위험을 안고 있다. 즉, "지식은 시대에 따라 다르고 집단에 따라 다르다. 그러므로 어떤 주장도 지식이 될 수 있고, 역으로 어느 것도 보편적 지식은 될 수 없다"고 주장할 수 있는 것이다. 실제로 신교육사회학에 속하는 고버트가 교육과정사회학에서 "지식은 철저히 상대화되고, 절대적 지식의 가능성은 부정된다"(Gorbutt, 1972: 7)고 주장하는 것을 보면, 이 분야 학자들의 일부라도 극단적인 상대주의적 지식관에 빠져 있다는 의심을 받을만하다.

둘째 약점은 교사가 학생들을 '우등생'과 '열등생', '모범생'과 '문제학생' 등으로 범주화하는 것이 교육적 요인에 의하기보다는 사회경제적 요인에 의하여 결정된다는 주장과 관련된 것이다. 교사의 학생 범주화가 상당한 정도로 사실이라고 해도 그것이 학생들의 학업성취와 장래의 진로를 전적으로 결정한다고 쉽게 단정할 수는 없다. 많은 연구가 밝혀주고 있듯이 학생들은 그들 나름대로 대응전략과 방법을 구사하며, 수동적으로 끌려만 가지 않는다.

셋째 약점은 교육과정사회학자들이 교육과정, 교사, 학생에 대한 관심을 환기시킨 것은 좋으나, 사회구조를 경시하는 경향이 있다는 점이다. 학교의 내부에 초점을 둠으로써 학교 및 교사와 학생을 둘러싸고 있는 사회구조의 문제에 적절한 관심과 주의를 기울이지 않을 위험이 있다.

이러한 한계에도 불구하고 교육과정을 비롯한 학교 내부의 문제에 대한 연구와 이론적 논의는 학교 교육현상을 정확히 이해하는 데 필수적이다. 다만 미시적 관점에 한정하지 않고 사회구조에 대한 거시적 관점과 연결시킨다면 그 성과는 더욱 확대될 것이다.

영국의 교육사회학자 번스타인(Basil Bernstein)은 여러 면에서 주목받은 학자이다. 그는 사회언어학의 문제에서 시작하여 교육과정 문제로 연구의 관심을 발전시켰고, 교육과 경제적 생산체제 간의 관계를 규명하기 위한 이론적 모형을 구상하고, 나아가 교육에 관한 사회과학적 담론구조를 정교화하는 데 진력하였다(Bernstein, 1996). 거시적 접근과 미시적 접근의 어느 한쪽에 치우치지 않고 두 접근을 모두 자신의 이론적 모형에 포함시키려는 노력은 주목할 만하다.

교육내용에 관한 또 한 줄기의 연구는 애플(Michael Apple)과 웩슬러(Philip Wexler)를 비롯한 미국 학자들에 의하여 진행되었다(Apple, 1979, 1996; Wexler, 1982). 이들은 그람시(Antonio Gramsci)와 같은 신마르크스주의 관점에서 교육과정, 교과서, 교사에 대한 연구를 통하여, 학교가 '충실한' 혹은 '무기력한' 재생산기제인 것처럼 설명하는 재생산이론을 비판한다. 나아가 이들은 교육에 관한 논의를 학교에 한정하지 않고 전체 사회 내에서 일어나는 문화의 생산과 유통, 기득권 집단 문화와 주변 집단 문화의 경쟁, 문화정치학 등에까지 확장시킴으로써, 교육에 관한 담론을 문화에 관한 담론에 접근시켰다. 스스로 '비판적 교육학자'라고 부르는 이들은, 교육과정에 관한 교육사회학적 연구는 '비판의 언어'뿐만 아니라 '가능성의 언어'도 발전시켜야 한다고 주장함으로써, 학교교육이 지니고 있는 사회변혁의 가능성을 확인하고자 하였다. 이들의 노력의 결과로 교과서에 담긴 지식에 관한 사회학적 분석과 문화에 대한 교육사회학 연구가 확대되었다(Weis, McCarthy & Dimitriadis, 2006).

교육사회학은 이제 과거와 같은 '기능이론'이니 '갈등이론'이니 또는 '교육과정사회학'이니 하는 식의 할거주의에서 벗어나고 있다. 어느 특정 이론의 틀에 매이지 않고, 보다 개방적이고 종합적인 관점으로 교육현상을 설명하려는 분위기가 조성되고 있다. 이 상황은 교육사회학의 이론적 양극화 시대가 끝나고 다극화 시대로 가고 있는 것이라고 표현할 수도 있겠다. 복지사회적 관점의 확대에 따른 교육복지의식의 고양, 여성주의 관점에서의 새로운 교육연구방향, 신마르크스주의 교육론에 대한 대응으로 확대되고 있는 신자유주의 교육론, 각국의 교육개혁 정책에 관련된 논쟁 등 교육사회학의 주제는 계속 확대되고 있다(Hallinan, 2000; Pink & Noblit, 1995; Torres &

Antikainen, 2003 참조).

그뿐만 아니라 정보혁명과 세계화의 급속한 진행에 따라 사회 전체와 교육에서 일어나고 있는 변화는 교육사회학에도 변화를 불가피하게 만들고 있다. 즉 새로운 사회가 새로운 교육사회학을 요구하고 있는 것이다. 기술과 지식의 발달에 따라 고용과 교육의 관계가 더욱 긴밀해짐으로써 인간자원양성과 복지사회형성에 교육의 중요성이 점점 더 높아지고 있는 점, 경제불평등과 소득양극화가 교육과의 관련 속에서 확대되고 있는 점, 학교와 대학의 교육방법, 운영방식, 운영주체 등이 다양화되고 있는 점, 교육이 사회의 어느 곳에서나 그리고 생애의 어느 시기에나 전개되는 평생학습시대로 진입한 점 등 사회 및 교육의 변화는 교육사회학에 새로운 관점과 새로운 연구방법을 요구하고 있다(Mehta & Davies, 2018: 42-46). 교육사회학은 계속 변하며 발전하는 학문이다.

제2장

경쟁하는 이론들

지식인의 첫째가는 의무는
누구나 뻔하다고 여기는 것을
새롭게 말하는 일이다.

조지 오웰

큰 의문에 큰 깨달음이 따른다.

몽산 스님

하나의 현상이라도 이를 설명하고 해석하는 관점은 여러 가지가 가능하다. 교육 현상도 그렇다. 사회를 유기체로 보는 기능론적 관점은 교육이 사회 유지에 필수적인 역할을 담당한다고 해석한다. 반면 갈등론적 관점은 교육의 이데올로기성을 환기하며 사회 재생산 기제로서의 교육의 역할을 드러낸다. 해석적 관점은 행위자 중심의 미시적 접근을 통해 기능론과 갈등론이 설명하지 못하는 교육 현상을 포착한다. 포스트모더니즘에 영향을 받은 관점은 근대 이성과 합리성의 한계를 지적하며 새로운 상상력을 촉구한다.

사물은 그것을 보는 눈에 따라 다르게 보인다. 즉, 관점이 다르면 같은 사물도 다르게 보이고, 다르게 해석하게 된다. 같은 시공간에서 벌어진 동일한 사태를 다르게 해석하는 이론들이 생겨나는 이유이다. 어느 학문이든 서로 다른 이론들이 경쟁하며 부침한다. 만약 한 학문 분야에 한 가지 이론밖에 없다면, 그것은 이론이 아니고 강령일 것이다. 누구나 당연한 진리라고, 다른 생각은 불가능하다고 믿고 있는 것에 대해 의문을 제기하고 새롭게 보려는 노력을 기울일 때 학문이 발전하고 사회도 발전한다. 학문하는 사람은 그런 일에 기쁨과 보람을 느낀다. 새로운 의문을 제기할 필요가 없다고 믿는 사회, 의문의 제기를 억압하는 사회는 침체되어 결국 생명력을 잃는다. 진정으로 학문하는 사람이 사회에 반드시 필요한 이유이다.

교육이란 무엇인가? 이것은 교육학의 오래된 질문이다. 교육사회학은 교육의 사회적 속성에 초점을 맞추어 '교육이란 무엇인가?'라는 질문에 답을 얻으려는 지적 작업이다. 즉, 사회현상으로서의 교육을 기술(記述)하고, 설명하고, 이해하려는 분과 학문이 교육사회학이다. 사회현상으로 교육은 개인 수준과 집단 수준의 교육행위는 물론이거니와 교육을 둘러싼 국제관계도 포함한다. 교육행위는 가르치는 입장에서 교육하는 행위는 물론 그 교육을 받는 행위, 즉 학습행위도 포함한다. 교육행위는 또한 교육적으로 가치롭다는 의미에서 교육적 행위뿐만 아니라 교육적으로 해롭다는 의미의 반교육적 행위 및 비교육적 행위도 포함한다. 그러므로 교육사회학은 개인과 집단 수준에서 교육하고 교육받는, 또 교육적이라 불리든 반교육적, 비교육적이라 불리든 교육에 관한 모든 현상을 과학적으로 탐구하여 그에 관한 지식을 쌓고 이론을 형성하려는 학문이라고 정리할 수 있다. 이런 의미의 교육사회학은 앞 장에서 살펴보았듯 그 역사가 길지 않다. 그러나 제2차 세계대전 이후로 교육사회학에 대한 관심은 빠르게 고조되어 오늘날에는 아주 활발한 학문이 되었다. 특히, 1960년대부터는 사회학자들뿐만 아니라 경제학자, 정치학자, 인류학자들도 교육현상에 관심을 기울이게 되어 교육은 사회과학자들의 주요 학문적 관심영역으로 떠올랐다.

교육사회학 이론은 주로 사회학과 관련을 맺으면서 발전하였다. 중요한 교육문제가 대두되면 교육사회학 연구가 그 방향으로 집중되는 것은 물론이지만, 또 한편으로는 사회학에서 일어나는 이론적 쟁점과 발전이 그때그때 반영되었다. 이 장에서는 교육사회학의 이론적 동향을 몇 개의 주요 이론을 중심으로 살펴보려 한다. 순서를 정하기는 어렵지만 관심이 고조되었던 시기의 순서에 따라 기능주의적 접근(functionalist approach) 또는 기능이론, 갈등적 접근(conflict approach) 또는 갈등이론, 해석적 접근(interpretative approach) 또는 해석적 이론이 교육을 어떻게 설명하는가 알아보겠다. 그리고 탈근대주의 또는 포스트모더니즘(postmodernism)이 교육사회학 연구에 어떤 영향을 주고 있는가도 살펴보겠다.

사회를 설명하려는 이론은 위에 말한 것들만 있는 것도 아니고, 또는 모든 이론들을 이런 식으로만 분류할 수 있는 것도 아니다. 사회이론은 '일가'를 자처하는 것만도 적지 않아서 분류하기에 따라서 그 수는 여럿이 될 수 있다. 당대의 사회학 이론가로 인정받는 제프리 알렉산더(Alexander, 1987)는 구조기능이론, 갈등이론, 교환이론, 상징적 상호작용론, 민속방법론, 문화사회학으로 분류하였으며, 그 자신은 신기능주의 이론가로 불린다. 그는 각 이론을 소개하고 비교한 뒤에 사회학 이론의 시대적 흐름을 정리하면서, 제2차 세계대전 이후의 사회학은 처음에는 기능주의 이론에 의하여 전면적으로 지배되었고, 뒤이어 이를 비판적으로 극복하려는 두 개의 '혁명'이 일어났는데, 그것은 개인의 의지와 타협을 중시하는 미시적 이론 학파와 사회적 행동결정에 있어서의 억압구조의 역할을 강조하는 거시적 이론 학파의 등장이라고 하였다. 이들 두 학파는 기능주의의 한계를 노출시키고 사회학 이론의 영역확대와 관점의 확대에 이바지하였으나, 이들도 또 다른 한계에 부딪쳐 새로운 돌파구를 찾으려는 노력이 새 세대 사회학자들에 의하여 진행되고 있다고 지적한다. 새로운 세대가 전제로 삼고 있는 것은, 미시적 이론과 거시적 이론 어느 것도 독자적으로는 충분하지 못하며, '행위'와 '구조'는 별개로 다루어져서는 안 되고 상호관련된 것으로 다루어져야 한다는 것이다.

한편 교육사회학으로 좁혀 보아도 소위 '이론'으로 거론하는 것이 많지만, 큰 줄기는 서너 개 정도로 정리할 수 있다. 차경수 · 최충옥 · 이미나(1995: 32)는 기능주의이론, 갈등이론, 미시적해석학이론, 신교육사회학으로 구분하였고, 이종각(1995: 63-64)은 기능론적 패러다임, 갈등론적 패러다임, 해석학적 패러다임으로 나누어 설명한다. 사하와 즈

브르지키는 에밀 뒤르켐의 기능주의, 카를 마르크스의 갈등이론, 막스 베버의 사회이론이 오늘날까지도 주도적인 고전적 사회학이론임을 확인한다. 그리고 세 사람 이외에 현대 교육사회학이론에 영향을 끼친 학자들로 허버트 스펜서(Herbert Spencer)의 사회진화론, 카를 만하임(Karl Mannheim)의 사회재건 교육론, 소스타인 베블런(Thorstein Veblen)의 유한계급 교육론, 플로리언 즈나니에츠키(Florian Znaniecki)의 교육기관 역할론을 들고 있다(Saha & Zubrzycki, 1997: 11-20; Sadovnik, 2016: 3-22).

기능이론과 갈등이론의 다툼은 전자에 대한 후자의 비판과 공격, 이에 대한 전자의 자기변호 및 반격 등의 방식으로 전개되어 왔다. 그런 의미에서 주류는 기능이론이 맡아왔으며, 이를 비판 또는 부정하려는 대항이론으로 갈등이론이 역할을 담당해 왔다고 말할 수 있다. 서방세계에서 갈등이론은 오랫동안 큰 주목을 끌지 못하였으나 1960년대와 1970년대를 거치면서 주류인 기능이론과 당당히 경쟁을 벌일 만큼 큰 세력으로 발전하였다.

그런데 기능이론과 갈등이론이 첨예하게 대립하고 있을 때, 한편에서는 사회구조의 중요성을 지나치게 강조하는 두 이론의 한계를 극복하려는 노력이 전개된다. 두 이론이 개인의 의지와 개인 간 및 집단 간의 상호작용 행위의 중요성을 간과해 왔음이 지적된다. 해석학과 현상학이 사회과학 연구에 원용되면서 거시적, 구조주의적 관점의 한계를 극복할 수 있는 미시적, 행위자 지향적 접근이 주목을 받기 시작한다. 자연히 교육사회학에도 1980년대에 해석적 접근이 하나의 조류를 이루게 된다. 그리하여 오늘날에는 기능주의적 접근, 갈등적 접근, 해석적 접근이 공존하면서 이론적 경쟁을 벌이고 있다. 한편 최근에는 근대 이성과 서구의 합리주의 사상에 기초한 학문 담론을 비판적으로 해체하고 재구성하려는 포스트모더니즘 접근도 주목을 받고 있다.

1. 기능주의 교육이론

1) 기능주의

기능주의(functionalism) 또는 기능이론은 콩뜨(Auguste Comte, 1798~1857)와 스펜서(Herbert Spencer, 1820~1903)로까지 거슬러 올라갈 수 있을 정도로 오랜 전통을 가지고 있다. 한 마디로 기능이론이라고 부르지만 그 속에는 조금씩 다른 여러 학자의 이론들이 들어 있다. 그러므로 명칭도 기능이론 외에 구조기능이론(structural functional theory), 합의이론(consensus theory), 질서모형(order model), 평형모형(equilibrium model) 등이 있으며, 명칭에 따라 이론의 강조점이 서로 다르다. 그러나 이들을 모두 포괄하여 기능이론으로 부르는 것이 일반적이다. 기능이론은 콩뜨와 스펜서에 의하여 기초가 형성된 뒤에 뒤르켐(Émile Durkheim, 1858~1917), 파레토(Vilfredo Pareto, 1848~1923), 말리노프스키(Bronislaw Malinowski, 1884~1942)와 래드클리프-브라운(Alfred Reginald Radcliffe-Brown, 1881~1955) 등에 의하여 다양하게 발전하였으며, 미국의 대표적 사회학자 파슨스(Talcott Parsons, 1902~1979)에 이르러 매우 포괄적인 사회학이론으로 정립되었다(Abrahamson, 1978: 19-36; Morrow & Torres, 1995: 41-78; Torres & Antikainen, 2003: 21-26).

기능이론은 사회를 유기체에 비유한다. 유기체는 예컨대 인체는 손, 발, 코, 귀, 위, 폐 등 여러 기관, 즉 부분으로 구성되어 있으며 이들은 각기 다른 기능을 담당하고 있어서, 각각의 기능을 순조롭게 수행함으로써 인체의 생존과 활동을 가능하게 만든다. 각 기관은 인체로부터 떨어져서는 유지할 수 없으며, 어느 한 기관이라도 결핍되면 인체는 불편한 상황에 처하거나 기대하는 활동을 온전히 수행할 수 없게 된다. 인체의 각 기관이 고유한 기능을 제대로 수행해 유기체가 생존하며, 유기체가 존속하여야 각 기관의 생존도 보장받을 수 있다. 유기체는 항상 생존과 건강한 활동을 지향한다. 어떤 이유로든 부분 또는 전체의 기능이 약화되면 유기체는 이를 회복하기 위하여 모든 노력을 기울인다.

기능이론은 사회도 유기체처럼 여러 부분으로 구성되어 있으며, 사회 각 부분은 전체 사회의 존속을 위하여 필요한 각각의 기능을 수행한다고 설명한다. 그런 의미에서 사회의 각 부분은 상호의존적이다. 사회는 항상 안정을 유지하려는 속성이 있으며, 어떤 충격에 의하여 안정이 깨뜨려지면 이를 회복하기 위한 노력을 전개한다. 사회를 구성하고 있는 각 부분 간에는 우열이 있을 수 없으며 각기 수행하는 기능상의 차이가 있을 뿐이다. 어떤 사람이나 부분이 다른 사람이나 부분에 비하여 더 많은 재산이나 권력을 가지는 것은 더 힘들고 중요한 기능을 맡고 있기 때문이다. 중요한 기능을 수행하는 대가로 사회적 보상을 더 많이 받는 동시에 그 기능 수행에 필요한 권한을 부여받았기 때문이다. 그런 의미에서 계층은 기능의 차이에 근거한 차등적 보상체제의 결과일 뿐이다. 결국 기능주의 이론이 보는 사회는 질적으로는 우열의 차이가 없는, 각기 다른 기능을 수행하는 수많은 개인 및 집단의 통합체이다. 유기체로서 사회는 안정과 질서유지라는 합의된 목표 아래 상호 의존하여 살아가는 인간집단이다.

사회에 대한 위와 같은 방식의 설명은 1960년대까지만 해도 대부분의 사회학 저서의 근간을 이루었으며 1970년대까지 '주류'를 이루었다. 기능이론은 앞서 지적한 바와 같이 파슨스가 체계화하였는데 그의 이론은 흔히 구조기능주의에 입각한 사회체계(social system)이론으로 불린다(Parsons, 1951, 1971). 그는 어느 사회체계나 다음과 같은 세 가지 속성을 지니고 있다고 생각하였다. 첫째, 한 체계를 구성하고 있는 요소들은 기능적으로 상호의존적이다. 둘째, 한 체계의 구성요소들은 그 체계의 계속적 작용에 적극적으로 공헌한다. 셋째, 한 체계는 다른 체계에 영향을 주며, 이 체계들은 한층 더 높은 수준의 체계, 즉 상위체계(super system)에 대하여 하위체계(subsystem)이기도 하다.

이러한 관점에서 사회를 설명하는 기능이론은 이념의 갈등, 이해관계를 둘러싼 집단 간의 이견과 대립을 과소평가하는 한편, 주어진 현실을 인정하는 현상유지의 입장을 지지한다. 즉, 기존의 질서를 내세우는 체제유지 우선의 논리를 뒷받침하는 것이다. 기능이론의 현상유지 지향성은 이미 뒤르켐의 사회학에 잘 나타나 있다(Durkheim, 1893). 뒤르켐이 평생을 두고 추구한 문제는 '사회가 어떻게 해서 해체되지 않고 지속되는가'였다. 산업화와 자유주의의 물결에 밀려 전통사회의 규범과 제도가 모두 무너지고 새로운 종류의 규범과 제도가 형성되는 19세기 말의 격동을 체험한 뒤르켐에게는 사회가 붕괴되지 않고 여전히 그 나름의 질서를 유지하면서 존속하는 것은 경이로움 그 자체였다(Rossides, 1978: 271-301). 질서가 뒤르켐의 중심 연구 주제가 된 것은 자연스러운 것이었다. 뒤르켐의 사회학 연구는 그가 원했든 아니었든 간에 기존 체제의 유지를 옹호하는 이론적 뒷받침으로 흔히 이용되었다.

기능주의이론은 기존 체제의 존속, 즉 현상유지를 옹호한다는 비판 외에도 여러 면에서 비판을 받고 있다. 와쉐이는 기능이론에 대한 비판을 다음 여덟 가지로 정리하였다(Warshay, 1975: 24-25). ① 존재하는 모든 사회조직을 기능적인 것으로 본다. ② 보수적이다. ③ 목적론에 빠져 있다. ④ 실증적이지 못하다. ⑤ 변화를 제대로 설명하지 못한다. ⑥ 구조나 성격과 같은 기본변수를 소홀히 취급한다. ⑦ 권력투쟁, 갈등, 일탈행동 등을 제대로 설명하지 못하고 이런 현상을 범법행위 또는 병리현상으로 간주해 버린다. ⑧ 사회적 이념, 목표, 규범 등의 보편성과 합의성을 과장한다. 기능이론은 사회의 역사적 변화과정을 제대로 설명하기 어렵고, 사회 내의 개인 간 및 집단 간의 대립과 갈등을 정면으로 다루지 못하며, 변화와 개혁보다는 현상 유지를 지지한다는 비판을 면하지 못하고 있다.

2) 뒤르켐의 교육 설명

기능이론의 대표적 학자인 뒤르켐은 그 시대의 위대한 사회학자들 가운데 교육에 가장 관심이 많았던 사람이다. 그는 19세기 말에서 20세기 초에 걸쳐 프랑스의 대학에서 교육학 및 사회학 교수로 재직하면서 교육학을 강의하였으며 그의 강의록은 사후에 출판되었다. 뒤르켐은 교육을 다음과 같이 정의하였다.

교육은 사회생활을 위한 준비를 아직 갖추지 못한 어린 세대에 대한 성인세

참고자료

뒤르켐(Émile Durkheim, 1858-1917)

프랑스 사회학자인 뒤르켐은 마르크스, 베버와 함께 사회학의 기초를 놓은 고전사회학자이다. 고등사범학교에서 공부하였고 보르도대학과 소르본대학의 교수를 지냈다. 소르본대학에서 그의 직함은 교육학교수였다. 그는 프랑스 제3공화국의 도덕적, 정치적 통합을 위한 여러 활동을 하였다. 그가 창간한 「사회학 연보」를 통하여 프랑스 지성사에 큰 영향을 미친 뒤르켐 학파가 태어나게 되었다. 콩트의 영향을 받은 뒤르켐의 사상은 『사회분업론』(The Division of Labour in Society, 1893)과 『자살론』(The Suicide, 1897)을 통해 세상에 알려졌으며 사회학 방법론, 종교사회학, 교육사회학, 지식사회학, 구조주의 인류학, 현대사회론 등에 큰 공헌을 하였다. 생물학적 · 심리학적 해석보다는 사회구조적 요인을 중시했다.

대의 영향력 행사이다. 그 목적은 전체로서의 정치사회와, 아동이 장차 소속하게 되어 있는 특수환경의 양편이 요구하는 지적·도덕적·신체적 제 특성을 아동에게 육성 계발하는 데 있다(Durkheim, 1969: 72).

이 정의에 나타나 있듯이 그는 교육을 사회화와 동일시하였다. 사람은 비사회적 존재로 태어나므로 이를 사회적 존재로 길러내야 하는데, 교육이 바로 이 기능을 수행한다는 것이다. 사회화를 위한 교육의 기능은 두 가지 내용으로 구성된다고 그는 보았다. 하나는 '보편적 사회화'이고, 다른 하나는 '특수 사회화'이다. 보편적 사회화는 그가 말한 "전체로서의 사회"가 요구하는 신체적, 지적, 도덕적 특성의 함양이고, 특수 사회화는 개인이 속하게 되는 특정 직업세계와 같은 특수 환경이 요구하는 신체적, 지적, 도덕적 특성의 함양을 가리킨다.

보편적 사회화는 한 사회의 공통적 감성과 신념, 즉 집합의식(集合意識)

그의 중요한 저서로는 위의 두 저서 외에도 『사회학적 방법의 규칙』, 『종교생활의 원초적 형태』 등이 있다. 교육학 관련 저서인 『교육과 사회학』, 『도덕교육론』, 『프랑스 교육의 발전』은 모두 사후에 제자들에 의해 출판되었다.

뒤르켐은 인간성을 회복하고 새로운 사회적 제도를 형성하는 데 가장 강력한 수단으로서 교육과 종교에 관심을 가졌다. 그는 교육이 사회가 요구하는 기본적인 관계와 역할을 개인에게 가르쳐 사회적 존재로 성장시키고 그 사회의 동질성을 지속하고 강화한다고 보았다. 구조기능주의자로 평가되는 뒤르켐의 교육에 대한 이런 관점은 학교가 그 사회의 존립과 영속성을 위한 요구에 부응하는 기관이라는 점을 강조한다. 이처럼 뒤르켐은 교육의 사회적 기능에 주목하여 사회과학적 접근과 해석을 시도했다.

을 새로운 세대에 내면화시키는 것을 의미한다. 그렇게 함으로써 그 사회의 특성을 유지하고 구성원들의 동질성을 확보한다. 이 보편적 사회화는 한 사회가 해체되는 일 없이 그대로 존속하는 데 있어서뿐만 아니라, 한 사회의 독특성을 변화 없이 (적어도 상당한 기간 동안은) 유지하는 데 있어서도 필수적인 것이다. 그는 이것을 다음과 같이 부연한다.

> 아동이 속한 사회적 계층과 무관하게 모든 아동에게 일률적이고 반복적으로 가르쳐야 할 사상과 정서와 관습이 많이 있다는 것을 부정할 사람은 아무도 없을 것이다. 폐쇄적 계급사회일지라도 모든 사람에게 공통되는 종교가 존재하는 것이 일반적이다. 그 사회에서 기본적인 종교문화의 원리는 모든 국민에게 동일하게 적용되는 것이다. 만약 각 계급이나 가정마다 고유의 신이 있을지라도 모든 사람이 인식하고 존경하여야 할 보편적인 신은 있게 마련이다. 이 일반 신은 어떤 감정과 세계관과 인생관을 상징화 및 인격화하고 있는 것이기 때문에 종교의식에 참여하게 되면 누구나 순수한 종교생활의 범주를 넘어서는 각종 사고유형을 동시에 체득하게 된다. 한 예로, 중세기 사람들은 노예이든 농노이든, 평민이든 또는 귀족이든 모두 똑같이 기독교적 교육을 받았었다. 지적으로나 도덕적으로나 그렇게 다양하게 대조적으로 분리되어 있었던 사회에서도 그러했을진대, 하물며 계층이 있지만 계층 간의 차이가 약화한 발달된 근대 사회에서 교육의 공통요소는 쉽게 많이 찾아낼 수 있을 것이다. 교육의 공통요소는 종교적 상징의 형태로 표현되지 않는 사회라고 사라지는 것이 아니다. 역사의 전개과정 중에서 인간성과 개인차의 중요성, 권리와 의무, 사회, 개인, 진보, 과학, 예술 등에 관한 사상체계가 형성되어 왔으며, 바로 이러한 것들이 동질적인 국민정신의 기초가 되고 있다. 부유한 자의 교육이든, 가난한 자의 교육이든, 전문직업교육이든, 산업기술교육이든 상관없이 모든 교육은 교육의 목적으로서 위와 같은 공통요소를 아동에게 심어 주지 않으면 안 된다.

> …… 사회가 존속하려면 그 구성원들 사이에 동질성이 충분히 유지되지 않으면 안 된다. 교육은 아동에게 어릴 때부터 집단생활에 필요한 기본적인 동일성을 형성시킴으로써 사회의 동질성을 영속시키고 동시에 강화한다(Durkheim, 1969: 70-71).

그러나 뒤르켐은 한 사회가 유지되기 위하여는 다양한 직업집단이 필요하며 산업화가 진행됨에 따라 사회의 분업화가 가속된다는 사실에 주목하였다. 분업화된 각 사회집단 또는 하위집단은 그 나름으로 요구하는 신체적, 지적, 도덕적 특성을 가지고 있다. 특수 사회화가 필요한 이유이다. 개인은 속하여 살아가게 될 직업집단의 규범과 전문지식을 미리 학습하여야 한다.

> 실제로 각종 직업은 저마다 특유의 능력과 특정의 이론적, 실제적 관점을 갖고 전문지식을 요구하는 고유의 환경을 형성하고 있다. 그리고 아동이 소명받은 기능을 수행할 수 있도록 그에게 준비시켜야 할 의무가 있기 때문에, 아동이 일정한 연령 이상이 되면 모든 아동에게 동등한 교육을 시킬 수 없게 된다. 이러한 이유 때문에 우리는 모든 문명국가에서 교육이 점점 더 다양화하고 전문화되어 간다고 보는 것이다. 그리고 이러한 분화는 하루하루 더 심화되어 가고 있다(Durkheim, 1969: 68).

보편적 사회화와 특수 사회화는 어떤 관계인가? 뒤르켐은 양자가 이념상으로는 일치한다고 상정한다. 보편적 사회화가 특수 사회화를 지배한다고 보았기 때문이다. 그러나 그가 전체 사회와 부분 집단의 관계를 명백히 지배와 복종관계로 기술하는 것은 아니다. 그는 사회와 개인의 관계를 규정하며 사회는 개인의 산술적 합계 이상의 특성을 가진 하나의 실체라고 설명하는데, 이 방식을 전체 사회와 부분 집단의 관계에도 그대로 적용하고 있다(Durkheim, 1893: 40). 그는 보편적 사회화와 특수 사회화의 관계를 깊이 추구했다기보다는 전자가 정의상 보편성을 띠고 있기 때문에 이념적으로 양자는 당연히 일치한다고 간주한 것이다.

뒤르켐의 생각은 다시 정리하자면 이렇다. 사회가 점점 분화하기 때문에 다양한 직업교육은 불가피하다. 그러나 전문화된 교육이 증가하면 할수록 사회 전체의 동질성 유지를 위한 보편교육이 필수적이므로, 교육의 핵심 기능은 보편적 사회화이다. 오늘날의 분화된 사회에서 여러 가지 전문교육이 없을 수는 없지만, 전문교육이 중지되는 한이 있어도 보편교육은 지속되어야 한다. 보편교육이야말로 사회의 존속에 불가결한 동질성을 지탱해 주는 지주이기 때문이다. 교육은 그 제도나 교육과정 모두가 한 사회가 근거하고 있고 또한 지향하고 있는 이념을 위하여 존재하는 것이다(김신일, 1988).

그런 의미에서 뒤르켐은 교육이 극히 중요한 사회이념(ideology)의 성격을 가지고 있음을 날카롭게 인식하였다. 교육은 사회이념을 떠나서 존재할 수 없으며 사회이념의 유지를 위하여 교육이 없어서는 안 된다고 보았다. 교육은 곧 이념적 활동인 것이다. 그런데 뒤르켐이 교육을 지적 열광을 불러일으키고, 새로운 이상을 탄생시키는 기능을 수행할 수 있는 것으로 인식함으로써, 기존 사회이념의 전수보다는 새로운 이념의 창출에 더 큰 기대를 걸었다는 해석도 있다(김종엽, 1998: 344-346). 유사하게 그가 기존 질서의 유지보다 새로운 질서의 창조를 교육에 기대하였다는 주장도 제기되고 있다(백승학, 1998: 134-144).

그러나 뒤르켐은 한 사회를 구성하고 있는 서로 다른 집단 간의 갈등과 불일치를 과소평가하고, 모든 사회가 각기 항상 하나의 합의된 이념과 질서를 지향하는 것처럼 상정하였다는 비판에서 자유롭지 않다. 뿐만 아니라,

교육에 있어서도 여러 집단의 교육을 둘러싼 갈등의 가능성을 언급하지 않아 교육현상의 정확한 이해를 어렵게 만들었다. 어떤 지식과 가치를 가르치는가? 그것은 누가 결정하는가? 교육의 방향과 내용에 관한 국가 · 교육자 · 학습자 간의 갈등은 없는가? 교육은 누구의 이익에 봉사하는가? 이런 질문에 뒤르켐의 교육이론으로는 제대로 답변하기 어렵다(김신일, 1988).

3) 파슨스의 교육 설명

기능이론을 더욱 나듬어서 체계적 이론으로 발전시킨 사람은 현대 미국 사회학자의 한 사람인 파슨스(Talcott Parsons)이다. 교육의 사회적 기능에 관한 그의 기본적 생각은 「사회체계로서의 학교학급」이라는 1959년 출판 논문에 잘 정리되어 있다. 파슨스는 뒤르켐과 마찬가지로 학교교육의 사회화 기능을 강조하는 동시에 산업사회에서의 인력배치(manpower allocation) 기능을 부각시킴으로써 사회적 선발 기능도 강조하였다. 그는 사회화와 사회적 선발을 사회체계로서의 학교의 기본 기능으로 파악한 것이다(Morrow & Torres, 1995: 53-66). 사회화 기능에 관한 파슨스의 설명은 뒤르켐과 대동소이하다. 개인들에게 그들이 장차 성인이 되어 담당하게 될 역할 수행에 반드시 필요한 정신적 자세와 자질을 기르는 것이 사회화라고 요약하였다. 학교는 이러한 정신적 자세와 자질을 길러주고 있다는 것이다.

그러나 사람들이 사회에서 담당하는 역할은 서로 다른 것이기 때문에 누가 어느 역할을 담당할 것인가를 결정하는 일도 매우 중요하다. 과학기술에 기초한 현대 산업사회에서는 각자의 능력과 소질에 적합한 역할을 맡기는 것이 인력의 활용을 극대화하는 길이기 때문에 더욱 중요하다. 개인의 입장에서 보더라도 남들로부터 존경받을 수 있고 많은 경제적 수입을 얻을 수 있는 지위는 누구나가 원하는 것이기 때문에, 학교가 개개인의 능력과 소질을 정확히 파악하여 적절하게 배치하는 것이 매우 중요하다. 이런 의미에서 학교의 사회적 선발 기능은 개인의 입장뿐만 아니라 사회적으로도 지극히 중요하다.

파슨스는 초등학교에서 대학에 이르기까지의 선발과정을 비교적 자세히 묘사하였다. 그가 보기에 미국의 학교교육은 성취지향을 가장 가치 있게 여겨서 학생 개개인의 성적을 중시하고 성적을 기준으로 선발을 해 나간다. 그러나 초등학교와 중등학교 사이에는 뚜렷한 차이가 있다. 초등학교는 성적의 '크기'만을 따지나 중등학교는 성적의 '크기'와 함께 '질'을 따진다. 성적은 두 가지 내용으로 구성된다. 하나는 '인지적' 학습(cognitive learning)으로 지식과 기술 등의 학습을 말한다. 다른 하나는 '도덕적' 학습(moral

참고자료

파슨스(Talcott Parsons, 1902-1979)

파슨스는 콩트와 스펜서에 의해 기초가 형성되고 뒤르켐, 파레토 등에 의해 발전하였던 기능주의 이론을 사회에 대한 분석을 위한 일반적이고 포괄적인 이론체계로 정립한 학자로 평가받는다. 막스 베버와 빌프레도 파레토의 업적을 미국 사회학계에 소개하는 역할도 했다. 미국 Amherst College에서 생물학과 사회학을, 영국 London School of Economics에서 사회학을 공부했다. 1927년 독일 하이델베르크대학교에서 사회학과 경제학으로 박사학위를 취득한 후 하버드대학에서 1973년 퇴직 때까지 가르쳤다.

파슨스는 자신의 첫 번째 저작인 『The Structure of Social Action』(1937)에서 자발적인 원리에 기초한 사회적 행동의 체계적 이론을 발전시키기 위해 프로이트와 베버가 가정한 인간 내부의 영역이 아닌, 사회에 의해 발전된 외부의 제도적 구조의 영역에서 사회학 이론의 자취를 정리했다. 『The Social System』(1951)에서 그는 거시적인 시스템과 사회적 질

learning)으로 교사에 대한 존경심, 급우들과의 협동, 질서 지키기 등의 학습을 의미한다. 그러나 초등학교에서는 이들 두 학습내용이 나뉘지 않고 하나의 전체로 다루어진다. 그리하여 '우수한 학생'은 인지적 학습과 도덕적 학습에서 모두 우수한 학생을 의미한다. 더 정확히 말하면 지적 우수성과 도덕적 우수성을 동일시하여 이를 하나의 척도로 재어 성적을 낸다. 공부 잘하는 학생은 행동평가도 높게 되어 있다는 것이다.

그러나 중등학교에서는 성적이 '질적으로' 분화된다. 파슨스에 의하면 중등학교는 학생을 대학교육을 받기에 적합한 사람인가 아닌가로 나눈다. 대학진학에 적합하지 않은 사람은 중등학교를 마치고 사회에 나가 담당할 직업의 종류에 따라 분류되어야 하기 때문이다. 그런 의미에서 학교의 선발 기능은 중등학교에서 가장 뚜렷하게 드러난다. 특히, 대학진학이 높은 사회

서의 문제, 통합과 평형상태를 바탕으로 분석했으며 구조기능주의 분석을 주장했다. 그는 제각기 고유한 임무를 수행하는 여러 사회구조의 단위들이 서로 연관되어 상호작용하면서 그 사회시스템의 발전과 존속에 기여한다고 보았고, 보다 전문화된 업무를 담당하는 여러 상호의존적인 요소들이 그 체계를 이루고 있다고 보았다. 그러한 사회의 고유한 특성 중 하나가 불평등 또는 계층의 존재이지만 그로 인한 갈등이 사회현상을 해명하는 본질적인 요인이 될 수 없다고 보았으며, 사회질서, 즉 규칙과 규범은 사회성원들의 의식과 의무감이 내면화됨으로써 가능하다고 보았다.

파슨스는 학교교육의 사회화 기능을 강조함과 동시에 산업사회에서 학교는 자질과 능력에 따라 사람들을 선발하고 직업구조에 배치시키는 사회적 선발기구라는 점을 강조했다. 또한, 능력에 바탕을 둔 선발장치로서의 시험제도는 보편주의, 업적주의, 객관적인 평가로서의 감정중립성 등의 요소를 가지며 학교는 이러한 기능들을 수행하고 있다고 보았다.

적 지위를 획득할 수 있는 길이 되기 때문에, 대학진학에 적합한 사람과 아닌 사람의 선별은 모든 사람의 관심이 되고 경쟁도 매우 치열하다. 이 경쟁은 우수한 인재를 선별할 수 있는 계기가 된다. 즉, 중등학교의 계열분류와 대학입시제도는 사회적 선발을 위한 장치인 셈이다. 학교가 이러한 사회적 선발 기능을 수행하는 것은 사회와 학교가 성취지향이라는 가치를 공유하고 있기 때문이다. 이는 현대 산업사회의 성취지향 가치관을 학교가 받아들인 결과라고 파슨스는 설명한다.

그렇기 때문에 교육기회에의 접근(access to educational opportunity)이 공정하면, 성취수준의 차이에 따라 학력수준이 달라지고, 학력수준에 따라 사회적 지위의 수준이 달라지므로 교육선발은 공정하다는 것이다. 파슨스가 보기에 산업사회의 학교는 이러한 기능을 무리 없이 수행하고 있다. 그는 이러한 신념을 다음과 같이 명백히 밝히고 있다.

> 한 세기 이상에 걸친 미국 사회의 전반적인 문화적 향상(cultural upgrading) 과정에 발맞추어 교육제도는 점점 더 중요한 역할을 담당하게 되었다. 내가 보기에 이것은 사회의 구조적 분화(structural differentiation) 경향이 가져온 전형적인 결과이다. 학교는 말하자면 전문기관이 된 것이다. 학교가 사회화의 기관과 아울러 선발의 주요 통로로 정착된 것은 끊임없이 분화하고 향상하는 사회에 있어서는 당연한 귀결이다. 이제 '자수성가'의 전설은 점점 더 들어보기가 어렵게 되었다. 어려운 가정에서 태어난 사람이 정규교육을 받지 않고도 순전히 '피나는 노력'만으로 높은 지위에 오르는 일은 오늘날에도 없다고는 말할 수 없으나 극히 드물어졌다(Parsons, 1959: 317).

파슨스의 이러한 주장은 학교에서의 선발과정이 실제로 공정하게 이루어지고 있는 것처럼 보이게 만든다는 비판을 받고 있다(예컨대, Morrow &

Torres, 1995: 60-62; Parelius & Parelius, 1978: 11). 수많은 연구 및 조사 자료들이 상급학교 진학에 학생의 능력과 함께 가정배경이 강하게 영향을 미치고 있음을 밝히고 있다. 소득이 높고 직업지위가 높은 사람의 자녀들이 대학 강의실의 자리를 많이 차지하고 있는 것이다. 가정배경이 낮은 아동들보다 높은 아동들이 학교 성적도 높게 받고 있음을 최근의 여러 경험적 자료들은 제시하고 있다. 유럽의 9개 국가에 대한 분석결과는 상류계급 자녀들의 대학 진학률이 여전히 뚜렷하게 높음을 보여준다(Halsey, 1997: 643-644).

4) 기능이론의 계승

이러한 비판에도 불구하고 뒤르켐과 파슨스가 발전시킨 기능주의적 교육사회학 전통은 여러 사람들에 의하여 계승된다. 드리븐(Dreeben, 1967)은 산업사회에서 요청되는 규범을 미국의 학교가 어떻게 효과적으로 가르치는가를 보여주었다. 그에 의하면 미국의 학교는 산업사회에서 중요한 규범인 독립성, 성취지향성, 보편성과 특정성을 가르치는데, 가정교육을 통해서는 가르치기 어려운 것을 학교는 해내고 있다는 것이다. 결국 학교는 산업사회의 존속을 위한 규범교육의 기능을 충실히 수행하고 있다는 것이다. 한편, 호퍼(Hopper, 1981)는 학교가 사회적 선발기관으로서의 기능을 무리 없이 수행하고 있음을 강조한다. 그에 의하면 나라마다 교육선발제도는 조금씩 다른 특성을 지니고 있으나, 그것은 각국의 경제적, 정치적 특성을 반영했기 때문이라고 설명한다.

영국의 종합고등학교의 기능을 분석한 하그리브스(Hargreaves, 1982)는 뒤르켐이 금세기 초 프랑스의 학교에 대하여 했던 설명이 영국 학교에도 그대로 적용된다는 사실을 강조한다. 뒤르켐 당시의 프랑스 사회가 학교에 대하여 요청했던 것은 공동체의식과 사회적 연대(social solidarity)의 강화였으며, 그것은 20세기 영국에도 마찬가지로 절실히 요청되는 것이라고 주장한다. 학교는 19세기 말에도 그랬던 것처럼 '자아실현', '개인의 성장' 등을 내세우며 개인주의를 가르치고 있는데, 그 결과 개인주의가 발호하고 무규범상태(anomie)가 만연되었다. 그러므로 학교는 이러한 사회적 문제를 바로잡기 위하여 지역 공동체 의식을 함양하고 사회적 연대를 강화하는 교육을 수행할 새로운 책임을 사회로부터 부여받게 되었다는 것이다. 종합고등학교는 바로 이러한 교육을 담당하기 위하여 필요하게 되었고, 또한 그런 교육을 제대로 실시할 수 있도록 교육 전반에 개혁조치가 이루어져야 한다고 주장한다(Hargreaves, 1982: 제4장). 따라서 학교는 공동체의식 함양에 도움이 되는 여러 교육활동을 수행하지만, 그 가운데에 '수학여행'이나 '학교캠핑'도 여행 그 자체보다도 공동생활을 통한 연대의식의 함양이라는 점에서 대단한 교육적 가치를 내포하고 있으므로 중시되어야 한다. 그러한 공동생활 경험은 가족여행으로도 도저히 체험할 수 없는 귀중한 것이라고 강조한다. 공동체의식과 사회적 연대의 강화는 한 사회가 해체되거나 약화되지 않고, 강한 결속을 유지하면서 존속하는 데 필수적인 요건임은 말할 필요도 없다. 교육은 바로 이 기능, 즉 사회의 결속과 존속을 위한 기능을 수행하고 있는 것이다.

그런데 교육의 기능이론은 1960년대 말부터 1970년대 전반에 걸쳐 그 세력이 급속히 약해진다. 말할 필요도 없이 갈등이론이 약진했기 때문이다. 그러나 1980년대 들어 기능이론은 다시 떠오른다. 여기에는 신기능주의(neo-functionalism)를 자처하고 나선 제프리 알렉산더(Alexander, 1987)의 공헌이 크다. 신기능주의는 교육현상의 설명을 여러 면에서 시도하는데, 특히 제2차 세계대전 이후의 학교교육 팽창의 원인을 밝히려는 노력이 주목할 만하다(Morrow & Torres, 1995: 79-113 참조). 서로 관련되어 있지만 두 가지 설명이 거론되는데, 하나는 생태학적 세계체제이론(ecological world system theory)의 관점에서 교육팽창을 국제경쟁 증대에 대한 각 사회의 적응과정으로 해석한다. 다른 하나는 구조적 분화론의 관점에서 교육팽창을 초등교육에서부터 대학교육, 그리고 그 이후의 교육에 이르기까지 연속적 분화의 결과로 설명한다. 신기능주의의 이러한 설명방식은 세계화시대의 교육현상 설명에 유용하다.

1990년대에 들어서서는 시장의 경쟁원리를 강조하는 신자유주의가 많은 나라의 정책을 주도한다. 소련의 공산주의 체제가 붕괴되고 세계화가 급속히 진행되는 역사적 환경의 영향이기도 하다. 신자유주의의 확대는 기능주의 교육이론을 상화시킨다. 그에 따라 많은 나라에서 경쟁촉진을 통한 학생들의 학업성취 향상정책을 추진하고, 교육의 선발 기능을 강화한다(Torres & Antikainen, 2003). 그러나 2008년 후반기에 미국을 비롯한 강대국들의 금융시장이 위기에 직면하여 전 세계를 불안의 늪으로 빠뜨리는 재난이 일어나면서, 신자유주의에 대한 비판론이 힘을 얻게 되었다.

2. 갈등론적 교육이론

1) 갈등이론

갈등이론은 사회를 개인 간 및 집단 간의 끊임없는 경쟁과 갈등의 연속으로 본다. 즉, 세력다툼, 이해의 상충, 지배자의 압제와 피지배자의 저항, 그리고 사회의 끊임없는 불안정과 변동이 이 이론이 보는 사회의 속성이다. 갈등이론은 흔히 마르크스주의(Marxism)와 동일시되지만 마르크스주의가 갈등이론의 전부는 아니다. 마르크스주의 및 신마르크스주의(neo-Marxism)가 갈등이론의 큰 줄기를 이루고 있는 것은 사실이지만, 고전적 또는 비(非)

마르크스주의적 갈등이론도 독자적으로 발전해 왔다. 고전적 갈등이론은 베버(Max Weber)의 사회이론으로부터 발전된 지위경쟁이론을 중심으로 많이 논의되고 있다. 아울러 라틴 아메리카에서 형성된 종속이론(dependency theory)도 갈등이론의 범주에 드는데, 종속이론가 가운데 급진파들은 스스로를 마르크스주의자로 자처하고 있으나, 정작 교조주의적 마르크스이론가들은 이들을 배척하였다(Wilber, 1973).

갈등이론은 단순하게 말하면 인간이 소유하고자 하는 대상물은 제한되어 있고 인간의 소유욕은 무한한데 이 모순을 해결할 길이 없으니 인간간의 경쟁과 갈등이 불가피한 것이라고 전제한다. 살기 위한 싸움이 필연적 현실이라는 것이다. 인생 자체가 싸움이요, 사회는 싸움터라는 말도 된다. 그런데 마르크스 갈등이론과 베버 갈등이론 또는 고전적 갈등이론은 싸움의 목표와 싸움의 무기에 대한 관점에 차이가 있다. 전자는 단일 요인을 주장하여 경제적 생산수단이 싸움의 목표이자 싸움의 무기라고 설명하지만, 후자는 복합요인을 내세워 경제적 부(富), 사회적 지위, 권위 등이 목표요 무기라고 설명한다. 그러므로 마르크스 갈등이론은 베버 갈등이론에 비하여 이론이 단순하며, 단순하기 때문에 보기에 따라서는 더 강력하다. 그러나 양자의 보다 큰 차이는 역사관에 있다. 마르크스 및 신마르크스주의적 이론은 '진보적'이고 혁명지향적이며 낙관주의적인 데 반하여, 베버 이론은 보수적이고 미래에 대하여 비교적 회의적이다(Warshay, 1975: 27-28). 교육에 관하여는 마르크스가 교육과 생산의 연결고리에 주목하는 것과 대조적으로, 베버는 교육의 합리화 기능에 주의를 환기시킨다(Morrow & Torres, 1995: 13-14).

갈등이론의 중심에는 역시 마르크스가 있다. 마르크스는 사회에 관한 연구도 자연을 연구하는 자연과학과 다를 바 없는 '과학'이라고 생각하였다. 자연과학이 자연현상을 지배하는 법칙을 탐구하는 것처럼, 마르크스는 사회과학의 사명은 사회현상을 지배하는 일정한 법칙을 발견하는 것이라고 믿었다. 그는 인류사회의 역사적 진행과정을 총체적으로 설명하는 법칙의 수립을 위하여 노력하였다. 특히 산업자본주의 사회의 법칙을 밝혀내는 일에 역점을 두었다. 인간사회는 자연처럼 엄격한 법칙의 지배를 받기 때문에, 개인은 그 법칙의 지배를 받는 존재일 뿐, 개인이 법칙을 지배하거나 법칙에 거슬러 살 수는 없다고 그는 보았다. 자연 속의 모든 삼라만상이 자연법칙의 지배하에서 살아가듯이, 인간도 사회역사적 법칙의 지배하에 살아가는 존재다. 그는 「자본론」 서문에서 다음과 같이 말한다.

> 자본주의적 생산의 자연법칙들에서 생기는 사회적 적대관계의 발전정도가 높은가 낮은가는 여기에서는 문제가 되지 않는다. 문제는 이 법칙들 자체에 있으며, 움직일 수 없는 필연성을 가지고 작용해 관철되는 이 경향들 자체에 있다(Marx, 1867a: 5).

> 한 사회가 비록 자기 운동의 자연법칙을 발견했다 하더라도—사실 현대사회의 경제적 운동법칙을 발견하는 것이 이 책의 최종 목적이다—자연적 발전단계들을 뛰어넘을 수도 없으며 법령으로 폐지할 수도 없다. … 경제적 사회구성체의 발전을 자연사적 과정으로 보는 내 관점에서는, 다른 관점과는 달리, 개인이 이런 관계들에 책임이 있다고 생각하지 않는다. 또한 개인은 주관적으로는 아무리 이런 관계들을 초월하고 있다고 하더라도, 사회적으로는 여전히 그것들의 산물이다(윗책: 6-7).

마르크스 사회이론의 핵심은 이른바 역사적 유물론(historical materialism)이다. 어느 사회나 물리적 생활수단을 생산하는 관계, 즉 생산관계를 형성해야만 한다. 이는 사회존립을 위한 필수조건이다. 생산관계는 생산수단의 소유는 물론 생산물의 분배방식과 관련이 있으며, 이것들은 총체적으로 사회의 경제적 구조를 규정한다. 시대에 따라 생산수단은 달라도 생산수단의 소유관계에 따라 계급관계가 형성된다. 그리고 사회의 경제적 구조에 상응하는 사회제도와 이데올로기가 만들어진다. 즉, 한 사회는 생산 및 생산관계로 이루어지는 '하부구조'와, 제도와 관념으로 이루어지는 '상부구조' 간의 상호의존 법칙에 따라 움직인다(Cornforth, 1962: 27-29). 그러므로 물질적 생활수단을 생산하는 생산양식에 의해 인간의 생활양식이 규정된다. 인간존재의 성격 자체도 물질적 조건에 의해 결정된다. 인간은 그들의 의지와는 관계가 없는 물질적 제약, 전제, 조건 아래에서 살아가는 존재이다. 마르크스와 엥겔스는 「독일 이데올로기」에서 이 점을 다음과 같이 설명한다.

인간이 자신의 생활수단을 생산하는 양식은 무엇보다도 기존의 생활수단과

참고자료

마르크스(Karl (Heinrich) Marx, 1818-1883)

카를 마르크스는 독일의 정치경제학자, 철학자이자 혁명가였다. 그는 1835년 독일의 Bonn대학에서 인문학을 연구했고 Berlin대학에서 법과 철학을 연구했다. 그는 쾰른과 파리에서 좌파 정치가로서 활동했으며 파리에서 평생의 동지였던 엥겔스를 만났다. 1845년 프랑스에서 추방당한 이후 벨기에의 수도 브뤼셀에서 공산주의자연락위원회 활동을 통해 정치적인 기틀을 마련함과 동시에 엥겔스와 함께 여러 저서를 통해 이름을 알렸다. 1847년 브뤼셀 공산주의자연락위원회는 런던의 국제 비밀결사인 의인동맹과 결합하여 공개적인 혁명조직인 공산주의자동맹으로 이름을 바꾸는데, 이때 작성된 문서가 1848년 『공산당 선언』이다. 마르크스는 1857년 경제공황을 겪으면서 『자본론』을 집필하였으며, 1864년 결성된 국제노동자협회(International Workingmen's Association)의 핵심적인 인물로 활동했다.

> 또한 재생산해야 하는 생활수단의 성질에 달려 있다. 이러한 생산양식은 단순히 개인들의 육체적 생존의 재생산이란 측면에서만 고찰되어서는 안 된다. 오히려 그것은 이러한 개인들의 일정한 활동방식이고, 자신의 삶을 표현하는 일정한 방법이며, 일정한 **생활양식**이다. 개인들은 각자 자신의 삶을 표현하는 방식에 따라 존재한다. 따라서 그들이 어떤 존재인가 하는 것은 그들의 생산과, 다시 말해서 그들이 **무엇**(was)을 생산하는가, 그리고 **어떻게**(wie) 생산하는가와 일치한다. 그러므로 개인이 어떤 존재인가 하는 것은 자신의 생산에 부여된 물질적 조건에 달려 있다(Marx & Engels, 1932: 53-54).

'하부구조' 또는 '토대'와 '상부구조'의 관계는 마르크스 사회이론에서 핵심을 이루는 주제이면서도 논쟁이 끊이지 않는 쟁점이다. 하부구조는 경제적 구조를 말하고, 상부구조는 정치, 종교, 문화, 교육 등에 관련된 제도와

마르크스는 '사고는 세계의 반영'이며 '인간의 존재를 결정하는 것은 그들의 의식이 아니라, 그들의 사회적 존재가 의식을 결정한다'는 사적 유물론에 사상적 기초를 두고 있다. 그는 사회 변동의 주요 원천으로 관념이나 가치가 아닌 경제적 측면, 즉 사회적인 물적 토대를 이야기했으며 생산력과 생산관계의 상호작용을 통해 자본주의의 발전과 사회의 변화를 설명하고자 했다.

마르크스는 『공산당 선언』에서 자본주의가 생산력의 발전에 따라 새로운 모순과 계급 갈등에 직면하게 됨으로써 사회주의 이념에 의한 혁명을 유도한다고 천명했다. 또한, 『자본론』에서 생산수단을 소유한 지배계급이 노동자 계급을 착취하는 자본주의의 본질을 분석하여 사회주의로의 필연적인 변화를 증명하고자 했다. 그는 자본주의사회의 교육을 자본주의 생산양식과 소유관계를 재생산하는 도구로 규정하고, 노동과 분리되지 않은 사회개혁의 핵심적 수단으로서 교육체제를 수립해야 함을 주장했다.

그 운영 및 가치관, 관념, 이념 등을 말한다. 단순화시켜 말하면 물질 대 정신이다. 마르크스는 하부구조가 상부구조를 결정한다고 보았다. 흔히, 이것을 '경제적 결정론' 또는 간단히 '결정론'이라 부른다. 하부구조의 성격이 상부구조의 성격을 결정하고, 하부구조가 변화하면 상부구조도 변화한다는 것이다. 결국 물질적 경제구조가 제도뿐만 아니라 관념과 의식까지도 결정한다는 것이다. 인간은 개인적으로든 집단적으로든 자신의 운명을 스스로 관리할 수 없으며, 개인의 '자유의지'란 '의지'라고 부르는 것뿐이지, 참된 의미의 개인의 주체적 의지는 없는 셈이 된다.

마르크스는 『자본론』 서문에서 "자본주의적 생산의 자연법칙"이라는 표현을 통해 개개의 인간을 자신의 의지로 세상을 살아가는 존재가 아니라 자연현상처럼 법칙에 따라 움직이는 존재로 생각하였다. 그러므로 그의 사회이론은 자연과학적 법칙을 사회연구에 적용한 것이나 마찬가지이다. 뉴턴이 물리학에서, 다윈이 생물학에서 그랬던 것처럼 마르크스는 사회학에서 '자연의 법칙'을 찾았다. 과연 인간도 다른 동물이나 식물과 마찬가지로 의지가 없는 수동적 존재일 뿐인가? 상부구조는 하부구조에 의하여 완벽하게 '결정'되는가? 이 문제를 둘러싸고 많은 논쟁이 이어졌다. 교조주의적인 마르크스주의자들은 결정론을 역설한다. 그러나 20세기 유럽의 새로운 마르크스 이론가들, 예컨대 밀리반드(Ralph Miliband)와 그람시(Antonio Gramsci)는 마르크스 자신은 그렇게 경직된 결정론을 주장한 바 없으며, 상부구조에 어느 정도의 자유로운 공간을 인정하였다고 반박한다. '상대적 자율(relative autonomy)'이론으로 불리는 마르크스에 대한 새로운 해석은 '어느 것이 진짜 마르크스주의인가'라는 논쟁을 불러일으켰다.

마르크스는 그의 역사발전 단계론에서 자본주의는 붕괴되고, 과도기적 사회주의 단계를 거쳐 공산주의 사회로 간다고 주장하였다. 그리고 이러한 단계 진전은 역사발전의 필연적 전개라고 강조하였다. 공산주의 사회는 사유재산제도를 극복하여 모든 생산수단을 공유하고, 생산물도 공유하며, 따라서 계급이 없으므로 소외도 없는 사회라고 서술하였다. 이것은 생산수단의 사유화로 소수의 유산계급인 부르주아가 무산계급인 프롤레타리아를 지배하고 수탈하는 자본주의 사회와는 극적으로 대조된다. 자본주의사회에서는 절대다수의 구성원인 노동자와 농민들이 소외계급으로, 질곡에서 벗어나지 못한다. 그러므로 지식인과 의식화된 노동자들은 자본주의를 벗어나 공산주의 사회로 나아가는 혁명 대열에 앞장서야 한다고 그는 역설한다. 여기에서 그의 이론은 국외자의 객관적 설명이 아니라 사회의 모순을 뜯어고지기 위한 적극적 실천의 논리임이 분명해진다. 마르크스는 포이어바흐의 유물론을 관념론적이라 비판하면서, 다음과 같이 언명한다.

> 인간의 사유가 객관적 진리를 포착할 수 있는지 여부의 문제는 결코 이론적인 문제가 아니라 **실천적인** 문제이다. 인간은 실천을 통해 진리를, 즉 그의 사유의 현실성과 위력 및 현세성(Diesseitigkeit)을 증명해야만 한다. 사유가 현실적이냐 비현실적이냐 하는 문제를 놓고 벌이는—이 사유가 실천으로부터 유리되어 있다면—논쟁은 순전히 **공리공론적인**(scholastische) 것에 불과하다 (Marx & Engels, 1932: 36).

자본주의 사회의 모순을 깨뜨리고 사회주의 국가를 실현하는 것이 필연적 역사 발전단계라고 믿은 마르크스는 공산주의 혁명이론을 수립한다. 노동자들을 조직하고, 엥겔스와 함께 앞장서서 그들을 지도한다. 그에게 있어서 이론은 곧 실천(praxis)의 문제였다. 인류사회는 앞에서 언급한 바와 같이 유한한 재화와 무한한 소유욕으로 인한 불가피한 갈등의 연속인데, 이를 극복하여 갈등 없는 사회를 건설하자는 것이 공산주의 혁명이론의 소박한 표현이다. 그러한 사회는 사유재산제도를 버리고 공유재산제도를 수립함으로써 가능하다는 것이다. 개인적으로는 아무 것도 소유하지 않으면서 공동적으로는 모든 것을 소유하는 제도를 실현함으로써 유한한 재화와 무한한 소유욕의 모순을 해결한다는 것이다. 마르크스는 이러한 사회의 실현, 즉 공산주의 혁명은 역사적 발전과정에서 필연적이라고 주장하였다.

마르크스가 갈등과 변화를 핵심으로 사회이론을 전개한 것은 앞서 설명한 뒤르켐의 사회이론과는 극히 대조적이다. 뒤르켐의 학문적 문제가 '질서'에 있었다면, 마르크스는 '변화'에 있었다. 뒤르켐보다 한 세대쯤 앞섰던 마르크스는 격동하는 유럽을 바라보면서 "변화를 일으키는 힘은 무엇이며, 역사의 변화는 어디를 지향하는가"에 답하고자 했다. 산업화가 일어나고 초기 자본주의가 형성되는 시대에 살았던 그는 부르주아와 프롤레타리아의 계급투쟁이 변화의 원천이며, 자본주의 사회는 이 모순에서 헤어날 길이 없으므로 역사의 진행방향은 프롤레타리아가 지배하는 공산주의 사회로 다가가는 것이 필연적이라고 역설하였다(Rossides, 1978: 239-247).

마르크스주의적 갈등이론은 이와 같이 혁명이론으로 발전하였기 때문에 이론의 적용에 단서가 붙는다. 즉, 사회의 본질이 갈등이라는 설명은 혁명 전의 사회, 즉 자본주의 사회에 적용되고, 혁명 후의 사회, 즉 공산주의 사회 및 과도적 단계로서의 사회주의 사회에는 그대로 적용되지 않는다. 공산주의 사회에는 '갈등을 일으키는 모든 모순이 해소되었으므로', 아마도 기능이론을 적용하여 설명하여야 할 것인데, 이는 흥미로운 점이 아닐 수 없다. 사실상 마르크스주의적 사회과학은 두 가지로 나누어진다. 하나는 자본주의 사회를 분석·비판하는 것으로 우리가 마르크스주의적 갈등이론이라 부르는 것인데 흔히 정치경제학(political economy)으로 불리며, 다른 하나는 마르크스를 해설하고 그 실현원리를 탐구하는 것이다. 그러므로 마르크스주의적 갈등이론가들이 자본주의 또는 비공산주의 사회를 분석·비판할 때의 이론과 공산주의 사회를 설명할 때의 이론이 그 입각점에 있어서 다르다는 사실을 염두에 두어야 한다. 이와는 대조적으로 기능이론과 고전적 갈등이론은 보편적 사회이론의 수립을 추구하므로, 어느 사회에 대해서나 동일한 이론을 적용한다.

마르크스주의에 대한 비판으로 여러 가지가 거론된다. 첫째는 앞에서 잠시 지적한 바 있는 결정론의 한계이다. 경제구조가 모든 제도와 가치관 및 인간의 의식을 결정한다는 주장은 끊임없는 비판의 대상이 되어 왔다. 생산양식이 한 사회의 특성을 결정하는 데 대단히 중요한 요인임에는 틀림이 없지만, 상부구조가 전적으로 하부구조에 의하여 결정된다는 주장은 받아들이기 어렵다는 것이다. 그람시(Gramsci) 같은 신마르크스주의자들이, 상부구조의 '상대적 자율'을 거론하고 나서는 것을 보아도 경제적 결정론에는 문제가 있다. 나아가 '상대적 자율'은 이 개념 자체의 비엄격성 때문에 마치 이현령비현령과 같은 애매함을 드러낸다. '상대적 자율'론은 정치나 이데올로기 같은 것이 사회변화에 결정적인 중요성을 갖는다고 하면서도 궁극적으로는 경제적 요인이 지배한다는 것인데, 이러한 식의 설명은 듣기에는 그럴듯해도, 이론으로서의 엄격성은 상실하고 있다(Blackledge & Hunt, 1985: 200-202).

둘째는 공산주의사회에서는 생산방법과 생산물을 공유함으로써 모든 갈등이 해소되고 완전한 일치를 실현할 수 있다고 하지만, 이 주장이야말로 '과학적'으로 입증되기 어렵다. 더욱이 1990년을 전후하여 소련과 동구에서 일어난 공산주의체제의 해체를 통하여 드러난 것은, 공산주의사회는 새로운 문제와 갈등을 만든다는 사실이다.

셋째는 마르크스이론의 자연과학적 과학주의는 인간세계를 자연과학의 대상인 물질세계로 환원시킨다는 비판을 받고 있다. 사회가 그 구성원들의 의지와 관계없이 자연법칙에 따라 움직인다는 것은 지나치게 자연과학적이다. 역사는 일정한 법칙에 따라 전개되며, 사회구조가 사회를 구성하고 있는 사람들의 행위를 규정한다는 것인데, 이것은 자연현상과 사회현상을 동일시함으로써 인간의 의식과 의지, 그리고 개인 간의 의식적 타협능력을 도외시한 것이다.

갈등이론은 1950년대까지만 해도 비공산권에서는 유럽 내에서만 사회이론의 하나로 인정을 받고, 미국을 비롯한 그 밖의 지역에서는 소수의 학자들에 의하여만 명맥을 유지해 오다가, 1960년대에 들어서면서 세계 각처에서 활기를 띠기 시작하였다. 이는 기존 사회질서에 대한 회의와 아울러 사회개혁 무드가 강해진 1960년대의 세계상황을 반영한 것이라고 하겠다. 이 이론을 발전시키고 주장해 온 사람은 앞서 말한 마르크스와 베버 외에 그람시(Antonio Gramsci), 알튀세르(Louis Althusser), 루카치(Georg Lukacs), 밀스(C. Wright Mills) 등과 아울러 다렌도르프(Ralf Dahrendorf), 보토모어(Tom Bottomore), 그리고 종속이론가들로 푸르타도(Gelso Furtado), 도스 산토스(Theotonio Dos Santos), 프랑크(Andre G. Frank), 바란(Paul Baran) 등을 들 수 있다.

다렌도르프는 파슨스의 구조기능주의적 사회이론을 정면으로 부정한다. 즉, 파슨스 사회학의 기본전제인 안정성, 상호의존성, 합의성 등을 부인하고 다음과 같이 전혀 새로운 이론을 제시한다(Dahrendorf, 1959: 161-162). ① 모든 사회는 언제나 변화의 과정에 있다. ② 모든 사회는 언제나 불일치와 갈등 속에 있다. ③ 사회의 모든 요소는 분열과 변화에 이바지한다. ④ 모든 사회는 한 집단의 다른 집단(들)에 대한 강제(cohercion)에 기반을 두고 있다. 이러한 전제를 가지고 관찰하면, 사회가 이해관계를 둘러싼 집단 간의 갈등과 투쟁의 연속으로 보이는 것은 당연하다. 일단 지배자의 위치에 선 집단은 자기들이 차지한 지위와 부를 보호하기 위하여 기존 질서의 유지를 강조하고 현재의 사회체제를 그대로 고수하려고 노력한다. 따라서 기존의 문화와 제도는 합리화되고, 이것의 개혁에 대한 요구는 억압된다.

국제관계에 있어서도 지배자와 피지배자의 관계는 마찬가지로 적용된다고 본다. 기존 국제질서는 강대국에 유리하도록 형성되어 있으므로 약소국가들이 새로운 국제질서를 요구하지만 받아들여지지 않는다. 오히려 위협과 회유를 통하여 약소국들이 현재 상태를 인정하도록 만든다. 뿐만 아니라 선진국에 대한 후진국의 의존도를 높여 구조적으로 주종관계를 형성해 놓는다는 것이 종속이론의 설명이다(Dos Santos, 1973).

2) 마르크스의 교육 설명

마르크스가 집필한 교육에 관한 독립적 논문은 찾아보기 어렵다. 그러나 마르크스 자신과 그의 평생의 동지였던 엥겔스(Friedrich Engels)는 그들의 저술 이곳저곳에 교육에 관한 논의를 많이 남겼다. 구소련의 교육과학원이 이들의 저작 중 직접 교육에 관하여 논술한 부분과 교육에 관련시켜 언급한 부분을 모두 모아 『맑스 · 엥겔스 교육론』이라는 제목으로 1978년에 출판하였으며, 한국어로도 번역되었다(소련교육과학원, 1988; 1989a; 1989b). 이 책은 마르크스와 엥겔스의 교육이론을 연구하는 데 매우 유용한 문헌자료이다. 그 외에도 국내에서 출판된 문헌들이 있다(Sarup, 1978; 이건만, 1994). 마르크스는 자본주의사회의 교육은 자본주의 생산양식과 소유관계의 산물이라고 규정하고, 그렇기 때문에 그 교육은 절대다수의 국민을 기계로 만드는 훈련에 불과하므로 소멸시켜야 한다고 역설한다(소련교육과학원, 1988: 133). 교육은 노동과 분리되어서는 안 되고, "노동이 교육의 일부이어야 하며", "교육을 물질 생산과 결합시켜야 한다"고 강조하였다. 마르크스 교육론의 특징을 다음과 같이 몇 가지로 정리할 수 있다.

우선 그가 가지고 있었던 '교육'의 개념은 매우 넓은 것이어서 교육과 학교를 동일시하는 일반적인 교육관을 배격하고 학습이 이루어지는 모든 상황을 교육으로 간주하였으며, 실제로 그러한 교육관을 가지고 교육에 관한 모든 논의를 전개하였다. 특히, 마르크스는 인간의 의식(consciousness)과 인격을 형성하고 변화시키는 과정에 주목하였다.

둘째로 마르크스는 교육을 사회개혁의 핵심적 수단으로 중시하였다. 그는 1869년에 있었던 제1인터내셔널에서 "적절한 교육체제의 수립을 위하여는 사회적 조건의 개혁이 필수적이며, 동시에 사회적 조건의 개혁을 위해서는 그에 상응하는 교육체제의 수립이 필수적"이라고 주장하였다(Marx & Engels, 1985: 398). 교육과 사회개혁을 떼어 놓을 수 없는 관계로 파악한 이러한 그의 교육관은 공산주의 사회에서 교육을 정치적 활동과 동일시하고, 교육의 목적을 사회주의적 인간 형성으로 명시하는 근거가 되었다.

셋째로 그는 사회의식과 사회적 존재 간의 변증법적 관계에 관한 이론에 터하여 교육과 생산노동을 연결시켰다. 마르크스는 『자본론』에 이렇게 썼다.

> 로버트 오언이 상세하게 지적하고 있는 바와 같이, 공장제도로부터 미래 교육의 싹이 나오고 있다. 이 교육은 일정한 나이 이상의 모든 아동들에게 생산적 노동을 학업·체육과 결합시키게 될 것인데, 이것은 생산의 능률을 올리기 위한 방법일 뿐 아니라 전면적으로 발달한 인간을 키우기 위한 유일한 방법이기도 하다(Marx, 1867b: 652).

넷째로 마르크스는 교육과정(curriculum)이 지니고 있는 이데올로기적 성격을 지적하였다. 그는 교과목의 가치중립성(value-free)에 관한 주장을 배격하였다. 이러한 생각을 근거로 그는 자본주의 사회의 교육이 자본주의적 이데올로기를 주입시키고 있다고 비판하였다.

마르크스의 교육론은 보울즈(Samuel Bowles)와 진티스(Herbert Gintis),

알튀세르(Louis Althusser), 윌리스(Paul Willis), 애플(Michael Apple), 그리고 카노이(Martin Carnoy) 등이 더욱 발전시켰다. 보울즈와 진티스는 그들의 공저 『자본주의와 학교교육』(Schooling in Capitalist America, 1976)에서 미국의 자본주의 산업화 과정에서 자본의 요구에 구조적으로 상응하는 가운데 굴절・왜곡되는 미국의 공교육을 비판하고 있다.

3) 보울즈와 진티스의 재생산 이론

보울즈와 진티스는 미국의 학교교육은 앞에서 파슨스가 주장한 바와 같이 보편적 가치를 가르치는 것도, 인재를 공정하게 선별하여 사회에 배치하는 것도 아니고, 오히려 자본주의 생산양식에 적합한 태도와 가치관을 가르치고 기존의 불평등한 계층구조를 정당화하고 지속시킨다고 비판한다. 미국의 학교제도 자체가 자본주의와 함께, 그리고 자본주의의 결과로 발전하였으므로, 자본주의의 특성을 그대로 반영하고 있을 뿐만 아니라 그 모순도 내포하고 있다는 것이다. 즉, 학교는 경제구조를 재생산한다는 것이다.

보울즈와 진티스에 따르면 학교는 자본주의 사회의 유지에 필요한 가치관과 성격적 특성을 학생들에게 주입시킨다. 그러나 이 교육은 대상에 따라 두 가지 다른 방식으로 이루어진다. 공장의 생산라인에서 단순 노동자로 일하게 될 사람들에게는 윗사람의 지시에 충실히 따르고 시간을 잘 지키고 기계적 작업방식에 순응하도록 가르치는 반면, 회사의 관리자나 경영자로 일할 사람들에게는 독립적인 사고력 및 작업능력, 여러 선택 가능성 가운데 현명하게 선택하기, 외적 규율보다는 내면적 기준에 따라 행동하기 등을 중점적으로 가르친다. 보울즈와 진티스는 이러한 차이를 고등학교의 취업반과 대학진학반 및 직업훈련 중심의 초급대학과 명문대학교 사이에서 쉽게 발견할 수 있다고 주장한다. 교육과정 내용에서는 물론이고 학교의 전반적 교육분위기에도 그러한 차이가 뚜렷이 반영되어 있다는 것이다. 결국, 한 집단은 순종적이고 능률적인 노동자로 가르치고, 다른 집단은 독립적이고 진취적인 지도자로 기른다는 것이다. 나아가 보울즈와 진티스는 이렇듯 뚜렷이 다른 종류의 교육에 접근할 수 있는 기회도 불공평하게 분배되기 때문에 학교는 결과적으로 계층불평등을 존속시키는 기능을 수행하고 있다고 지적한다.

보울즈와 진티스는 학교가 인재를 정확하게 선별하는 장치라고 규정하는 능력주의(meritocracy) 교육관은 허구라고 단호히 배격한다. 학교가 선발을 능력주의에 터하고 시행하고 있는 것처럼 가장하고 있을 따름이라는 것이다. 사회적으로 상층부에 있는 사람들이 다른 사람들보다 더 재능이 많고 더 노력하기 때문에 그 자리를 차지하고 있는 것처럼 사람들로 하여금 믿게 만드는데, 그것은 자본주의적 질서의 정당화를 위하여 필수적이기 때문이다. 결국, 학교는 기존 질서의 정당화 장치인 셈이다.

학교에서 직업계와 인문계로 학생들을 나누는 것, 또는 취업반과 진학반을 가르는 것, 그리고 대학입학을 결정하는 일련의 교육선발은 이른바 공정성을 확보하기 위하여 반드시 지능지수(IQ), 적성, 성적 등 개인의 능력을 기준으로 삼는다. 그러나 이러한 기준은 실상은 학생의 계층배경과 밀접히 관련되어 있다. 능력주의 교육관은 학교교육에서의 개인적 성공, 즉 좋은 성적을 받고 일류대학을 진학하는 것은 계층배경의 영향하에 있다는 사실을 은폐하는 역할을 하고 있다는 것이다. 이렇게 주장하는 근거로 그들은 미국의 대학교육이 크게 확대되었음에도 불구하고, 대학졸업과 사회계층 간의 상관관계가 변하지 않은 사실을 지적한다. 학교교육은 사회의 불평등 구조, 즉 자본주의 경제구조를 재생산하고 정당화하고 있다는 것이다.

학교가 자본주의 경제구조를 재생산할 수 있는 것은 학교교육과 경제적 생산체제가 서로 상응(correspondence)하기 때문이다. 그래서 흔히 보울즈와 진티스의 이론을 상응이론(相應理論, correspondence theory)이라 부른다. 국내에서는 '대응이론'이라고도 번역한다. '대응'이 비친화적 관계에 있는 것 사이의 상호작용이라면, '상응'은 친화적 관계에 있는 것 사이의 상호작용을 의미한다. 보울즈와 진티스가 인식한 경제적 생산체제와 학교의 관계는 비친화적이기보다는 친화적인 것이기 때문에 '상응이론'으로 번역하는 것이 더 정확하다. 상응한다는 말은 교육자들이 의식적으로 그렇게 한다는 뜻이 아니라, 생산현장에서 인간관계를 지배하는 사회적 관계와 학교교육을 지배하는 사회적 관계가 구조적으로 일치한다는 의미이다. 즉, 상응이론은 교육의 '내용'이 아니라, 교육이 이루어지는 '형식'을 중요하게 본다. 교육과 경제구조 간의 상응관계는 내용이 아니라 형식을 통해 유지되며, 학교에서는 공식적 교육과정보다 잠재적 교육과정(hidden curriculum)이 근본적으로 더 중요한 기능을 수행하고 있다는 것이다(Bowles & Gintis, 1976: 11-12).

학교의 사회적 관계와 생산작업장의 사회적 관계 간의 상응은 다음과 같은 네 가지 차원에서 나타난다. 첫째, 노동자가 자신의 작업내용을 스스로 결정할 수 없듯 학생들도 자기가 배워야 할 교육과정에 대하여 아무런 결정권이 없다. 둘째, 교육은 노동과 마찬가지로 목적이 아니라 수단이다. 노동은 임금을 얻는 수단이고, 교육은 졸업장을 얻기 위한 수단이다. 셋째, 생산현장이 잘게 나누어진 분업 체계로 조직되듯이, 학교도 계열을 구분하고 지식을 과목별로 잘게 나눈다. 넷째, 생산현장에 여러 직급별 단계가 있듯이 학교도 학년에 따라 여러 단계로 나뉘어 있다. 학교교육의 이러한 상응은 자본주의 사회가 존속하는 한 끝없이 계속될 것이라고 보울즈와 진티스는 주장한다. 학교교육을 아무리 개혁해도 마찬가지이다. 왜냐하면 학교교육은 사회의 구조를 그대로 반영하며, 학교의 독자적 기능은 불가능하기 때문이다. 즉, 자본주의가 계속되는 한, 학교는 자본주의적 생산양식을 벗어날 수 없다. 그러므로 학교의 개혁은 무의미하고, 사회적 진보를 위해서는 근원적 사회 개혁만이 나아가야 할 방향이라는 것이다.

보울즈와 진티스는 교육의 경제구조 재생산 과정으로 상응이론을 주장하였는데, 그들은 상응의 원리를 너무 단순하게 그리고 기계적으로 설명한 점에 대하여는 스스로 비판하고 있다(진티스 · 보울즈, 1991: 66-67). 교육과 사회의 관계를 경제구조에만 한정시켜 설명한 점, 그리고 양자 사이에 아무 모순 없이 매끄러운 상호관계가 이루어지는 것처럼 과장한 점을 잘못이라고 스스로 인정하고, 총체적 사회와 교육 사이에는 모순이 개재해 있음을 분명히 한다.

4) 재생산 이론의 계승

학교교육의 재생산 기능은 마르크스주의 이론가인 알튀세르(Althusser, 1971)도 정리하는데, 그는 국가의 중요성을 강하게 부각시켰다는 점에서 관심을 끌었다. 그는 전통적 마르크스 이론에서 상부구조의 한 부분 정도로 취급했던 국가를 '국가 장치(state apparatus)'라는 개념으로 확대하였다. 알튀세르는 국가 장치를 '억압적 국가 장치(repressive state apparatus, RSA)'와 '이데올로기적 국가 장치(ideological state apparatus, ISA)'로 나눈다. 억압적 국가 장치는 마르크스가 '국가'라고 할 때 주로 의미하던 것으로 사법제도, 군대, 경찰, 정부 등으로 구성된다. 이데올로기적 국가 장치는 종교, 교육, 가족, 법률, 정치, 노동조합, 매스커뮤니케이션(신문, 라디오, 텔레비전 등), 문화(문학, 예술, 스포츠 등)로 구성되는 광범위한 것으로 규범과 가치에 관련된 모든 것들이다. 알튀세르는 자본주의 사회가 존속, 즉 재생산되기 위해서는 억압적 국가 장치만이 아니라 이데올로기적 국가 장치의 작동이 필수적이라고 본다. 이데올로기적 국가 장치가 작동하여야 무리 없이 원만하게 자본주의 사회 구조가 재생산될 수 있기 때문이다. 교육은 이데올로기적 국가

장치의 한 부분이지만 핵심적인 기능을 수행한다. 의무취학에 기초한 국민교육 제도야말로 가장 강력한 재생산 장치인 것이다. 이 장치를 통하여 지배 이데올로기가 국민들에게 전파되고 내면화된다.

영국의 교육사회학자 윌리스(Willis, 1977)는 학교가 자본주의 사회구조를 충실하게 재생한다는 점에는 동의하면서도, 보울즈와 진티스 및 알튀세르가 상정하듯이 재생산이 무리 없이 원만하게 이루어지는 것은 아니라고 주장한다. 그는 영국의 노동자계급의 아이들이 아버지와 같은 노동직에 들어가게 되지만, 그것은 보울즈와 진티스 및 알튀세르가 설명한 것처럼, 구조적 상황과 힘 때문에 '어쩔 수 없이' 그렇게 되는 것이 아니라, 자신들의 노동계급의 문화와는 이질적인 학교문화에 적극적으로 저항하여 스스로 노동자의 길을 택한다고 설명한다. 윌리스는 학교가 자본주의 사회에서 수행하는 경제구조 및 사회구조의 재생산 기능을 인정하면서도, 학교는 저항과 대항의 문화가 존재하는 일종의 열린 공간이라는 점을 동시에 강조한다. '저항이론(resistance theory)'으로 불리는 윌리스의 설명체계는 기본적으로 마르크스의 자본주의사회 재생산이론을 수용하면서도, 학교가 사람들이 각자의 생각과 주장을 가지고 살아가는 사회적 공간임을 확인시켰다. 그러나 윌리스의 설명체계를 보편적인 이론으로 받아들이기에는 한계가 있음도 지적되고 있다(김기석, 1987).

애플(Michael Apple)도 마르크스주의자의 한 사람으로서 자본주의 사회의 재생산에 학교교육이 어떻게 작용하는가를 깊이 있게 파헤쳤다. 그는 학교의 교육과정, 교과서, 교사에 대한 분석을 통하여 학교가 재생산의 고리임을 정면으로 부정하지 않았지만, 교사들이 각성하고 사회 각 부문의 민주적 좌파들과 연대함으로써 교육의 민주화를 쟁취할 수 있다고 주장한다. 그는 계급 환원주의나 경제 투쟁 우선 논리를 경계하며, 학교와 교사의 자율적 공간에 주목한다. 교사의 각성과 학교교육의 민주적 실천이 개혁을 만들어 낼 수 있다는 것이다(Apple, 1979, 1982, 1999). 그렇지만, 교육을 경제구조의 재생산 논의로부터 자유롭게 논의하는 것은 쉬운 일이 아니다. 직업에 따라, 또 학력에 따라 임금의 격차가 존재하고, 누가 고소득의 직업에 종사하게 되는지를 결정하는 데 가족의 경제사회적 배경이 큰 영향을 미치기 때문이다. 애플은 학교의 교육과정에 관한 논의를 문화의 생산과 유통, 그리고 문화정치학과 학교의 관계에 대한 논의로 관심을 넓혀 비판이론의 교육 설명 지평을 확장하고 있다(Apple, Oliver & Nenk, 1996).

카노이(Martin Carnoy)는 교육의 국제적 관계를 제국주의(imperialism)적 관점에서 파악하고 국가 간의 갈등현상이 교육에 어떻게 반영되고 있는가를 분석하였다. 그는 『문화적 제국주의로서의 교육(*Education as Cultural Imperialism*, 1974)』에서 식민지의 교육이 식민지 국민의 의식을 어떻게 왜곡시켜 지배자들에게 복종하도록 만들었는지 서술하고 있다. 식민통치자들은 학교교육을 통하여 지배의 바탕을 마련하고 이를 강화해 나가고 있다는 것이다. 카노이에 따르면, 오늘날 아시아 · 아프리카의 많은 나라들이 정치적으로는 독립하였으면서도 문화적으로는 여전히 식민지 상태를 벗어나지 못하고 있으며, 교육이 문화적 종속을 더욱 부채질하고 있다. 그는 다음과 같이 지적한다.

> 우리의 논지는 이렇다. 이제까지 교육학자, 사회과학자, 역사학자들은 제3세계에서의 서양교육의 역할을 잘못 해석하였다. 서양의 학교교육은 제3세계 국가들을 해방시키기는커녕 제국주의적 지배의 한 부분을 담당하였다. 그것은 한 나라의 지배계급이 다른 나라의 국민을 경제적·정치적으로 통치한다는 제국주의의 목표와 일치한다. 제국주의 세력은 학교교육을 통하여 식민지 주민을 식민통치에 적합하도록 훈련시킨다(1974: 3).

…… 구식의 제국주의와 식민주의는 모두 사라지고 지난 세기의 대제국들도 모두 무너졌다. 그러나 식민지시대의 교육제도는 독립 후에도 거의 그대로 남아 있다. 교육과정, 언어, 어떤 경우에는 심지어 교사들까지도 식민지 시대의 사람들이 그대로 남아 있다. 여러 가지 면에서 전 식민지와 식민통치국 사이에는 경제적으로 문화적으로 식민지시대보다 더 강한 관계가 유지되고 있는 것이다 (1974: 17).

카노이의 이러한 분석은, 20세기 말에 이르러서도 여전히 해결되지 않은 역사적 문제는 '제국주의로 왜곡된 문화'라고 역설하는 사이드(Said, 1978)의 주장에서도 다시 확인된다.

이제까지 마르크스와 신마르크스주의자들의 교육에 관한 이론을 살펴보았다. 그러나 이들은 경제결정론(economic determinism)에 빠져 있다는 비판을 받는다. 교육이 경제구조에 의하여 일방적으로 결정된다고 역설하는 것은 물론이고 교육행위의 설명에 있어서도 개인의 의지를 무시하고 사회적 조건만을 지나치게 강조하기 때문이다(Morrow & Torres, 1995: 141-174 참조). 물론 그람시와 같은 신마르크스주의자들의 영향을 받은 윌리스, 애플 등은 경제적 결정론을 배격하고 학교의 상대적 자율성을 입증하려고 노력한다. 그러나 이들도 교육의 재생산기능론을 완전히 부정하지는 못한다. 그리고 구조주의적 관점을 극복하기 위한 노력의 성과도 상당 수준 올리기는 하였으나, 행위자의 능력, 즉 사회구성원의 기존 문화와 사회구조에 대한 비판적 학습능력과 그에 기초한 사회변혁 가능성에 대하여는 여전히 회의적인 태도이다.

5) 기능이론과 갈등이론의 비교

기능이론과 갈등이론은 교육에 관한 양대 설명체계라 할 수 있다. 기능이론은 사회적 통합을 위한 교육의 기능을 강조하는 반면, 갈등이론은 자본주의 사회의 학교교육에 대한 비판에 주력하여 불평등의 정당화와 지배문화의 주입기능을 공격하였다.

기능이론은 통합성과 합의성을 지나치게 강조한 나머지 학교교육이 기본적으로 순기능만을 수행하며, 사회의 모든 구성원에게 동등하게 가치 있는 것처럼 인식시키는 한계가 있다. 뿐만 아니라 집단 간의 갈등을 외면함으로써 교육과정과 교육선발을 비롯한 교육정책의 결정과정에 대한 사실적 분석을 소홀히 하였다. 가르칠 내용을 누가 결정하는가? 그들은 누구의 이익을 대변하는가? 하층 근로자와 농민의 주장은 누가 대변하는가? 선발제도를 결정하는 사람들은 누구이며, 그들은 누구의 이익을 대표하는가? 전반적으로 볼 때 교육내용은 도시 본위인가, 농촌 본위인가? 또한 남성 본위인가, 여성 본위인가? 기능이론은 이러한 문제들에 대한 관심이 적었다. 더욱이 교육선발이 능력 본위로 이루어진다는 기본 전제 때문에 선발과정의 귀속적 측면에 대한 관심을 소홀히 하였다. 전반적으로 볼 때, 현재의 교육선발의 방법, 제도 등은 편파적으로 상류층에 유리하며, 시험방법이나 입시관리방법의 개선만으로 해결할 수 없는 사회의 구조적 문제들이 내재되어 있다. 기능주의적 관점에서는 이러한 교육문제들이 '일시적' 병리현상 정도로만 이해되기 때문에 부분적 개선책의 개발에만 집중해 왔다.

갈등이론은 학교와 사회의 모순과 기본적 문제를 강력하게 드러냈다. 학교교육을 통한 사회적 불평등의 재생산, 지배문화와 이념의 정당화와 주입기능에 대한 지적은 높이 살만하다. 그러나 갈등과 세력 경쟁을 지나치게 강조한 나머지 교육이 사회적 결속력을 높이고 공동체의식을 고양한다는 점을 과소평가하고 있다. 다시 말하면 기존 학교제도의 근본적 문제점을 들추어낸 것은 갈등이론의 큰 공헌이지만, 비판이 지나쳐 기존 제도의 부정에까지 이르렀으나 그에 대한 대안의 제시가 충분하지 못하다는 한계가 분명하다. 또, 자본주의 사회의 학교교육에 대한 비판적 인식은 높여 주었지만, 사회주의 사회의 교육에 관한 비판적 연구 관심은 높지 않았다. 이런 한계에도 불구하고 갈등이론이 현행 학교제도의 문제점을 학교제도 내에서만 찾기보다 학교와 사회와의 관련 속에서 찾으려 했던 점은 인정해야 할 것이다.

연구의 기본방향에 있어서도 두 이론은 매우 대조적이다. 기능이론은 통합과 합의를 전제로 삼기 때문에 현상유지 또는 체제유지 지향적인 연구에 중점을 둔다. 따라서 한 사회의 기본이념, 기본질서 및 제도는 주어진 것으로 보고 부분적이고 점진적인 문제해결에 관심을 기울인다. 이와는 대조적으로 갈등이론은 기본적인 이념, 제도, 질서 등의 비판적 분석에 중점을 둔다. 따라서 체제비판을 통한 변화와 개혁을 목표로 한다. 극단적으로 표현하면 체제와 제도에 대한 끊임없는 비판과 부정을 통해서만 사회는 발전할 수 있다는 입장이다. 결론적으로 두 이론의 차이는 안정지향 대 변화지향의 대립이라고 요약할 수 있다.

이러한 차이에도 불구하고 두 이론에는 공통점도 있다. 첫째, 두 이론이 주력해 온 연구주제가 교육의 재생산 기능에 관한 것이라는 점이다. 즉, 교육이 사회의 존속과 질서유지에 어떻게 작용하느냐를 밝히는 데 연구의 정열을 쏟아 왔다. 변화지향적이라고 하는 갈등이론조차도 학교교육이 자본주의 사회의 경제구조와 계급구조를 어떻게 재생산하는가를 설명하는 데 열중하였다. 이들은 학교가 사회화와 정당화에 성공하고 있는 것으로 전제한다. 즉, 교육 자체의 목적과 가치보다는 교육의 수단적 가치에 집중한다. 둘째, 두 이론이 공통적으로 거시적 접근에 치중한다는 것이다. 즉, 구조의 힘을 믿고, 개인 행위자의 힘을 간과한다. 구조가 결정력을 지니고 있다는 것이다. 그러므로 이들은 미시적 접근은 경시하고 거시적 접근에 치중하였다. 미시적 접근을 하는 학자가 없는 것은 아니지만, 전반적으로 거시적인 구조적 설명에 치중한다는 공통점을 드러내고 있다.

3. 교육에 대한 해석적 접근

1) 해석적 이론

좁게는 사회학이, 넓게는 사회과학이 지나치게 거시적이고 구조주의적인 관념에만 의존하여 사회를 파악한다는 것은 오래된 비판이다. 앞서 살핀 대로 사회학 연구, 나아가 사회과학 연구는 처음에는 기능이론 일변도의 지배 아래에 있다가 마르크스주의 중심의 갈등이론이 전자를 비판하면서 등장한 이후에는 두 이론의 경쟁 속에서 발전해 왔다고 해도 과언이 아니다. 두 이론은 첫째, 공통적으로 거시적 관점으로 사회를 인식하여 '사회' 또는 '경제구조'라는 거대한 실체가 그 속에 살고 있는 인간을 지배한다고 보았다. 그러므로 개인은 사회를 이해하는 데는 중요하지 않으며, '사회화'의 산물일 뿐이다. 인간은 궁극적으로는 의지도 자유도 없는, 사회적으로 '만들어진' 존재이며 구조에 따라 '움직여지는' 인형과 같은 존재인 것이다. 두 이론의 두 번째 공통점은 사회를 거시적으로 바라보기 때문에 인간의 생활세계, 각 사회집단의 내부세계에 관하여 관심을 기울이지 않았다는 것이다. 사회의 구조에만 관심이 컸지, 사회 속의 '사람들'에 관하여는 무관심하였다. 더욱이 그 사람들이 무엇을 생각하고, 그들이 하는 행위의 의도가 무엇이며, 그들의 기쁨과 슬픔이 무엇인지, 그리고 그들이 상호 간의 관계를 어떻게 맺으며 살아가는지에 관하여는 소홀히 하였다. 셋째, 두 이론은 공통적으로 자연과학적인 방법론으로 사회를 연구하였다. 사회현상도 자연현상과 마찬가지로 의식도 의지도 없는 사물이 자연법칙에 따라 움직인다고 보았기 때문에 그러한 법칙을 발견하는 것을 연구의 최대의 목표로 삼았다.

사회과학은 18세기 이후로 시민사회의 발달에 따라 인간을 '사회적 존재'로 인식하면서 출발하였다. 마르크스 및 베버와 함께 현대 사회학의 세 기둥을 세운 뒤르켐은 사회학은 '사회적 사실'에 대한 과학으로 규정했다. 사회적 사실은 개인과는 분리되어 있으면서 "개인에게 외적 강제력을 행사할 수 있는 모든 행위양식…또는 개개인의 표현과 상관없이 그 자체만의 고유한 존재를 가지고 있으면서도 주어진 사회에서 보편적인 것"(Durkheim, 1895: 76)이다. 사회학은 처음에는 그 방법론을 자연과학에서 가져왔다. 뒤르켐은 사회학 연구가 객관성을 보장하는 '과학'이어야 한다고 주장하였다. 그는『사회학적 방법의 규칙들』서문에서 다음과 같이 말한다.

> 우리가 받아들이는 유일한 명칭은 합리주의자이다. 사실 우리의 주목적은 다음과 같은 사실을 보여줌으로써 과학적 합리주의를 인간 행위의 영역까지 확장하는 것이다. 즉 과거에 고려된 인간행위는 인과관계로 환원될 수 있으며, 역시 합리적인 작업을 통해 인과관계를 미래의 행위규칙으로 변형시킬 수 있다는 것이다. 우리가 실증주의라고 부르는 것은 이러한 합리주의의 결과에 불과하다. (Durkheim, 1895: 30)

뒤르켐의 사회학 전통은 실증주의 방법론으로 발전하여 1960년대까지 사회과학의 주류를 이끌었다. 마르크스 역시, 앞서 지적한 것처럼, 엄격한 '과학주의'를 강조하였다. '과학적' 토론만이 학문발전에 이바지한다고 믿었다. 그가 강조하는 과학이란 물론 자연과학과 같은 의미를 가진 것이다.

그러나 이러한 과학주의적, 실증주의적 방법론에 반론이 제기된다. 인간이 구성하고 있는 사회는 자연세계와는 다르다는 것이다. 자연세계는 인간에게 주어진 것이고 인간의 의지에 따라 작동의 원리가 변화하지 못하지만, 사회는 인간이 구성하는 것이므로, 사회와 개인 간에는 상호작용과 변화가 일어난다는 것이다. 그러므로 사회에서의 인간행위는 자연현상처럼 객관적으로 설명될 수 있는 것이 아니라 행위자의 입장에서 이해될 필요가 있다. 베버는 『사회과학 방법론』에서 "사회학은 사회적 행위를 해석적으로 이해함으로써 그 과정과 결과를 인과적으로 설명하는 과학"이라고 정의하고, 부연하여 "행위란 행위하는 개인이 의미를 부여하는 모든 인간행동을 포함한다"고 말함으로써, 사회적 행위의 주관적 성격과 그에 대한 "이해(Verstehen)"의 중요성을 분명히 하였다(Weber, 1947: 88).

후설(Edmund Husserl)의 현상학을 사회과학 방법론으로 발전시킨 슈츠(Alfred Schutz)는 사회과학의 대상이 생활세계라고 선언하여 사회과학의 연구 대상을 인간의 구체적인 일상으로 끄집어 내렸다. 그는 사회과학의 목적은 인간이 자신이 살아가는 세계에 어떤 의미를 부여하는지를 최대한 분명히 이해하고 설명하는 것이라고 보았다. 행위자인 인간이 자신의 삶의 세계에서 그 삶에 부여하는 의미를 밝히는 것이 사회과학의 과업이라는 것이다. 다시 말하면, 객관적으로 존재하는 실재가 중요한 것이 아니라 우리 각자가 부여하는 의미가 중요하다는 것이다(차인석, 1980: 29-38; 이남인, 2004). 일상생활에서 우리 자신의 행위와 타인의 행위가 가진 의미를 이해하는 것은 나 자신과 타인의 의미부여를 함께 고려함으로 이루어진다. 나도 주관적으로 이해하고 상대방도 주관적으로 이해하지만, 그것이 개개인의 사적인 이해로 끝나지 않는 것은, 우리가 '타협'과 '협상'을 통하여 서로의 이해를 공유할 수 있기 때문이다. 즉, '상호주관성(inter-subjectivity)'에 의하여 사회과학적 인식이 가능해진다(한국현상학회, 1984).

슈츠가 후설의 현상학을 사회과학에 응용한 방법론을 1960년대 초에 가핑클(Harold Garfinkel)이 민속연구방법(ethnomethodology)으로 발전시켰다. 그는 사회구성원, 즉 행위자들이 자신의 행동방식과 생각 및 규범을 형성한다고 전제하고, 그것이 어떻게 형성되는가를 밝히려 하였다. 사회학 연구의 대상을 개인 차원으로 끌어내린 것이다. 비슷한 시기에 호만스(George Homans)가 교환이론(exchange theory)을, 블루머(Herbert Blumer)가 상징적 상호작용이론(symbolic interactionism)을 발표한다. 교환이론은 개인의 행위는 행위자 자신에 의한 '손익계산'에 근거하여 스스로 선택하는 것이라고 주장함으로써, 사회연구에 있어서 사회구조보다 행위자의 판단과 계산이 중요하다는 사실을 일깨워 주었다. 그리고 상징적 상호작용이론은 미드(George Mead)의 사회심리학적 이론으로부터 발전시킨 것으로, 행위자가 부여하는 의미는 자신의 행위에 대한 타자의 반응과의 타협의 결과라고 주장함으로써, 개인 간의 상호작용, 그 가운데에도 언어와 같은 상징적 상호작용에 대한 미시적 연구의 중요성을 강조하였다(Alexander, 1987).

사회학의 이러한 이론적 동향은 앞에서 지적한 기능주의이론과 갈등주의이론의 거시적이고 구조주의적인 관점에 의거한 사회이론의 결함을 바로잡을 수 있는 새로운 사회인식 방법으로 평가되었으며, 큰 호응을 받았다. 이들은 앞선 이론들이 거시적 관점을 내세우는 것과는 대조적으로 미시적 관점의 중요성을 강조하였다. 전자가 사회구조를 중시하는 것과는 달리 후자는 행위자를 중시한다. 행위자의 의지, 창의성, 행동양식이 구조적 조건보다 더 중요하다는 것이다. 그러므로 후자의 입장에 선 연구들은 개인행위자를 관찰하고 그들과 대화하는 데 연구기간의 대부분을 할애한다.

그러나 이들의 한계는 행위자의 중요성을 너무 강조하는 나머지 사회구조의 영향력을 경시하는 데 있다. 개인의 자유의지가 그의 행위를 전적으로 결정하는 것처럼 생각한다면 그것 또한 순진한 생각이다. 구조적 개인의 욕망과 의지의 상호작용을 통하여 행위가 결정되는 것이다. 그런 의미에서 미시적 관점과 거시적 관점, 개인중심적 연구와 집단중심적 연구, 행위와 구조가 배타적인 양자택일로 흐르는 것을 지양하고, 통합의 길로 나아갈 필요가 있다. 이미 그러한 노력이 여러 학자들에 의하여 이루어지고 있다(Alexander, 1987: 374-380).

2) 교육에 대한 설명

학교교육을 행위자의 차원에서 관찰하면, 학교는 교사와 교장, 학생이 상호작용하며 활동하는 공간이다. 그러므로 학교교육을 정확하게 이해하려면 교장, 교사, 학생, 그리고 그들 간의 상호작용에 관하여 세밀히 관찰하고, 동시에 그들의 이야기를 편견 없이 귀 기울여 들어보는 것이 중요하다. 하그리브스(David Hargreaves)는 뒤르켐의 기능주의 교육이론에 충실한 사람이지만, 그의 초기 연구활동은 미드(George Mead)의 상호작용이론에 의지하여 학교의 내부세계를 기술하는 데에 열중했었다. 그는 『인간상호관계와 교육(*Interpersonal Relations and Education*, 1972)』에서 미드의 상호작용이론을 정리 · 소개하고, 그 이론을 적용하여 학교를 구성하는 주요 행위자들인 교사와 학생을 기술하고, 그들 간의 복잡한 상호작용의 모습과 내용을 그렸다. 피터 우즈는 상호작용의 관점에서 학교에서 일어나는 여러 현상을 기술하였다(Woods, 1983). 그리고 윌리엄 타일러는 학교에서 나타나는 일탈행위도 상호작용론적 접근방법을 통하여 정확히 이해할 수 있음을 강조한다(Tyler, 1988: 173-200 참조).

학교 내부에 대한 관심이 높아지면서 사회심리학적 관점에서 학교를 설명하려는 연구도 나타나고 있다(예컨대 Bidwell, 2000). 월러(Willard Waller)의 『학습지도의 사회학(The Sociology of Teaching)』의 맥을 이은, 학교라는 사회조직의 구성원들의 특성과 상호관계를 중심으로 학교의 교육활동을 설명하는 접근방식이다. 교사들은 자신의 사명과 역할을 무엇으로 인식하고 있는가, 그러한 교사의 사명인식은 학생들의 역할인식에 어떻게 영향을 주는가, 학생들은 무엇 때문에 교사의 요구를 수용하는가 등이 사회심리학적 학교연구자들이 던지는 질문의 일부이다.

교사

하그리브스(Hargreaves, 1972)는 교사와 학생의 관계에서 주도권을 가지고 학급상황을 규정하는 쪽은 교사이므로, 교사가 상황을 어떻게 규정하는가를 파악하는 일이 중요하다고 지적한다. 교사는 모두가 동질적인 존재가 아니어서 여러 형으로 구분될 수 있다. 교사의 형은 그들 스스로에 대한 자아개념에 따라 '맹수조련사(liontamers)'형, '연예인(entertainers)'형, '낭만가(romantics)'형으로 나눌 수 있다. '맹수조련사'형은 명칭으로 짐작할 수 있다시피 거칠고 아무 것도 모르는 학생들에게 필요한 지식을 가르치고, 윤리적 행동을 훈련시켜 길이 잘 든 모범생으로 만드는 것이 교사의 역할이라고 생각하는 교사들이다. 그러므로 교사는 담당교과에 있어서 언제나 충분한 전문적 지식을 갖추고 있어야 하고 학생을 다룰 줄 알아야 하며, 학생은 교사의 지시에 충실히 따라야 한다고 생각한다. 한편, '연예인'형은 학생들이 학습에 흥미를 느끼도록 교수자료를 풍부하게 만들고 시청각 기법을 활용하는 등, 즐겁게 배우도록 해 주는 것이 교사의 역할이라고 생각하는 사람들이다. 이 교사들은 학생들을 '친구처럼' 대하면서 격의 없는 관계를 유지하려고 노력한다. '낭만가'형은, 학생은 누구나 학습하기를 좋아하므로 학습할 수 있는 여건을 조성하고, 학습자가 스스로 선택할 수 있도록 다양한 학습기회를 만들어 주는 것이 교사의 역할이라고 생각한다. 그러므로 수업내용도 교사가 독단적으로 정하지 않고 학생과 상의하여 결정하는 것이 좋다.

이 교사들은 기본적으로 학생들의 학습능력과 학습의지를 신뢰하는 것이 특징이다.

하그리브스는 교사들을 자아개념에 따라 세 유형으로 나누어 볼 수 있지만, 교사들은 교과수업과 학생지도라고 하는 두 가지 역할을 수행하는데, 이 두 역할을 해석하고 수행하는 방식이 제각각 다르므로, 교사의 유형은 실제에 있어서 대단히 다양할 수밖에 없다고 본다. 그렇지만 가르칠 교과내용과 지도해야 할 학생들은 교사의 입장에서 보면 하나의 제약 조건이 된다. 가르칠 교과내용은 상당한 정도로 이미 정해져 있으므로 교사에 의한 상황규정이란 실제로는 선택의 폭이 그리 넓지 않은 것이다. 학생과 관련된 역할도 마찬가지이다. 교사의 역할은 대상 학생과 무관하게 결정될 수 없다. 학생이 어떤 사람들이냐에 따라 교사의 역할은 달라지게 마련이기 때문이다. 그러므로 교사가 학생들에 관하여 가지고 있는 지식은 그의 역할 인식에 매우 중요한 영향을 미치게 된다. 뿐만 아니라 교사와 학생은 상호작용의 관계에 있으므로 교사의 학생에 대한 역할은 학생들의 행동에 의해서도 영향을 받는다.

서울대학교 교육연구소의 연구는 하그리브스의 주장과 일치되는 결과를 보여준다(김영찬 외, 1990). 한 인문계 고등학교에 대한 문화기술연구에 의하면 교장과 교사의 주된 역할은 '학력신장'과 '생활기강확립'으로 인식되고 있는데, 전자는 좋은 대학에 졸업생을 많이 입학시키는 것을 의미하고, 후자는 학교에서 학생들이 예절을 잘 지키고, 복장을 단정히 하고, 말썽 부리지 않도록 하는 것을 의미한다. 그러나 이들 두 가지 역할은 동등한 것이 아니어서, 실제로는 '학력신장'이 더 중시된다. 학부모들이 대학입시 준비교육을 강력히 요구하고, 교장과 교사에 대한 사회적 평가가 입시준비교육 성공여부에 의하여 좌우되기 때문이다. 그러므로 교사의 역할은 '학력신장'을 중심으로 규정된다. 교사들은 수업시간에 학생들을 어떻게 다루느냐가 중요하다는 사실을 알고 있고, 학생들도 이 점에서 마찬가지로 생각한다. 따라서 교사들은 수업내용의 선정과 교수방법 선택에 있어서 입시준비에 가장 적합한 것이 무엇인가에 초점을 맞춘다(이인효, 1994: 243-272 참조).

어떻게 하는 것이 학생들을 잘 다루는 것인가? 교사들은 "교사가 학생 속으로 들어가는 것이 아니라, 학생들을 교사 속으로 끌어들여야 한다"고 말한다. 즉, 교사는 학생들의 의견에 따라가서는 안 되고, 교사가 주도적으로 학생들을 이끌어야 한다는 것이다. 하그리브스의 교사유형 가운데 '맹수조련사'형과 같은 것이다. 그런데 흥미로운 것은 교사의 그러한 역할을 형성하는 데는 학생들도 일조한다는 사실이다.

> 여기서 한 가지 역설적인 점은 '교사와 학생 간의 관계를 교사가 주도해야 한다'는 신념을 교사에게 심어주는 사람은 바로 학생이라는 점이다. 초임 교사들은 '아이들이 자기네들에게 민주적으로 대해 주려는 선생님을 우습게 본다'는 데 대해 비애를 느낀다고 실토한다(김영찬 외, 1990: 109).

결국 학생은 수동적 존재가 아니라 교실수업 상황에 있어서 적극적 행위자인 것이다. 교사의 상대자인 것이다. 그러므로 학생이 상황을 어떻게 인식하는지, 그들이 수업을 통하여 학습하고자 하는 것은 무엇인지, 교사의 역할은 무엇이어야 한다고 믿고 있는지 등은 수업상황을 결정하는 데 중요한 영향을 미친다. 따라서 학생에 관한 이해 없이는 교육상황을 이해할 수 없다.

학생

학생들은 그들 나름대로 교사에 대한 기대가 있으며, '이상적 교사상'을 가지고 있다. 학생들의 '이상적 교사상'은 교사를 평가하고 등급을 매기는 기준이 된다. 우리나라 중학교 학생들에 대한 한 연구는, "엄할 땐 엄하고 잘해 줄 땐 잘해 주며, 꼼꼼하게 잘 가르쳐 주는" 교사를 존경하는 선생님의 모습으로 그리고 있다. 학생들에게 친근하게 대하면서 "항상 마음이 착한" 교사는 학생들이 좋아하기는 하지만 존경하지는 않는다(이영덕 외, 1991: 64-66). 이것은 하그리브스가 영국 학생들의 '이상적 교사상'이 '엄하고 공정하며 수업을 명쾌하고 흥미 있게 진행하는 교사'라고 보고한 것과 비슷하다. 학생들은 또 남교사와 여교사, 기혼교사와 미혼교사에 대하여 다르게 대한다. 학생의 성에 따라 남교사와 여교사를 대하는 방식이 다른 것은 물론이다.

학생만 교사를 유형화하는 것은 아니다. 교사도 학생을 유형화한다. 우리나라 인문계 고등학교의 교사들은 "공부하려는 아이들"과 "공부하지 않으려는 아이들"로 구분한다. 또한 수업시간에 "자지 않을 사람"과 "잘 사람"으로 나누기도 하는데, 앞의 구분과 같은 뜻이다. 이것은 성적이 우수하여 대학입시에 응시할 만한 집단과, 성적이 낮아서 대학입시에 응시조차 할 수 없는 집단의 구분이다. 교사들은 전자에 대하여는 격려하고 희망을 주지만, 후자에게는 포기를 강요하고 "잘 사람은 자더라도 떠들고 잡담이나 하지 말라"고 요구한다(김영찬 외, 1990: 111-112). 교사가 학생을 유형화하는 기준은 반드시 교육적인 것만은 아니다. 여러 연구는 교사들이 의식적으로 또는 무의식적으로 학생의 계층적 배경을 기준으로 삼아 학생을 구분하는 경우가 적지 않다고 보고하고 있다.

상호작용

교사와 학생은 각자의 자아개념과 상대에 관한 지식을 바탕으로 상호작용한다. 블랙리지와 헌트(Blackledge & Hunt, 1985)는 이것을 [그림 2-1]과 같이 나타낸다. 그림이 보여주는 것은 교사는 진공 속에서 활동하는 것이 아니고 학교라는 제도가 만들어 놓은 제약조건과 기대 속에서 활동하므로 그만

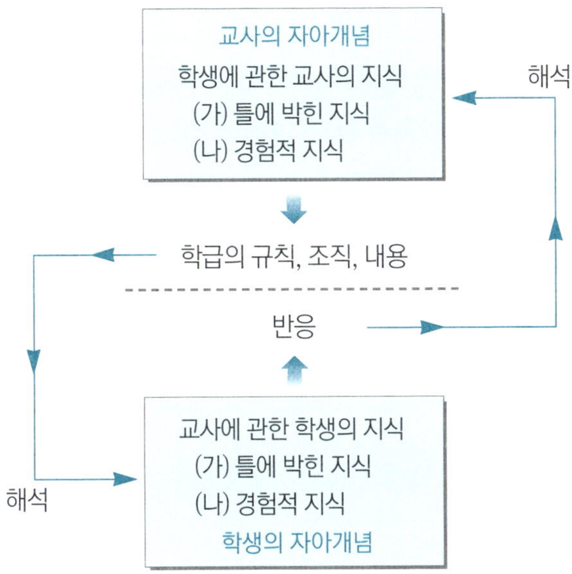

[그림 2-1] 교사-학생 간 상호작용, 제약조건 및 기대의 모형

출처: Blackledge & Hunt (1985). p. 250.

큼 행위의 자유가 제한된다는 것이다. 그래도 그들은 교사로서의 자신의 역할에 대한 인식과 그가 가르쳐야 할 학생들에 관한 지식을 기초로 하여 활동한다. 학생들 역시 학생으로서의 역할인식과 교사에 관한 지식을 기초로 활동한다. 교사의 행위와 학생의 행위는 상호 간에 영향을 주고받으면서 교실수업을 만들어 간다.

교사와 학생 간의 상호작용은 교사라는 행위자와 학생이라는 행위자(개인 또는 집단) 사이에 벌어지는 활동이므로 각자는 그 나름대로의 대응행동을 의식적으로 선택한다. 그런 의미에서 타일러가 학교는 교사와 학생 등 여러 배역의 등장인물들이 엮어가는 연극과 같다고 표현한 것은 적절하다(Tyler, 1988: 149). 우즈(Woods, 1983)는 교사와 학생의 상호 간 대응행위를 '전략(strategies)'이라고 했다. 상호 간의 '대응방식'이라고 불러도 좋을 것이다. 상호작용의 전략 또는 대응방식은 교사와 학생 양쪽이 각기 자신들의 요구를 관철시키기 위하여 만든다. 우즈는 교사의 전략을 여덟 가지로 관찰할 수 있었는데, 그것은 다음과 같다(1983: 198).

① 사회화	② 지배	③ 협상
④ 친애	⑤ 회피, 격리	⑥ 관례화
⑦ 직업적 처방	⑧ 사기진작	

학생들도 물론 그들 나름의 전략이 있다. 다음과 같은 것이 관찰되었다(윗책: 215).

① 공부하기	② 땡땡이	③ 웃기
④ 꾸물대기	⑤ 빈둥거리기	⑥ 재빠르게 하기
⑦ 소란 피우기	⑧ 친근하게 대하기	⑨ 가만두기
⑩ 잡담하기	⑪ 위험/매수	⑫ 떠보기

교사의 전략과 학생의 전략은 서로 대응되는 면이 많다. 학급상황에서 교사와 학생이 서로 상호작용하기 때문이다. 전략은 위 사례 말고도 더 있을 수 있으며, 다른 방식으로 분류할 수도 있다. 또한, 전략은 그 성격에 따라 여러 가지가 있을 수 있다. 학생 입장에서는 호응적(supportive), 대항적(oppositional), 분리적(detached)인 전략이 있는가 하면, 교사 입장에서는 동기유발적 전략(motivational strategies), 통제 전략(control strategies), 정체유지 전략(identity maintaining strategies), 교육적 전략(pedagogical strategies) 등이 있을 수 있다(Blackledge & Hunt, 1985: 275-276; Woods, 1983: 189-208). 우리

나라 고등학교에 관한 연구는, 교사들의 전략에서 가장 뚜렷한 것은 통제전략인데, 사소한 일에는 허용적이면서 중요한 일에는 엄격하게 학생을 다루어야 한다고 교사들은 생각한다. 교사들은, 학생들도 역시 같은 생각인데, "능숙한 교사는 '엄하면서 동시에 잘해 주는', '민주적으로 대하면서도 동시에 독재적인' 교사이지만, 언제 민주적으로 대해주고 언제 엄하게 대해야 하는지를 구분할 줄 아는 교사"라고 생각한다. 대개의 교사들은 "학기 초에 꽉 조여 놓으면 계속 효과를 본다"고 말한다(김영찬 외, 1990: 110-111). 우리나라 고등학교에서는 학생들을 교사의 뜻대로 다룰 수 있느냐 여부가 "유능한 교사"가 되느냐 못 되느냐의 길림길이 되는 셈이다.

3) 해석적 접근의 한계

이제까지 살펴본 상호작용이론의 틀을 적용한 연구들은 교육상황을 구성하는 행위자로서의 교사와 학생에 관한 새로운 지식을 제공하고, 그들 간의 상호관계를 생생하게 기술함으로써 학교, 특히 교실 내의 살아있는 현장에 대한 이해를 높여 주었다. 그럼에도 불구하고 미시적 연구에 대하여 다음과 같은 문제점이 지적된다(Blackledge & Hunt, 1985: 279-284). 첫째, 상호작용을 주로 대결과 갈등의 관계로 파악함으로써 교사와 학생 간의 관계를 불완전하게 그리고 있다. 학급 안팎에서 교사와 학생의 관계는 대결, 속임수, 부끄럽게 만들기, 무시하기 등 부정적 행동도 있지만, 동시에 이해, 협조, 존경, 존중, 칭찬 등의 행동도 많이 포함하고 있다. 그러므로 교사와 학생 간의 상호작용 전략에는 협력적인 것들도 있음을 잊어서는 안 된다. 둘째, 행위자의 입장에서 상황을 파악하여야 한다고 주장하면서도 국외자인 연구자의 관점이 개입되는 것을 완전히 제거하기가 어렵다. 연구자의 관점으로 행위자의 언행을 해석하는 것을 완전히 배제할 수 없는 한계를 스스로 지니고 있다. 셋째, 교사와 학생 각각의 행동 및 상호관계가 일어나는 사회적 · 역사적 맥락을 경시 또는 무시하는 경향이 있다. 마치 교사와 학생이 사회적 역사적 진공 속에서 스스로의 완벽한 자유의지를 가지고 행동하는 것처럼 착각하게 만드는 문제를 지니고 있다.

한편 막스 베버(Max Weber)의 사회적 이론을 교육연구에 적용하는 사람들은 미시적 접근에 내재해 있는 한계를 극복할 수 있도록 거시적 접근과의 통합적 접근을 시도한다(Saha & Zubrzycki, 1997: 16-17). 위에서 지적했다시피 상호작용이론이나 현상학적 방법을 적용한 미시적 접근에 의거한 연구들은 행위자의 상황규정을 강조함으로써, 사회를 만들어 가는 것은 바로 그 사회의 구성원인 것처럼 생각한다. 학급수업을 만드는 것은 교사와

참고자료

막스 베버(Max Weber, 1864-1920)

독일의 사회학자이자 정치경제학자인 막스 베버는 사회학, 정치학 등 여러 사회과학의 전 분야를 망라하는 거대한 패러다임을 제시한 학자이다. 베버는 사회과학에서 일반화된 범주를 찾는다는 것이 불가능함에도 불구하고 목적 아닌 수단으로 일반원칙의 정립이 필요하다고 주장했다. 베버에 의하면 사회학은 인간의 사회적 행위에 대한 일반원칙들과 일반적인 형태의 개념들을 정립하고자 하는 학문이다. 즉, 사회학을 하나의 과학으로 정착시키기 위해 개인들의 행위에 수반되는 주관적 인식에 대한 이해를 사회학의 기본적인 수행과제로서 설정하였다.

초기 저작인 『프로테스탄티즘 윤리와 자본주의 정신』에서 베버는 근대 자본주의가 도덕과 무관한 개인적 이윤추구에 기초한 것이 아니며, 엥겔스가 프로테스탄티즘을 자본주의 초기 과정에서 나타난 경제적 이데올로기의 반영으로 본 것과 달리, '자본주의 정신'과 같은 역사성에 기초한 이념형을 사용함으로써 그 기원이 칼뱅교의 종교윤리에 있음을 주장했다.

학생들이라고 주장한다. 그러나 교사 및 학생의 상황규정은 그 학급이 한 부분으로 속해 있는 학교제도, 나아가 사회구조 및 역사적 상황이라는, 사회역사적 맥락의 한계에 의하여 규정받는다는 사실을 잊으면 안 된다. 교사와 학생이 전략을 세워 상호작용하는 것이 각자의 완전한 자유의지에 의한 것처럼 생각해서는 안 된다. 그들은 상황적 조건하에서 전략을 세우고 행위를 하는 것이다. 그러므로 중요한 것은 왜 그들이 그렇게 생각하고 그렇게 행동하는가를 사회적 맥락에 비추어 설명할 수 있어야 한다는 것이다.

예컨대 한국의 고등학교에서 교사들은, 학생들을 "꽉 잡아 놓아야 한다"고 믿고 학생들도 여기에 동의한다. 그들이 이러한 믿음을 갖게 된 것은 그들의 완전히 자유로운 결정에 의하여 그렇게 된 것은 아니다. 어쩌면 학

즉, 베버가 말한 자본주의 정신과 천직이라는 관념의 토대에는 기독교 금욕주의 정신이 존재함을 알 수 있다.

베버는 또한 『경제와 사회』를 통해 사회현상의 분석적 개념화 작업을 시도했다. 그는 사회학을 '사회적 행위를 해석하고 이해하여 그 행위의 결과를 파악하고 그 결과를 인과적으로 설명하고자 하는 과학'으로 정의했으며 분석의 대상인 인간의 사회적 행위를 목적합리적 행위, 가치지향적 행위, 감성적 행위, 전통적 행위의 네 가지로 구분함으로써 역사발전과정을 연구하는 기반으로 삼았다. 특히, 현대 서구 사회에 대한 분석을 통해, 과거에는 전통이나 감정, 가치지향적인 합리성에 의해 인간의 사회적 행위가 동기화되었지만 점차 목적지향적인 합리성이 지배하는 사회로 바뀌어 가고 있다고 주장하였다. 베버는 사회학이 학문적 규범으로서 자리 잡는 데 공헌하였고 그 저서는 학문 영역에 지속적인 자극을 주고 있으며 객관성에 대한 필요와 동기에 의한 인간 행동의 분석을 통해 그는 사회학 이론에 지대한 영향을 미쳤다.

생들을 자유롭게 풀어놓고 싶을지도 모른다. 그러나 권위주의적인 학교의 구조적 성격, 한 학급에 너무 많은 학생이 들어있는 과밀학급, 입시제도가 강요하는 암기식 위주의 입시준비훈련, 입시성적이 좋아야 한다는 학부모의 요구 등은 교육을 '훈련'으로 변질시켰고, '훈련'을 성공적으로 이끌어갈 수 있으려면 학생이 교사의 의도대로 복종하도록 "꽉 잡아 놓는 것"이 필요하지 않을 수 없다. 그러므로 학교교육을 제대로 이해할 수 있으려면 교사와 학생의 상황규정과 행위뿐만이 아니라 그러한 상황규정과 행위의 선택을 '만드는' 것이 무엇인가를 밝혀내야 한다. 즉, 미시적 접근과 거시적 접근을 통합적으로 활용하여야 한다.

이 단계에서 우리는 막스 베버의 사회연구 방법론에 새롭게 주목할 필요가 있다. 로날드 킹(Ronald King)은 상호작용이론과 현상학적 방법의 한계와 아울러 기능주의와 마르크스주의의 한계를 극복할 수 있는 길이 베버의 방법론에 있다고 보고, 이렇게 주장한다.

> 베버의 방법을 활용하는 교육연구는 현상학이 중시하는 자발성(voluntarism)과 사회적 행위의 주관적 의미, 그리고 기능주의와 대다수 마르크스주의자들이 강조하는 사회적 행위에 대한 구조의 제약을 결합시켜 설명할 수 있다(1980: 7).

학교생활은 내부의 교사, 교장, 학생들에 의하여 영위되지만 그들은 학교 외부의 학부모, 교육관료, 정치인, 경제인 등의 영향을 직접 · 간접으로 받으면서 행동하는 것임을 킹은 역설한다.

콜린스(Collins, 1977)도 베버의 사회이론을 계승한 사람으로, 교육은 이해관계를 달리하는 여러 집단 간의 각축장이므로, 각 집단의 요구, 집단 간 관계 및 사회역사적 맥락을 파악함으로써만 교육을 정확히 이해할 수 있다고 주장한다(1977). 역사적으로 교육은 스스로의 목적을 실현하려는 다양한 집단에 의하여 지배되고 이용되어 왔는데, 크게 보면 세 개의 집단으로 구분할 수 있다는 것이다. ① 교육을 통하여 직업기술훈련을 실시하고 인력을 공급함으로써 경제적 이득을 취하려는 집단(기업가, 자본가 등), ② 인문지향적인 교육을 통하여 교양과 인품을 함양하는 데 역점을 두고자 하는 상류계층 관련집단(학자, 종교인, 양반, 귀족 등), ③ 정치권력을 확보하고 국가관료기구에 대한 지배를 추구하며 국민들에 대한 정치적 지배를 위하여 교육을 이용하려는 집단(정당을 포함한 각종 정치권력 집단). 이들 집단 가운데 누가 교육을 장악하느냐에 따라 교육의 성격은 달라지고, 자연히 교사와 학생의 행위에도 변화가 온다.

베버의 이론에 근거하여 교육제도의 사회적 기원과 발전과정을 체계적으로 연구한 아처(Margaret Archer, 1984; 김기석, 1999: 45-53 참조)도 콜린스와 기본적으로 같은 관점을 가지고 출발한다. 그녀는 주요 유럽 국가의 교육제도는 각 나라의 다양한 집단 간의 갈등, 경쟁, 타협 등을 통하여 형성되고 변천하였다고 지적한다. 아처는 교육제도는 한 사회의 구조적 조건이 사회구성원들 간의 상호작용에 작용하고, 구성원들의 행위가 구조를 변화 또는 변형시켜 새로운 구조적 조건을 조성한다고 설명한다. 이들 간의 순환적 관계는 사회가 존재하는 한 계속된다고 그녀는 설명한다. 교육제도의 사회적 기원과 변화과정에 관한 연구가 국내에도 축적되고 있다(김기석 외, 1996; 우용제 외, 1998).

4. 새로운 이론을 향하여

넓게 볼 때 기능주의적 접근, 갈등론적 접근, 해석적 접근은 근대 합리주의 사상에 기초하고 있다. 산업사회의 출현과 맥락을 공유하는 근대 합리주의 사상은 산업화를 일으킨 과학기술 혁명을 가능하게 한 사유의 기초이자 산업화 과정에서 벌어진 사회현상을 이해하는 도구이기도 했다. 근대 과학의 탄생을 불러온 합리주의 사상은 자연 세계의 질서를 법칙과 원리로 파악하는 과학적 방법의 원천이었다. 자연현상과 사회현상의 본질과 작동 법칙에 정초하여 세계의 발전 방향을 예측하고 설계하는 것이 가능하다는 인식론적 토대는 농경사회에서 산업사회로의 거대한 전환 속에 탄생한 근대 학문의 배경이었다. 사회학도 예외가 아니다. 앞서 살핀 대로 기능이론이나 갈등이론과 같이 거시적 접근을 취한 사회 이론은 인간관계와 사회 현상을 이해하는 데에 자연과학과 동일한 방법을 적용하였다. 미시적인 해석적 접근은 원리나 법칙의 발견보다는 인간 행위의 이해를 도모했다는 점에서 거시적 접근과 차이가 있지만, 인간을 합리성에 근거해 행위하는 주체로 보았다는 점에서 근대 합리주의 사상의 범주에서 벗어나 있는 것은 아니다.

그런데 20세기 중반 이후 근대 합리주의 사상에 기초한 학문 담론을 비판적으로 바라보는 탈근대주의 또는 포스트모더니즘(post-modernism)이 사회과학의 이론을 주도하는 한 흐름으로 자리 잡고 있다. 포스트모더니즘은 낱말 자체로는 '모더니즘 이후'를 뜻한다. 이때 모더니즘은 예술 사조의 하나인 모더니즘이 아니라, 의미상 근대성(modernity)에 더 가깝다. 근대성은 서구의 계몽주의 시대에 일어난 산업혁명, 프랑스혁명, 과학혁명으로 대표되는 정치, 경제, 사회 변화의 특질을 지칭한다. 중세 봉건사회로부터 근대 산업사회로의 전환은 대량 생산과 시장 유통이라는 자본주의 경제 체제의 발흥과 대중 민주주의에 기초한 국민국가의 형성과 궤를 함께한다. 근대성은 합리적 이성에 기초한 과학기술의 발전으로 사회가 진보할 것이며, 공정, 자유, 정의로 대표되는 계몽주의의 이상이 실현될 것이라는 믿음에 기초해 있다(Giddens, 1998).

라캉(Jacque Lacan), 데리다(Jacques Derrida), 리오타르(Jean-François

Lyotard), 푸코(Michel Foucault), 보드리야르(Jean Baudrillard) 등 주로 프랑스의 철학자, 역사학자, 사회이론가들에 의해 20세기 중반 이후 발전한 포스트모더니즘은 근대성에 기초한 인식론과 근대 사회이론에 대한 비판에서 비롯되었다. 근대 사회이론이 약속했던 공정하고 자유로우며 정의로운 사회의 실현은 불가능하다는 인식은 포스트모더니즘의 출발점이다. 포스트모더니즘은 따라서 근대성에 대한 부정과 반박, 해체로 근대성 이후의 새로운 사유를 시도한다는 특징이 있다. 이는 철학사적으로는 후기구조주의(post-structuralism)로 불리기도 하는데, 거대담론과 결정론적 사유의 포기와 불확정성에 기초한 다원주의와 탈중심적 사유를 특징으로 한다.

그렇지만 근대성이 지배하는 현대 사회의 문제를 비판하면서도 근대성 자체를 부정하거나 포기하지 않고 근대성이 추구해 온 이상을 20세기의 변화된 산업구조와 정치 환경의 속에서 새롭게 실현하는 방법을 찾고자 하는 학자들도 있다. 이들 가운데 합리주의와 계몽사상에 기초한 근대성은 실패한 것이 아니라 여전히 희망을 가지고 완성시켜야 할 과제라고 주장하는 하버마스(Habermas, 1985)도 있다. 근대성의 부정과 해체가 아니라 그것을 재구성하고 실현하는 새로운 방안을 찾으려는 것이다. 이 학자들에게 지금은 근대성 이후(post-modernity) 시대가 아니라 근대성이 여전히 유효하게 작동하는 시대이다. 다만 이 근대성은 이전의 전통적 근대성(classical modernity)과는 구분되는 것이다. 이를 기든스(Giddens, 1991)는 후기 근대성(late modernity)으로, 바우만(Bauman, 2000)은 액체 근대성(liquid modernity)으로, 벡(Beck, 1986)은 두 번째 근대성(second modernity)으로 개념화한다. 즉, 우리 시대는 근대성이 지나간 시대가 아니라 새로운 의미의 근대화가 일어나는 시대이다. 기든스와 벡은 이를 성찰적 근대화(reflexive modernization)라고 부른다.

근대 사회이론이 근대 산업사회로의 전환 과정을 배경으로 한다면, 포스트모더니즘 혹은 새로운 근대성의 작동은 근대 산업사회로부터 산업사회 이후의 사회로의 전환을 배경으로 한다. 후기산업사회(Bell, 1976), 네트워크 사회(Castells, 2004), 위험사회(Beck, 1986) 등으로 불리는 근대 산업사회 이후 새로운 사회로의 변화는 글로벌자본주의, 지식정보화, 인공지능과 4차 산업혁명 등 다양한 힘들이 작용하며 21세기에도 계속 진행 중이다. 이런 의미에서 포스트모더니즘 혹은 성찰적 근대화에 기초한 새로운 사회이론은 여전히 형성 중이라 할 수 있다. 교육 실천과 교육에 관한 이론 작업도 예외는 아니다.

사도브닉(Alan Sadovnik)은 포스트모더니즘 이론의 여섯 가지 특징과 함께 교육 연구 동향을 제시한 바 있다(Sadovnik, 1995: 311-312; Sadovnik, 2016: 3-22). 첫째, 포스트모더니즘은 리오타르(Lyotard, 1984)가 주창한 바처럼 거대담론(metanarratives)을 거부한다. 거시적인 접근을 취한 근대 사회이론은 세계를 설명하는 단일한 체계의 구축을 목표로 했다. 마르크스주의의 선형적 역사 발전 설명이나 과학기술의 발전이 인간이 당면한 딜레마 상황을 해결할 것이라는 계몽적 낙관을 포스트모더니즘은 불신한다. 대신 포스트모더니즘은 구체적인 상황맥락에서 출현하는 개별적인 조건들을 이해하는 것을 추구한다. 포스트모더니즘의 이런 특징은 해석적 접근과도 유사하다. 둘째, 포스트모더니즘은 근대 이론이 기초한 이분법적 대립 구조를 거부한다. 근대 이론은 이론과 실천, 이성과 비이성(감성), 관념주의와 물질주의, 자본주의와 사회주의 등 이항대립의 사유 체계를 발전시켰다. 포스트모더니즘 이론가들은 서로 대립적인 양자를 연결시키는 변증법적인 분석을 시도한다. 이런 시도가 포스트모더니즘의 새로운 시도는 아니다. 이론과 실천의 연결은 존 듀이의 경험 철학의 중요한 요소이며, 변증법적 사유는 마르크스주의의 핵심 방법이기도 하다. 셋째, 포스트모더니즘은 권위주의와 전체주의에 민주주의적으로 대항할 것을 강조한다. 이는 일체의 거대

담론을 거부하는 포스트모더니즘의 첫 번째 특징의 연장선상에서 이해할 수 있다. 민주주의적인 대응을 강조하는 점 역시 포스트모더니즘의 고유한 특징은 아니다. 일례로 교육과 민주주의의 긴밀한 관계를 주창했던 존 듀이는 근대이론가였다. 넷째, 포스트모더니즘은 근대이론이 유럽 중심 세계관, 가부장주의를 반영하고 있다고 비판한다. 근대이론이 인종 문제나 여성주의 관점을 등한시한 점을 포스트모더니즘은 통렬히 비판한다. 유색 인종이나 여성, 나아가 사회적 소수자들이 교육적으로 차별당하고 배제되어 온 점을 비판하며, 이에 대항하는 새로운 실천을 모색하는 이론은 포스트모더니즘의 대두와 긴밀하다. 다섯째, 포스트모더니즘 이론가들은 모든 사회적, 정치적 담론은 권력과 지배 구조와 밀접하다고 믿는다. 이 점 또한 포스트모더니즘 이론가들의 독창적인 관점은 아니다. 기능이론, 갈등이론, 해석적 접근 모두 권력과 지배 구조에 대하여 논의한다. 따라서 포스트모더니즘이 근대성의 부정과 해체에 그친 것이 아니라 새로운 시각에서 근대성이 추구한 이상을 재구성하고자 한다는 점을 잘 보여준다. 여섯째, 포스트모더니즘은 차이, 즉 서로 다른 것 사이의 대화를 강조한다. 포스트모더니즘은 거대담론보다는 지식의 개별적이고 국지적인 맥락을 강조하는데, 그 결과로 얻어진 차이에 대한 확인은 다름을 이해하는 대화가 필요하다는 것을 강조한다. 이것은 교육에서 특히 중요한데, 교사와 학생이 서로 다른 위치에서 비롯되는 차이를 적극적으로 탐색하며 학교 안에서 상호 이해와 존중을 성취하는 대화 시도를 지속해야 하기 때문이다.

포스트모더니즘의 근대성 비판 혹은 성찰적 근대화 논의는 인간 중심의 개발이나 환경 문제에 대한 반성을 촉구하는 현대 사회의 흐름과도 연결된다. 과학적 합리성으로 무장한 근대 인간이 지구의 주인이자 중심으로 행세한 결과 오늘날 우리는 기후 위기와 환경 재앙으로 인해 인류는 물론 지구 자체의 지속가능성을 위협하는 단계에 이르렀다. 근대성에 기초한 인간성, 즉 자율적이고 자기주도적이며 끊임없이 발전할 수 있다는 신념을 가진 인간이 세계의 중심이라는 믿음에 균열이 생겨난 것이다. 새로운 사회이론은 인간 중심의 세계관을 비판하며 타자와 관계 속에서 존재하는 인간, 탈-인간 중심 세계관(post-humanism)을 지향한다. 물질세계와 관계를 재정립하려는 새로운 사회이론의 이런 인식은 교육의 실천과 사유에 특히 중요하다. 유엔의 2030 지속가능발전목표(SDGs, Sustainable Development Goals)를 실현하는 데에 교육의 역할이 가장 중요한 이유이기도 하다(유네스코, 2015). 이 점에서 우리는 이 장의 서두에 교육학의 기본적인 질문으로 제시했던 '교육이란 무엇인가'를 갱신하는 질문이 필요한 시대를 살아가고 있다. '타자와의 관계 속에 존재하는 인간의 삶의 어디에서 교육은 발견되는가?' '그 교육은, 그리고 학습은 어떻게 통제되고 관리되는가?' '교육은 사람들의 삶을 구체적으로 어떻게 조직하고 형성하는가?' '통제되지 않는 주체적 학습은 어떻게 이루어지는가?' '교육과 주체적 학습은 한 사회의 문화, 환경, 역사에 어떤 효과를 미치는가?' 거대한 전환기를 살아가는 우리는 교육에 대하여 새롭게 말할 수 있는 질문을 지속적으로 제기하고 답해야 한다.

새로운 질문의 제기와 답변 과정에서 교육과 학습을 그리고 나아가 사회를 거시적 관점에서 구조가 모든 것을 결정한다고 단정하거나, 미시적 관점에서 행위자가 원하는 대로 만들어 간다고 주장하는 것은, 올바른 태도라고 보기 어렵다. 교육과 학습을 올바로 이해하고 설명할 수 있으려면 거시적 관점과 아울러 미시적 관점을 동시에 견지해야 한다. 그리고 무엇보다도 기존 이론과 지식, 가치관을 비판적으로 살펴보는 자세가 필요하다. 누구나 확실하다고 믿고 있는 것에 의문을 던지고 새롭게 생각하는 정신이 중요하다. 연구자는 모름지기 역사를 만들어가는 자연의 조건과 사회 구조의 힘, 그리고 한 사람 한 사람의 인간의 의지와 결단의 중요성을 모두 존중할 필요가 있다. 그리고, 비판적 안목을 견지해야 한다.

제2부

교육제도의 변천

제 3 장 교육제도의 형성과 확대

제 4 장 한국교육제도의 변천

제 5 장 학교교육의 확대와 원인

제3장

교육제도의 형성과 확대

적절한 교육체제의 수립을 위하여는
사회적 조건의 개혁이 필수적이며,
사회적 조건의 개혁을 위하여는
그에 상응하는 교육체제의 수립이
필수적이다.

마르크스, 제1인터내셔널 총회(1869년) 연설

오늘날 보편화되어 있는 학교 중심의 교육제도는 그 역사가 그리 길지 않다. 현대의 학교제도는 19세기 이후 성립된 근대국가에서 교육을 통해 국민을 형성하려는 국민교육이 발전하면서 만들어진 것이다. 국가가 교육내용, 교사양성, 시험, 학력인증 등을 관장하고 학교 운영에 막대한 영향력을 행사하는 학교 중심의 교육제도는 획일화 교육, 몰개성 교육, 교수자 중심 교육이라는 비판을 받아왔다. 이를 혁신하려는 학교개혁도 끊이지 않았지만, 적극적인 저항으로 대안교육운동도 나타났다. 학습자의 자발성을 중시하는 평생교육의 등장도 국가가 주도하는 교육제도에 변화를 일으키고 있다.

교육학의 관점에서 보면 19세기와 20세기는 인류역사에서 특별한 시기이다. 이 시기에 나타난 학교교육을 본위로 하는 이른바 공교육제도가 보편화된 것은 인류역사에서 매우 독특한 현상이기 때문이다. 지구상에 존재했던 국가 가운데 모든 어린이를 빠짐없이 학교에 취학시키면서 학교를 직접 운영 또는 통제하는 국가는 지금으로부터 약 200년 이전에는 존재하지 않았다. 어느 국가도 그렇게 할 필요가 없었거나, 적어도 그렇게 할 필요가 없다고 지배층이 믿었기 때문이다. 그러나 20세기에 들어서 모든 나라가 국가통제하에 학교제도를 운영하며 최소한 초등학교 취학을 의무화하고, 나아가 중등학교까지 의무 취학제도를 시행하고 있는 나라도 적지 않다.

학교 본위의 공교육제도가 성립되기 이전에도 물론 교육은 존재했다. 사회에 따라 교육의 기능이나 형식이 다르고, 사람들의 생활에 주는 의미가 다르기는 했지만, 각 시대마다 그 나름의 교육제도를 운영했고 교육활동도 있었다. 교육은 정치나 경제와 마찬가지로 시대와 사회에 따라 그 제도와 활동의 양상이 변화한다. 각 시대마다 적합한 교육을 형성하려고 노력한다. 그렇다고 해서 각 시대마다 언제나 사회적 상황과 특성에 정확히 일치하는 교육이 운영된 것은 아니다. 때로는 사회체제와 교육 사이에 모순이 존재하기도 한다. 그 모순은 변화를 위한 힘으로 작용하여 사회를 변화시키거나 교육을 변화시키며, 또는 양자가 '타협적'으로 변화함으로써 평형을 확보한다. 그런 의미에서 교육과 사회는 일방적이거나 정(靜)적인 관계라기보다는 상호 간의 동(動)적인 관계를 유지한다.

이 장에서는 오늘날의 현대적 공교육제도가 형성된 배경과 그 전개과정을 살펴본 뒤에, 학교 본위 공교육제도 안팎에서 일어나고 있는 혁신적 또는 대안적 교육운동을 검토하려 한다. 이러한 맥락에서 평생교육의 의미도 살펴보고자 한다. 교육은 정체되어 있는 것이 아니고 항상 변화 과정에 있다는 것, 교육과 사회는 매우 역동적인 관계 속에서 영향을 주고받는다는 것을 이해하는 데 이 장의 목적이 있다.

1. 국민교육제도의 등장과 그 특징

1) 근대국가와 국민교육제도

오늘날의 교육제도는 19세기 이후 유럽을 중심으로 발달한 국민교육제도의 결과물이다. 1789년의 프랑스 혁명으로 절대군주제도가 무너지고 근대국가가 형성되면서 등장한 세속 정부는 교회가 가지고 있던 교육의 지배권을 장악하게 된다. 비슷한 시기에 일어난 산업혁명은 이전의 농경사회와는 다른 노동력을 필요로 했는데 이 요구와 세속 정부의 이해관계가 결합하면서 학교 중심의 국민교육제도가 성립하게 된다.

근대국가 이전에는 대체로 종교가 교육을 지배하였다. 서양에서는 기독교, 유태교, 회교, 동양에서는 유교, 힌두교, 불교 등 종교들이 각기 세력권 내에서 이루어진 교육을 지배하였다. 사람들의 학습 생활은 각 종교의 지배를 받았고, 그것을 당연한 것으로 여겼다. 신은 모든 가르침의 원천이었다. 모든 가르침의 권능은 오로지 각 종교의 신으로부터 비롯되었다. 사람들이 해야 할 임무는 신의 가르침을 사원의 예배나 경전을 통하여 의심없이 받아들이는 것이었다. 의심과 비판은 파문의 사유로 충분했다. 스스로 배운다거나, 배울 것을 스스로 결정하는 주체적 학습자 의식이 들어설 자리는 없었다. 오로지 위로부터의 가르침을 충실히 받아들이는 숭배적 학습이 중시되었다. '교육권 신수설'의 지배시대라 하겠다.

서양에서 종교가 교육을 지배하던 시대에는 공(公)교육사상보다 사(私)교육사상이 지배적이었다. 교육을 시킬지 말지는 부모의 결정 사항이었다. 귀족계급이나 부유한 가정은 가정교사를 채용하여 자녀를 교육하였으나, 가난한 농민과 노동계급은 자녀들을 교육할 경제력이 없기도 하였지만 일을 시켜 생계를 유지하는 것이 더 급했다. 이런 상황에서 교회는 신앙교육을 위하여 교회학교를 운영하는 한편 빈민층 자녀들 일부에게나마 교육을 제공하였다. 가정의 사교육과 교회의 교육활동이 교육의 대부분이었다. 그러나 교회의 지배력이 세속권력으로 대체되는 절대왕정이 등장하면서 교육에 대한 국가의 개입이 이루어진다.

16~17세기 무렵 유럽 절대왕정의 전제군주들은 종교, 문화, 교육 등을 국가권력의 지배하에 두고 통제하였다. 국가권력이 교육을 지배하였지만 국가가 교육을 실시하였다는 뜻이 아니라, 국민에게 교육기회를 주거나 주지 않는 결정, 어느 집단에게는 교육을 허용하고 어느 집단에는 허용하지 않거나 또는 방임하는 결정, 그리고 교육의 방향과 내용의 결정을 국가가 장악한다는 뜻이다. 그리하여,

> [교육에 대한] 조장정책, 억압정책, 방임정책 중 어느 쪽을 선택할 것인가는 각국의 사정에 따라 다르겠지만, 어느 쪽을 선택하더라도 그것은 민중교육에 대한 하나의 국가정책임에는 틀림없었다. 이렇게 민중의 교육, 특히 학교교육이 중앙집권적인 국가권력의 정책으로 취급된 점이 이 단계의 현저한 특징이다(우메네 사토루, 1990: 215).

유럽에서 18~19세기 등장한 근대국가들은 계몽주의의 영향 아래 새로운 교육제도를 수립하였다. 절대왕정을 무너뜨린 프랑스 혁명의 전야에 라 샬로테(La Chalotais)가 출판한 「국가교육론」은 국민교육 사상의 형성과 그 제도적 형성에 큰 영향을 주었다. 그는 이렇게 역설하였다.

> 나는 감히 프랑스를 위하여, 오직 국가에만 의존하는 교육체제를 확립할 것을 주장한다. 그 이유는, 교육은 본질상 국가의 일이라는 데 있으며, 모든 국가

> 는 각각 그 구성원을 가르칠 신성불가침의 권리를 가지고 있다는 데 있으며, 한 마디로 말하여 국가의 어린이는 국가의 구성원에 의하여 양육되어야 한다는 데에 있다(Boyd, 1964/2008: 372).

반면에 프랑스 혁명 당시 입법의회 의원, 국민공회 의장으로 활동하면서 '공교육에 관한 기획안'을 제안하기도 한 콩도르세(Marquis de Condorcet)는 국민들의 다양한 재능과 목표를 존중하는 학습자 중심의 자유롭고 유연한 공교육체계를 주장했다. 그는 공교육의 목적을 이렇게 정의했다.

> 교육은 [공권력이] 이런저런 견해를 선전하거나 어떤 의도에 유용한 원리를 정신 속에 주입하려는 목표를 지녀서는 안 된다. 오히려 사람들이 알아야 할 필요가 있는 사실들을 가르치고, 그들 앞에서 그들의 권리나 행복과 관련된 논의를 벌이고, 그들 스스로 결정할 수 있도록 그들에게 필요한 도움을 제공하는 것을 목표로 삼아야 한다(Condorcet, 1791/2019: 60).

두 사람의 교육론은 아주 대조적이다. 샬로테는 국가의 필요와 목적을 위하여 국가가 학교를 설립하여 국민을 가르치거나 모든 교육활동을 공권력이 통제하고 지배하는 국가 주도의 '국민교육론'을 주장한 반면, 콩도르세는 개인의 필요와 목적을 위하여 각자에게 적합한 학습을 할 수 있도록 다양한 교육을 제공하는 학교들을 국가와 지방이 운영하는 '공교육론'을 주장했다. 전자는 국가의 필요에 무게를 둔 반면 후자는 개인에 무게를 둔 차이가 있다. 이런 차이에도 불구하고 양쪽 모두는 계몽주의의 시대정신 바탕 위에 새로운 국가를 건설하기 위해 모든 국민의 지식 수준과 도덕 수준을 높일 수 있는 보편적 교육을 실현하는 것을 우선 목표로 삼았다. 교육의 주체와 목적에 대한 궁극적 입장은 대립되었지만 교육의 중요성에 대한 믿음과 교육을 전체 국민에게로 확대하려는 열망에는 차이가 없었다.

샬로테와 콩도르세의 교육론은 프랑스 혁명 진행 과정에서 주도권 다툼을 계속했다. 혁명 초기에는 진보적인 콩도르세의 '공교육론'이 강한 지지를 받았다. 그러나 혁명의 진행이 여러 반대세력의 저항으로 머뭇거리자 강경파가 등장하여 무력과 공포정치로 상황을 돌파하면서 강력한 국가권력을 선호하는 '국민교육론'이 지지를 받게 된다. 이러한 정치적 혼란 속에서 콩도르세는 반혁명자로 체포되어 자결하고 그의 교육론은 폐기된다. 그 뒤에 곧 반전이 일어나 새로 집권한 정권에 의해 콩도르세는 복권되고 혁명과 자유주의 공화정의 옹호자로 추앙받게 된다(Soboul, 1995/2018: 716-720; 장세룡, 2019: 153-158).

절대왕정을 무너뜨린 혁명의 소용돌이가 가라앉자 프랑스를 비롯한 유럽 국가들은 새로운 체제의 국가를 건설하는 데 집중한다. 이들은 새로운 국민국가를 형성하는 과정에서 불가피하게 서로 전쟁을 치르며 강하고 통일된 국가의 건설에 모든 노력을 쏟는다. 지식으로 무장하고 애국심이 강한 국민을 양성하는 보편적 교육제도의 확대는 필연적이었다. 이 과정에서 샬로테의 '국민교육론'은 다시 주목을 받고, 이후 20세기까지 그에 토대를 둔 국민교육제도가 세계 각국으로 퍼진다.

'국민국가론'에서 출발한 국민교육체제가 이렇게 전 세계로 확산되어 근대 국민국가 건설에 동력을 제공하는 시기에도 콩도르세의 '공교육론'이 사라진 것은 아니었다. 공공재정으로 시민에게 교육기회를 보장하더라도, 교육의 방향과 내용에 대한 국가의 통제는 제한하고, 각 개인의 교육 필요와 목적을 존중하며, 학습의 자유와 학습자 중심 교육을 중시하는 그의 사상은 교육실천과 교육제도에 영향을 끼쳤다. 20세기에 이르러서도 국민교육체제가 여전히 지배적이었지만, 교육자와 학습자의 자율을 존중하는 '공교육사상'에 대한 지지도 점점 더 강해졌다. 시간이 지남에 따라 교육자와 학습자의 자율을 지키며 확대시키는 교육운동이 세계 각국에서 등장하면서 교육체제의 형태는 국민교육이지만 운영 방식과 내용은 점차 자율을 강조하는 공교육의 방향으로 변화하였다. 나라에 따라서는 교육개혁을 통해 국민교육체제를 약화시키고 공교육체제를 강화시키기도 하고, 공교육체제를 지향하는 의미로 '국민교육'보다 '공교육'을 용어로 선호하는 경우가 흔하다.

결국 국민국가 건설 당시의 유럽인들의 지배적 의식은 국가가 국민의 교육을 담당해야 한다는 방향으로 굳어졌고 그 이외에는 다른 길이 없는 것처럼 보였다. 가정의 사교육과 교회의 교육사업이 일반적이었던 상황에서, 국가가 교육에 개입하여 계급과 빈부를 초월하여 모든 아동을 국가에 충성하는 유능한 국민으로 가르치는 국민교육의 실시는 새로운 국가건설의 핵심이 되었다. 시민계급에 의한 새로운 국가의 건설은 국민형성과 분리될 성질의 것이 아니었다.

국가주도의 국민교육은 사교육 사상에 대한 국민교육 사상의 승리였다. 국민교육 사상의 중요한 기초는 보편교육 사상, 즉 만인의 교육받을 권리를 주창한 것이었다. 국가는 충성심이 강한 유능한 국민을 육성하기 위하여 보편교육을 실시할 필요가 있었다. 다른 한편으로 계급과 빈부를 초월하여 누구에게나 평등한 교육기회를 제공하는 보편교육은 국민의 입장에서도 환영할 일이었다. 국가에 의한 국민교육제도는 자연스럽게 국민의 교육받을 권리의 실현이라는 가치를 표방하게 된다(김신일, 2005: 41-48). 그리하여 18세기 말에서 19세기 전반기에 서양 각국은 '교회로부터 자유로운' 국민교육체제를 확립하는 데 모든 노력을 집중했다. 프랑스에서는 나폴레옹 자신이 구상하고 실천에 옮긴 국가통제 교육체제가 몇 차례의 우여곡절에도 불구하고 자리를 굳혔다. 영국은 교회와 세속 국가 간의 균형을 적절히 유지하면서, 미국은 각 주의 책임하에 국민교육체제를 발전시켜 나갔다. 독일은 피히테(Fichte)의 〈독일 국민에게 고함〉에 뚜렷이 드러나 있듯이 통일된 독일의 융성과 발전을 위해 국민교육제도를 구축하였다.

국민교육을 위한 교육체제의 확립은 새롭게 탄생한 근대국가와 세속정부의 최대 관심사였다. 그것은 새로운 정치체제의 수립과 유지에 필수적이었다. 게다가 교황이 유럽 전체를 통일된 단일 체제로 유지하던 시대가 끝나고 민족국가로 분할되는 새로운 시대가 시작되었다. 민족국가 간의 경쟁에서 승리하기 위해서 국민의 자질을 향상시키고 국가의식을 고취하기 위해서는 새로운 교육제도가 필요했다. 국민 전체의 질적 수준을 높이고, 강한 국민의식과 유용한 지식으로 무장시켜야 국가가 강해질 수 있다는 믿음이 지배했다. 그러므로 사립교육기관의 설립을 허용한다 해도 국가가 통제하는 제도하에서 운영되어야 했다. 이는 중세시대와는 전혀 다른 성격의 교

참고자료

피히테(Johann Gottlieb Fichte, 1762-1814)

독일의 철학자이자 독일 관념론의 대표적인 학자 중 한 사람인 피히테는 1780년부터 예나대학·라이프치히대학에서 신학·철학을 공부하였다. 스피노자의 결정론의 영향을 받아 『종교와 이신론(理神論)에 관한 아포리즘』(1790)을 저술하였으며 칸트철학의 영향을 받아 처음엔 칸트의 저서로 알려졌으나, 칸트 자신의 정정으로 피히테의 이름을 알리게 된 『모든 계시의 비판 시도』(1792)를 출판하였다.

칸트의 비판적 철학사상, 특히 칸트의 『Critique of Practical Reason』(1788)에 대한 피히테의 『Science of Knowledge』(1794)는 그의 가장 독창적이고 특징 있는 작품으로 평가받는다. 또한, 예나대학에 초빙되어 『모든 지식학의 기초』(1794) 등의 저서를 발표하였으며 1798년 포르베르크의 논문 서문인 『신의 세계 지배에 대한 우리들 신앙의 근거에 관하여』라는 논문을 발표, 무신론 논쟁을 불러일으키기도 했다. 또한 그는 〈독일 국민에게 고

육적 필요가 나타난 시대가 시작된 것이다. 즉, 교육이 개인의 필요나 종교의 필요가 아니라 국가라는 정치공동체의 필요에 의해서 운영되기 시작했다(Boyd, 1964/2008: 403-406).

그런데 국민교육을 위한 의무적 학교교육은 19세기 초까지만 해도 그것이 필요하다는 주장은 강했지만, 학교의 신속한 설립은 현실적으로 어려웠다. 유럽의 대다수 국가에서 초등교육이 대중화된 것은 19세기 후반에 이르러서였다(Schuleunes, 1989: 1-7). 미국을 포함하여 서양 국가들 가운데 국민교육의 대중화를 가장 먼저 그리고 체계적으로 추진한 나라는 오늘날의 독일인 프러시아와 바바리아였다. 독일의 국민교육제도는 많은 나라에 영향을 주게 된다.

함〉(1807-1808)이라는 강연을 통해 나폴레옹의 침공에 대항하여 독일의 민족 독립과 문화재건을 위한 교육을 역설하였으며 독일의 민족주의자들을 뭉치게 만들고자 했다. 그는 베를린대학의 창설에도 영향을 미쳤다.

그는 단일한 형이상학적 체계를 형성하기 위해 칸트가 말한 실재(實在)와 관념의 이원론을 자아 중심의 일원론으로 변화시키고자 했다. 피히테는 모든 근원에 자아의 절대적 활동을 내세워 윤리적 색채가 강한 지식 체계를 세웠으며, 실천적인 이성이 그 자체로 이론적 근원이자 인간과 진리의 토대임을 보이기 위해서, 그는 독립적이고 자주적인 절대적 자아, 즉 ego라는 원리로부터 출발하여 실천적 자아의 절대화에 이르렀다. 피히테의 철학은 칸트의 순수이성 · 실천이성과 결합하여 지식 또는 관념체계를 완성하고자 했던 것으로서 소위 주관적 · 실천적 관념론으로 불린다.

2) 국민교육제도의 성격: 보편성과 통일성

국민교육을 추구한 국가관리 교육제도의 기본성격은 보편성과 통일성이었다. 개별 국가의 교육은 보편적인 이념과 목적을 추구하는 동시에, 운영방식에 있어서 통일성을 지향하였다. 반톡(Bantock, 1973: 57-58)은 19세기 대중적 학교교육체제의 사상적 배경으로 18세기와 19세기에 강하게 대두한 통일성의 사상을 지적한 바 있다. 그는 19세기 보편주의 국민교육의 사상적 기반에 헤겔(Hegel) 철학의 보편성과 통일성이 큰 영향을 주었으며, 생시몽(Saint Simon)의 "가르침의 통일성(uniformity of teaching)" 사상이 구체적인 방향을 제시하였다고 설명한다. 즉, 당시에는 사회의 모든 구성원을 하나로 묶을 수 있는 강력한 사회적 동질성이 절실히 요구되었으며, 이 동질성은 통일된 교육을 통해서만 가능하였다. 뒤르켐(Durkheim)의 용어를 빌려 말하자면, 한 국가 구성원의 강한 결속을 지탱하는 "집합의식(collective consciousness)"을 교육을 통해 형성하고 확보해야만 했다는 것이다. 국가가 강력히 통제하는 통일된 공교육체제가 필요하였던 것이다.

로마가톨릭 교회의 지배와 절대왕정이 붕괴된 위에 새로운 시민사회가 형성되던 당시에는 모든 국민을 하나로 결속시키는 통일된 규범의식과 사고방식과 지식체계가 강력히 요청되었다. 이러한 시대적 과제를 해결하기 위해 보편적이고 통일적인 학교제도가 수립되었던 것이다. 학교는 표준화된 지식, 통일된 가치관과 감성을 주입하는 역할을 부여받았다. 뿐만 아니라 신체동작과 생리적 욕구까지도 "순종적"으로 만들었다(Foucault, 1975/2016: 230-238). 자연히 개인의 자유로운 학습활동을 보장하는 다양하고 자유로운 교육은 억제되고 국가가 직접 운영하거나 강력하게 통제하는 획일적인 학교제도가 모든 교육활동을 지배하였다. 국가가 모든 국민에 대한 통일된 보편적 교육을 실시하기 시작한 것이다. 이러한 교육체제는 18세기 중반까지만 해도 존재하지 않았던 것이다(Bantock, 1973: 59). 19세기에 인류는 국가관리 교육체제로 모든 아동들에게 통일된 규범과 지식을 가르치는 초등교육 의무제를 수립하고, 20세기에 들어서는 모든 청소년들을 대상으로 하는 중등교육 의무제도 확립하였다. 현재의 학교 중심의 보편적 의무교육제도는 인류 역사에서 19세기와 20세기에 이르러 처음으로 등장한 것이다.

통일된 규범과 지식을 가르치는 보편적 학교제도는 사회학자 뒤르켐의 눈으로 보면 보편적 사회화를 제도화한 것이었다. 보편적 사회화는 한 사회의 공통적 감성과 신념, 즉 집합의식을 사회 구성원들에게 내면화시키는 것을 의미한다. 이를 통해 사회 구성원들의 동질성을 확보할 수 있다. 기능주의 사회학의 태두인 뒤르켐은 보편적 집합의식을 사회 존속의 기본요건으로 파악하였다. 그는 공통성과 동질성을 국민들에게 가르치는 보편적 학교제도를 매우 긍정적으로 보았다. 그러나 뒤르켐은 이러한 학교제도의 정당화가 국가주의적인 교육제도를 강화시켜 획일적인 사회를 지향할 수 있다는 위험성은 예측하지 못하였다. 게다가 그는 공통성과 동질성 및 보편성이라는 이름 아래, 학습의 자유와 교육의 자유가 억압될 수 있다는 것도 간과하였다. 대다수 국민의 지지를 받지 못하는 소수의 권력집단이 국가를 장악하거나, 특정 정치 이데올로기가 사회를 지배하거나, 물질적 생산의 능률화를 최고의 가치로 여기는 산업주의가 사회를 지배하는 경우에 통일적 보편 교육제도는 불가피하게 정치와 경제의 도구로 전락한다. 그러한 예를 우리는 한국 현대사에서 발견할 수 있고, 오늘날 세계 도처에서 이를 목격할 수 있다.

사실상 오늘날은 거의 모든 국가가 산업국가(industrial state)이다. 즉, 정치와 경제의 복합체가 곧 국가이다. 자본주의, 공산주의, 또는 사회주의라는 경제 이데올로기의 바탕 위에 국가가 형성되었다. 국가체(國家體)의 이러한 성격은 20세기에 들어서 더욱 분명해졌으며 각기 다른 이데올로기를 바탕으로 삼고 있는 국가 또는 국가블록 사이에 전쟁과 갈등이 계속되고 있다. 교육은 이러한 소용돌이 속에서 정치경제복합체의 종속적, 도구적 위치에서 벗어나지 못하고 있다. 어떤 정치체제나 경제체제를 택한 국가든 학교교육만 놓고 보면 그 도구적 위치와 성격은 크게 다르지 않다.

학교제도는 시험을 통하여 통일성을 더욱 강화한다. 시험은 각급 학교교육의 졸업이나 입학 시에 선발기능을 담당하고 있어서 통일된 지식과 규범의 학습 여부를 확인하는 데 매우 효과적이다. 만일 시험이 없다면 교육의 통일성과 동질성을 유지하는 것은 매우 어려울 것이다. 시험을 통해 공통적이고 동질적인 교육이 얼마나 잘 이루어졌는지를 확인할 수 있다. 근대국가에서 시험은 전문 관료를 선발하는 기능도 담당하고 있기 때문에, 일찍이 막스 베버(Max Weber)가 지적한 대로 학교제도는 사회적 지위분배의 기제로도 기능한다. 전근대 시대 신분제도하에서는 사회적 지위를 보장하던 이른바 혈통의 기능을 근대국가에서는 시험과 교육이 결합한 학력이 대신하고 있다. 대학졸업장을 가지고 있느냐의 여부가 사회적 지위의 상하를 결정한다. 높은 사회적 지위를 얻을 수 있는 대학졸업장을 확보하려면 초등학교와 중등학교의 졸업장을 갖추어야 하는 것은 물론 졸업과 입학에 필요한 우수한 시험 성적이 있어야 한다. 그리하여 학교교육의 전 과정이 사회적 지위를 분배하는 기제로 기능하게 된다. 상급교육의 학력이 상위의 지위를 보장하는 증명인 사회에서 모든 사람은 학력경쟁에 뛰어들지 않을 수 없다. 학력경쟁은 모든 사람을 경쟁에 몰아넣는다. 이러한 상황은 오늘날 모든 나라에서 벌어지고 있다. 우리나라에서는 세계 어느 나라보다 치열한 형태로 학력경쟁이 벌어지고 있다. 이렇게 되면 학교교육을 의무화하지 않아도 모든 사람이 학교에 다니지 않을 수 없다. 적지 않은 교육비를 스스로 부담하는 수익자 부담원칙으로 학교제도를 운영해도 취학률은 계속 높아진다. 사회적 지위를 위한 경쟁에서 낙오하지 않으려면 어떻게 해서든지 상급의 학력을 취득하여야 하기 때문이다.

모든 사람이 경쟁적으로 학교교육에 참여하기 때문에 통일적 보편교육은 국가가 의무제도로 강요하지 않아도 저절로 유지된다. 획일적인 교육내용도 별다른 저항 없이 수용된다. 지위경쟁의 장으로 교육체제가 확립되면 교육의 자유와 학습의 자유는 더욱 축소된다. 지위획득을 위한 학력경쟁에 도움이 되지 않는 교육과 학습은 현실적으로 그 가치를 인정받지 못하기 때문이다. 대학 입학시험에 포함되지 않으면 학교도 학생도 해당 교육을 중시하지 않는 현상은 이를 잘 보여준다. 어떻게 해서든지 교육체계, 즉 학교제도 내에서 '성공'하여야 하기 때문이다. 교육과 학습의 자유가 주어진다 해도 그것은 학교제도 내에서의 성공에 도움을 줄 수 있는 것만이 강조된다. 입시준비를 위한 '과외'가 대표적인 것이다. 심지어 학교교육이 '비교육적'인 것이 된다 할지라도 학교제도로부터 쉽사리 벗어나는 결정을 하기 어렵다. 상급학교에 입학하기 위해서는 입시교육에 충실해야 하기 때문이다. 이러한 상황을 우리는 바로 우리나라 교육에서 지난 수십 년간 보아왔다. 극히 예외적인 경우가 아니면 아무도 학교제도로부터 벗어나지 못한다. 통일적 보편교육제도가 완벽하게 성립된 것이다. 지식과 규범의 통일을 위한 국민교육제도가 모든 교육과 학습 생활을 지배한다.

2. 학교 본위 교육제도의 동요

1) 학교제도 내부의 혁신

오늘날 교육제도는 여전히 학교를 중심으로 구성되어 있지만, 이로부터 벗어나려는 움직임도 많은 나라에서 나타나고 있다. 기존의 학교로는 정보화시대 이후 새롭게 등장하는 사회의 교육적 요구를 제대로 충족시키는 데 한계가 있기 때문이다. 세계교육의 실태와 문제를 종합적으로 분석한 1968년 쿰스(Philip Coombs)의 보고서 「세계교육의 위기(The World Educational Crisis)」와 역시 세계교육이 직면하고 있는 문제를 파헤친 1972년 포르(Edgar Faure)의 보고서 「존재하기 위한 학습(Learning To Be)」은 교육기관으로서의 학교가 막다른 골목에 도달하였으므로 학교 일변도의 교육제도를 벗어나는 길만이 교육을 되살리는 방법이라고 강조하고 있다. 일리히(Ivan Illich)와 라이머(Everett Reimer)도 학교에 참된 교육기관의 기능을 기대할 수는 없으며, 오히려 학교가 교육적 역기능을 수행하고 있다고 비판한다. 학교 본위 공교육제도의 한계를 파헤치고 새로운 교육체제의 등장이 피할 수 없는 현실임을 주장하는 문헌들은 그 후로도 계속해서 쌓이고 있다(예컨대 강대중, 2002; 유네스코 21세기세계교육위원회, 1997; 정연순 · 이로미, 2009; Botkin et al., 1979; Giesecke, 1996).

학교제도가 지니고 있는 획일성(commonality)과 몰개성성(depersonalization), 그리고 순응성(conformity) 조장의 문제가 교육전문가뿐만 아니라 일반시민과 학생의 차원에서까지 지적되고 있는 상황에서, 학교의 변화는 불가피하다(Coombs, 1968). 학교 본위 공교육제도의 변화는 여러 양상으로 나타나고 있다. 학교교육의 테두리 내에서 부분적 개방과 개혁을 시도하려는 움직임이 있는가 하면, 기존 학교교육의 틀에서 벗어나서 각자가 원하는 방식으로 자유롭게 교육하려는 운동도 끊임없이 일어나고 있다.

학교의 부분적 개방과 개혁의 대표적인 예로 학교의 인사, 재정, 교육과정 등을 비롯한 제반 학교 운영에 학부모를 비롯한 지역사회 주민 대표가 직접 참여하는 제도를 들 수 있다. 우리나라의 '학교운영위원회'도 그런 사례이다. 기존 학교제도의 틀을 그대로 유지하면서 제도적 경직성을 탈피하려는 또 다른 예로 방송대학과 원격대학을 들 수 있다. 정규대학이면서도 학생선발과 수업운영 방식을 기존 대학과 전혀 다르게 하여 폐쇄적인 학교제도의 개방과 개혁을 시도한 사례이다. 최근 정보통신기술의 발전으로 원격교육에 기반한 사이버 학교들도 속속 등장하고 있다. 전 세계 주요 도시에 캠퍼스를 운영하며 학생들이 매 학기 다른 지역에 체류하며 원격으로 수업을 진행하는 고등교육기관인 '미네르바 스쿨(Minerva school)'과 같은 혁신적인 모델도 나타나고 있다. 그렇지만 대부분 기존의 교육내용을 단지 새로운 매체를 통해 제공하고 있다는 점에서 기존 학교제도의 틀 안에서 이루어지는 개혁이라 할 수 있다. 우리나라 초중등학교에서 2000년대 이후 전개된 소규모 학교 살리기 운동, 교장 공모세 확대, 혁신학교 지정 등도 기존 학교의 틀 내부에서 교사 주도로 전개되는 개혁 사례로 볼 수 있다(정진화, 2014).

2) 학교 본위 제도의 개혁운동

기존 학교제도의 틀에서 벗어나서 각자의 특성과 필요에 부응하는 방식으로 교육하려는 대표적인 움직임이 대안교육운동이다. 대안교육운동은 20세기 초, 경제개발 중심의 근대적 가치관에 내포된 경쟁적, 파괴적 가치관의 극복과 인간성 회복을 기치로 등장하였다. 초기 대안교육운동은 루돌프 슈타이너(Rudolf Steiner)가 제창한 인지학(Anthroposophia)과 닐(Alexander S. Neill)의 인본주의 심리학의 영향을 받았다. 이들은 기존 학교의 지식 중심 교육과정을 비판하고 체험 위주의 노작교육과 공동체 중심의 인간화교육을 강조하였다. 영국, 독일, 스위스 등지로 확산되던 대안교육운동은 우리나라에서도 전개되고 있다(강대중, 2002; 이은주, 2017; 이종태, 2001; 정유성, 1997).

대안교육운동의 산물로 나타난 대안학교들은 독특한 교육이념 및 운영방식을 가지고 기존의 학교 형태의 한계를 극복하고자 시도하는 학교들이다. 이종태(2001: 119-122)는 대안학교가 추구하는 이념에 따라 대안학교를 네 가지 유형으로 구분하였다. 첫째는 '자유학교형'으로 학교교육의 지나친 통제와 억압, 그리고 교사주도교육을 비판하고 아이들의 무한한 잠재가능성에 대한 신념을 기초로 한다. 영국의 '섬머 힐(Summer Hill)'이나 독일의 '자유대안학교', 일본의 '기노쿠니 아이들의 마을', 우리나라의 '자유학교 물꼬' 등이 여기에 속한다. 둘째는 '생태학교형'으로 1982년 영국의 하트랜드 지방에 설립된 '작은 학교'가 전형으로, 생태교육과 노작교육, 지역사회와 학교의 결합을 중시한다. 이 학교는 지역사회 안에서 소수의 학생들을 대상으로 지식교육뿐만 아니라 의식주에 관련된 기본적인 활동들을 교육내용으로 삼고 지역사회의 여러 생산자들을 교사로 참여시킨다. 우리나라에서는 '간디청소년학교'가 이와 유사하다. 셋째는 '재적응학교형'으로 학교교육에 적응하지 못하는 학생을 주 대상으로 하는 학교이다. 일본의 '생활학교'와 우리나라의 '성지고등학교'가 여기에 속한다. 넷째는 '고유이념 추구형'으로 매우 독특한 교육이념과 교육방식을 추구한다. 슈타이너의 사상을 근간으로 하는 독일의 '발도르프학교'나, 기독교 신앙을 바탕으로 지역사회와 일체된 교육을 지향하는 우리나라의 '풀무농업고등기술학교'를 이 유형으로 분류하였다.

과거에는 정규학교로서의 법적인 인정을 받지 못하던 우리나라의 대안학교들은 법 개정으로 1998년부터는 일정 요건을 갖추면 정규학교로서 법적인 지위를 인정받을 수 있게 되었다. 〈초중등교육법〉 제60조는 대안학교를 "학업을 중단하거나 개인적 특성에 맞는 교육을 받고자 하는 학생을 대상으로 현장실습 등 체험 위주의 교육, 인성 위주의 교육, 또는 개인의 소질 적성개발 위주의 교육 등 다양한 교육을 실시하는 학교"로 정의하고 있다. 이는 공교육제도의 바깥에 있던 대안학교를 교육법의 테두리 안으로 끌어들인 것이며, 국가가 직접 통제하지 않던 교육을 인정하기 시작한 것을 의미한다(김성기, 2017; 황준성 · 이혜영, 2010). 그러나 대안학교가 정규학교로 법적인 인정을 받았든 못 받았든, 그것은 기본적으로 학교교육의 한계에 직면하여 새로운 대안적 교육을 모색하려는 시도라는 점에서 학교교육의 부분적 개혁보다는 훨씬 더 나아간 것이다.

학교제도의 틀을 벗어나려는 또 다른 움직임으로는 '재택학교교육' 또는 '가정에서의 학교교육'으로 번역할 수 있는 '홈스쿨링(home schooling)'을 들 수 있다. 미국에서 본격화한 홈스쿨링은 초기에는 종교적인 이유로 가정에서 교육할 필요를 느낀 부모들이 주류였다. 그들은 공교육제도와 취학의무는 수용하되, 실제 교육은 가정에서 부모가 직접 실시하고자 하였다. 학교의 교과내용을 그대로 가정에서 부모가 가르치면서 학교가 교육진행 상황을 점검하고 학업성취 수준을 평가하여 인정받을 수 있도록 한 것이다. 자연히 이들에게는 가정에서 부모가 가르친 것이 사회적으로 인정받을 수 있을 것인가 하는 문제가 관심사일 수밖에 없었으며, 여러 가지 우여곡절을 거쳐 결국 법적 인정을 획득하게 되었다.

표 3-1 한국의 미인가 대안학교 교육목적별 현황(2018)

구분	부적응 학생	일반 대안교육	종교, 선교	국제 교육	다문화	탈북	미혼	기타	합계
시설수	58	30	30	6	5	3	3	6	185
%	31.4	40.0	16.2	3.2	2.7	1.6	1.6	3.2	100
학생수	1,958	3,498	2,299	329	117	37	2	286	8,526
%	23.0	41.0	27.0	3.9	1.4	0.4	0.02	3.4	100

출처: 한국콘텐츠미디어(2018).

여러 나라에서 공교육에 대한 비판이 고조되면서 학교교육을 불신하거나 반대하는 다양한 배경의 부모들이 홈스쿨링에 참여하기 시작하였다.

1980년대를 거치면서 홈스쿨링은 하나의 교육운동이자 사회운동으로 급속히 확대되어 미국에서 백만 명이 넘는 초·중등 학령의 학생들이 참여할 정도로 새로운 교육형태로 자리를 잡았고, 영국 등 다른 나라들로 확산되었다. 우리나라에서도 1990년대 '학교붕괴' 담론이 확산되는 등 학교제도에 대한 문제제기가 공론화되면서 제도권 밖에서 홈스쿨링이 조금씩 확산되는 추세에 있다. 홈스쿨링은 가정에서 부모가 학교의 교과내용을 그대로 가르치던 종전의 방식에서 벗어나 다양한 필요와 관심에 따라 자유롭게 내용을 선정하여 가르치고 배우는 것으로 발전하고 있다. 교과서나 교육과정에 얽매이지 않고 아이들의 흥미에 따라 교육활동을 자유롭게 조직하는 것이다.

홈스쿨링의 확산과 발전은 학교 본위 교육제도에 대한 학부모들의 불신을 나타내는 강력한 사례이다. 일부이지만 학부모들이 학교와 교육청을 더 이상 신뢰하지 않으며, '학습권'을 적극적으로 주장하기 시작하였다. 학업상의 이유로 재택학교 방식으로 교육하고 있는 미국과 한국의 학부모는 국가의 교육권에 대항한 자신의 학습권을 다음과 같이 주장한다.

> 나는 모든 부모가 자녀를 어떻게 가르칠 것인가를 선택할 권리와 의무가 있다고 생각한다. 이것은 권리헌장이 명시한 천부적인, 신이 부여한 권리이다. 정부는 가정을 감독하거나 가정에 대해 요구할 권리를 가지고 있지 않다. 우리는 모두 다른 요구, 욕망, 관심을 가지고 있다. 정부는 국민의 공복이다. 지금 정부는 왕과 같이 되어가고 국민은 그것의 종이 되어가고 있다(Mayberry, Knowles, Ray, & Marlow, 1995/2002: 72-73).

> 교육은 의무이기 전에 가장 중요한 권리다. 살면서 아이는 학교가 아닌 다른 어디에서라도 제대로 된 교육을 받을 수 있을 것이다. 제발 아이에게 학교에 가

고 싶지 않느냐고 그만 질문해 주었으면 좋겠다. 나도 그렇게 하려고 노력하는 중이다(민들레 편집실, 2000: 29).

미국에서 홈스쿨링을 확립하는 데 기여했던 일련의 판례들은 교육이 반드시 국가의 기준을 따를 필요는 없다며 부모의 교육선택권을 지지하고 있다. 1978년 매사추세츠주 법원은 퍼첸라이즈 대 프리즐(Perchemlides 교육청 vs. Frizzle 학부모) 소송에서 부모의 교육을 선택할 권리를 인정했으며 홈스쿨링 프로그램이 반드시 학교와 동일할 필요도 없다고 판결하였다. 1993년 미시간주 대법원은 종교적인 신념 때문에 홈스쿨링을 하는 가정의 학생은 주정부의 교사자격이 없는 사람에게 배워도 된다는 판결을 내렸다. 이러한 홈스쿨링 운동의 확산과 법적인 지지는 동일 연령의 아동들을 한곳에 모아 놓고 국가의 관리하에 통일된 교육을 실시한다는 국민교육의 정신과는 많이 벗어난 것이다. 그것은 국가가 독점하고 있던 교육권이 서서히 학부모로 대변되는 학습자에게로 이양되고 있음을 보여주는 실례라고 하겠다. 한국에도 "홈스쿨링"을 한다는 가정들이 있기는 하지만 실제로는 장기결석계를 제출하고 학교를 이탈하여 가정에서 교육하는 방식으로, 제도적으로 인정한 것은 아니다.

그러나 우리나라의 경우 전통적인 학교제도 밖에서 이루어지는 학습활동을 인정함으로써 교육체제 자체를 변화시킨 정책이 1990년대 이후 시행되고 있다. '학점은행제'와 '독학학위제' 등이 그것이다. 개인 학습자의 경험과 특성을 최대한 고려할 수 있는 학교 밖 교육을 학교교육과 마찬가지로 사회적으로 인정하는 것이다. 기존의 학교체제에서 벗어나 대안적인 학교를 창조하려는 노력에서 한 차원 더 나아가 그동안 사장되어 있던 학교 밖 학습활동을 촉진시킴으로써 공교육체제 자체의 변화를 촉발하고 있는 것이다.

표 3-2 홈스쿨링 상황

구분	연도	수
한국 홈스쿨링 가정	1999년	200여 가정
	2010년	600~1,000여 가정
경기도 내 홈스쿨링 학생수	2016년	2,350명
홈스쿨링 합법 인정 OECD회원국	2020년	24개 국가

※ 참고: 한국은 현행 교육법상 홈스쿨링이 합법적인 교육으로 인정되지 않으며, 국가 차원의 홈스쿨링 실태조사는 전무한 실정이다.

출처: 육권인 · 박명희(2020)에서 재구성

참고자료

학점은행제

학점은행제는 대학의 정규 강의뿐만 아니라 대학 바깥에서 이수한 다양한 비형식, 무형식 학습의 결과를 평가하여 대학의 학점과 동등하게 인정하고, 그 학점을 누적하여 일정 기준을 충족하면 학사 학위를 수여하는 평생교육제도이다. 1995년 대통령 직속 교육개혁위원회가 발표한 5.31 교육개혁안에서 평생학습사회 구축을 위한 핵심 제도로 제안되었다. 1997년 1월 근거법령으로 〈학점인정 등에 관한 법률〉이 제정되었으며, 한국교육개발원이 주관기관이 되어 1998년 3월 본격 시행하였다. 2008년부터는 국가평생교육진흥원이 관장하고 있다. 1998년 61개 평가인정기관의 274개 학습과목을 평가인정하는 것을 시작으로 2000년 제1회 학위수여식에서 학사 111명, 전문학사 539명을 배출하였다. 2023년까지 학사 545,407명, 전문학사 477,101명을 배출하여, 누적 학위 취득자 100만 명 시대가 열렸다.

학점은행제는 정규대학과는 달리 고등학교 졸업 이상의 학력을 소지한 이는 누구나 별

3. 평생교육의 등장

1) 평생교육의 개념

기존 교육제도의 변혁을 불가피하게 만들고 있는 또 하나의 도전적 경향은 '평생교육'의 등장과 활성화이다. 평생교육이라는 용어는 과거에도 가끔 사용되었지만 그것이 국제사회의 대표적 용어로 떠오른 계기는 1970년대 유네스코 교육정책문서에 언급되면서부터이다. 1970년대에 유네스코가 평생교육을 교육제도의 새로운 사상적 기초로 제시한 데는 이유가 있다. 유네스코는 1960년대에 비형식교육(nonformal education)을 강조하였다. 제2

도의 입학시험을 거치지 않고 학점은행제 학습자로 등록할 수 있다. 학습자는 비형식 평생교육기관의 평가인정 학습과정 이수, 고등교육법에 따른 학점인정대상학교의 개설 과목 이수, 고등교육기관의 시간제 등록 과목 이수, 자격증 취득, 독학학위제 시험 합격, 국가무형문화재 전수교육 이수를 통해 학점을 인정받을 수 있다. 학점은행제의 다양한 학점원은 국민의 평생학습권 보장 및 학습경험의 다양화, 대안적 방식의 고등교육 학위 취득 기회 제공, 비형식 교육의 제도적 인정, 평생교육과 학교교육의 연계를 통한 국가의 교육력 극대화를 도모하는 제도적 특성을 보여준다. 학사학위는 140학점 이상, 전문학사는 2년제는 80학점, 3년제는 120학점을 누적하면 교육부장관 명의의 학위를 수여한다. 일부 대학에서는 학칙에 따라 대학의 장 명의로 학점은행제 학습자에게도 학위를 수여하고 있다. 학점은행제는 고등교육 기회를 놓친 성인학습자에게 제2의 고등교육 기회를 제공해줄 뿐만 아니라 지식기반 사회에서 요구하는 새로운 지식과 기술을 국가가 평가인정한 다양한 교육기관에서 학습할 수 있도록 하여 사회통합적 기능과 국가적인 인재개발 역할도 수행하고 있다.

차 세계대전 종전과 함께 출발한 유네스코는 제국주의 식민지배로부터 독립한 가난한 나라 국민들의 교육문제 해결책을 처음에는 문해교육에서 찾았고, 이어서 비취학 청소년과 성인을 위한 학교 밖 교육, 즉 비형식교육의 강화에 주력하였다. 그 다음 단계가 평생교육의 제안이었다. 학교교육을 마친 사람들에 대한 평생에 걸친 계속교육의 필요 때문이었다.

1970년대 제안된 이후 유네스코와 오이시디(OECD, 경제협력개발기구)가 추진해온 평생교육정책에 대해 개발도상국 또는 제3세계 국가들과 선진국 간에는 적지 않은 관점의 차이가 드러났다. 개발도상국들은 청소년에 대한 학교교육도 제대로 실시하지 못할 뿐만 아니라 비문해자에 대한 문해교육조차도 완성하지 못한 상태이므로 국민들에 대한 기초교육이 최대의 정책과제였다. 반면에 선진국들은 이미 중등교육까지 완전취학을 거의 완성하였고 대학교육도 상당 수준 확대하였으므로 중등교육을 마치고 사회에 진출한 사람들과 대학을 마친 사회인들을 위한 후속교육이 필요한 단계에 있었다. 이처럼 각국의 교육상태가 달랐기 때문에 평생교육은 개도국보다는 선진국의 필요에서 제안된 것이라고 볼 수도 있었다.

평생교육의 필요가 국가발전수준에 따라 달랐기 때문에 평생교육의 강조가 선진국에 편향된 것이라는 비판이 일자 유네스코의 교육전문가들은 개발도상국과 선진국의 상태를 함께 반영할 수 있는 평생교육 개념을 제시하고자 노력하였다(Faure et al., 1972; Dave, 1976). 유네스코는 평생교육의 기본적 성격을 교육시기의 연장, 교육공간의 확대, 그리고 교육제도의 개방에서 찾으려 했다. 그렇게 함으로써 선진국들은 교육시기의 연장을 중심으로 하여 학교와 대학 이후의 연속적 교육을 강조하는 평생교육을 수용하고, 개도국들은 교육공간의 확대를 중심으로 하여 학교 밖에서의 교육을 강조하는 평생교육을 수용할 수 있다고 기대하였다. 그리고 대학과 전통적 학교 중심으로 운영되던 제도의 개방을 통하여 기업과 지역사회 및 다양한 조직과 단체들의 교육활동을 제도적으로 인정함으로써 개발도상국과 선진국의 교육여건의 변화를 동시에 반영할 수 있다고 보았다. 실제로 이러한 유네스코 전문가들의 노력이 어느 정도 성과를 거두어 평생교육의 개념과 사상을 교육수준이나 경제수준에 상관없이 광범하게 수용하는 결과를 가져왔다. 평생교육을 최대한 넓게 정의하고 다양한 요소를 모두 포함시켰기 때문이다. 평생교육의 중요성을 강조하면서 각국의 교육정책을 평생교육을 중심으로 개혁하자는 국제적 운동에는 오이시디도 참여하였다. 오이시디는 1970년대부터 '순환교육(recurrent education)'의 확대를 주장하면서, 회원국들에 평생교육의 강화를 독려하였다. 유네스코의 평생교육론이 인본주의 경향을 띠고 있다면, 오이시디 평생교육론은 경제주의의 경향을 띤다는 특징을 가지고 있다. 두 국제기구는 각국의 평생교육 정책수립에 영향을 주는 양대 축의 역할을 하고 있다.

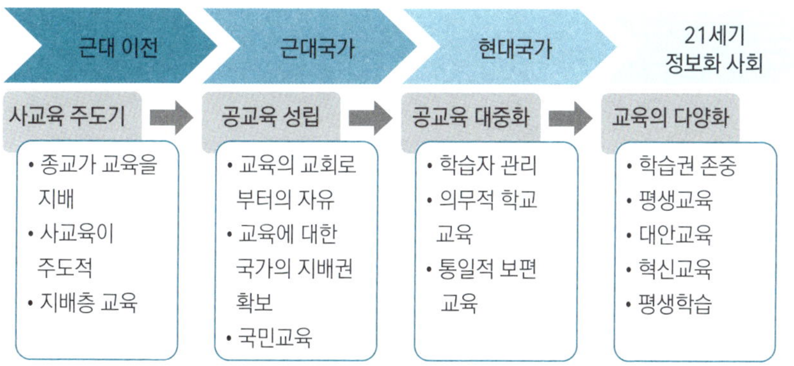

[그림 3-1] 교육제도의 변천과 평생학습의 등장

2) 평생교육의 지향

평생교육은 종래의 경직된 학교교육에서 탈피한 교육체제를 지향한다. 따라서 평생교육의 일차적 목표는 교육의 시기와 장소를 확장하고 개방하는 것이다. 그러나 평생교육을 주창하는 사상은 여기에서 한 걸음 더 나아간다. 평생교육이 교육의 시기, 장소, 그리고 대상과 내용의 개방과 확장을 추구하는 것은 현실 교육의 변화를 도모하는 측면만 고려한 것이다. 교육의 시기를 아동과 청소년에 국한하던 것에서 성인기와 노년기까지 연장하고, 학교에 국한하던 교육의 장소를 학교 밖의 사회 전역으로 확장하고, 결과적으로 교육의 대상도 선발된 소수로부터 전체 국민으로 확대하고, 교육의 내

참고자료

인천선언(Incheon Declaration)

2015년 유네스코와 유니세프, 세계은행, 유엔인구기금, 유엔개발계획, 유엔여성기구, 유엔난민기구가 공동으로 주최한 세계교육포럼이 인천에서 개최되었다. 160개국 1600명 이상이 참가한 이 포럼에서는 '교육 2030: 모두를 위한 포용적이고 공평한 양질의 교육과 평생학습을 향하여'라는 인천선언을 채택하였다. 인천선언은 유엔이 새천년개발목표(Millennium Development Goals, 2000-2015)를 계승해 2030년까지 달성하고자 내세운 지속가능발전목표(Sustainable Development Goals)의 교육 분야 실천 목표를 세부적으로 담고 있다. 인천선언의 특징은 아동과 청소년을 위한 양질의 학교교육의 중요성과 함께 모두를 위한 평생학습의 기회 증진을 명시적인 목표로 내세운 것이다. 구체적인 내용은 다음과 같다.

첫째, 2030년까지 모든 여아와 남아의 적절하고 효과적인 학습성과를 이끌어낼 수 있는 공평하고 양질인 무상 초등교육과 중등교육의 이수를 보장한다.

용도 지식과 이론 중심에서 탈피하여 직업 및 일상생활과 직결된 생활기능과 각자의 경험까지 중시하는 것은 종래의 학교교육과 대조되는 새로운 모습이다. 그러나 평생교육이 촉발하는 더욱 근본적인 변화의 방향은 교육주체를 바라보는 새로운 사상을 담고 있다. 그것은 교육의 주도자가 누구인가, 또는 학습의 주도자가 누구인가에 대한 문제의식이다.

교육의 주도자, 학습의 주도자가 누구인가라는 문제는 누가 교육의 방향과 내용을 결정하며 교육상황을 누가 통제해야 하느냐는 질문과 잇닿아 있다. 단순하게 말한다면 국가가 필요하다고 여기는 지식과 가치체계를 모든 국민을 대상으로 평생에 걸쳐 가르치는 것이 당연하다고 믿을 수도 있고, 이와 대조적으로 국가보다는 개인이 원하고 필요한 내용을 언제나 학습

둘째, 2030년까지 모든 여아와 남아에게 양질의 영유아 발달 교육, 보육 및 취학 전 교육에 대해 접근을 보장하며, 이들이 초등교육을 준비할 수 있도록 한다.

셋째, 2030년까지 모든 남성과 여성에게 적정비용의 양질의 기술교육, 직업 교육 및 대학을 포함한 고등교육에 대한 평등한 접근을 보장한다.

넷째, 2030년까지 취업, 양질의 일자리, 창업 활동에 필요한 전문기술 및 직업기술을 포함하는 적절한 기술을 지닌 청소년과 성인의 수를 실질적으로 늘린다.

다섯째, 2030년까지 교육에서의 양성불평등을 해소하고, 장애인, 토착민, 취약상황에 처한 아동을 포함한 취약계층이 모든 수준의 교육과 직업훈련에 평등하게 접근할 수 있도록 한다.

여섯째, 2030년까지 모든 청소년과 상당수의 성인 남녀의 문해력과 수리력 성취를 보장한다.

일곱째, 모든 학습자들이 지속가능한 발전교육 및 지속가능 생활방식, 인권, 양성평등, 평화와 비폭력 문화 증진, 세계시민의식, 문화다양성 및 지속가능발전을 위한 문화의 기여에 대한 교육을 통해, 지속가능발전을 증진하기 위해 필요한 지식과 기술 습득을 보장한다(유네스코한국위원회, 2015). .

할 수 있어야 한다고 믿을 수도 있다. 또한, 각 지역공동체나 기능공동체들이 가르치고 배울 것을 스스로 결정하고 운영하는 학습사회의 건설이 평생교육사상의 본질이라고 주장할 수도 있다(김신일, 2020: 281-298).

결론부터 말하면, 평생교육의 사상적 방향은 교육에 대한 국가통제를 줄이고 지역공동체와 사회 및 경제단체들의 자율적 교육을 확대하여 민주적 공동체가 각 개인의 주체적 학습활동을 보장하고 지원하는 사회를 만들자는 것이다. 그리하여 다양한 교육기관들이 국민들의 다양한 학습욕구를 충족시킬 수 있도록 지원하자는 것이다. 교육을 개방적으로 다양하게 제공함으로써 국민들이 평생에 걸쳐 필요로 하고 원하는 것을 언제, 어디서나 학습할 수 있는 사회를 만들자는 것이 평생교육론자들의 소망이다. 이 소망은 우리나라에서는 1995년 5.31교육개혁의 슬로건인 '열린교육사회 평생학습사회'에 본격적으로 반영되었다. 5.31교육개혁의 결과로 만들어진 평생교육법은 평생학습의 기회 확장에 크게 기여해왔다. 국제적으로는 유엔이 주도하는 2030 지속가능발전목표(Sustainable Development Goals 2030)의 교육 분야 계획이 담긴 2015년 인천 세계교육장관회의의 결의문에 이 소망이 담겨있다. 유엔 산하의 유네스코는 2015년 '교육2030: 포용적이고 공평한 교육과 모두를 위한 평생학습을 향하여(Education 2030: Towards Inclusive and Equitable Education and Lifelong Learning for All)'라는 인천선언을 채택한 바 있다.

그러나 실제의 교육정책은 평생교육사상이 지향하는 바를 그대로 따르지 않을 수도 있다. 1990년대 영국을 비롯한 유럽 일부 국가의 평생직업기술교육이 대표적인 사례이다. 전통적으로 계몽주의적 공교육을 근간으로 삼던 나라들이 국가통제를 줄이고 자율화를 늘리자는 것을 명분으로 삼아 평생교육에 참여하는 학습자의 자비 부담을 확대하는 쪽으로 교육정책을 바꾼 것이다. 국가가 국민의 학습을 직접 관리하던 종전의 방식에서 벗어났지만 평생교육이라는 기치 아래 평생 동안 스스로 학습하지 않으면 안 되도록 국민을 강제하는 정책을 도입하였다. 개인이 원하는 학습을 자유롭게 하도록 만든 것이 아니라, 국가와 기업이 원하는 내용을 국민이 스스로 학습하도록 요구하는 방식으로 정책노선을 강화했다(김신일, 1999). 이러한 정책노선은 이른바 신자유주의의 영향을 받은 것으로, 교육기관 간의 경쟁을 부추기면서 학습자의 선택 폭을 넓힌다는 특징을 담고 있다. 그러나 시장원리에 토대를 둔 이러한 정책은 학습자인 국민들을 '마케팅'의 대상으로 삼게 되어 진정한 학습과 주체적 권리를 보장하는 것과는 거리가 있는 결과를 낳게 된다.

평생교육의 확대 기조 속에서 여전히 교육과 학습의 주체에 관한 논의는 치열하게 전개될 필요가 있다. 교육을 실시하는 자의 입장에서 교육을 일방적으로 제공하거나 특정 학습을 하도록 강제하는 것이 아니라 학습하는 자의 입장에서 선택하고 요구할 수 있게 만들자는 주장은 여전히 새로운 것이다. 국가통제의 통일적 교육이 강력하게 작용하는 상황에서 가르치는 자가 교육의 주도권을 쥐는 것을 당연시하는 관점으로부터, 배우는 자가 교육에 적극적으로 관여하는 것을 가치롭게 여기는 관점으로의 전환이 평생교육의 사상적 지향이다. 가르치는 쪽이 일방적으로 주도권을 쥐는 교육으로부터, 배우는 쪽이 주체적으로 판단하고 선택하고 요구하는 교육으로의 전환이다. 이 전환을 요구하는 목소리는 평생교육이 확장될수록 더 커질 것이다.

근세 이후의 인류역사는 사회학자 파슨스의 표현을 빌리면 세속화(世俗化)의 기록이다(Parsons, 1971). 종교적 절대권위가 무너지며 신앙의 자유가 등장하였고, 경제적으로는 국부(國富)의 군주 소유가 무너지며 자유로운 시장경제가 발전하였고, 정치적으로는 충성과 복종의 의무만 강요받던 백성들이 주권자로서의 권리와 자유를 획득하였다. 지난 수백 년에 걸쳐 이루어진 이 모든 현상을 주권의 하향이동으로 규정지을 수 있다. 절대적 권위자가 독점하고 있던 종교적, 경제적, 정치적 통치권이 일반국민에게 옮겨진 것이다. 이런 의미에서 '세속화'는 매우 그럴듯한 표현이다.

이와 같은 세속화의 역사적 물결에도 불구하고 아직까지 세속화가 제대로 실현되지 않은 부문이 교육이다. 교육은 아직도 베푸는 쪽에 주권이 있지, 받는 쪽에 있지 않다는 생각이 지배적이다. 다시 말하면 교육은 실시자가 주도권을 가지고 있지 학습자가 선택하고 결정하는 것이 아직은 아니다. 오늘날의 공교육체제, 특히 국민교육제도는 세속화와는 거리가 먼 교육관의 제도적 표현이다. 학교제도하에서 학생이 교육목표, 교육내용, 교육방법을 결정할 수 없다. 그들은 교육의 대상이지 교육의 주체가 아니기 때문이다. 학생의 필요와 희망을 교육에 반영한다고 하지만 그 결정은 학교가 하는 것이지 학생이 하지 않는다. 국민교육체제에서 주권은 아직 학습자에게 있지 않다.

종교적, 경제적, 정치적 세속화가 일어나기 전, 다시 말해서 백성들에게 주권과 자유가 허용되지 않았을 때에는 그들은 '어린' 사람들이라고 표현되었다. 세종대왕이 한글을 만들어 반포하면서 말했던 "어린 백성들이…"의 그 "어린"이다. 어리석고 판단력이 모자라는 그런 백성들이다. 그러므로 그들은 모두 종교적으로나 경제적으로나 정치적으로 교화(敎化)와 시혜(施惠)와 통치의 대상이지 결코 스스로 신앙생활과 경제활동과 정치적 의사결정에 주체적으로 참여하는 '자란' 사람들이 아니었다. 근대 역사는 이 '어린' 상태의 사람들이 스스로 '어리지 않은, 자란 사람들'임을 자각하고 스스로 결정할 수 있는 권리를 확보하기 위하여 투쟁해 온 과정이라 할 것이다.

그러면 교육은 왜 여전히 어린 백성의 시대에 머물러 있는가? 그것은 교육의 주 대상이 그야말로 아동기의 어린이들이었기 때문이다. 스스로 결정할 수 없는 어린 세대가 일관된 교육의 대상이었으며, 따라서 그들에게 결정권이 주어지지 않는다고 해서 크게 문제가 제기되지 않았다. 그리하여 교육은 곧 교육의 시행자에게 결정권이 있고 그 대상자는 수동적 입장에 서는 것만으로 인식되었다.

그러나 이제 우리는 이미 앞서 지적한 바와 같이 아동교육(pedagogy) 시대를 벗어나 성인교육(andragogy)의 시대를 맞이하였다. 이것은 매우 새로운 변화가 아닐 수 없다. 성인학습자의 증가는 교육대상이 아동 중심에서 벗어나 성인까지 포함하게 된 것을 의미한다. 성인학습자의 확대는 교육의 본질적 성격에도 변화를 가져오게 되었다. 아동학습자와 달리 성인학습자는 이미 많은 경험과 지식 그리고 자신의 생각을 가지고 있으며, 자신에게 필요한 교육이 무엇인지 판단할 수 있는 능력을 가지고 있다. 실제로 성인들은 자신이 원하는 교육을 스스로 선택하여 받는 경우가 많다. 각종 교양강좌와 대학의 평생교육이 그렇고 학원수강이 그렇다. 학습자가 스스로 선택하여 자신에게 필요한 교육을 받는 것이다. 취학의 의무가 있고 학교가 제공하는 교육에 수동적으로 따라갈 수밖에 없는 아동학습자와는 매우 대조적이다. 이제 우리는 학습자가 교육기관에 적응하여야 하는 학교 중심 교육 시대로부터 벗어나 다양한 교육기관이 학습자에 적응해야 하는 시대로 접어들었다.

이러한 역사적 흐름 속에서 평생교육은 교육에 대한 새로운 관점을 내포하고 있다. 일방적인 교육자 중심에서 벗어나 교육자와 학습자가 대화와 타협을 통하여 상호 적응하는 것이 그것이다. 학습자의 위치가 학교교육시대에 비하여 높아지는 것은 말할 필요도 없다. 모든 형태의 평생교육이 학습자가 실질적으로 교육의 주체가 되는 참여적 민중교육(participatory popular education)처럼 되는 것은 아니겠지만, 학교교육과는 다른 모습으로 발전하는 것만은 분명하다(김신일, 1988). 교육의 주도권에 있어서의 변화만이 아니고 앞에서 이미 지적한 대로 교육의 내용에 있어서도 학교교육과는 다른 것으로 변화하고 있다. 교육의 목표도 학교교육이 미래의 삶을 준비하는 것에 치중한다면 평생교육은 삶 자체의 성숙과 완성을 도모한다(강대중,

2013). 교육의 이러한 변화는 완전한 민주화를 끊임없이 추구하는 인류 역사의 한 단면이다. 종교적 민주화를 위한 혁명(종교개혁), 경제적 민주화를 위한 혁명(경제혁명), 정치적 민주화를 위한 혁명(시민혁명)에 이어서 계속되고 있는 교육의 민주화는 또 하나의 혁명이다. 어쩌면 조용히 때로는 의식하지 못한 상태에서 진행되고 있는 이 혁명을 '학습혁명'이라고 부를 수도 있을 것이다. 직업적으로 가르치는 입장에 서 있는 사람을 포함해 우리 모두는 학습자이다. 학습자가 교육에 있어서 수동적인 대상이 아닌 능동적인 주인이 되는 것이 진정한 교육의 민주화라 할 것이고, 그것은 만인의 학습권 실현을 위한 학습혁명을 통해서 성취할 수 있을 것이다.

새로운 제도에는 새로운 의식이 필요하다. 제도와 의식은 변증법적 관계를 가지고 있다. 새로운 의식이 새로운 제도를 만들고 강화하며 또 새로운 제도가 새로운 의식을 형성하고 강화한다. 그러므로 평생교육제도의 실현은 새로운 교육관에 의하여 가능하다. 즉, 교육의식의 전환이 필요하다. 학교와 교육을 동일시하는 학교 본위 교육관에서 벗어나고 교육은 국가가 지배하여야 한다는 국가주의 교육관에서도 탈피해야 한다. 교육제도의 본질적 기능은 사람들의 학습을 강요하거나 제한하는 것이 아니라 모든 사람이 누구나 자신의 필요와 능력에 따라 학습하는 것을 조장하고 지원하는 것이라는 새로운 신념이 필요하다. 요컨대, 학습권 사상에 토대를 둔 민주적 열린 교육에 대한 의지가 필요하다.

이러한 새로운 교육의식은 일반 국민은 물론이고 행정가와 정치가 그리고 누구보다도 교육자들에게 함양되어야 한다. 교육자들의 의식전환이 필요하다. 학교교육이 오랫동안 국가주의적 국민교육 장치로 기능해왔기 때문에 다수의 교사와 시민들이 전통적 교육관에 젖어있고 학교 중심 제도에서 벗어나는 교육개혁에 부정적이기 쉽다. 그러나 시대는 변화하고 있다. 역사가 바뀌고 있다. 누구도 이 변화의 밖에 서 있을 수 없다.

제4장

한국교육제도의 변천

인간은 역사에 의하여
만들어지기만 하는 것은 아니다.
역사를 만드는 것도 인간이다.

에리히 프롬, 『자유로부터의 도피』

우리나라의 교육은 현재의 학교 본위 교육제도를 확립하기까지 역사적 격변 속에서 많은 우여곡절을 겪으며 변천해 왔다. 근대적 학교제도를 자주적으로 수립하려는 19세기 말 국가와 민간의 노력은 일본제국주의의 침탈로 좌절된다. 해방 후 분단 상황에서 미 군정기를 거쳐 수립된 남한 정부는 국민교육제도를 수립해 교육을 국가 관리 아래 두었다. 이후 여러 차례에 걸쳐 교육개혁을 추진하였으나 제대로 성공하지 못했다. 경제와 사회의 급격한 변화는 21세기에 이르러 그 속도가 더 빨라지고 있다. 시대에 걸맞은 교육개혁을 바라는 국민들의 기대는 여전히 높다.

경제제도, 정치제도 등과 마찬가지로 교육제도도 역사 속에서 형성되고 변화한다. 그러므로 우리나라의 교육이 처음부터 현재와 같은 모습은 아니었다. 역사와 함께 변하여, 오늘과 같은 모습을 띠게 된 것이다. 현재 한국의 교육제도는 세계 모든 나라와 마찬가지로 학교 본위의 공교육제도이다. 학교 본위라는 말은 유치원에서 대학, 대학원에 이르는 각급 학교가 교육제도의 중심을 이루고 있다는 뜻이고, 공교육제도라는 말은 국가와 지방자치단체 등 공공권력기구에 의하여 운영 또는 관리되는 제도라는 뜻이다. 공(公)교육은 사(私)교육과 대비되는 제도이다.

각 시대마다 교육은 역사적, 사회적 조건에 의하여 영향을 받으면서, 동시에 역사적, 사회적 조건이 가해온 제약에 대응하면서 그 형태와 특성을 만들어 간다. 혹독했던 일제 식민지 지배 동안에도 우리 민족은 자신들이 원하는 교육을 만들기 위하여 온갖 노력을 아끼지 않았다. 교육사적으로 보면 오늘날 세계 각국에 보편적으로 자리 잡은 학교제도는 국민국가형성과 산업화에 맞추어 등장한 것이다. 산업화의 토대 위에 각국은 국민교육의 필요에 따라 국민교육제도를 확립하여 발전시켰다. 산업화 이전 유럽에서 교육은 주로 교회가 담당하였지만 상류층은 가정교사를 두고 가정에서 자녀를 가르쳤다. 한국에서는 조선시대 500여 년 동안 과거제도에 중심을 둔 교육이 양반층 남성들 대상으로 이루어졌고, 평민과 상민의 학습은 방치되었다. 해방 이후 계층과 남녀에 관계없이 모든 아동을 국가의 관리하에 교육하는 국민교육제도의 도입은 매우 새로운 시대를 만들게 된다.

그러나 국가가 관리하는 학교 본위 국민교육제도는 제도적 경직성 때문에 어느 나라에서나 변화하는 시대에 적응하지 못하여 20세기 후반부터 심각한 비판의 대상이 되었으며, 20세기 마지막 20년 동안은 많은 나라에서 교육개혁을 활발하게 진행하였다. 오늘날에는 학교 본위 교육제도로부터 벗어나려는 개혁운동까지 일어나고 있다. 이 장에서는 이와 같은 학교제도의 발전과정과 아울러 학교제도 개혁론을 한국은 중심으로 사회문화적 맥락에 비추어 살펴본다.

1. 근대적 학교제도의 도입

1) 개화기 이전의 교육

우리나라는 서구문명이 본격적으로 유입된 19세기 말에 근대적 교육기관을 설립하기 전까지 참으로 긴 세월 동안 유학(儒學) 중심의 교육제도를 지켜왔다. 조선시대는 물론이고 불교가 일상생활을 지배하던 고려시대에도 교육은 유학 중심이었다. 전통사회의 교육기관들은 관리의 양성과 선발을 주목적으로 지배계급의 남자들을 대상으로 사서삼경(四書三經)을 비롯한 유학과 중국의 고전을 가르쳤다. 시대에 따라 교육기관의 명칭이 바뀌고 교육수준도 점차 향상되었으나 교육내용의 유학중심 성격은 유지되었다.

초급교육은 물론 한문읽기에서부터 시작하였다. 한자(漢字)는 읽고 쓰기를 배우기가 어려운 데다 농민 등 하층민과 여성에게는 교육받을 기회도 주어지지 않았고 스스로 글을 배우는 것도 억제되었다. 교육기회는 소수의 지배계급 남자들에게만 독점적으로 주어졌다. 백성들 대부분은 비문해, 즉 문맹 상태에서 벗어나지 못하고 문자생활과는 유리된 채 살 수밖에 없었다. 무지한 백성일수록 다스리기가 쉬웠기 때문에 인류 역사를 통하여 어디에서나 지배자들은 피지배자들의 배울 기회를 봉쇄하고 무지한 상태를 유지시켰다. 무지는 사람에게 무력감과 공포심을 조성하여, 권위에 의존할 수밖에 없게 만든다. 우리의 전통사회도 긴 세월 동안 백성을 무지하게 만들어 놓고 소수의 지배계급이 다스려 왔다. 이런 시대적 상황에서 세종 대왕이 우리의 글자인 '한글'을 창제하여 백성들에게 문자생활의 길을 열어주고 학습기회를 확대한 것은 참으로 위대한 업적이 아닐 수 없다. 그러나 지배계급은 여전히 한문 사용을 지키고 있었으므로, 일반 백성이 한글을 깨우쳐도 지배계급이 독점하고 있는 한문 중심의 문자생활과 그들의 지배문화에 접근하는 길은 20세기에 민주국가를 수립할 때까지 막혀 있었다.

교육기관은 조정, 즉 중앙정부와 지방관서가 설립 · 운영하는 관학(官學)과 민간이 운영하는 사학(私學)이 언제나 병존하였는데, 왕조 초기에는 관학을 강화하지만 왕조가 안정기에 접어들면 사학의 발호를 용인하는 경향이 고려와 조선에서 반복되었다. 왕조의 초기에는 집권세력을 강화하고 지배계급 충원을 관리하기 위하여 관학에 주로 의존할 수밖에 없었다. 반면에 왕조의 지배집단이 안정되면 지방의 호족들에게도 관리진출의 기회를 주어 불만을 해소시켜야 하였으므로 지방의 사학에 허용적인 정책을 시행할 필요가 있었다.

교육제도는 대체로 관리임용시험제도인 과거제도와 긴밀한 관계를 유지하면서 운영되었다. 그렇기는 해도 교육기관을 거치지 않고 과거에 응시할 수도 있었다. 과거는 여러 기회에 다양한 방식으로 시행되었으므로 응시자격을 성균관을 비롯한 관학을 거친 사람에게만 한정하지 않고 그렇지 않은 사람에게도 허용되었다. 따라서 과거시험에 대한 관학의 지배력은 한계가 있어서 사학을 통하여 과거에 급제하는 사람도 적지 않았다. 그럼에도 불구하고 국가가 운영한 성균관 같은 최고 교육기관은 과거를 위한 준비교육기관으로서의 기능을 수행하였다. 교육이 관리임용과 긴밀한 관계가 있었으므로 교육기관, 특히 관학은 정부의 철저한 관리하에 있었다. 학생의 선발, 교육과정, 학사운영, 교수임용 등이 엄격한 통제하에 이루어진 것이다.

이런 점에서 한국의 교육전통은 서양과 다르다. 서양의 교육은 가정교사들에 의한 가정의 사교육이 한 부분을 차지하였지만 오랫동안 교회의 지배하에 있었다. 중세시대는 교회가 국가통치권까지 장악하였으므로 교회가 교육을 지배한 것은 말할 필요도 없다. 중세 이후로도 교육은 교회가 장악하고 있어서, 학교의 대부분은 교회가 운영하였다. 19세기에 공교육제도가 확립되기 이전까지 서양의 교육은 세속 정부가 아닌 교회의 관리하에 있었던 것이다. 반면에 우리는 근대적 학교제도 도입 이전에도 국가가 교육을 지배하고 운영하였다. 사학도 활발하였지만, 국가의 교육정책과 통제의 범위를 벗어나지는 못하였다.

그런데 고려에서 조선조 말에 이르기까지 국가의 교육지배방식은 독특하였다. 국가가 직접 교육기관을 운영하여 교육하는 데에 주력하기보다는 시험제도를 통하여 학습활동을 관리하고 학습내용을 통제하였다. 국가가 관리임용과 사회적 지위를 결정하는 시험제도인 과거제도를 직접 운영했기 때문에 관리에 임용되거나 사회적 지위를 부여받기 위해서는 과거시험이 요구하는 내용을 스스로 학습하지 않을 수 없었다. 즉, 국가가 오늘날의 학교와 같은 교육기관을 필요한 만치 설립하여 운영하지 않으면서도, 국민들이 독학으로 공부하거나 마을별로 또는 지역별로 사설 교육조직을 만들어 공부하도록 조장하였다. 국가가 설립 운영한 교육기관은 소수에 불과하였으므로, 지배층 남성들이 서당과 서원 같은 사설 교육조직에서 공부하거나 개인적으로 가정에서 독학을 하는 경우가 많았다.

조선조 말까지의 학습내용은 유학이 중심이었다. 그 이유는 역대 왕조의 통치원리가 유학에 토대를 두고 있었으므로 과거시험을 유학의 경전에서 출제하였기 때문이다. 생원과 진사를 뽑는 소과와 고급관리를 선발하는 중앙의 대과 또는 문과의 출제내용은 모두 유학을 벗어나지 않았다. 고구려의 태학(太學)과 경당(扃堂) 등 삼국시대부터 통일신라시대와 고려를 거쳐 조선왕조를 마감할 때까지 교육내용은 줄곧 유학을 견지하였다. 이처럼 긴 역사에 걸쳐 왕조를 거듭하는 동안에도 교육내용에 변화가 없었다는 것은 주목할 만한 사실이다. 고려시대에는 불교가 지배적인 종교였음에도 불구하고 교육은 유학의 지배하에 있었다는 사실도 특히 주목할 대목이다. 교육을 통해 그 사회의 이념이 유지된다고 본다면 한국의 교육은 역사적으로 유학에 토대를 둔 이념의 재생산에 매우 충실한 역할을 해왔다.

조선왕조의 후반기인 18세기에 이르러 과거 등 교육제도에 대한 비판이 일어나고 개혁론이 제기된다. 실학자들이 주도했던 교육개혁 논의는 국가 전반에 대한 개혁론의 맥락에서 전개되었다. 그러나 일종의 근대교육체제 수립을 목표로 삼았던 이들의 개혁론은 실현되지 못한다(우용제, 1999: 177-180).

2) 개화기의 교육

조선왕조가 쇠락한 19세기 말엽 근대 서양 문물의 유입과 서구 열강의 개방 압력에 직면하게 된 이른바 개화기에 들어서면서, 교육에도 근대화의 바람이 일기 시작한다. 교육 근대화의 필요를 가장 절실하게 느낀 것은 개항지의 주민들이었다. 개항으로 일본을 비롯한 외국의 상인들이 밀려옴에 따라 그들은 근대적 경영방식, 국제무역, 외국어, 새로운 학문, 바깥세상에 관한 지식의 필요성을 누구보다도 뼈저리게 느끼게 되었다. 그러한 지식의 결핍은 현실적으로 외국 상인들과의 경쟁에서 패배로 나타났다. 이러한 상황이 잘 드러난 곳이 원산의 개항지였으며, 주민들의 교육 근대화의 요구는 원산학사(元山學舍)의 설립으로 나타났다(김태근, 2019; 신용하, 1974, 1980).

원산학사는 1883년에 설립되어 조정의 윤허까지 받은 정식학교였다. 개항지에 필요한 새로운 학문과 지식을 가르치는 근대적 학교를 설립하기 위하여 지방 주민들이 발 벗고 나서서 기금을 모아, 지방 관료와 협력하에 학교 문을 열었다. 교육과정은 문반(文班)과 무반(武班)으로 나누어, 문반은 상업과 해외무역 및 행정에 필요한 내용을 가르치고, 무반은 치안유지에 필요한 군사훈련을 중심으로 가르쳤다. 원산학사는 주민과 개화된 지방행정

관료의 합작품이며 전통적 교육기관인 서당을 근대화시킨 것이기 때문에, 외래의 근대적 교육기관의 이식이 아니라 자생적 근대교육기관이라는 특징을 지닌다(신용하, 1974). 이는 우리 민족이 스스로의 힘으로 근대화된 교육제도를 발전시킬 역량을 갖추고 있었음을 의미하는 것이다. 이후에 외국 선교사들이 설립한 학교와 일제 식민지 지배자들이 설립한 학교를 거론하여 개화기 및 그 이후의 교육 근대화를 외생적(外生的) 발전으로만 설명하는 입장은 이런 점에서 옳지 않다.

당시 조선 정부의 교육근대화를 위한 주체적 노력은 육영공원(育英公院)의 설립에서도 엿볼 수 있다. 육영공원은 1886년 6월 조선정부가 처음으로 설립한 신식학교로 영어교육과 함께 이용후생(利用厚生)을 위한 서양의 과학기술문명을 도입하기 위하여 설립한 학교였다(류방란, 1992; 박종배, 2020; 서명일, 2014; 최보영, 2012). 동학혁명과 갑오경장을 거친 이듬해인 1895년에는 최초의 근대적 교육법규인 「한성사범학교관제(漢城師範學校管制)」를 비롯하여 10여 개의 교육법규를 제정하고 국립과 공립의 초등학교들을 설립한다. 한편, 기독교 선교사를 중심으로 하는 외국인 설립 학교는 1885년의 배재학당을 출발로 하여 1895년까지는 열 손가락을 헤아리게 되었다. 이때부터 정부는 근대적 학교의 설립을 적극적으로 추진하기 시작하였다.

대한제국은 근대적 국민교육제도를 확립하기 위하여 초등학교인 소학교의 설립을 서둘렀으나 성과는 기대에 미치지 못했던 것 같다(우용제, 1999). 당시의 정치사회적 정황으로 보아 계획을 일관성 있게, 체계적으로 추진하기 어려웠고, 학교설립에 필요한 재정의 확보 및 훈련받은 교사의 확보도 쉽지 않았을 것이다. 그러나 「한성사범학교관제」 및 「소학교령」의 제정과 학교설립의 추진 노력은 당시의 대한제국 정부가 국내외의 환경변화에 대응하기 위하여 주도적으로 교육개혁을 추구한 사실을 극명하게 보여주는 것이다. 그리고 더욱 중요한 사실은 국민초등교육제도 수립의 필요를 외국의 자극을 받아 그때서야 비로소 깨달은 것이 아니라는 점이다. 이미 그보다 100여 년 전부터, 즉 18세기 실학자들의 보편적 국민교육론에서 출발하여 국내 지식인들의 국민초등교육에 대한 주장이 누적되어 있었다(서재복, 2011; 우용제, 1999).

근대적 국민교육을 위한 노력을 정부만 기울였던 것은 아니다. 민간의 학교설립운동도 활발하였다. 주목할 점은 소학교령 등 각종 교육법령의 범위 내에서만 학교설립운동이 추진된 것이 아니란 것이다. 소규모의 교육기관들이 제도적 형식을 갖추지 않은 채 이곳저곳에서 운영되었다. 학교시설, 교사, 교육과정 등이 법령에 의한 정식학교처럼 제대로 구비된 것은 아니었으나, '신학문'을 배우고 가르쳐야 한다는 열의만으로 교육활동이 조직되었다. 이러한 민간의 교육활동은 정식학교에 비하여 그 숫자가 엄청나게 많았다. 전국에 공립의 소학교가 1905년 통감부 설치 당시에 60개 정도 운영되고 있었던 것으로 추정되는데(류방란, 1992: 39) 그 무렵에 크고 작은 민간 교육기관이 5,000개에 달하였으며, 1908년에 공포된 사립학교령에 따라 통감부에 학교인가를 신청한 수가 1,217개였다(한국교육사연구회, 1972: 238).

요약하면, 19세기 말에 진행된 교육의 개혁은 급변하는 시대적 상황에 대응하기 위한 노력의 표현이었다. 군주제도를 벗어나 민주사회로 가기 위한 노력, 폐쇄적 은둔국으로부터 개방적으로 국제사회에 진출하기 위한 노력, 유학 일변도로부터 서구의 새로운 과학주의를 받아들이려는 노력, 그리고 이러한 노력을 통하여 한반도 지배권을 차지하려고 투쟁하는 열강의 무력한 희생제물이 되어서는 안 된다는 필사적인 국력배양의 요청, 이러한 시대적 요청이 교육의 개혁을 조야(朝野)가 한마음으로 추진하게 만든 원동력이었다. 이미 그보다 100여 년 이전부터 실학자들이 교육을 개혁하여 국민교육제도를 수립하여야 한다는 주장도 누적되어, 19세기 말의 시대적 상황에 이르렀을 때 교육개혁운동은 일시에 분출하였다. 그런 의미에서, 교육변혁은 사회변혁의 한 부분이지만, 사회변혁을 촉진시키고 때로는 선도하는 적극적 부분인 것이다.

2. 일제(日帝) 강점기

1) 식민지교육

제국주의 일본, 즉 일제가 한국을 병탄하여 식민지로 경영함에 있어서 가장 핵심적 도구로 활용한 것은 교육이었다. 그들은 일차적으로 교육기회를 제한함으로써 한국인의 우민화를 획책하였고, 그나마 제한된 수에 대한 학교교육을 통하여서는 식민지 경영에 필요한 실무인력을 양성하면서 철저한 일본인화를 꾀하였다.

일제는 1905년에 소위 '을사조약(乙巳條約)'의 체결을 일방적으로 선포하고 통감부를 설치한 뒤, 조선인들에 의한 민족교육을 탄압할 목적으로 1908년에 「사립학교령」을 공포한다. 사립학교령은 모든 사립학교를 정부의 인가를 받도록 규정하고, 인가를 받지 않은 학교뿐 아니라 인가를 받은 학교일지라도 학부대신(學部大臣)의 결정으로 폐쇄할 수 있도록 하여 사립학교 탄압의 길을 닦는다. 공립학교들도 물론 식민지 지배자들의 장악하에 들어간다.

일제는 이 땅을 무력으로 병탄한 이듬해인 1911년에 「조선교육령」이라는 것을 만들어 우리 교육을 압제하고 비틀어 놓았는데 그 목적은, ① 조선인을 충성스러운 일본인으로 만들고, ② 일본어를 비롯한 일본문화의 주입으로 조선의 민족문화를 말살하며, ③ 식민지의 효과적 경영을 위하여 초보적 실업교육을 실시하는 데에 두고 있었다. 이렇듯 철저한 식민교육정책을 수립하고 실천한 일제는 우선 한국의 민족교육 세력을 탄압하고 말살하는 한편, 모든 학교를 자신들이 직접 운영하거나 소수의 사립학교에 대하여도 철저한 통제를 가함으로써 '일본인화' 교육에 만전을 기하였다.

식민지배가 가능하려면 두 가지 요인이 충족되어야 한다. 하나는 무력에 의한 폭력장치이고 다른 하나는 기만에 의한 허위의식 주입장치이다. 전자는 군대와 경찰이고 후자는 교육과 선전이다. 그러므로 교육은 식민지 유지의 기본 수단이다. 교육으로 식민지 주민들에게 열등감을 심어주고 민족의식을 버리게 만들며 지배자를 받아들이고 존경하도록 만든다. 식민지의 민족적 정체의식과 고유문화를 파괴하고, 민족과 개인의 정상적인 발전을 왜곡시킨다. 그런 의미에서 식민지교육은 참된 의미의 교육이 아니다. 그것은 오자와 유사쿠가 지적했듯이 노예의식 심기에 다름이 아니다. 식민지교육은 다음과 같이 이루어진다(오자와 유사쿠, 1985: 41-42).

① '근대학교'를 수입하여 엘리트 양성교육을 중심으로 삼는 한편, 국민교육제도 등 돈이 드는 일은 돌아보지도 않고, 민중교육을 거의 무시하여 이른바 민족의 교육적 분열을 강행한다.
② 지배국의 언어습득을 강요하고, 그것을 교수용어로 사용하여 식민지 언어의 발달을 저지하고, 그것을 비하시킨다.
③ 지배국의 역사와 문화를 주입하면서 식민지 민족의 역사와 문화를 폄하하고, 이것을 부끄럽거나 잊어야 할 것으로 가르친다.
④ 민주주의 이상을 가르치지 않고 사회와 인권에 대한 자각이 길러지지 않도록 노력한다.
⑤ 과학적 기술적 지식과 능력을 교육하는 것을 거부하고 학문연구를 혐오함으로써, 결국 식민지 민족의 자주적인 물질적 발전역량을 억압한다.

앞에서 언급한 바와 같이 일제는 1908년에 「사립학교령」을 만들어 민족교육세력이 키워오던 민간의 교육기관들을 합법을 가장하여 압살하였다. 당시에 크고 작은 사립학교가 5,000개에 달한 것으로 알려져 있는데, 그 가운데 1,217개교가 설립인가를 신청하였으나 42개교만이 인가를 받았다(한국교육사연구회, 1972: 238). 결국, 민족교육자들은 학교를 통해서는 활동이 불가능해졌으므로, 다른 쪽으로 활로를 찾은 것이 야학 또는 학술강습회를 통한 민중의 교육이었다. 그러나 총독부는 곧 「사설학술강습회에 관한 건」이라는 법령을 만들어 감시와 탄압의 손을 뻗쳤다. 이러한 탄압 속에서도 불구하고 민족교육자들은 끈질기게, 은밀하게 또는 위장하여 교육활동을 전개하였으나, 날이 갈수록 더욱 철저한 감시와 폐쇄정책으로 인하여 1920년대 말 이후로는 급격히 축소된다(노영택, 1979).

한편, 학교를 통한 민족교육을 포기한 일부 민족교육자들과 야학을 폐쇄당한 민족교육자들은 일제의 감시가 다소 약한 서당을 활용하기 시작한다. 그리하여 1911년에 14만 명이던 서당 생도수가 10년이 지난 1921년에는 30만 명으로 급증하였다. 서당의 형식을 빌려 근대적 민족교육을 수행한 것이다. 이것은 전통적 한학(漢學)서당과 구별하여 개량서당이라 할 수 있는데, 그 가운데에는 가르치는 내용이나 체계가 학교와 다를 바가 없는 것들도 있었다. 그러므로 일제가 이를 그대로 놓아둘 리가 없었다. 그들은 1918년에 「서당규칙」을 만들어 탄압을 강화하여 30년대에는 개량서당을 거의 말살하다시피 한다.

일제는 이렇게 민족교육세력을 압살하는 한편, 병탄하자마자 서둘러 만들어 공포한 「조선교육령」을 몇 차례씩 개정해 가면서 식민지 관권을 휘둘러 학교교육 체제를 정비한다. 3 · 1운동을 거친 1920년대에는 소위 '문화주의'라는 것을 내걸고 한국인들에게 교육의 선심을 베푸는 것으로 내외에 선전하였으나, 한국인의 교육기회를 크게 늘린 것도 아니었으며, 그 교육이라는 것이 앞서 지적한 바와 마찬가지로 '일본인화'였으므로 여전히 식민통치의 수단이었을 뿐이다(강동진, 1980; 안홍선, 2015; 이명화, 2007; 정재철, 1985).

식민지교육은 비교육적 요소와 아울러 반교육적 요소가 혼재된 왜곡된 교육이었다. 그러므로 식민지교육의 해독을 씻어내기 위해서는 독립을 하자마자, 철저한 교육개혁을 통하여 식민지의 잔재를 털어내고, 상실했던 민족교육을 신속하게 그리고 철저하게 되살려야 한다. 이 일에 실패하면 식민지교육의 해독은 오래도록 남아서 괴롭힌다. 잘못하면 아시아와 아프리카의 일부 국가들이 그렇듯이 새로운 식민지교육 상태로 떨어질 수도 있다(강순원, 1988; Altbach & Kelly, 1984). 불행하게도 우리는 이 일을 제대로 해내지 못하였다. 그렇기 때문에 우리의 교육에는 아직도 식민지교육의 잔재가 여기저기에 남아 있다. 더욱 중요한 사실은, 잃었던 민족교육을 되살리는 데에 소홀하였기 때문에, 해방 이후 밀어닥친 미국을 비롯한 외국의 교육영향에 주체적으로 대응하지 못한 것이다. 교육이 문화적 주체성을 키우는 데에 공헌하지 못하고, 오히려 외래문화의 무분별한 수용에 일조하였다.

2) 교육 독립투쟁

제국주의 일본에 의한 강점기에 한국인들은 일방적으로 지배만 당하고 있지 않았다. 일제의 통치에 굴복하지 않고 국내에서뿐만 아니라 국외에서 끊임없이 저항하고 투쟁하였다. 일본의 야만성을 국제사회에 고발하기 위한 외교적 노력도 부단히 계속하였다. 다면적 독립투쟁의 중요한 부분이 교육투쟁이었다. 교육투쟁은 민족독립의식을 고취하고 군사적 투쟁능력을 양성하는 등 독립투쟁의 핵심적 방편으로 교육을 이용하는 것과 동시에 교육활동 그 자체를 식민지 지배로부터 독립시켜 민족교육을 계승 · 발전시키는 운동도 포함한다.

종래의 식민지시대 교육연구는 주로 조선총독부의 교육정책을 기술하는 데 치중하고 민족독립투쟁의 한 부분으로서의 교육투쟁은 소홀히 다루었다(정재철, 2000). 총독부의 교육정책을 기술하는 데 한정하면, 아무리 비판적으로 다룬다 해도, '우리'의 교육으로부터 눈을 돌리는 결과가 된다. 조선총독부의 교육은 일제가 실시한 식민지교육이었지만, 독립투쟁의 한 부분으로 전개한 교육투쟁은 우리의 민족교육이기 때문이다. 우리의 민족교육은 한국인들이 주체가 되어 일제강점기에 국내외에서 만난을 뚫고 중단없이 실시한 교육이다.

조선총독부의 교육정책에 대한 투쟁과 동시에, 독립운동가들은 식민지 제도교육권의 밖에서, 즉 지하에서 민족교육을 계속 실시하는 투쟁도 멈추지 않았다. 식민통치자들의 눈을 속여가며 지하에서 야학, 위장 서당, 비밀 학습조직 등을 운영하고, 농촌계몽운동을 통하여 민족교육을 이어 나갔다. 나아가 국내뿐만 아니라, 해외에서도 세계 곳곳에 흩어져 있는 한국인들은 각자가 살고 있는 현지에서 독립투쟁의 일환으로 학교를 설립하여 민족교육을 실시하면서, 독립투쟁 역량을 확대시켜 나갔다.

일제하에서의 교육투쟁은 네 가지로 분류할 수 있다. 첫째, 총독부 교육정책에 대항하는 투쟁이다. 예컨대 한국인들에 대한 취학기회 제한에 대항하여 총독부에 학교설립 확대를 요구하는 투쟁을 벌였는데, 이는 1919년 3·1운동 후에 더욱 강화되었다. 둘째, 사립학교를 통한 투쟁으로 평양에 설립한 대성학교처럼 식민정부의 휴교와 폐교 위협에 맞서서 민족교육을 실시하였다. 그러나 이러한 학교들은 식민지통치가 극에 달하면서 폐교된다. 셋째, 지하에서의 비밀 민족교육이다. 넷째, 만주, 중국, 연해주 등 해외에서의 민족교육운동이다.

해외에서의 민족교육운동, 특히 상해임시정부의 민족교육을 위한 노력은 주목받아야 한다. 상해임시정부는 1923년 임시의정원회의에서 만 7세부터 13세까지 소학교 취학을 의무화하고, 교과용도서는 중앙교육기관에서 편찬·발행한다는 등 네 개 항의 교육방침을 통과시켜 발표한다. 그리고 임시정부는 1941년 11월 건국강령을 제정하면서 교육에 관하여는 제2조 7항에 구체적으로 규정하였다(한국교육신문, 1993).

> 건국시기의 헌법상 교육의 기본원칙은 국민 각 개인의 과학적 지식을 보편적으로 균등화하기 위하여 다음의 원칙에 의해 교육정책을 추진함.
>
> 1. 교육의 종지는 삼균제도(三均制度)로 원칙을 삼아 혁명공리의 민족정기를 배합발양하며 국민도덕과 생활지능과 자활능력을 양성하여 완전한 국민을 조성함에 둠.
> 2. 6세부터 12세까지의 초등 기본교육과 12세 이상의 고등 기본교육에 관한 일절 비용은 국가가 부담하고 의무로 시행케 함.
> 3. 학령이 초과되고 초등 혹은 고등의 기본 교육을 받지 못한 인민에게 일률로 면비(免費) 보습교육을 시행하고 빈한한 자제로 의식을 자공(自供)하지 못하는 자는 국가에서 대공(代供)함.
> 4. 지방의 교통·문화·경제 등 정형(情形)에 따라 일정한 균형적 비례로 교육기관을 설하되 최저한도로 매 1읍 1면에 5개 소학과 2개 중학, 매 1군 1도(島) 1부(府)에 2개 전문학교, 매 1도(道)에 1개 대학을 설치함.
> 5. 교과서의 편집과 인쇄발행을 국영으로 하고 학생에게 무상 보급함.
> 6. 국민병과 상비병의 기본지식에 관한 교육은 전문학교의 필수과목으로 함.
> 7. 공사립학교는 일률로 국가의 감독을 받고 한교(韓僑)의 교육에 대하여 국가로서 교육정책을 진행함.

이와 같이 임시정부는 독립투쟁과정에서의 교육뿐만 아니라, 독립 후의 교육에 대해서도 이념과 제도를 매우 분명하고 자세하게 제시하였다. 그러나 임시정부의 이러한 구상은 독립 후 남과 북에 각각 수립한 정부들이 제대로 계승하지 못했다. 큰 이유는 남북한이 추구하는 이념이 상호 대립하였기 때문이다. 그러나 임시정부의 교육강령은 사문화된 것이 결코 아니다. 앞으로 통일 후에 새로운 국가를 건설할 때, 교육제도를 구상하는 소중한 출발점으로 삼을 수 있을 것이다.

해방 후 남한과 북한이 각각 미군과 소련군의 군사통치를 거쳐 정부를 수립한 뒤, 각기 독자적인 교육제도를 수립한다. 남과 북이 토대를 두고 있는 정치, 경제체제가 다르고 추구하는 이념이 달랐으므로, 교육의 이념, 제도, 정책이 달랐다. 그러나 남북한은 분단체제하의 정부이기 때문에, 양쪽 모두 정상적 교육을 발전시키는 데에 일정한 한계를 지닐 수밖에 없었다.

3. 분단하의 교육제도

해방 후 남과 북이 1948년에 각각 정부를 수립함으로써 민족은 분단된다. 남과 북은 서로 다른 이념과 체제를 택하였으며, 그에 따라 교육의 이념과 제도도 다르게 발전한다. 해방 이후 정부를 수립하기 이전의 공백 기간을 남쪽은 미군이, 북쪽은 소련군이 각각 통치한다. 이하에서는 남쪽을 중심으로 분단하의 교육상황을 살펴보겠다. 북한의 교육 발전에 대하여는 다른 문헌을 참고하기 바란다(김병연 · 김지수, 2020; 김석향 · 김경미, 2017; 김선 · 임수진, 2017; 김옥자, 2015; 김정원 · 김지수 · 한승대, 2015; 김지수, 2013; 김태윤, 2018; 박찬석, 2015; 엄현숙, 2017; 임재천, 2013; 전경남, 2014; 한만길 · 이관형, 2014; 황인표, 2014).

1) 미 군정기의 교육

해방 후 3년간 한반도 남쪽을 통치한 미군정 당국은 1945년 10월 교육원조추진심의회를 설치하고, 이어 미국으로부터 교육조사단을 내한토록 하였다. 교육조사단의 권고에 따라 교육연구소를 설립하고 여기에서 수천 명의 교사를 양성하고, 또한 미국식 교육이론과 방법을 소개하는 교사재교육을 실시하였다. 1950년 한국전쟁을 계기로 본격적으로 실시된 미국의 교육원조는 우리의 교육에 지대한 영향을 미쳤다. 교육원조는 물적 원조와 기술원조로 나뉘는데, 도입 규모만으로 본다면 물적 원조 대 기술 원조의 비율이 7 대 3으로 물적 원조가 더 컸다(김동선, 2018; 이혜영 외, 1990). 그러나 우리 교육에 미친 영향으로 본다면 기술 원조는 매우 중요한 것이었다. 물적 원조는 전쟁으로 피폐된 우리의 학교시설 재건 및 교육용품 제공 등 긴급구호적인 성격을 띤 것이었다면, 기술 원조는 미국 교육사절단의 한국 파견과 우리나라 교육자들의 미국 파견 연수 및 미국 유학 주선을 통하여 직간접적으로 미국식 교육철학과 교육체제를 우리나라에 이식하는 주요한 통로가 되었다.

미군정의 물적 원조가 당시의 부족한 교육재정 속에서 교육시설과 설비의 재건에 기여한 것은 무시할 수 없는 공헌이었다. 또한, 그 이후의 미국 교육 사절단의 기술적인 지원은 특히 교육방법적인 측면에서 많은 기여를 했으며, 새로운 학문의 도입과 발전에도 중요한 역할을 했다는 평가도 받는다. 그러나 다른 측면에서 생각하면 일제 식민지 기간 중 파괴된 우리 민족의 교육전통을 되살리는 데에는 도움이 되지 못했고, 이후로 국적 없는 외래문화지향적 교육으로 나아가는 계기를 만들었다. 학자와 고급전문가의 양성도 거의 전적으로 미국에 의존하도록 만들었다는 사실을 지적하지 않을 수 없다. 대학은 물론이고 각 분야의 지도급 인사들이 대부분 미국 유학 또는 미국에서의 장단기 연수와 훈련의 경험을 가지게 되었다.

2) 국민교육제도의 수립과 전개

해방 후 3년간의 미군정이 끝난 뒤 수립한 대한민국 정부는 국민교육을 위한 학교 중심의 공교육제도를 확립하였다. 학교는 법적 요건을 갖추고 정부의 인가를 받은 교육기관을 말하며, 국가의 인가를 받지 않고는 누구도 자유롭게 학교를 설치 · 운영할 수 없었다. 학교의 개념에는 유치원과 대학 및 대학원이 포함된다. 해방 후의 교육제도는 이들 학교를 중심으로 삼아 발전하였다. 1949년에 제정된 「교육법」은 학교 중심 공교육제도를 확립하였다. 「교육법」 제6조는 다음과 같이 선언하였다.

> 국가 및 지방자치단체는 본 법 또는 다른 법률의 정한 바에 의하여 학교 기타의 교육시설을 설치·경영하며, 모든 교육기관을 지도·감독한다.

그리고 이어서 제7조는 "모든 학교는, 국가의 공기로서 법령의 정하는 기준에 의하여 설립되어야" 한다고 분명히 규정하고 있다. 즉, 학교의 설립과 경영주체를 국가 또는 지방자치단체인 공공권력기구로 한정하고, 개인이 마음대로 설립할 수 없도록 규정하였다. "모든 학교는 국가의 공기"라는 선언에 함의되어 있듯이 학교교육은 철저한 공공의 사업이지 개인이나 민간단체의 사적 사업이 아닌 것이다. 왜냐하면, 학교는 국민교육을 위한 핵심기구이기 때문이다. 이 나라에 태어나는 사람을 대한민국 국민으로 양성하는 것에 교육제도의 목적을 두었다.

학교가 아닌 교육기관도 예외 없이 공공권력기구의 지도와 감독을 받도록 규정하였다. 유치원, 초 · 중등학교, 대학교, 그리고 성인교육기관들도 세밀한 부분까지 정부의 통제 아래 두었다. 철저한 국가관리의 교육제도를 택한 것이다. 다른 말로 표현하면 가부장적 교육제도를 채택한 것이다. 「교육법」은 새로운 교육법 체계에 따라 1997년 「교육기본법」을 제정할 때까지 약 50년간 한국의 교육제도의 법적 토대로 기능하였다. 50년간 수십 차례 개정되어 '누더기법'이라는 조롱도 받았지만, 국가주의적 국민교육제도를 유지하는 근거였다. 「교육기본법」의 특성은 뒤에 살펴보기로 하고, 현대 한국교육의 모습과 성격을 규정해 온 「교육법」의 내용을 정리한다. 많은 부분은 현재까지 지속되고 있다.

「교육법」은 학교를 두 가지 종류로 나누었다. 하나는 일상적으로 정규학교라 부르는 것으로, 학력을 법적으로 인정하는 각급 학교, 즉 유치원, 초등학교, 중학교, 고등학교, 대학(교), 대학원을 말한다. 다른 하나는 학력을 인정하지 않는 학교들이다. 학력 비인정학교는 흔히 비정규 학교라 부르는데 여기에는 공민학교(초등수준), 고등공민학교(하급중등수준), 기술학교(하급중등수준), 고등기술학교(상급중등수준), 각종학교(유치원에서 대학에 이르는 모든 수준)가 속한다. 이 모든 학교들의 체계가 이른바 학제이다.

학제는 그러므로 크게 둘로 나뉘어 학력이 자동적으로 인정되는 정규학교조직과 학력이 인정되지 않는 비정규학교조직으로 구분된다. 전자가 학제의 중심을 이루고 있기 때문에 기간학제라 부르고 후자를 방계학제라 부른다. 기간학제와 방계학제 사이에는 엄격한 구분이 있어서 상호 간의 교류는 막혀 있다. 방계학제의 학교는 졸업을 해도 학력인정을 받지 못할 뿐만 아니라 전학이나 진학 등의 방식으로 기간학제 학교로 이동도 할 수 없다. 기간학제로 진학하려면 정부가 시행하는 해당 학교의 학력인정 검정고시에 합격하여야 한다. 기간학제와 방계학제 간에 장벽이 있는 것이다. 그러나 방계학제 학교 가운데 교육의 질적 수준이 기간학제 학교와 상응하는 경우에는 졸업자의 학력을 인정하는 '학력인정학교'로 격상시키기 시작하여, 최근에 그 수가 늘어나 장벽이 점차 낮아졌다. 기간학제에 포함되는 것이지만 1970년대에 등장한 방송통신고등학교, 방송통신대학, 산업체부설 특별학교와 1980년대에 들어서면서 설립된 개방제 대학, 그리고 2000년대에 등장한 사이버대학과 방송통신중학교는 종래의 학교 및 대학과는 그 성격이 다르다. 이들은 종래의 학교들과 같이 학력을 인정받는 기간학제의 학교들이지만 교육대상의 성격 때문에 학교를 운영하는 방식에 있어서 차이가 있다.

방송통신중·고등학교와 방송통신대학, 사이버대학은 방송과 통신, 특히 온라인 정보망을 교수매체(instructional media)로 이용해 학생들이 매일 학교에 출석할 필요 없이 원격으로 강의를 청취하고 지도를 받아 과정을 이수하는 방식을 취하고 있다. 교실 출석 수업이 전혀 없는 것은 아니나 비교적 짧은 기간이며 그것도 주말 또는 일반학교의 방학기간을 주로 이용한다. 그렇기 때문에 종래의 학교와 대학보다 소규모의 시설과 소수의 교사로도 교육을 해 나갈 수 있다. 무엇보다 중요한 것은 취업 중이거나 또는 다른 이유 때문에 매일 학교에 출석할 수 없는 사람들이 교육을 받을 수 있다는 사실이다. 이러한 원격교육(distance education)은 초기에는 우편을 주로 활용하였으나 라디오가 대중화되면서 라디오 방송을 활용하고, 텔레비전이 대중화되자 텔레비전 방송도 활용하여 교육매체가 한층 현대화되었다. 특히 인터넷 대중화와 정보기기의 비약적인 발전으로 오늘날 원격교육은 비약적으로 발전하고 있다. 공간과 시간의 제약을 극복한 '유비쿼터스 학습(ubiquitous learning)'이 확장하고, 무크(MOOC) 등 새로운 형태의 교육이 등장하고 있다. 정보통신기술의 발전에서 비롯한 원격교육의 진화는 교육의 미래 모습에 큰 영향을 끼칠 것으로 예상된다.

산업체부설 특별학교는 산업체 내에 또는 부근의 해당 산업체에 근무하는 근로청소년들을 대상으로 설립한 학교이다. 가정의 경제형편 때문에 중학교 또는 고등학교에 진학하지 못한 근로자들이 근무를 하면서 학교공부를 할 수 있도록 수업시간을 근무시간에 맞추어 조절한 것이 가장 큰 특징이다. 그리고 이 학교의 설립취지가 근로청소년들을 위한 복지에 있기 때문에 학교운영비의 대부분을 산업체가 부담하고 정부도 지원해 학생들이 거의 무상으로 교육을 받았다는 점도 또 하나의 특징이었다. 그런데 방송통신고등학교와 산업체부설 특별학교는 1970년대와 1980년대에 많은 학생들을 가르쳤으나, 1990년대에는 그 학생 수가 급격히 감소하였다. 고등학교의 취학률이 거의 완전취학에 접근함에 따라 방송통신고등학교와 산업체부설 특별학교에 취학할 학생자원이 고갈되었기 때문이다. 산업체부설 특별학교는 2010년대까지 소수의 학교가 유지되었으나 현재는 모두 사라졌다. 방송통신고등학교는 2023년 현재 42개교가 운영 중이다. 또, 2013년에는 방송통신중학교도 신설되어 2023년 현재 24개교가 운영 중이다.

개방제 대학은 처음에는 3 · 4학년 과정의 대학으로서 전문대학을 졸업하였거나 4년제 대학의 2년 과정을 수료한 뒤 취업 중인 사람들에게 직업생

참고자료

유비쿼터스 학습(u-Learning)

유비쿼터스 학습에서의 유비쿼터스란 라틴어에서 유래된 용어로 '언제, 어디서나, 동시에 존재하다'라는 의미로, 언제 어디서나 온라인 네트워크상에서 서비스를 받을 수 있는 환경을 의미한다. u 러닝으로도 부른다. 초고속 인터넷의 보급과 노트북, CD-ROM 등 디지털 기기의 상용화로 인해 유비쿼터스 환경이 보다 빠르게 구축되고 있다.

이러한 환경의 변화는 교수학습 형태에도 큰 변화를 가져왔다. 유비쿼터스 학습 환경을 기반으로 시간과 장소에 구애받지 않고 언제, 어디서나 학습자가 원하는 학습을 제공하는 교육이 가능해진 것이다. 유비쿼터스 학습을 통해 온 · 오프라인이 통합된 교수 · 학습 환경

활을 계속하면서 학사학위를 취득할 수 있도록 고안한 대학이었다. 이 대학은 학생들의 특징을 고려하여 대학과 직업세계 간의 유대를 강화한 것이 또 한 가지 색다른 점이었다. 그러나 최근에 와서는 일반대학과 큰 차이를 찾아보기가 어렵게 되었으며, 실제로 여러 개방제 대학이 일반대학으로 전환하였다.

새로운 교육방식의 학교들이 출현하는 이유는 교육받는 학습자가 증가하고 다양해지고 있으며, 정보기술의 발달로 교육방식이 진화하기 때문이다. 교육인구가 증가하며 교육적 요구가 다양해지고 교육방식이 진화함에 따라 학교제도가 구조적으로 분화(differentiation)하고 있는 것이다. 이런 의미에서 분화를 통한 학교의 다양화는 앞으로도 계속될 것이다.

한국에서 기간학제의 교육단계구조는 이른바 6·3·3·4제를 오랫동안 지켜왔다. 즉, 초등교육인 초등학교 6년, 하급중등교육인 중학교 3년, 상급중등교육인 고등학교 3년, 그리고 고등교육인 대학이 4년이다. 고등교육은 4년제가 표준이지만 의과대학처럼 6년제도 있으며, 학사과정 다음에 석

을 마련하여 학습자가 원하는 다양한 교육기회를 제공할 수 있게 되었다. 이처럼 보다 학습자가 중심이 된 교육활동을 지향하는 것이 유비쿼터스 학습의 목표라고 할 수 있다.

하지만 유비쿼터스 학습에 대한 개념이 다른 유사 개념들, 즉 e-러닝, 원격교육, 블렌디드-러닝 등과 혼재되어 사용되고 있어 그 구분이 명확하지 않은 측면도 있다. 이는 정보통신기술과 태블릿 피시(Tablet PC) 등 모바일 기기의 발전으로 교수·학습 형태의 변화가 매우 급속하게 일어나고 있기 때문으로 보인다. 기존의 원격교육이나 이-러닝 개념이 디지털 환경의 변화에 따라 지속적으로 재개념화하는 것이다. 유비쿼터스 학습은 시간, 장소, 환경 등에 구애받지 않고 일상생활 속에서 언제, 어디서나 원하는 학습을 할 수 있는 교육 형태로 이해할 수 있다.

사과정과 박사과정이 설치되어 있다. 전문대학은 고등교육이지만 2년 또는 3년 과정으로 편성되어 있고, 실무 중심의 전문직업인 양성에 중점을 둔다. 초등학교 입학 전 단계에 유아학교인 유치원이 있지만 아직까지 보편화되어 있지 않다.

한국은 초등교육 6년 과정과 중학교 3년 과정은 의무교육으로 누구나 취학하여야 한다. 그러나 의무교육 기간은 나라마다 다르다. 우리나라처럼 9년의 의무교육을 실시하는 나라도 있지만, 적게는 5년이나 6년, 많게는 10년이나 11년을 실시하는 나라들도 있다. 의무교육은 무상으로 하는 것이 일반적이다.

기간학제만을 가지고 보면 우리나라의 학제는 단선형이다. 즉, 중등학교에 실업계와 일반계가 분리되어 있기는 하지만 어느 쪽에서도 대학진학이 가능하기 때문에 결국 하나의 길로 되어 있는 것과 마찬가지이다. 이에 비하여 유럽의 전통적 학제는 실업계와 일반계가 완전히 분리되어 있었으므로 일단 실업계로 들어선 사람은 일반계로 옮길 수도 없으려니와 대학진학의 길이 막히기 때문에 두 개의 노정이 있는 셈이므로 복선형이라 불렀다. 복선제의 경우는 대개 초등학교를 마치면서 또는 하급 중등교육을 마치면서 대학으로 이어지는 진학준비과정과 취업준비를 거쳐 사회로 배출되는 직업준비과정으로 갈라진다. 일단 직업준비과정으로 배치된 사람은 대학진학은 불가능해진다. 그러나 유럽도 대체로 대학진학이 가능하도록 중등교육을 유연화하여 복선제에서 벗어나고 있다.

오늘날에는 중등학교를 종합화하여, 한 학교에 진학반과 직업반을 설치하고 학생들이 자유롭게 선택하도록 하는 것이 하나의 세계적 경향이다. 그렇기는 하지만 중등교육을 마칠 때까지 이렇다 할 구분 없이 누구나 비슷한 교육을 받고 대학에 이르러서야 전공별로 분화하는 방식은 주로 미국과 미국의 제도를 받아들인 나라에서 운영되고 있다. 유럽 여러 나라들은 아직도 중등교육단계에서 대학진학준비와 직업준비를 뚜렷이 구분하는 편이며 대학진학준비과정에 엄격한 선발기준을 적용하여 학생 수를 제한하고 있다. 그렇기 때문에 흔히 미국형을 대중평등주의(egalitarianism), 유럽형을 정예주의(elitism)로 부른다. 그러나 오늘날에는 유럽의 중등교육도 대중평등주의 방향으로 다가가고 있다.

3) 몇 가지 특징과 변화

학교의 설립과 운영, 교사의 자격, 교육과정 등을 국가가 통제하고 있다는 점에서 우리나라는 국가관리의 공교육체제를 취하고 있다. 사교육체제가 아닌 공교육체제를 취하고 있는 것은 우리나라만이 아니고 정도의 차이가 있을 뿐 현대 사회의 모든 나라가 마찬가지이다. 루소(Jean-Jacques Rousseau)는 그의 교육소설 「에밀」을 통하여 사교육을 강조하였고, 플라톤(Plato)은 「국가」에서 공교육을 역설하였는데, 근대 이후의 모든 국가는 제3장에서 설명하였듯이 공교육체제를 강화시켜 왔다. 특히, 서양의 경우는 오랫동안 교회의 지배하에 있었던 학교교육을 19세기에 교회로부터 빼앗아 국가의 지배 아래 두었다. 그리하여 오늘날은 모든 나라에서 공교육이 지배적이다.

공교육제도라고 해서 나라마다 그 성격이 똑같은 것은 아니다. 국가가 교육에 관한 권한을 완전히 장악하는 나라가 있는가 하면, 권한을 지방자치단체 또는 학교에 대폭 위임하는 나라도 있다. 교육이념과 교육내용은 중앙정부가 통제하지만 학사운영은 각 지방의 자율에 맡기는 나라도 있고, 구체적 학사운영에 관한 사항까지 중앙정부가 간섭하고 지시하는 나라도 있다. 예를 들어, 영국은 교사들이 상당한 권한을 행사하는 교사 중심 교육자치제도를 발전시켰고, 미국은 각 지역사회의 주민들이 학교의 설립과 운영에 관여하는 지역주민 중심 교육자치제를 발전시켰다. 프랑스는 행정관료가 큰 권한을 행사하는 관료 중심 제도이고, 일본은 제2차 세계대전 후 미군에 의한 통치시기에 미국식 교육자치제를 이식받았으나, 뒤에 중앙정부가 교육에 대한 통제권을 확대하였다.

한국은 철저한 국가관리 공교육제도를 운영하여 왔다. 1991년부터는 교육자치제를 실시하면서 중앙정부가 장악하고 있던 권한의 일부를 시·도 교육위원회와 교육청으로 이양하기는 했지만, 여전히 중앙정부가 많은 권한을 행사하고 있다. 그러므로 개별학교의 자율권이 축소되어 있는 것은 물론이고, 교사와 학부모의 교육에 대한 참정권도 제한되어 왔다.

철저한 국가관리 공교육제도가 유지되고 있는 원인의 하나는 식민지 시대의 전제주의적 교육제도를 극복하지 못하고 아직도 답습하고 있는 탓이며, 또 하나의 원인은 남북분단하에서 교육이 체제경쟁과 안보를 위한 주

참고자료

루소(Jean-Jacques Rousseau, 1712-1778)

스위스 태생인 루소는 프랑스의 철학자로서 아동 중심 교육론을 주창했던 학자이다. 그는 디드로의 18C 프랑스 백과전서에 음악과 경제에 관한 이론을 발표하기도 했으며 오페라 『교활한 사나이』(1752)를 작곡하기도 했다.

루소는 그의 첫 번째 저작인 『학예에 관한 논문』(1750)에서 인간이 본성적으로 선하지만 사회와 문명에 의해 타락하게 되었다고 주장했다. 인간 본성의 선함에 대한 루소의 이러한 믿음은 결국 진보적인 사상에 반대했던 로마 가톨릭교와도 갈라서게 만들었다.

『인간불평등기원론』(1754)에서 그는 사회가 형성되기 이전 인간의 삶은 건강하고 행복하며 자유로웠으며 인간은 본래 평등하게 태어났으나 계급을 구분하는 사회제도가 생겨나고, 특히 사적 소유가 등장하게 됨으로써 불평등과 악이 생겨났다고 주장하면서 타락해가

요 수단의 하나로 인식되어 왔기 때문이다. 1948년 남과 북에 이념적으로 대립되는 각각의 정부가 수립되고 이어서 1950~53년 동안 남북한 간에 전쟁을 하고 휴전한 이후로, 교육은 이념대결의 핵심적 장치가 되었으며, 중앙정부의 강력한 통제 아래 놓이게 된다. 이념과 관련된 교육목표, 교육과정, 교과서, 수업내용은 대단히 엄격한 정부의 감독을 받는다. 여기에 더하여, 1980년대까지는 역대 정부가 독재적 정권의 연속이었으므로 정권안보를 위하여서도 교육을 지배하였다. 1980년대 말 민주화 이전에는 정부비판 학생운동을 억압하는 것이 대학정책의 핵심이었을 정도로 교육은 중앙정부의 통제를 받았다.

철저한 국가관리교육이 남북분단의 필연적 결과라고 말하기는 어렵다. 그러나 분단과 뒤이어 터진 전쟁이 교육에 대한 정부통제 강화를 정당화시키는 구실이 된 것은 사실이다. 민주화 이전의 역대정부는 이 점을 악용하

는 문명사회의 제도에 대해 새로운 인간 이념의 구축과 인간형성의 이론적 탐구의 필요성을 역설했다. 또한, 자연성을 상실한 타락한 인간과 부패한 사회제도를 개선하고 혁신하는 일이 성인의 의무라고 말한 루소는, 그 제도의 주인인 인간 자체의 혁신 없이는 이상적인 사회 건설과 정치 실현이 불가능하다고 보고 먼저 교육 개혁이 선행되어야 한다고 주장했다.

"인간은 자유상태에서 태어나지만 어느 곳에서나 사슬에 묶여있게 되었다"라는 문구로 시작하는 『사회계약론』(1762)에서 루소는, 진정한 의미의 사회적 계약에 근거한 시민사회가 인간에게 자연 본성의 독립성, 즉 '일반 의지'에 의해 창조된 자기구속적 법에 복종하는 것으로서 정치적 자유를 대신하여 더 나은 종류의 자유를 가져다줄 것이라 주장했다. 그는 교육 소설 『에밀』(1762)을 통해 이상적인 새로운 인간형성에 대해 실험하고 탐구했다. 그는 『에밀』에서 아동을 '식물'에, 교사를 '정원사'에 비유하면서 아동도 자연적으로 주어진 프로그램에 따라 발달한다고 주장했다.

였다. 남북의 이념경쟁과 군사적 안보문제를 교육통제의 구실로 남용한 것이다. 교육의 지방자치제의 실시도 이것을 구실로 지연시키고, 교사의 교권과 학부모의 교육참정권도 이것을 구실로 억제하였다.

그리하여 한국교육의 민주화 및 교육자치실현을 위한 시민운동의 목표는 지방자치단체와 학교의 자율의 범위를 확대하는 것과 동시에 교사의 전문적 자율권을 존중하고 학부모의 교육참정권을 확대시키는 데에 두어 왔다. 이러한 목표를 실현하기 위하여는 외국의 예에서 보듯이 교사운동과 학부모운동이 활성화되어야 하고 학교의 책무성과 교사의 윤리도 정착되어야 한다. 민주주의는 위로부터 베풀어지는 것이 아니고, 아래로부터 쟁취하는 것이다. 1980년대 이후로 학부모, 교사, 시민들의 교육운동이 활발하게 전개되었고, 그 성과의 하나로 1995년 '5 · 31교육개혁방안'에 상당한 영향을 주었다. 교육시민운동은 앞으로도 더욱 발전해야 할 과제이다.

한편, 정치와 경제에 있어서 21세기는 세계화 시대이다. 정치와 경제가 제2차 세계대전 이후 이른바 세계체제(world system)를 형성하여, 각국은 세계 전체의 질서 속에 자리매김되어가고 있다. 정치와 경제만 세계체제를 형성한 것이 아니다. 교육도 마찬가지이다. 외국으로 유학을 보내고, 유학생을 받는 것뿐만 아니라 다른 나라의 교육제도와 교육방법을 도입하고, 또 이쪽 것을 다른 나라에 이식하기도 한다. 교육이념과 교육내용이 이 나라에서 저 나라로, 저 나라에서 이 나라로 유동하고, 교과서와 일반서적이 나라와 나라 사이를 넘나든다. 이러한 교육의 국제관계에서 어떤 나라는 지배적 위치에 서고, 어떤 나라는 종속적 위치에 선다. 경제적 종속이론의 용어를 빌리면, 교육에도 중심부 국가와 주변부 국가가 생겨난다. 중심부 국가는 새로운 이론과 지식을 계속 창출하여 주변부 국가에 제공한다. 인적자원, 연구시설, 그리고 학문적 전통에 있어서 주변부 국가는 중심부 국가를 따라잡기가 대단히 어렵게 되어 있다. 연구에 투자하는 재정규모도 상대가 되지 않는다. 그러므로 주변부 국가는 중심부 국가에 항상 의존할 수밖에 없다. 중심부 국가로 유학을 보내어 배워 오도록 하는 한편, 도서와 학술잡지를 수입하고 학자를 초빙한다. 주변부 국가의 학자들은 중심부 국가의 서적을 읽는 데 바빠서 자국의 학자들이 쓴 책과 논문은 읽을 시간조차 없다. 그래서 학문적 종속은 더욱 심화된다. 주변부 국가의 교육이 중심부 국가에 종속되는 현상은 1990년대 말의 전 지구적 구조조정에 의하여 더욱 심화되었다(한숭희, 1998: 12-13 참조).

주변부 국가는 교육시설, 도서관, 교육비 등의 부족으로 전반적 교육역량이 낮기 때문에 초·중등교육은 자국 내에서 어떻게든지 해결하지만, 고급 전문인력과 학자를 양성하는 석·박사과정의 교육은 중심부 국가에 의존한다. 예를 들면, 대학의 유능한 교수는 대부분 중심부 국가에서 양성된 사람들이다(김신일 외, 1999 참조). 이처럼 고급교육을 외국에 의존하고 있기 때문에 자국의 고급교육체제는 발전하지 못한다. 뿐만 아니라 초·중등교육에서도 민족문화가 경시되고, 외래문화가 존중받는다. 그래서 교육적·문화적 종속이 심화된다.

해방 이후 우리의 교육은 대학원 수준 이상의 고급교육을 지나칠 정도로 미국을 비롯한 외국에 의존하였다. 유능한 대학교수의 대부분이 미국 또는 유럽 유학 경험자인 사실이 이를 뒷받침한다. 그러므로 해외에 대한 학문적 종속성이 매우 높을 수밖에 없다. 학문적 자립과 교육적 자립을 위한 체계적 노력이 시급하다. 교육의 종속이 문화의 종속을 가져오는 것은 두말할 것도 없다. 그리고 오늘날과 같은 국제적 기술경쟁 시대에 있어서, 교육의 종속은 과학기술의 종속을 가져온다. 교육의 자립이야말로 급선무 중의 급선무이다. 2000년대에 들어서서 정부와 대학들이 고등교육의 자립을 위한 노력을 강화하고 있으며, 성과도 나타나고 있는 것은 다행스러운 일이다.

4) 교육개혁

세계적으로 20세기 마지막 20년은 교육개혁이 한 특징이었다. 정보혁명으로 인류문명의 토대가 달라지고, 세계화에 따라 국민교육체제가 흔들리고, 국제경쟁이 교육과 직결되면서, 각국은 교육제도의 개혁에 매달린다. 한국도 예외가 아니어서 1980년대 이후로 정부는 교육개혁을 위한 기구를 대통령 직속으로 설치하여 개혁안을 만들어 발표한다(교육개혁위원회, 1998). 그 가운데에도 추구하는 변화의 폭과 심도가 가장 크고 실천에 옮겨진 개혁안은 1995년 5월부터 1997년 6월 사이에 네 차례 연속적으로 발표된 김영삼 정부의 교육개혁위원회의 소위 '5 · 31교육개혁방안'이다. 이 개혁방안은 1998년에 취임한 김대중 정부도 공식적으로 승계하여 실천하였고, 2003년에 등장한 노무현 정부도 수용하였다. 이어진 이명박 정부, 박근혜 정부, 문재인 정부에서도 큰 틀은 유지되었다. 개혁의 폭과 심도가 큰 만큼 개혁의 내용과 추진방법을 둘러싼 논쟁도 적지 않았다. 교육개혁위원회(이하 '교개위')의 개혁안을 중심으로 교육개혁의 방향과 내용을 살펴보겠다.

교개위는 1995년 5월 31일 첫 번째 발표한 교육개혁방안에서 개혁을 통하여 실현하고자 하는 교육개혁의 목표를 이른바 '열린교육사회'의 건설이라고 선언했다(김신일, 1997: 287-299). 즉, "누구나, 언제, 어디서나 원하는 교육을 받을 수 있는 길이 활짝 열려진 '열린교육사회, 평생학습사회' 건설"(교육개혁위원회, 1995: 19)을 교육개혁의 목표로 천명했으며, 이것을 교개위는 '신교육체제'라고 명명했다. 이어서 신교육체제의 기본 특징을 이렇게 열거했다.

- 학습자 중심 교육
- 교육의 다양화

- 자율과 책무성에 바탕을 둔 학교운영
- 자유와 평등이 조화된 교육
- 교육의 정보화
- 질 높은 교육

교개위의 신교육체제의 특징에서 가장 주목을 끄는 것은 학생과 학부모의 선택권과 참여권의 도입이다. 교육의 다양화와 학교의 특성화를 추구하겠다는 것도 선택권 확대의 연장선상에서 파악할 수 있다. 선택권을 진정으로 보장하려면 선택행위의 자유화가 기본적이기는 하지만 그것만으로는 부족하다. 선택할 대상을 다양하게 제공해 주어야 한다. 교육프로그램이 획일적이어서 다양하지 않거나, 학교들의 특성에 아무런 차이가 없으면 선택의 자유는 아무런 의미가 없다. 그러므로 교육의 다양화와 학교들의 특성화는 교육선택권 확대를 위하여 필수적 조치이다. 그리고 정보기술을 활용하여 시간과 공간의 제약을 받지 않고 누구나 원하는 교육을 받을 수 있도록 교육의 정보화를 추진하겠다는 것도 역시 교육선택권의 확대와 관련된 것이다.

신교육체제의 특징 가운데 주목을 끄는 다른 한 가지는 자율과 책무성이다. 자율화는 교육체계의 전 영역에 걸친 것으로 지방교육자치 강화, 교육기관의 자율 확대, 교사의 전문적 자율성 확대 등을 포함한다. 그런데 자율화는 경쟁을 동반한다. 경쟁을 특별히 강조하지는 않았지만 개혁방안 여기저기에 상호경쟁을 통한 향상과 발전을 언급하고 있다. 당시까지는 교육기관 간에 경쟁할 필요가 없었다. 제도와 정책이 경쟁의 기회를 허용하지 않았고, 경쟁을 유발할 수 있는 요소는 제거하거나 억제하였다. 예를 들면, 학생선발제도는 일종의 '배급제'에 기초하고 있어서 학교 간 경쟁은 필요 없거나 최소화되었다. 대학들의 교육여건에 관한 평가결과도 만약 발표하면 대학 간 차이가 드러나 대학 간 경쟁을 유발할 수 있다는 이유로 발표를 막았다. 한편, 책무성은 학교와 대학, 교사와 교수들이 맡고 있는 역할을 제대로 수행할 책임을 말한다. 넓게 말하면 대학의 사회적 책임도 포함한다. 그러므로 대학과 학교 그리고 교수와 교사들은 자율성을 존중받아야 하지만 동시에 역할을 충실히 수행할 책임도 부여받고 있으므로, 두 가지를 동시에 균형 있게 확대시켜 나가는 것을 개혁의 방향으로 설정한 것이다.

교개위는 연속하여 세 차례 교육개혁방안을 발표하는데, 전체 개혁과제는 100개 항목이 훨씬 넘는다. 교개위 보고서에 열거한 개혁과제들 가운데에는 4~5개의 하위 과제들로 구성된 것도 많다. 과제 수가 많은 것은 그만큼 구체적이고 세밀한 내용으로 구성되어 있기 때문이기도 하다. 어떤 과제는 너무 세부적이어서, 개혁과제라기보다는 교육부 행정실무자들이 구상해야 할 시행방법으로 보이는 것들까지 있다.

그런데 교육개혁방안의 뚜렷한 성격 한 가지는 총체적이고 전면적인 개혁을 시도하고 있다는 점이다. 미국, 일본, 영국의 교육개혁이 교육체제 자체는 기존 것을 그대로 유지하면서 관리와 운영방식 및 교육내용과 방식을 개혁하는 데에 중점을 두고 있는 것과는 대조적으로, 한국의 교개위 안은 교육체제 자체에 대한 개혁을 추구하면서 운영과 교육방식에 대한 개혁도 함께 추진하는 총체적 개혁을 지향하고 있다. 교개위 교육개혁방안의 성격을 논의하는 데 있어서 총체적 개혁을 지향하고 있다는 점을 명백히 하는 것이 매우 중요하다. 이 말은 교개위 안을 어느 한 부분만 떼어서 논의해서는 정확하게 성격을 규명할 수 없다는 뜻이다. 전체가 하나의 '패키지'라는 점을 놓치지 말아야 한다.

총체적 개혁을 지향하고 있다는 사실은 다음과 같은 점에서 확인할 수 있다. 첫째, 교육의 개념을 확대하였다. 전통적 학교교육 중심에서 벗어나 산업교육과 기술훈련도 포함하는 평생교육을 새 교육체제에 포함시켰다. 이제까지는 교육부의 관장하에 있는 교육활동만 교육제도에 속한 것으로 인식하여 왔고, 그렇기 때문에 타 부처의 관장하에 있는 교육활동은 법적으로 제대로 인정받지 못했다. 교개위 안은 관장하는 부처에 관계없이 모든 교육에 대하여 평가인정과정을 거쳐 적정한 학점, 자격, 학력을 인정하는 '열린' 교육체제를 지향한다. 한편, 기존 교육제도는 가르치는 활동 위주의 교육관에 기초하였으나 교개위 안은 배우는 활동에도 비중을 둠으로써, 학습자의 중요성을 뚜렷이 부각시켰다. 교개위 안을 '수요자 중심 교육'이라 부르는 뜻이 여기에 있다.

둘째, 교육법 체계를 새로 세운다고 말해도 좋을 정도로 교육 관련 핵심 법을 전면적으로 개편하였다. 기존 「교육법」을 완전 개편하여 「교육기본법」을 새로 제정하고, 그 아래 「초 · 중등교육법」과 「고등교육법」을 제정하고, 기존 「사회교육법」을 「평생교육법」으로 명칭과 내용을 전면적으로 개정하며, 2004년에 「유아교육법」을 제정함으로써, 「교육기본법」 아래 네 개의 교육 핵심법으로 구조화하였다. 교육법의 이러한 근본적 개편과 새로운 법들의 제정은 말 그대로 교육체제의 근본을 재정비한 것이다. 교육법 체계의 개편은 일제 식민지배와 역대 군사정권을 밑받침해 온 국가주의적 교육법 체계를 민주적 교육법 체계와 법정신으로 개혁하는 엄청난 의미를 지닌다.

셋째, 교육운영의 기본 철학을 근본적으로 바꾸어, 학교와 대학의 운영을 자율화하고 교육 관련 집단의 참여를 확대하는 방향으로 하였다. 감독하고 보호하던 관리방식을 참여를 통한 자율운영방식으로 전환한 것이다. 교육의 지방자치, 대학설립기준과 절차의 완화(이른바 준칙주의 도입), 대학과 학교운영의 자율폭 확대(예컨대 대학생 정원제의 점진적 폐지), 학부모, 주민, 교사의 학교운영참여, 평생교육기관의 설치와 운영기준의 완화 등이 모두 이러한 방향전환의 일부이다. 그러나 자율화는 책무성과 병행하는 것이다. 책무성과 사회적 책임을 경시하고 자율만 확대하는 것은 교육의 정상적 발전을 이루어내지 못한다. 그러므로 교개위 안은 자율과 책무성의 균형을 강조한다. 자율확대를 위한 행·재정의 지원방안과 동시에 책무성 제고를 위한 평가의 실시도 포함하고 있다. 자율과 책임은 함께 가는 것이다.

넷째, 입학제도, 특히 대학입시제도의 개혁을 담고 있다. 대학입시에 있어서 국·영·수 위주의 대학별고사를 폐지하고 학교생활기록부를 필수적 전형자료로 제시한 것은 매우 중요한 의미를 내포하고 있다. 대학 중심의 입시제도 때문에 입시교육으로 전락한 고등학교 교육을 정상화하려는 목적을 확고히 하였다. 학교생활기록부를 필수전형자료로 활용함으로써 학생들의 학습생활이 학교를 중심으로 이루어지는 계기를 만들려는 것이다. 즉 고등학교 교육과정의 정상적 이수와 학업성취를 대학입시전형의 중심에 둠으로써 고등학교 생활에 충실하고 열심히 공부하는 것이 대학에 잘 들어가는 길이 되도록 만들자는 뜻이다.

다섯째, 학생들 간의 경쟁에 치중되어 있는 경쟁체제를 교육기관과 교사·교수들 간의 경쟁을 강화하는 방향으로 전환하려는 내용을 담고 있다. 해방 후 한국 교육은 비인간적일 정도로 철저한 경쟁교육이었다. 그런데 치열한 비인간적 경쟁의 희생자는 학생들이었지 학교와 교사가 아니었다. 학교, 대학, 교사, 교수들은 경쟁 없는 무풍지대나 마찬가지였다. 입시제도만이 아니라 거의 모든 학교생활에 경쟁이 일반화되어 있어서, 학생들이 '행복은 성적순이 아니잖아요!'라는 피맺힌 절규를 하지 않을 수 없는 상황이었다. 교개위가 도입한 경쟁원리의 의도는 학생들 간의 경쟁을 가능한 한 줄이고, 이제까지 안주해온 학교, 대학, 교사, 교수들을 서로 경쟁하게 함으로써 교육제공자 및 실시자들에게 발전을 위한 자극을 주자는 것이다. 사실, 학생들은 세계 어느 나라보다도 치열한 경쟁에 내몰렸지만, 대학과 교수들은 경쟁 없이 안주하였다. 따지고 보면 이것 자체가 비교육적이다. 그리고 대학의 발전과 교수들의 향상에도 역작용을 해왔다. 학생만 경쟁시키는 교육풍토는 시급히 벗어나야 한다는 것이 교개위 안에 담겨있는 뜻이다.

한편, 교육개혁방안은 언제나 그 나름으로 새로운 패러다임을 주장한다(Popkewitz, 1991). 크든 작든, 성공작이든 실패작이든, 모든 개혁안은 새로운 언어와 새로운 담론구조를 담고 있다는 뜻이다. 새로운 언어와 새로운 담론구조가 언제나 받아들여질 만한 것은 아니지만, 무시할 수 없는 개혁론에 대하여는 그것이 담고 있는 새로운 언어나 새로운 담론구조를 신중하게 검토하는 것이 교육학의 중요한 과제가 된다. 교개위 안이 담고 있는 '수요자 중심 교육', '학습자의 권리' 등은 과거의 교육학에서 만날 수 없었던 새 언어들이다. 그리고 교사, 국가 등 교육실시자 또는 교육공급자의 입장에서 논의하던 교육문제를 학생, 학부모 등 학습자 또는 교육수요자의 입장에서 논의하는 것은 새로운 담론방식이다. 예를 들면, '학습'과 '교육'이 대등하다고 전제하거나 학습을 상위로 전제할 때의 담론구조는 '학습'을 '교육'의 한 부분이나 종속으로 전제할 때의 담론구조와는 달라지게 된다. 결국, 교육개혁안을 기존의 교육학의 관점에서만 논의하는 것은 스스로 한계를 긋는 것과 같다. 새로운 교육학적 관점의 가능성을 인정하는 열린 사고가 필요하다.

그런데 교개위의 개혁방안은 장기간의 독재와 군사정권을 극복하고 탄생한 문민정부가 서둘러 만든 것이어서, 지나치게 많은 희망을 포함시키다 보니 정합성이 떨어지는 한계를 안고 있다. 교육법 체계에서 구체적 학교운영과 교육평가 방법에 이르기까지 교육의 모든 영역을 일거에 개혁하려는 과욕을 드러냈다. 그러므로 방대한 교육개혁방안에는 가치관의 일관성과 정책구조의 정합성이 제대로 유지되기 어려웠다. 개혁의 내용을 여러 가지 열거하면서 그러한 개혁내용을 관통하는 교육철학을 명백히 제시하지 못하여, 개혁 정책의 시행에 혼선을 초래하는 일도 벌어졌다. 예를 들면 교육에 대한 국가통제의 완화가 곧 시장주의의 도입으로 비쳐지는 것은 개혁이 추구하는 이념적 가치를 명료하게 제시하지 못한 탓이 크다. 또한 대학입시제도와 교육과정에 관한 쟁점의 확대도 새 대학입시제도가 지향하는 교육철학이 분명하게 정리되지 못했고, 새 대입제도와 새 교육과정의 관계를 명백하게 정리하지 못한 데에 큰 원인이 있다.

이러한 문제들로 인하여 이후 교육개혁의 추진과정에 혼선이 일어났고, 논쟁도 확대되었다. 한편으로는 1990년 말 외환 위기로 인해 전면적인 교육개혁을 위한 재정 확보가 충분히 이루어지지 않은 점도 뼈아픈 지점이다. 전면적인 재정 투자를 통해 개혁안을 실천할 수 있는 기회를 놓치게 되면서 결국 신자유주의적 개혁안이라는 비판도 받게 된 것이다. 문민정부 이후의 정부들은 종합적 패키지인 교육개혁안을 총체적으로 다루지 않고 그 가운데 필요한 일부분만을 강조함으로써 개혁안의 균형적인 실현을 어렵게 만들었다. 앞 정부의 정책 추진의 부작용을 해소한다는 명목으로 후임 정부가 무조건 정반대의 정책을 추진하기도 하면서 개혁정책이 일관성과 철학을 상실하게 되었다. 여기에는 거시적이고 장기적인 안목으로 개혁을 추진하고 관리하도록 제안된 국가교육위원회를 20년이 지나도록 설치하지 않은 역대정부의 책임이 크다. 그러므로 5.31교육개혁방안의 성취와 한계를 객관적인 자료에 근거해 평가하고, 국가교육위원회 설치를 포함하여 교육개혁을 새롭게 추진해야 할 필요가 높아지고 있다.

제5장

학교교육의 확대와 원인

스승은 졸업증서나 학위 따위에
감동되는 적이 없었다.
그는 증명서가 아니라
그 사람을 자세히 보았다.
한번은 그가 이렇게 말하는 것을 들었다.
"새가 노래하는 것을 들을 귀가 있다면,
그 새의 자격증명서를 볼 필요가 있겠느냐?"

앤소니 드 멜로, 『일분지혜』

20세기 후반 세계적으로 학교교육 팽창현상이 나타난다. 초등교육 보편화를 넘어 상급단계의 학교교육이 대중화되면서 기존의 교육단계별 기능에도 변화가 일어난다. 학교교육의 팽창현상을 설명하는 여러 이론이 있다. 우리나라의 학교교육 팽창은 학력을 통하여 사회적 지위를 획득하려는 국민의 교육열과 정부 · 대학 · 기업의 이해관계가 맞물려 일어난 현상이다.

동서양을 막론하고, 선진국과 후진국을 가릴 것 없이, 20세기 후반부에 세계적으로 학교교육이 폭발적으로 팽창하였다. 제2차 세계대전 이후에 독립한 신생국과 개발도상국들에서는 대체로 초등교육에서 시작하여 중등교육으로 확대의 물결이 흘러갔다. 초등교육이 보편화되어 있었던 유럽 대부분의 국가들에서는 그동안 정예주의 교육제도 때문에 묶여 있던 중등교육이 대중화되면서 그 여파가 고등교육에 미치게 되었다. 미국은 제2차 세계대전 당시에 중등교육이 이미 보편화되어 있었기 때문에 전쟁이 끝나자마자 고등교육이 팽창하기 시작하였다. 일부 개발도상국은 비슷한 경제수준의 다른 나라들보다 중등교육과 고등교육의 팽창 속도가 매우 빨라 교육 단계별 이수율은 선진국 수준에 도달하기도 하였다. 이러한 나라들에서는 급속한 학교교육 팽창이 오히려 사회문제가 되어 골머리를 앓고 있기도 하다. 한국은 유례를 찾아보기 어려울 정도로 폭발적인 속도로 학교교육이 팽창한 나라이다.

학교팽창이 전 세계적인 현상으로 확고하게 자리를 잡았지만, 전 세계 인구의 17%인 2억 5,800만 명으로 추산되는 아동, 청소년 및 청년이 아직도 학교에 다니지 않고 있다. 빈부 격차에 따른 학교 취학률의 차이도 크다. 65개의 저소득 및 중간소득 국가 중에서 상위 20% 부유한 가정과 하위 20%의 빈곤한 가정 사이의 평균적인 취학률 차이는 초등학교 9%p, 중학교 13%p, 고등학교 27%p였다. 이수율 격차는 더 커서 초등학교 30%p, 중학교 45%p, 고등학교 40%p에 달했다(유네스코, 2020).

이 장에서 20세기 후반 이후에 나타난 학교교육의 팽창 상황을 기술하고 그 동인을 설명하는 이론을 정리하고 검토하려 한다. 흔히 학교의 팽창은 교육적 업적으로 지적되기도 하지만 그것은 단순한 생각이다. 교육의 성취수준은 취학생 및 졸업생의 숫자만으로 우열을 가릴 수 없다. 학생들이 학교를 통하여 배우는 내용과 양성된 역량을 함께 고려해야 한다. 학생과 학부모가 학교를 통하여 얻으려는 것이 무엇이며 학교는 실제로 무엇을 가르쳐 주고 있는가도 따져 보아야 한다. 학교팽창과 학력상승(學歷上昇)을 설명하는 이론들은 이 점에 관하여 각기 다른 주장을 내세우고 있다. 학교팽창에는 정치, 경제, 문화 등 여러 동인이 작용한다. 먼저 학교가 실제로 어떻게 팽창하였으며, 그에 따라 학력이 얼마나 높아졌는가를 개관한 뒤에 학력상승 동인에 관한 이론을 살펴보겠다.

1. 학교교육의 확대

1) 국제적 동향

앞서 언급한 바와 같이 20세기 후반 이후로 거의 모든 나라에서 학교교육이 빠르게 팽창하였다. 그러나 지역에 따라 큰 차이가 있었다. 식민지배로부터 제2차 세계대전 이후에 독립한 나라들은 식민통치자들의 우민정책의 결과로 초등교육조차도 정착시키지 못하였으므로 초등학교 취학을 확대시키는 정책이 우선 급하였다. 뿐만 아니라 성인인구 가운데 글자와 숫자를 읽고 쓰지 못하는 비문해자(非文解者) 비율이 70~80퍼센트에 달했으므로 성인을 위한 문해(文解)교육도 시급한 과제였다. 따라서 아프리카와 남아시아 여러 나라는 독립 직후부터 문해교육과 초등교육 그리고 이어서 중등교육 확대에 치중하지 않을 수 없었다. 주로 아프리카, 남아시아에 몰려 있는 40여 개의 세계 최빈국의 평균 중등학교 취학률은 1980년까지도 17.2퍼센트에 불과했다. 이 나라들의 평균 문해율이 2005년에 55.2퍼센트에 그치는 것을 보면(UNESCO, 2000, 2008), 기초교육조차도 완전히 해결하지 못한 상태에 있었음을 알 수 있다. 세계 여러 나라의 지역별 중등학교 평균 취학률을 〈표 5-1〉에서 볼 수 있는데, 저소득국가와 지리적으로는 사하라 이남 아프리카 국가들과 남아시아 및 서아시아 국가들의 취학률이 최근까지도 매우 낮다.

한편, 유럽지역 국가들은 대체로 제2차 세계대전 이전에는 정예주의 교육제도를 택하고 있었으므로, 초등교육은 보편화되어 있었지만 중등교육은 그렇지 않았다. 초등학교 졸업자격시험을 실시하여 소수의 합격자에게만 대학진학 준비과정인 일반계 중등학교 진학을 허용하였으므로, 중

표 5-1 세계 지역별 중등교육 총 취학률 (단위: 퍼센트)

지역	학급중등(중학교)		상급중등(고등학교)	
	1999	2018	1999	2018
세계 전체	72	84	45	67
저소득국	36	48	23	31
중하소득국	61	80	31	56
중상소득국	88	98	52	84
고소득국	102	105	97	107
사하라 이남 아프리카	29	51	21	33
아랍	73	88	44	61
중앙아시아	85	100	81	90
동아시아, 태평양	78	93	44	77
남아시아, 서아시아	61	82	30	61
중남미	95	108	62	85
북미, 서유럽	102	106	97	107
중앙, 동유럽	92	99	82	104

주: 총 취학률이 100%가 넘는 이유는 실제 재학생 수(15, 16세 학생들도 있음)에 대한 해당 연령 인구(예컨대 중학교 12~14세 인구)의 비율이기 때문.

출처: UNESCO(2020). National Monitoring: Gross enrolment ratio by level of education, lower secondary & upper secondary. http://data.uis.unesco.org/ (2020년 9월 29일 검색).

등학교 취학률이 높지 않았다. 그러나 종전 후에 이 나라들이 중등교육의 대중화로 방향을 바꾼다. 초등학교 졸업자격시험을 폐지하거나 완화하고, 복선제이던 중등학교 과정을 단선제 방향으로 완화하여 대학진학 가능성을 확대한다. 오이시디(OECD)의 대다수 회원국들은 의무취학기간을 15세 또는 16세까지 연장한다. 미국은 17세, 벨기에, 네덜란드, 독일은 18세까지 높였다. 그에 따라 중등학교 취학률이 급격히 상승하고 대학진학을 희망하는 중등학교 졸업자도 증가한다.

유럽 국가들은 초등학교 졸업자격시험을 폐지 또는 완화하는 대신 중등학교 졸업자격시험을 강화하여 대학진학자 수를 관리하였으나, 1960년대 이후로 대학진학 요구가 급증함에 따라 1970년대부터 대학의 문호를 확대하기 시작한다. 그리하여 1970년에 평균 10퍼센트 내외이던 유럽의 고등교육 취학률은 크게 증가하여 1997년에는 44.4퍼센트로 급상승한다(〈표 5-2〉 참조). 2019년에는 73.3퍼센트에 이르렀다. 미국은 20세기 전반기에 이미 다른 나라에 비하여 중등교육이 상당히 확대되어 있었으며, 제2차 세계대전 종전과 함께 팽창하면서, 곧 고등교육의 확대로 이어진다. 그리하여 미국과 캐나다의 고등교육 취학률은 2019년에 86.5퍼센트에 달하는 엄청난

표 5-2 세계 지역별 고등교육 총 취학률 (단위: 퍼센트)

구분	1997		2019	
	전체	여	전체	여
세계 전체	16.5	16.2	38.8	41.7
개발도상국	6.9	6.3	12.7	11.7
아프리카(사하라 아래)	3.9	3.0	9.2	7.9
아프리카(북부)	17.7	15.6	35.2	38.1
아랍	16.2	14.2	33.8	35.8
중남미	20.4	21.6	52.7	59.7
동아시아	9.0	7.1	54.3	58.7
남아시아	6.5	4.8	26.2	26.7
최빈국	4.4	3.0	-	-
선진국	50.7	53.9	75.7	84.4
북미	75.2	85.3	86.5	100.2
유럽	44.4	48	73.3	81.0
아태지역	11.3	9.8	47.6	51.8

출처: UIS - Sustainable Development Goals 1 and 4 : 4.3.2 Gross enrolment ratio for tertiary education by sex (administrative data)

팽창을 기록한다. 유럽과 미국이 20세기 학교교육의 팽창을 가장 앞서서 이끈 셈이다.

그런데 학교교육의 단계적 확대는 단순히 규모의 확대만으로 끝나지 않고, 각 교육단계의 기능을 변화시킨다. 즉, 소수정예가 취학할 때의 중등교육과 대중화되었을 때의 중등교육 사이에는 교육적 기능에 변화가 일어난다. 고등교육도 마찬가지이다. 교육에 있어서 양적 증가가 질적 변화를 가져온다고 말할 수 있는 이러한 변화 양상을 트로우(Trow, 1961)는 미국 자료를 이용하여 간결하게 설명하였다. 트로우는 미국 중등교육의 변천과정을 세 단계로 나누었다. 그는 미국의 중등교육이 소수정예의 대학준비기능(elite preparation function)과 대중의 직업교육기능(mass terminal function)[1)]을 거쳐 대중의 대학준비기능(mass preparation function)으로 바뀌어 왔다고 정리하였다.

첫째 단계는 남북전쟁이 마무리 지어지는 1870년 이전의 중등교육으로, 이 시기에는 중류 및 상류층의 정선된 소수에게만 중등교육의 기회가 주어졌다. 교육내용은 인문 중심으로, 대학에 진학할 것에 대비한 대학준비교육이었다. 1870년의 미국 전국에는 500개 미만의 고등학교가 있었으며 학생 수는 80,000명에 불과하였다. 이해에 고등학교 졸업자 수는 16,000명이었는데, 이는 전국의 17세 인구의 2퍼센트에 불과한 것이었다. 졸업자의 대부분은 대학에 진학하였다. 그야말로 소수 정예만을 위한 대학준비교육이었다.

두 번째 단계는 1870년 이후의 급속한 산업화에 발맞추어 나타난 직업준비 교육이다. 미국의 전역에 실업중등학교가 설립되어 1910년에 이르러서는 1만 개 이상의 고등학교에 110만 명의 학생이 취학하게 되었다. 1870년에 8만 명에 불과하던 것이 40년 동안에 110만 명으로 늘어난 것이다. 이

1) 직역하면 '종결교육기능'이지만 대학의 기능 변화의 실질적 내용을 고려하여 '직업교육기능'으로 의역함.

시기의 중등학교 학생들은 대부분 직업준비교육을 받았으며 졸업 후에는 사회에 진출하여 직업생활에 들어갔다. 이때에는 아직 소수 정예에게만 대학 입학기회가 주어졌으므로 고교졸업자 가운데 대학진학자의 비율은 극히 낮을 수밖에 없었다. 이러한 상태가 제2차 세계대전이 끝날 때까지 계속되었다.

세 번째 단계는 제2차 세계대전이 끝난 후에 시작되었다. 이 무렵에는 중등학교 해당 연령 인구의 대다수가 중등교육을 받게 되어, 1957년의 14~17세 취학률이 90퍼센트에 이르게 된다. 그런데 제2차 세계대전 이후의 새로운 교육현상으로 대학교육이 개방되기 시작하여, 1940년에는 18~21세 인구의 대학취학률이 15퍼센트에 불과하였으나 1954년에는 30퍼센트로 껑충 뛰고 1960년에는 37.5퍼센트로 높아졌다. 이렇게 되자 고등학교의 성격이 변화하기 시작하였다. 직업준비교육 중심에서 대학준비교육 중심으로 바뀐 것이다. 고등학교의 성격이 대학준비교육 중심으로 바뀌자 고등학교에서의 직업교육은 난관에 봉착하게 된다. 우수한 학생은 모두 대학준비를 위한 인문학교 또는 종합학교의 진학반으로 집중하고 실업학교와 취업반은 기피하는 것이다. 실업학교와 취업반을 '열등반(劣等班)'으로 인식하게 된 것이다.

트로우의 설명은 중등교육과 고등교육의 확대에 따라 중등학교의 기능이 어떻게 변화하는가를 이해하는 데에는 도움이 되지만, 세 번째 단계에서 고등학교가 모두 대학준비기능을 수행하게 되었다는 설명 방식에는 무리가 있다. 초등학교에서 고등학교에 이르기까지 각급 학교는 그 자체의 교육기능을 가지고 있는 것이지, 상급학교 준비기능만 가지고 있는 것은 아니기 때문이다. 이러한 한계가 있기는 하지만 트로우의 중등교육 발전단계 구분은 다른 나라의 중등교육 기능변화를 이해하는 데에 도움이 된다.

우리나라를 예로 들면, 고등학교 진학률이 1970년 51.2퍼센트, 1990년

88.0퍼센트에서 2007년에는 99.6퍼센트에 이르고 있으며, 고등교육 취학률은 2년제 대학을 포함하여 1970년 8.4퍼센트, 1980년 15.4퍼센트, 1990년 38.1퍼센트에 도달한다. 미국이 1960년에 도달한 제3단계를 30년 뒤에 도달한 것이다. 그에 따라 트로우가 설명한 대로 고등학교의 직업준비교육기능이 제대로 작동하지 못하고, 성적이 우수한 학생은 누구나 대학입시준비를 위한 일반계 고등학교로 집중하는 현상이 벌어졌다. 고등학교 교육이 대학진학준비기능 위주로 강화되어, 직업준비교육을 위한 실업계 고등학교, 즉 특성화고는 우수한 학생을 확보하기가 어렵게 된 것은 물론이고 대학진학의 어려움에 취업난까지 겹쳐 새로운 조치가 요구되고 있다. 고등학교 단계의 교육에 대한 포괄적 재검토가 필요한 상황이다.

그런데 우리나라 고등교육 취학률은 계속 상승하여 2000년에 52.5퍼센트, 2020년에는 70.4퍼센트에 이르렀다. 그 결과 대학교육의 성격이 과거의 정예주의적 고급전문교육으로부터 대중주의적 일반교육으로 바뀌고, 고급전문교육은 대학원이 담당하는 새로운 체제로 바뀌고 있다. 그에 따라 대학원 학생수가 급속히 증가하여 1970년 약 7천 명이던 것이 1998년 약 18만 명으로 되고, 2018년에는 32만여 명으로 대폭 늘었다. 폭발적 증가가 아닐 수 없다. 고등교육 구조의 변화에 따라 일부 대학교들은 '학부 중심'으로부터 '대학원 중심'으로의 전환을 진행하고 있다. 결국, 각급 학교별 학생인구 및 취학률의 변화는 각급 학교의 기능에 변화를 일으키는 주요 요인의 하나로 작용하는 것을 알 수 있다.

2) 한국의 학교팽창

학교팽창에 따라 우리나라의 학생수도 놀라우리만큼 크게 늘어났다. 2000년에는 각급 학교에 재학하고 있는 학생인구가 약 1천만 명이었는데,

이는 당시 남한 인구의 약 5분의 1에 해당하였다. 학교급별 학생 수의 변화는 (시대에 따라) 기복이 있다. 초등학생은 1960년대까지 증가하다가 출생인구 감소에 따라 1970년대 초부터 감소추세로 바뀌었고, 중학생은 1970년대 중반부터, 고등학생은 1990년경부터 감소추세이다. 그러나 대학생은 1990년대와 2000년대 초까지 증가하다가 감소단계에 들어섰으며, 대학원생은 최근까지 증가추세가 계속되고 있다. 취학률은 2020년 현재 초등학교 98.4퍼센트, 중학교 95.7퍼센트, 고등학교 91.4퍼센트, 고등교육(전문대학, 교육대학, 대학 포함) 70.4퍼센트이다. 반면에 유치원은 아직 49.0퍼센트이지만 증가 추세에 있다.

표 5-3 한국 학교급별 순 취학률 추이 (단위: 퍼센트)

연도	유치원	초등학교	중학교	고등학교	고등교육기관
1970	1.3	92.0	36.6	20.3	5.4
1975	1.7	97.8	56.2	31.3	6.7
1980	4.1	97.7	73.3	48.8	11.4
1985	18.9	-	82.0	64.2	22.9
1990	31.6	-	91.6	79.4	23.6
1995	26.0	98.2	93.5	82.9	36.0
2000	26.2	97.2	95.0	89.4	52.5
2005	31.1	98.8	94.3	92.1	66.1
2010	40.3	99.1	96.5	91.7	69.3
2015	48.9	99.1	95.3	92.5	67.5
2020	49.0	98.4	95.7	91.4	70.4

주: 1) 취학률 = (취학 적령 학생수 / 취학 적령 인구)×100

2) 취학 적령: 유치원 만 3~5세, 초등학교 만 6~11세, 중학교 만 12~14세, 고등학교 만 15~17세, 고등교육기관 만 18~21세

출처: 교육부(1998, 2014, 2015, 2019). 교육통계연보.

교육통계서비스(2020). 연도별 취학률.

취학률은 어느 학교급, 예컨대 중학교의 취학률은 해당 연령(한국은 만 12~14세) 인구 가운데 실제로 중학교에 취학하고 있는 학생의 비율을 말한다. 이것을 순 취학률(net enrolment ratio)이라 부른다. 이와 달리 〈표 5-1〉과 〈표 5-2〉에서 제시한 것처럼 총(總) 취학률도 있다. 총 취학률(gross enrolment ratio)은 취학 해당 연령 인구에 대한 전체 재학생수(이 가운데에는 해당 연령이 아닌 사람, 예컨대 중학생 가운데 15세 이상의 학생도 포함된다)의 비율을 말한다.

〈표 5-3〉은 1970년 이후 학교급별 순 취학률의 상승 과정을 보여준다. 초등학교의 취학률은 1960년대에 90퍼센트를 넘어 1970년대에 완전취학이 이루어졌다. 중학교의 취학률은 1970년대부터 급격히 증가하기 시작하여 1990년대에 이르러 완전취학의 상태에 이르렀다. 고등학교의 취학률도 1980년 이후 빠르게 증가하여 2000년대에 완전취학에 이르렀다. 고등교육의 취학률은 1975년까지 거의 정체상태를 유지하다가 1980년부터 상승하기 시작하였고, 2000년대에 급속히 상승하여 2020년 현재 70퍼센트를 넘었다.

한국의 학교팽창 속도는 소위 선진국들의 평균 속도를 능가하는 것이다. 구미 선진국들의 경우 중등교육은 우리보다 먼저 보편화를 이루었으나, 고등교육의 취학률은 우리나라보다 높지 않다. 오이시디(OECD)의 계산방식에 따르면 15~19세의 취학률이 오이시디 평균은 81.5퍼센트, 한국은 85.6퍼센트이고, 20~29세는 오이시디 평균 24.9퍼센트, 한국 27.3퍼센트로 우리나라가 높다(OECD, 2007: 29). 한국의 고등교육이 얼마나 빠른 속도로 확대되어 왔으며, 또한 우리나라 전체의 학교교육 규모가 어느 정도로 다른 나라들을 앞지르고 있는가를 알 수 있다.

학교교육의 팽창은 결과적으로 국민들의 학력(學歷) 상승으로 이어진다. 2015년 기준 25세 이상 한국인의 학력구성은 대졸 이상이 40.7퍼센트, 고졸이 35.7퍼센트로, 1975년에 대졸 이상 5.8퍼센트, 고졸 13.9퍼센트와 비교하면 국민의 전체적인 학력 수준이 얼마나 빠르게 상승하였는가를 알

표 5-4 국민의 학력 구성비 변화(25세 이상 성인) (단위: 퍼센트)

연도	초졸 이하			중졸			고졸			대졸 이상			합계
	전체	남	여	전체	남	여	전체	남	여	전체	남	여	
1955	91.8	86.0	97.1	5.3	8.9	2.0	1.7	2.7	0.7	1.3	2.4	0.3	100.0
1966	79.6	68.9	89.5	11.1	15.9	6.6	5.6	8.5	2.9	3.7	6.7	1.0	100.0
1975	65.5	53.1	77.1	14.8	17.7	12.1	13.9	19.7	8.4	5.8	9.5	2.4	100.0
1985	43.4	31.9	54.1	20.5	20.5	20.5	25.9	32.1	20.2	10.2	15.5	5.2	100.0
1995	26.6	17.8	35.0	15.7	14.2	17.1	38.0	41.4	34.8	19.7	26.6	13.1	100.0
2010	17.1	10.9	22.9	10.2	9.5	10.8	36.9	38.3	35.6	35.8	41.4	30.6	100.0
2015	14.3	8.7	19.7	9.3	8.5	10.0	35.7	37.2	34.3	40.7	45.6	36.1	100.0

자료: 통계청(1995). 한국통계연감.
통계청(2007, 2012, 2017). 한국의 사회지표.

수 있다(〈표 5-4〉). 현재 고등학교까지의 취학이 〈표 5-3〉에서 보듯이 보편화에 접근하고 있고, 대학 취학률이 70.4퍼센트에 이르고 있으므로, 현재 청소년 세대 대다수의 학력은 '대학 졸업'으로 될 것임이 틀림없다. 대단한 학력상승이 아닐 수 없다. 그러나 한국의 합계출산율이 0.78(2022)까지 낮아져서 총인구수가 감소하는 상황이 벌어지고 있어서, 학교와 대학의 학생 수 확보가 긴급한 문제가 되고 있다.

2. 학력상승의 원인

상급학교 진학자의 증가는 사회 전체의 학력상승으로 이어진다. 왜 사람들은 더 많은 학교교육을 받으려 하고, 더 높은 학력을 취득하려고 하는가? 그 원인을 설명하는 것이 지난 수십 년간 교육사회학의 중요한 연구주제였다(김기석, 1989; 김부태, 1995; 오욱환, 2000; Archer, 1982; Downey, 2018;

Dronkers & Van der Ploeg, 1997; Walters, 2000). 그동안 다양한 해답과 설명이 시도되었는데, 크게 다섯 가지로 정리할 수 있다.

1) 학습욕구이론

학력상승을 개개인의 욕구 충족의 과정이자 결과로 설명하는 것은 매우 오래되었다. 아리스토텔레스가 일찍이 "모든 인간은 천성적으로 알고자 하는 욕구를 지니고 있다"고 갈파하기도 하였지만, 인간의 학습욕구는 동서양에서 오래 전부터 매우 당연한 것으로 인식되었으며 그에 관한 연구도 끊임없이 이루어졌다(Todd, 1997 참조). 모든 사회는 그 구성원의 학습욕구에 대응하는 교육을 발전시켜왔다. 근대국민국가의 출현과 함께 발전해 온 학교는 개개인의 지적 욕구와 인격도야의 욕구를 충족시키는 체계화된 교육제도라 할 수 있다. 학교를 통해 교육기회가 보편화, 체계화되었기 때문에 학교를 더 많이 다니게 되었다는 것이 학습욕구이론의 기본적인 설명 방식이다.

심리학자 매슬로(Abraham H. Maslow, 1908~1970)가 주창한 인간의 동기(motivation)에 관한 이론에 따르면 모든 인간은 욕구(needs)를 가지고 태어난다. 매슬로는 모든 인간이 생리적 욕구, 안전 욕구, 소속감과 사랑의 욕구, 자기 존중의 욕구, 자아실현의 욕구라는 다섯 가지 기본 욕구를 가지고 있다고 보았다(Maslow, 1943). 인간은 이 타고난 욕구를 충족하는 방향으로 행동하도록 동기화된다. 기본 욕구 사이에는 상대적인 위계가 있어서 보다 긴급하고 우선시되는 단계의 욕구가 어느 정도 만족되면 더 높은 단계의 욕구가 생겨난다는 것이 매슬로 동기이론(motivation theory)의 핵심이다. 매슬로는 다섯 가지 기본 욕구와는 별개로 기본 욕구를 충족시키는데 필요한 전제조건과 관련된 기본 인지 욕구 두 가지를 제시하였는데, 하나는 알고 싶고 이해하고 싶은 욕구이고 다른 하나는 심미 욕구이다(Maslow, 1987). 말년의 매슬로는 자아실현의 욕구와 구분되는 자아초월의 욕구를 기본 욕구에 추가하여 그의 동기이론은 6단계로 발전하였다(Guest, 2014; Maslow, 1967). 여섯 가지 기본 욕구는 구체적으로 다음과 같다.

① **생리적 욕구**: 인간은 생존을 위해 음식 · 물 · 공기 · 배설 · 휴식 · 성행위와 같은 것을 필요로 한다. 생리적 욕구는 인간에게 가장 기본적인 것이기 때문에 이 가운데 어느 한 가지라도 결핍되면 인간다움을 상실한다. 생리적 욕구는 다른 어떤 욕구보다도 먼저 충족되어야 한다.

② **안전 욕구**: 신체의 안전과 생명을 위협하는 어떤 사태로부터 자신을 보호하려는 욕구이다. 가령, 몸을 지탱해 주던 것이 갑자기 없어졌을 때나, 너무 큰 소리, 통증 등에 대한 신체적 반응은 안전 욕구 때문이다. 전혀 낯선 사태에 부딪쳤을 때의 정서적 반응도 안전의 욕구에서 비롯된다.

③ **소속감과 사랑의 욕구**: 생리적 욕구와 안전 욕구가 충족되면, 사랑과 애정, 소속감의 욕구가 등장한다. 사람은 자기가 중요하게 생각하는 개인과 집단과의 관계에서 인정과 애정, 친밀감과 일체감을 갈망한다. 인간은 가족이나 집단 내에서 자신의 자리를 간절히 원한다. 사랑의 욕구는 애정을 받는 것은 물론 주는 것도 포함한다. 이 욕구가 제대로 충족되지 않으면 부적응 상태에 빠지거나 심리적 질병을 일으키기 쉽다.

④ **자기 존중의 욕구**: 인간은 유능한 존재로 스스로는 물론 다른 이로부터 존중 받고자 한다. 일을 잘 성취하여 칭찬과 상을 받으려는 것이 이 욕구의 표현이다. 근거 없는 아부가 아니라 당연히 받을 가치가 있는 존경을 받으려는 욕구, 품위를 추구하려는 욕구가 이에 해당한다. 이 욕구가 충족되면 자신감과 자부심을 갖게 되고 새로운 사태

에 과감히 도전할 수 있는 힘이 길러진다.

⑤ **자아실현의 욕구**: 인간은 자신을 완성하고 자신의 가능성을 실현하려는 욕구가 있다. 자기가 도달할 수 있는 최고 수준에 이르러 다른 사람과는 구분되는 자신의 고유함에 근접하고자 한다. 자아실현의 욕구는 개인마다 다양하게 나타날 수 있다. 전문 분야의 재능이나 자신에게 적합한 일에서 이 욕구를 발휘하려 애쓸 수도 있다. 훌륭한 부모가 되고자 하는 욕구로 발현될 수도 있다. 이 욕구는 생리적, 안전, 소속감가 사랑, 자기 존중의 욕구가 먼저 충족되어야 나타난다.

⑥ **자아초월의 욕구**: 거의 대부분의 인간에게 자아실현 욕구는 완전히 충족될 수 없다. 그러나 예수나 석가와 같이 자아를 넘어 진리를 추구하는 성자의 삶을 사는 경우가 있다. 즉, 삶의 동기가 자기 자신이 아닌 타인을 위한 것에 초점을 맞추는 경우이다. 인간은 특정한 공동체나 인류 전체 혹은 다른 생명체를 포함한 자연과 우주 자체를 위해서 살아가려는 욕구로 동기화될 수 있다. 철저한 이타성이 이 자아초월 욕구의 특징이다.

매슬로는 인간의 기본 욕구를 결핍욕구와 성장욕구로도 구분했다(Maslow, 1999). 하위 단계의 네 가지 결핍욕구가 무엇인가 부족하기 때문에 생기는 것이라면, 보다 상위 단계의 성장욕구 두 가지는 인간이 보다 더 나은 상태로 발전하고자 하는 욕구이다. 하위 단계의 욕구를 충족시키지 못하면 신체적 질병이 생기거나 심리적 질환이 생겨난다. 건강한 사람에게는 결핍욕구가 거의 나타나지 않거나 중요하게 등장하지 않는다. 결핍욕구가 충족된 사람들은 성장욕구로 동기화된다. 학습은 인간의 결핍 상황을 알고 이해하는 것은 물론 자아의 성장에 필수적인 수단이다. 특히 매슬로가 기본 인지 욕구라고 명명한 알고 싶고 이해하려는 욕구와 심미 욕구는 기본 욕구의 충족과 따로 분리하기 어렵다. 이 두 가지 욕구는 그 자체로 학습과 긴밀하다.

① **알고 싶고 이해하고 싶은 욕구**: 인간에게는 사물을 알고, 설명하고, 분석하고, 체계화하고, 이해하려는 욕구가 존재한다. 인간은 잘 아는 것에는 대해서는 권태로운 반응을 보이지만, 잘 모르고 설명되지 않는 현상에는 흥미를 느끼며 이끌린다. 또, 모르던 것을 알고 난 이후에도 더 자세히 미시적으로 알고 싶어 하거나, 지식을 더 확장하려는 호기심이 생겨난다. 이런 인지 욕구의 충족은 그 자체로 만족감을 가져다준다.

② **심미 욕구**: 인간은 완전함, 조화로운 질서, 아름다움 자체에 대한 욕구가 있다. 질서와 안정을 바라며 아름다움을 추구하고 표현하는 욕구는 구석기 시대 인류로부터 현재에 이르기까지 모든 문화에서 찾아볼 수 있다.

매슬로가 제시한 여덟 가지 욕구와 그 충족은 인간이 인간으로 되어가는 데에 학습이 필수불가결하다는 것을 보여준다. 따라서, 누구든 기회만 주어지면, 또 기회가 주어지지 않는 환경에서도 학습하려고 한다는 주장은 매우 자연스러운 것이다. 학교가 이런 학습의 필요를 충족시키는 기관이기 때문에 누구나 학교에 다니기를 열망한다는 설명도 옳은 것으로 들린다.

인간의 학습욕구를 충족시켜 주는 기관이 학교라고 전제하면, 학교의 팽창은 인구의 증가와 경제적 여유의 증대라는 요인에서 비롯된다. 학교를 다닐 사람들이 많아지고, 그 사람들이 더 많이 학습할 수 있는 경제적 여유를 가지고 있으며, 사회적으로는 학교를 설립하고 유지할 재정이 늘어나는 것은 학교의 팽창과 긴밀한 관계에 있다. 그런가 하면, 같은 경제수준의 국가일지라도 정치이념에 따라 정부의 교육정책이 달라 학교 팽창의 수준이

다를 수 있으며 문화권에 따라서도 학교 팽창의 수준이 다르다는 주장도 있다. 특히, 한국, 중국, 일본은 예로부터 교육을 높이 숭상하는 유교적 가치관의 영향을 강하게 받았기 때문에 다른 나라에 비하여 교육열이 특별히 높다는 설명이 이에 속한다.

그러나 학교팽창을 설명하는 학습욕구이론에는 약점이 있다. 오늘날의 학교가 과연 학습욕구를 제대로 충족시켜 주는 기관인가에 대한 의심이 매우 크기 때문이다. 이미 많은 사람들이 체험을 통하여 오늘날의 학교가 지적 · 인격적 학습욕구를 충족시키는 데에는 충분히 적합한 장소가 아니라고 믿고 있다. 학교가 교육기관으로서의 기능을 제대로 수행하지 못한다는 비난의 목소리가 높다. 교육학자와 교육평론가들 가운데에는 학교가 참된 의미의 교육을 제대로 해주지 못하고 있는 것은 고사하고 오히려 비교육적이거나 나아가 반교육적 기관으로 변질되었다고 강변하는 사람들도 있다. 현

참고자료

이반 일리히(Ivan Illich, 1926-2002)

오스트리아의 빈에서 태어난 일리히는 1943년에서 1946년까지 바티칸의 조지안대학에서 신학과 철학을 공부한 가톨릭 사제로서 나중에는 잘츠부르크에서 역사학자 아널드 토인비에 관한 논문을 써서 박사학위를 받았다. 1956년부터 1960년까지 푸에르토리코의 가톨릭대학 부학장으로 재직하면서 라틴아메리카 등의 후진국 교육문제를 연구했으며 1961년 멕시코로 건너가 쿠에르나바카에 '문서자료보존 국제문화센터 CIDOC(the Intercultural Center for Documentation)'를 설립했다. 그는 그곳에서 '과학기술사회에서의 제도개혁'에 관한 세미나를 주관하면서 에버리트 라이머, 존 홀트, 파울루 프레이리 등 이른바 탈학교론자들과 친교를 맺었다.

1969년 바티칸으로부터 '정치적으로 부도덕한' 인물로 판정받아 사제직을 떠나게 된

대사회의 학교는 교육기관으로서의 구실을 제대로 하지 못하고 있으므로 의무교육은 빗나간 교육제도라고 비난하는가 하면, 실버맨(Silberman, 1971) 같은 학자는 미국의 학교교육이 위기에 처해 있으므로 대수술해야 한다고 주장한다. 나아가 라이머(Reimer, 1971)는 학교가 참된 교육을 하지 못하고 있기 때문에 죽은 것이나 다름없다고 단정하고, 일리히(Illich, 1970)는 학교 위주의 사회를 벗어나야 참된 교육을 되찾을 수 있다고 역설한다.

라이머와 일리히는 학교는 교육기능을 상실하였다고 말한다. 그들에 의하면 오늘날의 학교가 가지고 있는 기능은 네 가지로서, ① 보호(custodial care), ② 선발(selection), ③ 교화(教化, indoctrination), ④ 학습(learning)이지만, 학교는 이 가운데 앞의 세 가지에만 치중하고 마지막의 학습기능은, 학교의 본질적 기능이면서도 소홀히 하고 있다. 학습욕구의 충족보다 다른 기능에 더 열심이라는 것이다. 그나마 유지하는 학습기능도 그 내용에 있어서는 불필요한 지식, 특정 집단의 이익에 봉사하는 지식으로 구성되어 있다고 비판한다.

일리히는 1970년대부터 바티칸 가톨릭 당국을 포함한 서양의 여러 기관과 제도를 신랄하게 비판하는 논쟁적인 저작들을 내놓았다. 『학교 없는 사회』(1971), 『유쾌함을 위한 도구들』(1973), 『에너지와 형평성』(1974), 『의약품의 복수』(1976), 『성: gender』(1982), 『H_2O와 망각의 강』(1985), 『ABC, 대중적인 마음의 알파벳화』(1988), 『텍스트의 포도농장』(1993)에 이르기까지 교육, 기술, 경제, 성, 문해, 물질성과 학습의 기원 등 다양한 분야의 주제를 다루었다.

특히, 『학교 없는 사회』에서 현대 산업사회의 여러 모순, 즉 비인간화, 물질주의, 소외, 빈부 격차 그리고 그것을 조장하는 사회적 제도를 분석하면서, 그 원천으로 학교제도, 즉 강제로 취학시키는 공교육과 지나치게 제도화된 학교를 비판했다. 그리고 학교를 넘어 새로운 교육문화와 제도를 제안했는데 개개인이 상호의존하면서 자율적이며 창조적인 교류가 이루어지는 '상호친화적(convivial) 제도'와 '학습을 위한 네트워크'가 그것이다.

이러한 주장이 아니더라도 조금만 주의 깊게 오늘날의 학교를 관찰해 보면 비교육적 요소가 많은 것을 곧 알 수 있다. 그리고 열심히 입시준비를 하고 있는 학생들의 학습내용이 무엇인가를 생각해 보면, 그들이 아침부터 밤늦도록 씨름하는 것은 학습욕구의 충족보다는 상급학교에 진학하는 데만 필요한 것임을 알 수 있다. 같은 이야기지만 자식들의 성적에 그토록 민감한 학부모들의 최종적인 관심은, 자식의 지적 · 인격적 성숙은 뒤로 미루고 일류학교 입학으로 장래의 사회적 경쟁에서 자식들이 유리한 위치에 설 수 있도록 만들려는 데 있는 것이다(김희복, 1992). 모든 학부모가 그렇지는 않다고 하더라도 대부분의 학부모가 그렇다는 사실은 인정할 수밖에 없다. 어쩌면 초등학교까지는 지적 · 인격적으로 바른 성숙에 더 많은 관심을 가질 것인지는 모르지만 중학교와 고등학교에 이르러서는 완전히 상급학교 입학 준비에 모든 것을 바치고 만다(정범모, 1997: 341-346).

이러한 현실을 고려하면, 오늘의 학교가 진정한 교육을 하는 기관이며, 이 교육을 받기 위하여 사람들이 몰려드는 것이라고 말하기는 어렵다. 초등학교 6년과 중고등학교 6년을 합하면 12년의 교육기간이다. 12년간의 지적 · 인격적 학습이 모자라서 그 많은 수가 대학으로 진학하는 것인가? 우리의 젊은이들이 그토록 지적 학습의욕이 강하고 인격도야에의 열의가 강하다는 것인가? 쉽게 수긍하기 어렵다. 학교가 참된 의미의 교육기능을 상실하였다면, 사람들이 치열한 입시경쟁을 치러가면서 학교로 몰려드는 이유는 무엇인가? 학습욕구이론만으로는 설명할 수 없는 또 다른 이유가 있음에 틀림이 없다.

2) 기술기능이론

이 이론은 산업사회에서는 누구나 어떤 종류의 직업을 갖게 마련인데, 과학기술의 부단한 발달 때문에 직업기술의 수준이 계속 향상됨에 따라 사람들의 학력이 높아질 수밖에 없다는 것이다. 이러한 기술기능주의적(technical functionalistic) 설명은 슐츠(Schultz, 1977), 베커(Becker, 1964) 등의 인간자본론(human capital theory)자들의 교육과 경제성장의 관계에 관한 이론과도 일맥상통한다. 세계화시대에 국제경쟁에서 이기기 위하여 각국이 교육정책에 더욱 비중을 두는 것도 따지고 보면 이 이론에 대한 믿음에 기초해 있다(Brown, 1995).

이 이론은 학교제도와 직업세계가 상호 간에 긴밀한 관계를 유지하고 있음을 강조한다. 학교는 경제체제를 지탱하는 핵심장치여서, 직종수준(職種水準)에 알맞게 학교제도가 발달하였다는 것이다. 직업세계가 다수의 하급 노동직에서부터 소수의 상급 전문직에 이르기까지 피라미드형으로 이루어져 있듯이 학교도 초등학교에서 대학원에 이르기까지 같은 모습으로 발전하였다. 한 직종의 수준이 높아지면 그에 상응하는 교육수준도 높아질 수밖에 없다. 예컨대, 대장간 수준에서는 학교교육을 받지 않아도 도제훈련으로 충분하였으나, 오늘날의 선반공은 공업고등학교를 나와야 한다. 반도체 기사에게는 대학교육이 필요하다. 그만큼 학력이 높아지는 것은 자연스러운 결과이다. 고학력 사회는 그러므로 고도산업사회의 당연한 결과가 된다.

이러한 주장을 가장 분명하게 내세운 사람은 클라크(Burton Clark)이다. 그는 "우리 시대는 유능한 기술자와 전문가를 계속하여 요구하고 있는바, 이러한 인재를 양성하는 과업에 교육제도는 더욱 충실하여야 한다"고 주장하면서 이렇게 덧붙였다.

> 생산과 분배에 관한 기술의 진보로 인하여 직업세계는 날이 갈수록 복잡해지고 전문화되고 있으며, 그에 따라 요구되는 교육수준 또한 계속 상승하고 있다. 노동인력이 처음에는 단순한 읽기, 쓰기, 셈하기를 할 수 있는 정도로 충분하였으나 이제는 더 장기간의 교육을 받지 않으면 안 되게 되었다(Clark, 1962: 14).

클라크를 비롯한 기술기능이론을 주장하는 사람들의 논리를 콜린스(Collins, 1971)는 다음과 같이 정리한다. ① 산업사회에 있어서 직업의 기술요건이 과학기술의 변화에 따라 끊임없이 높아진다. 이것은 두 가지 과정을 거치는데, 첫째는 낮은 수준의 기술을 필요로 하는 직업의 비율이 줄어드는 반면에 높은 수준의 기술을 필요로 하는 직업의 비율이 늘어나고, 둘째는 동일 직업 내에서도 요구되는 기술수준이 높아진다. ② 학교교육은 기술수준이 점점 높아지는 직업에 필요한 전문기술과 일반능력을 훈련시킨다. ③ 그러므로 취업을 위한 교육의 요구수준이 계속하여 높아지고, 점점 더 많은 인구가 점점 더 오랜 기간 동안 학교교육을 받게 된다. 결국 과학기술이 변화하는 한 학교교육 기간은 계속 장기화되고, 학력 또한 상승하게 되어 있다는 것이다.

지난 70여 년간의 우리나라 산업별 고용구조는 1차 산업 중심에서 2차와 3차 산업 중심으로 이행하였다. 〈표 5-5〉에 나타나 있는 것처럼 농림과 수산업 부문이 차지하는 고용인구 구성비는 1960년의 65.7퍼센트에서 2019년에는 5.1퍼센트로 현저히 줄어든 반면, 광공업 부문은 1960년에 겨우 7.6퍼센트에 불과하였으나 70~80년대에 계속 확대되다가 1990년 이후

표 5-5 산업별 고용구조의 추이 (단위: 퍼센트)

	농림수산업	광공업	사회간접자본 및 기타 서비스업
1960	65.7	7.6	26.7
1985	24.9	24.4	50.6
1995	12.5	23.5	64.0
2013	6.1	16.8	77.2
2015	5.1	17.6	77.3
2019	5.1	16.4	78.5

출처: 경제기획원(1971, 1985, 1990). 한국통계연감.
통계청(1998, 2013). 한국통계연감.
통계청(2019). 경제활동인구연보.

점차 감소하고 있다. 반면 사회간접자본과 서비스 부문은 26.7퍼센트에서 2019년에 78.5퍼센트로 대폭 상승하였다. 이렇게 2차와 3차 산업이 확대되면 교육받은 인력의 수요가 증가할 것은 쉽게 짐작할 수 있다. 산업구조의 변화가 학력상승을 일으키는 원인이라는 주장이 그래서 가능하다.

그러나 주의 깊게 따져 보면, 산업구조의 변화가 학력상승을 유발하기는 하지만 그것만으로는 충분한 설명이 되지 못한다. 왜냐하면 광공업 부문이 확대되었다 해도 요구되는 기술수준이 낮으면 굳이 높은 학력의 소유자가 필요하지 않기 때문이다. 그러므로 직업기술 향상으로 학력상승의 원인을 설명하려면 직종별 직업구조의 변화를 관찰하여야 한다. 〈표 5-6〉은 지난 70여 년간의 직업분포의 변천상황을 담고 있다.

표 5-6 직업구조의 변화

직업	1955년	1965년	1975년	1985년	1995년	2005년	2015년	2019년
전문직	1.6	2.8	3.3	5.8	10.5	18.4	19.8	20.5
관리직	1.2	0.9	0.8	1.5	4.3	2.5	1.4	1.5
사무직	2.4	4.3	6.7	11.5	14.5	14.3	17.0	17.5
판매직	4.5	10.7	10.5	15.5	15.8	11.7	12.0	11.2
서비스직	2.1	5.4	6.5	10.8	11.8	13.0	10.7	11.5
생산직	8.7	19.2	23.0	30.3	27.0	32.7	34.4	32.9
농림수산업	79.5	56.8	49.2	24.6	16.1	7.5	4.7	4.9
계	100.0	100.0	100.0	100.0	100.0	100.0	100.0	100.0

자료: 통계청(1997, 2008, 2019). 경제활동인구연보

이 표의 직업란에 나열된 직업의 순서는 대체로 직업위계를 나타내기 때문에 위쪽에 있는 것일수록 전문적인 교육과 훈련을 필요로 하는 것이다.

즉, 전문성을 더 많이 요구하는 직업이다. 그러므로 상위직종의 비중이 커질수록 교육의 수요는 그만큼 높아질 것으로 기대할 수 있다. 예컨대 전문관리직은 1955년에 전체 취업인구의 2.8퍼센트에 불과하던 것이 2019년에는 22퍼센트로 높아진 반면, 농림수산업직은 79.5퍼센트에서 4.9퍼센트로 낮아졌다. 전문 · 기술 · 행정관리 · 사무 직종은 적어도 대학교육 이상의 전문지식을 요구하는 것이므로 대학졸업자의 수요를 그만큼 유발했을 것이다.

기능기술이론은 일견 설득력이 있다. 특히, 급속한 산업화 과정을 경험한 사람들은, 직업기술의 수준이 하루가 다르게 향상되는 것을 직접 목격하였으며, 새로운 기술은 새로운 교육훈련을 필요로 한다는 사실도 직접 체험하였다. 새로운 기술에 적응하지 못하면 일자리에서 쫓겨나는 것도 보았다. 그리고 고용주들이 요구하는 교육수준이 계속 높아지는 것도 물론 보았다. 그리하여 처음에는 초등학교 졸업자도 뽑던 자리가 어느새 중학교 졸업자로, 그 뒤에는 고등학교 졸업자로 채워지는 것을 체험하였다. 이러한 사실을 감안하면, 한 사회의 교육수준이 직업기술수준의 향상에 기인하는 것이라는 설명은 그럴듯하다.

그러나 직업세계 각각의 기술수준이 학교교육 수준과 일치한다는 전제를 기술기능이론은 끝까지 지켜야 하는데, 현실은 그렇지 않은 데 문제가 있다. 직장에서 담당하고 있는 역할이 대학에서 전공하지 않는 분야의 일인 경우가 적지 않고, 직장에서 담당하고 있는 일의 수준이 학력수준에 비하여 낮은 경우도 많다. 특히, 교육과 고용의 불일치 현상은 기술기능이론의 입장을 어렵게 만들고 있다. 미국의 전국조사자료에 의하면 취업자의 21.7퍼센트는 자신의 학력수준보다 낮은 일자리에서 근무하고 있는데, 특히 대학졸업 학력소유자들의 37.7퍼센트가 고등학교졸업 정도의 수준을 요구하는 직무를 담당하고 있다(Burris, 1983). 우리나라도 예외가 아니다. 김윤태(1991) 교수가 1980년부터 1985년 사이에 졸업한 대학졸업자의 직종별 취업

상황을 분석한 결과는, '대졸자의 공급이 수요에 비해 과잉공급되어 초과분이 하위직종으로 이동'하는 양상을 나타내었다. 중고등학교 졸업생도 똑같은 경향을 나타낸다. 즉, 수요에 비하여 졸업자의 공급이 넘치기 때문에 하위직 취업자가 증가하였다. 이처럼 학교인구의 팽창은 산업계의 고용능력을 초과하는 졸업자를 배출하여, 일부만 학력에 일치하는 직종에 들어가고 남는 많은 수가 상대적으로 낮은 직종으로 흘러들어 가거나 무직자로 남는 것이다. 이것이 흔히 양성과 고용의 '미스매치(mismatch)'라 불리는 현상이다. 교육을 통한 양성과 기업의 고용 및 현장직무 간의 불일치는 고등학교와 대학은 물론이고 최근에 빠르게 팽창한 대학원 졸업자들에게서도 나타난다(김성남, 2018; 양정승, 2013).

외국과 우리나라의 이러한 교육과 고용의 불일치 현상은 한 사회의 직업기술수준과 학력수준은 일치한다는 기술기능이론의 주장을 지탱하기 어렵도록 만드는 것임에 틀림이 없다. 즉, 직업기술수준과 학력수준은 반드시 일치하지는 않으며, 그러므로 학력상승을 직업기술수준의 향상만으로 설명하기는 어렵다.

3) 마르크스이론

학교교육의 확대를 설명하는 또 하나의 이론은 마르크스주의자들의 상응이론(correspondence theory)이다(Morrow & Torres, 1995: 141-173; 이건만, 1994: 34-71 참조). 상응이론에 의하면 자본주의 경제구조와 학교교육은 상응관계에 있기 때문에 자본주의 경제의 확대에 따라 학교교육도 확대된다는 것이다. 상응이론에 근거한 학교교육의 팽창에 관한 설명은 보울즈와 진티스(Bowles & Gintis, 1976)가 미국을 사례로 하여 구체적으로 발전시켰다. 이들은 미국 학교제도의 발달은 교육 그 자체를 위한 것이 아니고, 국민 전체를 위한 것도 아니라고 주장한다. 학교제도는 자본주의 사회인 미국의 자본가계급의 이익을 위하여 자본가계급에 의하여 발전하였다는 것이다.

흔히 미국의 교육제도는 평등주의에 입각하여 모든 사람이 타고난 가능성을 최대한으로 계발하고 실현할 수 있도록 발전하였다고 일컬어진다. 누구나 능력에 따라 원하는 교육을 받는 가장 민주적인 교육제도로 꼽히기도 한다. 그러나 보울즈와 진티스는 미국의 학교제도는 처음부터 자본주의 경제체제를 유지하기 위하여 고용주의 필요에 맞는 기술인력을 공급하고 동시에 자본주의에 적합한 사회규범을 주입시키는 핵심적 장치로 출발하였다고 주장한다. 미국의 초기 의무교육제도가 상류층이나 중류층의 자녀들을 위한 교육을 위해서가 아니라, 공장 노동 청소년들의 노동의 질을 높일 목적으로 공장지대의 주변지역에서 오히려 더 강력히 실시되었음을 지적하고 있다. 공장주들은 잘 훈련된 노동인력을 쉽게 얻기 위하여 교육위원회에 의무교육의 실시를 요구하기조차 하였다는 것이다.

보울즈와 진티스는 미국 교육사학자 캣츠(Michael Katz)의 연구를 자주 인용하는데, 그에 따르면 공장주들은 학교가 아동들에게 읽기, 쓰기, 셈하기 등 지적 내용보다는 질서 지키기, 윗사람의 명령에 순종하기, 책임 다하기 등 규범적 내용을 가르치기를 원하였고, 실제로 노동자를 채용할 때에 지식보다는 태도와 자세를 더 중요하게 고려하였다는 것이다(Katz, 1975). 왜냐하면 규범적 교육을 잘 받은 노동자들은 윗사람에게 저항하지 않고 열심히 일하는 데 반하여, 지적 교육을 받은 근로자들은 말썽을 일으키고 파업에 가담하는가 하면 노동조합의 결성을 더 요구한다고 믿었기 때문이다. 그러므로 미국 초기의 초등교육은 지적 내용보다 규범적 내용을 더욱 강조하였는데, 이 경향은 공장 주변의 빈민지역의 학교에서 더욱 뚜렷했다는 것이다. 그러면 중등교육과 고등교육은 어떻게 발전하였는가? 보울즈와 진티스는 같은 방식으로 설명한다. 다만 초등교육은 하급 노동자들의 훈련에 목적이 있었다면, 중등교육은 기능직과 초급 사무직의 훈련에, 고등교육은 중견 기술자와 관리직의 훈련에 목적이 있었기 때문에 교육내용의 강조점만 다를 뿐이었다.

미국의 중등교육은 20세기에 들어서면서 급속히 확대되었다. 이는 산업화의 결과로 생산체제가 바뀌어 새로운 종류의 인력을 요구하기 시작했기 때문이다. 대량생산체제는 과거보다 높은 기술 수준을 갖춘 인력을 요구할 뿐만 아니라, 사무직도 점점 더 많이 요구하였다. 그런데 이들에게 요구되는 특성은 하급 노동자와는 달리 윗사람의 지시와 감독이 없어도 자신이 맡은 업무를 성실히 수행하는 자세였다. 그렇지 않으면 거대한 공장과 기업조직이 원만하게 움직일 수 없기 때문이다. 이러한 요구에 맞추어 등장한 것이 종합고등학교(comprehensive high school)라고 보울즈와 진티스는 설명한다. 종합고등학교는 대학진학을 위한 인문계와 직업훈련을 위한 실업계를 통합하여 한 학교에서 운영하는 제도이기 때문에 중상류층 자녀와 하류층 자녀들이 함께 공부한다. 종합고등학교의 진학준비계열과 직업준비계열은 정신노동과 육체노동의 위계적 질서를 학교에 반영시킨 것이기도 하다. 진학계열은 중상류계층 학생들이, 직업계열은 하류계층 학생들이 주로 속하게 되므로, 계급차이에 따라 다른 가치관과 규범을 학습하는 차등적 사회화를 통하여 자본주의 사회구조에 상응하는 교육을 실시할 수 있다.

이렇게 학교제도는 자본주의 사회의 유지 · 발전에 편리하므로 미국 사회는 중등교육을 보편화하고 마침내 의무교육으로까지 발전시켰다는 것이다. 미국 대학교육의 확대 또한 자본계급의 이익을 위하여 이루어진 것으로 본다. 특히, 고등교육에 있어서 지역사회대학(community college)을 비롯한 초급대학이 적지 않은 비중을 차지하고 있는 것은 저소득층에게 '나도 대학에 다닌다'는 생각을 심어주면서 하급의 직업교육을 실시하기 위해서였다고 비판한다. 지배 엘리트를 양성하는 4년제 대학은 지적 교육을 강조하지만 2년제 대학들은 직업기술훈련에만 치중하는 것이 그 증거라는 것이다.

이상에서 개관한 보울즈와 진티스의 신마르크스이론은 미국의 학교발달만을 대상으로 삼고 있기 때문에 쉽사리 일반화하기는 어렵다. 그렇지만 학교교육의 확대를 긍정적으로 평가하는 경향에 일침을 가하고, 부정적 측면이 있음을 지적한 것은 이들의 공헌으로 인정되고 있다. 학교교육을 둘러싸고 벌어지는 계층 간의 이해관계가 서로 엇갈린다는 사실도 이들은 뚜렷이 지적하고 있다.

그러나 이들의 이론은 교육을 자본계급의 이익을 위한 것으로만 단정함으로써 교육의 다른 측면, 예컨대 학습자 자신의 이익 등에는 전혀 주의를 기울이지 않은 것과 같은 문제점 말고도, 앞에서 살펴본 기술기능이론이 지니고 있는 문제점을 똑같이 가지고 있다. 기술기능이론과 신마르크스이론은 언뜻 보기에 정반대의 입장이다. 전자는 기능주의에 근거하고 있으며 후자는 이를 부정하는 갈등이론에 근거하고 있다는 점에서 더욱 그렇다. 두 이론이 학교의 확대에 관한 설명에 있어서 여러 가지 점에서 대립하고 있음은 다시 말할 필요도 없다. 그럼에도 불구하고 두 이론은 교육을 수단적 기능의 관점에서 파악하는 공통점을 지닌다. 학교는 기존 사회가 필요로 하는 것을, 또는 기존 사회가 요구하는 것을 충실히 가르친다는 것이다. 하나는 기술수준의 향상이 학교교육을 확대시킨다고 설명하고, 다른 하나는 기술수준의 향상이 학교교육을 확대시키기는 하지만 그것은 자본계급의 이익에 일치하기 때문이라고 설명한다. 결국, 누구의 이익에 봉사하느냐에 관한 문제만 아니라면 두 이론 사이에 큰 차이를 찾아내기 어렵다. “학교가 자본가의 산업이 요구하는 대로 청소년들을 도구화시키는 능률적인 문화공장(文化工場, culture factory)”이라고 보울즈와 진티스가 보고 있다는 점에서 이들도 역시 기능주의자들이라고 규정한 페더스톤(Featherstone, 1976)의 논평은 일리가 있다. 그런 의미에서 헌(Hurn, 1993)은 학력상승의 설명에 있어서 두 이론 모두 성공하지 못하고 있다고 비판한다.

4) 지위경쟁이론

이 이론은 학력이 사회적 지위획득의 수단이기 때문에 사람들이 경쟁적으로 높은 학력을 취득하는 탓으로 학력이 계속하여 높아진다고 설명한다. 남보다 한 단계라도 높은 학력을 가지고 있는 것이 사회적 지위의 경쟁에서 결정적으로 유리하기 때문에 모든 사람이 높은 학력, 즉 상급학교 졸업장을 받기 위하여 온갖 노력을 기울인다는 것이다. 결과적으로 학교가 확대되지만 그래도 경쟁은 끝나지 않으므로 학교의 확대는 상급으로 상급으로 파급된다.

현대사회에서 학력은 지위획득을 위한 합법적 사다리로 인정받고 있다. 근대시민사회로 넘어오면서 전통적 사회구조를 지탱해 주던 신분제도가 무너지자 우선 필요해진 것이 사회적 선발을 위한 제도적 장치였다. 그 전까지는 신분제도 자체가 개인의 자질을 선별하는 기능을 맡고 있었으므로 사회적 선발장치의 역할은 제한적이었다. 신분이 이미 사람의 질적 수준을 말해 준다고 믿었기 때문이다. 그러므로 전통사회에서는 각 신분계층의 질적 순수성을 보호하기 위하여 신분계층 간의 이동을 엄격히 금지하였다. 특히, 상층은 혈통의 순수성을 지키기 위하여 하층과 혈통이 섞이는 것을 절대 용납하지 않았다. 그 때문에 상층에 있던 사람이 하층으로 전락하는 경우는 있어도 하층에서 상층으로 올라가는 경우는 허용되지 않았다. 서자가 아버지의 신분계층으로 들어갈 수 없었던 것이 그 예이다.

신분제도가 사람들의 자질을 일차적으로 선별해주기는 했지만 상층신분 내에서도 개인 간의 자질의 차이를 가려줄 장치는 필요하였다. 왜냐하면, 양반층이라고 해서 누구나 관직에 오를 만큼 관직이 많았던 것도 아니고, 또한 관직 사이에도 우열이 있어서 일정한 선발장치는 필요했기 때문이다. 여기에 시험제도가 활용되었다. 왕조 시대의 과거제도는 대표적인 사회적 선발장치였다. 그러나 과거제도가 족벌주의를 대치하여 하층의 유능한 인재들에게도 관료로 임용될 기회를 더러 제공하기도 했지만(한영우, 2014), 신분사회가 갖는 강한 귀속주의적 성향 때문에 제한된 범위 내에서만 기능을 발휘할 수 있었다. 귀속주의는 개인에 대한 평가를 그 자신의 능력과 실적에 비추어 내리는 업적주의와는 달리, 개인이 속해 있는 집단, 예컨대 가문, 출신 지방, 학파 등에 대한 평가를 그에게 적용하는 방식이다. 귀속주의가 강한 사회에서는 개인 자신의 능력보다는 그가 속해 있는 집단을 기준으로 선발하기 때문에 시험제도의 기능은 제한적이기 마련이다.

그런데 전통사회와 함께 신분제도가 무너지자 사람들의 자질과 능력을 가려줄 새로운 선발장치가 필요해졌다. 여전히 지위구조와 그에 따른 차등적 보상체제는 있었기 때문에 사회적 선발은 필요했기 때문이다. 그뿐만 아니라 신분제 소멸과 함께 모든 사람에게 지위경쟁의 문호가 개방되었으므로 선발의 필요는 오히려 더 커졌다.

현대 시민사회에서는 귀속주의가 더 이상 정당화되지 않는 것은 말할 필요도 없다. 업적주의가 대두되었기 때문이다. 업적주의는, 개인에 대한 평가를 그가 속해 있는 집단에 비추어서가 아니라 각 개인이 지니고 있는 자질과 능력을 근거로 평가하자는 것이다. 즉, 각자의 자질과 능력을 객관적으로 확인하여 인정하자는 것이다. 그러나 그러한 일을 맡아줄 제도적 장치는 미처 마련되지 못하였다. 이러한 상황에서 학교가 하나의 해결책으로 등장하였다. 학교는 능력과 노력에 따라 성적을 매기고 진급시키는 업적주의의 효과적 장치로 보였다. 모든 나라에서 학교제도는 거대한 사회적 선발장치로 이용되기 시작하였다. 만인평등의 원칙에 따라 누구나 초등학교에 취학하여 능력과 노력에 따라 진급하고 진학할 수 있게 되고 각자가 수학한 정도에 따라 학력이 정해졌다. 그러므로 졸업장, 즉 학력증명은 개인의 능력과 노력의 수준을 나타내는 공인된 '품질증명'이 된 것이다. 적어도 그렇게 인식되었다. 결국 학교가 사회적 지위획득의 통로로 확립된 것이다. 막스 베버(Marx Weber)가 다음과 같이 말한 것이 그대로 현실이 되었다.

> 사회적으로 대접받고 높은 관직에 오르려면 과거에는 명문족보가 있어야 했지만, 이제는 학력증명이 있어야 한다. … 대학졸업장을 가진 사람은 명문가에 청혼할 수 있고—회사사원이라면 당연히 사장 따님과의 결혼을 기대할 만하고—명성 있는 단체에 회원가입을 신청할 수 있고, 노동에 대한 품삯이 아닌 점잖은 보수를 요구할 수 있고, 승진과 아울러 노후의 생활보장을 요구할 수 있으며, 더욱 중요한 것으로는 사회경제적으로 높은 지위의 독점을 요구할 수 있다(Weber, 1946: 241).

우선 학력수준이 소득수준에 뚜렷한 영향을 미쳐서 학력이 높을수록 소득이 높아진다. 한국은 1980년대에 학력 간 임금격차가 매우 커서 고졸자의 임금이 100이라면 대졸자의 임금은 226이었으며, 그 후 격차가 줄어들기는 하였으나 2019년 현재 고졸자가 100이라면 중졸자 78, 대졸자 157.3으로 여전히 차이가 뚜렷하다(노동부, 1991; 고용노동부, 2019).

학력 간의 임금격차는 학력이 소득에 미친 영향을 알아볼 수 있는 일차적 자료이기는 하지만, 이것만 가지고는 이론상으로 상급의 학력이 반드시 그 임금격차만큼 유리하다고 단정할 수 없다. 왜냐하면, 그 학력을 취득하기까지의 비용을 따져 보아야 하기 때문이다. 예컨대 대학졸업자의 임금이 고교졸업자의 임금보다 높은 것은 사실이지만, 만약에 대학을 졸업하기까지 드는 비용이 엄청나게 많다면 대학졸업 학력의 경제적 순이득이 반드시 크지만은 않을 것이다. 경우에 따라서는 비용이 너무 많아서 임금차를 상쇄하고도 남는다면 오히려 경제적으로 손해가 될 수도 있을 것이다.

학력차가 가져오는 경제적 이익을, 수입과 비용을 모두 따져서 비교할 수 있는 방법에 교육수익률(rate of return to education) 산출이 있다. 수익률은 투자한 금액에 대한 이익금의 비율이다. 그러므로 교육수익률은 교육을 위하여 투자한 비용에 대하여 교육 때문에 얻은 이익의 비율이다. 예컨대 대학교육의 수익률을 알기 위해서는 대학교육 때문에 얻은 이익을 먼저 계산한다. 간단히 말하면 대졸자의 평균 소득에서 고졸자의 평균 소득을 제외한 부분이다. 이것이 대학졸업학력 때문에 얻는 이익이다. 비용은 대학에 다니기 위하여 들인 등록금, 학습재료 구입비 등을 합한 것이다. 여기에 기회비용(opportunity cost)으로 대학에 다니기 때문에 포기한 소득을 가산한다. 즉, 대학에 다니지 않았더라면 취업하여 얻을 수 있는 소득을 대학에 다니느라고 포기하였기 때문에 이 역시 비용에 포함시켜야 한다. 그러므로 비용은 등록금 등의 직접비용과 대학에 다니기 때문에 포기한 소득의 기회비용을 합한 것이다. 대학교육수익률은 비용에 대한 이익의 비율을 연평균 이자율을 계산하듯이 계산하면 된다. 이상의 설명은 교육수익률의 개념을 소개한 것에 불과하다. 자세한 계산방법은 교육경제학 서적을 참고하기 바란다(배종근, 1992; 백일우, 2007).

〈표 5-7〉은 우리나라 각급 학력의 수익률을 정리한 것이다. 1967년에

표 5-7 한국의 학력별 교육수익률 변화 (단위: %)

구분	1967[1]	1971[2]	1977[3]	1980[4]	1982[5]	1994[6]	2000[7]	2005[7]
중학교	12.0	8.2	2.8	2.9	8.5	0.5	-	-
고등학교	9.0	14.6	9.9	8.1	12.5	9.1	7.5	5.8
대학교	5.0	9.3	13.8	11.7	13.7	13.5	9.1	9.7

1) Kim, Kwang Suk(1968).
2) Jeong(1974).
3) 배종근(1978).
4) 박세일(1982).
5) 김영철 · 공은배(1983).
6) 정진화(1996).
7) 김홍균 · 문용호(2007).

는 중학교졸업 수익률이 12퍼센트, 고등학교가 9퍼센트, 대학이 5퍼센트로 낮은 학력일수록 수익률이 높았으나, 1971년에는 고등학교가 가장 높게 나타났으며, 1977년 이후의 연구에서는 대학이 가장 높게 나타났다. 이들 연구는 각기 다른 연구자들에 의하여 매번 다른 집단을 대상으로 이루어졌기 때문에 그대로 비교하는 데에 무리가 있기는 하다. 그럼에도 불구하고 수익률의 추이에서 뚜렷한 경향성이 나타나 있음을 볼 수 있는데, 시간이 흐름에 따라 수익률이 하급학력에서 상급학력으로 높아져가고 있다는 것이다. 이것은 학력의 경제적 가치가 처음에는 하급학력에서 높다가 점차 상급학력 쪽으로 바뀌어 감을 말해 주는 것이다. 1990년대에 들어서는 대학정원의 대폭적인 상승으로 인하여 대학의 수익률이 다소 떨어지는 양상을 보이긴 하지만 여전히 우리 사회에서는 대학졸업장의 경제적 가치가 다른 학력보다 높은 것을 알 수 있다.

노동부의 임금자료를 활용하여 1983~2000년의 교육수익률을 분석한 결과도 1990년대 중반까지 낮아지지만, 그 후로 다소 상승하는 추세를 보여준다(최강식 · 정진호, 2005). 한편 남녀 간의 비교에 있어서는, 대학학위가 남성보다 여성의 임금수준 상승에 뚜렷이 큰 영향을 미치는 것으로 분석되었다(한성신 · 조인숙, 2007). 이러한 경향은 비단 우리나라뿐만 아니라 세계적인 경향으로(예컨대, Psacharopoulos, 1980), 학교제도 발달의 초기단계에서는 초등교육의 수익률이 높다가 중등학교가 성장하면서 점차 중등교육으로 그리고 다음에는 고등교육으로 수익률이 높아지고 있다. 여성에게서는 더 뚜렷하다. 이것은 앞 장에서 언급하였듯이 학력경쟁이 단계적으로 상급으로 옮겨가는 현상의 일면을 말해 주는 것이다. 이러한 추세로 보아 대학교육이 보편화에 접근하고 있으므로, 대학원의 수익률이 상승하여 대학졸업자와 대학원졸업자 간에 수익률 차이가 날 것으로 전망할 수 있다.

학력은 이와 같이 개인의 경제적 소득에 뚜렷한 영향을 준다. 그러나 학력의 향상은 소득만이 아니라 개인의 직업지위에도 크게 영향을 미친다. 여러 연구결과는 학력은 소득보다 직업지위에 더 큰 영향을 주는 것으로 설명한다. 즉, 학력은 개인의 소득과도 관계가 높지만 직업계층과는 더 높은 관계가 있음을 의미한다. 이러한 사실은 학력이 개인의 사회적 지위결정에 중요한 영향을 주고 있음을 말해 준다. 이처럼 학교교육의 사회적 가치가 높은 '학력사회'에서는 누구나 높은 학력을 취득하기 위하여 노력을 기울인다. 남보다 더 높은 학력을 가지고 있을수록 사회적 지위경쟁에서 유리하므로 어떻게 해서든지 상급학교 졸업장을 따기 위하여 갖은 노력을 다 기울인다. 그래서 학력취득을 위한 경쟁이 심해진다.

학력경쟁이 심해져서 배우는 내용보다 상급학교 졸업장 취득에 집중하게 되면, 학력수준과 교육의 질적 수준은 반드시 일치하지 않게 된다. 배운 내용이 보잘것없어도 졸업장이 없는 것에 비하면 있는 편이 결정적으로 유리한 까닭에, 사람들의 관심은 졸업장에 집중하고 교육내용에는 관심이 낮아지기 때문이다. 학력과 직업의 직무수준도 반드시 일치하지 않는다. 직업기술의 수준이 높아졌기 때문에 더 많은 교육을 받는다기보다는 무조건 남보다 높은 학력이 필요하여 학교에 다니기 때문이다. 즉, 고학력 그 자체가 목적이기 때문에 학력은 직업세계의 기술수준과 관계없이 계속 높아진다. 담당하고 있는 직무수준에 변화가 없더라도 남들과의 경쟁에서 이기려면 더 높은 학력을 따두어야 하기 때문이다. 결국, 학력의 평가절하현상이 일어난다. 과거에는 고등학교 졸업장으로 취업할 수 있었던 자리에 이제는 대학졸업장을 들고 가야 한다. 이른바 교육인플레이션이 일어나는 것이다.

일단 교육인플레이션이 일어나면 교육정책도 악순환에 빠지기 쉽다. 우선 교육기회 확대정책에 매달리게 된다. 그렇지 않으면 상급학교 입시경쟁이 극심해져 사회문제로 나타나기 때문이다. 대학교육 기회를 늘리고 대학원도 늘린다. 그러나 말할 필요도 없이 학력이 높아진다고 교육의 질적 수준이 높아지는 것은 아니다. 그동안의 한국 교육을 돌아보면 지위경쟁 수단으로서의 학력경쟁이 지배적이었다. 학습의욕의 증대와 직업수준의 향상이 작용하지 않은 것은 아니나, 지위경쟁이 더 뚜렷하게 작용하였다. 그리하여 이제는 인구비례 취학률에 있어서 세계정상에 도달하였으나, 사실인즉 교육인플레이션의 결과로 외형만 컸지 내용은 아직도 부실한 교육이라 해도 크게 틀리지 않은 상황이 되었다.

한국 교육의 질적 상태는 혼란스럽다. 국제기구의 국제비교학력평가 연구결과에 따르면, 초·중등학생들의 학업성취도는 최상위 수준이다(OECD, 2013). 그러나 교과성적이 교육의 전부를 나타내는 것은 아니므로, 청소년들의 품성, 사회성, 윤리의식 등의 함양이 제대로 이루어지고 있는지의 여부는 알려주지 않는다. 이런 부분의 교육의 질적 수준이 어떤지도 주목해야 한다. 그런데 초중등교육에서는 학업성취 수준이 최상위 수준이라는 국제연구 결과들이 발표되고 있으나, 대학교육의 질적 수준을 나타내는 지표들은 매우 실망스럽다. 소수의 몇몇 대학을 제외하면 한국 대학 교육의 질적 수준은 대단히 낮다. 더욱이 대다수 대학원의 질적 상태는 대단히 심각하다.

결국 이렇게 말할 수 있다. 교육의 질적 발전이 무시된 채 양적 확대가 이루어진 것이다. 양적 확대정책은 학력경쟁으로 악화된 극심한 입시경쟁과 그로 인한 각종 부작용을 해소시키기 위하여 채택되었지만, 그것은 이제까지 진학을 생각하지 않던 사람들까지 경쟁에 끌어들이는 결과를 가져옴으로써 상급학교에의 입시경쟁을 더욱 확대시키는 결과를 초래하였다. 결국 확대정책은 끊임없는 확대일변도로 치닫게 되어 학력경쟁을 지속시키는 것은 물론이고 부추기기까지 하였다(김신일·문용린·한숭희, 1999).

대학교육이 완전 보편화되면 학력경쟁도 끝날 것이라고 전망하는 사람들이 있다. 그러나 학력경쟁은 위에서 지적했듯이 지위경쟁의 방편이기 때문에 쉽사리 끝나지 않는다. 대학취학이 보편화되면 대학 간 서열화 현상이 심화되어, 한국에서 이미 나타나 있듯이 소위 학벌경쟁이 벌어진다. 그리고 대학 졸업장이 흔해지면 이제는 대학원에 눈을 돌린다. 이미 학문을 위해서가 아니라 학위 자체를 목표로 삼아 대학원에 진학하는 사람들이 늘어가고 있다. 그리고 유치원까지도 학력경쟁의 새로운 모습으로 등장할 수도 있다. 우리나라에서 이미 나타나고 있듯이 긴 학력경쟁을 위한 준비훈련으로 유치원이 활용될 가능성이 있다. 학교교육을 통한 지위경쟁은 계속될 것이다.

이상에서 살펴본 학력상승에 관한 지위경쟁이론은 학력경쟁의 실제 상황에 매우 접근하고 있는 것으로 보인다. 작금의 한국 교육현실은 이 이론의 설명과 비슷하게 맞아떨어진다. 그러나 지위경쟁이론은 학력상승, 즉 학교교육 확대를 경쟁의 결과로만 파악하려 하기 때문에 학교교육의 내용적 측면에 관하여는 관심이 낮다. 즉, 학교교육을 통하여 전문적 직업준비를 하고 있는 사실이나, 역시 학교교육을 통하여 지적 욕구를 전부는 아니라 해도 부분적으로 충족시키고 있는 사실을 도외시하고 있다. 특히, 지위경쟁이론은 '만인의 만인에 대한 경쟁'을 전제로 하고 있으면서 경쟁의 부정적 측면만을 강조하고 경쟁의 긍정적 측면을 무시하기 때문에 학교교육의 확대는 나쁘기만 한 것으로 과장하고 있다. 뿐만 아니라, 학교의 팽창이 교육수요자 간의 경쟁에 의하여 주도되는 측면만을 지나치게 강조하여, 교육공급자, 즉 정부, 학교경영자 등의 영향력을 고려하지 않는 경향이 있다. 예컨대, 우리나라는 재정기반이 거의 없는 사립대학 중심으로 고등교육이 운영되고 있기 때문에 항상 충분히 많은 학생을 확보하여야 운영이 가능한 구조적 특성을 가지고 있어서 확대지향적 교육정책을 조장해온 측면을 간과해서는 안 된다.

5) 국민통합이론

기능이론과 마르크스이론이 경제적 요인에 초점을 두어 교육 팽창을 설명하고, 지위경쟁이론이 사회적 요인에 초점을 두고 설명한 데 비해 교육팽창을 정치적 요인을 중심으로 설명하려는 이론이 있다. 이 이론은 국민국가의 형성과 이에 따른 국민 통합의 필요성 때문에 교육이 팽창된다고 설명한다(Dronkers & Van Der Ploeg, 1997: 433-434). 이 이론에 따르면 교육은 국민으로서의 정체성(identity)을 형성시키는 기제이다. 이러한 견해는 일찍이 벤딕스(Bendix, 1964)에 의해 제시되었다. 그는 역사적으로 볼 때, 교육의 팽창과 교육에 대한 정치적 통제는 근대 국가의 성장과 밀접하게 관련되어 있다고 하였다. 교육은 다양하고 이질적인 문화적, 지역적 집단과 계급으로 구성된 국민들에게 일체성을 형성하는 제도이다. 따라서 오늘날 교육은 모든 나라에서 점점 더 팽창할 뿐만 아니라 교육내용과 조직, 교사 양성 등 교육의 전 과정이 국가의 통제하에 놓이게 된 것이다.

라미레즈와 루빈슨(Ramirez & Rubinson, 1979)의 분석에 따르면 1950년에서 1970년 사이에 세계 대부분의 나라에서 공통적으로 교육이 크게 팽창하였다. 100여 개국을 대상으로 교육체제의 정치적 통합수준을 측정한 결과, 대부분의 국가에서 학교교육제도에 대한 국가통제의 정도가 높으며, 고등교육보다 초·중등교육에 대한 통제의 정도가 더 강한 것으로 드러났다. 교육의 정치적 통합수준은 국가가 교육을 규제하는 정도를 말하는 것으로 ① 교육에 대한 일반적인 책임의 수준, ② 교육에 대한 일반적 통제의 수준, ③ 학생 입학을 통제하는 정도, ④ 교육과정을 통제하는 정도, ⑤ 시험을 통제하는 정도, ⑥ 학생에 대한 재정의 원천, ⑦ 학교에 대한 재정의 원천을 측정한 것이다.

제3장에서 설명하였듯이 한 사회가 유지되기 위한 가장 중요한 요소는 이념적 통합인데, 18세기 이후로 시민혁명을 거치면서 새롭게 형성된 현대 국가들은 적어도 서양의 기준에서 볼 때, 그 이전에 교회가 수행하던 이데올로기 통합의 기능을 담당할 새로운 사회적 제도를 필요로 했으며, 이 필

요에 부응하여 등장한 것이 학교제도이다. 현대 국가를 건설하던 초기부터 모든 나라는 전 국민을 대상으로 하는 학교 중심의 공교육제도를 수립하며, 우선 모든 국민에게 초등교육 취학을 의무화한다. 그리고 이어서 중등교육을 확대시켜 나간다. 학교는 동일한 규범과 지식을 모든 국민에게 보급하고 학교의 각 단계별 시험을 통하여 학습여부를 확인한다. 이렇게 보편화된 학교가 공업화가 요구하는 산업인력을 공급하는 또 하나의 기능을 수행하지 않는 것은 아니지만, 학교제도가 수립된 기원과 그것이 확장된 주요 원인은 새로이 건설한 국가의 이데올로기 통합에 있었다는 것이다.

라미레즈와 루빈슨은 이러한 논거에 기초하여 교육팽창에 대한 기능이론 및 근대화론과 지위경쟁 및 계급갈등 이론을 비판하고 있다. 기능주의이론은 위에서 언급한 바와 같이 교육팽창이 사회의 역사적 변화에 대한 교육제도의 대응이라고 본다. 사회가 분화할수록 교육이 팽창하는 것은 복잡한 지식, 기술에 대한 요구가 증대하기 때문이라는 것이다. 그러나 교육은 세계 도처에서 경제 등 다른 사회제도보다 훨씬 빨리 팽창하였다. 또한, 학습욕구이론과 기술기능이론이 교육에 대한 국가의 개입은 교육이 다른 부문과의 발달에 맞추어 성장하지 못할 때에만 이루어진다고 주장함에도 불구하고, 모든 국가에서 비슷한 시기에 교육에 대한 국가의 관여가 강화된 것은 국민통합이론의 설명을 뒷받침해 주는 것이라고 주장한다. 전 세계에 걸쳐 공통적으로 나타난 교육팽창 현상은 지위경쟁 또는 마르크스이론에 의해서도 제대로 설명될 수 없다고 주장한다. 왜냐하면 지위 혹은 계급 갈등의 정도는 국가마다 다르므로 교육팽창이 전 세계적으로 동일하게 나타날 수 없음에도 불구하고 실제로는 거의 동시에 학교팽창이 일어났기 때문이다.

국민통합론자들은 다른 이론에 의해 제시된 현상이 결코 일어나지 않는다는 것이 아니라, 19세기 이후로 그리고 특히 제2차 세계대전 이후에 전 세계적으로 일어난 교육팽창은 그러한 논리들만으로는 충분히 설명되지 않는다는 것이다. 그리하여 그들은 국민형성 모형을 제시한다. 이 모형에서는 국가 권력의 팽창과 국민정신교육을 제도화하는 데 있어 학교교육이 수행하는 역할을 강조한다. 즉, 국가권력이 팽창하는 과정에서 국민을 형성하기 위해 교육을 제도화하게 되었고, 그 결과로 학교교육이 팽창하게 되었다는 것이다.

학교의 팽창에 관한 국민통합이론은 종래의 설명들이 경제적, 사회적 측면에 치중하였던 것에 비하여, 정치단위인 국가의 이데올로기 통합과정에서 교육제도가 수행하고 있는 정치적 기능을 새롭게 지적하였다는 데 의의가 있다. 그러나 이 이론이 현대국가 건설 초기의 초등교육의 의무화와 중등교육의 확대에 일정한 설명력을 갖는 것은 사실이지만, 고등교육의 팽창과 특히 과잉교육의 문제를 설명하는 데는 난점이 있다. 해방 이후 남북한의 교육팽창을 예로 들면, 남북한은 각기 내부의 이데올로기 통합과 동시에 상대에 대한 이데올로기 경쟁의 수단으로 학교를 중시하였고 크게 확대시켰다. 남북한 양측이 해방 직후부터 초등학교와 중등학교를 서둘러 확대시킨 것은 학교교육의 이데올로기 기능에 크게 기대하였기 때문이다. 그러나 1970년대 이후 남한의 급속한 대학인구 폭증은 이 이론으로는 설명하기 어렵다.

3. 논의

앞 절에서 소개한 이론들은 각기 학교교육 팽창의 일면을 설명하고 있지만 총체적 설명은 하지 못한다. 더욱이 나라마다 교육팽창을 추동한 요인이 다르므로 어느 한 이론으로 모든 나라를 설명하기는 어렵다. 그러므로 어느 이론이 상대적으로 더 많은 부분을 설명하는지, 그리고 어느 이론이 한국의 상황을 더 잘 설명할 수 있는지 살펴볼 필요가 있다.

콜린스(Collins, 1971, 1989)는 학교교육 확대현상을 설명하는 데 있어서 기능이론과 갈등이론 가운데 어느 쪽이 더 우수한가를 밝히려 하였다. 콜린스는 베버의 영향을 많이 받았기 때문에 그가 다룬 갈등이론은 마르크스주의가 아니라 베버적 갈등이론이다. 그러므로 앞 절에서 우리가 분류한 방식에 따르면 기술기능이론과 지위경쟁이론을 비교한 것이라고 말할 수 있다. 콜린스는 두 이론의 명제를 분석한 뒤에 그가 수립한 경험적 자료에 비추어 각각의 명제를 검토하였다. 그리고 이렇게 결론을 내렸다.

> 이제까지 논의한 바에 따르면, 미국에 있어서 취업 시에 요구되는 학력수준의 상승에 관한 핵심적인 설명은 갈등이론이 제공해 주고 있다. 각 직업의 기술수준의 변화는 한정된 설명효과밖에는 없었다(1971: 1016).

즉, 학교교육이 확대된 주원인은 지위경쟁이라는 것이다. 그리고 기술의 진보는 영향이 없는 것은 아니나 미약하다는 것이다. 콜린스는 자신의 이러한 결론을 뒤에 다시 한 번 확인하였다(Collins, 1989). 로드리게스(Rodriguez, 1978)도 또한 교육기간이 긴 노동자가 교육기간이 짧은 노동자에 비하여 생산성이 더 높지 않다는 사실을 확인함으로써 기술기능이론의 약점을 지적하였다. 그럼에도 불구하고, 상급학교의 졸업장이 하급학교 졸업장보다 상대적으로 높은 보상을 확보해 주기 때문에 사람들은 끊임없이 상급학교 졸업장을 따기 위하여 경쟁하는 것이다(Dronkers & Van Der Ploeg, 1997: 435).

그러나 과학기술의 진보에 의한 직업기술의 향상이 학력상승에 전혀 영향을 주지 않는다고 단정할 수는 없다. 루빈슨과 랄프(Rubinson & Ralph, 1984)는 1890년에서 1970년에 이르는 매우 긴 기간에 걸친 미국의 자료를 분석한 끝에 과학기술의 진보가 학력상승에 영향을 준다는 사실을 확인하였다. 이들은 과학기술은 시차를 두고 초·중등교육에 영향을 줄 것이라는 가정하에 10년의 시차를 두어 분석한 결과, 학교확장의 초기에는 기술진보가 이렇다 할 영향을 주지 못하지만 그 후에는 지위경쟁 요인과 기술진보 요인이 함께 작용하는 사실을 발견하였다.

> 미국의 학교확장은 지위경쟁과 기술변화의 복합적 작용의 결과였다. 초등학교와 중등학교의 초기 확장은 지위경쟁 메커니즘에 기인한 것이지만, 그 이후의 대중교육체제로의 확대는 지위경쟁과 기술변화 메커니즘의 복합작용에 의한 것이었다(1984: 148).

루빈슨과 랄프의 주장은 특정 이론의 타당성은 현실적 자료에 대한 분석을 통해서 밝혀질 수밖에 없음을 시사한다. 1890~1920년에 도시화와 노동시장의 변화가 미국의 청소년과 청년(14~29세)의 취학 확대에 영향을 미쳤는가를 분석한 풀러(Fuller, 1983)는 결론 부분에서 학교팽창의 요인이 문화적인 것인가 아니면 사회경제적인 것인가를 양분하는 것은 별로 의미가 없으며, 특정 역사적 시점과 특정 지역에서 어떤 요인에 의해 학교팽창이 이루어졌는가를 밝히는 연구가 요구된다고 하였다.

학교팽창의 구체적 특성과 양상은 사회적 조건과 교육체제의 성격을 달리하는 국가 혹은 사회마다 다르게 나타나는 것임을 짐작할 수 있다. 이러한 관점에서 특정한 역사적 시기에 학교팽창을 일으킨 여러 원인이 관련되어 있는 메커니즘의 분석을 시도한 대표적인 학자로 아처(Margaret Archer, 1982)를 들 수 있다. 그녀에 따르면 기존의 학교팽창 이론들이 주장하듯이 학교팽창은 하나의 원인으로 환원될 수 있는 현상이 아니라, 정치·경제 등의 사회적 조건과 교육체제 간의 복합적인 상호작용의 결과로 만들어지는 현상이다. 그녀는 기존의 이론들이 지적하고 있는 학교팽창의 원인들은 사회적 상호작용의 틀 속에 통합되어야 할 요소들로서, 그것들 각각으로는 학교팽창과 관련하여 야기되는 다양한 현상의 극히 일부분만을 설명해 줄 수 있을 뿐이라고 하였다. 그녀는 학교의 여러 가지 현상은 학교를 둘러싼 내외의 집단 간의 경쟁과 상호작용에 의하여 이루어지는 것으로 본다. 그러므로 학교팽창도 그에 관련된 여러 집단 간의 상호작용의 결과라고 설명하는 것이다. 물론 사회역사적 맥락도 무시하지 않는다. 어느 제도나 집단이든 그것이 속해 있는 사회역사적 맥락에 의하여 일단 조건이 지어지지만, 그에 관련된 각 개인과 집단들은 각자의 의지에 따라 결정하고 행동하는 것이다.

아처와 같은 관점에 입각하여 한국의 학교팽창의 메커니즘을 분석한 연구로 이혜영(1992)의 연구를 들 수 있다. 이 연구는 1961년부터 1980년까지의 대학정원의 변화 과정을, 대학정원 결정에 관여하는 사회세력들 사이의 상호작용을 통해 분석하고 있다. 연구결과, 해방 이후 1950년대에 걸친 대학팽창에 대한 반작용으로 1961~1980년대에는 대학정원의 억제가 이루어졌고(1961~1978), 이러한 억제로 인해 발생한 문제점 때문에 다시 대학정원이 확대되었는데(1979~1980), 그러한 대학정원의 억제와 확대는 대학정원에 대해 각기 다른 이해관계를 가지고 있는 학생·학부모, 대학, 산업계, 정부 간의 상호작용의 결과라고 밝힌다. 그러면 교육 관련 집단과 기관들은 학교교육팽창에 왜, 어떻게 영향을 미치는가? 한국의 학교팽창에는 학부모, 학교와 대학, 학계, 경제계, 정부가 주로 관련되어 있다. 이들은 각기 그 나름의 이해관계를 가지고 교육에 관련하여 영향을 미친다.

첫째, 한국 학부모들은 세계적으로 유명하리만치 높은 교육열을 가지고 자녀들에게 많은 교육을 시키기 위하여 노력하여, 결과적으로 학교팽창과 학력상승의 견인차 역할을 해왔다(김경근, 2004; 이종각, 2003). 한국 학부모들의 교육열은 자녀들에게 최선의 교육기회를 확보해 주려는 노력으로서, 학부모 개인과 가정의 많은 경제적, 정신적, 시간적 희생을 통하여 이루어진다. 무엇보다도 한국 학부모들은 엄청난 교육비를 스스로 부담하면서 자녀의 교육을 지원한다. 높은 사교육비는 물론이고 공교육비의 많은 부분도 학부모가 부담한다.

결국, 한국 학부모들은 오이시디 회원국 평균에 비하여 훨씬 높은 교육비를 직접 지출한다. 자녀교육비는 한국 가정의 가장 부담스러운 지출항목이다. 한편 경제적 부담뿐만 아니라, 정신적, 시간적 부담도 엄청나다. 자녀교육의 뒷바라지는 대다수 어머니들의 주요 임무이다. 특히, 고등학생 자녀를 둔 어머니들은 대부분의 개인적 생활을 희생한다. '고3 엄마'는 생활을 모두 고3 자녀를 위하여 바친다는 뜻이다. 한국 고등교육의 팽창은 학부모 부담에 의한 '만민고등교육의 구현'이라고도 지칭된다(김기석, 2008).

이렇듯 높은 자녀교육열의 동기는 무엇일까? 두 가지가 중요하다. 하나는 한국의 전통적 유교문화의 핵심인 학습존중 의식이다. 학습은 가치로운 활동이며, 특히 자녀의 학습에 대한 지원은 부모의 가장 중요한 의무로 인식되고 있다. 또 하나의 동기는 사회적 지위 상승욕구이다. 한국은 전통적 신분사회로부터 비교적 늦게 그러나 매우 빠르게 탈피하였기 때문에 신분제도를 대체할 사회적 선발기제가 아직 발달하지 못하여, 사회적 지위상승을 위해서는 학력상승 이외에는 의존할 것이 거의 없다. 그러므로 높은 교육비와 다른 생활의 희생을 감수하고서라도 자녀의 상급학교 진학에 모든 노력을 기울이고 있으며, 이렇게 높아진 국민의 교육열은 학교교육의 확대를 끊임없이 요구하는 강한 에너지로 작용하고 있다.

둘째, 학교와 대학들도 학교교육의 확대를 이끌었다. 특히, 사립학교와 대학들이 교육확대를 주도하였다. 그 이유는 해방 직후 학교 설립을 서둘러야 할 시기에 국가재정의 빈약으로 사립학교 설립을 정부가 조장하였기 때문이다. 사립학교들은 거의 학생의 수업료에 의하여 유지되었기 때문에 교육의 질 관리보다는 학생 수 확보에 관심을 기울이지 않을 수 없었다. 이처럼 우리나라의 사학은 외국과는 달리, 독자적인 교육이념을 실현하기 위해 설립한 경우보다는 학교교육의 확대가 필요한 시기에 국가가 비용 부담의 책임을 크게 지지 않으면서 국민의 교육기회 확대 요구에 부응하기 위해 정책적으로 조장한 측면이 크다.

사학의 비중은 학생 수에 있어서 〈표 5-8〉이 보여주듯이 2019년 현재 중학교가 16.7%, 고등학교가 42.4%, 전문대학이 98.1%, 4년제 대학이 72.9%이다. 학교급이 높을수록 사학의존도가 대단히 높음을 알 수 있다.

표 5-8 학교급별 사립학교 학생 구성비 추이 (단위: 퍼센트)

학교	1965	1975	1985	1995	2005	2015	2019
초등학교	0.5	1.3	1.5	1.6	1.2	1.5	1.4
중학교	44.4	40.6	31.8	24	18.9	17.5	16.7
고등학교	50.7	57	59.4	60.1	49.3	43	42.4
전문대학	79.7	69.8	83.7	96.2	95.8	98	98.1
대학(교)	75.4	72.8	71.4	75.1	78.5	71.2	72.9

출처: 교육부(1998, 2014, 2015, 2019). 교육통계연보.

김기석(1989)은 우리나라의 중등교육 팽창은 교육비용을 학부모나 민간부문에 부담시키는 유상제 정책에 의해 가능할 수 있었다고 주장한다. 유상제 중등교육은 두 가지 방식으로 유지되는데, 그중 하나는 교육비를 '수익자 부담의 원칙' 아래 학부모에게 부담시키는 관행이며, 다른 하나는 학교의 설립과 경영에 소요되는 비용을 민간부문에 맡기는 사학 진흥 정책이다. 즉, 중등교육의 유상제를 통해 국민들의 교육요구를 수용할 수 있었으며, 그 결과 중・고등학교의 취학률이 급속히 선진국 수준으로 높아졌다는 것이다.

특히, 고등교육의 팽창은 사립대학에 의해 주도되었다고 해도 과언이 아니다. 고등교육의 사학 의존도가 초·중등교육보다 훨씬 높기 때문이다. 1945년에서 1961년까지 고등교육 학생의 연평균 증가율은 29.1%로서 그 이후의 증가 속도보다 훨씬 빨랐는데, 이러한 급속한 팽창은 가능한 한 학생 수를 늘리고자 한 대학 측의 노력에 기인하는 바가 크다. 토지개혁 이후 대량으로 설립된 사립학교들은 학교의 운영을 학생의 등록금에 전적으로 의존하게 됨으로써, 학교경영의 재원을 늘리는 유일한 방법이 된 것은 학생 수를 늘리는 일이었다. 그리하여 대학정원에 대한 정부의 통제가 강화되기 이전인 1950년대에는 많은 대학들이 수용 능력과 수학 능력 여부를 고려하지 않은 채 학생을 증원하기에만 힘쓴다. 그 후에도 학교운영재정의 대부분을 학생의 등록금에 의존하고 있는 사립대학들은 재원확보를 위해 가능한 한 정원을 확대하려고 한다. 따라서 산업의 인력수요를 초과하는 경우에라도 정원을 확대하려고 하며, 교육소비자의 교육수요를 조장하기도 하였다(이혜영, 1992).

셋째, 기업을 비롯하여 경제계도 학교교육 확대를 이끌었다. 기업들은 언제나 인력의 풍부한 양성 공급을 원한다. 수요보다 많은 공급이 이루어져야 낮은 임금으로 인력을 확보할 수 있기 때문이다. 경제성장정책을 강력히 추진하던 1970년대에 대학생 정원의 확대여부를 놓고 교육계와 경제계가 심각한 힘겨루기를 벌인 일이 있다. 경제계가 고급인력의 원활한 확보를 위하여 70년대 중반부터 대학생 정원의 확대를 요구하고, 정부가 이 요구를 수용하여 대학마다 매년 증원이 이루어져서 포화상태에 도달한다. 그럼에도 불구하고 경제계의 요구에 따라 경제부처가 1978년도 정원의 대폭확대를 주장하자, 교육부가 대학시설 확충과 교수의 증원이 이루어지지 않은 상태에서 더 이상의 증원에 반대하여 정부부처 간에 그리고 교육계와 경제계 간에 논쟁이 벌어진다. 급기야 대통령이 나서서, 경제계가 요구한 증원수를 절반 정도 교육부가 수용하도록 결정하여 갈등이 일단락된다. 결국, 대학생

정원이 늘게 된 것이다. 경제계 요구에 의한 교육의 확대는 대학뿐만 아니라 고등학교 단계에서도 이루어졌다. 기능인력의 공급확대를 위하여 공업계 고등학교, 상업계 고등학교 등 직업계 고등학교의 확대를 강하게 요구하여 관철시킨다.

기업들이 학교와 대학을 통한 인력공급에 집착하는 이유는 산업계 내의 인력선별 장치가 발달되지 못했고 인력양성과 재교육기능도 약하다는 사실에 있다. 선진국들은 기업과 산업계의 인력선별능력과 재교육기능이 발달하였기 때문에 학교의 학력에 대한 의존도가 우리에 비하여 낮다. 예컨대 독일은 고졸자도 산업계에 들어가면 자체 내의 연속적 재교육과정을 통하여 박사학위에 상응하는 사회적 대우가 주어지는 마이스터(Meister)까지 올라가는 장치가 운영되고 있다. 한국의 산업계는 이런 자체 내 교육장치를 발달시키지 못했기 때문에 학교와 대학에 대한 의존도가 높고, 상위학력을 요구하고, 나아가 특정 대학 출신들을 선호함으로써 학벌사회를 부추기는 데까지 이르렀다. 학력주의와 학벌사회를 강화시킨 데에는 경제계의 영향도 크다. 학벌은 비단 경제계만의 문제가 아니고 사회 전반에 연결되어 있지만(김상봉, 2004; 오욱환, 2000; 이건만, 2007) 대기업들의 인사관리장치와도 긴밀히 연결되어 있다.

넷째, 한국의 학교와 대학팽창에는 정부도 영향을 미쳤다. 교육의 질 관리의 역할을 수행하지 않음으로써 교육팽창을 방임 또는 조장하였다. 교육의 질 관리의 일차적 책임은 물론 학교와 대학에 있다. 그러나 학교와 대학의 질 관리기능이 작동하지 못하면, 당연히 정부가 관여하는 것이 대다수 국가에서 볼 수 있는 것임에도 불구하고, 우리나라 정부는 교육의 질을 지키기 위한 제도와 정책에는 무관심하였다.

한국의 학교와 대학들은 진급과 졸업에 적용하는 기준이 불분명하다. 즉, 우리나라의 학교들은 각 단계별 교육의 질을 유지하기 위한 장치도 만들지 못하였다. 거의 예외 없이 모든 나라는 초등학교 1학년에서부터 상급 학년 진급자격제도를 실시하고 있어서 일정한 학업성취 수준에 도달하지 않은 학생은 진급을 허용하지 않고 유급시킨다. 뿐만 아니라 각급 학교를 졸업할 때에도 졸업자격제도를 실시하여 엄격한 기준으로 졸업 여부를 가린다. 그러나 우리는 고등학교 졸업에 이르기까지 실질적으로 진급과 졸업에 아무런 자격관리 없이 진급하고 졸업할 수 있게 되어 있다(김신일, 1991).

대학의 질 관리 장치가 발달되지 못한 데에는 학계의 책임도 있다. 선진국들에서는 대학의 교육과정과 학위의 질적 수준에는 각 학문의 학회들이 직접 간접으로 관여한다. 각 학회마다 해당 학문의 교육에 관하여 연구하고 기준을 제시하고 학사, 석사, 박사 학위의 질 관리를 위한 일반적 요건과 윤리강령들을 명시함으로써 교육의 질적 수준을 향상시키기 위한 적극적 노력을 기울인다. 한국의 학회들도 이 부문의 역할을 강화할 필요가 있다.

다섯째, 배타적 학교 중심 교육제도도 학교팽창을 조장하였다. 일단 학교제도에서 벗어나면 직업능력 향상, 자기계발 등을 위한 교육 장치를 찾아볼 수 없다. 선진국에서 쉽게 볼 수 있는 학교 밖 교육이 발달되지 않았기 때문이다. 그래서 한국의 교육제도에는 '패자부활전'이 없다는 말도 나온다. 결국 교육을 위하여 오로지 상급학교에 진학하는 길밖에 없는 것이다.

한국의 교육제도는 유연성이 낮고 경직성이 높은 제도이다. 졸업장과 학위를 수여하는 교육기관이 엄격히 통제된다. 경직된 교육제도가 사회 전체의 학력주의와 맞물려서 국민에게 상급학교 진학을 강요하고 있는 것이다. 졸업장이 없으면 자신의 능력을 인정받기가 대단히 어렵다. 직업생활, 사회생활, 개인생활에 있어서 졸업장을 요구하는 사회, 그것도 상급학교 졸업장을 요구하는 사회에서 상급학교 진학을 포기한다는 것은 큰 용기가 필요한 일종의 모험이다.

요약하면, 한국의 학교팽창은 다른 나라들에 비해 독특한 특성을 가지고 있다. 해방 직후 학교 설립을 서둘러야 할 시기에 국가재정의 빈약으로 공립학교보다는 사립학교가 많이 설립되었으며, 사립학교들은 학생들의 수업료에 의하여 유지될 수 있었기 때문에 교육의 질 관리보다는 학생 수 확보에 관심을 더 기울였다. 교사의 입장에서 진급과 졸업자격제의 실시보다는 자동진급과 졸업이 더 편리한 방편이 되었고, 학부모의 입장에서도 유급이나 탈락보다는 진급과 졸업이 나쁠 것이 없었다. 이 틈에 '학교기업'이 등장하여 학교와 대학을 무작정 확대시켰고, 이것이 학력경쟁을 더욱 부채질하는 결과를 가져왔다. 즉, 교육의 질을 엄격하게 관리하여야 할 학교와 교육자들이 무기력하고 정부의 질 관리 의지가 약한 상황에서, 학교 경영자의 무리한 학생증원 요구, 산업계로부터의 인력공급 확대 요구, 학부모의 고학력 획득 요구가 막힘없이 관철되어 나간 결과가 학교 팽창이라 하겠다.

한편, 학교 밖 교육을 발전시키지 않고 철저한 학교 본위의 교육제도를 고수하여 왔기 때문에 국민들의 다양한 교육적 요구는 학교와 대학을 통해서만 충족되었다. 농촌현장에서의 영농기술교육, 공장에서의 기술훈련, 기업체의 각종 연수교육, 그 밖의 다양한 성인교육이 학력으로 연계되지 못하였으므로, 모든 국민은 졸업장을 획득하기 위하여 학교와 대학으로 밀려들었다. 여기에 더하여 기업들은 학력에 따라 차별적으로 고용 · 승진 · 승급시키는 것을 관행으로 삼았으며 학력 간 임금 격차를 확대시켜 학력 경쟁을 부채질하였다.

더 근본적 요인으로는 신분제도의 급격한 붕괴로 학력이 거의 유일한 사회적 지위획득 장치로 등장하였기 때문에, 지위상승을 위해서 또는 현재의 지위를 유지하기 위해서 상급학력 획득은 필수요건이 되었다. 학력의 이러한 지위결정 기능은 상급학교 진학열을 부채질하여 엄청난 교육열을 형성하게 하고, 이 교육열을 이용하여 정부와 대학은 손쉽게 교육을 확대시켜 나갈 수 있었다고 하겠다.

제3부

교육의 사회적 기능

제 6 장 사회평등과 교육

제 7 장 교육평등론

제 8 장 교육선발과 시험

제 9 장 학업성취와 격차

제10장 교육과정의 사회적 성격

제6장

사회평등과 교육

모든 점에서 인간이 평등하다고
생각하는 사람들 속에서
민주주의가 생겨난다.

아리스토텔레스, 『정치학』

교육이 과연 사회의 평등화 장치로서 역할을 하는가에 대하여 여러 관점이 존재한다. 교육이 사회불평등을 해소한다고 보는 평등화론과는 달리, 불평등재생산론자들은 오히려 교육은 불평등을 지속시키거나 확대시킨다고 주장한다. 무관계론은 두 이론에 입각한 연구의 한계를 지적하면서 계층이동에 영향을 미치는 다른 요인들을 거론하고, 교육이 추구하는 다른 가치에 주목한다.

학교교육의 확대를 주장한 사람들이 역설한 가장 큰 약속의 하나는 더 많은 사람들이 교육을 받으면 사회가 평등하게 된다는 것이었다. 실제로 대다수 사람들은 이것을 믿었다. 왜냐하면 교육제도는 신분제도를 대체하는 것으로 보였기 때문이다. 더욱이 현대사회는 모든 인간이 평등하다는 사상 위에 수립되었다. 완전한 평등사회가 실현된 것은 물론 아니지만 평등사회를 지향하고 있는 것만은 분명하다.

모든 인간이 평등해야 한다는 명제를 공개적으로 부정할 사람은 없다. 그러나 현대 이전의 신분사회에서는 달랐다. 신분사회를 지탱시키는 인간관은 '사람은 혈통에 따라 질적 수준이 다르다'는 신념이었다. 개가 혈통에 따라 진돗개, 세퍼드, 똥개 등으로 구분되듯이, 인간도 마찬가지로 종류가 서로 다르다고 생각하였다. 그래서 왕족, 양반, 중인, 상민은 각기 다른 혈통을 가지고 있다고 믿었고, 고급혈통과 하급혈통의 혼인을 금하였다. 이름 있는 명견들을 그것들끼리만 교접시켜 명견의 혈통을 유지시키는 것과 다를 바 없었다. 그래서 족보도 생겨났다. 똥개에게는 족보가 필요 없지만 명견에게는 필요하듯이, 왕족과 양반들은 명문혈통임을 증명하기 위하여 족보를 만들었다. 이처럼 인간사회도 수준이 다른 혈통들로 구성되어 있다고 믿었기 때문에 신분제도가 유지될 수 있었다.

그러나 근대시민사회가 등장하면서 사람은 누구나 동등한 존재라는 신념이 퍼지게 되었다. 인간은 누구나 가치로운 존재이며, 인간과 인간 사이에 상하귀천이 있을 수 없다고 믿기 시작하였다. 인간평등의 사상이 그렇게 자리 잡았다. 그래서 평등사회의 실현은 근대 이후 인류의 목표가 되었다. 귀족과 평민이 따로 없는 사회, 어느 개인이나 집단이 부당하게 무능하다고 무시되거나 억압받지 않는 사회, 그러면서도 각 개인이 타고난 능력과 소질을 마음껏 발휘할 수 있는 사회, 그러한 사회를 열망하게 되었다. 구시대의 신분제도를 무너뜨린 현대인들은 평등사회가 곧 실현될 것으로 믿었다. 그러나 불평등의 요소는 이곳지곳에 여전히 살아 있어서 평등사회의 실현은 늦어지고 있다.

학교제도가 발달하자 사람들은 학교가 평등사회를 구현할 것으로 기대하였다. 누구나 접근할 수 있는 학교를 평등한 능력주의 장치로 믿었기 때문이다. 오늘날에도 많은 사람들이 그렇게 믿고 있다. 그러나 현실은 반드시 그렇지는 않다. 보기에 따라서는 학교교육의 확대로 사회의 불평등이 줄어든 것 같기도 하고 그렇지 않은 것 같기도 하다. 이 문제를 규명하려는 교육사회학자들의 연구결과도 서로 엇갈려서 어떤 단정적인 결론은 내리기가 어려운 처지에 있다. 과연 교육은 사회를 평등하게 만들 수 있을까?

1. 사회계층과 사회이동

인간사회는 마을 같은 작은 단위이든 국가 같은 큰 단위이든 구성원들의 상대적 위치가 동일하지 않다. 재산, 지위, 권력 등에 있어서 다르다. 어떤 사람은 많이 가지고 있거나 지위가 높은 반면, 어떤 사람은 적게 가지고 있거나 지위가 낮다. 어떤 사람은 인격과 학식으로 존경받는가 하면 어떤 사람은 천대받는다. 이러한 요인들이 복합적으로 작용하여 사람들 사이에 상·하의 층이 생겨난다. 마치 도로를 내기 위해 산을 자르면 지층이 나타나듯이 인간사회에도 층이 있는 것이다. 이렇게 개인들이 지니고 있는 갖가지 사회적 요소에 의하여 이루어진 층을 사회계층(social stratification)이라 부른다. 사회계급(social class) 또는 계급도 흔히 같은 의미로 사용한다. 마르크스주의적 사회이론가들에게 있어서는 사회계급은 매우 중요한 개념이다.

사회계층 또는 사회계급을 형성하는 요인은 여러 가지다. 현대사회에서는 직업지위, 교육수준, 소득수준의 차이가 주로 개인들의 사회계층 체계상의 위치를 결정한다. 어떤 사회에서는 종교, 학식, 인종도 계층을 결정하는 중요한 요인으로 작용한다. 그러므로 계층형성 요인은 사회에 따라, 시대에 따라 다르다는 것을 알 수 있다. 그러나 오늘날 대다수의 산업사회에서는 직업, 교육, 소득이 주요 요인으로 작용한다.

사회계층은 여러 개의 층으로 이루어지는데, 각 층에 속한 인구의 비율에 따라 다양한 계층구조 형태가 나타난다. 그 가운데 대표적인 계층구조 형태를 두 가지로 들 수 있는데 [그림 6-1]에서 볼 수 있다. 삼각 형태는 전통적 농경사회에 흔히 나타나는 것으로 소수의 상층민과 다수의 하층민으로 구성된, 평등하지 못한 사회이다. 마름모 형태는 현대 산업사회가 지향하고 있는 것으로 소수의 상층민과 하층민, 그리고 다수의 중간층으로 구성

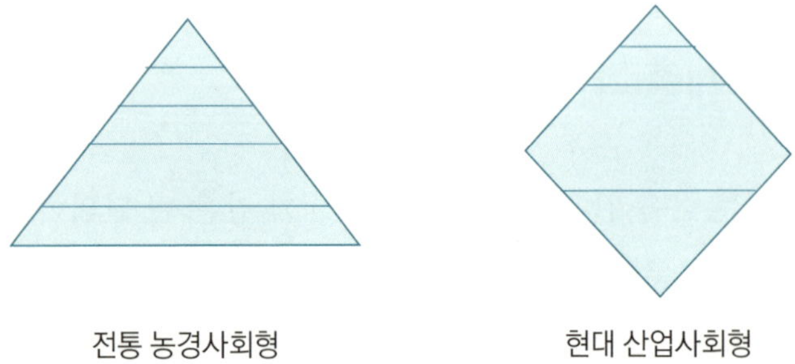

[그림 6-1] 계층구조 형태

출처: Jary & Jary (1991). p. 463.

된, 전자에 비하여 평등해진 사회이다.

인류사회가 평등사회로 진보한다면, 삼각 형태로부터 마름모 형태 방향으로 변해가는 것이라고 말할 수 있다. 그런데 실제의 계층구조에서는 각 형태의 높이도 중요하다. 삼각형이나 마름모의 높이가 높으면 하층과 상층의 격차가 큰 것이고, 낮으면 격차가 작은 것이므로 후자가 더 평등한 사회이다. 그러므로 평등사회로 접근할수록 높이가 줄어들면서 중간층이 확대된다. 이것을 계층구조의 평등화라고 부를 수 있다.

그러면 한국의 계층구조는 어떤 상태인가? 1955년부터 약 40년간의 계급구조 변화를 〈표 6-1〉이 보여준다. 그 기간 중에 하층계급이 급속히 축소된 반면 중간계급이 빠르게 성장한 것을 볼 수 있다. 한편 앞서 5장에서 1955년부터 2019년까지 60여 년간의 직업구조의 변화 모습을 살펴본 바 있다(〈표 5-6〉 참조). 이 표를 다시 보면 하위직업인들이 대폭 감소한 한편 중위직업인들과 상위직업인들이 크게 증가한 것을 알 수 있다. 상위직인 전문직 종사자 비율이 1990년대부터 대폭 증가한 것이 주목을 끈다. 두 자료는 한국 사회의 계층구조가 평등사회 방향으로 빠르게 변화했음을 말해 준다.

표 6-1 한국 계급구조의 변화(1955-1992) (단위: 퍼센트)

계급	1955년	1960년	1970년	1980년	1990년	1992년
자본가계급	(0.3)	(0.5)	(0.6)	(1.1)	(1.3)	(1.4)
중상계급	-	0.9	1.3	1.8	1.9	1.7
신중간계급	4.8	6.6	14.2	17.7	26.1	22.3
구중간계급	7.5	13.0	14.8	20.8	19.6	22.3
근로계급	8.4	8.9	16.9	22.6	31.3	33.3
도시하류계급	8.3	6.6	8.0	5.9	4.2	3.5
독립자영농계급	70.6	40.0	28.0	23.2	13.0	11.6
농촌하류계급	-	24.0	16.7	8.1	4.9	5.2
계	100.0	100.0	100.0	100.0	100.0	100.0

출처: 안치민 · 홍두승(1995).

하위계층은 줄고, 중위계층과 상위계층이 늘었다.

그러면 계층구조의 상하 격차는 어떤 상태인가? 계층 간의 소득격차를 분석한 연구에 의하면, 격차는 감소하기보다 오히려 확대되었다. 특히, 한국도 1990년대 이후로 소득양극화가 진행되어, 저소득층의 소득비중은 감소하고 고소득층의 소득비중은 증대하였다(이성균 외, 2007: 87-97). 통계청(2023) 조사결과에 따르면, 2023년 3/4분기 소득 하위 20% 가구의 월평균 소득은 112만 2천 원인 데 비해 소득 상위 20% 가구의 월평균 소득은 1,084만 3천 원으로 9.6배에 달했다. 노동계급 내에서도 양극화 현상이 진행되어, 직종 간 임금격차가 확대되었다. 고용형태에 따른 임금격차도 크다. 고용노동부가 매년 조사하는 고용형태별 근로실태조사 결과에 따르면, 시간당 임금 총액이 2008년 정규직 노동자는 11,883원이었지만 비정규직 노동자는 7,747원이었다(고용노동부, 2009). 2021년에는 정규직 21,230원, 비정규직 15,482원으로 임금 수준은 높아졌지만 격차는 여전히 크다(고용노동부, 2022). 이것은 평등화에는 부정적 현상이다. 세계화가 진행됨에 따라 세계 여러 나라에서 양극화 현상이 벌어지고 있는 사실에 주목할 필요가 있다.

그러면, 계층구조의 변화는 어떻게 일어나는가? 각 계층에 속해 있는 개인이나 집단이 다른 계층으로 올라가거나 내려가는 현상을 사회이동(social mobility) 또는 계층이동이라 부르는데, 사회이동이 이루어지면 계층구조에 변화가 일어날 수 있다. 개인이 이동하는 것은 개인이동이고, 집단이 이동하는 것은 집단이동이다. 혁신적인 신기술 개발에 힘입어 특정 직업 전체의 위상과 소득이 높아져서 한 단계 높은 계층에 진입하는 경우가 집단이동의 예이다. 상위계층으로 올라가는 것은 상향이동(upward mobility)이고, 하위계층으로 내려가는 것은 하향이동(downward mobility)이다. 그런데 사회이동은 자식이 부모의 계층으로부터 다른 계층으로 이동하는 세대간 이동(intergenerational mobility)이 있는가 하면, 한 개인의 생애 중에 다른 계층으로 올라가거나 내려가는 세대 내 이동(intragenerational mobility)도 있다. 이러한 사회이동은 비교적 안정된 계층구조 내에서 일어날 수도 있고, 계층구조 자체의 변화가 진행되는 상태에서 일어날 수도 있다. 그리고 사회이동이 계층구조를 변화시키기도 한다. 현대사회는 앞에서 살펴본 지난 60여 년간의 한국처럼, 계층구조변화와 동시에 사회이동이 전개되는 경우가 흔하다.

사회이동과 계층구조 변화를 일으키는 요인은 많다. 혁명이나 전쟁과 같은 사회변혁, 새로운 기술개발에 의한 직업세계 변화, 인구구조의 변화 등이 사회이동을 유발하고 계층구조 변화를 촉진하는데, 우리의 관심은 교육이 이 변화에 어떤 영향을 미치느냐이다. 특히, 교육을 통한 개인의 지식과 능력향상이 어떻게 작용하느냐에 대하여 교육사회학은 일찍부터 관심을 기울였다. 그리고 국민 대다수의 교육수준 향상이 계층구조를 평등화의 방향으로 변화시키는가도 연구의 주제였다. 다음 절에서 이러한 문제를 살펴본다.

참고자료

한국표준직업분류 제7차 개정판(2017년)

1 관리자
- 11 공공 기관 및 기업 고위직
- 12 행정 · 경영 지원 및 마케팅 관리직
- 13 전문 서비스 관리직
- 14 건설 · 전기 및 생산 관련 관리직
- 15 판매 및 고객 서비스 관리직

2 전문가 및 관련 종사자
- 21 과학 전문가 및 관련직
- 22 정보 통신 전문가 및 기술직
- 23 공학 전문가 및 기술직
- 24 보건 · 사회복지 및 종교 관련직
- 25 교육 전문가 및 관련직
- 26 법률 및 행정 전문직
- 27 경영 · 금융전문가 및 관련직
- 28 문화 · 예술 · 스포츠 전문가 및 관련직

3 사무 종사자
- 31 경영 및 회계 관련 사무직
- 32 금융 사무직
- 33 법률 및 감사 사무직
- 34 상담 · 안내 · 통계 및 기타 사무직

4 서비스 종사자
- 41 경찰 · 소방 및 보안 관련 서비스직
- 42 돌봄 · 보건 및 개인 생활 서비스직
- 43 운송 및 여가 서비스직
- 44 조리 및 음식 서비스직

5 판매 종사자
- 51 영업직
- 52 매장 판매 및 상품 대여직
- 53 통신 및 방문 · 노점 판매 관련직

6 농림 · 어업 숙련 종사자
- 61 농 · 축산 숙련직
- 62 임업 숙련직
- 63 어업 숙련직

7 기능원 및 관련 기능 종사자
- 71 식품가공 관련 기능직
- 72 섬유 · 의복 및 가죽 관련 기능직
- 73 목재 · 가구 · 악기 및 간판 관련 기능직
- 74 금속 성형 관련 기능직
- 75 운송 및 기계 관련 기능직
- 76 전기 및 전자 관련 기능직
- 77 정보 통신 및 방송장비 관련 기능직
- 78 건설 및 채굴 관련 기능직
- 79 기타 기능 관련직

8 장치 · 기계 조작 및 조립 종사자
- 81 식품가공 관련 기계 조작직
- 82 섬유 및 신발 관련 기계 조작직
- 83 화학 관련 기계 조작직
- 84 금속 및 비금속 관련 기계 조작직
- 85 기계 제조 및 관련 기계 조작직
- 86 전기 및 전자 관련 기계 조작직
- 87 운전 및 운송 관련직
- 88 상하수도 및 재활용 처리 관련 기계 조작직
- 89 목재 · 인쇄 및 기타 기계 조작직

9 단순노무 종사자
- 91 건설 및 광업 관련 단순 노무직
- 92 운송 관련 단순 노무직
- 93 제조 관련 단순 노무직
- 94 청소 및 경비 관련 단순 노무직
- 95 가사 · 음식 및 판매 관련 단순 노무직
- 99 농림 · 어업 및 기타 서비스 단순 노무직

A 군인
- A01 장교
- A02 부사관
- A09 기타 군인

출처: 통계청(2017).

그런데 계층구조 및 사회이동과 교육의 관계를 연구하기 위해서는 계층구조의 형성요인에 대한 파악이 필요하다. 계층형성의 주요 요인은 직업, 교육, 소득이라고 앞에서 말했지만, 현대 산업사회의 계층결정에는 직업이 점점 더 중요하기 때문에, 연구자들은 직업계층을 주로 활용한다. 더욱이 세계화의 진행에 따라 국가별 직업계층 특성이 줄어들고 통일되는 경향을 보이기 때문에 국제비교를 위해서는 직업계층을 많이 사용하는 추세에 있다. 세계노동기구(ILO)의 국제표준직업분류(International Standard Classification of Occupations, ISCO)를 연구목적에 따라 그대로 사용하거나 수정하여 사용하는 것이 일반적이다. 우리나라 노동부와 통계청은 「한국표준직업분류」를 사용하는데, ISCO를 참고한 것이다. 참고자료에 싣는다.

2. 교육의 기능

사회이동, 특히 상향이동에 있어서 교육이 효과를 발휘한다는 믿음은 매우 강하고 오래되었다. 그러나 실제로 교육을 받으면 계층상승이 이루어지는지는 아직도 결론을 내리기 어렵다. 교육과 사회이동의 관계에 관한 연구는 세대 간 이동에 있어서 학교교육의 효과를 규명하는 데 집중되었다. 한편, 교육이 세대 내 이동에 미치는 효과는 평생교육 기회가 확대됨에 따라 청년기 이후에 받는 성인교육이 그 자신의 계층상승에 어떤 영향을 주는지 밝히는 연구도 수행되고 있는데, 아직은 초기단계이다(김경년, 2020; 고병헌, 2003; Dronkers, 1997).

그러면 교육은 사회의 평등화에 어떤 영향을 미치는가? 많은 연구가 이루어졌는데, 연구자들의 관점에 따라 연구의 질문에 차이가 난다. 결국 각기 다른 이론으로 발전하였는데, 크게 교육이 사회평등에 기여한다는 평등화론, 교육이 사회의 불평등 구조를 재생산한다는 불평등재생산론, 그리고 교육은 사회평등과는 관계가 없다는 무관계론의 세 가지로 정리할 수 있다. 이하에서 이 이론들을 살펴보자.

1) 평등화론

학교가 사회평등화를 실현할 수 있는 장치라는 생각은 오래된 것이다. 프랑스 혁명 이래로 진보주의자(progressives) 또는 자유주의자(liberals)들은 학교야말로 모든 사람의 삶의 기회를 평등하게 만드는 가장 중요한 기관이라고 믿었다. 1960년대와 70년대에 미국과 유럽에서 시작한 불우계층의 어린이들을 위한 대대적 보상교육 프로그램도 이러한 신념의 바탕 위에서 출발한 것이다. 앞에서 잠시 언급한 바 있는 19세기 미국의 초등 의무교육 운동에 앞장섰던 호레이스 만(Horace Mann)은 교육을 "위대한 평등장치(the great equalizer)"라고 칭송했다. 그가 초등교육의 보편화를 실현시키기 위하여 온갖 노력을 기울인 것은 이러한 신념 때문이었다.

> 교육은 인간이 만들어낸 창조물 이상으로 인간조건의 위대한 평형장치이다. 사회기제의 균형된 바퀴 … 교육은 빈자가 부자에 대해 갖고 있는 적대감을 해소시킬 수 있는 좋은 기구이며 가난을 막아 주는 방편이다(Bowles and Gintis, 1976: 38 재인용).

안창호와 같은 우리나라의 교육선각자들도 전국 방방곡곡에 현대적 학교를 설립하여 남녀노소, 상하빈부를 가리지 말고 교육받을 기회를 제공하면 평등하고 부강한 나라를 세울 수 있다고 믿었다. 모든 사람에게 차별 없는 교육을 제공하는 것은 정부의 당연한 책임이라고 주장하였다.

그런데 학교가 사회평등을 위한 장치라는 생각에는 두 가지 다른 내용이 섞여 있으므로 이를 구별할 필요가 있다. 하나는 교육을 통하여 사회의 불평등 구조를 해소 또는 축소시킨다는 것이고 다른 하나는 주어진 구조 내에서 교육이 사회적 지위를 능력 본위로 결정한다는 것이다. 전자가 계층구조의 평등화라면 후자는 사회이동의 능력주의라 할 수 있다. 사회를 평등하게 만드는 것, 즉 계층구조 자체를 평등하게 만든다는 것은 다른 말로 하면 사회불평등 구조를 없애거나 축소하겠다는 주장이다. 한 사회 내의 불평등구조, 즉 계층격차를 줄이면 그만큼 평등해진다. 능력주의는 계층구조를 그대로 놔두어도 개개인의 계층결정이 능력 본위로 이루어지면, 과거의 귀속주의에 의한 사회불평등이 해소된다는 것이다. 다시 말하면, 사람들의 계층을 능력에 따라 결정하면 그만큼 평등해진다는 것이다. 그런데 능력주의, 즉 학교가 개인의 능력에 따라 학생을 선발함으로써 적절한 수준의 학교교육을 이수하여 각자의 교육수준에 따라 사회에 진출하는 문제는 일차적으로 학교교육 기회가 능력에 따라 분배되고 있는가에 달려 있다. 이에 관해서는 다음 장에서 교육기회의 분배를 살펴볼 것이다.

학교교육이 사회불평등을 없애거나 줄일 수 있다고 주장하는 초기의 연구자 가운데 한 사람은 해비거스트(Havighurst, 1961)이다. 그는 미국, 브라질, 영국, 오스트레일리아의 자료를 분석한 뒤에 자녀 세대가 교육을 통해 부모의 계층보다 상향이동하게 되어 사회평등화에 이바지한다는 결론을 내렸다. 그는 이러한 상향이동 요인은 교육에 의하여 직 · 간접으로 촉진된다고 다음과 같이 주장하였다.

> 교육은 이들 요인 모두에 직접·간접으로 영향을 미친다. 과학기술의 발달은 훈련받은 기술인력의 공급을 필요로 하고 과학기술의 진보는 훈련받은 연구자들에 달려 있다. 개인의 재능은 교육을 통하여 발전하고 잠재적 재능을 가진 어

> 린이도 교육을 통하여 그 능력이 계발된다. 한편 교육은 피임방법에 관한 지식을 가르쳐 줌으로써 교육받은 상류층의 출산력을 저하시킨다. 교육은 또한 하류층의 소비습관에도 영향을 주어 중류계급의 가치관과 소유양식을 가르친다. 심지어 하류층 사람들이 노동교육과 초등 및 중등교육의 확대를 통하여 자신들의 소득을 증가시키는 데 필요한 조직활동을 배울 수 있다는 사실을 깨달음으로써 소득격차를 줄이는 데 이바지할 수 있다(1961: 117).

한마디로 교육이 다음 세대의 상향이동을 촉진하므로, 교육의 보편화는 평등사회에 이르는 촉진제가 된다는 것이다. 이와 비슷한 연구는 여러 사람들에 의하여 이루어졌는데, 그들이 가지고 있는 믿음은 한결같이 교육은 소득분배구조를 재편성하고 직업구조의 성격을 바꾸어 놓음으로써 평등사회를 이룩하는 견인차 노릇을 할 수 있다는 것이었다. 경제학자들은 대체로 소득분배 구조변화에 미치는 영향을, 사회학자들은 직업구조 변화에 미치는 영향을 밝히는 데에 주력하는 식으로 각자의 학문적 배경에 따라 접근방법은 달랐지만, 사회계층 문제에 관심을 가지고 있는 학자들은 학교교육의 역할을 긍정적으로 보았다.

해비거스트는 과학기술의 발전으로 직업구조의 하층이 줄어들고 중간과 상층이 커지는 방향으로 변하는 한편, 교육이 사람들의 직업능력을 향상시키기 때문에 사회는 점차 평등해진다고 한 것이다. 실제로 산업화가 진행됨에 따라 직업구조는 종전의 하위직종이 감축되고 중위 내지 상위직종이 비대해지는 추세를 나타내고 있다. 직업을 중심으로 한 계층구조는 우리나라에 있어서도 〈표 6-1〉이 보여주듯이 하층의 구성비가 현저히 줄어들고 중간층과 상층이 부풀어 올랐다.

그러면 사람들의 직업결정에 교육이 실제로 작용하는가? 이 문제를 본격적으로 다룬 것은 사회학자 블로와 던컨(Blau & Duncan)의 연구이다. 『미국의 직업구조』(The American Occupational Structure, 1967)라는 책으로 발표된 이들의 보고서는 이른바 '지위획득모형(status attainment model)'으로 알려진 연구설계와 함께 대표적 연구의 하나로 꼽히고 있다. 이들은 직업지위 획득을 결정하는 요인들을 추적·분석함으로써 세대 내 이동의 과정을 밝히려 하였다. 지위획득의 결정변수는 네 가지로 보았는데, 그것은 아버지의 교육, 아버지의 직업, 본인의 교육, 본인의 첫 번째 직업으로, 앞의 둘은 사회적 배경요인을, 뒤의 둘은 자식의 교육과 경험을 대표하는 것으로 간주하였다. 이들 네 개의 변수를 개인의 직업지위에 대하여 중다회귀분석하고 그것을 근거로 경로분석(path analysis)을 하였다.

블로와 던컨은 이 연구의 결과와 부수적인 다른 분석결과를 가지고 개인이 받은 교육과 초기경험은 그의 직업적 성공에 큰 영향을 미치며, 이러한 영향력은 계층배경요인보다 더 강하다는 결론을 내렸다(1967: 402). 이들의 결론은 후속된 다른 연구들에 의하여 재확인되었는데, 특히 개인의 첫 번째 직업지위에 미치는 학력의 영향은 어느 요인보다도 큰 것으로 나타났다(예컨대, Hauser & Featherman, 1976; Sewell & Hauser, 1975). 다시 말하면, 한 개인의 직업지위는 부모의 계층수준의 영향은 매우 적게 받고, 본인이 받은 교육수준과 그 교육에 의한 첫 번째 직업의 영향을 크게 받는다는 것이다. 즉, 상향이동에 교육이 가장 큰 영향력을 행사한다는 뜻이다.

더욱이 최근 들어 중등학교는 말할 것도 없고 대학의 취학률도 대단히 높아져서 나라마다 학력수준이 향상됨에 따라, 과거와 같은 소속가정의 계급, 상층계급과의 결혼, 후견인의 지위계승 등을 통한 사회적 지위의 대물림은 점점 줄어들고, 자신의 학력수준으로 지위를 차지하는 추세가 강해지고 있다(Baker, 2018: 72-73). 그리고 학교와 대학의 계층화에 따라 지위획득에 있어서 명문고와 명문대의 경쟁력이 빠르게 높아지고 있다.

그런데 사회이동과 교육의 관계에 관한 연구에 있어서 앞에서 언급하였듯이 사회학자들은 주로 교육과 직업의 관계를 연구한 반면, 경제학자들은 교육과 소득의 관계를 주로 연구해 왔다. 경제학의 인간자본이론가들은 교육을 소득분배의 평등화를 위한 중요장치로 생각하였다. 그들은 첫째, 교육에 의한 저소득층의 생산성(productivity) 향상이 이들의 소득을 향상시키고, 둘째, 교육이 보편화함에 따라 미숙련노동자의 공급이 줄어들게 되면 그들의 희소가치 때문에 소득이 향상되며, 셋째, 교육받은 기술인력의 공급증가는 고액 소득자의 소득증가를 둔화시킨다고 생각하였다. 그러므로 결과적으로 소득분배가 평등해진다는 것이다. 한 연구자는 몇몇 연구를 종합한 뒤에 교육이야말로 개인의 소득을 결정하는 가장 뚜렷한 요인이라고 결론지었다(Fields, 1980). 그리고 국제자료를 분석해 보면 교육수준이 높은 나라가 소득불평등이 낮고, 교육수준의 층화가 심한 나라일수록 소득 불평등이 높다고 보고하였다.

그러나 초기의 연구들과는 달리 많은 후속 연구들은 높은 교육수준이 높은 소득을 만들어내어 사회평등화를 이끌어 낼 수 있다는 인간자본이론가들의 주장과는 다른 연구결과들을 발표하였다(Tachibanaki, 1997: 293-295). 위에 인용한 필즈(Fields, 1980: 283)도 각국의 시계열 자료를 분석하면, 한 나라의 교육수준이 높아지는 것과 소득격차가 줄어드는 것이 뚜렷하게 일치하지는 않는다는 결론을 내렸다. 그 밖에도 교육수준과 소득수준의 단순한 대조가 아니라, 소득수준의 결정요인을 중다회귀분석을 통하여 분석한 연구결과들도 대체로 교육의 영향력이 낮다고 보고하고 있다(예컨대 Sewell & Hauser, 1975; Jencks et al., 1972). 그런데, 소득에 대한 교육의 영향력은 집단에 따라 일정하지 않다. 예컨대 미국의 경우에 흑인보다는 백인에게, 여성보다는 남성에게 교육이 더 유리하게 작용하는 것으로 보인다(Tinto, 1977: 208-211). 뿐만 아니라 다른 직종에 비하여 전문수준이 높은 의사, 학자, 과학자 등에 있어서 교육의 소득에 대한 영향력이 강하다. 한편 최근의 연구들에 따르면 교육수준의 소득수준에 대한 영향력은 낮은 반면에 소득수준의 교육수준에 대한 영향력이 커지고 있다(Khan, 2018: 186-189). 소득상위집단은 고비용의 사교육, 명문고 등을 이용하여 명문대학의 졸업장을 확보한다.

이상의 연구와 논의를 정리하면, 교육은 직업지위 획득에는 명백한 영향을 주지만, 소득의 결정에는 큰 영향을 주지 못한다는 것이다. 왜 그럴까? 현대 산업사회에서는 직업세계가 계층화되어 있을 뿐만 아니라 과학기술과 밀접하게 연결되어 있어서, 상위직업일수록 높은 교육을 요구하기 때문에 직업지위와 교육수준은 일치도가 높다. 반면에 소득은 물려받은 재산, 부동산 투자, 주식 투자 등 교육수준의 영향을 크게 받지 않는 소득증가가 가능하고, 동일한 직업지위 내에서도 회사의 규모, 산업의 종류, 담당업무에 따라 임금에 큰 차이가 있기 때문에 소득수준과 교육수준의 일치도가 낮아진다. 소득은 교육뿐만 아니라 복합적 요인들에 의하여 결정되기 때문에, 교육수준만으로 소득수준을 예측할 수는 없다. 반면에 소득은 교육적 지위, 즉 학력과 학벌의 결정에는 매우 강하게 영향을 미친다(Khan, 2018: 188-189).

그럼에도 불구하고 교육수준이 직업지위 결정에 뚜렷한 영향을 준다는 것은 다수의 연구결과에서 공통적으로 확인된다. 그렇다면 이 분야의 학자들이 주장하듯이 교육은 사회를 평등하게 만드는 것 아닌가? 교육에 의한 사회이동이 이루어진다면, 개인의 능력에 따라 직업계층이 결정되는 능력주의 사회에 접근하는 것이라고 볼 수 있기 때문이다. 그러나 그렇게 단정하기는 어렵다. 첫째, 블로와 던컨의 연구에 분명히 나타났듯이 아버지의 교육수준과 직업수준이 자식의 교육수준에 강한 영향을 미치는 것에 주목할 필요가 있다. 이 문제는 다음 장에서 자세히 다루겠지만, 교육수준 결정에 계층배경이 강하게 작용한다면 교육수준을 그 사람의 능력지표라고 말하기 어렵기 때문이다.

둘째, 개인의 직업지위가 높아졌다고 해도, 만약에 전체 직업구조가 상향조정되었다면, 낮은 곳에 있던 사다리를 높은 곳으로 옮긴 것처럼, 사회 내에서의 상대적 위치가 상승한 것이 아니므로 실질적 상향이동이 이루어졌다고 말하기 어렵다. 그러므로 평등화론을 입증하기 위해서는 새로운 연구가 더 필요하다.

이상의 논의는 세대 간 이동에 대한 학교교육의 영향에 관한 연구들을 정리한 것이다. 이에 비하면 세대 내 이동에 관한 연구는 드물지만, 학교졸업 이후의 평생교육이 세대 내 이동에 미치는 영향에 관한 연구들이 가끔 발표된다. 스웨덴 성인을 대상으로 평생교육의 효과를 분석한 결과에 따르면 직업상승에는 영향을 주지만, 소득변화에는 뚜렷한 영향을 주지 못하는 것으로 나타났다(Dronkers, 1997).

2) 불평등재생산론

마르크스주의자를 비롯한 갈등론자들이 자본주의사회의 교육에 대하여 비판적 입장을 취하고 있다는 사실은 앞에서 언급하였다. 이들은 교육이 기존의 불평등한 사회계층 구조에 어떤 변화를 가져오는 것이 아니라 오히려 이를 재생산하며, 때로는 불평등을 더욱 조장한다고 주장한다. 교육이 지배층의 이익에 봉사하는 장치이기 때문이라는 것이다. 즉, 학교교육 기회가 모든 사람에게 평등하게 분배되는 것이 아니라, 상급교육을 상층의 자녀가 차지하고 그들이 다시 상위 계층에 자리 잡으므로 교육은 사회불평등을 재생산하는 통로가 된다는 것이다.

보울즈(Bowles, 1977: 137)는 미국의 교육역사는 사회평등화의 역사가 아니었다고 주장하면서, 교육이 사회불평등을 재생산하고 합리화해 온 사실을 이렇게 설명한다. 첫째, 미국의 학교는 평등의 추구를 위하여 발전한 것이 아니고, 훈련받은 기술인력을 자본주의 기업에 공급하기 위하여, 그리고 정치적 안정을 위한 사회통제의 장치로 필요하였기 때문에 확대된 것이다. 둘째, 기술을 갖춘 교육받은 인력의 경제적 중요성이 높아짐에 따라, 기존 계급구조를 다음 세대에 그대로 재생하기 위하여 학교제도의 불평등이 점점 더 중요하게 되었다. 셋째, 미국의 학교제도는 지난 반세기 동안 줄어들지 않고 있는 계급불평등에 물들어 있다. 넷째, 학교위원회(school boards)나 기타 교육정책결정 기구에 의한 관리가 불평등하기는 하지만 이것만으로는 교육제도의 불평등성을 충분히 설명하지 못한다. 교육불평등의 원천은 학교제도 안에 있지 않고 학교 밖의 계급구조, 나아가 그러한 계급구조를 발생시킨 자본주의 경제체계에 있다는 것이다.

그는 뒤에 진티스(Gintis)와 공동 저술한 책에서 이렇게 언명하였다.

> 우리의 분석결과에 의하면 경제적 불평등과 사회적 비이동성(immobility)의 원천은 노동과정(work process)의 불평등과 밀접하게 병존하고 있는데, 그것은 자본주의 사회의 재산 및 시장제도와 노동의 사회적 관계 및 불균형 발전의 역할에 기인한다. 미국 사회의 불평등의 뿌리는 계급구조 및 성적, 인종적 권력관계의 제도에 있다는 주장을 우리는 지적하고자 한다. 그런 점에서 학교제도는 이 특권구조가 존속할 수 있도록 돕는 여러 제도 가운데 하나일 뿐이다. 그러면서도 학교는 경제적 불평등을 바로잡는 데 있어서 다른 것보다 무력하다. 사실상 학교교육에 있어서 계급적, 성적, 인종적 편파성은 사회 전체의 특권구조를 만든다기보다는 오히려 반영할 따름인 것이다. 그러므로 경제적 평등화의 수단으로 교육을 이용하라는 주장은 근거가 약하다. 만약 우리가 주장하는 바와 같이 불평등의 원천이 자본주의 경제구조에 있는 것이라면, 교육개혁안은 불평등의 제도적 기반인 경제제도를 변혁할 수 있는 범위 내에서만 사회평등화에 힘을 쓸 수 있을 것이다(1976: 85).

결국, 교육은 사회불평등을 지속시킴으로써 기득권을 지닌 계층에게 봉사한다는 것이다. 그뿐만 아니라 학교교육이 능력주의로 위장함으로써, 불평등구조의 존속을 정당화하기까지 한다는 것이다.

교육이 사회평등화에 아무런 이바지도 하지 못하고 기존의 소득불평등구조를 재생산하기만 한다는 고전적 연구로 카노이(Carnoy, 1972)의 연구와 라이트와 페론(Wright & Perrone, 1977)의 연구를 들 수 있다. 카노이는 초등, 중등, 고등교육 수익률의 단계별 변동을 분석하여, 상류층이 주로 취학하는 학교확대의 초기에는 수익률이 높다가 하류층까지 취학하는 학교확대의 후기에는 수익률이 낮아지며, 이 시기에는 다음 단계의 학교가 확대하기 시작하면서 높은 수익률을 또 상류층이 취학하여 향유한다는 것을 밝혔다. 그리고 두 번째인 중등교육 취학이 보편화되면서 고등교육의 취학이 확대되기 시작하는데, 이 단계에서도 같은 현상이 반복된다는 것이다. 요약하면, 교육수익률이 높을 때, 즉 학력의 경제적 가치가 높을 때에는 상류층이 취학하면서 이득을 취하고, 하류층까지 취학할 때에는 학력의 가치가 떨어졌을 때라는 것이다. 즉 교육은 '가진 자'에게 봉사하고 '못 가진 자'에게는 도움을 주지 못한다는 주장이다. 이들은 교육수준이 소득에 미치는 영향을 직업집단별, 성별, 인종별로 비교 분석함으로써 교육과 계층구조의 관계를 밝히려 하였다. 이미 앞 절의 말미에서 교육은 상층집단에는 의미 있게 작용하나 하층집단에는 큰 의미가 없다는 연구결과에 대해 언급하였거니와 라이트와 페론의 연구는 그러한 연구 가운데 매우 체계적인 것이다. 그들은 개인의 소득에 대한 계급, 직업, 지위, 교육수준, 경력의 영향력을 중다회귀분석하였다.

그들의 연구결과 가운데 가장 극적인 부분은 [그림 6-2]에 잘 나타나 있다. 계급 간 차이를 비교한 그림 (가)를 보면 소득과 교육의 관계가 가장 높은 것이 고용주계급, 다음이 관리자계급, 가장 낮은 것이 노동자계급이

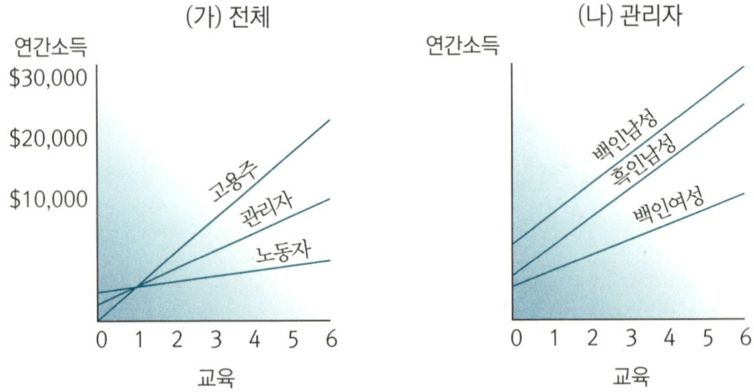

[그림 6-2] 계급별 교육과 소득의 관계

출처: Wright and Perrone (1977).

다. 이것은 상층계급일수록 학력이 소득액에 영향을 주는 반면, 하층계급에서는 그 영향력이 미미한 것을 의미한다. 그림 (나)는 같은 관리자계급에 속해있어도 백인남성은 흑인남성보다 언제나 상위에 있고, 교육의 영향력은 여성이 남성에 비하여 뚜렷하게 낮은 것을 보여 준다. 이것은 동일계급 내에서 교육의 차이가 성에 따라 다르게 작용하는 사실을 나타낸다.

한편, 국내 한 연구는 대졸자의 초기직업획득에서 가정배경과 성별 외에도 출신지역과 대학의 지리적 위치가 지위획득에 뚜렷한 영향을 미친다는 사실을 밝혔다(박미희, 2020). 즉 지역에 대한 사회적 평가도 사회불평등 요인으로 작용하고 있다는 것이다.

라이트와 페론은 연구결과를 정리하여 미국 사회에 있어서 계급이 소득의 차이에 미치는 영향과 교육과 소득 간의 관계에 미치는 영향은 현저하며, 이러한 계급 간의 차이는 직업, 지위, 연령, 경력, 성, 인종 등의 변수를 통제하여도 여전하다는 결론을 내렸다(1977: 50). 즉, 계급구조가 가장 근본적인 변수라는 것이다. 그들의 연구결과를 좀 더 구체적으로 정리하면 이렇다.

① 교육의 수익은 노동계급보다 관리자계급에 있어서 크다. 이 결과는 평등화론자들의 주장과 대립되는 것이다. 앞 절에서 설명한 바와 마찬가지로 평등화론자들은 교육이 하층의 지위향상을 돕는 장치라고 주장하지만 이 연구결과는 하층에는 교육이 도움을 주지 못하고 오히려 교육은 상층에게 도움을 주고 있다는 것이다.

② 관리자와 노동자의 계급 차이는 백인여성과 흑인남성에서는 작은 반면 백인남성에서는 크다. 즉, 같은 백인여성끼리와 흑인남성끼리의 관리자와 노동자 간의 소득격차는 백인 남성끼리의 관리자와 노동자의 격차에 비하여 작은데, 평균 소득액에 있어서 백인남성이 백인여성과 흑인남성에 비하여 높다는 것이다. 이것은 백인남성이 지배적인 위치에 있으며 현재의 계급구조를 지속시키는 세력임을 말해 준다.

③ 교육, 직업지위, 연령, 경력을 모두 통제해도 고용주는 관리자나 노동자보다 많은 소득을 차지한다. 언뜻 생각하기에 고용주가 큰 소득을 차지하는 것은 그들의 교육수준이나 경력, 더 중요한 것으로는 그들이 담당하고 있는 경영자로서의 역할 때문이라고 할 수 있지만, 이 연구결과는 그렇지가 않다는 것이다. 고용주, 즉 자본소유자들은 고용주라는 바로 그 사실이 많은 소득을 가져다준다는 것이다.

한편, 미국처럼 여러 인종으로 구성된 사회에서는 인종 간에 층이 형성될 수 있고, 각 인종집단 내에 계층이 형성되는 다중사회 계층구조를 갖게 된다. 이런 사회에서는 인종 간에 교육기회의 불평등분배가 이루어지는 것과 동시에 각 인종집단 내에서 계층에 따라 불평등분배가 이루어진다. 그러므로 미국의 흑인 하류층은 흑인집단 내의 교육기회 불평등분배와 동시에 흑인 전체가 백인집단보다 불리한 분배를 받는 이중의 불평등구조 속에서 고통받는다. 특히, 흑인들은 인종계층에 의하여 백인보다 불리한 교육불평등에서 헤어나지 못하고 있다. 미국에서 교육불평등이 해소되지 않고 지속되는 원인의 하나는 무너지지 않는 인종계층(racial stratification)(Ogbu, 1994) 또는 백인지상주의라는 설명(Diamond, 2018)이 있다. 미국뿐만 아니라 많은 다른 나라에도 소수인종이 존재하는데, 소수인종의 교육불평등 문제는 교육사회학의 중요한 연구주제 중 하나이다.

이상으로 불평등재생산론에 관하여 살펴보았다. 이들은 한결같이 교육은 상류계층을 위하여 봉사하고 하류계층에는 억압과 불평등을 정당화하는 수단으로 이용되고 있다고 주장한다. 그러나 이들은 대개 소득의 차이를 집중적으로 따지는 경향이 있다. 위에 소개한 연구들도 소득을 계급 차의 변수로 삼고 있다. 다른 계층요인들, 예컨대 직업, 명성 등은 이 이론의 성격상 독립적으로 다루어지지 않고 소득에 의하여 결정되는 것으로 전제된다. 그러므로 불평등재생산론자들은 경제적 결정론에 관련되어 있음을 염두에 두어야 할 것이다.

3) 무관계론

앞에서 교육은 사회평등화의 장치라는 이론과 이와는 반대로 불평등재생산의 기제라는 이론을 살펴보았다. 이들은 모두 교육이 사회평등 또는 불평등과 밀접히 관련되어 있다는 사실을 입증하려고 하였다. 그러나 다른 또 하나의 주장은 교육이 사회평등화나 불평등재생산과는 관련이 없거나 낮고, 다른 가치를 추구한다는 것이다.

사실, 그동안 교육이 사회평등화에 기여한다는 사실을 확인하기 어렵다는 연구도 많이 발표되었다. 예컨대, 버그(Berg, 1971)는 교육수준이 개인의 직업생산성에 영향을 준다는 근거를 찾지 못했다고 하였다. 그러나 이러한 연구결과가 나왔다고 해서 이것이 교육이 평등화에 이바지하지 못하는 증거라고 학자들이 믿는 것은 아니다. 어떤 사실을 확인하지 못했다는 것과 반대되는 사실이 확인됐다는 것은 같은 말이 아니므로, 교육의 평등화 기능을 확인하지 못했다고 해서 이것이 곧 교육이 불평등을 만들어낸다는 주장의 근거가 될 수는 없는 것이다.

실제로, 사회적 지위획득과 교육의 관계에 관심을 가져온 학자들은 이와 같은 연구결과를 접할 때마다 연구 자체의 결함을 지적함으로써 '아직도 우리는 알아내지 못하고 있을 뿐'이므로 연구방법을 개선하여 새롭게 연구해야 한다는 식의 반응을 보여 왔다. 캠벨(Campbell, 1983)이 지위획득에 관한 연구를 종합 검토한 논문의 제목을 "지위획득연구: 시작의 끝인가 아니면 끝의 시작인가?(Status Attainment Research: End of the Beginning or Beginning of the End?)"라고 붙인 것도 그러한 태도의 표현이다. 그는 지위획득 연구는 몇 가지 주요 변수의 측정을 개량할 필요도 있지만, 그보다도 더욱 중요하게 요구되는 사항은 교육을 단순히 학교 재학연수로만 따지는 방식에서 벗어나 학교 내에서 이루어지는 교육선발의 정확한 과정을 알아낼 수 있어야 한다는 것이라고 주장하였다.

그러나 교육이 사회이동이나 계층구조 변화에 분명한 영향을 미친다는 확실한 증거를 발견하지 못했다고 해서, 연구방법의 한계 탓으로만 돌릴 일이 아니다. 연구의 설계와 결과해석에 오류가 없다면 연구결과를 인정하고 논의를 전개하는 것도 잘못된 일이 아니다. 즉, 교육은 사회평등화와는 관계가 없으며, 설혹 관계가 있다 하더라도 그것은 무시할 정도라는 연구결과를 인정하면서 연구를 계속하는 것이다. 이러한 주장의 배경에는 학자마다 조금씩 다르기는 하지만, 계층이동은 평등화의 방향이건 불평등의 방향이건 교육이 아닌 다른 요인들의 영향을 강하게 받을 수 있다는 전제와, 교육은 사회평등화보다는 다른 가치를 추구한다는 전제가 깔려 있다.

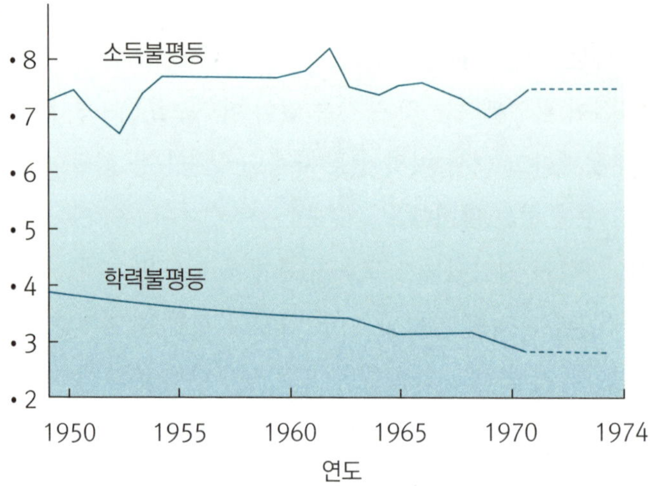

[그림 6-3] 소득불평등과 교육불평등의 변화

출처: Chiswick & Mincer (1972). Bowles & Gintis (1976). p. 46에서 재인용.

치스위크와 민서(Chiswick & Mincer, 1972)는 1950년부터 70년대 초반까지 미국의 가구별 소득구조와 학력구조를 비교 · 분석하고 나서 양자 사이에는 아무런 관계가 없음을 확인하였다. [그림 6-3]에 나타나 있는 바와 같이 교육의 불평등은 점차 일관성 있게 개선되고 있으나 소득의 불평등은 우여곡절은 있으면서도 개선되는 흔적이 보이지 않음을 알 수 있다. 그리고 50년대 초반의 소득불평등의 감소와 상승, 60년대 초반의 소득불평등의 상승과 감소를 설명해 줄 만한 변화가 교육불평등에는 나타나지 않는다. 써로우(Thurow, 1972)도 비슷한 시기의 미국의 소득분배와 교육분배상황을 분석한 뒤에 동일한 결론을 얻었다. 그는 소득분배구조의 개선을 학교교육에 기대하는 것은 부질없는 일이라고 강조하면서, "경제적, 사회적 문제의 치유를 위한 사회정책을 교육에 의존하는 일은 부질없는 짓이며 가장 비효과적인 방법"이라고 결론지었다.

널리 알려진 젠크스(Jencks, 1972)의 연구결과도 기본적으로 같은 것이다. 그는 개인 간의 소득의 차이를 설명하고자 하였으나 실패하였다. 가정배경, 지적 능력, 교육수준, 직업지위를 모두 동원하여도 개인 간의 소득의 차이를 제대로 설명할 수 없었다. 이들 네 개의 변수의 소득 차에 대한 종합적 설명량은 12~15퍼센트에 불과하였기 때문이다. 나머지 85퍼센트는 이 네 개의 변수 외의 측정되지 않는 다른 요인들에 의하여 결정되었다. 그러므로 이 12~15퍼센트 가운데 교육수준이 차지하는 설명량의 비율이 크다고 하더라도 그 절대량은 미미한 것이다. 그리하여 그는 평등화에 관한 한 "학교는 관련이 없다(School doesn't matter)"고 선언하였다.

그러나 학교교육의 사회평등에 대한 무관계론을 더 일찍 그리고 체계적으로 제시한 사람은 앤더슨(Anderson, 1961)이다. 그는 미국, 스웨덴, 영국의 자료를 세밀하게 분석하였다. 결과는 세 나라가 모두 비슷하게 나왔는데, 교육수준과 사회이동수준의 관계는 매우 낮았다. 그가 분석한 자료들은 교육이 지위상승에 영향을 준다는 쪽보다는 영향을 주지 않는다는 쪽에 더 접근해 있는 것으로 나타났다. 앤더슨은 이 자료들과 그 밖의 다른 분석결과를 종합하여 다음과 같은 결론을 내렸다.

> 결론적으로, 교육은 사회이동에 영향을 주는 많은 요인 가운데 하나일 뿐이며 그것도 비중이 낮은 요인에 지나지 않는다. 그러나 교육의 효과가 낮다고 해서 효과를 "마땅히" 높여야 한다는 뜻으로 말하는 것은 아니다. 교육은 여러 가지 복합 기능을 가지고 있으며, 직업의 준비는 여러 기능 가운데 하나일 뿐이다. 더욱이 학교가 쉽사리 가르칠 수 없는 자질들이 직업적 성공과 지위상승 또는 실패에 영향을 준다. 자료를 분석한 세 나라에 있어서 사회적 이동은 학교교육과 무관하게 일어나고 있는 것이다(1961: 176).

앤더슨의 연구를 계승하여 더욱 체계적으로 발전시킨 사람은 프랑스의 부동(Boudon, 1977)이다. 그는 교육기회의 분배가 평등하게 이루어지고 교육의 차이가 지위상승에 결정적인 영향을 주는 가설적인 능력주의 상황을 설정하고, 이러한 상황하에서 사회평등화가 얼마나 실현될 수 있는가를 모의분석(simulation)하였다. 그 결과는 역시 교육은 사회평등화와 무관하다는 것이었다. 그는 "일반적인 조건하에서 교육기회의 확대는 사회적 불평등(예컨대 아버지 지위에 의한 자녀 지위 결정)을 감소시키지 않으며, 이것은 교육기회의 불평등 분배가 호전되어도 마찬가지이다"(1977: 196)라고 결론을 내렸다. 부동의 모형을 이용하여 국내에서 교육과 사회평등의 관계를 분석한 연구도 역시 같은 결과를 얻었다(유팔무, 1981). 영국과 스웨덴의 자료를 분석한 그 후의 연구들도 교육이 사회적 지위획득의 차이에 영향을 미치지 않거나, 영향을 미친다 해도 그 비중은 미미하다는 결론을 얻었다(Ganzeboom, Heath, & Roberts, 1992; Heath, Mills, & Roberts, 1992; Jonsson, 1993). 이러한 연구결과들이 말해주는 것은 교육이 사회를 더 평등하게 만든다는 주장이나 또는 더 불평등하게 만든다는 주장을 지지하는 증거가 약하다는 것이다.

한편, 최근에 이르러 대다수 국가에서 학교교육이 확대되어 사람들의 교육수준이 크게 향상됨과 동시에 학교 이외에도 다양한 형태의 교육이 사회 전체에 확산되어, 이른바 '학교화사회(schooled society)'가 만들어진 상황에서는, 교육의 사회계층에 대한 영향은 부차적 문제일 뿐이므로, 교육의 본질적 기능으로 교육사회학 연구의 방향을 전환해야 한다는 주장들이 제기되고 있다(Baker, 2018: 61-63). 교육사회학이 그동안 교육의 기능을 사회계층의 평등화 또는 재생산에 집중하여 연구해온 것은 교육의 본질에 대한 연구를 소홀히 하고 부차적 기능에 집중하는 오류를 범했다는 것으로, 의미 있는 지적이다.

3. 논의

이제까지 우리는 교육과 사회평등 또는 불평등의 관계를 살펴보았다. 연구결과가 여러 가지로 엇갈리고 있는 가운데에서도 교육이 사회평등에 확실하게 이바지하리라는 초기의 기대가 많이 무너진 것만은 뚜렷하다. 그러면 교육과 사회평등과의 관계는 어떻다는 것인가? 아마도 틴토(Tinto, 1977)가 논평한 바와 같이, 교육은 기존 계층구조를 존속시키는 기능이거나 아니면 평등화나 불평등화와는 무관한 다른 기능을 수행하고 있는지 모른다. 그렇다 하더라도 이 분야의 연구는 연구방법과 연구설계를 더욱 발전시키면서 전반적 이론을 재검토하는 일이 우선적 과제가 될 것이다.

앞에서 살펴본 바와 같이, 평등화론자들은 사회학적 관점과 경제학적 관점에 따라 전자는 직업지위와 교육의 관계를, 후자는 소득수준과 교육의 관계를 탐색해 왔다. 이러한 분리적 접근은 교육의 영향을 파악하는 데 한계가 있을 수밖에 없다. 직업과 소득이 독립된 것이 아니라면 교육, 직업, 소득이 통합된 연구모형을 가지고 분석해야 할 것이다. 뿐만 아니라 각 변인들의 지표도 현실을 더 정확히 나타낼 수 있는 것으로 발전시켜야 한다. 기존의 연구들은 대체로 학력단계수준(예컨대, 초등, 중등, 고등), 직위지위(흔히 4~5단계), 소득수준(흔히 5~6단계)을 단계화하였다. 무엇보다도 교육수준을 지식, 기능, 사회적 능력 등 질적 내용은 무시하고 단순히 학력단계로 구별하는 방식으로는 교육의 실질적 영향력을 제대로 드러낼 수 없다.

한편, 교육과 직업의 관계는 국가 간에 사회문화적 차이가 크기 때문에 연구결과를 일반화하는 데 한계가 있다. 예를 들면, 미국과 유럽은 학교제도와 직업문화가 다른데, 유럽국가 간에도 예컨대 영국, 독일, 프랑스 간에도 뚜렷한 차이가 있다. 그렇기 때문에 직업이동(occupational mobility)의 수준이 국가 간에 기본적으로 차이가 나타난다(Kerckhoff, 2000). 초기의 직업 이동 수준이 미국과 영국은 높고, 프랑스는 중간이고, 독일은 낮다. 그러므로 이 나라들에서 이루어진 연구결과를 해석하는 데에는 이러한 기본적 특성을 고려하여야 하므로 국제적 연구가 많이 필요하다.

교육이 사회적 성취(직업, 소득 등)에 미치는 영향을 통하여 사회의 평등 문제를 해명하려면, 앞으로 언급하겠지만 교육이 순수하게 능력에 따라 분배되는지 또는 계층배경에 따라 차등화되는지를 정확히 파악하여야 한다. 이 문제는 제7장에서 다룬다.

그럼에도 불구하고 무관계론자들의 주장을 무시하지 않는다면, 교육의 본질이 무엇인가에 대하여 생각해보지 않을 수 없다. 뒤돌아 보면, 사회개량주의자들이나 사회개혁주의자들이 똑같이 학교의 역할에 대하여 처음부터 빗나간 기대를 걸었던 것인지도 모른다. 즉, 교육을 위한 조직인 학교에 대하여, 지성의 계발과 인격의 함양이라는 본래의 역할을 제쳐두고 사회를 평등화시킨다는 교육 외적 역할에 오히려 더 큰 관심을 두었기 때문에, 학교의 기능에 관한 논쟁이 비교육적인 문제로 흘렀다고 할 수 있다.

사회의 평등화 또는 불평등재생산에 학교가 어떻게 관련되어 있는가를 규명하는 일이 무가치하다는 뜻은 아니다. 사회를 이해하는 데 있어서 중요한 주제의 하나임에는 틀림이 없다. 문제는 학교가 마치 사회평등화의 핵심적 장치인 것처럼 과장한 데에 있다. 앞서 소개한 미국의 초기 공교육제도 수립에 공헌한 호레이스 만이 학교가 "위대한 사회평등화장치"라고 역설한 것이 대표적인 예이다. 이렇게 주장했기 때문에 그에 대한 대응으로 "아니다, 학교는 오히려 사회 불평등을 유지시키는 원흉이다"라는 강한 반발이 나온 것이다. 이러한 공방 때문에 사회평등화와 불평등재생산 문제가 마치 학교의 기능에 관한 담론의 핵심인 것처럼 과장 해석되어 왔다. 그래서 심지어 학교가 사회의 평등화에 기여하지 못한다면 국가가 교육에 투자할 필요가 있겠느냐는 주장까지 등장한다.

그러나 학교는 사람들의 지적·인격적 성숙을 기본 목적으로 삼는 학습을 위한 조직이지, 소득분배나 사회적 지위분배 등을 위한 사회평등화 장치는 아니다. 학교의 사회평등화 기능은 한 부분에 불과하다. 사회평등화 기능에 대한 지나친 강조는 학교의 보다 핵심적이고 본질적인 기능, 즉 학습을 자극, 강화, 지도하는 교육 기능에 대한 관심을 흩트려 놓을 수가 있다. 교육은 새로운 지식과 가치관의 학습을 확대시킴으로써 정치, 경제, 문화, 종교, 건강 등 모든 영역에서 사람들의 사고와 행동을 향상시키고 사회를 변화시키는 데에 기본목적이 있다(Baker, 2018: 74-75). 학교가 이러한 본질적 기능을 얼마나 올바르게 수행하고 있느냐를 따지는 것이 중요한 과제이다. 오늘날 학교들이 본래의 기능을 제대로 수행하지 못한다는 비판이 늘어나고 있다는 것은 이 책의 제3장에서 다룬 바 있다.

학교교육이 사회의 평등 또는 불평등에 분명한 효과를 발휘하지 못한다는 주장이 사실로 입증된다고 해서, '학교는 아무 쓸모가 없는 것이구나!' 라고 실망할 필요는 없다. 학교가 교육기관으로서의 기본 기능을 제대로 수행하고 있는지의 여부를 밝히는 것이 더욱 중요한 연구과제이기 때문이다. 학교를 포함한 교육기관들이 사람들의 지적, 인격적, 사회적 성장을 효과적으로 돕고 있다면 사회평등화를 위한 기능을 수행하지 못한다 해도, 교육기관은 여전히 소중한 것이 아니겠는가?

제7장

교육평등론

배워라, 난민 수용소에 있는 자여!
배워라, 감옥에 갇힌 사나이여!
배워라, 부엌에서 일하는 부인이여!
배워라, 나이 60이 넘은 사람이여!
학교를 찾아가라, 집 없는 자여!
지식을 얻어라, 추위에 떠는 자여!
굶주린 자여, 책을 손에 들어라. 책은 하나의 무기이다.

브레히트, 「배움을 찬양함」

현대사회에서는 교육기회가 누구에게나 열려있는 듯하다. 그러나 실제로 교육기회가 분배되는 상황을 들여다보면 반드시 그렇지만은 않다. 교육기회의 분배는 지역, 남녀, 계층 간에 차이가 있다. 이를 포함하는 교육평등문제 논의는 교육에서의 평등을 무엇으로 볼 것인가에 따라 다양하게 전개되며, 각 국가의 교육평등정책은 그것이 기초한 평등관에 따라 내용이 다르다.

앞 장에서 사회평등과 교육의 관계에 관하여 살펴보았다. 그동안 이루어진 수많은 연구의 결과들이 서로 엇갈리는 가운데, 사람들이 교육에 기대했던 것에 비하면 사회평등화에 대한 교육의 영향은 그다지 크지 않은 것으로 보인다. 즉, 교육이 사회를 더욱 평등하게 만든다거나 또는 불평등을 유지시키거나 확대시킨다는 등 어떤 주장도 단정적으로 말할 수 없다는 것이다. 그런데 이 문제에 대한 확실한 답을 찾기 위해서는 다른 증거도 필요하다. 교육이 계층 결정에 미치는 영향이 무엇인가를 앞의 연구들이 밝히려 했지만 그것만으로는 부족하고, 거꾸로 계층이 교육 결정에 어떤 영향을 미치는가도 밝혀야 한다. 즉, 학력이 높을수록 지위가 높아지면 능력주의 사회처럼 보일 수 있지만, 만약 학력의 높고 낮음이 개인의 능력에 의해서가 아니라 부모의 계층에 의해서 결정된다면, 능력주의 사회라고 할 수 없을 것이다. 학력 결정에는 여러 요인들이 작용한다. 이 장에서는 학력이 무엇에 의하여 결정되는 것인지 탐구하기로 한다.

교육기회가 어떻게 분배되고 있느냐의 문제는, 교육이라는 일종의 공공재(public goods)를 누가 차지하느냐라는 면에서도 중요하지만, 앞 절에서 살펴본 바와 같이 교육이 사회적 지위의 획득과 관련될 수도 있기 때문에 더욱 중요한 관심의 대상이 되어 왔다. 특히, 학교교육이 어떤 방식으로든지 사회적 지위획득과 밀접하게 관련되어 있다고 믿는 사람들에게는 교육기회의 분배상황과 분배방식은 극히 중요한 관심사가 아닐 수 없다. 오늘날 우리 사회에는 교육이 출세의 지름길이라는 생각이 움직일 수 없는 상식처럼 되어 있어서, 교육기회를 분배하는 공식 절차인 입학선발을 둘러싸고 극도로 치열한 경쟁이 벌어지고 있다.

어느 나라에서나 입학경쟁은 치열하다. 그러나 우리나라의 입학경쟁은 거의 필사적이다. 먼저 국내외의 교육기회의 분배상황과 분배의 결정요인을 살펴보고, 다음에 교육평등에 대한 여러 관점과 그에 따른 교육정책의 차이를 검토한다.

1. 교육기회 분배와 결정요인

우리나라에서 초등학교와 중학교는 거주지 중심으로 취학할 학교가 배정된다. 그러나 고등학교 단계에서는 일반고, 특성화고(실업계), 특목고, 자율고 등 가운데 학생이 취학할 학교를 선택한다. 일반계 고등학교는 소위 평준화지역과 비평준화지역에 따라 다른 절차를 거쳐 배정된다. 특성화고, 특목고, 자율고는 학생의 지원을 받는데, 특목고와 자율고는 선발절차를 거친다. 한편 대학은 좀 더 복잡한 선발절차를 거쳐 입학이 결정된다. 초등학교와 중학교는 학생과 학부모의 선택 여지가 없는 셈이지만, 고등학교는 부분적으로 학생의 선택과 학교의 전형을 거치므로 원하는 학교에 입학할 수도 있고 그렇지 않을 수도 있다. 대학의 경우 심한 경쟁을 거쳐서 입학 여부가 결정되므로 원하는 대학에 들어가지 못하는 경우도 많다. 대학입시에서 탈락하거나 아예 처음부터 진학을 포기하여 대학에 입학하지 못할 수도 있다.

어느 학교에라도 입학한 사람은 한 사람 분의 교육기회를 차지한 것이다. 비록 원하지 않은 학교에 입학했다 하더라도 교육기회를 차지한 것은 틀림없다. 입시에 탈락했거나 진학을 포기한 사람은 교육기회를 획득하지 못한 것이다. 여기에서 말하는 교육기회는 정확히 말하면, '학교교육기회'이지만, 오늘날의 학교 중심 사회에서는 다른 용어에서도 그렇듯이 흔히 '학교'를 생략하고 사용한다. 교육기회, 더 정확히 학교교육기회란 학교가 제공할 수 있는 교육의 수용능력이다. 수용능력은 인원수로 측정하므로, 각 학교가 각 과정에서 가르칠 수 있는 학생 수가 정원이다. 이 학생 수를 학교별, 학과별 '정원'으로 부르는데, 학교의 교육수용 능력은 무한한 것이 아니므로, 다소 융통성이 있거나 없거나 간에 인원이 한정되기 때문이다. 우리나라에서 대학별 정원은 교육부, 초중등학교 정원은 교육청이 관리한다. 여하튼 교육기회는 이처럼 한정된 것이기 때문에 자연히 경쟁의 대상이 된다.

교육사회학자들은 일찍부터 한정된 교육기회를 누가, 어느 집단이 차지하는지에 관심을 기울였다. 특히 학교는 초, 중, 고, 대학 등으로 단계화되어 있기 때문에, 상급학교 기회를 누가 차지하느냐는 더 큰 관심을 끌었다. 예컨대, 특정 계층이 대학교육 기회를 얼마나 차지했는지, 그것이 왜 그렇게 되었는지 등은 교육사회학자의 큰 관심거리이다. 교육기회 분배상황을 정확하게 파악하면, 교육과 나아가 사회의 실태를 더 잘 이해할 수 있고, 또 정확한 자료에 근거하여 개선방안을 구상할 수 있기 때문이다. 그러면 한국의 교육기회는 실제로 어떻게 분배되고 있는가? 교육기회의 분배상황을 어떤 방법으로 파악할 수 있는가? 교육기회의 분배를 결정하는 요인들은 무엇일까? 이러한 문제에 관하여 공부해 보자.

1) 교육기회 분배상황의 측정

교육기회는 교육단계와 단계 내의 학교종류로 구성된 구조를 형성하고 있다. 교육단계는 흔히 초등교육, 중등교육, 고등교육을 말하지만 실제로는 더 여러 단계로 구분되어 있다. 우리나라 학교로 보면, 유치원, 초등학교, 중학교, 고등학교, 전문대학, 대학교, 대학원의 7단계이다. 여기에 대학원은 석사과정과 박사과정으로 다시 구분되어 있으므로 8단계가 된다. 그러나 실제로는 연구목적에 따라 이 8단계를 4단계 또는 5단계로 재구성하는 경우가 흔하다.

그런데 세계화의 영향으로 교육연구에 국제비교가 증가함에 따라 교육단계 구분의 국제적 표준이 필요해졌다. 교육단계 구분뿐만 아니라 각종 통계치를 포함하여 교육에 관한 모든 정보의 표준화가 불가피하게 되었다. 그에 따라 유네스코(UNESCO)와 오이시디(OECD) 같은 국제기구들이 교육 관련 정보에 대한 표준화 작업을 추진하여, 최근에 많이 활용하고 있다. 그 가운데 유네스코의 '국제교육표준분류(International Standard Classification of Education 2011: ISCED 2011)'에 들어있는 '교육단계분류'가 조사연구에 흔히 이용된다(참고자료). 국제비교연구에는 이런 국제표준분류의 활용이 불가피한데, 필요에 따라서는 연구대상국 교육제도의 특성을 고려하여 수정, 보완할 수도 있다.

한편, 교육의 각 단계에는 복수의 학교종류로 구성된 경우가 흔하고, 학교종류 간에 우열이 나뉘어 층을 이루는 경우가 많다. 예를 들면, 일반고, 특성화고(실업고), 특목고 간에 계층이 형성될 수 있다. '학교계층'은 동일종류, 예컨대 4년제 대학교 간에도 만들어진다. 학교계층은 학교들 간에 존재하거나, 실제로 존재하지 않더라도 'SKY대'처럼 사람들에 의하여 인식되는 교육조건과 교육결과를 포함하는 요인들의 격차에 의한 학교 간 상대적 위치의 구조이다. 학교 간의 계층화는 곧 교육기회의 계층화를 만들어 입학경쟁을 자극하고, 학교계층의 격차가 확대됨에 따라 입학경쟁의 강도는 높아진다.

교육기회 분배상황은 관련된 각 집단의 교육기회 점유수준을 비교함으로써 알 수 있다. 교육기회의 점유수준을 말해주는 지표(indicator)에는 취학률, 진급률, 탈락률, 교육선발지수(選拔指數, selectivity index) 등이 있다.

취학률은 말할 필요도 없이 한 학교급(學校級) 또는 학년의 취학 해당인구 가운데 실제로 취학하고 있는 학생 수의 비율이다. 그러므로 예컨대 중류계층과 하류계층의 중등학교 취학률을 계산하여 비교하면 어느 계층이 교육기회를 더 많이 누리고 있는가를 알 수 있다.

진급률은 교육기회 점유의 시계열적 경향을 알아보는 데 편리하다. 입학 당시의 학생 수를 기준으로 하여 각 학년마다 진급한 학생 수의 비율을 비교대상 집단별로 계산하는 것이다. 이것은 의무제도 아래에서는 해당 연령의 모든 어린이가 입학하지만 집단에 따라 매년 거의 전부가 진급할 수도 있고 일부가 진급할 수도 있기 때문에, 1학년의 취학률을 비교해서는 나타나지 않는 집단 간 격차가 나타난다. 그러나 진급률은 유급생이 다수 나타나는 외국의 많은 나라들과는 달리 우리나라에서는 큰 도움이 안 된다. 각급 학교마다 진급률이 100퍼센트에 가까울 정도로 높기 때문이다. 〈표

참고자료

UNESCO 국제교육표준분류(ISCED 2011)의 교육단계 분류

ISCED 0 Early childhood education

: 유아교육단계 ☞ 유치원, 특수학교 유치원 과정

ISCED 1 Primary education

: 초등교육단계 ☞ 초등학교, 특수학교 초등학교 과정, 공민학교

ISCED 2 Lower secondary education

: 전기중등교육단계

☞ 중학교, 특수학교 중학교 과정, 고등공민학교, 각종학교(중학교 과정)

ISCED 3 Upper secondary education

: 후기중등교육단계

☞ 일반계/특성화계 고등학교, 특수목적고등학교(외국어고, 과학고), 자율고, 각종학교(고교 과정), 특수학교 고교 과정, 고등기술학교, 각종학교(고교 과정)

ISCED 4 Post-secondary non-tertiary education

: 중등 후 비고등교육단계

7-1〉은 지역별로 몇 나라씩 유급률을 예시한 것이다. 나라에 따라서 큰 비율을 유급시키는 경우가 있고, 비교적 소수를 유급시키는 경우도 있다. 유급률은 대다수 국가에서 최근에 낮아졌다. 그런데 유급제를 시행하면 선발이 불가피하므로, 많은 나라에서 초등학교 1학년부터 학년진급 시마다 선발을 실시하고 있는 것이다.

한편 탈락률은 용도상으로는 진급률의 역이지만 내용은 반드시 그렇지

ISCED 5 Short-cycle tertiary education

: 단기고등교육단계

☞ 전문대학, 각종학교(전문대학 과정), 기능대학, 전공대학

ISCED 6 Bachelor's or equivalent level

: 학사학위 또는 이에 상응하는 교육단계

☞ 일반대학/교육대학/각종학교(일반대학 과정), 전문대학 전공심화 과정, 특수목적 대학교

ISCED 7 Master's or equivalent level

: 석사학위 또는 이에 상응하는 교육단계

☞ 일반/전문/특수대학원/대학원 대학교 석사학위 과정, 전문대학 전문기술석사 과정

ISCED 8 Doctoral or equivalent level

: 박시학위 또는 이에 상응하는 교육단계

☞ 일반/전문/특수대학원/대학원 대학교 박사학위 과정

☞ 표시는 우리나라 학교 명칭

출처: UNESCO(2012). 한국교육개발원(2020).

표 7-1 일부 국가의 초등학교 유급률(1999년과 2012년) (단위: 퍼센트)

국가	1999			2012
	전체	남	여	전체
세계	5.2	5.4	4.9	4.6
선진국	1.0	0.8	1.3	0.8
개도국	5.8	6.2	5.5	5.1
한국	0.0	0.0	0.0	0.0
인도	4.0	4.0	4.1	5.0
인도네시아	6.2	6.2	6.2	2.9
태국	3.5	3.4	3.5	-
모로코	12.4	14.1	10.7	9.2
세네갈	14.4	14.2	14.5	3.4
콩고 민주공화국	15.5	18.8	11.9	11.2
브라질	20.0	20.0	20.0	8.7
아르헨티나	5.9	6.9	4.9	4.2
칠레	2.4	2.9	1.9	4.7
독일	1.7	1.9	1.5	0.5
오스트리아	1.5	1.8	1.3	2.5
스위스	1.8	1.9	1.6	1.3

출처: UNESCO(2015). ANNEX Table 6. pp. 360-367.

는 않다. 탈락률은 기준년도의 학생 수에 대한 각 학년별 낙제자와 퇴학자를 합한 수의 비율이다. 그러므로 이것은 진급률의 역은 아니다. 그러나 탈락률의 크기를 가지고 우리는 집단 간의 교육기회 점유상태를 가늠할 수가 있는 것이다.

교육선발지수는 전체 학생에 대한 집단별 학생 구성비의 전체 인구에 대한 해당 집단 인구의 구성비의 비율이다. 즉, 인구비례 점유율이다. 예를 들어, 전체 학생 가운데 아버지의 직업이 전문직인 학생이 20퍼센트인데 전체 남자경제활동인구 가운데 전문직 직업인이 10퍼센트라고 하면 전문직은 인구비례의 자기 몫의 두 배에 해당하는 교육기회를 차지하고 있는 셈이 된다. 집단별로 이 선발지수를 계산하면 어느 집단이 얼마나 많이 또는 적게 교육기회를 차지하고 있는가를 알 수 있다.

$$(\text{예}) \quad \frac{\text{아버지의 직업이 전문직인 학생 비율}(20\%)}{\text{남자경제활동인구 중 전문직 비율}(10\%)} \times 100 = 200(\%)$$

2) 분배구조

교육기회의 분배구조는 모든 학교급에서 살펴볼 수 있다. 그러나 학력경쟁의 최고 단계가 대학이고, 그만큼 대학교육기회의 분배상황이 중등학교보다 더 중요한 의미를 갖기 때문에 대학의 상황에 대한 관심이 언제나 더 높다. 대학교육기회 분배상황을 지역 간, 계층 간으로 나누어 살펴본다.

지역별 분배

지역 간 고등교육 분배 상황을 알아보기 위하여 우선 시도 간을 비교할 수 있다. 〈표 7-2〉는 시도별로 인구 구성비, 대학정원 구성비, 고교졸업자 구성비, 대학입학자 구성비를 비교한 것이다. 이 표에 의하면 시도 간에 기복이 있어서 어느 지역은 인구나 고교졸업자 구성비에 비하여 대학정원 구성비가 높으나, 어떤 지역은 낮은 경우가 있다. 예를 들어, 서울은 인구 구성비와 고교졸업자 구성비에 비하여 대학정원 구성비가 높고 대학입학자 구성비도 높다. 충남도 더욱 뚜렷이 그렇다. 반면에 제주는 인구구성비와 고교졸업자 구성비보다 대학정원 구성비가 낮고 대학입학자 구성비는 더 낮다. 경남과 전남도 그러한 경우이다. 따라서 이 지역들은 그만큼 교육 접근가능성(accessibility)이 낮아서 고교졸업자들은 더 많은 수가 다른 지역으로 진학하여야 한다.

표 7-2 시도별 인구 및 대학진학 관련 집단 구성비(2018) (단위: 퍼센트)

시도별	인구	대학정원	2017학년도 고교졸업자	대학입학자
서울	18.7	23.0	17.1	27.6
부산	6.6	9.6	6.0	9.6
대구	4.7	3.0	5.3	3.0
인천	5.7	2.0	5.5	2.0
광주	2.9	4.3	3.5	4.2
대전	2.9	5.9	3.2	5.7
울산	2.2	1.0	2.6	1.0
세종	0.6	0.8	0.4	0.8
경기	25.4	11.9	25.1	11.9
강원	2.9	4.9	3.0	4.8
충북	3.1	5.1	3.1	5.0
충남	4.1	8.1	4.1	8.1
전북	3.5	4.4	4.0	4.3
전남	3.5	2.7	3.8	2.5
경북	5.2	8.1	5.1	7.7
경남	6.5	4.3	6.7	4.2
제주	1.3	0.9	1.3	0.8
합계	100.0	100.0	100.0	100.0
총수(명)	51,629,512	313,233	566,545	342,841

출처: 통계청, 국가통계포털
국가교육통계센터, 교육통계
참고: 2018년 인구, 대학정원, 대학입학자 통계와 2017학년도 고교졸업자(2018년 2월 기준)

그런데 지역을 시도별로 비교하는 게 아니라 도시와 농촌을 비교하면, 그 차이는 훨씬 더 뚜렷해진다. 〈표 7-3〉은 서울대학교의 읍면 출신 학생 구성비와 전체인구 중 읍면 인구구성비의 비율, 즉 농촌지역 교육선발지수의 추이를 나타낸 것이다. 2005년의 교육선발지수는 30퍼센트로 인구구성비에 의한 몫의 3분의 1도 차지하지 못하고 있다. 도시 출신이 자신들의 몫보다 훨씬 더 많이 차지했기 때문이다. 주목할 것은 지난 40여 년간 교육선발지수가 기복이 있었지만 개선되기보다 오히려 악화되었다는 사실이다. 도시·농촌 간의 이러한 대학교육 격차를 가져온 요인은 여러 가지가 있다. 대학이 도시에 배지되어 있기 때문에 농촌 사람은 가외의 교육비를 부담해야 하는 점, 농촌부모의 자녀교육 포부수준이 경제력 등 때문에 도시에 비하여 낮은 점, 입시학원접근이 어려운 점, 농촌학생들의 평균 학업성취수준이 도시에 비하여 떨어지는 점 등이 중요한 요인들이겠는데, 이들은 모두 사회경제적 요인이거나 그에 의하여 크게 좌우되는 요인들이다.

표 7-3 농촌지역의 고등교육 교육선발지수 추이(서울대) (단위: 퍼센트)

구분	1962	1975	1986	1992	1997	2005
읍면 출신학생 구성비(A)	25.4	12.5	13.0	9.1	5.8	5.5
읍면 인구 구성비(B)	72.0[1)]	51.6	34.3[2)]	25.9[3)]	21.5[4)]	18.5
교육선발지수(A/B×100)	35	24	38	35	27	30

1) 1960, 2) 1985, 3) 1990, 4) 1995

출처: 김명언 외(2005). 통계청(1960, 1975, 1985, 1990, 1995, 2005).

사회계층별 분배

사회적 계층배경이 교육기회 분배에 강한 영향을 미친다는 것은 이미 여러 차례 언급했다. 부모의 소득수준, 직업지위, 교육수준이 높을수록 자녀는 학교교육을 많이 받고 학력이 높아진다. 〈표 7-4〉는 부모의 소득수준에 따라 자녀의 대학진학률이 어떻게 차이가 나는가를 보여준다. 상위소득층(5분위)은 68.7퍼센트가 4년제 대학에 진학하고 15.5퍼센트만 비진학이지만, 하위소득층(1분위)은 30.4퍼센트가 4년제 대학에 진학하고 35.4퍼센트는 대학을 포기한다. 부모의 교육수준과 자녀의 대학진학률과의 관계도 경향은 비슷하다(최필선 · 민인식, 2015: 42).

표 7-4 부모의 소득수준별 자녀의 대학진학률 (단위: 퍼센트)

소득	비진학	2, 3년제	4년제
(상위) 소득 5분위	15.5	15.9	68.7
소득 4분위	14.8	22.9	62.3
소득 3분위	15.7	30.9	53.4
소득 2분위	25.1	33.9	41.1
(하위) 소득 1분위	35.4	34.2	30.4

출처: 최필선 · 민인식(2015). p. 42 그림 내용을 정리.

결국 상위계층이 교육기회를 더 많이 차지한다는 것인데, 상류대학의 기회일수록 상위계층은 더 많이 차지한다. 한편 〈표 7-5〉는 1975년에서 2016년 사이의 서울대학교 신입생들의 보호자 학력 구성비이다. 대학 이상 교육을 받은 보호자가 가장 큰 비중을 차지하여 대학과 대학원 이상 학력 소유자가 약 82퍼센트이고, 고등학교 교육을 받은 보호자는 약 12퍼센트이다. 그런데 한국 성인인구 가운데 대학졸업 이상 학력을 가진 사람이 2015년 현재 40.7퍼센트이고 고등학교 졸업자가 36.9퍼센트(제5장 〈표 5-4〉 참조)인 사실을 상기하면, 이 표에 나타나 있는 보호자 학력 구성비는 상위학력자들이 서울대학교의 교육기회를 과도하게 차지하고 있음을 나타낸다. 그와는 반대로 하위학력자들은 서울대학교 교육기회를 거의 얻지 못하고 있는 것이다.

표 7-5 서울대 신입생 보호자 학력 구성비 추이 (단위: 퍼센트)

보호자 학력	1975 (N=2,856)	1980 (N=3,288)	1995 (N=4,881)	2003 (N=2,694)	2008 (N=2,549)	2016 (N=1,066)
무학	0.9	2.2	0.5	…	…	0.2
초퇴 · 초졸	9.6	17.8	5.9	1.7	0.8	0.7
중퇴 · 중졸	12.9	…	7.5	3.3	1.8	1.1
고퇴 · 고졸	30.7	29.7	26.6	23.7	17.8	11.8
대퇴 · 대졸	36.7	37.4	42.1	45.7	51.9	55.2
대학원 이상	2.9	8.7	12.2	24.0	25.9	26.8
무응답	6.2	4.2	5.2	1.6	1.7	4.2
합계	100	100	100	100	100	100

출처: 서울대학교 학생생활연구소(1999); 서울대학교 대학생활문화원(2003, 2008, 2016)

교육기회 분배에 있어서 사회계층의 영향은 시간이 흘러도 줄지 않고, 경우에 따라서는 오히려 더 강화된다는 연구들이 계속 발표되고 있다(김영화, 1993: 152; 김수정 · 차영화 · 최샛별, 2020). 동일한 현상이 다른 나라들의 연구에서도 나타난다(Halsey et al., 1980: 140; Aurini & Hillier, 2018).

학교의 계층화와 분배구조

그런데 오늘날에는 중등교육이 보편화된 대다수 국가와 대학까지도 대중화된 한국 같은 경우에는 고등학교와 대학의 전체적인 교육기회 상황만 보면 계층배경 간 차이는 많이 줄어든 것으로 보인다. 그러나 고등학교와 대학이 '일류', '이류' 식으로 계층화하고 소위 명문학교들이 등장함에 따라, 명문고와 명문대를 향한 경쟁이 확대되어 사회계층 간 새로운 교육기회의 차이가 형성되고 있다. 우리나라의 고등학교는 대다수의 일반고와 직업준비를 위한 특성화고와 함께 외국어고와 과학고 등 특수목적고, 그리고 소수의 자율고, 방송통신고 등으로 구성되어 있는데, 이 가운데 특수목적고와

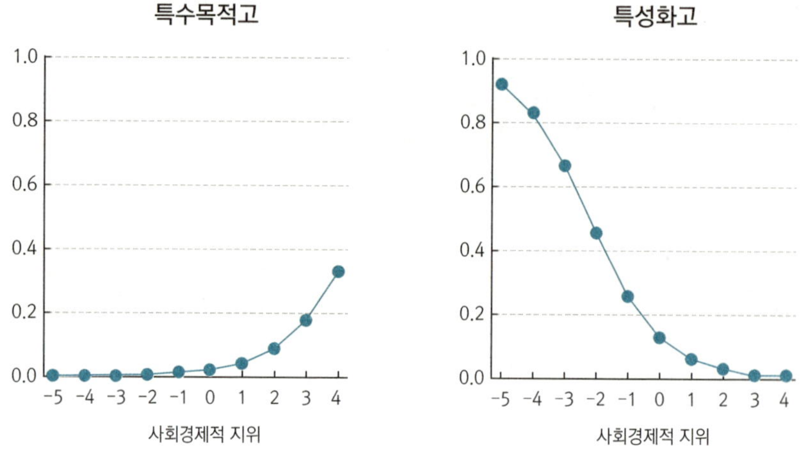

[그림 7-1] SES에 따른 특수목적고 및 특성화고 진학 선택 확률 변화

출처: 남궁지영 외(2018). p. 145.

자율고는 명문대학 입학에 유리한 반면 특성화고는 직업준비학교로서 대학 입시준비에 불리하다고 인식되어 있다. 이러한 인식의 결과가 [그림 7-1]에 반영되어 있다.

외국어고, 과학고 등 특수목적고에는 상류층과 중상류층만 선택확률이 뚜렷하고 중간 이하의 계층은 진학을 선택할 확률이 거의 없는 반면, 직업준비를 위한 특성화고교에 대한 선택확률은 계층이 낮을수록 높고 계층이 높아질수록 선택확률이 급격히 낮아진다. 계층화된 고등학교들이 가정의 계층에 따라 크게 영향을 받고 있음을 보여준다.

한편 〈표 7-6〉은 대학의 유형에 따라 아버지의 직업지위 구성이 뚜렷이 차이가 나는 것을 보여준다. 명문대와 서울의 4년제 대학에는 상위계층 학생이 가장 많은 반면, 지방의 4년제 대학에는 중간층이, 전문대학에는 하층이 가장 많은 것을 볼 수 있다.

표 7-6 대학유형별 부의 직업지위 상황 (단위: 퍼센트)

직업지위	명문대	서울4년제	지방4년제	2~3년제	미진학	계(사례수:명)
상	16.7	20.7	36.4	8.8	17.3	100(294)
중	4.9	12.6	45.7	19.3	17.4	100(3,055)
하	1.6	5.6	42.1	27.9	22.7	100(2,963)
전체	3.9	9.7	43.6	22.9	19.9	100(6,312)

출처: 류방란 · 김성식(2006). p. 264.

학교와 대학이 대중화되면 대다수가 진학하기 때문에 교육이 평등해진다고 사람들은 기대했지만 현실은 그렇게 되지 않았다. 오히려 학교 간에 또는 대학 간에 서열이 생기고 계층화가 형성되어 불평등구조가 만들어진 것이다. 학교와 대학이 양적으로 증가한다고 해서 교육기회의 평등화가 저절로 이루어지지 않는 것이 드러났다. 학교의 계층화가 형성되고 확대되면 교육기회의 불평등 분배는 지속되거나 악화될 수 있다. 그리하여 상급학교일수록 사회경제적 요인의 영향이 뚜렷이 작용하여 상위층 고등학교 또는 상위층 대학, 즉 명문고와 명문대의 입학기회를 상류층이 집중적으로 점유함으로써 새로운 교육불평등을 만들어갈 수 있다.

표 7-7 대학유형별 소득계층분포(미국) (단위: 퍼센트)

대학유형	가정소득				
	8,000불 미만	8,000-12,499불	12,500-20,000불	20,000불 이상	계
공립 2년제	27.2	34.8	26.4	11.5	100.0
공립 4년제 단과대학	25.4	31.7	28.3	14.7	100.0
공립 종합대학	15.1	29.7	32.8	22.3	100.0
사립 종합대학	10.6	20.4	27.3	41.8	100.0

출처: Karabel & Halsey (1977). p. 236.

같은 현상이 미국에도 나타난다. 〈표 7-7〉이 보여주듯이 가정의 소득 수준에 따라 진학하는 대학의 유형에 뚜렷한 차이가 난다. 상류대학일수록 부유층이 많이 입학하고 하류대학일수록 저소득층이 많이 입학한다. 이것은 어느 나라에서나 나타나는 현상이다. 그런 의미에서 교육을 어떻게 하면 모든 사람이 더 평등하고 공정하게 누릴 수 있도록 만드느냐는 아직도 끝나지 않은 중요한 정책과제이고 연구과제이다. 물론 학교교육의 이수가 교육기회의 전부는 아니다. 학습사회가 확장되면서 평생교육의 중요성이 커지고 있으므로 평생교육기회가 어떻게 분배되느냐에도 관심을 기울여야 한다(예컨대 Welton, 2005: 117-126). 이 문제에 관한 연구는 아직도 드물지만, 앞으로 큰 관심의 대상이 될 것이다. 중요한 새로운 연구과제이다.

3) 교육기회 분배의 결정요인

교육기회의 분배에 작용하는 요인은 이제까지의 논의에서 드러났듯이 다양하다. 김영화(1993: 104)는 고등교육기회 분배에 작용하는 사회경제적 배경요인으로 아버지의 교육수준과 출신계급 그리고 거주지역을 들고, 본인의 성별에 따라 이들 요인이 다르게 작용할 수 있음을 지적하였다. 한편, 맥도노와 판(McDonough & Fann, 2007: 53-80)은 1973년부터 2004년 사이에 미국의 사회학 및 고등교육에 관한 6개 학술지에 발표된 114편의 논문을 분석하여, 대학입학 결정요인을 종합하였다. 그들은 대학입학결정에 작용하는 요인을 세 개의 범주로 묶었는데, ① 개인 차원 요인(사회계층, 가정환경, 주거지역 등), ② 학교 차원 요인(고교정책, 수업활동, 진학지도 등), ③ 대학 차원 요인(입시, 학비지원정책, 입시산업 등)이다. 그러면 이러한 요인들은 각각 어느 정도의 영향력을 가지고 있는가? 각 요인들의 상대적 영향력에 관한 결론은 얻지 못했다. 부분적인 연구결과들이 나와 있으나 서로 엇갈리므로 앞으로 더 많은 연구가 기대되는 분야이다. 이제까지 연구에서 많은 관심을 끌었던 요인들을 중심으로 서술하면 이렇다.

초기의 연구들은 교육기회의 분배에서 중요한 것은 개인의 지적 능력 요인이라고 주장하였다. 예컨대, 지능과 교육열이 중요하고, 가정의 재력은 영향력이 크지 않다는 것이었다(Wolfle, 1961). 그러나 개인의 지적 능력이 교육기회 분배를 좌우한다는 초기의 연구는 곧 도전을 받았다. 지적 능력이 영향을 주지 않는다는 것은 아니지만 사회경제적 배경요인의 영향도 대단히 크다는 주장들이 나왔다. 앞에서 개관한 교육기회 분배상황에 관한 국내외의 자료들은 바로 그러한 주장을 뒷받침하는 증거들이다(앞에 제시한 것들 외에도 국내의 관련된 연구로는 강희돈, 1989; 김영화, 1993; 김위정, 2012; 김창환 · 신희연, 2020; 류기철, 1995; 성기선, 1988; 손준종, 1999; 윤민종, 2022).

교육기회 획득에 관한 일련의 연구들은 학생들이 자신의 진로를 계획하고 결정하는 데, 이미 일찍부터 가정의 사회경제적 배경요인이 작용하고 있음을 말해주고 있다. 한국에서 1988년부터 실시된 종단적 연구결과는 교육기회 획득을 결정하는 데 있어서, 가정의 사회경제적 배경변인은 이미 중학교에서 고등학교로 진학할 때 크게 영향을 미치고 있다는 사실을 밝히고 있다(이영덕 외, 1991). 이 연구에 따르면, 중학생들은 가정배경이 높을수록 더 높은 학교교육을 받기를 원한다. 배경이 낮은 경우 고등학교까지만 다니겠다고 보고한 학생이 28.5퍼센트이며, 전문대학 이상 진학을 희망하는 학생은 71.5퍼센트이다. 이에 비해 가정배경이 높은 학생들의 경우 고등학교까지만 다니겠다고 보고한 학생은 1.8퍼센트에 불과하며 전문대학 이상 고등교육을 희망하는 학생은 98.2퍼센트에 이르고 있다. 다른 연구에서도 가정배경이 진학결정에 강하게 작용하고 있음이 확인된다(김성식 · 류방란, 2008; 류기철, 1995; 전하람 · 김경근, 2006). 학생들은 이처럼 가정배경에 따라 진로계획을 다르게 설정하고 있는데, 실제로 실현된 진학은 더 뚜렷한 차이를 나타내고 있다.

그런데 가정의 사회경제적 배경요인이 교육기회 분배에 작용한다는 사실을 전폭적으로 수용한다 해도, 교육기회 분배에는 배경요인만 작용하는 것이 아니고 각 개인의 지적 능력과 노력이 작용한다는 사실을 잊어서는 안 된다(김경근 · 변수용, 2006). 지적 능력과 노력을 능력요인이라고 부른다면 능력요인은 배경요인과 함께 교육기회 분배를 결정하는 요인들로서 교육사회학자들의 주요 관심 대상이 되어 왔다. 그런데 상급학교 진학을 포함한 교육기회 분배에 있어서 능력요인과 배경요인 가운데 어느 쪽이 더 강하게 작용하는가? 이것을 확인하는 일이 교육사회학의 중요한 연구주제가 되어 왔다.

여러 연구결과를 종합하면, 능력요인과 배경요인이 교육기회 분배에 모두 강한 영향력을 미치는데, 배경요인의 영향력이 상대적으로 더 강하게 나타난다(김성식 · 류방란, 2008; Konstantinovsk, 2003; McDonough & Fann, 2007). 특히, 여성집단에 있어서 더 뚜렷하다(Stromquist, 1997). 능력요인과 배경요인의 영향력을 비교하는 연구에서 능력요인의 지표로 흔히 지능지수(IQ)를 사용하는데, 지능지수가 순수한 지적 능력만이 아니라 문화적 요인도 반영한다는 사실을 감안하면, 배경요인이 능력요인에 숨어 들어갈 수도 있다. 학교교육이 확대되고 학교방식의 교육이 사회 전반에 확산되는 최근의 상황에서도, 교육기회에 있어 능력주의적 공정한 분배보다 사회경제적 배경요인에 의한 분배가 오히려 더 증가하고 있다는 연구들이 국내외에서 보고되고 있다(김경근, 2020; Karen, 2018).

그런데 사회경제적 배경요인이 교육기회 분배에 강하게 작용한다면 그러한 요인이 어떤 기제를 통하여 영향을 미치는가가 또 하나의 연구과제가 아닐 수 없다. 부르디외(Bourdieu & Passeron, 1977)는 교육기회 분배에 영향을 주는 것은 부모의 지위와 소득 자체보다 상층계급이 가지고 있는 문화, 즉 '문화자본(cultural capital)'이라고 주장함으로써 이 분야에 관한 연구에 새바람을 불어넣었다. 이에 대하여 문화자본은 중등학교 진학에는 영향을 주지만 그 이후에는 거의 영향을 주지 못한다는 연구(Halsey et al., 1980: 200)가 발표되고, 문화자본은 특히 중류층에게 유리하게 작용한다는 설명도(Brown, 1997) 제시되었다. 한편, 콜맨(Coleman, 1988)은 '사회자본(social capital)' 개념을 제시하고, 이것이 가정배경이 상급학교 진학에 영향을 미치도록 만드는 요소라고 주장한다.

한편, 계층요인이 학교에 어떻게 반영되느냐에 대한 관심도 높아지고 있다. 학교의 내부에서 진행되는 교수과정(敎授過程)과 교사와 학생의 상호작용 등에 반영되어 있는 계층요소를 분석해 냄으로써 계층구조가 교육에 작용하는 모습을 파악하기 위한 노력이 이루어지고 있다. 우리나라에서 부모의 사회경제적 지위는 학교에서의 학업성취도와 유의미한 관계를 맺고 있다는 연구 결과가 보고되고 있다(김경근, 2005; 박경호 · 김지수 · 김창환 외, 2017). 미국의 부유층지역 고등학교들은 대학문화를 도입하여 학생들에게 일찍부터 명문대학 진학계획을 세우도록 돕고, 진학지도 전문가와의 상담을 주선하고, 대학적성검사(SAT) 전문강사를 활용하는 등의 방식으로 학생들의 명문대 진학을 지원한다는 연구도 나온다(McDonough & Fann, 2007: 60-65). 명문대는 중산층 학생을 선호하며, 중산층 부모는 자녀가 이른바 엘리트 교육 과정을 밟고 사회경제적으로 높은 지위를 획득할 수 있도록 자원을 동원하는 데 유리하다(Reeves, 2017; van Zanten, 2009). 한국은 다른 나라보다 사교육이 학교교육 전반에 미치는 영향이 매우 큰 나라이다. 따라서 사교육이 계층요인을 매개하는 기능과 교육적 후유증에 관한 연구도 발표되고 있다(우천식, 2004; 이종재, 2010; 정익중, 2011; 최윤진, 2015). 한편으로는 학교를 계층요인의 매개체로서 보기보다 학교 자체의 구조적 성격, 예컨대 학교급별 구조, 인문계와 실업계의 분화구조 등이 지니고 있는 불평등적 성격에 관심을 기울이기도 한다(예컨대 Rosenbaum, 1976; 이영덕 외, 1991).

이러한 연구관심은 교육불평등에 관한 연구방향을 학교 밖으로부터 학교 안으로 끌어들이는 계기가 된다. 따라서 사회경제적 배경이 교육기회 획득에 미치는 영향을 규명하기 위해서는 보다 장기간에 걸친 종단적 연구와 아울러 교육 내부에 대한 사회문화적 분석이 더욱 활발하게 이루어져야 할 것이다. 시대적인 교육열 상승에 따른 학교교육의 확장에도 불구하고 교육의 격차와 사회계층의 격차는 줄어들지 않고 오히려 확대되는 실망스러운 현상(Aurini & Hillier, 2018: 310-312)이 벌어지고 있기 때문이다.

2. 교육평등론의 전개

앞 절에서, 한정된 사회적 재화라 할 수 있는 교육기회를 개인이나 집단들이 어떻게 점유했는지, 또는 사회가 어떻게 분배했는지, 그리고 분배된 상황은 어떤 모습인지 살펴보았다. 교육기회의 점유 또는 분배는 여러 요인들이 작용하여 결정되는데, 사회경제적 요인들이 강하게 작용하는 것을 확인하였다. 교육기회가 각 개인의 지적 능력보다 부모의 사회경제적 지위의 영향을 더 크게 받아 분배된다면, 이것은 사회 전체의 평등문제와 연결된다.

그런데 교육기회의 평등은 전체 교육평등의 한 부분이다. 전체 교육평등은 기회의 평등을 넘어서는 훨씬 광범위한 주제이다. 교육평등은 성, 인종, 종교, 지역, 계층, 경제적 상태 등에 의하여 차별받지 않고 공평하게 교육받는 상태를 의미한다. 즉 취학기회, 교육환경, 교육내용, 교육방법, 나아가 학습목표에 있어서도 차별이 없어야 함을 의미한다. 그러나 인류의 역사는 오랫동안 교육을 지배층에게 유리하고 대다수 국민들에게는 불리하게 운영해왔다. 오늘날에도 성, 인종, 종교를 이유로 교육을 차별하는 나라들이 존재한다. 크게 개선되기는 하였으나 아직도 많은 사회에서 교육이 불평등하게 운영되고 있다. 그러면 교육을 불평등하게 만드는 요인들은 무엇인가? 옥슨햄(Oxenham, 1997: 447-448)은 이것을 11가지로 정리하였다.

① 개인의 타고난 능력과 특성: 능력에 대한 사회적 정의와 선호하는 특성의 차이
② 사회계급: 교육의 가치, 교육의 필요성과 용도 등에 대한 차별적 인식
③ 교육의 제공에 관한 정부, 사회집단, 개인들의 정치적 권력
④ 교육의 제공을 위한 국가 자원과 사적 자원
⑤ 교육수준 간 자원의 배분
⑥ 지역 간, 집단 간 교육기관 설치의 차이
⑦ 교육기관 간 자원, 효율, 성과의 차이
⑧ 교사 능력의 차이
⑨ 각 가구의 직접 및 간접 교육비 지출 수준
⑩ 선택하는 교육수준의 차이
⑪ 자원의 세대 간 분배의 차이

그런데 위에 열거한 각 요인의 차이에 대하여, 그것이 불평등이라고 누구나 동의하는 것은 아니다. 사람마다 또는 사회마다 관점이 다르기 때문이다. 예컨대 개인의 능력 차에 관하여, 능력이 높은 사람만 선발하여 교육시키는 것이 공평하다는 사람과 능력이 낮은 사람도 교육받도록 도와주는 것이 공평하다고 믿는 사람이 있다. 그런가 하면 여성에게는 교육을 최소한으로 제한하는 것이 옳다는 생각을 정책으로 지키는 나라도 있다.

그러므로 교육에 있어서 누구도 차별하지 않고 모두를 공정하게 대우

한다는 것은 생각보다 복잡한 문제를 안고 있다. 왜냐하면 인간은 동일한 유기체적 상태로 태어나지 않고, 각기 다른 수준의 능력을 가지고 출생하며, 자라나는 환경도 동일하지 않기 때문이다. 각기 다른 능력을 가지고 출생한 사람들을 교육적으로 동일하게 취급하는 것이 평등한가, 아니면 능력에 따라 다르게 취급하는 것이 평등한가? 능력은 높은데 열악한 환경에 태어난 사람과 능력은 낮으나 유복한 환경에 태어난 사람을 동일하게 취급하는 것이 평등한가, 아니면 열악한 환경에 태어난 사람에게 추가적 도움을 주는 것이 평등한가? 더욱이 능력을 나타내는 것이라고 믿는 특성이 순수한 능력인지 아니면 다른 요소를 포함하고 있는 것인지도 쟁점이다. 누군가의 능력이라고 말하는 것이 사실은 경제적, 문화적 요소에 의하여 높게 또는 낮게 판단되는 경우도 적지 않기 때문이다. 최근의 능력주의와 공정성에 관한 논쟁(예컨대 Sandel, 2020)은 '능력'이라는 개념에 대한 새로운 논의의 필요를 제기하고 있다. 이처럼 교육평등의 개념적 정의를 실천적 정책과 연결시키면 매우 복잡한 논란에 부딪친다.

교육평등에 관한 관점은 시대에 따라 바뀌어 왔다. 한 시대에는 평등으로 간주되던 것이 다음 시대에는 불평등으로 인식되어 배척되기도 한다. 또한, 교육평등에 대한 관점은 국가에 따라서도 다르다. 어느 나라에서는 평등정책으로 인정되는 것이 다른 나라에서는 용납되지 않는다. 현대 서구의 교육평등관은 주로 능력주의(meritocracy)에 바탕을 두어 왔다. '지능+노력=능력'이라는 공식으로 표현되는 능력관이 계몽주의시대 이래 서양을 지배하였다(Halsey et al., 1997: 632). 그러나 앞에서 언급하였듯이 지능이 유전에 의하여 영향을 받는다는 사실과 노력 가능성이 환경에 의하여 달라지는 현실을 무시할 수 없다면, 관점에 따라 능력관이 달라질 수밖에 없고, 따라서 교육평등관도 달라진다.

교육평등에 관련된 대규모의 체계적 분석연구를 이끈 학자로 유명한 콜맨(Coleman, 1968)은 교육평등에 대한 관점의 변천을 네 단계로 정리하였다. 첫째는 산업화 이전의 단계로 대부분의 사람들에 있어서 교육은 가정의 책임이었기 때문에 오늘날과 같은 학교교육의 평등문제는 관심 밖이었다. 둘째는 산업혁명 이후의 초기 산업화시대로서, 일반 국민을 대상으로 하는 기초교육이 발전하던 단계이다. 초등교육이 의무화되어 누구나 취학하였으나 대다수는 초등교육으로 끝나고, 중등교육과 대학교육까지 받는 것은 상층계급뿐이었다. 신분제도가 무너졌다고는 하나, 계급주의 관점에 대하여 아직도 수용적이었기 때문에 민중을 위한 초등교육 기회를 확대하는 것으로 충분하게 생각하였다. 유럽에서 제2차 세계대전 이전까지 복선형 학교제도가 큰 무리 없이 지탱되어 온 것은 그 때문이다. 셋째는 미국과 사회주의 국가들에는 좀 더 일찍 등장했고, 그리고 서유럽 여러 나라에는 제2차 세계대전 이후에 등장한 평등관으로, 모든 청소년에게 교육기회를 허용해야 한다는 주장이다. 사회경제적 제약 때문에 교육을 못 받는 일이 없도록 무상교육을 실시하고 각종 교육지원제도를 마련함으로써 교육을 받을 만한 지적 능력을 소유한 사람이면 누구나 적절한 수준과 종류의 교육을 받도록 하자는 정책이다. 넷째는 학교에 다닐 수 있는 기회를 마련해 주는 것만으로는 부족하다는 생각이다. 교육의 목적은 단순히 학교에 다니는 데 있는 것이 아니라 살아가는 데 필요한 지식을 배우는 데 있으므로, 배울 것을 누구나 제대로 배워야 평등교육이라는 것이다. 즉, 교육결과의 평등이 진정한 평등이라는 것이다.

한편, 패럴(Farrell, 1997: 475-478)은 교육평등모형을 네 가지로 정리하여 접근의 평등(equality of access), 생존(survival), 즉 재학의 평등, 산출(output)의 평등, 결과(outcome)의 평등으로 구분하였다. 접근의 평등은 각 사회집단이 각급 학교에 입학 또는 진학할 수 있는 확률이 일치하는 수준을 의미한다. 생존 또는 재학의 평등은 각 사회집단이 예컨대 초등, 중등, 고등교육기관에서 퇴학, 제적 등으로 퇴출당하지 않고 계속하여 재학할 수 있는 확률의 일치성이다. 산출의 평등은 각 사회집단이 각급 학교에서 교육받는 내용과 그 수준의 일치성이다. 결과의 평등은 학교를 마치고 사회에 진출하여 획득하는 교육의 결실(직업, 수입, 지위 등)이 일치하는 수준이다. 일치수준이 높으면 그만큼 평등하고, 일치수준이 낮으면 그만큼 불평등한 교육이라고 평가할 수 있다.

최근에 카렌(Karen, 2018: 300-302)은 교육의 공정성을 스포츠의 공정성에 빗대어, (1) 경기의 공정성, 즉 경기에서 선수와 심판의 규칙 준수, (2) 접근의 공정성, 즉 해당 분야의 실력을 갖춘 모든 선수에게 출전기회 제공, (3) 자원의 공정성, 즉 경기에 참여하는 모든 팀과 선수에게 운동기구와 재정의 평등한 지원, (4) 양성의 공정성, 즉 선수들의 재능개발을 위한 평등한 훈련기회 제공으로 정리했다. 이것은 교육에 있어서 시험내용과 방법의 공정성, 진학기회의 개방과 포용성, 학생들에 대한 평등한 교육여건, 학습과 상급학교 진학을 위한 문화자본의 제공 등으로 바꿔 생각할 수 있다.

이 책에서는 교육평등관을 크게 기회의 평등과 내용의 평등으로 구분하고, 다시 전자를 허용적 평등과 보장적 평등으로, 후자를 교육조건의 평등과 교육결과의 평등으로 나누려 한다. 그리고 여기에 사회개혁 평등관을 덧붙이겠다. 이 평등관은 문제의 본질을 교육체제 밖에서 찾기 때문에 다른 교육평등관과는 성격이 다르지만 교육평등에 대한 하나의 관점임에는 틀림이 없다.

1) 교육기회의 허용적 평등

평등은 앞에서 지적한 바와 같이 근대사회의 개념이다. 그 전에는 평등보다는 신분이 더 중요한 개념이었다. 신분은 혈통에 의한 사람의 질적 차이를 전제로 성립하였기 때문에 높은 신분의 사람들에게만 교육기회를 주는 것이 조금도 이상할 것이 없었다. 왕족과 귀족이 평민보다 높은 교육을 받는 것은 지극히 당연한 일이었다. 그러나 신분제도가 무너지고 근대 시민사회가 형성되자 사람들은 어떤 종류의 차별도 인정하려 들지 않았다. 모든 사람은 하느님 아래 그리고 법 아래 평등하다고 믿기 시작한 것이다.

허용적 평등관은 모든 사람에게 동등한 기회가 주어져야 한다는 관점이다. 주어진 기회를 누릴 수 있느냐 여부는 개인의 역량과 형편에 달린 것이고, 법이나 제도상으로 특정 집단에만 기회가 주어지고 다른 집단에는 금지되는 일은 철폐되어야 한다는 것이다. 교육받을 기회가 모든 사람에게 고르게 허용되어야 한다는 신념이다. 그렇다고 해서 모든 사람이 같은 수준의 교육을 받아야 한다고는 믿지 않았다. 사람은 각기 다른 수준의 능력과 다른 종류의 재능을 타고난다고 믿었기 때문이다. 다만 이제까지 신분, 성, 종교, 지역, 인종 등을 이유로 차별해 오던 것을 철폐함으로써 누구나 원하고 또 능력이 미치는 데까지 교육을 받을 수 있도록 허용하자는 것이다.

사람이 타고나는 능력은 각기 다르다고 믿었기 때문에 교육의 수준은 능력에 비례해야 한다고 생각하였다. 그러므로 교육기회는 아무에게나 줄 것은 아니고 엄격한 기준에 의한 선발을 통해 주어져야 한다. 물론 차별은 하지 않지만 적어도 중등교육, 더욱이 대학교육은 능력 있는 인재들에게만 주어져야 한다. 이러한 생각을 가장 잘 반영한 것이 '인재군(pool of ability)' 개념이다. 사회마다 얼마만큼의 유능한 인재가 포함되어 있다는 것이다. 이 인재들을 발굴하여 알맞은 교육을 시킨 뒤에 충분히 활용하자는 것이다. 인재군에 관한 정확한 정보를 가지고 있으면 불필요하게 많은 사람을 교육하지 않아도 되고, 지나치게 교육기회를 제한하여 인재의 활용을 놓치는 일도 미리 막을 수 있다는 주장이다.

인재군에 관한 연구는 영국에서 가장 일찍부터 시작되었다. 이미 1920

년대부터 조사를 한 기록이 있으며 그 뒤에 많은 연구결과가 쌓였다. 그 가운데 매킨토시(McIntosh, 1959)의 조사가 유명한데 4,400명을 대상으로 초등학교, 중등학교 및 졸업 이후까지의 종단적(longitudinal) 연구를 통하여 각 연령 집단마다 11.1퍼센트의 인재군이 있는 것으로 결론지었다. 그는 인재를 대학입학자격시험 합격수준으로 잡고, ① 그 시험에 응시하여 합격한 사람이 각 연령집단의 6.3퍼센트, ② 대학에 진학할 계획이 없기 때문에 응시하지는 않았으나 응시했더라면 합격할 것으로 추정되는 4.3퍼센트, ③ 고등학교에도 입학하지 않았으나 역시 대학입학자격 시험에 합격할 만한 능력을 지닌 0.5퍼센트, 합계 11.1퍼센트로 계산하였다.

영국 외에도 미국, 독일, 스웨덴 등 많은 나라가 각기 보유하고 있는 인재의 양을 정확히 알아내기 위한 조사를 실시하였다. 이들은 대체로 매킨토시의 경우와 마찬가지로 대학입학자격의 수준을 인재군으로 보았는데, 각 연령집단의 구성비로 보아 적게 추정한 것은 10퍼센트, 많게 추정한 것은 20퍼센트이다(Husén, 1975: 73-107). 미국의 인재구성을 지능지수(IQ)에 기초하여 분석한 헤른스타인과 머레이(Herrnstein & Murray, 1994: 29-50)는 미국이 대학문호를 개방함으로써 낮은 지능 소유자까지도 대학에 입학하여 대학교육 수준을 떨어뜨렸으므로 대학입학기준을 강화해야 한다고 주장하였다. 이러한 논리로 인재군 개념은 교육기회를 제한하는 정책을 뒷받침하는 일에 자주 동원되었다. 더욱이 각 연령 집단 내의 인재군의 비율을 사회계층별로 계산하는 일이 많았는데, 이것은 하층계급보다 상층계급의 머리가 더 좋다는 증거로 활용되었다. 미국에서는 백인과 흑인 간에 능력검사에서 차이가 난다는 연구결과를 근거로 부시 행정부가 인종 간 학업성취 차이를 반영하는 정책을 만들기도 했다(Warikoo, 2018: 369-370). 그렇게 함으로써 상층계급이 대학교육 기회를 많이 차지하고 있는 것을 정당화하는 결과가 되었다.

2) 교육기회의 보장적 평등

허용적 평등관은 제도적 차별을 철폐함으로써 모든 사람에게 교육받을 기회를 열어주는 데에 기여하였다. 그러나 교육받을 기회를 허용하는 것만으로는 실질적 교육평등의 실현이 불가능하다는 사실이 곧 드러났다. 학교에 다니도록 허용한다 해도 생계를 위해 노동해야 하는 하류계층 자녀들은 교육을 포기할 수밖에 없었다. 깊은 산골이나 외딴섬에 사는 어린이들은 그곳에 학교가 없기 때문에 다닐 수가 없었다. 그러므로 교육평등을 실현하기 위해서는 취학을 가로막는 경제적, 지리적, 사회적 제반 장애를 제거해 주어야 한다. 즉, 취학을 보장해 주는 대책이 필요하다는 데에 생각이 미친 것이다. 그래야 가난한 가정이나 산골의 어린이들도 학교에 다닐 수 있기 때문이다.

제2차 세계대전 이후에 유럽 국가들은 보장적 평등정책을 추진하였다. 영국의 「1944년 교육법(1944 Education Act)」은 이 면에서 대표적인 것이다. 중등교육을 보편화하는 한편 무상화하고 불우층의 자녀들에게는 의복, 점심, 학용품 등을 지급하였다. 그리고 중등교육의 복선제가 지니고 있는 불평등 요소를 제거하여 단선제로 전환하였다. 그리하여 누구나 중등교육까지는 어렵지 않게 받도록 만들었다.

그러나 새로운 문제가 드러났다. 교육기회를 보장하면 계층 간의 교육불평등이 완전히 해소될 것으로 기대하였으나 그렇게 되지 않았다. 예를 들면, 소위 일류 중등학교인 그래머학교(Grammar school)의 노동자 자녀의 비율은 「1944년 교육법」을 실시한 후 10년이 지난 뒤까지 높아지기는커녕 오히려 낮아졌다. 여러 조사가 공통으로 보여주는 결과는 교육기회 분배에 있어서의 사회적 편파성은 교육인구의 증대에도 불구하고 변하지 않는다는 것이었다. 이러한 현상은 비단 영국뿐만 아니라 교육기회를 대폭 확대시킨 모든 나라에서 나타났다. 선진국들의 조직인 오이시디(OECD)의 교육관계 보고서에 의하면 각국에서 중등교육의 무상화와 대학입학의 개방정책으로 취학자 수가 현저히 증가하였지만 취학자들의 사회계층구조는 크게 개선되지 않았다(Husén, 1975: 34; McDonough & Fann, 2007: 59-61).

그에 따라 한층 적극적인 대책을 여러 나라가 도입한다. 예컨대 미국은 1965년에 차별철폐를 위한 "적극적 조처(affirmative action)"를 시행하여 대학들로 하여금 입학생의 일정 비율을 소수인종, 여성 등으로 선발하도록 요구하였다(Anderson, 2004). 그러나 백인들의 계속된 반대로 2023년 미국 대법원이 위헌 판결을 내려 60년 만에 폐지되었다(경향신문, 2023. 7. 1). 한국은 "기회균형할당제"를 도입하여 대학들이 신입생의 일정 비율을 저소득층과 농어촌학생으로 채우도록 규정했다(교육인적자원부, 2007). 그러나 시행 초기에는 대학들이 이 방침에 순응하였으나, 시간이 흐를수록 '역차별' 논쟁이 벌어지고 이 방식으로 입학한 소외층학생들의 대학성적이 낮게 나타나면서, 비율할당제는 점점 축소되는 경향이다(교육부, 2019; 이혜정 · 이지연 · 이희원, 2019). 반면에 교육비가 비싼 엘리트 학교들은 저소득층에 문턱이 높아서 고소득층 자녀들이 주로 입학하기 때문에 교육 불평등 현상을 확대시키고 있다(최필선 · 민인식, 2015; Khan, 2018: 191-195).

결국, 보장적 평등정책은 교육기회는 보장해 주었지만 계층 간의 분배구조를 변화시키는 데까지는 미치지 못하였다. 특히 소득격차의 영향력을 뛰어넘지는 못하고 있다. 즉 교육기회가 확대된다고 해서 분배구조가 평등해지는 것은 아니다. 그 이유는 거칠게 표현하면 교육기회의 새로운 증가분이 각 계층에 고르게, 또는 하위계층에 집중적으로 분배되는 것이 아니라, 상위계층부터 채워져 내려가기 때문이다. 그리고 또 한편, 학교계층화로 인하여 교육기회 분배가 사회계층 요인의 영향을 강하게 받기 때문이다.

3) 교육조건의 평등

교육조건의 평등에 관하여는 콜맨(Coleman et al., 1966)이 적절히 표현한 바가 있다. "교육기회의 평등은 단지 취학의 평등만이 아니라 평등하게 효과적인 학교에의 취학을 의미하는 것이다." 다 같이 중학교에 다니게 된 것만으로는 평등이 아니라는 뜻이다. 학교의 시설, 교사의 자질, 교육과정 등에 있어서 학교 간의 차이가 없어야 평등이라는 것이다. 왜냐하면 학교 간의 차이는 그 자체도 문제이려니와, 상급학교 진학에 큰 차이를 가져올 가능성이 있기 때문이다. 그러므로 학교의 교육여건과 교육이 진행되는 모든 과정이 평등하게 되지 않으면, 교육평등은 아직 실현되지 않았다고 보는 것이다.

실제로 초등교육과 중등교육 취학이 보편화되자, 학교 간의 차이가 문제로 등장하였다. 학교에 따라 교사의 질적 수준이 다르고 시설이 다른 것을 학부모들이 문제 삼기 시작한 것이다. 부유층이 주로 모여 있는 지역과 빈곤층이 모여 있는 지역 간에는 학교의 시설과 교육자료, 교수활동 등에 차이가 났기 때문이다. 그러한 학교차가 교육결과에 차이를 가져온다고 생각하였다. 실제로 학교 간에 학생들의 성적 차가 나타났다. 학교 간의 성적 차가 새로 생겨난 것은 아니고 이전부터 있어왔지만, 교육기회 분배의 평등화가 성취되자 새삼스럽게 문제로 인식되기 시작한 것이다. 성적 차뿐만 아니라 비인지적(非認知的, non-cognitive) 특성, 예컨대 행동방식, 태도, 인성 등의 차이도 눈에 띄었다. 이러한 교육결과의 차이를 해소하기 위하여 학교차를 없애야 한다는 주장은 당연한 요구로 인식되었다.

우리나라의 소위 '고교평준화'는 개념상으로는 교육조건의 평등정책 성격을 지니고 있으나, 실제로는 그렇게 발전하지 못했다. 고등학교 간의 학교 차, 즉 교육조건의 차이를 없애고, 입학생을 학군 단위로 선발하여 거주지 중심 무작위 배정함으로써, 중학생들의 입시경쟁을 해소시키는 데에 목적을 두었다. 중학교의 입시교육은 크게 줄었고, 다른 교육적 효과도 나타났다. 그러나 이 정책은 학생의 균등배정을 실시하는 일에 중점을 두어 왔고, 교육조건의 평등화에는 노력을 하지 않은 것은 아니나 교육재정 등을 이유로 제대로 시행하지 못하였다. 더욱이, 평준화 정책의 근본 목적이 교육조건의 평등화에 있었다면, 상대적으로 교육조건이 양호한 대도시보다는 농촌과 벽지의 학교에서부터 실시했어야 옳으나 실제의 정책시행은 거꾸로 이루어졌다. 그러므로 이 정책은 교육평등의 요소를 내포하고 있기는 하지만, 실제 시행은 경쟁이 격화된 입시교육을 완화시키는 정책을 중심으로 이루어졌다. 이에 관하여는 다음 장에서 다시 살펴본다.

4) 교육결과의 평등

학교의 교육조건이 평등화되어도 교육의 결과인 학업성취에 계층 간 격차가 계속 나타나자, 교육결과, 즉 학업성취의 평등을 위한 적극적 조치를 취해야 한다는 주장이 강해졌다. 교육을 받는 것은 단순히 학교에 다니는 데 목적이 있지 않고, 배워야 할 것을 배우는 데 목적이 있으므로 학업성취가 같지 않으면 결코 평등교육이 아니라는 생각이 형성된 것이다. 교육평등의 문제가 여기에 이르면 한층 더 복잡해진다. 각기 능력이 다른 사람을 같은 학습수준까지 끌어올리려면 똑같이 다루어서는 불가능하기 때문이다. 능력이 낮은 학생에게는 교사가 더 많은 시간과 노력을 기울여야 한다. 우수한 학생보다 열등한 학생에게 더 좋은 교육조건을 제공하지 않으면 안 된다. 이것은 일종의 역차별이라 할 수 있다. 이제까지는 약자가 차별을 당했는데 이번에는 거꾸로 강자가 '차별당하게' 되었다고 반발하는 사람들이 나타난다. 그러므로 교육결과의 평등은 사회적으로 쉽게 수용되기가 어렵고 심각한 논란의 대상이 될 것을 짐작할 수 있다.

이 문제에 관한 논쟁에 롤스(John Rawls)는 저서 「정의론」(A Theory of Justice, 1971)을 통하여 큰 영향을 미쳤다. 사람들은 각기 다른 잠재능력을 가지고 각자 다른 환경의 가정에 태어난다. 어떤 사람은 명석한 두뇌를 가지고 태어나고, 다른 사람은 다소 모자라는 머리를 가지고 태어난다. 마찬가지로 어떤 사람은 유복한 환경의 가정에 태어나지만 다른 사람은 불우한 가정에 태어난다. 롤스는 누가 어떤 잠재능력을 가지고 어떤 가정에 태어나느냐는 순전히 우연의 결과로, 마치 "자연의 복권추첨(natural lottery)"과 같은 것이라고 생각하였다. 그러므로 잠재능력을 잘 타고났거나 좋은 가정에 태어난 사람은 "복권을 잘못 뽑아" 불리해진 사람에게 어느 정도의 선의를 베푸는 것이 도리에 맞는다고 롤스는 주장하였다. 사회는 마땅히 그러한 방향으로 제반 제도를 수립해야 한다는 것이다. 이러한 사상은 흔히 '보상적 평등주의(redemptive egalitarianism)'라 부른다.

보상적 평등주의는 능력주의로부터 비판을 받는다. 사람은 타고난 능력에 따라 활동하고 그 업적에 상응하는 분배를 받는 것이 옳다는 것이다. 현대사회에서는 합리주의와 과학기술의 능력이 가장 중요하므로 능력에 따르는 교육이 사회유지의 근간이라는 주장이 그 예이다. 지능의 차이는 어쩔 수 없으며, 사회는 결국 지능이 높은 사람들에 의존할 수밖에 없으므로 지능이 낮은 사람들을 필요 이상 지원하는 교육정책은 낭비라고도 주장한다(Herrnstein & Murray, 1994).

결과의 평등을 위한 교육으로 저소득층의 취학 전 어린이들을 위한 보상교육을 들 수 있다. 미국에서는 1965년에 시작한 '헤드스타트 사업(Project Head Start)'을 시발점으로 'Middle Start Project' 등 수많은 이름의 교육지원 사업이 벌어지고, 영국에서는 'EPA', 즉 교육우선지역(Educational Priority Area) 사업을 시작하여 EAZ(Education Action Zone)로 발전시켰고, 프랑스도

ZEP(Zones d'Éducation Prioritaire), 즉 '교육우선지역' 사업을 시행하고 있다. 이들은 모두 불우층의 취학 전 어린이들에게 기초학습능력을 길러주어서 이들이 학교교육에서 뒤떨어지지 않도록 예비적 조치를 취하는 것이다. 한국에서는 '교육복지우선지원사업'으로 운영하고 있다(이혜영, 2004; 이희연 · 김경애 · 김효정 외, 2020). 불우한 가정이나 지역사회의 어린이들은 환경이 좋지 않기 때문에 기초학습능력을 개발시키지 못한 것이 취학 후에 그들의 성적을 낮게 하는 주요 원인이라는 연구들이 이러한 조기보상교육의 필요성을 뒷받침해 주고 있다. 물론 초등학교와 중등학교 과정에서도 여러 나라에서 보상교육을 실시하고 있다.

5) 사회개혁에 의한 교육평등

이제까지 살펴본 교육평등에 관한 관점들은 교육의 평등화는 학교와 교육체계의 변화를 통하여 달성할 수 있다고 믿는 것들이다. 교육의 평등은 교육체계를 둘러싸고 있는 전체 사회와 밀접히 관련된 것이기는 하지만 교육체계의 문제라고 생각한다. 그러나 이와는 대조적으로 교육은 그 자체의 독자성이 없으며, 다만 사회구조의 반영체일 뿐이기 때문에 교육의 평등은 교육체계의 문제가 아니라 사회구조의 문제라고 주장하는 사람들이 있다. 이렇게 주장하는 사람들 가운데에는 마르크스주의자들이 있다. 이들은 자본주의 사회의 교육문제는 그 사회가 지니고 있는 모순의 반영이기 때문에 그 문제는 자본주의 자체의 모순이 해소됨으로써만 해결된다고 주장한다. 같은 논리로 교육불평등은 사회불평등의 반영에 불과하므로 사회가 평등해지기 전에는 교육도 평등해지지 않는다는 것이다. 교육의 평등화를 위한 조치는 그것이 비록 최선의 것이라 할지라도 사회에 현존하는 불평등 구조를 넘어설 수 없다고 주장한다(Bowles, 1977). 마르크스주의자가 아닐지라도 사회구조에 원인이 있다고 믿는 사람들은 사회개혁의 선행을 주장한다.

그러므로 혁명 또는 사회개혁을 통하여 교육을 조건 짓고 있는 사회구조를 평등하게 만드는 것이 최선의 교육평등화 방안이라는 것이다. 자본주의 경제구조 또는 기존 사회구조를 그대로 놓아두고는 교육의 불평등은 언제까지나 지속될 수밖에 없다고 강조한다. 특히 21세기에 들어 신자유주의가 발호하고 세계화가 지배함에 따라 경제적 양극화가 더욱 확대되어 상위 소득집단이 교육도 지배하는 현상이 벌어지고 있다(Khan, 2018: 187-190). 그러므로 근본적인 사회개혁이 교육평등화의 길이라고 사회구조 개혁론자들은 주장한다.

3. 교육평등정책

1) 교육평등 정책의 단계적 성격

이제까지 다섯 개의 교육평등관을 살펴보았다. 그런데 이들 가운데 마지막 관점을 뺀, 앞의 네 관점들은 어느 정도 단계적 성격을 가지고 있으므로 실제 정책화할 때에는 단계를 고려할 필요가 있다. 예를 들어, 기회의 보장적 평등화가 실현되지 않은 단계에서 교육조건의 평등을 위한 정책을 시행하면 어떻게 될까? 보장적 평등이 실현되지 않았으므로 일부 집단은 아직도 교육기회를 누리지 못하고 있는 상황인데, 그럼에도 불구하고 교육정책이 이들을 간과하고 이미 교육기회를 누리고 있는 사람들에게 관심을 기울여 교육조건을 개선하는 일에 몰두한다면, 이러한 정책하에서는 교육적으로 불우한 집단은 더욱 불리해지게 된다. 이런 점에 비추어 우리나라의 교육이 어떤 단계에 위치해 있는가를 따져볼 필요가 있다.

큰 틀에서 보면 우리 교육은 많이 평등화되었다. 교육기회는 거의 모든 단계에서 개방되었고, 고등학교까지 무상교육이 2021년에 실현되었다. 즉, 모든 수준의 교육에서 한국에는 기회의 허용적 평등이 실현되었다. 그러면 기회의 보장적 평등은 어떠한가? 초등학교와 중학교는 의무제로 완전취학이므로 문제가 없다. 대학교육은 교육비가 거의 사부담 원칙에 맡겨져 있어서 사회경제적 차이가 교육기회 분배에 강하게 작용하고 있다. 대학교육 부문이야말로 보장적 평등정책이 긴요하다.

한편, 장애인들에게 눈을 돌리면 교육기회를 누리지 못하는 사람들이 드러난다. 그동안 관련법을 제정하여 장애인들에게 교육기회를 보장해주기 위한 정책을 강화하고 있으나 더 많은 관심을 기울여야 할 분야이다. 그리고 새로운 소외계층을 형성하는 외국인 노동자와 그 자녀들의 교육기회를 위한 정책도 필요하다.

한 걸음 더 나아가, 21세기는 평생학습시대에 들어섰기 때문에, 평생에 걸친 학습의 필요가 급속히 높아지고 있다. 성년기, 노년기, 그리고 특히 유

참고자료

OECD 제안 교육평등 10대 정책

1. 계열분리의 조기 실시를 제한하고 학업에 의한 선발을 뒤로 미룬다.
2. 학교선택은 평등을 해치지 않도록 관리한다.
3. 상급 중등교육 단계에 여러 가지 적성과 희망에 적합한 다양한 교육프로그램을 운영하여 학업중단이나 퇴학을 방지한다.
4. 교육제도에 제2의 교육기회를 마련한다.
5. 학습부진 학생을 판별하고 지원할 수 있는 체계적 방법을 강구하여 유급생 발생을 방지한다.

아기의 교육이 필요하다(윤민종, 2018). 그럼에도 불구하고 평생학습 기회는 아직도 한정되어 있고, 수강료를 지불해야 하는 유상교육이 큰 부분을 차지하고 있으며 직장근무로 학습시간을 확보하기 어렵기 때문에 저소득계층은 학습할 기회가 제한될 수밖에 없다. 저소득층뿐만 아니라 장애인을 포함한 여러 소외집단들도 마찬가지로 평생학습 기회가 제한되어 있다. 결과적으로 성인기 평생학습 기회의 분배는 소득이 높고 대기업 같은 좋은 직장에 근무하는 사람들에게 편중되어 있다. 특히, 주목할 점은 고학력자의 평생학습 점유율이 매우 높다는 사실이다. 앞 절에서 살펴보았듯이, 학교교육 기회의 분배가 사회계층 배경의 영향을 강하게 받는다는 사실에 비추어 보면, 평생교육 기회까지도 사회계층의 차이에 따라 이중으로 심하게 불평등 분배되고 있음이 드러난다. 유아기와 노년기도 마찬가지로 계층 간 차이가 크다. 그러므로 유아기를 포함하여 평생학습 기회에 있어서는 보장적 평등정책이 매우 강하게 요청되고 있다.

한편 교육기회의 보장이 거의 실현된 초·중등교육은 교육조건의 평등

6. 불우집단 가정의 학교와 관계를 강화하여 부모들이 자녀의 학습을 도울 수 있는 지원대책을 수립한다.
7. 사회의 다양화에 대응하여 이민자와 이주노동자 등을 주류사회 교육에 포용한다.
8. 유아교육과 기초교육을 우선정책으로 시행하여 만인을 위한 교육을 강화한다.
9. 빈곤한 학생과 지역에 재정, 시설 등 직접지원을 시행한다.
10. 진학률이 낮고 퇴학률이 높은 지역 등 집중적 평등정책이 필요한 대상을 설정한다.

출처: Field et al. (2007). p. 9.

과 교육결과의 평등에 관심을 높일 필요가 있다. 특히, 초등교육에는 더욱 필요하다. 고등학교에는 기회의 보장을 실현하면서 조건의 평등으로 나아갈 때이다. 대학은 보장적 평등이 아직도 부족하므로 이 부분에 당분간 역점을 두고, 조건의 평등과 결과의 평등도 준비하여야 한다. 이처럼 정책은 교육단계의 상황에 따라 복합적으로 추진되어야 하지만, 교육체계 전체의 체계적 평등화 추진을 위한 종합계획 수립이 선행되어야 한다. 이러한 종합적 정책수립을 위한 기초연구가 매우 긴요하다.

그럼에도 불구하고, 교육은 과거에 비하여 전반적으로 많이 평등화되었다. 선진국들은 20세기 후반부터 평등교육의 실현을 위하여 다양한 정책을 체계적으로 추진하여 성과를 거두었고, 우리나라도 초·중등교육에서 기회의 평등화가 현저하게 향상되었다. 그러나 교육평등이 완전히 실현된 것은 아니다. 최근에 계층 간, 지역 간 교육격차가 감소하기보다 오히려 심화되는 경향을 보이기도 한다(김경근, 2020). 더욱이 교육평등에 대한 국민들, 특히 젊은 세대의 관심이 최근에 급속히 높아지고 있어서 평등과 공정성을 위한 정책의 추진에 새로운 에너지가 공급되고 있다. 이제는 고등교육, 유아교육, 평생교육의 보장적 평등과 결과의 평등을 향상시키는 정책을 강화할 때이다.

2) 교육의 사회평등화 논쟁 종합

이제, '사회평등과 교육'(제6장) 그리고 '교육평등론'(제7장)의 논의를 종합·정리할 때가 되었다. 수많은 연구들이 수행되었지만 어느 쪽도 합의된 결론을 이끌어낼 수 있는 상태는 아직 아니다. 그럼에도 불구하고 다음과 같이 요약할 수 있다.

첫째, 사회의 평등화에 교육이 긍정적으로 작용하는가 부정적으로 작용하는가에 대하여는 주장이 엇갈리는데, 어느 주장도 결정적 증거가 부족하다. 직업지위 획득에 가정의 계층배경의 영향은 거의 없고 본인의 교육이 뚜렷한 영향을 주기 때문에 사회이동이 능력주의에 따라 이루어진다는 주장은 교육의 영향력 자체도 논의의 여지가 있지만, 교육성취가 능력 본위로 이루어진다는 증거가 부족하다. 한편, 교육이 불평등을 재생산한다는 주장은 교육이 원인으로 작용한다는 분명한 증거를 확인하기 어렵다. 교육이 소득격차를 만들거나 확대시킨다기보다는 기존의 소득격차를 줄이지 못하고 있다는 것이 더 정확한 표현일 것이다.

둘째, 학력 또는 교육성취에는 정도의 차이는 있으나 대다수 연구들이 사회계층의 영향을 지적한다. 교육기회의 분배가 계층이 높은 쪽에 더 편중되고 있음을 뜻한다. 교육의 평등화를 위한 정책의 성공도에 따라 국가 간에 차이가 있기는 하지만, 아직도 많은 나라에서 교육의 평등화는 완전히 실현되지는 못하고 있다.

그러면 가정의 계층배경, 본인의 교육, 본인이 도달한 계층 간의 관계는 어떻게 정리할 수 있을까? 즉, 한 사람이 현재의 사회계층에 도달하는 데 있어서 가정배경과 교육이 어떻게 작용했을까? 가정배경, 교육, 도달계층 간의 관계를 하나의 모형 속에서 분석한 연구들이 이 질문에 해답을 제공한다.

사회평등과 교육의 관계에 관한 논쟁이 한창이던 지난 세기말 약 30년간 발표된 주요 연구결과를 정리한 것에 따르면(Goldthorpe, 1997), 초기의 연구들은 교육이 계층결정에 강한 영향을 발휘하는 것으로 보고하였다. [그림 7-2]에서 ②, ③은 교육이 계층결정에 강한 영향을 주지만, 출신배경은 교육수준이나 도달계층에 약하게 작용하는 것을 보여준다. ④는 교육이 도달계층 결정에 영향을 주지만, 동시에 출신배경의 영향을 강하게 받는다. 반면에 ⑤와 ⑥은 교육이 도달계층 결정에 이렇다 할 영향을 주지 못하고,

①

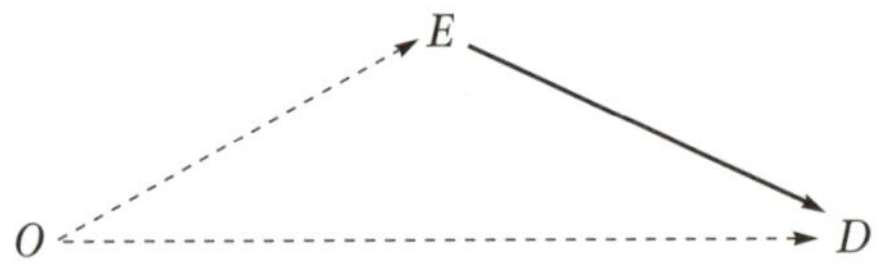

IMS hypothesis

②

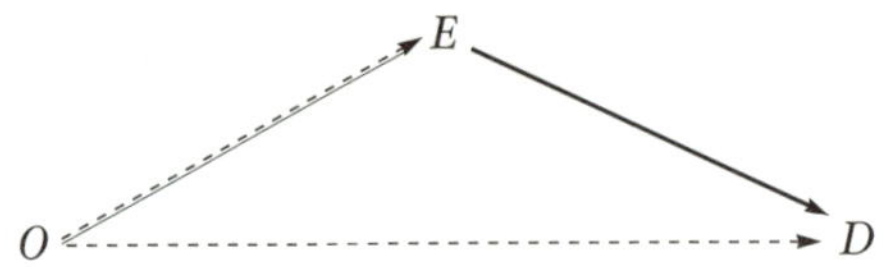

Blau and Duncan(1967) USA, men

③

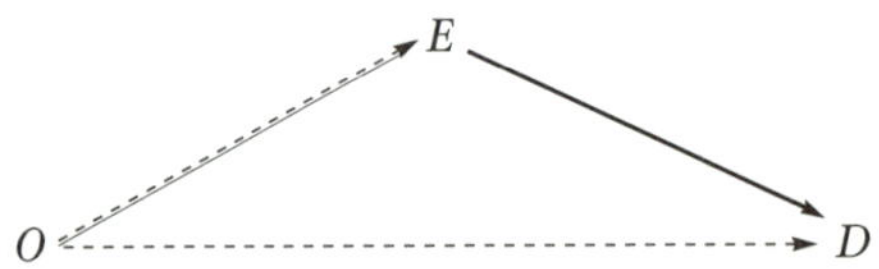

Featherman and Hauser(1978) USA, men

④

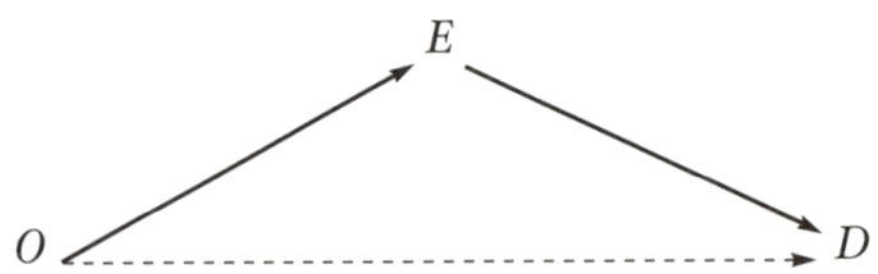

Halsey(1977) England and Wales, men

⑤

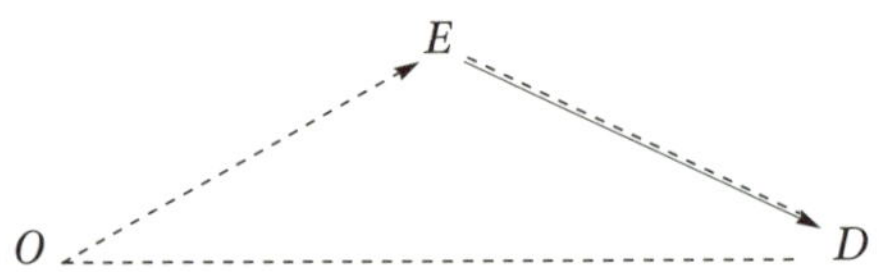

Jonsson (1992; 1993) Sweden, men and women

⑥

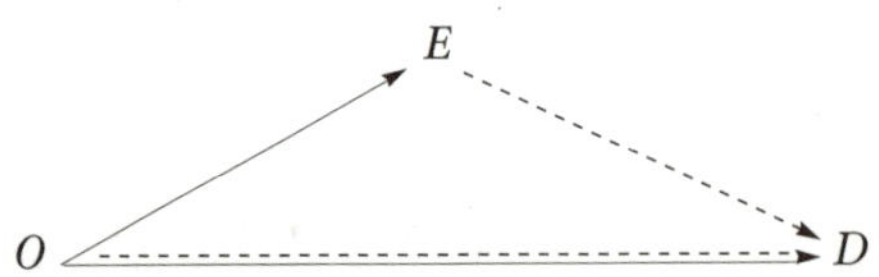

Heath et al.(1992) England and Wales, men and women

⑦

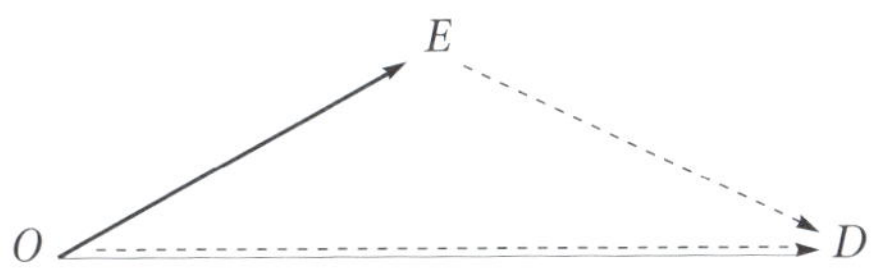

Ganzeboom et al. (1992) England and Wales, men

──→ 지속적 효과	O : 출신배경(Origins)
━━→ 강한 효과	E : 교육(Education)
- - -→ 약한 효과	D : 도달점(Destination)
- - -→ 부분효과 또는 불분명	I M S : 능력선발(Increased Merit Selection)

[그림 7-2] 계층이동에 대한 교육의 효과 경로도형

출처: Goldthorpe (1997). p. 666.

출신배경도 도달계층 결정에 뚜렷하게 작용하지 못한다. ⑦은 출신배경이 교육에는 영향을 주지만, 교육은 도달계층 결정에 영향을 그다지 주지 않는 것을 보여준다. 요약하면, 초기 연구들은 사회평등화 장치로서의 교육에 대한 기대를 긍정적으로 지지하였던 것과는 대조적으로, 후기 연구들은 교육의 영향력을 확인하지 못했음을 보여준다.

이 그림에서 ①은 세 요인 간의 관계가 능력주의 원리에 따라 이루어지는 경우를 나타낸 가설적 상황이다. 즉, 교육이 계층배경의 영향을 받지 않고, 도달계층도 계층배경의 영향을 받지 않으면서, 자신이 성취한 교육으로 계층이 결정되는 상황이다. 이 가설적 능력주의 모형에 견주어 보면 연구결과들이 보여주는 실제의 상황은, 1960~70년대의 미국은 희망적으로 보였지만 다른 나라들의 상태는 교육이 계층결정에 이렇다 할 영향은 못 주면서 계층배경의 영향은 받는 모습이다. 우리나라의 연구(김경근, 2020; 여유진, 2008; 조우현, 2004)는 ④번과 비슷한 결과를 보고하였다. 교육이 계층결정에 영향을 주지만, 동시에 교육은 부모계층의 영향을 강하게 받는다는 것으로, 부모와 자식의 계층을 교육이 연계시키는 것으로 볼 수 있다.

결국, 이러한 연구 결과들의 흐름이 말해 주는 것은 사회를 평등하게 만들거나 불평등하게 만드는 일에 교육은 이렇다 할 작용을 하지 않는다는 것이다. 더욱이 자녀의 교육이 가정배경에 따라 차등화되는 경향이 있기 때문에, 자녀가 성취한 계층이 교육의 효과라고 해도 그 교육이 능력본위로 성취되었다고 보기 어려우므로, 평등화에 기여하는 증거는 되지 못한다. 그런데 교육이 가정배경에 의하여 차등화된다는 것은 그 자체가 중요한 문제이다. 교육의 사회평등화 여부를 중시하지 않는다 해도, 또는 교육과 사회평등/불평등이 무관한 것으로 확인된다 해도, 교육이 평등하게 이루어지는가 여부는 그 자체가 중요한 문제가 아닐 수 없다. 또한, 교육불평등이 감소되었다 해도 여전히 뚜렷하게 남아있다면 그 원인을 밝히는 일이 중요한 과제이다.

앞에서 교육기회가 계층에 따라 편중 분배되는 것을 확인하였다. 어떤 요인들에 의하여, 어떤 과정을 통하여 이런 결과가 만들어지는 것일까? 교육기회는 교육선발을 통하여 분배가 결정된다. 교육선발은 어떻게 이루어지는가? 다음 장에서 이 문제를 살펴보자.

제8장

교육선발과 시험

스승이 말하였다.
"일찍이 한 학생이 수학자가 되겠다 하면서도
되지 못하고 만 일이 있는데,
그건 수학교과서 뒤에 실린 답들을
맹목적으로 믿었기 때문이었답니다.
그런데 역설적이게도 그 답들은 모두
정답이었지요."

앤소니 드 멜로, 『일분지혜』

초등에서 중등과 고등교육으로 이어지는 진학 과정에서 각 단계별로 선발이 이루어진다. 우리나라 교육선발은 입학단계에서의 선발, 상급학교에 의한 선발, 상대적 경쟁선발, 객관식 시험 선발의 특징을 지니고 있다. 한편 시험은 교육기능뿐만 아니라 교육과 지식에 대한 통제기능도 가지고 있다. 이러한 시험의 교육적 · 사회적 기능에 대한 연구는 한 사회의 지적 · 교육적 · 문화적 특징을 밝히는 데에 중요하다.

우리나라는 학령기 학생 누구나 고등학교에 진학하고, 대학까지 대다수가 다니고 있다. 그런데 앞 장에서 살펴본 여러 자료와 연구결과들은 학교교육 기회가 평등하게 분배되지 않았다고 말한다. 그렇다면 어떤 과정에서 불평등 요인이 작용했을까? 대학까지 다닌다고 하면 학교교육은 매우 긴 과정이다. 대학 입학 전까지 12년 과정이고, 입학 후에 또 다시 여러 해를 거쳐야 졸업한다. 이 긴 과정에 진급, 졸업, 진학이 반복되면서 선발이 이루어진다. 뽑혀서 올라가기도 하고 떨어지기도 한다. 그러므로 학교교육은 선발이 계속되는 과정이라고도 할 수 있다. 선발에는 시험결과가 중요하게 고려된다. 시험점수가 입학, 진급, 졸업 등 모든 것을 결정하는 것처럼 보일 정도이다. 그렇다면 여러 단계에서의 선발과 시험에 혹시 불평등 요소가 끼어 들어가는 것은 아닐까?

교육선발과 시험에는 평등성 문제 말고도 교육적으로, 사회적으로 중요한 문제가 관련되어 있다. 상급학교 신입생 선발 시에 수험생의 어떤 자질을 주로 고려하는가? 교과지식? 합리적 사고능력? 성품? 이념적 성향? 대학입시가 어떤 특성을 중시하는가는 즉각 고교교육에 영향을 미치고, 학생들의 학습 방향을 결정한다. 고교교육이 대학입시에 예속되어 있기 때문이다. 그러므로 대학의 입학선발은 대학의 문제일 뿐만 아니라, 고등학교를 비롯한 하급학교 전체의 문제이며, 이것이 대학입시가 교육적으로 특히 중요한 이유이다.

입학시험 말고도 학교교육의 과정에는 시험이 거의 일상화되어 있을 정도로 빈번하게 시행된다. 학생들이 시험 속에서 살아간다고 해도 틀리지 않는다. 한마디로 시험이 학생들의 학습내용과 학습방법과 생활을 지배한다. 즉, 시험내용과 방법은 학생들의 학습활동을 통제한다. 그러므로 시험에 자주 출제되고, 정답으로 인정하는 지식과 가치관은 그 사회의 표준문화로 자리를 잡는다. 뿐만 아니라 시험방식, 예컨대 객관식과 주관식 가운데 어느 방식을 지속적으로 반복하면 사고방식이 그 방향으로 형성된다. 다시 말하면, 시험방식이 국민들의 사고방식 형성에 강력한 영향을 줄 수 있다. 시험은 학교에서 끝나는 것이 아니라 국민의 특성으로 연결되는 것이다. 이제 입학, 진급, 진학 등 학생흐름(student flow)부터 살펴보자.

1. 학생흐름과 선발

1) 학생흐름

학교교육은 장기간에 걸친 과정 속에서 이루어진다. 입학에서 졸업까지 다시 상급학교에 진학하여 졸업하는 과정을 반복한다. 어느 나라에서나 초등학교 입학은 긴 여정의 시작이다. 같은 해에 출생한 어린이들은 대부분 함께 입학하여 같은 학년을 구성한다. 예를 들어 2002년 전후에 우리나라에서 출생했거나 외국에서 출생하여 입국한 어린이들은 만 6세가 되는 2008년에 함께 초등학교에 입학하여 1학년이 되었다. 이들은 중퇴, 이민, 사망 등으로 학교를 이탈한 약 1만 명을 빼고는 2014년에 초등학교를 졸업하고 중학교에 진학했다. 중학교 과정에서 약 7,700명이 이탈했고, 졸업자 대다수는 2017년에 고등학교에 진학하였다. 고등학교 과정에서 약 21,000명이 이탈했고, 졸업자 가운데 약 37만 명이 2020년에 대학에 입학하였다([그림 8-1] 참조). 이들 가운데 일부는 2022년부터 2년 과정 전문대를 졸업하기 시작할 것이고 나머지 대다수는 2024년부터 학사과정을 마치고 사회에 진출하기 시작할 것이다.

그런데 2008년 초등학교 입학생 540,799명 가운데 368,582명이 대학에 입학했으면 나머지는 어디로 갔을까? 고등학교를 졸업 후에 취업했거나 취업을 기다리는 사람들이 있고, 재수 또는 삼수하여 다음 해나 그 이후에 대학에 진학할 사람들도 있을 것이다. 그 나머지 대다수는 고등학교 졸업 이전에 이런저런 단계에서 학교제도 밖으로 나갔을 것이다. 12년간 교육의 여러 단계를 거쳐 오는 동안에 여러 가지를 배우면서, 계속 진급 및 진학하여 대학에 도달한 사람이 있고, 중간에 학교제도로부터 이탈한 사람도 17만여

학교단계	학교유형	학교이탈자[1]	학교이탈자 누계
2020 대학 입학	대학교[2] 24만 2,734명 / 전문대[3] 11만 3,871명 / 신형식대학[4] 1만 1,977명 36만 8,582명	비진학 13만 1,791명	17만 2,217명
'20 고등학교 졸업	50만 373명	비졸업 2만 1,218명	4만 426명
'17 고등학교 입학	일반고 37만 1,993명 / 특성화고 9만 4,148명 / 특목고 2만 1,250명 / 자율고 3만 872명 / 기타 3,328명 52만 1,591명	비진학 1,396명	1만 9,208명
'17 중학교 졸업	52만 2,987명	비졸업 7,730명	1만 7,812명
'14 중학교 입학	53만 717명	비진학 102명	1만 82명
'14 초등학교 졸업	53만 819명	비졸업 9,980명	9,980명
2008 초등학교 입학	54만 799명		

1) 비진학, 중퇴 등
2) 대학, 교육대학
3) 전문대, 원격대학 및 사이버대학(전문대학과정)
4) 각종학교(대학과정), 방송통신대, 산업대학, 원격대학 및 사이버대학(대학과정), 기능대학, 전공대학
자료: 교육부(2008, 2014, 2017, 2020). 교육통계연보를 기초로 작성.

[그림 8-1] 2008년 초등학교 입학자 학생흐름

명이 있다. 물론 그 가운데 일부는 학교제도로 다시 들어왔거나 재수 또는 삼수를 거쳐 들어올 것이다.

학교교육은 과정 속에서 이루어지고, 과정 속에 학생이 흘러간다. 실제로 학교교육의 과정은 학생의 흐름이다. 학생들은 수로를 따라 흐르는 물처럼 여러 수문을 통과하면서 최종 도착지를 향하여 나아간다. 물이 수문에서 몇 개의 다른 배수로로 갈라지듯이 학생들도 졸업이라는 수문을 통과하면서 서로 다른 물길로 갈라진다. 취업의 물길로 또는 진학의 물길로 갈라져 나아간다. 고등학교 단계에서는 일반고, 특성화고, 특목고, 자율고 등으로 계열이 갈라진다. 대학단계에서는 매우 세분된 전공계열로 갈라지고 대다수의 인생경로가 여기에서 결정된다.

나라에 따라서 학생흐름의 수로를 일찍 가르는 경우가 있고 늦게 가르는 경우가 있다. 복선제가 전자로서 유럽 여러 나라가 과거에는 중학교부터 진학계열과 취업계열로 나누고 횡적 이동을 막았는데 오늘날은 많이 완화되었고, 단선제는 후자로서 미국이 대표적이고 한국도 여기에 속한다. 일반계와 취업계로 계열을 분리시켰다 하더라도, 대학진학에 아무런 차이가 없다면 단선제와 같다. 종합고등학교는 한 학교에 진학계열과 취업계열이 동시에 운영되면서 상호이동이 가능하기 때문에, 계열이동이 막혀있고 취업계열의 대학진학이 억제되는 복선제와는 다르다. 그러므로 학교제도의 특성은 계열분리의 시기가 이른지 늦은지, 그리고 이동이 가능한지 아닌지에 따라서 복선제와 단선제로 구분된다. 오늘날에는 유럽도 복선제가 많이 완화되었지만, 그럼에도 불구하고 미국과 비교했을 때, 복선제의 성격을 유지하는 나라가 많다. 그만큼 학생흐름이 비교적 일찍 두 갈래로 분리된다.

대학단계에서는 말할 필요도 없이 전공별로 세밀하게 갈라진다. 이 경우에도 어떤 나라는 학과 간 이동이 비교적 용이할 뿐 아니라, 복수전공도 허용될 정도로 학과 간 경계가 낮은가 하면, 어떤 나라는 학과 간 장벽이 높아서 이동이나 복수전공이 어렵다. 즉, 학생흐름의 유연성에 따라 국가별 대학제도 간에 차이가 있다. 대학단계에서는 학과별 구분 말고도 종합대와 단과대, 4년제 대학과 전문대, 국공립대와 사립대의 구분도 있어서, 학생흐름이 갈라진다. 특히, 한국처럼 학벌의 영향력이 큰 사회에서는 명문대학에 입학한다는 것은 특별한 사회연결망의 구성원으로 진입하는 것으로 학사학위 취득 이상의 의미를 갖는다. 즉, 특정 학벌 집단에 합류함으로써 학교를 통하여 성인세계의 특정 집단으로 진입하는 것이다.

2) 교육단계와 선발

학교는 교수활동, 즉 수업과 지도를 기본기능으로 삼는 조직이지만, 가르치기 위해서는 신입생을 뽑고, 학급을 편성하고, 진급, 졸업 등 학생의 흐름을 관리하는 일도 그에 못지않게 중요한 기능이다. 학생흐름의 관리가 제대로 이루어지지 않으면 가르치는 활동도 성공적으로 진행되기 어렵다. 학생흐름의 관리는 대부분 선발과 관련된다. 입학, 진급, 졸업, 진학은 심사를 거쳐 통과하는 일종의 검문소와 같은 것이다. 아무나 통과시키는 것이 아니라 자격을 갖춘 사람만, 또는 문제가 없는 사람만 통과시키게 되어 있다. 그러나 우리나라 학생들은 입학 시에는 대단히 엄격한 심사를 받지만, 진급과 졸업 시에는 어떤 자격심사를 거쳐 통과한다는 느낌을 갖지 않는다. 실제로 까다로운 자격심사를 거치지 않기 때문에 그런 느낌을 갖지 않는 것은 당연하다. 마치 검문소라는 표지만 서 있을 뿐, 누구나 마음대로 통과하는 빈 검문소를 지나가는 것이나 다를 바 없다.

그러나 정상적인 학교라면 그러한 방식으로 진급하거나 졸업하는 일은 있을 수 없다. 학교교육은 초등학교, 중학교, 고등학교, 대학교로 단계가 구분되어 있고, 초·중등학교는 학년으로 단계화되어 있다. 각 학년마다 이수해야 할 교육과정이 정해져 있어서 아래 학년의 과정을 충분히 학습하지 않으면 상급 학년의 과정을 이수하기 어렵게 되어 있다. 그러므로 상급 학년 진급 시에는 하급 학년의 과정을 제대로 이수하고 상급 학년의 과정을 학습할 만한 수준을 갖추었다는 판정이 나와야 진급시키는 것이 당연하다.

졸업 시의 자격심사는 더욱 중요하다. 졸업장은 초등학교, 중학교, 고등학교, 또는 대학의 전 과정을 제대로 마쳤다는 일종의 '품질증명'과 같은 것이므로, 진급 시의 자격심사보다도 더욱 엄격한 '품질검사'를 거쳐서 '합격품'에게만 졸업장을 주어야 함은 말할 나위도 없다. 많은 나라에서 졸업시험을 통과한 사람에게만 졸업장이나 학위를 수여하는 제도를 두고 있는 것은, 졸업장이야말로 인간에 대한 '품질증명'이나 마찬가지이기 때문이다.

그런데 진급과 졸업의 자격심사를 엄격히 실시하면 불가피하게 탈락자가 생겨난다. 그렇다고 탈락자는 즉시 퇴학당하는 것은 아니고 대개 일 년을 더 다시 학습하도록 유급을 시키는 것이 일반적이다. 그래도 연속 탈락하면 학교에서 밀려난다. 여하튼 진급심사와 졸업심사를 정상적으로 시행하면 통과하는 사람과 탈락하는 사람으로 갈라진다. 입학심사에서 합격자와 함께 불합격자가 생기는 것이나 같다. 결국, 초등학교 1학년부터 시작하여 대학졸업까지의 전 과정은 통과 또는 탈락을 결정하는 연속적인 선발과정으로 이루어져 있는 것이다. 어떤 사람은 매 단계마다 성공적으로 통과하여 대학졸업장을 취득하지만, 또 어떤 사람들은 어느 단계에선가 탈락하여 학교 밖으로 밀려 나간다.

이러한 학교의 교육선발은 그 제도와 방법이 사회마다 일정하지 않다. 어떤 사회는 엄격한 반면 다른 사회는 느슨하다. 선발의 기준이 대단히 객관적인가 하면 매우 주관적인 사회도 있다. 졸업시험을 각 학교가 자율적으로 시행하는 경우도 있지만 국가와 같은 외부기관이 관리하는 경우도 있다. 입학선발의 기준도 저마다 다르다. 한 나라의 교육선발의 특징은 그 나라의 교육의 성격과 관련되어 있다. 그리고 말할 필요도 없이 교육의 성격은 그 사회의 성격과 밀접히 관련되어 있다.

학급편성

역사적으로 보면 학교가 동일연령집단으로 학년을 조직한 것은 근대교육이 시작된 19세기 초부터이다. 그 전에는 우리나라 서당과 서원이 그러했듯이 연령과 학습수준이 다른 학생들을 한 교실에서 가르쳤다. 10세 어린이와 15세 청소년이 한 반에서 배우는 일이 흔했다. 그러나 근대학교 제도가 정착되면서 연령별로 학생을 편성하였다. 그 이유는 동일 연령집단은 학습능력과 경험이 비슷하므로 지도하기 용이하고, 능률도 높다고 생각하였기 때문이다. 그에 따라 교육과정이 학년별로 편성되고, 학생 관리도 학년별로 체계를 갖추게 되어, 학교교육은 표준화되고 동시에 단계화되었다.

그러나 동일 연령이라고 해서 학습능력이나 행동특성이 똑같지는 않기 때문에 수업운영과 학생지도에 끊임없이 문제가 제기되었다. 그리하여 20세기 초에는 미국과 유럽 여러 나라에서 초등학교부터 연령보다는 능력과 적성에 따라 학생을 편성하는 학교들이 크게 늘었다. 능력별 학급편성과 계열별 편성이 지도의 능률을 높이고 학습을 향상시킨다는 것이 그들이 내세운 근거였다(Oakes, 1997). 한편, 동일연령에 의한 학년편성의 경직성을 해소하려는 노력으로 무학년(nongrade) 반 편성과 다학년(multigrade) 반 편성을 운영하고, 여러 연령의 혼합이 사회성발달에 유리하고 학생에 의한 지도활동도 가능하다는 논거를 가지고 혼합연령 반 편성을 시도하는 학교들도 나타났다(Oakes & Heckman, 1997). 그런데 능력별 반 편성과 계열별 편성을 위해서는, 학생의 능력이나 적성을 측정하고 그에 따라 분류할 필요가 발생하기 때문에 선발절차가 불가피해진다. 20세기 초의 미국과 유럽 학교들 가운데에는 초등학교 입학 시에 학습능력을 측정하여 우등반을 조직하는 경우가 많았다. 초등학교 입학단계부터 선발을 실시한 것이다.

진급

한 학년을 마치면 상급학년으로 진급을 하게 되는데, 이때 해당 학년의 학업성취기준에 도달한 학생은 진급시키고, 미달한 학생은 진급을 막을 수 있다. 진급시키지 않는 경우에는 대체로 동일학년을 일 년 더 다니게 하는 유급제를 시행한다. 개발도상국 가운데 많은 나라들이 유급제를 시행하고

표 8-1 일부 국가의 초등학교 유급률(1999년과 2012년) (단위: 퍼센트)

국가	1999			2012
	전체	남	여	전체
세계	5.2	5.4	4.9	4.6
선진국	1.0	0.8	1.3	0.8
개도국	5.8	6.2	5.5	5.1
한국	0.0	0.0	0.0	0.0
인도	4.0	4.0	4.1	5.0
인도네시아	6.2	6.2	6.2	2.9
태국	3.5	3.4	3.5	-
모로코	12.4	14.1	10.7	9.2
세네갈	14.4	14.2	14.5	3.4
콩고 민주공화국	15.5	18.8	11.9	11.2
브라질	20.0	20.0	20.0	8.7
아르헨티나	5.9	6.9	4.9	4.2
칠레	2.4	2.9	1.9	4.7
독일	1.7	1.9	1.5	0.5
오스트리아	1.5	1.8	1.3	2.5
스위스	1.8	1.9	1.6	1.3

출처: UNESCO(2015). Education for All. ANNEX Table 6. pp. 360-367.

있는데, 〈표 8-1〉은 그 가운데 지역별로 몇 나라씩 예시한 것이다. 나라에 따라서 큰 비율을 유급시키는 경우가 있고, 비교적 소수를 유급시키는 경우도 있다. 유급률은 대다수 국가에서 최근에 낮아졌다. 그런데 유급제를 시행하면 선발이 불가피하므로, 많은 나라에서 초등학교 1학년부터 학년진급시마다 선발을 실시하고 있는 것이다.

선진국들은 대체로 유급이 거의 없거나 특별한 경우에 시행한다. 대개 능력별 반 편성, 수준별 수업, 학습부진학생 특별지도, 개인지도 등을 통하여 유급자의 발생을 억제하는 방식을 택하고 있다. 그러므로 결과적으로 이 나라들에서도 직접 간접의 선발이 진행되는 셈이다. 이런 점에서 한국은 독특하다. 유급제를 시행하지 않으면서 학업성취 기준미달 학생을 위한 대책도 제대로 운영하지 않는 예외적 국가에 해당한다. 보완대책이 없는 자동진급 국가인 셈이다.

유급은 동일 학년을 1년 더 공부하는 것이지만, 그 뒤에 반드시 진급한다는 보장은 없다. 동일학년을 두 차례 유급할 수도 있다. 유급이 반복되면 퇴학(dropout)이나 학습태만(truancy)으로 이어져서 결국 학교이탈자(school leaver)가 된다. 학교이탈자는 유급과정을 통해서만 발생하는 것은 아니고, 여러 가지 사회경제적 원인에 의하여 발생한다. 저소득층과 소외집단의 자녀들이 대부분을 차지한다(Kelly, 1997). 결국, 여러 가지 원인으로 발생하는 학교이탈도 교육선발의 한 부분이다.

졸업

한 단계의 교육이 완성되면 학생은 졸업하여 다음 단계로 진입하거나, 사회로 흘러 나간다. 졸업은 해당 단계의 교육에서 가르치는 것을 성공적으로 학습했다는 공식적 인정이고, '졸업장'이라는 사회가 인정하는 증명서까지 수여하는 하나의 사회적 의식이다. 그래서 '졸업식'은 개인적으로나 사회적으로 큰 의미가 부여되는 행사이며, 현대 학력사회의 특성을 구성하는 주요 요소이다.

많은 나라에서 졸업은 엄격한 심사를 거쳐 결정한다. 유럽 여러 나라처럼 졸업시험을 제도화한 경우도 많다(한국교육개발원, 2006: 176-178). 1970년대까지도 영국의 많은 지역 교육청이 시행한 '11세 이상 시험(11+ Examination)'은 초등교육 졸업시험으로서, 이 결과에 따라 진학계열과 취업계열로 중학교를 구별하여 입학시켰다. 현재도 영국의 '중등교육증서(GCSE)', 프랑스의 '바칼로레아(Baccalauréat)', 독일의 '아비투어(Abitur)' 등은 중등교육 졸업시험이며, 대학입학의 사정자료로 이용된다. 즉, 졸업은 수학기간을 채웠다고 자동으로 주어지는 것이 아니고, 학업성취 기준을 충족시켰느냐에 따라 결정된다는 것이다. 시험결과에 따라 졸업자격을 받아 대학진학자격도 인정받는가 하면, 반면에 단지 수료자로 구분될 수도 있다. 한마디로 졸업단계에서 엄격한 선발절차가 이루어지는 것이다.

이에 비하면 우리나라의 대다수 각급 학교들은 졸업단계에서 엄격한 선발을 시행하지 않는다. 수학연한과 기준교과단위를 이수하면 형식적 졸업사정절차를 거쳐 졸업장이 수여된다. 그러므로 우리나라와 다른 나라들 사이에는 생존율(survival rate)에 큰 차이가 난다. 예컨대, 2004년 한국의 고등학생 생존율은 83퍼센트인데, 오이시디 회원국 고등학생의 평균생존율은 70퍼센트에 불과하다(한국교육개발원, 2006: 39). 생존율은 각급 학교의 입학자 수에 대한 졸업자 수 비율이다. 우리나라 각급 학교에서는 앞에서 보았듯이 학년진급 시에도 이렇다 할 선발이 이루어지지 않는데, 졸업단계에서의 선발도 형식에 그치기 때문에, 교육의 질 관리가 부실하다고 말할 수 있다. 교육의 과정뿐만 아니라 종결단계에서도 선발이 제대로 이루어지지 않으면 질 관리를 기대하기 어렵다.

입학/진학

그러면 입학단계에서는 어떤가? 한국은 대학입학단계에서의 선발강도가 가장 높은 나라에 속한다. 대학입시 경쟁이 가장 치열하고, 치열한 입시경쟁으로 인하여 교육에 많은 문제가 일어날 뿐만 아니라 심각한 사회문제를 일으키고 있다. 다른 나라들은 어떤가? 일본이 한국과 비슷한 양상이고 중국도 유사해지고 있다. 유럽과 미국은 다르다. 그 나라들도 대학입학단계에서 선발이 이루어지지만 선발강도는 우리에 비하여 매우 낮다. 대학입시 경쟁의 강도가 그만큼 낮기 때문에 중등학교 교육이 정상적으로 운영된다.

국가 간에는 선발강도의 차이가 왜 발생하는가? 여러 원인이 있지만 다음 절에서 살펴보기로 하고, 다만 한 가지는 여기에서 정리하고 넘어간다. 앞에서 보았듯이 다른 여러 나라들이 진급 시에 학습 성취기준에 미달한 학생은 유급시켜서 재학습시키거나, 능력별 반 편성, 수준별 수업, 학습부진학생 특별지도 등을 통하여 유급생의 발생을 막는 정책을 쓰는 것과 달리, 한국은 보완대책이 없는 자동진급을 실시하기 때문에, 다른 나라들과 같은 진급 시의 선발이 생략된다. 그리고 졸업 시에도 다른 나라들이 졸업시험 등을 통한 선발을 시행하는 것과 달리 한국은 쉽게 졸업생을 배출한다. 요약하면, 대다수 국가에서는 초등학교부터 고등학교 졸업 시까지 교육선발을 여러 단계에 분산시킨 반면, 한국은 고등학교 졸업까지 거의 선발 없이 통과한 뒤, 대학 입학 시에 집중적 선발을 시행한다. 많은 나라가 분산선발체제인 데 반하여 한국은 집중선발체제인 것이다. 집중선발체제하에서는 모든 경쟁이 한 시기에 이루어지기 때문에 경쟁강도가 한없이 높아진다. 반면에 분산선발체제하에서는 경쟁이 여러 시기에 나뉘어 이루어지기 때문에 그만큼 강도가 낮다.

한국은 대학입학 단계에 집중시킨 선발체제를 운영해왔기 때문에, 거의 모든 교육문제가 대학입시에 집중되고, 때로는 고교입학 단계에까지도 확대되어, 교육정책에 관한 논의도 대부분 대학입시 중심으로 전개되었다. 그만큼 대학입학선발에 대한 관심과 문제의식이 높은 것이다. 다른 나라에서도 대학입학 선발이 중요하지 않은 것은 아니나 한국은 유별난 나라 가운데 하나이다. 다음 절에서 입학선발에 관하여 살펴본다.

2. 입학선발

1) 초 · 중등학교

앞에서 설명한 대로 교육의 모든 과정에서 선발이 이루어지지만, 입학단계의 선발이 가장 뚜렷하고 큰 관심의 대상이다. 이제는 취학의무교육 단계에는 입학선발의 기능이 거의 없어졌지만, 20세기 초만 해도 미국과 유럽 여러 나라에서 초등학교 입학단계에서도 선발이 실시되었다. 많은 지역교육청에서 5세 어린이들에게 실시하는 준비도 검사(readiness test)결과에 따라 유치원의 상급 또는 하급 과정에 배치하고, 초등학교 1학년 학급편성 자료로 활용하였다(Oakes, 1997: 395). 유럽에서는 유치원을 초등학교 입학을 위한 준비과정으로 활용하는 나라들도 있었다. 우리나라는 중학교 입학에 시험을 통한 선발을 시행해오다가 1969년에 무시험입학제로 바꿨다. 한편, 유럽의 많은 나라들은 앞에서 보았듯이 1970년대까지 초등학교 졸업시험 결과로 중학교 입학을 결정하는 선발방식을 시행하였다.

상급중등학교, 즉 고등학교 단계에서는 현재에도 많은 나라에서 입학선발을 실시한다. 우리나라는 계열선택과 계열 내에서의 학교선택에 따라 선발을 거친다. 즉, 대부분 직업계, 즉 특성화고교는 지원하는 대로 입학하지만, 일반계 고교에 진학하려면 선발과정을 거치는데, 소위 평준화 지역과 비평준화 지역 간에 차이가 있다. 외국어고와 과학고를 포함한 특목고, 즉 특수목적 고등학교에 진학하려면 경쟁이 심한 선발과정을 통과해야 한다.

흔히 '고교평준화'라고 불리는 '연합고사를 통한 학군별 배정제도'는 1974년에 대도시부터 실시하며 확대되었다. 이 제도의 적용지역을 초기에는 교육부장관이 지정하였으나, 현재는 초중등교육법시행령(2011년 개정)에 의하여 시·도 조례로 정하게 되어 있다. 이 제도는 '평준화'라는 별칭 때문에 교육평등이 목적인 정책처럼 인식되기도 하고, 제도의 내용에 평등화 요소를 일부 내포하고 있기도 하지만, 실제로는 그 방향으로 발전하지는 못했다. 이 제도는 고교교육의 평등화보다는 고교입시의 경쟁을 완화시키는 데에 주목적이 있었기 때문이다.

이 제도는 두 가지 내용으로 구성되었다. 하나는 고등학교의 교육조건, 즉 시설, 교사능력, 학생구성 등의 차이를 해소시키는 것이고, 다른 하나는 입학생을 연합고사를 통하여 학군단위로 선발한 뒤 거주지를 고려하여 학군 내의 학교들에 무작위로 배정하는 것이다. 배정방식은 조금씩 변해 왔는데, 거의 모든 시·도에서 40~50퍼센트는 지원을 받아 배정하고, 나머지는 추첨으로 배정한다. 여러 시·도는 추첨 시에 지리정보시스템을 활용하여 가급적 근거리 배정을 돕는다.

학교차 해소는 전제조건인 셈이고 학교배정은 그 전제하에 학생들에게 선택권을 주지 않고 무작위로 강제 배정하는 방식을 채택한 것이다. 이러한 입학선발 방식은 이전까지 개별학교 단위로 지원받아 선발하던 방식에서 벗어나자는 데 목적이 있었다. 즉, 각 학교별 선발로부터 여러 학교로 구성된 학군별 선발로 전환함으로써 소위 일류, 이류, 삼류라는 고등학교 계층화에 의한 학교 간 경쟁을 해소시켜 입시경쟁의 강도를 낮추려는 것이었다. 효과는 곧 나타나서 중학생들의 고교입시 경쟁은 대폭 완화되었다.

‘고교평준화’에 대하여는 논쟁이 있다. 옹호론자들은 이 제도의 도입으로 중학생들이 극심한 입시경쟁에서 해방되어 청소년기의 정상적 생활이 가능해졌고, 중학교가 입시교육이 아닌 정상적 교육을 할 수 있게 되었다는 사실을 강조한다. 반대론자들은 고교입시 경쟁을 철폐함으로써 중학생들의 학업성취 수준이 낮아지고, 더욱이 고등학교들을 능력별 학생구성이 아닌 혼합구성으로 전환시킴으로써 학업성취 수준이 더욱 낮아졌다고 주장한다. 그러나 중학생들과 평준화 지역 고등학생들의 학업성취도 저하 여부에 관하여는 연구결과들이 엇갈린다(한국교육학회, 2005). 다만, 학생을 학교별로 성적에 따른 동질집단으로 구성하지 않았기 때문에 학업성취도가 낮다는 주장은 다음 장에서 구체적으로 논의하겠지만, 여러 나라의 연구들에 비추어볼 때, 단정할 수 없는 문제이다. 그리고 또 한 가지, 학업성취도를 국제적으로 비교하는 ‘수학 · 과학 성취도국제연구(TIMSS)’와 오이시디의 ‘학업성취도 국제비교연구(PISA)’의 보고서들에 의하면 한국 학생들의 성취도는 연속하여 최상위 수준을 유지하고 있기 때문에(OECD, 2014: 210-224), 평준화가 학업성취도를 저하시킨다는 주장은 정당화되기 어렵다.

‘평준화’를 평등정책의 하나로 보는 데에는 그만한 이유가 없지 않다. 학교시설, 교사능력, 학생구성 등 교육조건의 격차를 해소시킨다는 내용을 포함하고 있기 때문이다. 이 점을 강조하면 ‘평준화’는 평등화 정책처럼 보인다. 그러나 교육조건 격차의 해소는 평준화제도의 목적이 아니고 입학생의 학군 내 강제배정을 정당화하기 위한 전제조건임에 주목할 필요가 있다. 만약 고등학교 간 교육조건의 격차를 해소하는 것이 목적이었다면, 앞에서 지적하였듯이 대도시보다는 교육조건이 열악한 농어촌지역에 먼저 시행했어야 한다.

상급 중등교육 단계 입학선발의 국제적 추세는 이 단계의 교육이 보편화되고 정예주의로부터 벗어남에 따라 완화되는 경향이다. 즉, 학교 간 계층화를 억제하고, 각 학교에서 복수계열을 운영하는 '종합학교(comprehensive school)' 체제를 확대함으로써 입시경쟁을 낮추는 것이 추세이다. 물론 나라에 따라서는 사립학교들이 학교별 선발을 거쳐서 입학시키는 경우를 볼 수 있지만, 사립학교의 비중이 우리나라보다는 매우 낮다.

2) 대학

앞에서 보았듯이 우리나라 교육선발은 대학입학 단계에 집중되어 있다. 그 상황이 [그림 8-1]에서 분명하게 확인된다. 2008년 초등학교 입학자들이 고교졸업에 이르는 12년간 학교제도 밖으로 이탈한 사람은 약 38,700명으로 7.5퍼센트에 불과하지만, 대학입학 단계에서만 이탈한 비진학자 또는 진학실패자가 약 132,000명으로 24.4퍼센트에 이른다. 대학에 진입한 368,000명도 4년제 대학 66%, 전문대 31%, 원격대, 사이버대 등 3% 등으로 갈라졌다. 그런데 4년제 대학들은 일류, 이류 등 사회적 평가에 따라 선호도가 달라서 입학경쟁이 심하게 벌어진다. 결국 대학입시는 극심한 경쟁 속에서 입시방법과 입시제도를 둘러싸고 논쟁과 갈등이 끊임없이 이어지고 있다.

그러면 대학입학생들은 어떤 선발방식에 의하여 입학 또는 탈락하는가? 한국의 대학입학 선발제도는 그동안 수없이 바뀌어왔지만, 큰 틀에서 보면 여러 차례에 걸친 개혁시도에도 불구하고 몇 년 지나면 다시 되돌아가는 일이 반복되었다. 결과적으로, 수많은 변화에도 불구하고 실제로 바뀐 것은 거의 없는 것이 한국 대학입시제도의 역사이다.

해방 직후 우리 대학들은 완전 자율상태에서 대학별 단독 출제와 입학결정으로 신입생을 선발하였다. 시험과목은 대학에 따라 차이가 있었지만 어느 대학에서나 국어, 영어, 수학에 중심을 두었는데, 소위 명문대학일수록 더욱 그랬다. 고등학교 또는 당시에 중등교육과정이 통합된 중학교를 흔히 "영수학관", 즉 영어, 수학 중심의 입시준비 학원이라고 부를 정도로 영어와 수학을 강조하였고, 학교수업은 문제풀이 중심으로 이루어졌다. 이것이 언젠가부터 '대학별 본고사'라고 부르기 시작한 대입선발 방식의 원형이다. 이러한 상황이 1953년까지 지속된다.

그런데 이 '대학별 본고사'는 '영수학원'이라는 별명이 붙을 정도로 고등학교를 특정 과목 중심의 입시준비기관으로 변질시켜서 고등학교의 정상적 교육과정 운영을 불가능하게 만들었다. 학생들은 밤낮으로 암기 중심의 시험 준비에 매달리게 되어 정상적 학습활동을 할 수 없게 되었다. 뿐만 아니라 출제문제와 채점의 적절성에 수많은 의문이 제기되고, 합격기준에 대해서도 빈번하게 시비가 일어나서 사회문제가 되기도 했다. 이러한 교육적·사회적 문제가 확대되어 대학입시제도에 대한 개혁 요구가 강해지자 결국 1954년에 정부가 개입하여 첫 번째 제도변화를 시도한다. 대학입학에 국가연합고사와 입학자격제도를 도입한다. 즉, 대학별 단독시험으로부터 국가관리의 연합시험을 시행하고, 최저 입학자격 기준에 도달한 사람만 대학에 지원할 수 있게 만들었다.

그러나 정부가 대학의 자율을 억압한다고 대학들이 격렬하게 반발하자, 바로 이듬해 1955년에 대학별 단독시험을 허용하여 원상태로 되돌아간다. 다만, 고교내신성적만으로도 선발이 가능하게 길을 열고 권장하였으나, 이 방식을 채택한 대학은 극소수였다. 결국, 대학별 본고사의 부활로 입시교육이 재연되고 입시과외와 입시학원이 번창한다. 입시부정 등 사회적 논란도 크게 확대된다. 대학입시 개혁요구가 다시 격렬해지고, 결국 1962년에 국가가 직접 관장하는 대학입학 국가자격고시제를 도입한다. 그러나 이번에도 역시 대학의 강한 반발에 부딪쳐 2년밖에 시행하지 못하고 1964년에 대학별 본고사로 또다시 돌아간다. 말할 필요 없이 입시교육이 더욱 극성스러워지고, 입시과외 창궐, 재수생 증가 등으로 사회적 불만이 고조된다. '입시지옥'이라는 말까지 나온다.

이러한 상황을 더 이상 방치할 수 없게 되자 1969년에 대학입학예비고사를 도입한다. 이것은 1954년에 시도했던 대학입학자격시험과 유사한 것으로, 전체입학정원의 130퍼센트를 선발하면 그들이 대학별 "본고사"를 통하여 입학하는 방식이다. 그러나 입학자격자 수의 제한이 중위권 이하 대학들의 신입생 확보를 어렵게 만들자 대학들의 반발이 거세졌고, 정부는 예비고사 합격률을 150퍼센트로, 다시 180퍼센트 식으로 확대시키다가 합격선 자체를 철폐함으로써, 자격시험으로서의 기능을 포기한다. 결국, 대학별 본고사로 또다시 되돌아가고, 입시교육 폐해는 더욱 확대되고 심화된다.

정부는 1981년에 다시 대학입시 개혁에 나선다. 대학본고사를 금지하고 고교내신성적(20~50%)과 예비고사성적(50~80%)을 종합한 선발방식을 대학에 요구한다. 이때부터 대학본고사 대신 고교내신 성적을 입학전형자료로 정착시키기 위한 정부의 노력이 시작된다. 이듬해인 1982년에는 고교내신성적의 비중을 30퍼센트 이상으로 높이고, 산출방식을 고교 전 학년 성적으로 확대한다. 예비고사는 이미 자격고사의 기능이 없어졌으므로 대학입학학력고사로 바꾸고, 1994년에 다시 대학수학능력시험(수능)으로 바꾼다. 그 사이에 1986년에는 논술고사를 10퍼센트 이내에서 활용할 수 있도록 만들었다가, 1988년에는 논술고사를 폐지하고 면접고사를 10퍼센트까지 반영할 수 있도록 변경하였다. 한편, 내신성적은 30퍼센트 이상 반영을 의무화한다.

그러나 1981년 이후 대학입시에 고교내신의 반영을 정착시키기 위한 지속적 노력에도 불구하고 효과는 나타나지 않는다. 30퍼센트 이상 반영을 의무화까지 했음에도 불구하고 대학들은 형식상으로만 입시요강에 반영을 공표할 뿐, 실제로는 대다수 대학이 거의 반영하지 않는다. 그러면서 끊임없이 대학별 본고사의 허용을 요구한다. 결국, 대학별 고사가 부활된다. 그리고 다시 1994년 정부는 대학수학능력시험, 고교내신성적, 대학별 고사를 주 전형자료로 활용하되, 고교내신은 40퍼센트 이상을 의무적으로 반영하도록 고시한다. 고시한 내용대로라면 고교내신의 비중을 높이고 또 의무적 반영을 강조한 것이지만, 실질적으로는 국 · 영 · 수 중심의 대학별 고사의 부활은 허용하고 고교내신의 반영여부는 방치하였기 때문에, 그로 인한 고교교육과정 운영의 파행은 즉시 나타났다. 국어, 영어, 수학은 교육과정의 '성골'이니, '진골'이니 불리면서 비중이 강화되고, 다른 교과들은 무시된다. 명문대학에 응시할 학생일수록 국 · 영 · 수 전문학원에 의존하여 시험준비에 집중한다. 불가피하게, 사회적 논란이 또다시 일어나고 대학입시 개혁에 대한 요구가 끓어오른다.

대입제도는 또다시 개혁된다. '5 · 31 교육개혁안'에 근거하여 1997년에 새로운 대입제도를 시행한다. 핵심은 '학교생활기록부(학생부)'라 부르기 시작한 고교내신을 입학전형의 중심으로 삼고, 수능시험, 논술, 학교장추천, 면접 등은 대학이 원하면 활용하되, 국 · 영 · 수 등 교과 위주의 대학별 고사는 억제하려는 것이다. 학생부는 40퍼센트 이상 반영을 대학에 요구하고, 대학별 고사는 사립대학에 대하여는 자율에 맡기되 국공립대학에는 금지시킴으로써, 사립대에 대하여는 대학별 고사 실시의 자제를 기대하였다. 즉, 국 · 영 · 수 등의 대학별 고사는 대학들이 자제하고 학생부를 중심으로 전형하되 수능을 비롯하여 그 밖의 전형자료들은 대학이 원하는 대로 활용할 수 있도록 허용한 것이다. 그러나 주요 대학들은 여전히 대학별 고사에 집착하고, 논술과 면접에서 교과에 관한 지식을 질문하는 방식으로 대학본고사를 부분적으로 시도한다. 학생부는 형식상으로만 반영률이 제시될 뿐, 실질반영률은 10퍼센트에도 못 미치는 경우가 많았다.

그리하여 2004년에 한층 더 강화된 새 대입제도를 정부가 고시한다. 핵심은 학생부 중심의 대입제도를 정착시키려는 1997년 제도를 보강하는 것이었다. 학생부를 주전형자료로 삼고 수능을 활용하며 논술, 면접 등 그 밖의 방법을 대학자율로 사용하는 것이다. 여기까지는 1997년에 고시한 내용과 차이가 없다. 다른 것은 대학본고사, 고교등급화, 기여입학을 금지하고, 학생부성적과 수능성적을 등급화하여 원점수가 아닌 등급으로만 산출하여 사용하면서 학생부의 실질적 반영비율을 높이도록 만든 것이다. 그런데 이 새로운 제도는 학생부의 보완과 등급산출방식 개발 등 제도시행을 위한 준비기간이 필요하고, 특히 새 제도가 적용되는 학생들을 위한 유예기간이 필요하였기 때문에 발표 당시의 중학교 3학년생들이 대학에 진학하는 2008학년도 입학전형부터 시행하기로 정하였다. 정부는 2008학년도 시행을 위하여 꾸준한 준비를 하였으나, 새 대입제도에 대하여 처음부터 주요 대학들이 대학의 자율을 억압한다고 반발하고 사회적 논란으로 이어지자 급기야 2008년에 등장한 새 정부는 제도를 바꾸어 '입학사정관'을 중심으로 대학의 자율적 선발을 확대하는 쪽으로 선회하였다.

그러나 입학사정관을 통한 신입생 선발이 응시자의 인성과 능력을 종합적으로 파악하는 방법으로보다는 상위계층 가정과 특목고와 자사고 출신자를 편향적으로 선발하는 방편으로 이용되는 경향이 드러난다(김천기, 2019). 그리고 학교생활기록부, 즉 '학생부'의 입시 활용에서도 종합전형(학종)이 교과전형에 비하여 신뢰도가 낮고 입학 후 성적 향상도 낮게 나타남으로써 대입전형요소들의 신뢰성과 공정성에 대한 문제가 계속 제기된다(이광현, 2018; 윤민종 · 강충서, 2018; 서봉언, 2018; 김천기, 2015). 대학입시의 공정성에 관한 사회적 논란이 비등하자, 정권교체로 집권한 새 정부가 2017년 8월부터 1년간 대입제도개편을 위한 사회적 논의를 추진한다. 그러나 안타깝게도 장기적인 사회적 합의는 도출해내지 못한다(강대중 외, 2019; 이경림 외, 2020).

요약하면, 한국의 대입제도는 국 · 영 · 수 등을 중심으로 자율적으로 선발하려는 대학 측의 요구와 입시교육으로부터 중등교육을 방어하려는 교육계의 주장 사이에 정부정책이 우왕좌왕하는 과정에서 논란이 증폭되었고, 학생과 학부모들은 고통을 겪어왔다. 정부는 대학별 시험을 억제하여 고교 교육과정 운영을 정상화하려고 노력했으나 대학별 시험의 억제에 성공하지 못했다. 뿐만 아니라 대입학력고사와 수능시험도 고교 교육과정 정상화를 이끌지는 못하고 암기식 교육, 객관식 시험준비를 지속시키는 데 일조하였다. 그 과정에서 때때로 정권의 통치이념과 가치관을 반영시키기도 하였다. 게다가 입시방식과 입시관리에 대한 대학과 고등학교의 공정성과 신뢰성에 대한 사회적 문제제기까지 커지면서 입시제도 전반에 대한 불신이 높아지고 있다. 결론적으로 지난 수십 년간 대학입시를 둘러싼 혼란과 갈등 그리고 학생들과 학부모들의 끊임없는 고통을 뒤돌아볼 때, 교육의 정상화를 위한 대입제도정책의 중요한 과제는 중등학교 교육과정의 정상적 운영을 저해하지 않으면서 신입생을 선발하는, 공정하고 신뢰할 수 있는 방법의 정착이다.

3) 한국 교육선발의 특성

위에서 살펴본 바와 같이 우리나라의 교육선발은 입시제도의 반복적인 개혁시도에도 불구하고 기본적 특성은 크게 달라진 것이 없다. 입시를 준비하는 수험생과 학부모 입장에서는 감당하기 어려운 변화가 수시로 일어났지만, 선발제도의 골격은 큰 변화 없이 유지되어 왔다. 그런데 이 기본적 특성이라는 것이 다른 나라들과 비교하면 독특한 데가 있다. 즉, 우리는 주요 국가들과 다른 독특한 교육선발제도를 유지하고 있는 셈이다. 한국 교육선발제도의 대표적 특성을 네 가지로 정리할 수 있다.

① 입학단계에서의 선발
② 상급학교에 의한 선발
③ 상대적 경쟁선발
④ 객관식 시험선발

입학단계에서의 선발

앞에서 확인하였듯이 한국의 학교와 대학들에서는 일반적으로 진급과 졸업단계에서는 선발이 거의 이루어지지 않는다. '자동진급', '자동졸업'이라 해도 지나친 말이 아니다. 다른 나라들의 진급과 졸업단계 선발실태는 앞에서 살펴본 바와 같다. 그러므로 진급과 졸업이 어려웠던 경험을 가진 외국인들이 한국의 교육문화를 보면 크게 놀라고 의아해한다. 그들의 눈에 한국은 '입학은 대단히 어려운데 졸업은 매우 쉬운 이상한 나라'로 비친다. 이처럼 입학단계, 그것도 대학입학 단계에서 선발을 집중적으로 실시하는 것이 한국교육의 특징을 이루고 있으며, 이것이 여러 가지 교육문제를 유발하고 있다.

첫째, 한국의 대학들은 어떻게 해서든지 입학만 하면 졸업은 걱정하지 않아도 된다는 잘못된 생각을 조성하였다. 그리하여 대학진학 욕구를 대중화시켰고, 입시를 위한 준비에 과도한 사교육 투자를 부추기고 있다. 주요국의 대학들 같으면 입학을 하더라도 학점취득과 졸업기준이 엄격하기 때문에 대학진학을 자제할 사람들이라도 한국에서는 포기하지 않는다. 특히, 경제적 뒷받침이 가능한 가정은 입시준비에 투자를 아끼지 않기 때문에 사교육이 번창한다. 입학만 하면 졸업이 가능하기 때문에 여러 가지 편법도 동원된다. 보결입학, 기부금 입학도 그런 예이다. 만약 입학을 한다 해도 학점을 취득하고 졸업시험에 통과할 가능성이 없다면 기여입학을 하겠는가?

둘째, 열심히 공부하지 않는 대학문화를 조성하였다. 대학입시 전날까지 잠 안 자고 공부한 뒤, 대학에 들어가면 여유 있는 생활을 하는 것이 한국의 풍속도가 되었다. 청소년기인 고등학교에서는 다양한 소질을 개발하면서 즐겁게 지내고, 대학에 입학하여 밤새워 공부하는 외국과는 매우 대조적인 풍속도이다. 그 결과, 대학교육의 질적 수준이 낮아지게 되었다. 대학 졸업자들의 학업성취도가 주요 국가들에 비하여 낮다. 졸업단계 선발이 부실하기는 대학원도 마찬가지이기 때문에, 고급 전문인력의 양성을 국내대학보다 외국대학에 의존할 수밖에 없는 것이 현실이다. 부실한 대학원들이 고급 전문인력의 해외의존도를 높이고 있는 것이다.

셋째, 고등학교 학생들의 학습부담을 과도하게 높여서 청소년기의 정상적 발달을 저해하고 있다. 고등학생들의 입시준비를 위한 학습의 압력이 지나치게 높기 때문에 이 시기 청소년들의 지적 발달이 왜곡되고, 정신적·육체적 건강에도 많은 문제를 일으키고 있다.

넷째, 고등학교 교육 전체를 비정상적으로 발전시켰다. 고등학생들의 학습활동을 정답 맞히기 중심의 타율적 학습으로 잘못 이끌 뿐만 아니라, 고등학교의 정상적 교육과정 운영을 방해하고 있다. 대학들이 고등학교에 입시교육을 강요하고 있는 것이다. 대입출제방향이 고교교육의 방향을 좌우하는 것이 현실이다. 이 문제는 곧 다시 논의한다.

상급학교에 의한 선발

우리나라의 교육선발제도가 다른 나라들과 뚜렷이 다른 또 하나의 특징은 입시의 주체가 상급학교라는 사실이다. 상급학교 신입생 선발시험을 상급학교가 실시하는 것은 당연하지 않느냐고 반문할 사람이 많을 것이다. 그러나 그러한 방식이 당연하다고 믿는 것은 이 제도에 오랫동안 익숙해진 한국인들이고, 대다수의 다른 나라 사람들은 상급학교 진학의 주도권을 하급학교가 쥐고 있는 것이 당연하다고 생각한다. 영국, 프랑스, 독일 등 많은 나라는 대학입학자격을 고등학교가 결정한다. 앞에서 소개한 GCSE와 GCE 상급시험, 프랑스의 바칼로레아, 독일의 아비투어를 비롯한 다수 국가의 대학입학자격시험은 사실 고등학교의 졸업자격시험이다(박희진 · 정문숙 · 정수정 외, 2012; Broadfoot, Murphy, & Torrance, 1990). 고등학교 졸업자격시험 합격자에게 대학입학자격을 부여하고 있는 것이다. 고등학교가 대학입학자격자를 결정하지, 대학이 결정하지 않는 셈이다. 하급학교가 상급학교의 입학선발을 실시하는 것과 같다.

고등학교가 대학입학자격자를 결정한다는 것은 고등학교 교육이 대학의 지배를 받지 않아도 된다는 매우 중요한 의미를 지닌다. 대학의 간섭 없이 고등학교가 독자적으로 교육과정을 운영할 수 있다. 대학입학시험에 어떤 과목이 어느 정도의 비중으로 포함되어 있는지 신경 쓸 필요가 없고, 출제경향을 의식할 필요도 없다. 무엇을 어떻게 가르치는 것이 고등학교 교육으로 적합한가만 염려하면 된다. 그러나 대학이 대학입시를 장악하면, 고등학교 교육은 대학의 지배로부터 벗어나지 못한다. 입시에 포함되는 과목의 종류가 고등학교 시간표를 결정한다. 출제경향이 수업의 내용을 결정한다.

한국은 앞에서 살펴본 대학입시제도 정책의 역사적 변천에 뚜렷이 드러났듯이 대학들이 끈질기게 국 · 영 · 수 중심의 단독시험을 고집한다. 국 · 영 · 수가 중심이 되면, 다른 교과는 경시되기 때문에 고등학교 교육과정의 정상적 운영이 불가능하다. 그뿐만 아니라 국 · 영 · 수의 출제내용이 해당 교과의 내용을 고르게 반영하지 않고, 대학의 학문 중심 성향을 반영하여 특정 주제에 치우치고, 창의력과 종합적 사고력 및 비판력보다는 암기력과 이해력을 주로 측정하는 문제를 출제한다. 즉, 고등학교 교육과정 전체를 제대로 이수했는가를 확인하는 시험이 아니라, 대학교수의 입장에서 중요하게 생각되는 지식과 지적 특성을 측정하는 것이다. 그러므로 국 · 영 · 수 위주 대학본고사는 고등학교 교과구조를 특정 교과 중심으로 파괴할 뿐만 아니라, 지적 특성도 편향시키는 폐해를 낳는다.

한마디로 상급학교가 입학시험을 관리하면, 하급학교는 불가피하게 상급학교의 지배를 받는다. 그래서 대학은 고등학교를 지배하고, 고등학교는 중학교를, 중학교는 초등학교를 지배한다. 과거에 중학교 입학시험이 실시될 때, 초등학교 교육이 철저히 입시교육으로 전락했었다. 상급학교가 하급학교를 지배하는 것은 교육의 비민주성이라 해도 좋다. 각 단계의 교육은 그 단계의 학교가 주체적으로 결정하여 실시할 수 있어야 한다. 그것이 교육민주화의 한 측면이다. 만약, 유치원교육은 초등학교가 지배하고, 초등학교는 중학교가, 중학교는 고등학교가, 고등학교는 대학이 지배한다면, 그것을 정상적 교육체제라고 할 수 있겠는가? 상급학교 입학시험만큼 하급학교 교육을 확실하게 지배할 수 있는 수단은 없다. 교육과정이 중요하고 교과서도 중요하지만, 그보다 더 강력한 통제수단은 입학시험을 장악하는 것이다. 역대 비민주적 정권은 대학입시를 국가의 통제하에 두었다. 그렇게 함으로써 얼마나 용이하게 학교교육을 통제할 수 있었는가를 알 수 있다.

상대적 경쟁선발

한국 교육의 아이러니는 진급평가와 졸업시험 등 학생의 학습수준으로 진급과 졸업을 통제하는 장치가 없어도 학생과 학부모들의 성적에 대한 관심은 치열하리만치 높다는 사실이다. 초등학교에 입학하여 고등학교를 마칠 때까지 12년의 전 과정을 신경질적이라 해도 좋을 만큼 일종의 성적광으로 살아간다. 성적을 높이기 위하여 모든 노력을 기울이며, 과외를 받아가면서까지 성적향상을 위하여 안간힘을 쓴다.

그러나 학생과 학부모의 성적에 대한 높은 관심은 그 내용을 알고 보면 성적의 절대치, 즉 얼마나 학습을 하였느냐가 아니라 상대적 성적, 즉 석차에 대한 관심이다. 성적의 절대치에는 관심이 없고 오로지 성적의 상대적 등급에 모든 관심이 쏠려 있다. 즉, 그들은 경쟁에서 이기기 위하여 성적 자체가 아니라 석차를 높이려 하는 것이다. 그렇기 때문에 석차가 높은 학생들 사이에서 경쟁은 더욱 치열하다. 석차가 밑바닥인 학생들은 차라리 경쟁을 포기하여 자포자기에 빠진다.

그 이유가 무엇인가? 학교교육에서 절대기준이 없고, 유일한 선발 포인트인 대학입시가 단순화된 상대기준 평가로 당락을 결정하는 것이 일차적 이유이다. 즉, 어느 단계에서도 절대기준 평가에 의한 자격선발을 하지 않고 상대적 성적으로만 학생을 평가하기 때문에 학생 간의 경쟁이 조장된다. 일정한 기준에 도달하기 위한 자신과의 싸움이 아니라, 남보다 앞서는 것이 목적인 상호경쟁을 학교는 부추긴다. 이것이 학생들을 항상 불안하게 만들고 긴장의 연속으로 몰아넣는다. 100미터를 몇 초 내에 달려야 하는 것이 아니라, 선착순으로 몇 등 이내에 들어와야 하는 것이다. 이러한 생활을 12년간 계속하여야 하는 상황이다. 그러고는 12년 전 과정을 마치고 대학입시라는 한 차례의 선착순 경쟁으로 인생이 결정된다고 생각해 보라.

선착순에는 개성도, 특수한 재능도, 성품도 관계가 없다. 오로지 남보다 앞서는 것만이 승패를 결정한다. 교육이 상대적 경쟁으로 변질된 것이다. 절대적 가치척도가 없고 상대적 석차에 의하여 인간이 평가되는 상황에서 각 개인은 스스로 학습목표를 정할 수도 없고 삶의 방향을 정할 수도 없다. 학생들이 시달리는 것은 바로 이러한 상황이다. 목표를 스스로 세울 수 없으므로 자아정체감이 형성되기가 어렵고 정신적 불안이 높아지며, 자신에 대하여 또는 타인에 대하여 공격적 성격을 형성하게 된다.

입학시험의 상대성은 자격평가로서의 기능을 상실하고 상대적 석차에 의한 정원경쟁으로 일관해 온 것을 말한다. 과거의 중학교 입학시험도 그랬고, 고등학교 입학시험도 그랬으며, 대학 입학시험도 그래왔다. 대학입학을 위한 어떤 기준을 설정하고, 즉 어떤 자격기준을 설정하고 그에 적합한 사람을 합격시키는 것이 아니라, 정원이 계속 늘어나도 석차에 따라 정원만큼 입학시키는 방식으로 일관해 왔다. 1969년에 '대학입학예비고사제도'를 도입하여 자격선발로 방향전환을 시도하였으나 성공하지 못하였으며, 다시 상대적 경쟁선발로 되돌아갔다. 1954년과 1962년에도 대학입학자격고사제의 도입을 시도하였으나 실패하였다.

상대적 경쟁에 의한 평가가 경쟁을 조장하는 것은 앞에서 지적한 바와 같다. 그리고 상대적 평가는 평가기준의 질적 다양화를 억제하고 오히려 평가기준을 질적으로 단순화시키는 경향을 띤다. 질적으로 다양한 기준을 가지고 상대적 서열을 정하는 것은 어렵기도 하거니와 반론의 여지가 많기 때문이다. 상대적 평가제도하에서는 주관식 평가보다 객관식 평가가 지배적으로 활용되는 것은 그 때문이다. 질적으로 단순화된 기준이라야 서열을 정하기가 용이하고 말썽의 소지가 적으므로, 시간이 흐를수록 교육이 단순화된다.

객관식 시험선발

흔히 객관식이란 채점의 공정성을 유지하기 위하여 채점자의 주관적 채점을 방지하는 평가방식이라고 말한다. 맞는 것에 ○표, 틀리는 것에 ×표하기, 관계있는 것끼리 연결하기, 5개 답지 가운데 정답 고르기 등이 객관식 평가의 대표적 형식이다. 이런 평가방식에서는 정답이 객관적으로 정해져 있기 때문에 채점자의 주관이 개입할 여지가 없다. 그리고 객관식 평가방식은 컴퓨터에 의한 채점이 가능하기 때문에 대학입시처럼 수만 명 또는 수십만 명의 답안지를 최단 시일 내에 착오 없이 채점을 마쳐야 하는 경우에는 대단히 편리하고 간편한 방법이기도 하다. 그래서 더욱 애용된다.

그러나 객관식 평가에서 '객관식'의 참뜻은 채점자의 주관성 배제보다 더욱 중요한 의미를 지니는 것인데, 그것은 수험생의 주관적 답안작성을 배제한다는 것이다. 답안작성에 있어서 수험생의 주관이 개입할 여지를 철저히 봉쇄하여 객관성을 확보한다는 것이다. 반면에 주관식 평가는 채점자가 주관적으로 채점할 수 있다는 뜻이기보다는 수험생이 주관적 답안을 작성할 수 있고, 또 그것이 존중되는 평가방식이다. 수험생에게 주체적으로, 창의적으로 사고하여 '자신의 주장'을 명백하게 그리고 논리적으로 표현하도록 요구한다. 그러므로 객관식 평가방식과 주관식 평가방식은 교육의 성격을 근본적으로 다르게 만든다.

평가방식은 교육의 성격까지도 결정한다는 사실을 분명히 이해하여야 한다. 이 문제에 관하여는 다음 절에서 자세히 논의하기로 하고, 여기에서는 우리나라 교육선발제도의 한 가지 특징이 객관식 평가방식이라는 사실만을 분명히 해두고자 한다. 그리고 객관식 평가에 대비하는 장기간의 훈련은 권위주의적 사회구조에 쉽게 순응하는 인간을 형성한다는 사실도 지적해 둔다.

객관식 위주의 입학시험은 1990년대에 이르러 변화의 조짐이 나타났다. 이른바 '논술고사'의 도입으로 수험생이 어떤 주제에 관하여 논술문을 작성하는 새로운 평가방식을 시행하기 시작하여, 2000년대에는 선발을 위한 전형방식의 하나로 이용하고 있다. 그러나 논술고사의 도입은 객관식 일변도의 선발시험을 개선하는 데 도움이 될 것으로 기대하지만, 만약 논술의 주제가 수험생의 주관적 주장을 요구하기보다 교과지식이나 문제풀이를 요구하는 것이라면, 정해진 답을 요구하는 객관식 시험의 범위를 벗어나기 어렵다.

이상의 한국 교육선발 제도의 네 가지 특성들은 교육구조는 물론이고 사회구조와 직접 · 간접으로 연결되어 있다. 비민주적 사회통제원리가 그대로 비민주적 입시제도로 구체화되어 있는 것이다. 그리고 자본주의 사회의 경쟁원리도 역시 입시제도 속에 상대적 경쟁선발 원리로 나타나 있다. 이처럼, 교육선발제도는 사회적, 정치적 통제원리를 반영하는 또 하나의 사회관리 장치인 것이다.

3. 시험의 기능

한국교육의 특징을 흔히 입시교육이라고 한다. 대학이 신입생 선발을 위한 다양한 방식 가운데 주로 시험에 의존하는 방법을 지켜왔기 때문에, 하급학교가 입학시험 준비교육에 치중함으로써 붙여진 이름이다. 그러면 시험이란 무엇인가? 학교의 정기적 행사의 하나가 시험이다. 주말시험, 월말시험, 중간시험, 학기말시험, 모의평가 등이 그것이다. 시험은 '고사', '평가'라고도 불린다. 모의고사, 대학입학학력고사, 학습평가 등이 흔히 쓰이는 말이다. 시험과 고사에 비하여 평가는 어떤 기준에 의한 가치판단의 의미가 강하기는 하지만 구별하지 않고 사용하는 경우가 많다.

시험은 흔히 한 단위의 교수활동 끝에 실시한다. 진단평가라 하여 교수활동 시작 전 단계에 실시하는 시험과, 형성평가라 하여 교수활동 중간에 실시하는 시험도 있지만, 교수활동 종결단계에 실시하는 총합평가가 일반적이다. 총합평가는 교수활동의 종결단계에 실시되기 때문에 이미 이루어진 교수활동과 학습을 확인하는 기능만 가지고 있는 것처럼 보이지만, 사실은 거꾸로 교수활동과 학습의 방향을 정해 주고 그 내용을 통제하는 기능을 수행하는 면이 더 강하다. 다시 말하면 시험은 이루어진 교육의 결과를 확인하는 기능도 있지만, 교육의 방향과 내용을 결정하는 기능을 더 크게 가지고 있다. 뿐만 아니라 시험은 교육 외적인 사회적 기능도 가지고 있다. 시험은 그 사회가 가지고 있는 지식과 가치관의 가장 명시적인 공식화 절차이기 때문이다.

시험의 사회적 기능은 교육자들이 흔히 간과하지만, 사회 전체의 시각에서 보면 시험의 교육적 기능보다 오히려 훨씬 더 중요한 의미를 지니고 있다. 시험은 상급학교 진학을 위한 선발에 있어서 결정적 역할을 담당하고 있는데, 학력의 사회적 가치가 높은 '학력사회'에 있어서는 시험이 결과적으로 사회적 선발의 핵심기제가 되므로 그것이 지니는 사회적 의미는 대단히 중요할 수밖에 없다. 사회적 선발기제로서의 시험의 절차, 방법, 내용, 측정방식의 성격에 따라 전체 사회의 성격이 결정될 수도 있다. 대학입학선발을 위한 시험이 교육적 관점에서보다도 사회적 관점에서 더욱 문제시되는 것은 그 때문이다.

시험은 그것이 지니고 있는 사회적 기능 때문에 교육적 기준에 의해서만 좌우되지 않는다. 오히려 정치적, 경제적 또는 문화적 기준에 의하여 지배되는 경우가 더 많다. 그 때문에 시험은 시대에 따라, 나라에 따라 다른 특징을 갖는다(Broadfoot et al., 1990: 84-97; Camara & Kimmel, 2005). 정치적 변화가 시험의 제도와 내용에 변화를 가져오는 것은 여러 나라에서 흔히 볼 수 있는 현상이다. 시험은 정치, 경제, 문화의 지배를 받지만, 양자의 관계는 일방적 관계는 아니고 상호적이다. 시험도 사회에 영향을 준다. 시험은 사회의 어떤 특성을 존속 또는 강화시킬 수 있고, 반대로 약화·소멸시킬 수도 있다. 이러한 면에서 시험은 대단히 중요한 사회적 기제의 하나가 된다.

이 절에서는 학교에서 실시하는 각종 시험의 기능을 중심으로 시험의 교육적 의미와 동시에 사회적 의미를 살펴보고자 한다. 이것은 다른 말로 표현하면 시험의 잠재적 교육기능을 탐색하는 일이기도 하다. 교육을 위하여 실시자가 의도하였거나 명시적으로 설계해 놓은 교육과정은 그대로 완전히 학습자에게 관철되지는 않는다. 반면에 자주 나타나는 현상으로, 교육실시자가 전혀 의도하지도 않았고 따라서 교육과정과 교수계획에 포함시키지도 않은 것을 학습자가 학습하기도 한다. 의도하지도 않고 예기하지도 않은 것의 학습, 이것을 흔히 '잠재적 교육과정(latent curriculum)'이라 부른다. 명시적으로 교육과정에 나타나지 않고 비밀스럽게 감추어 놓은 '숨긴 교육과정(hidden curriculum)'도 잠재적 교육과정에 속할 수 있다.

여하튼, 시험은 그동안 교육자들이 큰 주의를 기울이지 않았던 여러 기능을 발휘하고 있다. 시험이 실제로 발휘하고 있는 교육적, 사회적 기능을 아무런 관리와 통제 없이 그대로 방치해 두면, 이제까지 한국 교육이 경험해 온 바와 같이 '시험에 지배당하는 교육'에서 헤어날 수 없다. 시험이 실제로 수행하는 역할을 정확히 파악하고, 그것을 교육적으로 관리하기 위하여 시험의 기능을 분석하는 일은 대단히 중요하다.

1) 시험의 교육적 기능

시험은 교육평가의 한 방편이지만 학교의 실제상황에서는 시험이 교육평가의 가장 중요한 부분을 차지하고 있어서 시험과 평가를 구분하지 않아도 좋을 정도이다. 교육평가 학자들은 평가의 기능을 주로 학습과 교수활동 결과에 대한 측정과 가치판단으로 규정한다. 전체 교육프로그램과 나아가 교육체제 전반에 대한 평가에 관하여도 가끔 언급한다. 그러나 평가전문가들의 주된 관심은 학생들의 학습결과에 대한 평가이다. 이것은 교육활동에 대하여 평가하는 것이다. 교육을 학생의 학습에 초점을 두고 평가할 수도 있고 교사의 교수활동에 초점을 두고 평가할 수도 있으며, 학교의 전체 교육프로그램을 평가할 수도 있다. 평가의 기능을 이렇게 규정하는 것은 타일러(Ralph Tylor)의 교육과정모형에 따라, 평가를 교육목표-교육내용-교수활동-평가로 이어지는 일련의 과정 가운데 한 단계로서, 교육의 결과를 측정, 확인, 가치판단하는 활동이라고 보는 것이다. 물론 평가는 일련의 교육과정의 마지막 단계에 위치해 있지만 환류되어 교육목표—교육내용—교수활동 등에 다시 영향을 준다고 강조한다. 그렇기는 하지만 최대의 관심은 역시 교육의 결과를 따지고 가치판단하는 데에 모아진다.

그러나 평가는 교육의 결과에 대한 어떤 행위라기보다 교육적 행위 그 자체이다. 즉, 평가는 교육을 마친 뒤의 결과를 측정하고 가치판단하는 기능보다는 교육의 방향과 목표와 내용을 규정하고 학습활동을 규제 또는 지시하는 기능을 더 크게 가지고 있다. 즉, 평가는 교육적 기능을 가지고 있는 것이다. 다시 말하면, 교육이 평가를 결정한다기보다 오히려 평가가 교육을 결정할 수 있다는 것이다. 이 점은 종래의 평가전문가들이 중시하지 않았던 대목이다. 평가의 교육적 기능을 전혀 못 본 것은 아니지만 그것이 지니는 의미의 중대함을 정확히 깨닫지 못하였다. 그렇기 때문에 교육평가 및 시험에 대한 종래의 연구는 시험의 기술적 측면에 집중하여 평가의 타당도, 신뢰도, 객관도 및 문항작성의 방법 등을 주로 다루었다. 그러나 시험이 지니고 있는 교육기능의 중요성을 제대로 인식하면, 평가에 대한 연구의 방향은 달라질 수 있다. 연구의 방향이 달라진다기보다는 이제까지 간과 또는 경시했던 평가의 중요한 기능에 대한 새로운 연구를 활성화할 수 있다. 평가에 관한 종래의 방법 위주의 연구로부터 사회과학적인 연구로 시야를 확대시킬 수 있다.

시험의 교육적 기능은 의외로 다양하다. 버터필드는 시험의 목적을 동기유발, 진단, 성적증명, 선발 등 네 가지로 정리하였다(Butterfield, 1990: 10-12). 한편, 몽고메리는 시험을 "교수와 학습과정의 핵심적 부분(a vital part of the teaching and learning process)"이라고 규정하고(Montgomery, 1978: 78), 그 기능을 여섯 가지로 정리하였다(10-22).

① 자격부여
② 경쟁촉진
③ 선발
④ 목표와 유인(誘因)
⑤ 교육과정 결정
⑥ 학습성취의 확인과 미래학습의 예언

몽고메리가 정리한 이들 여섯 가지 기능 가운데 그동안 가장 강조된 것은 마지막의 '학습성취의 확인과 미래학습의 예언'과 세 번째의 '선발'이었다. 그 밖의 기능에 관하여는 큰 관심을 기울이지 않았다. 그러나 시험의 '경쟁촉진' 기능은 입시 위주의 한국 교육이 당면하고 있는 가장 큰 문제의 하나이다. 과열된 경쟁분위기는 교육 전체를 비교육적 상황으로 몰아넣고 있다. 이러한 과열된 경쟁상황은 한국 학부모의 특성 때문도 아니고, 학생의 특성 때문도 아니다. 한국식 시험이 지니고 있는 경쟁촉진기능이 입시 위주의 교육에 의하여 증폭되어 나타난 것뿐이다. 상대적 기준을 중심으로 삼는 시험상황은 언제나 경쟁을 유발한다. 만약 그 시험의 결과가 상급학교 입학과 나아가 졸업 후의 취업과 사회적 지위까지 결정한다면 시험의 경쟁촉진 기능은 극대화될 수밖에 없을 것이다.

'목표와 유인' 기능은 시험이 학습자들에게 학습목표를 지시해 줌과 동시에, 그 목표에 도달하고자 하는 동기를 촉발하는 유인으로 작용함을 말한다. 시험문제의 범위와 수준이 학생들의 학습목표와 범위를 지시해 주는 것은 학교에서 항상 경험하는 일이다. 학생들은 시험에 출제되는 것 또는 출제되리라고 예상하는 것을 학습한다. 교사는 교육과정에 포함된 내용을 가르치고, 그 가운데에서 시험문제를 출제한다. 그러므로 교사는 자신이 가르치는 모든 것을 학생들이 학습할 것으로 기대하지만 실제는 그렇지 않다.

학생은 교사가 가르치는 것을 전부 학습하는 것이 아니라 시험에 출제되는 것을 학습한다. 다시 말하면, 논리적으로는 교육과정이 시험을 결정하지만 실제로는 시험이 교육과정(학생의 학습내용)을 결정한다.

이러한 시험의 기능을 '교육과정 결정' 기능이라고 말할 수 있다. 아마도 이렇게 뒤집어진 상황이 가장 뚜렷하게 나타나는 곳이 우리나라의 학교들이다. 교육부의 교육과정과 교과서 내용이 아무리 훌륭한 교육내용으로 가득 차 있어도 학교에서의 실제 수업과 학생들의 학습은 시험준비로만 일관된다. 즉, 시험에 나오는 것만 가르치고 배운다. 전형적으로 '시험이 교육과정을 결정하는 상황'이다. 이렇게 전도된 상황을 현실로 인식한다면, 잘못된 교육을 바로잡기 위하여 우리가 우선적으로 해야 할 일은 교육과정과 교과서 개편이 아니라 입학시험의 개혁이다. 시험은 가르친 내용을 평가한다고 사람들이 믿고 있지만, 사실은 시험 그 자체가 교육방법이고 교육내용인 것이다. 그것도 영향력이 가장 큰 교육방법이요 교육내용이다. 미리 정해 놓은 교육과정은 피해갈 수 있어도 시험은 피해갈 수 없기 때문이다.

한편 아시아 지역의 유네스코 보고서는 시험의 교육적 기능을 순기능과 역기능으로 구별하여 다음과 같이 정리하였다(APEID, 1978: 1-4).

시험의 순기능

① 질적 수준을 유지한다.
② 학교 간 비교를 가능하게 한다.
③ 각 단계별로 이수해야 할 최저 학습수준을 지시한다.
④ 교수의 개별적 평가가 범할 수 있는 편견에서 탈피(전국적 또는 지역적 표준화시험인 경우)할 수 있다.

시험의 역기능

① 암기력을 주로 테스트한다.

② 교육과정의 일부분만을 다룬다.

③ 선택적 학습과 선택적 교수를 부추긴다.

④ 시험기간에 공부를 집중시켜, 정상적 공부습관을 약화시킨다.

⑤ 시험의 결과가 사회적으로나 경제적으로 중요해짐에 따라, 학생들의 불안감을 조성하고 시험에 관련된 사람에게 비정상적 행위를 유발한다.

⑥ 교육과정, 교수방법 등에 관한 교육개혁을 가로막는다.

이러한 순기능과 역기능은 앞에서 언급한 몽고메리의 교육적 기능과 비슷하지만 좀 더 분석적이다. 시험은 교육적으로 대단히 중요한 순기능을 가지고 있지만 그와 동시에 비교육적 기능도 가지고 있음을 분명히 하고 있다. 리틀(Little, 1990)은 시험의 기능을 국제적으로 분석하여, 학습에 대한 조장적 기능과 함께 억제적 기능도 가지고 있음을 드러냈다. 그리고 Manns(2018)도 아시아 태평양 지역 국가들의 시험 문화를 분석하여, 시험이 학습을 촉진하며 공정한 평가 정책으로 활용되고 있지만 동시에 시험 때문에 학생들이 불안에 시달리고 학습을 성적 올리는 과정으로 협소하게 이해하게 만드는 부정적 기능도 하고 있다는 것을 보여주었다.

시험이 주로 암기력을 평가하는 것으로 끝난다는 유네스코 보고서의 지적은 우리나라의 경우에 특히 해당된다. 모든 시험방법이 반드시 암기력만을 평가하도록 되어 있는 것은 아니지만 실제의 시험은 암기력을 주로 측정하고 있으니 안타까운 노릇이다. 시험이 학생에게 불안감을 조성한다는 지적도 마치 우리나라의 경우를 말하는 것 같다. 월말고사, 모의고사, 학기말고사 등 시험시기가 다가오면 정신적 불안뿐만 아니라 노이로제, 두통,

복통 등 신체적 이상까지 나타나 병원에 찾아오는 학생이 점점 증가하고 있다는 의학보고가 있을 정도이다. 이처럼 시험이 학생들의 정신적 · 육체적 건강에 피해를 주고 있으므로, 이러한 문제에 대한 연구도 시험에 관련된 연구문제로 당연히 포함되어야 할 것들이다.

시험의 사회적 · 경제적 중요성이 높아짐에 따라 시험에 관련된 사람들의 행위가 비정상적으로 변할 수 있다는 지적은 시험이 조성할 수 있는 비교육적 결과를 종합적으로 표현한 것이다. 시험의 당사자인 학생뿐만 아니라 교사, 학부모, 교육행정가들에게도 온갖 비정상적 현상이 발생한다. 교사들은 우선 시험준비가 정상적 교육이 아닌 줄 알면서도 학생들에게 시험에 필요한 교육을 시킨다. 학부모들은 자녀의 성적에만 관심을 두고, 오로지 성적을 올리기 위하여 온갖 수단방법을 마다하지 않는다. 교장을 비롯한 교육행정가들도 학생들의 성적이 자신에 대한 능력평가로 되돌아올 수 있기 때문에, 때로는 비정상적 방법까지 동원하여 성적 올리기에 모든 노력을 쏟기는 마찬가지이다. 학생들의 성적을 높이고, 상급학교에 다수 합격시키는 교사를 추켜세워서 학교 전체의 분위기를 시험준비장으로 만드는 것을 교장의 역할로 알고 그렇게 실천하는 사람도 적지 않다.

시험의 역기능 가운데 앞에서도 지적한 것이지만, 시험이 실질적 교수내용과 학습내용을 결정함으로써 정상적인 교육과정 운영을 방해한다. 시험이 '선택적 학습과 선택적 교수를 부추긴다'는 것이다. 시험이 지니고 있는 이러한 교육규제기능은 대단히 중요한 의미를 갖는다. 우리나라처럼 시험의 영향력이 큰 경우 그 여파는 대단히 심각하다. 그러므로 각급 학교의 시험이 어떤 내용과 어떤 수준으로 이루어져 있는가를 분석하는 것은 대단히 의미 있는 작업이 될 것이다.

타당도가 높은 시험문제 출제를 위한 절차의 하나는 교육과정 편성이나 교안작성 시에 하는 교육목표의 이원분류표를 작성하는 일이다. 교과내용의 영역을 한 차원에 놓고, 평가하고자 하는 지적 · 정의적 특성(흔히는 블룸의 교육목표분류학의 행동특성 분류를 이용하여)을 다른 차원에 놓는다. 그렇게 함으로써 교육목표의 모든 범위와 수준이 평가에 포함되도록 보장하자는 것이다. 그런데 이 이원분류표를 역순으로 작성해 볼 필요가 있다. 즉, 실제로 출제된 시험문제를 이원분류표에 따라 교육목표로 환원시켜 보자는 것이다. 그렇게 함으로써 실제의 시험이 정상적으로 운영되어야 할 교육과정으로부터 얼마나 멀리 떨어져 있는가를 확인할 수 있을 것이다. 시험을 출제하기 위하여 교육과정을 분석하는 일도 중요하지만, 시험문제를 분석하여 실제로 가르치고 있는 교육내용이 무엇인가를 규명하는 일은 더욱 중요하다.

2) 시험의 사회적 기능

시험은 교육적 기능뿐만 아니라 사회적 기능도 또한 가지고 있다. 부르디외(Bourdieu)는 시험을 이렇게 규정한다.

> 사실을 말하자면, 시험은 학문적으로 무엇이 가치가 있으며 교육제도가 선택적으로 가르치고자 하는 것이 무엇인가를 가장 극명하게 표출시키지만, 시험의 의미는 그것만이 아니다. 지식의 사회적 의미규정과 그 표현방식을 학교의 시험을 통하여 학생들에게 강요함으로써, 지배문화와 지배문화의 가치관을 주입시키는 가장 효과적 도구로 시험이 이용되고 있는 것이다. (Bourdieu & Passeron, 1977: 142)

마르크스는 시험의 사회적 기능을 더욱 간명하게 표현하였다. “시험은 지식에 대한 관료적 세례이다. 즉, 세속적 지식을 성스러운 지식으로 변형시키는 공식적 의식과 같은 것이다." 이 말은 보잘것없고 의미 없는 지식일지라도 일단 시험에 출제되면, 그 지식의 품격이 격상되고 '중요한 지식'으로 존중되는 현실을 날카롭게 지적한 것이다. 반대로, 시험에 나오지 않는 지식은 중요성이 반감되고 격하된다는 사실도 암시하고 있다.

지식에 대한 시험의 이러한 기능은 사회문화적으로 중요한 의미를 지닌다. 즉, 지식에 대한 작용을 통하여 문화의 형성과 변화에 영향을 주고, 나아가 사회통제의 내용에도 영향을 줄 수 있다. 시험은 이러한 측면 외에도 사회적 지위경쟁과도 연결된다. 시험의 사회적 기능을 다음과 같이 정리할 수 있다.

① 사회적 선발
② 지식의 공식화와 위계화
③ 사회통제
④ 사회질서의 정당화와 재생산
⑤ 문화의 형성과 변화

시험의 '사회적 선발' 기능은 학교 본위의 공교육제도가 등장하면서 아주 뚜렷해진 기능이지만, 그 이전에도 시험의 사회적 선발 기능은 오랫동안 이용되어 왔다. 중국과 한국의 과거제도가 바로 그것이다. 과거라는 시험제도를 통하여 지배엘리트를 충원한 것은 중국과 한국의 오랜 전통이었다. 막스 베버가 서양은 19세기에 이르러서야 관료제도 등장에 따라 학교의 시험이 전문가관료의 선발기제로 그 중요성이 높아졌지만, 중국은 이미 오래전부터 관료선발을 위한 시험제도를 활용해왔다고 주장한 것은 이를 두고 한 말이다.

그러나 시험이 광범위한 사회적 선발기제의 핵심으로 기능하기 시작한 것은 19세기 이후로, 학교라는 공교육제도가 보편화되면서부터이다(Mathews, 1985: 4-8). 18세기 후반부터 인류사회는 산업시대로 들어서고 이를 관리하기 위한 국가관료체계가 정착한다. 산업사회는 기술수준의 향상으로 시간이 흐를수록 훈련을 더 받은 인력을 요구하게 되고 학교가 인력의 양성과 공급을 담당한다. 결국, 학교는 산업인력과 관료의 양성을 담당하게 된다. 학교는 초등, 중등, 고등으로 단계화하고 각 단계의 진학을 위하여 불가피하게 선발시험을 도입한다. 각 단계 내에서의 학년진급에도 시험이 실시되고 일상적 교실수업에도 시험이 광범위하게 실시된다. 개인별 성적을 내기 위해서이다. 성적은 학업성취의 수준을 나타내므로 각 교육단계에서의 선발기준으로 필수적이다. 결국 시험은 선발의 기제로 기능하기 시작한다.

시험이 각 단계의 진학에서 발휘하는 선발기능은 한국 사회에서는 특별히 중요하다. 대학입학 단계의 시험의 위력은 절대적이다. 대학입학시험은 결과적으로 사회적 지위획득으로 연결되어 사회적 선발기능을 수행한다. 입학시험뿐만 아니라 학교에서 실시되는 평소의 시험도 역시 사회적 선발의 기능을 갖는다. 평소의 시험성적이 '내신제'를 통하여 상급학교 입학에 연결되기 때문임은 물론이고, 직장입사 시에도 성적증명을 선발의 자료로 삼는 경우가 많기 때문이다.

'지식의 공식화와 위계화' 기능은 앞에서 부르디외와 마르크스의 주장을 통하여 언급하였다. 시험에 출제되고, 더욱이 정답으로 규정되는 지식은 그 사회가 공식적으로 인정하는 지식이다. 그리고 시험에 출제되는 지식과 그렇지 않은 지식 사이에는 자연히 위계화(位階化)가 이루어진다. 대학입학시험과 같은 공식적 시험일수록 이 기능이 뚜렷하다.

'사회통제'의 중요한 방법의 하나는 지식의 통제이다. 지식뿐만 아니라 규범과 가치관을 통제함으로써 사회를 효과적으로 통제할 수 있다. 독재사회를 유지하기 위하여 가장 먼저 하는 일의 하나가 지식교육과 규범교육을 통제하는 일이다. 지식과 규범의 통제는 사고방식과 행동을 통제하는 첩경이기 때문이다. 시험이 기본적으로 지식과 규범의 통제 기제이므로 사회통제의 기능을 수행한다.

한편, 시험의 '기존사회질서의 정당화와 재생산' 및 '문화의 형성과 변화' 기능은 그 기제가 단순하지 않다. 아마도 그람시의 헤게모니 및 반헤게모니에 관한 이론이 그 메커니즘을 이해하는 데 도움이 될 것이다(Gramsci, 1971; 임영일, 1996). 부르디외(Bourdieu, 1977)도 이 메커니즘을 설명한 바 있으며, 푸코(Foucault, 1975/2016: 289-300)는 시험에 작동하는 권력의 감시와 처벌을 매우 세밀하게 분석하고 있다.

우리나라의 대학입학시험의 특징이라고 할 수 있는 5지 택1형 시험방법이 사회질서 및 문화와 어떻게 관련되는가를 간단히 분석해 보고자 한다. 앞으로 이러한 분석이 더 광범위하게, 구체적으로 이루어질 필요가 있다. 현재 시험방법의 근간을 이루는 것이 객관식, 그 가운데서도 5지 택1식 방법이다. 5지 택1식 평가의 기본적 특징은 주어진 조건하에서 어느 하나만이 정답이고, 나머지는 모두 오답이어야 하는 것이다. 주어진 조건이란 대개의 경우에 일반적 상황은 아니고 특정적인 상황이다. 그 특정적 상황은 출제자에 의하여 또는 교과서 저자에 의하여 규정된다. 만약 관점을 달리하면 다른 것이 정답이 될 수도 있겠지만, 시험사태에서는 출제자에 의하여 규정된 조건하에서만 정답을 골라야 한다. 그러므로 수험생은 개방적인 모든 가능성에 비추어 정답을 고르는 것이 아니라 출제자가 규정한 조건을 정확히 파악하고 그 조건 내에서만 답을 골라야 한다. 수험생은 있을 수 있는 다른 여러 관점과 가능성은 무시하여야 한다. 즉, 자유로운 사고를 통하여 여러 관점을 동원하는 일은 필요하지 않으며, 만약 그렇게 하면 오히려 오답을 고를 가능성만 높아진다. 되도록 빨리 출제자의 관점을 파악하는 것만이 정답을 고르는 최선의 길이다. 이러한 시험의 연속은 학생들로 하여금 자신의 관점과 입장을 자유롭게 발전시키지 못하도록 가로막는다. 자유로운 주체적 관점을 발전시키는 것은 시험준비에 가장 해로운 길이기조차 하다. 항상 주어진 문제의 전제조건 내에서만 폐쇄적으로 사고하는 훈련을 끊임없이 쌓아야 한다.

결과적으로 5지 택1식 평가는 주로 생명이 없는 지식을 골라서 배우도록 유도한다. 왜냐하면, 이 평가에서는 항상 정답과 오답이 뚜렷이 구분되는 지식만을 평가의 대상으로 삼는데, 어느 상황에서나 반드시 옳고 절대로 오류가 있을 수 없는 지식은 대부분 이미 시대에 뒤떨어져 박물관에나 쌓아두어야 할 지식이기 때문이다. 우리가 지식이라 부르는 것 가운데 절대적 진리는 없으며, 존재한다 해도 그것은 얼마 되지 않는다. 대부분의 지식은 관점에 따라 달라지고, 논쟁 중에 있으며, 새롭게 형성되는 과정에 있다. 그러한 지식이 학문의 최전방에서 논의되는, 살아있는 지식들이다. 그러나 이러한 지식은 문제로 출제되지 않는다. 왜냐하면, '절대적 정답'이 될 수 있는 조건을 제시하기가 어렵기 때문이다. 출제기술상 그러한 지식은 평가에서 외면당한다. 시험문제로 출제되지 않으므로 시험준비에서 제외된다. 그래서 학교는 지극히 당연한 지식, 절대적 진리로 '만들어 놓은' 지식만을 가르친다. 살아있는 지식은 학교교육에서 쉽사리 제외된다. '중요하기는 하지만 출제될 가능성은 없으므로 무시해도 좋다'는 식이다.

때때로 어느 특정 관점으로 해석하는 것만 허용되고 다른 관점으로 해석하는 것은 허용되지 않는다. 교사가 다른 관점으로 해석하여 가르치는 것도 용인되지 않지만, 혹시 학생이 그렇게 배웠다면 시험에서 정답을 맞히기는 어렵다. 학교가, 때로는 정권이 공식적으로 인정하는 관점에 일치하는 것만 정답으로 인정하는 경우가 대부분이기 때문이다. 권위주의적 정권하에서는 그러한 경우가 흔히 일어난다. 특히, 규범에 관련된 시험문제에서 그러한 경향이 더욱 두드러진다. 그래서 때때로 '관제정답'이 교육을 지배하기도 한다.

이상과 같이 5지 택1식 평가가 지배하는 교육은 자유롭게 개방적으로 사고하는 주체적 인간을 길러내지 못한다. 능동적이며 자주적이기보다는 수동적이고 의존적인 자세, 지적이고 합리적인 사고보다는 독선적이고 감정적인 사고, 안정된 성격보다는 충동적 성격을 배양할 가능성이 높다. 매사를 정답 아니면 오답, 진(眞)이 아니면 위(僞), 흑이 아니면 백으로 구분하는 사고가 길러진다. 오늘날의 한국 사회에 퍼져 있는 이러한 사고방식은 학교에서 훈련된 것이다. 우리 사회의 지적 풍토를 황폐화시키는 중요한 요인의 하나가 바로 5지 택1식 입학시험방법이 양성해 내는 정신적 폐쇄성이다.

폐쇄성은 지식에서뿐만 아니라 규범적 교육내용에 있어서는 더욱 심각한 문제를 조성한다. 규범적 내용이야말로 특정 관점에 의하여 제한되면 그것은 교육이 아니라 교조주의적 훈련이 되어 버린다. 즉, 사상주입(indoctrination)으로 변질된다. 규범교육이야말로 다양한 가치와 사상과 이념을 개방적으로 논의하고 합리적 집단사고를 거침으로써 자연스럽게 내면화될 수 있어야 한다. 개방성과 합리성을 결여하면 규범교육은 실패한다. 사상주입은 맹신자를 만들거나 아니면 오히려 역으로 부정주의적 무규범론자를 낳거나, 체제부정의 반대론자를 기른다. 이러한 폐쇄적 교육이 성공한다면 권위주의적 정치체제에 적합한 사람을 길러낼 수 있다. 독일의 나치시대와 같이 정부 또는 상급자의 지시를 맹목적으로 기다리는 수동적 인간을 기를 수 있다. 각 개인이 독립심과 창의성을 가지고 독자적으로 사고하고 행동하는 사람이 아니라 상급자의 뜻에 따라 행동하는 것을 편안하게 생각하는 사람이 길러진다.

그러면 5지 택1식이 아닌 주관식 시험은 어떤 결과를 가져오는가? 주관식 시험은 앞에서 언급하였듯이 명칭 그대로 개인의 주관에 따라 답안을 작성하도록 요구하는 시험방식이다. 수험생 자신의 관점, 주장, 해석을 표현하도록 요구하는 방식이다. 즉, 주관식 시험은 시험관의 주관에 의한 평가가 아니라 수험생의 주관에 따라 답안을 작성하는 시험이다. 예를 들면, '세계의 질서를 바꾸는 것보다 자신의 욕망을 바꾸는 것이 더 좋은가?'라는 문제에 대하여 수험생은 그동안 공부한 것을 바탕으로 자신의 주장을 펴는 것이다. 따라서 정답이 정해져 있지 않다. 이 문제는 프랑스의 바칼로레아 시험에 실제로 출제되었던 문제이다.

프랑스의 구조주의 인류학자 레비스트로스(Lévi-Strauss)는 자신이 초등학교에서 대학에 이르기까지 일관되게 배운 것은 하나의 사고방식이었다고 술회한 적이 있다. 그 사고방식이란, 일단 어떤 주제가 주어지면 그 주제를 정확히 파악한 뒤에, 그 주제에 대한 상반되는 다른 이론, 사상 또는 주장을 상호대비시켜 정확히 제시하고, 이어서 제3의 이론이나 사상의 가능성을 제시하거나 또는 새로운 이론과 사상의 방향을 탐색하는 것이다. 즉, A이론이 제시되면 그것을 정확히 그리고 충분히 설명한 뒤에 그것과 반대되는 B이론을 내세워 양자를 비교한다. 그리고 다시 그것들과는 다른 차원이나 관점의 C이론의 가능성을 제시하는 방식이다. 매우 분명한 사고이지만 이러한 사고방식이 항상 새로운 것을 추구하도록 만들었다고 레비스트로스는 회고하였다.

이러한 시험문제가 요구하는 지적 활동은 5지 택1식이 요구하는 지적 활동과는 전혀 다르다. 그리고 이렇게 개방적이고 창의적인 사고를 존중하는 사회의 정치체제와 문화풍토는 자유롭고 민주적일 수밖에 없다. 바칼로레아에 출제되었던 다음과 같은 문제들에 대하여 레비스트로스가 말한 형식에 따라 작성하는 답을 상상해 보자(Vial, 2005).

- 우리는 역사가들을 믿어야 하는가?
- 타자를 이해한다는 것은 무엇인가?
- 사물의 본질을 물질로 충분히 설명할 수 있는가?

이러한 문제에 대하여 좋은 답을 쓰기 위하여 공부하는 고등학교 학생과 5지 택1식의 정답을 고르기 위하여 공부하는 고등학생은 얼마나 다르겠는가? 그리고 그들이 만드는 사회는 어떻게 다르겠는가? 결국, 시험을 어떤 내용과 방법으로 시행하느냐에 따라 한 사회의 지적 풍토를 황폐화시킬 수도 있고 살아 움직이게 만들 수도 있는 것이다.

시험은 학습결과를 확인하는 작업만이 결코 아니다. 시험은 그 자체가 교육이다. 5지 택1식은 단순한 시험방법에 그치지 않고 그 자체가 교육방법이다. 그리고 시험의 내용과 방법에 내재해 있는 교육기능은 교육으로 끝나지 않고 사회질서, 사회통제, 문화풍토 등을 유지 또는 변화시키는 데에 결정적 영향을 미친다. 시험과 평가에 대한 교육사회학적 연구의 시각을 크게 확대시킬 필요가 여기에 있다. 시험의 내용과 형식에 관한 분석과 입시제도를 비롯한 각종 시험제도의 교육적 · 사회적 기능에 관한 연구를 통하여, 한국 교육의 특성은 물론이고 한국 사회의 지적 · 문화적 특징도 밝힐 수 있다. 학교에서 실시하는 간단한 쪽지시험에서부터 대학입학시험제도에 이르기까지, 각종 시험에 관한 연구가 더욱 요청된다.

제9장

학업성취와 격차

어른들은 숫자를 좋아한다.
어른들에게 새로 사귄 친구 이야기를 하면,
그들은 제일 중요한 것은 도무지 묻지 않는다.
그들은 "그 친구의 목소리가 어떠냐? 무슨 장난을 제일 좋아하느냐?
나비를 수집하느냐?" 이렇게 묻는 일은 절대로 없다.
"나이가 몇 살이냐? 형제가 몇이냐? 그 애 아버지가 얼마나 버느냐?"
하는 것이 어른들이 묻는 말이다.

생텍쥐페리, 『어린 왕자』

학생들의 학습결과인 학업성취는 개인 · 학교 · 가정요인 등에 의해 복합적으로 결정된다. 그런데 학업성취의 차이에 미치는 학교의 영향은 사람들이 생각하는 것과 달리 그다지 강력하지 않으며, 개인의 지능과 가정배경이 큰 변수로 작용한다는 것이 여러 연구의 결과이다. 비합리적으로 결정되는 학업성취 격차를 해소하기 위한 교육적 관리가 필요하다.

인생은 성적이 전부가 아니라고 하면서도 학생이나 학부모가 가장 신경을 많이 쓰는 것은 결국 성적, 즉 학업성취 수준이다. 각급 학교의 진학과 진급과 졸업 등 교육선발 과정에서 가장 중시하는 판단의 기초가 학생의 학업성취 수준이기 때문이다. 학업성취 수준은 각 단계의 교육과정을 어느 정도로 학습했는가를 나타내는 평가자료인 동시에, 다음 단계 과정을 제대로 이수할 수 있는 학습능력을 갖추고 있는가를 나타내는 예측자료이기도 하다. 그리고 흔히 한 사람의 총체적 능력을 가늠하는 척도로도 사용된다. 학업성취는 학교교육을 통하여 학습한 지식, 사회적 능력, 가치관, 예술능력, 운동기능 등 학습결과의 총칭이다. 그리므로 학업성취에는 지적 영역의 학습결과만이 아니라 비지적(非知的) 영역의 학습결과도 포함된다. 그러나 실제의 성적은 흔히 교과지식의 학습수준만을 반영한다.

머리 좋은 학생이 열심히 공부하면 성적이 높아지고, 머리가 나쁘거나 게으르면 성적이 낮아진다는 것이 상식이다. 즉, 성적은 지적 능력과 노력의 함수라는 것이다. 그러므로 성적이 높은 학생은 머리가 우수하고 열심히 노력하는 사람이라는 뜻이 된다. 성적에 관한 또 하나의 상식은 학교의 교육여건이 좋으면 성적이 높아지고 나쁘면 성적이 낮아진다는 것이다. 학교의 교육조건이 학생의 성적을 결정한다는 뜻이다. 그러나 성적은 생각보다 훨씬 다양한 요인의 영향을 받아 결정되기 때문에 이러한 상식이 터무니없는 것은 아니지만, 그대로 믿을 만한 것은 못 된다. 흔히, 사람들이 믿고 있듯이 성적은 전적으로 개인의 지적 능력과 노력에 의해서만 결정되는 것도 아니고, 학교에 의해서만 좌우되는 것도 아니다.

학업성취는 교육에 관련된 모든 집단에게 중요하다. 학교에 있어서 학업성취 수준은 그 학교의 교육 능력을 나타내기 때문에 중요하다. 학교의 책임자인 교장과 교사로서는 학생들의 학업성취 수준이 자신들의 교육능력에 대한 평가자료가 되기 때문에 높은 관심을 갖지 않을 수 없다. 학생들에게는 학업성취 수준은 자신의 학습에 대한 노력을 나타내기 때문에 중요하다. 또한 성적은 앞으로의 학습능력을 판단하는 자료로도 이용되기 때문에 상급학교 진학에도 큰 영향을 준다.

우리 사회처럼 상급학교 입시가 극히 중요한 경우에는 성적의 현실적 중요성은 이루 말할 수가 없을 정도이다. 그래서 학생과 부모들은 늘 성적에 대한 관심에서 벗어나지 못한다. 성적이 상급학교 진학에 큰 영향을 준다는 사실은 교육기회의 분배와 직결되는 요인이라는 의미이기도 하다. 교육기회 분배는 말할 필요도 없이 사회적 지위의 획득으로 연결되므로, 성적은 사회적 평등문제와 관련된다. 그러므로 성적의 실체가 무엇이며, 그것이 어떻게 결정되는가를 이해하는 일은 교육의 실체와 교육의 기능을 이해하는 데 있어서 빼놓을 수 없는 주제이다. 이 장에서는 먼저 학교의 교육목표, 즉 학생에게 요구하는 학업성취의 구성요소를 살펴보고, 이어서 학업성취의 격차와 결정요인을 알아본다.

1. 학업성취의 구성요소

우리나라 대부분의 학교에서 일상적으로 실시하는 학업성취도 평가는 거의 전부가 교과지식의 학습수준을 측정하는 것이다. 개별학교뿐만 아니라 국가가 실시하는 학업성취도 평가도 마찬가지이다. 교육부는 「초중등교육법」(제9조 1항)의 규정에 따라 주기적으로 국어, 수학, 사회, 과학, 영어 등의 학업성취도 평가를 학교급별로 실시한다. 이 평가를 토대로 학생들의 학업성취도가 교과별로 얼마나 향상되었는지 또는 낮아졌는지, 학교급에 따라 어떤 차이가 있는지, 지역에 따라 어떻게 다른지, 또한 부모의 교육수준에 따라 어떤 차이가 나는가 등을 분석한다(조지민 외, 2007; 시기자 외, 2015; 구자옥 외, 2019).

그러나 학교가 학생에게 교육하는 것이 교과지식만이 아님은 말할 필요도 없다. 교과지식 이외에도 가치로운 여러 가지 능력과 덕목을 가르친다. 교과지식만이 아니라, 예컨대 교과와 관련된 태도와 가치관 그리고 학습방법도 중요하다. 더 나아가서 비교과영역의 정의(情意)적 특성들, 예컨대 봉사정신, 타인존중의식, 성평등의식, 세계시민정신, 미적 감수성 등도 학교교육을 통하여 가르치는 중요한 내용들이다. 예컨대, 교육부가 고시한 '초중등학교 교육과정 총론'은 각급 학교에서 추구하는 목표로 6개 핵심 역량을 설정하고 있다(교육부, 2022).

가. 자아정체성과 자신감을 가지고 자신의 삶과 진로를 스스로 설계하며 이에 필요한 기초 능력과 자질을 갖추어 자기주도적으로 살아갈 수 있는 자기관리 역량

나. 문제를 합리적으로 해결하기 위하여 다양한 영역의 지식과 정보를

깊이 있게 이해하고 비판적으로 탐구하며 활용할 수 있는 지식정보 처리 역량

다. 폭넓은 기초 지식을 바탕으로 다양한 전문 분야의 지식, 기술, 경험을 융합적으로 활용하여 새로운 것을 창출하는 창의적 사고 역량

라. 인간에 대한 공감적 이해와 문화적 감수성을 바탕으로 삶의 의미와 가치를 성찰하고 향유하는 심미적 감성 역량

마. 다른 사람의 관점을 존중하고 경청하는 가운데 자신의 생각과 감정을 효과적으로 표현하며 상호협력적인 관계에서 공동의 목적을 구현하는 협력적 소통 역량

바. 지역 · 국가 · 세계 공동체의 구성원에게 요구되는 개방적 · 포용적 가치와 태도로 지속 가능한 인류 공동체 발전에 적극적이고 책임감 있게 참여하는 공동체 역량

위의 핵심 역량은 우리나라의 학교가 길러내는 인간이 학습해야 하는 목표를 포괄적으로 제시한다. 그러므로 학교에서의 학업성취도 전체를 파악한다면, 교과지식의 학습수준뿐만 아니라 다른 학습목표들의 성취상황도 파악해야 할 것이지만, 실제의 학업성취도 평가들은 교과지식 성취도에 한정한 경우가 대부분이다. 말하자면 공식적인 교육과정은 전인교육을 위한 포괄적인 교육목표를 설정하고 있지만 실제 학업성취평가는 교과지식의 학습수준에 한정함으로써 교육을 잘못 이끌어가고 있는 것이다.

한국의 대부분 학교들이 교과지식에 편향된 평가를 실시하는 것과는 달리 다수의 외국과 국제기구들은 교과지식뿐만 아니라 다양한 교육목표를 포함시키는 평가를 시행한다. 예를 들어 만 15세 학생들의 읽기, 수학, 과학의 성취도를 국제적으로 비교분석하는 오이시디(OECD)의 피사(PISA: Program for International Student Assessment)는 2003년에 교과지식 이외에 '문제해결

력'을 평가하였고, 2006년 평가에서는 과학교과지식 이외에 '자원과 환경에 대한 책임감', '과학에 대한 자아효능감' 등을 포함하는 과학에 대한 태도를 평가하였다. 한편, 수학과 과학 성취도에 대한 국제적 연구인 팀스(TIMSS: Trends in International Mathematics and Science Study)는 교과지식에 대한 평가와 함께, 수학과 과학 학습에 대한 '자신감', '즐거움 인식', '가치인식'을 평가함으로써 정의적 영역의 학습상황을 포함시키고 있다. 학업성취에 관한 국내연구 가운데에도 자아존중감과 같은 비인지적 특성에 대한 관심을 강조하고는 있다(류방란 · 김성식, 2006; 이자형, 2013).

그러나 위의 연구들도 충분히 포괄적이지는 않기 때문에 학생들의 학업성취 전체를 보여주지는 못한다. 물론 연구목적에 따라서는 특정 교과나 특정 영역에 한정하여 성취도를 평가하는 것도 필요하므로 그것까지 문제 삼을 필요는 없다. 우리가 주의해야 할 것은, 소수의 특정 교과나 특정 영역의 성취도를 가지고 한 개인, 한 학교, 또는 한 국가 전체의 학업성취도인 것처럼 해석하고 활용하는 오류이다. 두세 개 교과 성적으로 한 사람의 능력을 판정하거나, 한정된 교과와 영역의 성취도를 가지고 국가의 교육역량을 판단하는 잘못을 범해서는 안 된다는 점을 말하는 것이다. 피사(PISA, 국제 학업성취도 평가)나 팀스(TIMSS, 수학 · 과학 성취도 추이 변화 국제비교연구)의 결과를 가지고 어느 나라의 교육체제가 다른 나라보다 우수하다는 식으로 국가 전체의 교육역량을 단정하는 경우를 자주 보는데, 그런 해석은 지나친 것이다. 팀스는 수학과 과학을, 피사는 여기에 읽기를 추가한 소수의 교과에 대한 지식과 태도를 측정한 것이다. 그 성취수준의 고저를 가지고 해당 교과에 대한 판단을 넘어, 국가 전체의 학습수준과 교육역량의 우열을 판단하는 것은 위험하다.

특정한 소수의 교과 성취수준으로 한 개인의 학습능력 전체를 평가하는 것도 오류이다. 오류일 뿐만 아니라 불공정하기도 하다. 왜냐하면 개인의 능력특성과 소질에 따라 각 교과에 대한 선호도와 학습능력이 다르므로, 특정 교과만으로 개인들을 평가하면 그 교과에 대한 학습능력이 높은 사람은 유리하지만 반대의 경우는 불리하기 때문이다. 사람들은 저마다 다른 특성과 소질을 가지고 있다. 그러므로 공정한 평가를 하기 위해서는 모든 영역을 고르게 포괄하는 종합평가를 실시하거나, 동일한 비중의 영역별 평가 가운데 개인이 선택하는 선택평가를 실시함으로써 동일한 비교조건을 만들 필요가 있다. 이 점은 상급학교 입시에서 특히 중요하다. 상급학교 입시의 가장 중요한 원칙 가운데 하나는 공정성인데, 특정 소수 교과시험으로 선발하면 어떤 개인 또는 집단에 유리하거나 불리한 결과가 발생한다. 예컨대, 전통적 학문 중심 교과는 계층이 높을수록 유리하다(DiMaggio, 1982; Mehen, 1992). 그러므로 전통적 학문 중심 교과시험 위주로 학생을 선발하면, 낮은 계층 출신은 입학이 어렵다. 그뿐만 아니라, 특정 교과 위주로 신입생을 선발하는 상급학교 입시는 앞에서 지적하였듯이 하급학교의 교육과정 운영을 편향시키는 폐해도 만들어 낸다.

그러므로 특별한 목적이 있는 경우가 아니면, 학업성취 평가는 인지적 영역, 정의적 영역, 신체기능 영역을 모두 포괄하는 종합적 평가로 실시하는 것이 교육적으로 가치롭다. 그렇게 함으로써 개인의 학습수준과 개별 학교와 국가 전체 교육체계의 교육역량을 정확하게 총체적으로 파악할 수 있다. 그리고 선발목적의 시험에 있어서 공정성을 유지할 수도 있다. 상급학교 선발시험에 있어서는 종합평가 방식이 아니면 평가영역 간 동일한 비중과 난이도를 유지하는 선택평가 방식을 택함으로써 공정성을 유지하면서 동시에 하급학교 교육과정 운영의 편향화를 막을 수 있다.

학교에서의 학업성취 구성요소가 교과지식뿐만이 아니라는 점은 다시 말할 필요가 없다. 그럼에도 불구하고 실제로는 위에서 살펴보았듯이 교과지식 위주로 학업성취를 평가하고 설명하는 것이 흔했다. 과거에는 가정과 지역사회의 교육기능이 살아있었으므로 가치관, 태도, 사회성, 윤리 등의 교육은 가정과 지역사회가 적지 않은 부분을 담당하였다. 그랬기 때문에 학교는 교과교육에 치중할 수도 있었다. 학교가 정의적 영역에 대한 교육을 하지 않은 것도 아니고, 학교에 대하여 그 영역의 교육을 사회가 요구하지 않은 것도 아니지만, 가정과 지역사회가 부분적으로라도 담당해 주었기 때문에 학교는 인지적 영역의 교육에 상대적으로 더 중점을 둘 수 있었다. 그러나 오늘날은 가정과 지역사회의 교육기능이 극도로 약화된 반면 대중매체와 인터넷의 발달로 수많은 지식과 정보를 학교 밖에서도 획득할 수 있기 때문에, 학교의 교육기능에 변화를 요구하고 있다. 즉, 지식은 학교 밖에서도 학습할 수 있는 반면, 사회성, 태도, 윤리 등을 학교 밖에서 학습할 기회가 오히려 줄어들기 때문에, 학교에서의 정의적, 사회적 영역에 대한 교육의 기대가 높아지고 있는 것이다. 학교의 중심역할이 지식교육에서 사회성교육으로 전환한다고 주장하는 미래학자들도 있다(Coates et al., 1997: 54-55; Tapscott, 2008). 그렇게 된다면, 학교에서의 학습결과에 대한 평가는 비인지적 영역에 대한 비중을 높이게 될 것이다.

2. 학업성취 결정요인

학업성취 또는 성적은 흔히 개인의 지능과 노력의 결과라고 생각하지만, 실제로는 그보다 훨씬 많은 요인들이 만들어내는 결과이다. 학업성취는 다양한 요인들의 복합적 작용의 결과물이다. 그동안 학업성취의 결정요인을 밝히기 위한 연구는 개인, 학교, 가정, 지역사회를 중심으로 많이 이루어졌다.

1) 개인적 요인

개인적 요인에는 지능, 적성, 노력이 주로 거론되는데, 이 가운데 지능이 물론 가장 큰 관심의 대상이다. 학업성취에 미치는 지능지수의 영향은 가정, 학교 등 다른 요인들에 비하여 뚜렷이 높게 나타난다(Jencks et al., 1972: 109; Herrnstein & Murray, 1994). 지능지수와 학업성취의 관계를 확인한 연구들은 대체로 .50 내지 .70의 상관관계를 보고하고 있다. 다른 요인들에 비하여 지능의 영향력이 가장 높은 것은 사실이지만, 그렇다고 해서 사람들이 흔히 생각하듯이 지능이 성적을 완전히 결정하는 것은 아니다. 적성(aptitude)도 학업성취에 영향을 준다. 특히, 학업적성(academic aptitude)은 학문적 성취수준에 대한 예언력이 높기 때문에 미국에서는 대학이나 대학원 입학선발에서 학업적성검사 점수를 요구하는 경우가 많다. 그런데 지능과 적성은 대부분 학교에 입학하기 전에 결정되고, 교육이나 훈련을 통하여 변화시키기가 매우 어렵기 때문에, 학교가 인위적으로 조절할 수 없는 요인으로 인식되어 있다. 특히, 지능을 학교가 향상시키는 것은 거의 불가능하다고 인식되어 있어서, 학업성취 수준을 향상시키기 위한 학교의 교육계획에서 지능에 관한 조치는 찾아볼 수 없다.

그러나 실제 연구에 있어서는 연구목적에 따라 개인 차원의 요인에 다른 것들도 포함시켜 조사한다. 예를 들어, 피사(PISA)는 학업성취도의 결정요인 가운데 개인요인에 해당하는 학생요인으로 성별, 나이, 국적, 보충수업 참여여부, 과외사교육 참여여부, 교과에 대한 흥미수준, 학습전략, 암기전략, 협동학습, 경쟁학습, 교과에 대한 자아개념, 컴퓨터에 대한 흥미, 컴퓨터 사용능력, 숙제에 쓰는 시간 등을 포함시켰다(OECD, 2001). 피사에 이렇게 자세한 변인들을 포함시킨 것은 수학, 과학, 읽기의 국가 간 학업성취도에 대한 단순한 국제비교에 그치지 않고, 각국별 자세한 진단을 통하여 교육정책과 교육방식의 개선에 활용할 정보를 찾아내려는 데에 더 큰 목적을 두었기 때문이다. 이처럼 실제 연구에서는 목적에 따라서 변인을 선택적으로 설정하는 경우가 많다.

그러나 그 요인들이 학업성취에 의미 있는 영향을 얼마나 미치는가는 연구에 따라 다르게 나타나는 것이 일반적이다. 국내의 연구들도 결과가 엇갈린다. 개인적 특성이 학업성취에 뚜렷하게 영향을 미친다는 연구와 함께 개인적 특성의 영향력이 크게 줄고 있다는 연구도 발표되고 있다(김소영 · 김진한, 2011; 성기선, 2010).

2) 학교 요인

학교의 시설이 좋고 교사들의 실력이 높으면 학생들의 학업성취가 향상된다는 것이 일반인들의 상식이다. 그러나 실제 연구결과들은 이 상식을 지지하지는 않는 사례가 매우 많다. 그럼에도 불구하고 학교 요인이 학업성취에 영향을 미칠 수 있다는 기대는 줄지 않는다. 교육의 조건을 향상시키면 학업성취 수준이 높아지리라는 믿음을 버리기 어려운 것 같다.

학업성취에 영향을 주리라고 기대하는 학교 요인들에는 학교시설과 교구, 재정규모, 교사실력, 교사당 학생 수, 반 편성, 교사의 열의, 교사와 학생 관계 등이 거론된다. 피사에서는 학생평가 회수, 학교와 교사의 자율수준, 교사연수, 학교풍토에 대한 교사영향력, 교사의 사명감, 교사의 학생지도, 규율, 성취압력, 컴퓨터 확보수준, 교사당 학생수, 학급규모, 학교시설 활용도, 수업시수, 학교유형(공립/사립) 등 매우 자세한 학교 요인들과 학업성취의 관계를 분석하였다(OECD, 2001). 그런데 그동안의 연구결과들은 학업성취에 대한 학교 요인의 긍정적 효과를 뚜렷하게 확인하지 못하고 있다. 오히려 실망스럽게도 학교의 교육조건은 학업성취의 향상에 도움을 주지 못한다는 연구들이 더 많이 발표되었다.

사람들의 상식을 뒤엎는 이러한 결과를 낸 연구로 가장 유명한 것은 이 분야의 고전적 연구로 불리는 「콜맨 보고서」이다. 제7장에서 소개한 이 연구는 콜맨(Coleman et al., 1966)이 미국연방정부의 대대적 지원을 받아 수행한 연구로서, 당시 존슨 대통령이 의욕적으로 추진하던 "위대한 미국 사회 건설"의 한 부분이다. 흑인을 비롯한 소수인종과 빈곤층 자녀들의 성적이 낮고 그래서 상급학교 진학도 하지 못하는 근본원인은 그들이 살고 있는 지역의 학교의 시설, 교육자료, 교수방법, 교사진 등 교육조건이 열악하기 때문이라는 점에 착안하여, 교육조건과 학업성취의 관계를 밝히는 것이 연구 목적이었다. 그러나 전국에 걸친 자료를 분석한 연구결과는 학교의 요인들이 학업성취에 큰 영향을 주지 않는다는 것이었다. 너무도 당연하다고 믿어온 상식에 어긋나는 이러한 결과 때문에 이 연구는 많은 학자들에 의하여 연구설계에서 자료의 분석기법에 이르기까지 매우 꼼꼼한 검토를 받았다. 그리고 같은 주제의 연구를 새로 시도한 연구자들도 많이 나타났다. 그러나 대다수 결과는 콜맨 보고서의 결론을 뒤집지 못하였다. 학교의 교육조건의 차이가 학업성취의 차이를 만든다고 말할 수 없다는 것이었다.

이렇게 기대에 어긋나는 결론이 나오자 크게 당황한 사람들은 존슨 대통령과 참모들 그리고 흑인을 비롯한 소수민족단체들이었다. 그들은 학교의 열악한 교육조건 때문에 흑인밀집지역과 저소득층지역 학생들의 학업성취가 올라가지 못한다는 결론이 나오리라 의심하지 않고, 그 지역들의 학교 교육조건 개선을 위하여 투입할 막대한 재정까지 확보해 놓고 기다리고 있었다. 그런데 그 지역에 재정지원을 투입할 논거가 없어진 것이다. 정책에 혼선이 일어난 것은 자명하다. 한편, 흑인단체들과 저소득층 운동가들의 반발이 거세게 일어났다. 그들은 이 연구결과가 소수인종과 소외계층에 대한 정부의 지원정책을 막으려는 백인인종주의자들의 음모라면서, 연구의 설계와 방법에 대한 기본적 불신을 드러냈다. 한 편의 연구가 이만치 학문적으로, 사회적으로 그리고 정치적으로 논란의 대상이 된 경우도 드물다. 따라서 이 주제의 연구는 그 후로도 미국뿐만 아니라 여러 나라에서 계속 반복하여 재검토된다. 물론 우리나라에서도 연구가 발표되고 있지만, 학업성취에 대한 학교의 영향력은 역시 매우 낮게 나타나고 있다(김현진, 2013; 백병부 · 김정숙, 2014). 그럼에도 불구하고 학교의 교육조건 향상이 학업성취 향상에 도움을 주지 못한다는 사실을 사람들이 그대로 받아들이기 어렵기 때문에 이 주제에 관한 연구는 계속될 것이다.

3) 가정 요인

학업성취에 대한 학교 요인의 영향력이 불분명하고, 가정환경의 영향력이 뚜렷하게 드러나자, 연구자들의 큰 관심은 가정으로 향하였다. 콜맨 자신도 연구주제를 바꾼다. 그는 「콜맨 보고서」 논란 후에 두 가지 주제로 방향을 바꾸는데 하나는 교육기회와 조건의 평등론으로부터 결과의 평등론으로 전환한 것이고, 다른 하나는 학업성취에 관한 학교영향 연구로부터 가정영향 연구로 전환한 것이다.

콜맨은 학업성취에 대한 가정영향을 규명하는 데 있어서 "사회자본(social capital)"이라는 개념의 유용성에 주목하였다(Schneider, 2000: 376-383). 이와 유사한 개념으로 부르디외(Bourdieu & Passeron, 1977)가 발전시킨 "문화자본(cultural capital)"이 있는데, 고전문학지식, 예술에 대한 감수성 등 문화자본은 학업성취에 직접 영향을 미치는 데 비하여, 다른 학부모들과의 유대형성, 학교운영위원회 참여 등 사회자본은 학교의 교육활동에 매개되어 영향을 미친다고 보았다. 이러한 관점은 학교운영의 개선을 통한 학업성취향상의 가능성을 열어놓는 것으로서, 계속 탐구할 가치가 충분하다.

학업성취에 대한 가정영향을 설명하는 데 있어 문화자본의 개념도 물론 주목할 만하다. 부르디외뿐만 아니라 번스타인(Bernstein, 1973a, 1973b)도 가정이 학업성취에 미치는 영향에는 부모들이 사용하는 언어의 질과 가정의 교육적 분위기가 중요하다는 점을 강조함으로써 문화자본의 관점을 보여주었다. 문화자본의 관점은 가정배경에 따라 학업성취에 차이가 나는 것은 가정이 가지고 있는 문화자본의 차이 때문이라는 것이다. 학업성취에 작용하는 문화자본의 구성요소에는 가정에서 사용하는 언어의 특성, 부모의 자녀에 대한 동기유발 수준, 가족의 문화 활동 참여, 가족의 독서습관 등이 포함된다. 학업성취에 관한 연구에 문화자본 관련 요인을 포함시키는 예를 자주 볼 수 있다.

OECD의 피사(PISA)에서 배경변인으로 설정한 가정 요인에는 가족구조(단일부모가족, 핵가족, 혼성가족 등), 형제자매 수, 가정에서 사용하는 언어, 사회경제적 지위, 부모교육수준, 부모와 자녀 대화, 문화 활동(오페라, 미술관 참관 횟수 등), 재산, 가정의 교육자원, 고전문학 등 고전문화 소유수준 등이 포함되어 있다(OECD, 2001, 2014). 우리나라에서도 가정의 여러 가지 요인들이 학업성취에 미치는 영향을 밝히기 위한 연구가 많이 이루어지고 있다. 가정의 사회경제적 지위, 사회자본, 문화자본 등이 학업성취에 큰 영향을 미친다는 연구결과들이 보고되고 있다(김위정, 2012; 백병부 · 김정숙, 2014; 유선 · 정영애, 2012; 임혜정 · 전하람, 2019; 최성수, 이승현, 2022; 한세희, 2018). 한편, 최근에는 가정의 여러 환경요인들도 영향을 미치지만 가정의 소득수준에 따라 학업성취에 큰 차이가 난다는 연구들이 계속 발표되고 있

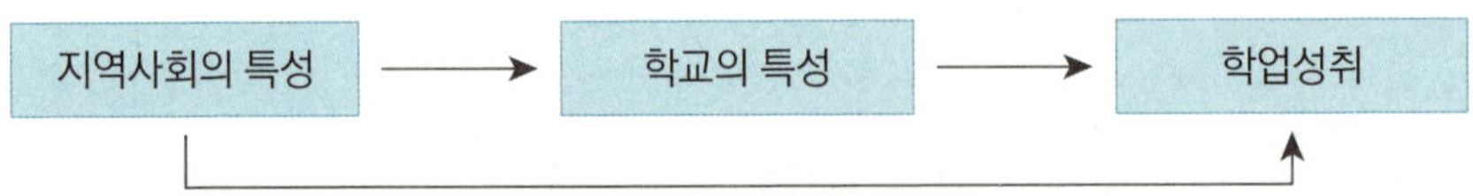

[그림 9-1] 지역사회와 학업성취

다(Berliner, 2016). 빠르게 확대되고 있는 소득양극화가 학업성취의 격차를 심각하게 확대시키고 있는 것이다.

4) 지역사회

학교는 지역사회에 속해 있고, 가정도 마찬가지이다. 지역사회는 학교에 영향을 줄 뿐만 아니라 학생들의 학업성취에도 직접적으로 영향을 미친다(Epstein & Sanders, 2000: 287-290). 이것을 그림으로 나타내면 [그림 9-1]과 같다.

학교환경으로서의 사회적 특성은 여러 측면에서 관찰할 수 있다. 이글스톤(Eggleston, 1977)은 생태학적 접근을 제안한다. 인간유기체가 환경과 어떻게 관련을 맺으면서 행동하고 생활해 나가는가를 밝히는 생태학을 교육연구에 응용하여 교육행동과 교육생활이 환경과 어떻게 관련되어 있는가를 효과적으로 밝힐 수 있다는 것이다. 이글스톤은 교육에 관련된 환경요인으로 테일러와 에이레스(Taylor & Ayres, 1970)가 정리한 것을 소개하였는데, 그것은 다음과 같다.

① 지역사회주민의 신체적 정신적 건강수준
② 주택, 의료 및 사회복지를 비롯한 생활수준
③ 주민의 개인별 소득수준과 지방자치단체의 예산규모를 종합한 지역사회의 경제수준
④ 학교졸업생과 일반 성인들을 위한 취업기회의 규모와 다양성
⑤ 인구의 증감, 인구이동, 인구밀도, 계층구조, 출산력 등과 같은 인구동태
⑥ 각계각층 지역주민의 지식수준

이러한 생태적 환경요인이 학업성취에 영향을 준다는 사실은 여러 연구가 밝히고 있다. 부콕(Boocock, 1980: 253-254)은 보일(R. P. Boyle)과 벅헤드(J. Burkhead)의 연구를 인용하여, 전자는 지역사회의 규모(인구수)가 학업성취에 작용한다는 것을 확인하였다. 이 연구는 동질화되어 있는 캐나다의 학교에 대한 분석을 통하여 각 학교의 학생들의 사회계층 구성이 성적에 영향을 주지만, 사회계층 구성의 영향력이 지역사회의 크기에 따라 뚜렷이 다르게 작용하는 것을 발견하였다. 다시 말하면, 학교의 교육조건이 동일한 상황에서도 학생들의 사회계층 배경에 따라 학업성취가 달라지지만, 달라지는 정도가 지역사회의 크기에 의하여 영향을 받는다는 것이다. 한편 벅헤드의 연구는 지역사회 전체의 경제수준에 따라 학업성취에 대한 요인들의 영향력이 달라지는 것을 발견하였다. 즉, 가정의 소득이 1,000달러 높아짐에 따라 읽기성적이 시카고에서는 21%씩 올라가지만, 애틀랜타에서는 8.5%씩밖에는 올라가지 않는 사실을 밝혀내었다.

이러한 연구결과가 의미하는 것은 가정의 소득수준이 학업성취에 영향을 주는 것은 사실이지만, 양자의 관계는 단순관계가 아니고 전체사회의 맥락에 의하여 영향을 받는다는 것이다. 위의 보일의 연구결과가 의미하는 것도 마찬가지이다. 학교를 둘러싸고 있는 사회적 조건, 즉 학교 환경이 교육결과에 중요한 영향을 미치고 있다는 것이다. 그런 의미에서 사회 및 국가의 유형에 따라 학업성취가 어떻게 다르며, 사회를 구성하는 어떤 요인이 학업성취를 다르게 만드는가에 관한 연구는 매우 긴요하다. 교육에 미치는 지역사회의 영향에 대한 관심은 계속 높아지고 있으며(Epstein & Sanders, 2000), 학교의 역할을 정상화하기 위한 근본적 개혁을 위해서도 지역사회에 대한 연구의 필요성이 강조되고 있다(Goyal, 2016; McDonald & Cities and Schools Research Group, 2014).

5) 사교육

한편, 학업성취의 결정요인으로 최근에 연구자들의 관심을 끄는 것이 과외지도와 학원과 같은 사교육의 영향이다. 오이시디의 피사연구에서도 학업성취도의 분석에 학생의 사교육 참여를 포함시키고 있다. 특히 한국의 학생들은 사교육에 대한 의존도가 대단히 높다. 그렇다면 사교육 참여가 학업성취에 어떤 영향을 미치는가를 밝힐 필요가 있다.

사교육은 이용목적과 의존도에 있어서 나라에 따라 큰 차이가 있기는 하지만, 세계 대다수 국가에서 이루어지고 있다. 특히, 한국을 비롯하여 일본, 홍콩, 싱가포르, 터키, 체코, 러시아 그리고 최근에는 중국에서도 사교육이 큰 문제로 대두되고 있다. 학습자 입장에서 사교육을 이용하는 목적은 학교수업만으로 학습목표를 달성하지 못하여 부족한 학습을 보충하기 위한 것과 학습목표를 달성하였을지라도 다른 학생보다 더 높은 성적을 올릴 수 있는 경쟁력을 갖추기 위한 것으로 구분할 수 있는데, 학생 간 경쟁이 심한 유교권 국가들에서 경쟁목적 사교육이 지배적이다(Baker et al., 2001). 사교육을 부족한 학습을 보충하기 위하여 활용하는 서구와 북미의 여러 나라들과는 대조적으로 성적이 뛰어난 학생들까지도 남보다 더 높은 석차를 따기 위하여 사교육에 많은 시간과 돈을 투자하는 나라들 가운데 한국이 대표적이다(이종재 · 이희숙, 2008; 성기선 · 김준엽, 2010; 신인철 · 김기헌, 2010). 그러나 소득의 양극화가 심화되면서 명문대학을 향한 상위계층의 각종 사교육참여가 미국과 유럽에서도 최근 증가하고 있다(Aurini & Hillier, 2018: 215-217).

교육부 발표의 2022년 사교육비 조사에 따르면 한국 초 · 중 · 고등학교 전체 학생의 약 78퍼센트가 사교육에 참여하며, 이들이 부담하는 사교육비 총액은 연간 26조 원에 달한다. 전국학생 1인당 월평균 사교육비도 약 41만 원으로, 이는 사교육을 받지 않는 학생까지 포함하여 산출한 것이다(〈표

9-1〉 참조). 각급학교 학생들이 지출하는 사교육비는 매년 뚜렷하게 증가하는 추세이다. 가구소득에 따른 사교육비 격차도 상당하다. 소득 최상위 가구의 사교육비 지출은 소득 최하위 가구에 비하여 지출 규모가 다섯 배 이상 차이가 난다.

표 9-1 학교급별 전체학생 1인당 월평균 사교육비 (단위: 만 원, %)

		2017	2018	2019	2020	2021	2022
전체		27.2	29.1	32.1	30.2	36.7	41.0
교육단계	초등학교	25.3	26.3	29.0	23.5	32.8	37.2
	중학교	29.1	31.2	33.8	34.2	39.2	43.8
	고등학교	28.5	32.1	36.5	39.6	41.9	46.0
가구소득	200만원 미만	9.3	9.9	10.4	10.3	11.6	12.4
	300만원 미만	-	-	-	-	15.8	17.8
	200-300만원 미만	15.3	15.6	17.0	15.8	18.0	20.5
	300-400만원 미만	21.2	22.2	23.4	20.4	25.3	27.2
	400-500만원 미만	27.4	27.9	30.0	26.9	33.2	35.1
	500-600만원 미만	32.2	32.9	35.4	32.5	38.1	39.9
	600-700만원 미만	36.5	37.3	40.4	37.2	44.4	46.9
	700~800만원 미만	40.7	42.2	46.4	44.1	48.6	51.8
	800만원 이상	48.3	50.5	53.9	52.6	59.3	64.8

출처: 통계청,「초 · 중 · 고 사교육비조사」각 연도

학업성취에 대한 사교육의 효과는 어떤가? 연구의 결과들은 일정하지 않다. 학업성취향상, 상급학교진학 등에 대한 사교육의 영향은 긍정적 효과를 보여 주는 연구들이 있지만, 뚜렷한 효과를 내는 증거를 찾을 수 없다는 연구들도 발표되고 있다(최돈민 외, 2013; 박현정 외, 2008; 도승이 외, 2012; 김희삼, 2010; 김현진, 2008). 앞으로 더욱 세밀하게 설계된 연구가 이루어져야

할 것이다. 사교육의 효과에 대한 객관적 증거를 찾는 연구들의 결과는 엇갈리고 있지만, 사교육효과에 대한 주관적 기대는 학생과 학부모들이 매우 높게 가지고 있는 것으로 나타난다. 사교육에 투자한 만큼의 효과가 있다고 그들은 주관적으로 판단하고 있다는 것이다(우천식 외, 2004). 이러한 주관적 기대가 사교육에 대한 참여와 투자를 지속시키는 강한 요인이 되고 있으므로 이 주제에 대한 연구도 더 진행시킬 필요가 있다.

사교육 참여와 투자의 동기도 연구되어야 할 주제이다. 사교육을 억제하고 감소시키기 위한 수많은 시책과 사회적 여론에도 불구하고 사교육이 줄어들기보다 오히려 계속 확대되어 온 데에는 교육의 구조적 문제와 아울러 학생과 학부모의 사교육에 대한 동기도 작용하고 있음이 분명하다. 사교육 동기를 파악하기 위한 연구가 발표되고 있으나(임성택, 어성민, 2013), 더 늘어나야 한다.

한편, 사교육이 학업성취와 상급학교 진학에 효과가 있느냐 없느냐도 중요하지만, 사교육이 학생의 학습행위에 어떤 영향을 미친다면 그것 또한 중요한 문제가 아닐 수 없다. 즉, 사교육이 시험문제 정답 맞히기 훈련 중심으로 이루어져서 입시준비 요령을 주입하는 데에 치중하고 학습자가 스스로 사고하고 탐색하는 기회를 주지 않는다면 교육적으로 해롭다. 학교 수업에서도 이러한 현상이 벌어지는 경우가 적지 않기 때문에 변화에 대한 요구가 큰데, 사교육에서는 아예 대놓고 주입식 훈련을 강화하고 있기 때문에 문제가 더 심각하지 않을 수 없다. 최근의 연구들은 사교육이 자기조절학습 또는 자율적 학습성향에 부정적 영향을 미치는 것을 보여준다(김희삼, 2010; 도승이 · 김성식, 2014; 최윤진, 2015). 이 분야의 연구가 더 확대될 필요가 있다.

정리

학업성취에 영향을 주는 요인들은 이상과 같이 매우 다양하지만 그동안의 연구는 주로 학교와 가정에 집중되었다. 지능과 같은 개인 요인이 중요하다는 점은 말할 필요도 없지만, 그것은 학교가 통제할 수 있는 범위 밖에 있으므로 어떤 대책을 세울 수 없기 때문이다. 따라서 대책을 세우기가 비교적 용이하게 생각되는 학교 요인에 관한 연구에 집중하여 학업성취 향상을 위한 방안을 모색하였다.

그러나 연구 성과가 축적됨에 따라 지능이라고 해서 대책을 찾을 수 없는 것이 아니고, 가정환경도 처음에는 학교가 손댈 수 없는 영역으로 생각되었지만, 시간이 지남에 따라 학업성취 향상을 위한 대책에 포함시킬 만큼 관리할 수 있는 영역에 포함되었다. 학교는 기본기능의 하나가 학생들의 학업성취를 높여주는 것이므로, 학업성취 향상을 위한 여러 가지 대책을 세우고 방법을 발전시켜 왔다. 그러한 대책과 방법이 얼마나 효과를 내고 있는가는 중요한 연구주제이다. 다음 절에서 학교교육의 효과에 관한 연구들을 정리하고, 이어서 학업성취의 격차와 원인을 살펴본다.

3. 학교의 학업성취 향상 효과

학교의 일차적 역할은 학생들의 학업성취를 도와서 향상시키는 것이다. 학업성취의 구성요소가 교과성적만이 아니므로 인지적 영역, 정의적 영역, 신체기능 영역을 모두 포괄하는 학업성취를 높여 주는 것이 학교의 책임이기도 하다. 즉, 학교는 가능한 모든 방법을 활용하여 가능한 한 모든 학생들이 모든 영역을 성공적으로 학습할 수 있도록 돕는 역할을 담당하고 있다. 그것이 기본교육기관인 학교의 역할이자 사명이다. 달리 말하면 모든 학생의 모든 영역에 대한 학업성취 수준을 높여 주는 것이다.

그러나 모든 학생이 모든 영역에서 동일한 학업성취 수준에 도달하지는 못한다. 각자의 타고난 지적 능력이 다르기 때문이다. 각 영역에 대한 적성과 학습에 쏟는 노력도 똑같지 않다. 그러므로 불가피하게 학업성취에 차이가 생긴다. 그런데 만약 학업성취의 차이가 오로지 지적 능력과 노력만의 차이에 의하여 발생한다면, 크게 문제 삼을 일이 못 될 것이다. 타고난 지적 능력과 자신이 기울인 만큼의 노력의 결과로 만들어진 학업성취에 대하여 학교나 사회를 탓하기는 어렵기 때문이다. 다른 학생은 왜 나보다 성적이 더 좋으냐고 따지기도 어렵다.

그러나 그렇다고 해서 학습활동을 학생의 지능과 노력에만 맡겨 놓고 학업성취의 차이에 대하여 학교가 아무런 조치를 취하지 않는다면, 학교가 제 역할을 다한다고 말할 수 없다. 학교가 진정한 교육기관이라면 각기 다른 학생의 능력과 특성을 고려하여 각자에게 적합한 지도를 제공함으로써, 가능한 한 학습 성과를 높여주는 것이 올바른 역할이기 때문이다. 즉, 학교는 모든 학생들의 학업성취 향상을 이끄는 동시에, 되도록이면 뒤떨어지는 학생이 없도록 특별한 관심과 지도방법을 제공할 책임이 있다. 불가(佛家)에서도, 진리는 하나이나 중생의 특성이 모두 달라 깨닫는 길이 다르므로 팔만 사천 가지 방편을 만들게 되었다고 하지 않는가. 그러므로 우리는 학생들의 학업성취에 관하여 학교가 무엇을 어떻게 하는지 알아볼 필요가 있다.

그런데 만약에 학업성취가 각 개인의 순수한 능력과 노력만의 성과가 아니고 부모의 경제력이나 사회적 지위에 따라서도 좌우된다고 하면, 이것은 그냥 넘길 수 있는 문제가 아니다. 사실 교육사회학자들은 오래전부터 이 문제에 관심을 가지고 많은 연구를 수행하였다. 부모의 소득과 사회적 지위를 비롯한 학생의 배경이 학업성취의 차이에 얼마나 그리고 어떻게 작용하는가를 탐색해 왔다. 이 문제는 다음 절에서 다루고, 이 절에서는 학교교육의 효과에 대한 연구 성과를 살펴본다. 학교는 학생들의 학업성취 향상을 위한, 그리고 학업성취의 비합리적인 격차를 해소하기 위한 여러 대책을 세우고 방법을 강구한다. 그 가운데 많은 연구가 이루어진 것이 학급과 학교규모, 교육여건, 집단편성, 교사능력과 활동, 학교문화이다.

1) 학급과 학교 규모

학급규모가 학생들의 학업성취에 영향을 주리라는 것은 누구나 생각할 수 있다. 상식적으로, 한 학급에 학생이 너무 많으면 교사의 주의력과 지도력이 분산되므로 아무래도 성적이 낮아지고, 반대로 학생 수가 적으면 개별적 지도의 기회가 늘어나 성적이 높아질 것으로 기대할 수 있다. 더욱이 우리나라는 오이시디(OECD) 수준에 비추어 학급당 학생수가 최근까지도 많았기 때문에, 학급규모와 학업성취의 관계에 대한 관심이 높다.

우리나라의 학급당 학생 수가 이제는 많이 줄어서 '과밀학급'이라는 말도 줄기는 했으나 오이시디 평균보다는 여전히 많다. 〈표 9-2〉에서 보듯이 2019년의 초등학교 학급당 학생 수는 전국 평균이 22.2명으로 오이시디 평균 21.1명보다 많다. 한편, 중학교는 오이시디가 평균은 23.7명인데 우리나라는 25.1명이다. 우리나라의 학급규모가 다른 나라들에 비하여 큰 것을 알 수 있고, 10년 이전에는 더욱 큰 규모였다. 이러한 상황이기 때문에 우리나라 교육자들의 학급규모의 축소에 대한 열망은 무엇보다도 크다. 학급규모만 적정 수준으로 줄일 수 있으면 교육의 효과가 크게 향상될 것으로 많은 사람들이 믿고 있다. 국내와 외국의 교원단체들이 항상 요구하는 것 가운데 하나가 학급규모의 축소이다.

표 9-2 한국의 학교급별 학급당 평균 학생수 추이 (단위: 명)

연도	초등학교	중학교	고등학교
1965	65.4	60.7	57.1
1975	56.7	64.5	58.6
1985	44.7	61.7	56.9
1995	36.4	48.2	48.0
2005	31.8	35.3	32.7
2009	27.8	34.4	34.2
2015	22.6	28.9	30.0
2018	22.3	25.7	26.2
2019	22.2	25.1	24.5
OECD평균(2018)	21.1	23.7	-

출처: 통계청(2019); OECD(2020).

그러나 현재로서는 교사와 일반인들이 주장하는 것처럼 학급규모가 작을수록 학생의 성적이 올라간다는 보장은 없다. 학급규모와 학업성취의 관계에 관한 연구결과들이 서로 엇갈리고 있기 때문이다. 이 분야에 관한 국내외 연구결과를 종합적으로 검토한 바에 의하면, 학급규모가 작을수록 학업성취가 높아진다는 결과도 있지만 이와는 대조적으로 학급규모가 큰 것이 학업성취에 도움이 된다는 결과가 있으며, 그런가 하면 학급규모와 학업성취 사이에는 아무런 관계가 없다고 주장하는 연구결과들도 있다(김영철·한유경, 2004; 공은배 외, 1984). 전국의 초·중·고 학생의 학업성취도를 분석한 김영철(2003)의 연구에서는 소규모 학급의 학업 성취도에 대한 효과는 거의 나타나지 않았다. 도리어 일부 지역의 학교급에서는 대규모 학급의 성취도가 더 높게 나타났다. 특성화고등학교에서는 소규모 학급이 대규모 학급보다 전반적으로 높은 성적을 보였다. 경기도 지역의 초·중·고 학생을 대상으로 한 이아진(2017)의 분석에서는 초등학교 수학 교과에서는 학급규모가 작을수록 학업성취도가 높았고, 중학교 수학 교과에서는 반대로 학급 규모가 클수록 학업성취도가 높았다. 다른 교과에서는 학교급을 막론하고 학급 규모가 학업성취도에 유의미한 영향이 없었다. 여러 해에 걸쳐 학업성취에 관한 국제적 평가연구를 수행한 국제학업성취평가협회(IEA: International Association for the Evaluation of Educational Achievement)의 여러 보고서는 학급규모의 차이가 학업성취의 차이에 영향을 미치는 증거를 찾아볼 수 없다고 밝힌 바 있다(Inkeles, 1979). 이러한 결과를 종합하면 학급규모의 크고 작음이 과연 학업성취에 영향을 주는가에 회의를 짙게 하고 있다.

연구결과가 이렇게 논쟁적임에도 불구하고 학급규모가 학업성취에 영향을 준다고 믿는 사람들은 과거의 연구들이 주변의 다른 변수들, 예컨대 교사의 능력, 학생의 학습능력, 교과내용, 교수방법 등을 제대로 통제하지 못하였기 때문이라고 주장한다. 실제로 많은 연구들이 단순한 교사수 증가에 의한 학급규모 축소는 효과를 내지 못하고, 교사의 전문적 능력 향상이 학업성취를 높인다는 결과를 발표하고 있다(Rumberger & Gándara, 2016). 그런가 하면 학급규모와 학업성취의 관계는 직선적이 아니고 포물선적이어서 최적 규모보다 작아지거나 커지면 학업성적이 낮아지게 되는데 이제까지의 연구들은 최적 규모에 대한 어떤 기준이 없이 단순히 대소 간의 비교만을 일삼았기 때문에 그렇게 일관성 없는 결과가 나온 것이라고 설명하기도 한다(Bridge, 1979). 이 두 번째 설명은 특히 외국의 연구결과를 우리나라에 적용하는 데에 신중을 기해야 함을 시사한다. 왜냐하면, 외국의 학급규모는 앞에서 살펴보았듯이 20명 남짓이어서 그들이 대규모의 학급이라고 부르는 것은 25명 이상 또는 고작해야 30명인데 우리나라는 2000년대 초까지도 외국과 비교하기가 어려울 정도로 컸기 때문이다. 즉, 우리나라의 학급규모는 적정규모의 한계를 훨씬 넘어섰었는지도 모르는 일이어서, 학급규모가 큰 것이 학업성취에 오히려 효과적이라느니 학급규모와 학업성취는 관계가 없다는 등의 말을 하기가 어렵다.

또 한 가지, 학급규모와 학업성취와의 관계에 관한 논의는 주로 인지적 학업성취를 중심으로 이루어졌다. 학급규모가 비인지적 특성에 미치는 영향에 관한 논의는 드물었다. 우리나라처럼 학급규모가 지나치게 큰 경우에는 비인지적 특성, 즉 사회성, 정서, 성격 등의 형성에 미치는 영향이 더 클 수도 있으므로 더 많은 연구가 필요하다.

한편, 학급규모보다 학교의 규모가 학업성취에 미치는 영향에 관하여도 논쟁이 있는데, 연구결과들이 엇갈린다. 대규모 학교가 학업성취를 향상시킨다고 주장하는 사람들은 학교가 크면 다양한 학습경험을 가질 수 있다는 사실을 강조한다. 특히, 학급당 학생수 5~10명, 학교당 학생수 30~40명인 과소학급이나 과소학교는 교육과정의 정상운영이 어렵고, 학생 간의 사회적 상호작용도 한계가 있기 때문에 교육적으로 불리하다는 점도 지적한다. 한편, 소규모 학교를 지지하는 사람들은 학교가 작으면 학생들이 더 집중적인 경험을 가질 수 있다고 주장한다. 그러나 이에 관한 연구들이 대규모 학교가 유리하다는 쪽과 소규모 학교가 유리하다는 쪽으로 팽팽하게 맞서기 때문에 어떤 결론을 내릴 수 없는 상황이다. 오히려 교육의 성과는 크고 작은 학교규모보다 학습환경, 교수방법, 교사의 역량, 그리고 나아가 학생의 가정환경이 더 큰 영향을 미친다는 연구결과들이 쌓이고 있다(Lee, 2000; 335-342). 여하튼 학생의 학업성취 향상을 위하여 대규모 학교가 유리하다거나 또는 소규모 학교가 유리하다고 단정적으로 말하는 것은 위험하다. 더 정교한 연구들이 요청된다.

2) 학교의 교육여건

학교의 교육여건은 학교의 시설, 교구, 재정, 교사의 수와 교육능력 등 교육에 투입(input)되는 요인들의 총합을 이렇게 부를 수 있다. 교육여건은 학업성취에 지대한 영향을 미치는 것으로 흔히 여겨진다. 그러므로 학교차라고 하면 이러한 교육 여건의 차이를 우선 떠올리게 되고 교육투입 요인의 학교차 해소를 우선적 과제로 제시하는 것이 관례이다. 학교차를 해소하면 학교 간의 성적차를 없앨 수 있다고 기대하기 때문이다. 학교의 교육여건이 학업성취의 차이를 가져온다는 생각은 두 요인이 실제로 비례하기 때문에 더욱 믿게 된다. 예를 들어, 농어촌의 교육여건이 대도시에 비하여 부족한데, 학생들의 학업성취도도 낮다.

그러나 많은 연구결과는 교육여건과 학업성취는 일치하지 않는다고 주장한다. 학생들의 학업성취의 차이는 학교 교육여건의 차이 때문이라고 단정하지 못한다는 것이다. 예컨대, 여러 나라의 학업성취 결정요인에 관한 연구들을 종합분석한 시몬스(Simons, 1975)는 학급규모, 교사의 교육수준, 학생 1인당 교육비 등 교육환경에 관한 요인들은 성적과 이렇다 할 관계가 없다고 결론을 내렸다. 이러한 결론은 선진국이나 개발도상국이나 마찬가지로 적용된다. 시몬스는 학교의 교육환경 요인들은 일반적인 기대와 달리 성적에 영향을 주지 못하지만, 부모의 행동특성, 학생의 영양상태, 성격 등은 생각보다 오히려 큰 영향을 미치는 것으로 연구들이 제시하고 있다고 지적하였다. 즉, 학교 내의 교육환경보다 학교 밖으로부터 학생이 가지고 오는 요인들이 더 큰 영향을 준다는 것이다. 국내의 연구들도 같은 결과를 발표하고 있다(성기선, 2006; 양정호 · 김경근, 2003; 김현진, 2013; 박병부 · 김정숙, 2014).

미국과 개발도상국에서 수행한 수많은 연구를 종합분석한 보고서도 결과가 다를 바 없다(Hanushek, 1997). 미국 학교를 대상으로 연구한 377편의 논문 가운데 학교시설이 학업성취에 도움을 준다는 결과를 얻은 것은 9%뿐이고 5%는 오히려 반비례한다는 것이고, 나머지는 어떤 결론을 내리지 못했다. 학교재정의 학생 1인당 지출액 고저가 학업성취수준을 높이거나 낮추는지 여부에 관하여도 전체 연구의 66%는 결론을 얻지 못하였다. 그래도 27%는 긍정적 영향을 주고 7%가 부정적 영향을 준다는 결론이어서, 학생들을 위하여 지출하는 재정이 많을수록 학업성취가 높아진다는 쪽에 무게가 실렸다. 한편, 개발도상국에서 이루어진 96편의 논문을 분석한 결과는 그다지 만족스러운 것은 아니지만, 미국 학교들에 비하면 학교 교육여건과 학업성취가 비례한다는 연구결과가 많다. 특히, 교사의 교육수준, 교사의 경험, 학생당 지출액, 시설은 상당히 효과를 내는 것으로 나타났다. 미국과 개도국의 이러한 차이에 관해서는 원인을 규명할 필요가 있다. 한 가지 가능성은 미국 학교들의 교육여건이 평준화되어 학교 간 차이가 적은 반면, 개도국의 학교들 간에는 교육여건의 차이가 크기 때문에 학업성취에 미치는 영향이 크게 나타난 것일 수 있다.

3) 집단편성

학교성적에 관한 또 하나의 오래된 상식은 능력별 학급편성(ability grouping)이 성적향상에 도움이 된다는 것이다. 우수한 학생은 우수한 학생끼리, 열등한 학생은 열등한 학생끼리 반을 편성하여 가르치는 것이 훨씬 능률적이고 효과가 높다는 것이다. 우리나라에서는 평준화 정책 도입 이후 고등학교에서 이 문제가 꾸준히 거론되고 있다. 왜냐하면, 평준화 이전의 고등학교들은 일류, 이류, 삼류 식으로 학교단위의 능력별 동질 집단편성이 이루어졌던 셈인데, 평준화 이후로는 각 학교의 구성이 이질적 집단으로 바뀌었기 때문이다. 그래서 평준화 정책을 비판하는 사람들은 평준화 이후 고등학교의 이질집단화로 고등학교의 학력이 떨어졌다는 주장을 내세우기도 한다. 그러나 평준화학교와 비평준화학교 학생들의 학업성취도를 횡단적으로 그리고 종단적으로 분석한 결과들은 평준화가 학생성취수준을 떨어트렸다는 주장을 부정한다(강상진 외, 2005; 김기석 외, 2005). 즉, 학생의 학교별 능력혼합편성이 학업성취를 낮추지 않았다는 것이다.

그러나 학교와 학급의 조직에서 능력별 편성과 계열 편성(tracking)의 학업성취에 관한 국내외의 연구결과들은 상당히 엇갈리고 있어서, 뚜렷한 결론을 끌어내기가 어렵다(최호성, 2000; Steenbergen-Hu, Makel, & Olszewski-Kubilius, 2016). 초기의 연구들은 학급편성 방식이 학업성취에 영향을 준다는 결과를 얻음으로써 상식과 일치하였다. 학생들을 우수반과 열등반, 진학반과 비진학반 등의 동질집단으로 편성하여 가르치면, 학생의 능력과 진로에 맞추어 가르치게 되므로 성적이 높아진다는 것이다. 그러나 많은 연구결과들은 반드시 그렇지도 않다고 반박하였다(김소영, 2011; 성열관, 2008; 황여정, 2008). 우선, 학급편성 방식 때문에 성적의 차이가 난다고 믿었던 것들이 사실은 교사의 차이, 학생들의 특성상의 차이, 과목내용의 특성상의 차이 등에서 나타난 것이며, 만약 모든 변수를 제대로 통제하고 학급편성 방식의 차이만을 가지고 보면 능력별 학급편성이 학업성적향상에 효과적이라는 결론을 내리기는 어렵다는 것이다.

좀 더 주의 깊게 수행된 후기의 연구들 가운데 대부분은 능력별 편성이 혼합 편성에 비하여 성적 상위집단, 중간집단, 하위집단 어느 쪽에도 학업성취를 더 향상시킨다는 증거를 찾아내지 못하였다. 일부 연구에서 성적 상위집단이 혼합 편성에 속해 있을 때보다 능력별 편성에서 유리한 반면 성적 하위집단은 반대로 능력별 편성에서 성취가 오히려 낮아진다는 결과가 나왔다. 이 경우에 시간이 흐를수록 성적 상위집단과 하위집단의 격차가 더 벌어져서 교육불평등을 심화시키는 현상이 나타났다(Oakes, 1997; 김달효,

2006; 황여정, 2010). 결국 능력별 편성이나 계열 편성은 누구에게도 도움이 안 되거나, 우수생과 열등생의 격차를 확대시키는 비교육적 결과를 가져올 수 있다는 것이다.

그런데 우수생에게 유리하고 열등생에게 불리한 원인은 무엇일까? 두 가지 설명이 있다. 하나는 능력별 편성 시에 능력만이 아니라 계층과 같은 비능력 요인이 작용한다는 것이고, 다른 하나는 교사들이 우수반을 더 열심히 가르치는 반면 열등반은 소홀히 가르치기 때문이라는 것이다. 실제로 교사들이 학생들을 우수생, 열등생 등으로 구분하는 데 있어서, 그리고 능력별 또는 계열별 학급편성에 있어서 학생들의 계층배경의 영향을 받는다는 연구들이 있다. 고등학교의 진학반과 비진학반을 편성하는 과정을 면밀하게 관찰분석한 연구(Cicourel & Kitsuse, 1977)에 의하면 같은 성적 학생일지라도 계층이 높으면 진학반에, 계층이 낮으면 비진학반에 편성될 확률이 높다. 교사들은 성적과 적성 등 '객관적' 자료에 근거하여 학생의 반배치를 결정하는 것만은 아니고 학생의 행동, 언어습관, 학교에 대한 태도, 부모의 압력 등도 고려한다는 사실을 발견하였다. 대규모의 다른 연구에서 얻은 결론도 이와 비슷하다. 학습능력이 학급편성의 중심적인 판단자료이기는 하지만 학생의 계층배경도 적지 않게 작용한다는 것이다(Alexander & McDill, 1976).

한편, 오크스가 정리한 연구결과들은 교사들이 상위능력반에서는 더욱 열심히 가르치고 학습분위기를 조성하지만, 하위능력반에서는 학습동기 유발에 노력을 기울이지 않고 적당히 방치하는 경우가 많다는 것이다(Oakes, 1997: 396). 그러므로 성적차의 폭이 더 커지게 된다. 그리하여 로젠밤(Rosenbaum, 1976)은 능력별 학급편성은 '감추어 놓은 불평등 제조'라고까지 비판하고 있다. 그러나 성적이 계층의 영향을 받는다는 사실을 감안하면 학급편성에 계층배경이 작용한다는 것이 그리 새삼스러울 것도 없다. 그렇기는 해도 학급편성이 계층분화를 조장하는 '합법적 장치'일 수도 있다는 점은 학교의 교육방식에 우리가 더 많은 연구관심을 기울일 필요를 말해준다.

그런데 평준화 정책으로 사라졌던 소위 일류고, 이류고 식의 능력별 학교편성이 특목고와 자율고 등을 통하여 되살아나, 교육격차의 문제를 조장하고 있다. 그에 따라 일반고와 특목고 및 자율고 학생들 간의 학업성취 격차와 대학입학에서의 차이 등에 관한 연구의 필요가 높아지고 있다(김천기, 2019; 박수억, 2020). 미국 등 외국에서도 소위 엘리트학교들이 학업성취와 대학진학에 일반학교들을 앞지르면서, 이에 대한 연구가 증가하고 있다(Khan, 2018).

4) 교사 능력과 활동

오래된 것이지만 로젠탈과 제이콥슨(Rosenthal & Jacobson, 1966)의 연구는, 한때 교육사회학자들의 비상한 관심을 불러일으켰었다. 성적이 올라갈 것으로 교사가 기대하는 학생은 실제로 성적이 올라간다는 일종의 자기완성적 예언(self-fulfilling prophecy)을 그들이 검증하여 긍정적 결과를 얻은 것이다. 자기완성적 예언이 학급상황에 그대로 적용된다고 그들은 결론을 내렸다. 즉, 성적이 올라가리라는 교사의 기대가 학생의 성적을 실제로 높인다는 것이다.

로젠탈과 제이콥슨의 실험을 요약하면, 능력과 특성이 비슷한 학생들을 무작위로 두 집단으로 나누어 한 교사에게 담당시키면서, A집단은 일반적 학생들이지만, B집단은 성적향상 가능성이 높은 학생들이라고 거짓으로 알려주었다. 그리고 한 학기를 마친 뒤에 두 집단의 학업성취를 비교하니 B집단의 성취도가 뚜렷이 높았던 것이다. B집단 학생들이 학업성취에 향상을 보이리라는 교사의 기대가 실제로 성적의 향상을 가져온 것인데, 이 기대효과는 저학년과 하류계층 학생들에게 더 뚜렷하였다. 자기완성적 예언이론이란 인간의 사회적 행동은 어떤 행동을 하리라는 주위의 예언이 행위자에게 영향을 주어 결국 그렇게 행동하도록 만든다는 것이다. 그러나 이 연구는 학생 개개인에 대한 교사의 기대가 어떻게 형성되며, 그러한 기대가 어떠한 경로를 거쳐 학생의 성적에 영향을 미치는가는 설명해 주지 않는다. 다만 교사의 기대가 성적에 영향을 준다는 것뿐이다. 그렇기는 해도 학교의 시설, 교사의 교육수준, 학교재정 등의 교육환경과 상관없이 교사의 기대만으로 성적을 높일 수 있다는 것은 교육문제 해결에 가히 획기적인 것이었다. 그리하여 이들의 연구는 삽시간에 일대 선풍을 불러일으켰다.

그러나 교사의 기대 효과에 관한 후속 연구들의 결과는 첫 번째 연구와 반드시 일치하지는 않았다. 로젠탈과 제이콥슨의 연구를 그대로 반복한 어느 연구는 교사의 기대효과가 전혀 나타나지 않았다고 보고하였다(Fielder et al., 1971). 이렇듯 연구 결과가 혼란을 보였지만 흑백을 가리기 위한 새로운 연구를 계속하는 것이 불가능해졌다. 첫 번째 연구가 너무 유명해져서 더 이상 교사들을 속여서 실험에 이용할 수가 없게 되었기 때문이다.

그리하여 교사기대의 학업성취에 대한 효과를 밝히기 위한 연구는 실험연구가 아닌 실제 수업장면을 관찰 분석하는 연구로 바뀌었다. 리스트(Rist, 1970)는 흑인 어린이만 다니는 초등학교에서 교사들이 학생을 어떻게 구별하고 각각 다른 기대를 형성하는가를 관찰하였다. 그는 교사들이 신입생들을 며칠이 안 가서 세 집단으로 구분하는 것을 발견하였다. 교사들은 신입생들을 곧 우수학생, 중간학생, 열등학생으로 구분하고, 좌석배치, 질문, 관심표시 등에 있어서 세 집단을 다르게 대하는 것이었다. 이때 우수학생은 그 학급에서 상위계층 출신, 열등학생은 대개 하위계층 출신 어린이들이었다. 그리고 입학 초에 한번 형성된 학생구분은 학년이 바뀌어도 거의 변함없이 지속되었다. 교사가 달라져도 학생의 구분에는 큰 변화가 없었다. 이러한 사실을 근거로 리스트는 교사들의 학생구분이 사회계층과 연결된다고 결론지었다. 리스트의 이러한 결론은 뒤에 많은 연구에 의하여 사실과 부합하는 것으로 확인된다(예컨대 Keddie, 1970; 이영덕 외, 1991).

한편, 교사의 경험수준과 교육적 노력은 높을수록 학생의 학업성취에 긍정적 영향을 미친다. 모든 경우에 단정적으로 그렇다고 말할 수는 없지만 그런 경향은 볼 수 있다. 국내의 초·중·고 대상 전국적 조사결과도 교사요인이 학업성취에 긍정적 효과가 나는 것으로 보고했다(조지민 외, 2007). 반면에 교사의 효과가 뚜렷이 나타나지 않는다는 연구보고도 있기는 하다(성기선, 2006; 김현진, 2013). 그러나 교사가 수업활동과 학생지도에 쏟는 노력과 열의가 학업성취에 영향을 미칠 가능성은 여러 연구들이 지적하고 있음에 주목할 필요가 있다.

5) 학교문화

학교에 따라 학구적 분위기의 수준은 다르다. 어느 학교는 그야말로 공부하는 분위기로 가득 차 있는가 하면 어떤 학교는 어수선하고 비학구적이다. 학교의 이러한 분위기가 학생들의 학업성취에 영향을 주리라고 누구나 기대할 수 있다. 학생문화에 초점을 두어 학교의 분위기와 학업성취의 관계를 설명한 콜맨(Coleman)의 「청소년사회」(The Adolescent Society, 1961)는 오래된 것이지만 매우 유명하다. 그는 청소년들은 같은 또래끼리 학교에 모여 있기 때문에 성인사회의 문화와는 다른, 때로는 대항적인 자신들의 문화를 형성한다고 설명하고 이러한 학생문화는 학교에서의 생활과 태도 형성에 영향을 주어 성적에 영향을 미친다고 주장하였다. 미국의 고등학교 학생들은 대개 운동선수와 학생회장과 같은 인기를 가치롭게 여기고 학구적 활동은 낮게 평가하기 때문에, 미국 학생들의 성적을 향상시키려면 이들의 비학구적 문화를 깨뜨리거나 약화시켜야 한다고 주장하였다. 콜맨의 이러한 주장은 학생문화를 지나치게 부정적으로 본다는 비판을 받았다. 학생들은 콜맨이 관찰한 바와 같이 비학구적이고 스포츠나 좋아하는 것은 아니라는 주장도 나왔다.

한편, 학생문화가 성적에 영향을 준다는 콜맨의 연구결과는 다른 연구들에 의하여 재검토되었다. 그 가운데 비교적 체계적인 연구가 맥딜(McDill, 1967)의 연구인데, 이 연구에 따르면 학생문화는 성적에 영향을 주기는 하지만 그리 크지는 않다는 것이다. 이들은 학생들의 태도점수와 수학성적 사이에 극히 낮은 상관관계를 확인하였다. 반면에 학생들의 지능지수, 사회경제적 지위, 소망수준이 학생문화보다 성적에 훨씬 큰 영향을 주는 사실을 확인하였다.

학교의 분위기를 학교풍토(school climate)의 개념으로 정리하고, 이것이 학업성취에 미치는 영향을 분석한 연구자들 가운데 브루코버(Brookover)가 널리 알려져 있다. 그와 그의 동료들이 실시한 연구(Brookover et al., 1979)에 의하면 학생의 학업적 성공에 대한 교사의 기대, 학생의 학습능력에 대한 교사의 평가, 교사의 평가와 기대에 대한 학생의 인식, 학생의 무능력감 등을 중심으로 측정한 학생의 풍토지수가 학업성취에 뚜렷한 영향을 주는 것으로 나타났다. 비슷한 연구방법에 의하여 국내에서도 같은 결과를 얻었다(김병성 외, 1981). 그리고 학교풍토에 따라 교사의 교육활동에 대한 열의에 차이가 난다는 사실을 확인함으로써, 학교풍토의 학업성취에 대한 효과를 지지하는 연구도 있다(곽수란, 2003).

브루코버의 정의에 의하면 학교풍토는 학생풍토, 교사풍토, 교장풍토로 이루어지는데 이들은 적어도 14개의 요인으로 구성되어 있다. 그 요인들이 복합적으로 작용하여 성적에 영향을 준다는 것이다. 그러나 이러한 요인들은 학생들의 사회계층배경의 영향을 받는 것이 많고, 학생의 현재 성적에 의해서도 영향을 강하게 받는 것들이기 때문에, 학교풍토조성을 위한 매우 특별한 조치를 취하지 않는 보통의 학교에서는 브루코버처럼 "학교가 성적을 올릴 수 있다"고 주장하기는 어려운 것으로 보인다.

4. 학업성취의 격차와 원인

이 장의 제1절과 제2절에서 학생들의 학업성취, 즉 흔히 하는 말로 성적을 결정하는 요인들이 무엇인가를 알아보았다. 학업성취의 결정에는 개인, 학교, 가정, 지역사회, 사교육에 관련된 수많은 요인들이 작용하는 것을 알 수 있었는데, 그 가운데 학교 요인들이 일반적인 기대와는 다르게 큰 영향을 미치지 못한다는 연구결과들을 많이 볼 수 있었다. 이러한 연구결과들이 말해주는 것은, 학교가 학생들을 가르치는 기관이지만 학생들의 학업성취는 학교보다는 개인과 가정의 요인들에 의하여 더 크게 영향을 받는다는 것이다. 학생 각자의 지능수준과 노력 그리고 가정의 뒷받침이 성적에 결정적 영향을 미친다는 것이다.

그렇다면 학생들 간의 성적차이는 무엇에 의하여 결정되는가? 학생들 간의 성적차이는 상급 학교진학의 선발척도로서는 물론이고 각자의 능력을 나타내는 지표로도 이용되기 때문에 이만저만 중요한 문제가 아니다. 학업성취의 결정요인들이 그대로 학업성취의 격차를 만드는 요인으로 작용할까? 이제부터 이 문제를 알아보자.

1) 지능

지능지수가 학업성취를 예언하는 좋은 지표라는 것은 오래된 상식이다. 지능지수와 학업성취 간의 관계를 확인한 연구들은 앞에서 언급하였듯이 대체로 .50 내지 .70의 상관관계를 보고하고 있다. 지능이 높으면 성적이 높다는 상식을 강력히 뒷받침하는 통계치이다. 지능에 대한 관심을 새롭게 불러일으킨 헤른스타인과 머레이는 학교성적뿐만 아니라 사회적 능력도 지능수준에 의하여 좌우된다고 역설한다. 사회를 이끌고 가는 집단은 지능이 높은 사람들이라는 것이다(Herrnstein & Murray, 1994: 29).

지능지수에 따라 학업성취의 많은 부분이 결정된다는 점에는 의문의 여지가 없다. 그러므로 학생들 간의 학업성취의 격차가 많은 부분 지능의 차이에 의하여 만들어진다는 것도 이론의 여지가 없다. 그런데 만약 지능이 순전히 유전적으로만 결정되는 것이라면, 그것이 대부분 결정하는 학업성취의 격차는 어쩔 수 없이 수용할 수밖에 없다. 유전공학을 동원하여 유전자를 변화시킨다면 혹시 모를 일이지만 말이다. 그러나 지능이 순수하게 유전적으로 결정되는 것인가, 그리고 검사점수로 표시되는 지능지수가 순수한 지능의 지표인가는 쟁점으로 남아있다. 실제로 지능의 높낮이가 가정환경, 특히 사회계층 배경의 영향을 받는다는 주장을 둘러싸고 논쟁이 벌어지고 있기 때문에, 지능지수와 학업성취의 높은 상관관계 중 얼마만큼이 순수한 지능의 결과이고, 또 얼마만큼이 환경의 영향인가를 분명하게 말하기 어렵게 되어 있다. 지능에 있어서 인종 간의 차이를 주장하는 젠슨(Jensen, 1973)은 지능지수와 사회경제적 지위 사이에 .35 내지 .40의 상관관계가 있다고 보고하였다. 다른 연구들은 .40 내지 .60의 상관관계를 계산하였는데, 데이브(Dave)는 계층배경 대신에 가정의 심리적 · 문화적 환경변수와 지능의 관계를 분석하여 .80이라는 높은 상관관계를 계산하였다(이영덕, 1969: 75). 이러한 자료는 지능지수가 타고난 지적 능력만이 아니라 후천적으로 환경의 우열에 따라 달라진다는 사실을 말해준다. 나아가 지능검사가 지니고 있는 계층문화적 성격 때문에, 동일한 지적 능력을 가지고 있는 사람일지라도 검사를 통해서 나타나는 지능지수는 달라질 수도 있다는 것이다(이해성, 1990; Fraser, 1997).

지능지수가 유전적으로 타고난 기본적 지적 능력과 다르게 나타날 수 있다는 사실을 역설적으로 그러나 극적으로 표현한 사람은 젠크스(Jencks et al., 1972: 109)이다. 그는 수많은 자료를 통계적으로 세밀하게 분석한 뒤에 이렇게 결론을 맺었다. "우리가 만약 모든 사람의 유전자를 동일하게 만들 수 있다면, 지능검사 점수의 불평등을 33 내지 50퍼센트 줄일 수 있을 것이다." 이 말은 지능지수의 50 내지 67퍼센트는 유전자 이외의 요인에 의하여 만들어졌다는 뜻이다. 즉, 지능검사를 통하여 표시된 지능지수의 절반 이상은 타고난 순수한 기본능력이 아닌 다른 것들로 만들어진 것이라는 의미이다. 이 수치 자체는 논란의 여지가 있지만, 기본적 지적 능력의 지표라고 사용하는 지능지수가 계층배경을 포함한 환경요인을 많이 반영하고 있다는 사실만은 분명히 말해 주고 있다.

2) 가정배경

학업성취에 가정의 사회경제적 계층배경이 뚜렷하게 영향을 미친다는 것을 국내 연구결과도 마찬가지이다. 한국직업능력연구원의 한국교육고용패널 자료 가운데 2008학년도 대학수학능력시험을 치른 일반계 고등학생들의 수능점수와 가정배경의 관계를 분석한 연구결과(최필선 · 민인식, 2015)는 가정배경에 따른 수능점수의 격차를 뚜렷이 보여준다. 자녀의 수능성적은 부모의 소득수준과 관계가 높아서, 소득 5분위(상위 20%)의 수능 1~2등급은 11.0%이지만, 소득 1분위(하위 20%)의 수능 1~2등급은 2.3%에 불과하다(〈표 9-3〉 참조). 한편 부모의 교육수준도 수능성적에 영향을 미쳐서 〈표 9-4〉에서 볼 수 있듯이 고졸 미만 부모의 자녀의 수능 1~2등급과 3~4등급을 합쳐도 11.7%에 불과하나, 전문대졸업 이상 부모의 자녀의 수능은 1~2

표 9-3 부모의 소득수준과 자녀의 수능성적 (단위: %)

수능	(하위)소득 1분위	소득2분위	소득3분위	소득4분위	(상위)소득 5분위
1~2등급	2.3	1.1	2.7	4.4	11.0
3~4등급	11.5	18.0	19.1	29.1	29.9
5~6등급	45.4	39.6	41.8	39.9	37.8
7~9등급	40.8	42.3	36.4	25.6	21.3

출처: 최필선 · 민인식(2015). p. 42의 그림을 편집함.

표 9-4 부모의 교육수준과 자녀의 수능성적 (단위: %)

수능	고졸 미만	고졸	전문대졸 이상
1~2등급	0.8	5.0	20.8
3~4등급	10.9	17.6	30.5
5~6등급	34.3	36.1	29.9
7~9등급	54.0	41.4	18.8

출처: 최필선 · 민인식(2015). p. 43의 그림을 편집함.

등급과 3~4등급을 합쳐서 51.3%에 이른다. 이 정도의 격차라면 대학진학률은 물론이고 그들이 진학하는 대학의 계층이 뚜렷이 달라질 수밖에 없다.

학업성취의 격차와 가정배경 사이에 뚜렷한 관계가 있다는 연구들은 그 밖에도 많이 쌓여있다(백병부, 2012; 성기선, 2010; 류방란 · 김성식, 2006; 조지민 외, 2007; 양정호 · 김경근, 2003; Alexander & Simons, 1975). 인지적 영역의 학업성취는 물론이고 정의적 영역의 학업성취에도 가정의 계층배경은 뚜렷하게 작용한다. 그런데 가정배경이 학업성취 격차에 이렇게 많은 영향을 준다면, 어떤 방식으로 영향을 미치는 것일까? 부모의 직업지위가 높거나 낮은 것이, 또는 부모의 교육수준이 높거나 낮은 것이 자녀의 학업성취 수준에 구체적으로 어떻게 작용하는가? 가정과 학업성취를 매개하는 기제가 어떤 것인가?

가정과 학업성취를 매개하는 기제에 관하여 네 가지 설명이 있다. 가정마다 자녀의 학업성취를 도와줄 수 있는 여러 가지 자원들을 가지고 있는데, 그 자원들을 일종의 자본이라고 하면, 자본의 성격에 따라 재정자본(financial capital), 인간자본(human capital), 문화자본(cultural capital), 사회자본(social capital)으로 구분할 수 있다(Dijkstra & Peschar, 2003). 이 자본들이 가정배경을 학업성취로 매개한다는 것이다.

재정자본이론은 가정이 자녀의 학교공부를 돕기 위하여 지출하는 책상, 책, 컴퓨터, 단독 공부방, 사교육 등 재정자본이 많을수록 학업성취가 높아진다는 것이다. 재정자본이 적으면 거꾸로 학업성취가 낮아진다고 설명한다. 결국, 가정의 경제력에 의하여 자녀의 학업성취 수준이 오르거나 내려간다는 것이다. 앞 절에서 언급하였듯이 가정의 소득수준이 학업성취에 강하게 영향을 미친다는 연구들이 증가하고 있다(김경근, 2020; Berliner, 2016).

인간자본이론은 가정의 계층이 높을수록 부모들이 여러 가지 지식, 경험, 지적 기능 등을 자녀에게 많이 제공하는데, 이것들이 학업성취 향상에 도움을 준다는 설명이다. 부모의 교육수준이 높을수록 영향력이 커지는데, 부모 자신들이 자녀의 학습활동을 지원하는 인간자본이 되는 셈이다. 우리나라 전국 초·중·고 학업성취도 평가결과 분석에서, 부모의 학력수준이 모든 학교급에서 큰 영향력을 나타내고 있는 것은 인간자본이론과 관련지어 더 분석해 볼 만하다(조지민 외, 2007; 최필선·민인식, 2015).

문화자본이론은 부르디외(Bourdieu & Passeron, 1977)에 의하여 발전하였다. 가정의 경제수준과 교육수준이 높을수록 고전음악, 미술, 문학 등 고급문화에 관한 활동에 많이 참여하고, 문화적 체험도 많이 할 수 있는데, 이것이 학교교육과정과 일치도가 높기 때문에 학업성취를 높여준다는 설명이다. 영국의 중·상류층 가정에서 사용하는 언어와 학교에서 공식적으로 사용하는 언어의 높은 일치도가 중상류층 자녀들의 높은 학업성취도를 만들어 낸다는 번스타인(Bernstein, 1973a, 1973b)의 설명도 같은 맥락이다. 하층 가정은 언어와 문화생활이 학교와 동떨어지기 때문에 자녀들의 학업성취가 떨어진다는 것이다. 즉, 문화가 가정배경과 학업성취를 매개하는 변인이다. 국내에서 중학생과 고등학생을 대상으로 수행한 문화자본의 영향에 관한 연구(백병부, 2012; 유선 · 정영애, 2012; 김경근 · 변수용, 2007; 변수용 · 김경근, 2008) 결과는 학업성취에 긍정적 효과를 보이는 경우와 그렇지 않은 경우로 갈리고 있으며, 문화활동 참여가 일정한 수준을 넘어서면 오히려 부정적 효과를 내는 현상도 나타났다. 이 점은 그 원인을 앞으로 밝혀야 할 것인데, 한국의 학교교육과 고급문화의 일치도, 특히 학교시험, 대학수학능력시험과 고급문화 활동과의 관계를 분석할 필요가 있다. 그리고 문화자본과 학업성취의 관계에 관한 연구가 증가하고 있음에 비추어 한국 사회의 특성을 고려한 문화자본의 개념을 정리해야 할 필요도 제기되고 있다(김영화, 2012).

사회자본이론을 발전시킨 학자들 가운데 한 사람으로 콜맨(Coleman, 1988)이 대표적이다. 그는 가족구성원들의 지역사회와 학교에 관련된 인간관계의 교육적 영향력에 주목하였다. 부모가 이웃 부모들과 자녀교육, 학습보조방법, 학습 분위기 조성 등에 관하여 대화하고, 이웃자녀들을 공동으로 돌보며, 학부모회에 참석하여 학교의 학생지도에 협력하는 활동이 높을수록 자녀의 학업성취 수준이 올라간다는 사실을 확인한 것이다. 즉, 부모가 활발하게 참여하여 조성하는 지역사회의 교육적 분위기와 학교의 교육역량 향상과 함께 부모의 그러한 교육활동을 직접 보면서 자녀가 받는 영향이 학업성취 향상에 작용한다는 설명이다. 그러므로 가정의 영향은 부모와 자녀 간의 관계를 넘어서서 지역사회와 학교를 포함하는 사회적 관계를 통하여 학업성취로 매개된다는 것이다. 국내의 한 연구에서도 부모의 교육적 사회활동이 자녀의 학업성취에 영향을 주며, 제한적이기는 하지만 계층이 높은 부모에게서 교육적 사회활동이 더 많이 나타난다는 결과가 나왔다(변수용 · 김경근, 2008; 백병부 · 김정숙, 2014).

학업성취에 미치는 전체적 가정배경의 영향은 뚜렷이 클 뿐만 아니라 매우 견고한 기제를 통하여 매개되고 있음이 명백하다. 그러나 그동안 수많은 연구가 수행되어, 많은 사실을 밝혔음에도 불구하고, 아직도 규명되어야 할 부분이 많다. 네 가지 자본이론으로 정리한 매개기제(mediating mechanism)에 관한 연구만 해도 더 진척되어야 한다.

3) 지역

학업성취와 지역 간 격차는 뚜렷하다. 〈표 9-5〉는 1978년에 지역별로 초등학생과 중학생의 학업성취도를 비교한 것인데 도시와 농촌 간의 학업성취 격차가 뚜렷하여, 도시지역인 대도시, 중도시, 소도시 사이나 농촌지역인 읍과 면 사이의 차이보다 소도시 이상과 면 이하, 즉 도시지역과 농촌지역 간의 차이가 더욱 크다. 이 표에 나타난 또 하나의 현상은 도시와 농촌 간의 격차가 초등학교에서보다 중학교에서 훨씬 크다는 점이다. 이것은 학년이 높아짐에 따라 지역 간의 격차가 줄어드는 것이 아니라 오히려 더 커지는 것을 의미한다.

표 9-5 학업성취도(학습도달률) 지역 격차(1978) (단위: 퍼센트)

초등학교						
지역 과목	전국	대도시	중도시	소도시	읍	면
국 어	59.1	62.6	62.9	57.4	56.9	56.0
산 수	60.9	67.1	65.6	63.9	57.9	59.1

중학교						
지역 / 과목	전국	대도시	중도시	소도시	읍	면
국 어	64.4	73.2	71.6	67.5	61.7	56.1
영 어	47.5	54.9	56.6	51.9	42.5	39.7
수 학	48.9	59.1	56.5	55.3	39.9	39.9

도달률 $= \frac{\text{정답수}}{\text{전체문항수}} \times 100$

출처: 이종재 외(1978).

지역 간 학업성취의 격차는 20년이 지난 1998년 조사에서 약간 줄어든 것으로 나타난다(김성숙 외, 1998). 초등학교와 중학교의 학업성취 격차가 20년 전에 비하여 줄어든 것이다. 그러나 초등학교에 비하여 중학교에서의 지역 간 격차가 더 큰 현상은 그대로 계속된다. 〈표 9-6〉은 2003년부터 2012년까지 전국 중학교 3학년 학생들의 과목별 학업성취도를 대도시, 중·소도시, 읍·면 지역으로 구분하여 비교한 것이다. 이 표와 〈표 9-5〉를 평면적으로 비교할 수는 없지만, 지역 간 학업성취 격차는 시간의 흐름에 관계없이 계속 지속되고 있음을 볼 수 있다. 특히, 수학과 영어에서 격차는 매우 크다. 그리고 하급학교보다 상급학교 단계의 지역 간 격차가 더 큰 현상도 여전하다. 지역 간 학업성취도를 비교한 최근의 연구결과(구자옥 외, 2019)도 대도시, 중·소도시, 읍·면지역 순으로 성취도가 높고, 특히 중학교 수학과 영어는 대도시와 타 지역 간의 격차가 더욱 확대되고 있는 것으로 나타나고 있다.

표 9-6 중3 학생들의 지역별 학업성취도(2003~2012) (단위: 점수)

교과	지역	2003	2005	2006	2012[1)]
국어	대도시	-	260.59	259.43	209.15
	중·소도시	-	260.94	259.41	207.09
	읍·면	-	258.88	257.84	204.58
사회	대도시	260.05	260.13	259.22	197.97
	중·소도시	260.94	260.94	259.94	197.18
	읍·면	258.41	259.13	258.28	195.74
수학	대도시	260.74	262.99	262.10	195.51
	중·소도시	260.44	262.61	261.63	191.85
	읍·면	257.63	260.60	259.26	186.06
과학	대도시	259.87	261.88	260.60	196.42
	중·소도시	261.42	262.39	261.28	195.18
	읍·면	258.37	260.94	259.58	194.03
영어	대도시	261.06	261.73	262.01	199.25
	중·소도시	260.36	261.35	261.12	194.74
	읍·면	257.19	259.04	258.32	186.59

1) 다른 연도와 기준점수가 다름.

출처: 조지민 외(2007). p. 247; 김경희 외(2013a). p. 41.

상급학교에 올라갈수록 성적격차가 더 벌어지는 현상은 주목할 필요가 있다. 교육격차의 관련요인을 분석한 다른 연구 결과들(김병성 외, 1981: 103; 성기선, 2011)도 도시와 농촌 간의 학력 격차가 초등학교에서 중학교를 거쳐 고등학교에 올라갈수록 점점 더 커진다는 사실을 지지하고 있다. 그 원인의 하나는 상급학교로 진학할 때마다 우수한 학생이 도시 학교로 이동하는 것이겠지만, 더 분석해 보아야 할 문제이다.

지역 간의 학업성취 격차가 상급학교 교육기회 분배에 있어서 농촌 학생들을 도시 학생들에 비하여 불리하게 만드는 것은 말할 필요도 없다. 앞에서 보았듯이 농촌과 도시의 학생들의 대학진학에 현저한 차이를 냈던 원인의 한 가지가 학업성취의 차이임을 알 수 있다. 그러면 도시와 농촌 사이에 학업성취의 격차는 왜 생겨나는가? 농촌인구의 지적 능력이 낮은가? 그들의 학습동기가 낮은가? 농촌학교의 교육조건이 나쁜가? 교육내용의 성격이 농촌 학생들에게 불리한 것인가? 이러한 여러 문제에 대한 계속연구가 필요하다. 이와 관련, 박성호(2012)는 읍 · 면지역의 중학교에서 조성한 학구적 환경과 공동체성의 강화가 학업성취를 높여서 도 · 농 간 학력격차를 감소시켰다고 보고하기도 했다.

4) 남녀 간 격차

남녀 간 학업성취도 격차는 과거에는 남학생이 높았으나 최근에 와서는 여학생이 추월하고 있다. 그리고 초등학교보다 중학교와 고등학교에서 여학생이 앞서가고 있다.

초등학교 남녀의 학업성취도가 1973년 조사에서는 남학생이 전체적으로 높았다(〈표 9-7〉). 그러나 30년 뒤의 조사에서는 여학생의 성취도가 모든 교과에서 뚜렷이 높게 나타났다(〈표 9-8〉 참조). 한편 중학교 단계에서는 국어, 영어에서 여학생이 확실하게 높고 나머지 교과에서는 남녀 차이가 거의 없다. 고등학교에서도 국어와 영어에서의 성취도는 여학생이 높고 사회, 수학, 과학에서는 차이가 뚜렷하지 않다(구자옥 외, 2019; 김경희 외, 2013a; 조지민 외, 2007). 외국의 경우도 비슷하다. 영국에서는 여학생의 전반적 학업성취도가 남학생보다 빠른 속도로 향상되고, 특히 전통적으로 남학생 교과라고 인식되어 온 과학과 수학에서도 여학생들의 성취도가 높아졌다(Arnot, 2016: 378-380).

남녀 간 학업성취도의 차이에 관한 이러한 조사결과는 교육에 있어서

표 9-7 초등학교 학생의 학업성취도 남녀차(1973) (단위: %)

과목	전국	남	여
국어	50.12	52.16	48.00
산수	40.78	42.71	38.18
사회	45.70	48.76	40.68
자연	38.56	41.68	35.01

출처: 한국행동과학연구소(1973).

표 9-8 초6 성별 학업성취도(2003~2012) (단위: 점수)

교과	성별	2003	2005	2006	2012[1)]
국어	남	-	157.48	158.58	206.01
	여	-	161.31	162.31	214.50
사회	남	159.62	159.69	159.14	-
	여	160.36	160.77	160.73	-
수학	남	159.99	161.81	162.33	208.71
	여	160.99	161.79	162.75	210.42
과학	남	159.37	162.95	162.22	-
	여	160.67	163.79	163.00	-
영어	남	158.88	164.14	163.70	202.17
	여	161.17	167.28	166.97	209.11

1) 다른 연도와 기준점수가 다름.
출처: 조지민 외(2007). p. 47; 김경희 외(2013b). p. 37.

남녀 차이가 복합적 요인의 영향을 받고 있음을 시사한다. 학업성취도는 과거에 비하여 여학생이 현저히 상승하였고 앞지른 부분도 많다. 남녀의 학업성취도를 뒤집어 놓은 원인은 무엇일까? 교육과정의 변화와 성의식의 변화가 관련되어 있을 것이지만, 더 많은 연구가 필요하다.

이 장에서 이제까지 다룬 내용을 정리하면 학업성취 격차에 영향을 주는 주요 요인은 학생, 학교, 가정에 관련된 것들인데, 학교는 기대와 달리 영향력이 매우 낮고, 학생의 지능이 큰 영향력을 발휘하고, 가정도 영향력이 크다. 그런데 지능지수와 가정배경의 영향력의 크기가 쟁점이다. 평면적 비교로는 지능지수의 영향력이 커 보이지만, 가정배경이 지능지수에 미치는 영향이 적지 않기 때문에 실질적으로는 가정배경의 영향력이 더 크다는 주장도 만만치 않다. 이 부분에 더 정교한 연구가 필요하다.

학업성취에 미치는 지능과 가정배경의 상대적 영향력은 앞으로 더 많이 밝혀지겠지만, 현실적으로 두 요인이 학업성취에 영향을 주는 핵심요인이라면, 이들을 교육적으로 관리하는 방안이 강구되어야 한다. 예를 들어, 지능이 생애초기인 유아기에 가정환경의 영향을 크게 받는 것이 사실이라면, 이 시기에 지능과 기본학습능력 향상을 위한 교육프로그램을 개발하여 실시하는 방안이 절실하다. 사실은 이미 여러 나라에서 실시하는 교육이다. 또한, 가정의 영향력이 중요하다면, 가정 자체의 교육적 환경을 개선하는 정책과 프로그램도 강구되어야 한다. 학교에서도 교과지도를 넘어서서 하위계층 학생들의 기본적 학습능력개발과 치료적 프로그램을 실시하고, 교육격차를 확대시키는 정책이나 교육방법은 피해야 할 것이다.

남녀 간의 교육격차가 축소되다가 역전현상까지 나타난 것에 대하여 세밀한 연구가 필요하다. 교육격차를 해소시킬 수 있는 방안들이 그 속에서 발견될 수 있기 때문이다. 성차별적 교육과정과 교과서를 성평등 방향으로 전환시키고, 사회적으로 성평등의식을 전파한 것이 만들어 낸 효과에 대하여 확인하고, 다른 부분의 격차해소에 응용할 수 있을 것이다. 즉, 인간의 지적 능력과 지적 성향은 사회적 조건의 영향을 받는다. 학교는 각기 다른 사회적 조건 때문에 다른 지적 성향과 지적 능력을 가지고 들어오는 학생들에게 개별적으로 또는 집단적으로 각자에게 적절한 교육적 조치를 취할 필요가 있다. 평가에도 같은 대책을 세워야 한다. 이것이 각기 다른 특성과 능력을 가진 사람들이 서열 없이 함께 살아갈 수 있는 공동체적 민주사회의 건설에 교육이 공헌하는 길이다.

마지막으로, 성차별적 교육과정이 여학생의 학업성취를 불리하게 만들 수 있다는 점을 상기하면, 교육과정이 어느 집단에는 유리하고 다른 집단에는 불리할 수도 있음이 드러난다. 만약 교육과정이 정치적으로나 사회적으로 어느 한쪽으로 편향되어 있다면, 그냥 넘길 문제가 아니다. 이 문제는 다음 장에서 살펴보자.

제10장

교육과정의 사회적 성격

교과서들은 설득과 교육을 목적으로 하기 때문에
거기에서 유도된 과학적 개념은 그 책의 의도에 맞도록
꾸며진 것으로서, 관광안내서나 외국어 교과서에서
도출되는 민족문화의 모습과 다를 바 없다.
나는 우리가 그동안 그러한 책들로 인하여
근본적으로 오도되어 왔음을 보여 주려고 한다.

토머스 쿤, 『과학혁명의 구조』

교육과정사회학은 학교교육에서 절대적인 지위를 가지고 있었던 교육과정을 비판적으로 검토한다. 학교교육과정이 어떤 집단에 의해 지배되고, 어떤 기제를 통해 결정되는가를 밝히고자 한다. 교육과정 사회학자들은 학교교육이 사회화를 통해 사회체제를 유지하는 기능을 담당한다는 주장에 맞선다. 그들은 학교교육이 특정 가치를 재생산하며 지배집단의 이익을 대변하고 있다고 주장한다. 저항이론과 상대적 자율이론은 기존의 교육사회학 이론의 한계를 극복하려는 시도에서 나온 것이다.

교육과정이 교육사회학의 연구 주제로 된 것은 그리 오래되지 않았다. 학교의 교육과정은 오랫동안 오류가 없는 지식을 담은 일종의 '경전'으로 인식되어 왔다. "교과서적이다"라는 말은 흔히 원칙에 어긋남이 없이 완벽하다는 것을 의미한다. 현실적인 임기응변에는 적합도가 떨어질지언정 확실하게 믿을 수 있다는 뜻이 들어 있다. 이것이 교과서에 대하여 사람들이 품고 있는 관념이다. 학교가 학생들에게 가르치는 것은 보편적 가치를 지니고 있는, 믿을만한 지식과 규범이라고 생각해 온 것이다.

그러나 학교교육과정은 사회적으로 선택되고 결정된 사회적 구성물이다. 학교가 가르치는 지식은 절대적인 것도 아니고 완전무결한 것도 아니다. 불편부당한 것도 아니다. 그것은 여러 관련 집단 간의 경쟁과 협의를 통하여 결정되며, 사회구조의 영향을 받는다. 한 예로 미국 캔자스주 교육위원회는 1999년 8월 11일 진화론을 표준교육과정에서 제외하기로 결정하였다. 이러한 결정은 기독교의 창조론자들과 자연과학의 진화론자들의 싸움에서 창조론자들이 이긴 것을 의미한다. 비슷한 논쟁이 2009년 초에도 미국 텍사스주에서도 일어났다. 그러나 언젠가는 다시 진화론자들이 이겨, 학교에서 진화론을 가르치게 될 수도 있다. 우리나라에서도 2015, 16년에 박근혜정부의 한국사 교과서 국정화 추진을 둘러싸고 소위 보수파와 진보파의 논쟁이 격렬하게 전개되었다. 이처럼 교육과정에는 사회적 갈등과 이해 대립이 관련되어 있다. 그러므로 사회과학적 탐구의 대상이 될 수 있었음에도 불구하고 교육과정을 둘러싼 제반현상에 대한 교육사회학적 연구는 늦게 시작되었다.

교육과정이 교육사회학의 연구대상이 된 것은, 교육과정이 '사회적으로 조직된 지식'이라고 믿는 '교육과정 사회학자'들이 나타나면서부터이다. 그들은 제1장에서 서술한 바와 마찬가지로, 1960년대까지만 해도 교육사회학자들이 관심을 기울이지 않던 교육과정에 대하여, 그것이 지니고 있는 사회적 성격을 분석해 보임으로써, 얼마나 중요한 연구과제인가를 극명하게 드러내었다. 이 장에서는 학교의 교육과정이 지니고 있는 사회적 성격을 여러 각도에서 조명하여, 단순하지도 않고 완벽하거나 믿을만하지도 않은 교육과정의 복잡한 성격을 밝히고자 한다.

1. 교육과정사회학

학교에서 가르치는 지식과 가르치는 과정을 사회학적으로 탐구하는 교육과정사회학은 1970년대 초 영국에서 등장한 '교육과정 교육사회학'에서 출발하였다. 교육과정 교육사회학자들은 학교가 가르치는 지식과 교육의 과정이 사회적 불평등을 매개하는 중요한 요인임을 지적하면서 과거에 교육사회학자들의 관심 밖에 있었던 교육과정을 탐구해야 한다고 주장하였다. 이런 주장의 배경은 그때까지 교육사회학을 지배해 온 기능이론과 갈등이론이 교육과 사회의 관계를 거시적 수준에서 분석하며 교육의 사회평등 또는 불평등 기능을 투입-산출 모형(input-output model)에 지나치게 의존하여 밝히려 노력하는 동안 학교교육의 내적 과정에는 무관심하였기 때문이다(Halsey et al., 1997: 490-491; Mehta & Davies, 2018: 6-9).

영국은 상류계층, 중류계층, 노동계층이 확연히 구분되는 사회로서, 전통적으로 중상류계층이 교육을 지배해 왔으며 학교제도를 통한 사회적 지위의 대물림이 강력했다. 이러한 불평등을 해소하기 위해 제2차 세계대전 이후로 조기선발 폐지, 종합중등학교제도 강화, 보상교육 프로그램 도입 등 교육제도의 개혁을 실시하였으나 사회적 불평등과 계층 재생산은 완화되지 않았다. 특히 종합중등학교의 실패는 제도적 개혁의 효력에 의문을 제기하고 교육과정 개혁의 필요성을 강조하는 분위기를 조성하였다. 호어(Quentin Hoare)는 당시까지의 교육불평등 대책이 구조적 제도 개혁에만 의존해 학교가 학생들에게 실제로 가르치는 내용인 교육과정과 같은 실질적인 것은 문제 삼지 않고 방치했다고 주장했다(Karabel & Halsey, 1977/1983: 45). 즉, 교육에서의 불평등은 교육제도만이 아니라 학교에서 가르치는 지식, 교사와 학생 간의 상호작용 등 학교의 교육과정과 내적인 과정 요인에서도 비롯된다는 지적이었다.

종래의 교육사회학이 의존해 온 이론과 방법인 구조기능주의 이론과 인구통계학적 방법으로는 교육과정 사회학자들이 제기한 문제를 밝히는 데에 근본적인 한계가 있었다. 당시 사회학계에서는 제1부에서 살펴본 대로 전통적인 실증주의적, 계량적 방법에 대한 비판이 제기되고 있었으며, 이에 대한 대안으로 해석적 연구방법이 제시되었다. 해석적 연구방법은 단일한 사회이론이 아니라 지식사회학, 현상학, 상징적 상호작용론, 민족방법론(Ethnomethodology) 등 다양한 이론에 뿌리를 둔 다원적 연구모형이었다. 각 이론들의 가정과 논리에는 차이가 있고 어떤 점에서는 서로 상충하는 면도 있으나, 기존의 가치규범을 당연하게 받아들이지 않고 그 자체를 의심하고 분석하여, 그것의 사회적 의미를 새롭게 이해하고 해석하려는 점에서는 일치한다. 이와 같은 비판적 논의 양식은 교육과정과 교사-학생관계 등 학교교육의 내적 문제를 탐구하려는 교육사회학자에게 하나의 돌파구를 마련해 주었다(김기석, 1983: 58-59).

교육과정사회학의 기본적인 문제의식은 영국에서 이 분야를 개척하는 데 뚜렷하게 공헌한 영(Michael F. D. Young)에 의해서 분명하게 제기되었다. 그는 기존의 교육사회학 연구가 교육내용을 주어진 것으로 받아들여 탐구 대상에서 제외시켰으나, 교육제도 속에서 선별 처리되는 것은 사람뿐만 아니라 지식도 마찬가지이므로 사회학적 탐구의 대상으로 삼아야 한다고 주장하였다. 영은 지식을 사회적 조건의 구속을 받지 않고 절대적인 자율성을 갖는, 따라서 고정적이며 불변적인 어떤 것으로 보는 전통적인 지식관에 이의를 제기한다. 그는 버거(Peter L. Berger)가 언명하였듯이 사회적 구성물(social constructs)인 지식을 절대적인 것으로 보는, 그리고 특정 지식이 다른 지식보다 본질적으로 우수하다거나 열등하다고 보는 입장을 비판하였다. 영은 학교가 어떤 지식을 선택하고 가르치며, 이 선택적 지식교육의 과정이 학교 밖의 권력구조와 어떻게 관련되어 있는가를 밝히려고 하였다. 이와 같은 문제의식은, 권력을 가지고 있는 사람들이 "무엇을 지식으로 보아야 하는가, 지식 영역들 간의 관계는 어떻게 규정해야 하며, 각기 다른 지식을 습득한 사람들의 위계와, 습득한 지식의 양이 많고 적은 사람들 간의 서열은 어떻게 정해야 하는가를 결정한다"는 주장에 뚜렷이 드러나고 있다(Young, 1971). 따라서 영은 지식의 계층화와 사회적 계층화 사이의 관계를 규명하는 데 초점을 맞출 것을 강조한다. 지식이 어떤 기준에 의해서 계층화되며, 각기 다른 지식에 부여되는 사회적 평가와 그 지식들을 소유하게 됨으로써 얻게 되는 사회적 보상이 결정되는 배경을 탐구해야 한다는 것이다. 그렇게 함으로써 한 사회에서 지배적인 가치의 유형, 사회적 보상, 권력의 배분, 지식의 조직 사이의 관계를 규명할 수 있다고 본 것이다.

영에 의하면 1970년대 영국의 교육체제는 엄격한 지식의 계층화에 기초한 학문적 교육과정에 의해 지배되고 있었다. 이러한 제도적 구조 내에서는 ① 공식적으로 평가되는 내용, ② 가장 우수한 학생들에게 가르치는 내용, ③ 우수집단 학급의 학생들에게 가르치는 교육과정 영역에 높은 지위가 부여되며, 동시에 그러한 내용을 가르치는 교사에게도 눈에 보이지 않는 높은 지위가 부여된다. 현대사회에서 높은 지위가 부여되고 있는 지식의 특성으로는 ① 문자로 표현되는 것, ② 지식을 알게 되는 과정과 지식수준에 대한 개인주의적 평가, ③ 학습자의 직접적인 체험적 지식과는 유리된 추상적인 지식, ④ 실생활과의 관련이 없는 학문지향적 내용 등을 들 수 있다. 이들이 곧 학문 중심적 교육과정의 특성이다. 그런데 학문 중심적 교육내용에서 높은 성취를 나타내는 학생은 대체로 상층계급 학생들이므로, 교육과정이 사회계층의 유지와 깊이 관련되어 있음이 드러난다.

이글스톤(Eggleston, 1977)에 의하면 교육사회학자들은 오랫동안 교육기회의 분배와 선발과정에만 전념하고 교육과정을 무시해 왔으며, 설사 관심이 있다 하더라도 기능주의적 관점에서 교육과정을 '합의'된 것이라고 가정해 왔다고 지적하였다. 그는 이와 달리 교육과정을 사회와 학교의 권력 및 권위구조를 확립 · 유지하는 중심요소로 보고, 교육과정의 결정 과정을 사회통제의 과정으로 간주하였다. 그는 당시의 대중화된 영국 학교의 교육과정을 다음과 같이 설명한다.

> 1870년 의무교육 실시 이후, 가난한 노동자의 자녀들을 위한 교육으로 발전시킨 비정예주의적인 일반학교의 교육과정은 상류층을 위한 학교의 교육과정과는 근본적으로 다른 종류의 것이었다. 그것은 산업사회의 새로운 직업적 역할에 적합한 지식을 강조하고, 현존하는 사회계층체제를 유지·정당화했으며, 사회적 결속을 용이하게 하는 데 기여하였다. 대중의 교육과정은 그들 자신이 아니라 엘리트 집단에 의해 규정되고 평가되었다. 엘리트 학교의 교육과정은 지도성을 강조했으나, 대중의 교육과정은 복종을 강조하는 한편 격이 낮은 교과들로 구성함으로써 사회적 차이를 수용하도록 했다(1977: 31).

이상에서 살펴본 대로 교육과정에 대한 사회학적 탐구의 필요성과 연구 방향은 영국의 교육사회학자들에 의해 뚜렷이 부각되었다. 그들의 연구는 초기에는 주로 이론적인 논의에 집중하였지만 점차 교육과정에 대한 실제적 분석을 늘려갔다. 교육과정에 대한 체계적이고 구체적인 분석이 더욱 활발하게 시도된 것은 미국의 비판적 교육과정 연구자들에 의해서였다. 특히, 미국의 연구자들은 문화, 지식, 교육과정 등에 관한 정치학적 논의를 교육사회학의 중심으로 끌어들였다. 그렇게 함으로써 그들은 사회 전반의 민주화 담론과 교육과정 연구를 긴밀하게 연결시켰다(Apple, 1993b; Halsey et al., 1997: 490).

미국에서 비판적 교육과정 연구는 타일러(Ralph W. Tyler)의 전통적 교육과정 모형에 대한 비판과 잠재적 교육과정(hidden curriculum)의 성격과 기능에 대한 탐구에서 출발하였다. 비판적 교육과정 연구자들은 타일러 모형이 교육목표의 설정, 학습경험의 선정과 조직, 수업진행의 절차와 방법, 학습결과의 평가 등에 있어서 기술공학적 합리성만을 강조한 나머지 교육과정 논의를 이끌어갈 수 있는 합리성의 여러 측면, 즉 윤리적, 미학적, 정치적, 과학적, 기술공학적 측면을 종합적으로 검토할 수 없게 되었다고 비판한다. 비판적 교육과정이론의 주창자의 한 사람인 애플(Michael W. Apple, 1982)은 타일러 모형과 같은 전통적인 교육과정 논의 양식은 탈정치적이며, 탈역사적이기 때문에 교육과정의 선정과 조직의 뒤에 깔려 있는 복잡한 정치·경제관계를 간과하고 있다고 비판한다. 그러한 논의 양식은 교육과정의 이데올로기적 근원을 탐구하는 데 적합하지 않다는 것이다.

애플에 의하면 미국과 같은 선진산업사회에서 학교는 불평등한 경제구조와 관련되어 있는 특정 유형의 문화자본에 정당성을 부여한다. 미국 학교에서 가장 중요한 것으로 간주하고 확산시키려는 지식은 '기술적 지식(technical knowledge)'이다. 기술적 지식이란 산업 발전에 직접적으로 기여하는 것으로 간주되는 과학·공학·수학 등의 교과지식을 말한다. 경제체제가 효과적으로 운영되고 최대한으로 확장되기 위해서는 높은 수준의 기술적 지식이 요구된다. 따라서 교육과정 혁신을 위한 재정 투자는 인문과 예술 교과보다는 주로 과학과 수학 교과 개발에 집중된다. 학교는 기술적 지식을 전수할 것을 강하게 요구받고 이를 충실하게 따른다. 요컨대, 미국의 교육과정의 내용과 조직은 자본주의 경제체제가 요구하는 효율성의 원리에 의해 지배되고 있다는 것이다.

애플은 실제로 미국의 학교에서 가르치고 있는 사회교과와 과학교과의 교육과정 내용을 분석한 결과, 겉으로 드러나는 명시적인 교과 내용뿐만 아니라, 교과 내용의 서술방식이나 설명 방식을 통해서도 지배적인 이데올로기와 맥을 같이하는 무언의 이념적 요소들이 학습된다는 점을 밝혀내었다. 예컨대, 사회 내의 갈등이나 학문공동체의 갈등이 사회진보와 과학발전의 힘이 될 수 있다는 점은 배제하고, 은연중에 갈등의 부정적인 측면을 강조하고 있다는 것이다.

애니언(Anyon, 1979)은 미국의 중등학교에서 사용되고 있는 역사 교과서 분석을 통해 교육내용의 선정이 편파적으로 이루어지고 있음을 보여 주었다. 역사 교과서가 학생들이 역사와 현실 문제를 이해하고 해석하는 데 요구되는 객관적인 지식과 정보를 편견 없이 제공하는 것으로 많은 사람들이 믿고 있으나, 실제로는 특정 집단에 유리하도록 편파적인 내용을 선정하고 진술하고 있음을 지적하였다. 예컨대, 경제발전 과정에서 기업가들이 수행하는 역할을 강조하는 반면, 노동자들이 기울이는 노력과 공헌에 대한 언급이나 설명은 누락되었으며, 노동운동에 관한 내용은 제외되거나 왜곡 기술되어 있었다.

한 사회의 지배적 이데올로기가 보이지 않는 가운데 어떻게 교육내용의 선정과 조직과정에 관련되어 있는가에 대한 미국의 비판적 교육과정 연구자들의 논의는 영국의 교육과정 교육사회학자들과의 교류와 협력 속에 이루어졌다(Halsey et al., 1997: 제5부 참조). 영국에서 시작하여 미국에서 발전하고 전 세계의 교육사회학자에게 파급된 교육과정에 대한 사회학적 연구는 이제 교육사회학의 중심주제의 하나로 자리 잡았다(Mehta & Davies, 2018: 10-15; Weis et al., 2006). 1970년대에 교육사회학의 변방 주제로 출발하였으나, 오늘날에는 중심주제의 하나로 정착하였다. 학문적 비주류가 주류로 자리 잡은 것이다.

2. 사회화와 표준교육과정 이론

교육에 대한 전통적 관점은 사회의 건강한 유지와 통합에 기여한다는 순기능 측면에 기울어 있었다. 기능주의적 관점에서 보기 때문에 교육이 사회체계의 유지와 발전에 공헌한다고 설명하였다. 이러한 설명방식은 오늘날에도 한 흐름을 유지하고 있다. 메이어(John Meyer)는 현대 공교육제도하의 교육과정이 지니고 있는 문화의 통합기능과 보편적 가치와 효율적 기술의 전파기능을 새롭게 강조하면서, 교육과정 연구가 차이와 갈등에 주목하기보다는 동질성과 합의에 더 큰 관심을 기울일 필요가 있다고 주장한다(McEneaney & Meyer, 2000). 메이어와 동료들은 스스로 제도주의자(institutionalist)라고 부르면서, 제도교육의 교육과정 특성을 사회적 동질성과 사회적 합의의 확대에서 찾는다. 사회화와 경제체계유지에 교육은 필수적이며, 그러므로 교육과정은 어느 사회에서나 표준적 지식과 가치관으로 구성된다고 설명한다(Meyer, Kamens, & Benavot, 1992).

1) 사회화 기능

교육의 기본적 기능이 사회화이므로 각 사회의 학교교육과정은 당대의 보편문화를 반영한다는 주장은 오래된 것이다. 학교는 어느 사회에서나 기성세대가 새로운 세대인 아동과 청소년에게 보편적 가치를 담은 문화를 전수하는 사회존속의 기본기제이기 때문이다. 이것이 학교의 '사회화' 기능이다. 교육의 본질을 사회화로 파악하고, 따라서 학교를 중요한 사회화 기관으로 규정하는 것은 뒤르켐(Durkheim) 이래의 오랜 전통이다. 사회화와 교육을 구별하자는 주장도 있지만(조용환, 1997), 전통적 교육사회학자들은 양자를 일치시키는 관점을 가지고 있었다. 그러므로 교육내용은 곧 사회화 내용으로 해석되는 것이다. 전통사회에서는 가정과 지역사회가 사회화의 중심 역할을 하였으나, 현대사회에서는 가정과 지역사회의 기능이 약화되고 학교가 핵심적인 사회화 기관(socializaton agent)으로 등장하였다. 사회학과 인류학이 학교의 기능에 대하여 큰 관심을 갖는 이유의 하나는 이 때문이다.

사회화는 한 사회의 문화가 개인에게 내면화(internalization)되는 것을 말한다. 그리하여 태어날 때에는 사회적으로 아무런 특성도 지니지 않은 백지와 같은 존재가 자라나면서 그 사회의 문화를 자기 것으로 만들어 한국인으로도 되고, 프랑스인으로도 되는 것이다. 즉, 비사회적 존재가 사회적 존재로 되는 것이다. 그런데 학교는 인위적이고 계획적인 사회화 담당기관이므로 그 사회가 가지고 있는 보편문화를 주입하는 것을 중심 기능으로 삼는다. 일반적으로 학교가 가르치는 교육내용을 기본적이고 보편적 가치를 지닌 문화로 보는 것은 그 때문이다. 즉, 학교는 장래에 성인이 될 어린 세대에게 보편타당한 지식과 가치규범과 심미적 특성을 가르친다고 생각하는 것이다. 이렇게, 교육내용을 사회화 내용으로 파악한 사람 가운데에는 뒤르켐을 비롯하여 파슨스(Talcott Parsons), 드리븐(Robert Dreeben) 등이 있다.

뒤르켐(Durkheim, 1961)은 사회의 한 하위체계인 교육은 사회 구성원을 그 사회에 적합한 존재로 만드는 사회화의 기능을 담당하는 것으로 보았다. 이때 학교교육의 핵심은 보편적 가치를 가르치는 도덕교육이다. 뒤르켐은 사회가 전문분야로 분화됨에 따라 개인이 속하게 되는 특수환경이 요구하는 특성의 함양이 불가피하나, 이러한 전문화된 교육이 증가할수록 사회 전체의 동질성 유지를 위한 보편교육이 필수적임을 지적하였다. 파슨스(Parsons, 1959)도 교육을 사회의 한 하위체계로 파악하였다. 그는 사회체계의 통합적 기능을 수행하기 위해, 학교에서는 보다 넓은 차원의 사회규범과 가치를 내면화시킨다고 하였다.

한편, 드리븐(Dreeben, 1977)은 학교에서 습득하는 가치에 주목하여 학교의 사회화 내용을 설명하고 있다. 학교교육과정을 생각할 때, 주로 지적 영역에 주목하지만, 사회규범 등의 태도영역에도 주의를 기울여야 한다는 것이다. 그에 의하면, 학교는 다른 기관, 특히 가정과 구별되는 구조적 특징을 가지고 있어서 사회적 규범을 습득시키는 데 효과적이다. 드리븐은 학교가 가정과 구별되는 여섯 가지 특징을 제시한다. 첫째, 학교와 학급의 통제는 학생들과 혈연관계가 없는 성인의 손에 달려 있다. 둘째, 학생들은 아침에 학교에 등교하여 오후에 귀가한다. 셋째, 초등학교와 중등학교에 따라 구조적으로 다른 특성을 지니고 있다. 넷째, 한 학년씩 단계적으로 진급한다. 다섯째, 동일 연령집단으로 구성되어 생활한다. 여섯째, 성인과 청소년들로 구성되어 있기는 하나, 청소년 구성원들이 훨씬 많다. 이러한 구조적 특징 안에서 학생들은 사회규범과 행동원칙 및 그것들을 행하는 방식을 배우게 된다. 그는 미국의 학교에서 학생들이 공통적으로 습득하게 되는 규범으로 독립성(independence), 성취성(achievement), 보편성(universalism), 그리고 특정성(specificity) 등을 들고 있다.

독립성은 학습활동에 적용되는 규범이다. 이 규범은 현대교육의 개인주의적 특성과 관련된 것으로 학교에서 과제를 스스로 처리하도록 요구하고, 자신의 행동에 대한 책임을 지게 함으로써 습득된다. 예컨대, 숙제를 다른 사람이 대신 해준다거나, 시험 볼 때 다른 학생의 것을 곁눈질하는 것 등을 불법적이고 비도덕적인 행위로 간주함으로써 독립적으로 숙제를 하고 시험을 치르도록 강요한다. 시험시간에 학생들의 좌석을 분리시키고 의견교환이나 부정행위를 할 수 없도록 감시하는 가운데 독립성을 강조하게 된다. 이 독립성의 규범은 협동의 규범과 미묘한 관계에 있는데, 학교에서는 협동하는 경험을 가지게 하면서도, 궁극적으로 평가의 단위는 '개인'으로 처리한다.

성취성의 규범이란 학생들이 할 수 있는 최선을 다해 그들의 과제를 수행해야 한다는 가치관을 받아들이고 그 가치관에 따라 행동하는 것을 말한다. 즉, 최선을 다하여 높은 성적을 받는 것을 가치 있게 여기는 이 규범은 교수-학습-평가 체계 속에서 형성되는데, 공동으로 수행하는 활동에도 적용된다.

보편성과 특정성은 어떻게 보면 대립을 이루고 있는 듯하다. 그러나 보편성과 특정성은 다음과 같이 조화를 이룰 수 있다. 보편성의 규범은 동일연령의 학생들이 같은 학습내용과 과제를 공유함으로써 형성된다. 한편 동일연령의 학생들은 다른 연령집단, 즉 다른 학년과 구별되어 특정한 환경을 공유하며, 더 나아가 각 개인은 학년이나 학교의 수준이 높아지면서 흥미와 적성에 맞는 분야에 한정하여 그 분야의 교육을 집중적으로 수행함으로써 특정성의 규범을 학습하게 되는 것이다.

이러한 설명은 모두 앞서 지적한 바와 같이 학교교육 내용을 보편적 가치를 지닌 것으로 보고, 학교는 보편적 가치를 전수함으로써 사회유지와 통합의 기능을 수행하고 있다고 보는 것이다. 그런데 보편적 문화의 핵심인 교육과정은 변화하지 않는가? 보편적 문화를 지향한다고 해서 학교교육과정이 변화하지 않는 것은 아니다. 뒤르켐(Durkheim, 1961)은 중세 이후의 프랑스 중등학교 발전과정을 분석하면서, 교육내용이 변천되는 모습을 설명하였다. 현대사회에서도 사회구조의 변화에 따라 학교교육과정에 변화가 일어나고 있다. 전통적 학문 중심 교육과정으로부터 구성주의적 방향으로 변하는 것이 전 세계적으로 관찰된다(McEneaney & Meyer, 2000: 196-206).

한편, 학교교육과정이 동질성과 합의를 지향하기 때문에 부작용도 나타난다. 사회적 갈등과 정치적 논쟁의 요소를 담고 있는 지식과 가치관을 교육과정에서 제외시키는 경향이 나타나면서 공부해야 할 중요한 내용이 학교교육에서 누락되는 일도 벌어진다(Ravitch, 2004). 예를 들어, 종교에 관련된 논쟁은 여러 종교집단 간의 갈등에 학교가 말려들어 갈 가능성이 있으므로 아예 제외시키는 경우 같은 것인데, 이런 현상이 확대되고 있다. 교육이 사회적 갈등에 의하여 위축되는 잘못된 일이 벌어지고 있는 것이다.

2) 경제체제 유지기능

골드맨 등(Goldman et al., 1974)은 산업사회의 교육과정이 과학기술의 진보와 그로 인한 사회변화를 어떻게 반영하는가를 다소 기계적이기는 하지만 세밀하게 설명하고 있다. 골드맨 등은 자신들의 설명모형을 대학의 교육과정을 가지고 설명한다. 그들은 교육과정의 성격을 일반 교양과정과 전공과정의 비율로 규정하고 그 비율은 과학기술의 발전과 사회변화로 형성되는 사회의 요구를 반영하는 것으로 보았다.

[그림 10-1]이 보여주는 바와 같이 대학교육과정은 교양과정 대 전공과정의 비율로 표현된다. 이론상으로 전공과정(또는 교양과정)의 비율은 전체 교육과정의 0%에서 100%까지의 범위에서 정해진다. (A)가 이것을 보여 준다. 전공과정의 비율은 과학기술 변화율과 모종의 관계가 있으며, (B)가 이것을 보여주고 있다. 과학기술의 변화율은 다른 모든 조건이 일정하다면 그에 상응하는 사회변화율을 유발한다. 과학기술의 변화는 사회적 전문화와 분화를 촉진하고 이에 따라 사회구조상의 변화가 일어나고 도덕적, 지적, 심미적 규준의 변화를 초래한다. 즉, 과학기술의 변화율과 사회변화율은, 역시 다른 모든 조건이 일정하다면, (C)와 같은 관계를 유지한다. 만약에 일정 수준의 사회질서 또는 사회적 안정도가 견지될 필요가 있다면, 사회변화로 야기된 사회적 동요와 불안정을 상쇄할 어떤 대응이 요구된다. 이것은 마치 파슨스(Parsons)가 사회적 분화과정을 설명하면서 새로운 분화와 전문화를 정착시키기 위하여 사회체제의 적응적 향상(adaptive upgrading)이

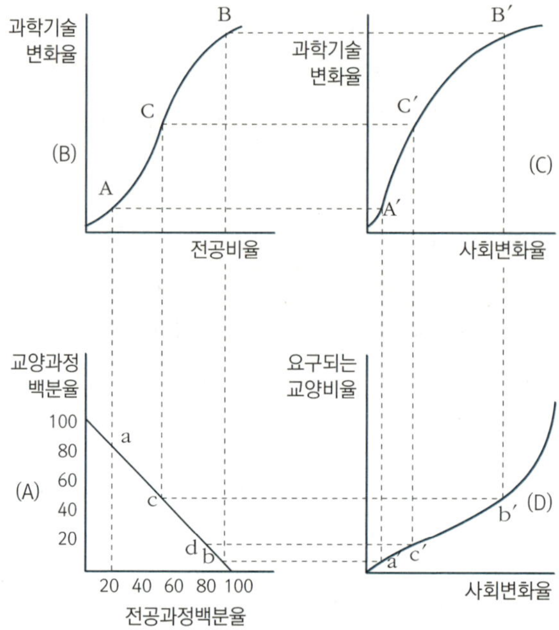

[그림 10-1] 교육과정과 과학기술 및 사회변화의 관계

출처: Goldman et al. (1974). p. 97.

이루어져야 한다고 주장한 것과 같다. (D)가 이것을 보여주고 있는데 사회적 변화율이 높아짐에 따라 사회적 통합과 안정을 높여줄 교양과정의 요구가 높아진다.

앞서 지적한 바와 같이, 이 모형에서 교육과정, 과학기술 변화, 사회변화는 순환관계에 있다. 예컨대, 어느 나라의 전공과정의 비율이 20%, 즉 〈(A)의 a〉라고 하면, 이것은 (B)의 A점과 연결되고 이것은 (C)의 A′와 연결되고 이것은 다시 (D)의 a′와 연결된다. a′가 의미하는 바는 사회변화 비율이 낮아서 교양과정의 요구수준이 낮다는 것이다. 환언하면, 전공과정에 대한 요구가 높다는 것이며, 이것은 (A)의 b로 연결된다. 요구되는 전공과정 비율인 b와 실제비율인 a와는 현격한 차이가 있다. 결국 a점에 있는 전공과정의 비율을 얼마나 높이느냐(즉, b방향으로 얼마나 가져가느냐)가 그 나라 교육정책의 과제가 될 것이다. 예컨대, c점까지 전공과정 비율을 높였다고 하면 (B), (C), (D)를 돌아 (A)의 d점의 비율을 새롭게 요구할 것이다. 이 순환과정은 교육과정 구성비와 과학기술 변화율 및 사회 변화율이 어떤 최적상태, 즉 균형상태(equilibrium)에 도달할 때까지 운동을 계속한다.

교육이 경제체제 유지와 경제성장에 직접적으로 기여한다는 설명은 세계화에 따라 국가 간 경제적 경쟁이 격렬해지면서, 각국의 정책수립가들에게 더 큰 영향을 미치고 있다. 즉, 국제경쟁에서 이기는 길은 교육을 통한 인재양성과 평생교육을 통한 현장인력의 계속적인 시대변화 적응밖에 없다. 그리하여 세계 각국은 교육과정을 점점 더 경제와 일치시키는 개혁을 추진하고 있다. 한편에서 이에 대한 비판이 제기되고 있지만, 세계적 경향의 하나는 교육과정을 경제체제와 밀접하게 연결시키는 것이다(Cookson, Sadovnik, & Semil, 1992: 1-7; Davies & Guppy, 1997).

그러나 실제의 교육과정 변화는 이들의 이론적 모형처럼 기술 및 사회변화와 직선적인 관계를 가지고 있는 것은 아니다. 김영화(1990)의 연구에 의하면, 경제구조의 변동이 고등학교 공업 교육과정의 변화에 일관성 있게 반영되지는 않는다. 1955년에 고등학교 공업교과가 개설된 이래 1988년까지 다섯 차례에 걸쳐 교육부에 의한 공업교과내용의 개정이 이루어졌는데, 김영화는 이 기간 중 정부의 공업개발전략 내용과 공업 분야의 주요 변동상황을 공업교과 내용변화와 대응시켜 분석하였다. 그 결과로 확인한 것은 공업의 변동 상황과 공업교과내용이 일관성 있게 상응하지 않는다는 사실이다. 그러므로 교육과정과 경제적 조건 사이의 관계에 관하여는 기계적 상응관계가 존재한다는 단순한 생각을 버리고, 양자의 역동적 관계와 그 관계를 다시 규정하는 사회정치적 조건에 관한 세밀한 분석이 필요하다고 주장한다.

3. 지배구조와 재생산이론

앞 절에서 논의한 바와 같이, 학교교육과정은 사회의 보편문화를 전수하고 질서를 유지하며 경제체제를 유지하는 기능을 수행할 수 있다. 그런데 교육과정 내용의 선정과 조직에 있어서, 여러 집단은 각자의 문화와 요구를 반영하기 위하여 경쟁을 벌이고 주도권을 차지하기 위해 서로 갈등한다. 그러므로 교육과정에 관한 전통적 관점인 보편적 지식 및 가치라는 주장은, 사실은 그 가치 및 지식을 생산하였거나 지지하는 집단의 이익을 정당화하는 주장에 그칠 수 있다.

1) 지배문화

베블런(Thorstein Veblen)은 학교교육, 특히 고등교육에서 강조되고 있는 '학문 중심'이라는 것이 "유한계급(leisure class)"을 위한 것이라고 꼬집는다. 그에 의하면, 인류 역사에서 학문의 시작과 발달은 대체로 초자연적인 힘을 섬기는 데 필요한 종교적 의례에 활용할 지식이나 재주를 얻는 것과 관계가 깊다. 공동체의 샤먼이나 성직자는 초자연적인 힘을 섬기고 그 힘에 접근하는 의례와 절차와 관련된 지식을 가지고 있는 유한계급이었다. 그들은 일반인들은 알 수 없는 신비하고 주술적인 지식을 소유하고 초자연적인 힘과 일반인 사이의 중재 역할을 했다. 베블런은 원시 공동체의 종교적 제의에 필요한 지식을 얻는 것을 목적으로 초기 학문이 발전했고, 그 자취가 1800년대 후반 미국의 고등교육에도 여전히 남아있다고 분석했다. 학사모, 학위복과 같은 용품의 사용이나 입학식과 졸업식과 같은 의례에서 지켜야 할 절차를 엄격하게 규정하는 것이 그 사례라 할 수 있다. 특히, 오늘날 고등교육에서 이런 학문적 의례는 실제적이고 기술적인 지식을 다루는 분야보다는 전통적인 학문연구 분야인 인문학(Humanities)을 중심으로 가르치는 학교에서 잘 지켜지고 있다. 베블런은 고전이나 인문학이 유한계급에 의해 유지되는 것을 다음과 같이 설명하였다.

> 고전이 학자적 품위의 증거로서 그 절대적인 가치를 잃지 않은 것 또한 사실이다. 왜냐하면 학자는 시간을 소비했다는 [시간을 들여 공부했다는] 증거를 널리 인정되는 방식으로 뚜렷하게 드러낼 수 있어야 하는데, 바로 그때 필요한 것이 고진 직품들(라틴어나 고대 그리스어로 집필된 고대 그리스-로마 시대 작품들: 옮긴이)이다. 고전은 바로 이런 용도에 무척 적합하다. 실제로 시간과 노력을 소비한 증거로서, 또 그런 소비를 하는 데 필요한 금전적인 힘을 나타내는 증거로서 고전이 유용하다는 것은 의심의 여지가 없다. 이런 소비는 고등교육 계획에서 고전이 차지하는 특권적인 위치를 보장해 주고, 고전을 모든 학문 중 가장 명예로운 학문으로서 존경받게 한다. 고전은 다른 어떤 지식보다 유한계급 학문의 장식적 목적을 잘 충족시키며, 따라서 그런 이유로 품위를 지키는 효율적인 수단이 된다(Veblen, 1918/2018: 373-374).

인문학은 최근까지만 해도 학교교육과정 내에서 강한 경쟁상대가 없었다. 생활 중심 교육과정을 강조하는 주장이 나타나기는 하였으나, 공교육 체제하에서 여전히 인문학에 속하는 교과목들이 지배적 위치에 있었다. 따라서 학교교육과정은 비실제적이고 추상적이며 현학적인 성격을 띠게 되어 대중과는 유리된 '유한문화(有閑文化)'의 성격을 강하게 지니고 있었다.

학교교육과정에 계급문화의 갈등이 존재한다는 것은 보울즈와 진티스(Bowles & Gintis, 1976)도 미국의 대중교육의 발달과정을 고찰하면서 지적하였다. 제1부에서 언급하였듯이, 미국에서 자본주의가 발달함에 따라, 교육받은 노동자가 필요하게 되었으며, 학교는 자본가의 요구에 따라 노동에 필요한 기초지식과 함께 주의력, 자립성, 질서의식, 단정함, 공손함, 예의 바름, 시간엄수 등 사회적 행동 형성에 기여하였다. 당시의 교육학자, 교육위원 등은 교육의 목표를 단순히 복종의식의 주입에만 한정하지 말고 "강제보다 의무를 생각하도록" 교육해야 함을 주장하였으나, 그 당시 널리 행해지던 교수법과 교수내용은 공장의 운영자들이 필요로 하는 가치와 목표를 내면화시키는 데 적합한 것이었다고 보울즈와 진티스는 지적한다. 이러한 보울즈와 진티스의 주장은 학교교육에서 벌어지는 노동자계급과 자본가계급의 문화갈등을 지적한 것이다.

애니언(Anyon, 1979)은 미국 학교에서 널리 사용되는 역사교과서 내용이 특정 사회집단의 이익에 봉사하는 이데올로기를 반영하고 있음을 확인하였다. 그는 이렇게 증언한다.

> 교과서에 서술된 이야기는 그와 관련된 다양한 집단의 시각에 대해 중립적이지 않다는 사실이 입증되었다. 모든 교육과정이 부자와 강자의 이익을 옹호하는 것이었다. 비록 편향되지 않은 것처럼 표현하고 있으나, 교과서의 역사해석은 가진 집단의 행동과 특권을 이데올로기적으로 정당화하는 것이며, 사회적인 인정과 지원을 위해 이 기득권 집단과 경쟁하는 집단의 관점이나 중요성에 정당성을 부여하지 않는다(180쪽).
>
> 교육과정 내용이 시기별로 변화하였음에도 불구하고, 지배집단의 시각에 대한 암묵적 고려는 잔존하여 왔다. 최근 교과서에서 보이는 소수집단에 대한 호의적 언급, 냉전 이데올로기적 공세의 삭제, 미국 원주민(인디언)에 관한 역사서술의 수정 등과 같은 긍정적 변화에도 불구하고 기본적인 이데올로기는 바뀌지 않았다. 심지어 미국의 학교에서 사용된 교육과정 중 가장 '급진적'이었다고 할 수 있는 1930년대에 해롤드 러그(Harold Rugg) 교수가 작성한 교육과정에

서조차도 정치, 경제, 권력의 기본적 배치구조를 이데올로기적으로 지지하고 있다. 교육과정내용에 들어있는 권력 이데올로기를 확인함으로써, 우리는 학생들에게 끊임없이 주입시키는 암묵적 시각이 무엇인가를 분명히 파악할 수 있었다 (Anyon, 1979/1991: 183).

우리나라에서도 교육과정사회학의 영향을 받으며 교육내용의 체제유지적 성향에 대한 비판적 논의가 활발히 전개되고 있다. 이 연구들은 대체로 교육내용 안에는 정치, 경제적 지배집단의 체제유지 및 재생산을 위한 이데올로기와 가치관이 숨어있다고 주장한다. 교과내용 분석에 관하여 학계에서는 물론이고, 특히 교사운동이 활발해지면서 교사들 스스로 현재의 교과서 및 교과정책을 비판적으로 분석하는 연구들이 많이 발표되었다(김병욱, 1995; 역사교육을 위한 교사모임, 1989; 윤철경, 1989; 이온죽 · 장지연, 1999: 255-274; 전국교직원노동조합 교과위원회, 1990).

이들 연구는 교육내용을 사회적 조건과 관련시켜 분석하면서 교과내용이 정치경제구조를 정당화하기 위한 편향된 이데올로기를 담고 있다고 주장한다. 교육과정의 개정시기가 주요 정치변동의 시기와 상응한다는 사실을 들어 교과내용이 정권의 정당화 및 유지를 위한 것이었다고 말한다. 또한, 교과분석을 통해 교과서 안에는 지배집단의 가치관과 이념이 개입되어 있다고 주장한다. 예컨대, 초등학교 6학년 사회과 교과서는 왕과 지배층 중심의 역사서술로 영웅사관을 담고 있으며, 민중의 삶에 대한 서술은 미약하다는 것이다(전국교직원노동조합 교과위원회, 1990).

교과서들은 국가주의적 관심을 견지하고 있어서, 정부는 항상 불편부당하게 국민 전체의 안전과 복리증진만을 위하여 정책을 펴나가는 것처럼 미화하는 한편, 국민들은 정부를 신뢰하기만 하면 된다고 가르친다. 예컨대 교육부 저작 중학교 1학년 사회교과서(1984년판)는 "은행에 예금을 하거나 보험에 들거나 회사채를 사거나 주식을 사는 등의 방법"이 "가장 합리적이고 바람직한" 저축방법이라고 강조하였다(이혜영, 1989: 206). 윤구병의 분석에 의하면, 1980년대 한국의 초·중등학교 교과서들은 다음과 같은 이데올로기를 편향적으로 강조하였다(1988: 17-44).

① 봉건유제(封建遺制)의 계승: 봉건지배계급의 이데올로기 강조
② 식민지 유산의 온존
③ 반공 이데올로기 강화
④ 군사주의 이데올로기
⑤ 전체주의적 국가 이데올로기

교육과정의 지배이데올로기 편향성은 성문화(性文化)에 있어서도 마찬가지이다. 성차별 이데올로기가 교육과정에 개입하는 방식에 대한 연구는 크게 교육과정의 내용과 교과선택의 남녀차이 그리고 교육과정의 통제에 관한 연구로 나뉜다. 교육과정의 내용에 대한 연구는 여성에 대한 차별이 교과서의 내용이나 주제에 있어서 성적 편향을 통해 이루어지는 것을 지적한다. 교육과정의 내용에 여성을 사례로 드는 경우를 가정생활이나 예술 등의 분야에 집중함으로써 여성의 사회적 역할은 경시하고 가정적 역할을 강조하여, 남성 중심 사회구조에 대한 인식을 각인시킨다는 것이다(Acker, 1997). 교과의 남녀별 선택은 영국의 경우에, 1980년대까지는 남학생들은 과학, 수학, 기술을 중심으로, 여학생들은 어학과 문학을 주로 선택하였는데, 이후로 의무교육기간(16세까지)에는 선택경향이 비슷해졌지만, 의무교육기간이 끝나고 대학입학준비가 진행되는 기간에는 과학과 기술이 여전히 남성 중심 교과로 유지되고 있는 현상이 한 예이다(Arnot, 2016: 378-382).

구조적인 시각에서 보면, 교육과정에서 성차별이 이루어지는 것은 잠

재적 교육과정의 한 측면이다. 여성에 대한 차별을 합법화시키는 과정이 교육과정을 통해 이루어진다는 것이다. 단(Donn, 1997)은 교육과정에 대한 여성주의적 관점의 논문들을 정리하고 교육과정이 가부장적 가치관과 가부장적 사회구조를 유지하고 발전시키는 데 일정한 역할을 수행하고 있다고 주장한다. 다수의 연구가 교육과정 전체가 남성적 지식으로 이루어져 있다고 지적한다. 어느 문화에나 존재하는 방대한 부류의 아이디어들, 가치들, 지식들 가운데 학교의 공식 교육과정으로 선택되는 것은 남성우월적 편향이 개입된 것들이라는 것이다. 이런 상황에서도 성적 편견을 바로잡기 위한 연구가 증가하고 있는 것은 다행스러운 일이다.

우리나라의 경우에도 교과서에 등장하는 인물들 가운데 진취적이고 건설적인 분야에서는 거의 예외 없이 남성으로 그려지고 있고, 순결이나 인내, 봉사의 정신은 여성의 가치로 그려진다. 남성은 강하고 진취적이며 지도자로서의 자격을 갖추고 있는 반면, 여성은 약하고 방어적이며 보조자로서 위치 지어지는 것이다(오욱환, 1990: 117-158; 이온죽 · 장지연, 1999: 255-274). 이상의 연구들은 성적 차별이 의식적으로든 무의식적으로든 교육과정에 개입하고 있으며, 학교교육과정은 계속적으로 성차별을 재생산해내는 기제가 되고 있음을 드러내 준다. 다행인 것은 성평등 의식의 향상으로 교육 분야의 이러한 성불평등이 개선되고 있다는 점이다. 그러나 더욱 박차를 가해야 한다.

2) 문화제국주의

교육과정에 드러나는 지배문화는 한 사회 내의 지배집단의 문화뿐만 아니라, 국제적 지배문화도 포함된다. 흔히, 외래지배문화가 교육내용에 나타나는 것을 볼 수 있다. 외래지배문화는 주로 제3세계 국가들에서 나타난다.

카노이(Martin Carnoy)는 국가 간의 문화관계와 교육관계를 이해하는 데 갈퉁(Johan Galtung)의 중심부(center)와 주변부(periphery)이론을 활용할 수 있다고 보고, 같은 맥락에서 제3세계의 교육을 설명하고자 하였다. 카노이에 의하면, 학교교육은 주변국의 노동자들에게 중심국 자본가의 필요를 충족시키기 위한 장치로 도입된 것이기 때문에, 토착민중을 제국주의적 식민지구조에 편입시키기 위하여 노력한다는 것이다(Carnoy, 1974/1990: 30). 따라서 제3세계의 학교는 서구의 과거 식민종주국가에 대하여 수동적인 자세를 취한다. 주변부의 극소수 지도자들이 반외세주의적 독립운동을 추진하나, 주변부의 중심부에 있는 사람들의 서구지향적 자세 때문에 좌절되고 만다. 따라서 전통적 제국주의와 식민주의가 겉으로는 사라졌으나 식민지 이후의 교육은 교육제도와 내용에 있어서 식민시대의 유산을 지속하게 된다. 또한, 불안정한 경제구조 등으로 인하여 계속적인 경제원조가 필요하게 되어 불평등구조는 개선되지 못하고 더욱 심화된다. 여기에 서구 중심으로 편성된 학교 교육과정은 이러한 신식민주의를 강화하는 역할을 하게 된다는 것이다.

제3세계를 이해하는 이러한 시각은 일본 제국주의하에서 식민지시대를 경험한 우리나라의 경우에도 시사점이 많다. 후발 자본주의 국가인 일본은 한국을 강점하고 그들의 자본주의 발전에 한국의 자원 및 노동력을 이용하였던 것이다. 일본 제국주의자들은 학교교육을 통해서 식민지 통치를 강화하기 위해 수차례의 교육령을 통해 자생적인 민족교육을 탄압하였으며, 일본인화와 복종과 순종을 위한 교육을 실시하였다. 일제시대의 고등보통학교의 교육과정 및 수업시간에 두드러지게 나타나는 것은 '국어'로 표시된 일본어가 전체 수업의 1/4을 차지하고 있었다는 점이다. 또한, 오늘날 도덕에 해당하는 '수신(修身)' 교과를 통해서는 식민지화에 필요한 순종의 덕목을 가르쳤으며, 역사, 지리 등의 과목에서도 식민지사관에 입각한 민족적 열등의식을 주입하였던 것이다(한국교육사회학연구회, 1983). 일제는 36년의 식민통치 기간 동안 한국의 민족문화를 말살하려고 획책하였으며 학교를 그 도구로 이용하였다. 한국어의 사용을 금지하고 한국인의 이름을 일본식으로 바꾸도록 온갖 수단을 써서 강요하였다.

학교의 모든 교수언어는 일본어뿐이었고 한국 학생이 학교에서 한국말을 하면 처벌받았다. 한국어를 연구하는 학자들의 단체는 탄압받고 끝내 해체되고 말았다. 따라서 일제하에서 학교교육을 많이 받은 사람일수록 일본인화의 정도가 높았다. 한국어는 서툴러도 일본어는 유창하고, 한국 역사보다 일본 역사에 밝았다. 그나마 한국 역사에 관한 지식도 식민사관에 의하여 왜곡된 것이 대부분이었다. 그리고 한국의 전통문화는 낡고 열등하며 일본문화와 서양문화가 세련되고 우수한 것이라고 배웠다. 이 점에서도 일제의 학교교육을 많이 받은 사람일수록 민족문화보다는 외래문화 지향적이었다. 이 땅에서 이루어지는 교육이 이 땅의 문화를 배척하였다. 식민지교육이었기 때문이다.

해방 이후에는 학교교육에서 표면적인 일본문화는 급속히 사라졌다. 그러나 미국을 비롯한 서양문화가 밀고 들어왔다. 서양문화의 일부는 이미 식민지시대부터 학교교육에 들어와 있었다. 그것이 더욱 늘어난 것이다. 전통적 유교 가치관과 규범은 학교교육에서 일찍부터 약화되었고, 1,000년 이상 교육의 중심을 이루었던 유학과 한학은 자취를 감추었다. 미술은 전통적 한국미술이 아닌 서양미술이 들어서고, 음악도 국악이 아닌 양악이 자리 잡았다. 학교가 일제식민지 치하에서는 일본문화의 도입 통로이었듯이 해방 후에는 서양문화의 도입통로가 된 것이다.

앞에서 학교교육은 현대사회에서 사회화의 중심기관이 되어 있다고 하였다. 그러나 외래문화를 도입함으로써 토착적 민족문화를 약화시키는 것이 사회화인가? 사회화는 인류학 개념으로는 '문화전계(enculturation)'로, 한 사회의 문화가 다음 세대로 전수 계승된다는 뜻이다. 이와는 달리 한 문화가 다른 문화와 접촉하여 변화를 일으키는 현상은 문화접변(acculturation)이라고 부른다. 문화전계가 기존 문화의 전승을 통하여 문화적 정체성(identity)을 강화시킨다면, 문화접변은 외래의 문화의 도입으로 민족문화를 약화시킬 수도 있고 새로운 문화를 받아들임으로써 문화적 다양성과 생동감을 불어넣을 수도 있다. 그렇다고 해서 전계와 접변이라는 두 문화현상이 반드시 같은 정도로 일어나는 것이 바람직스러운 것도 아니다. 정상적인 사회라면 문화전계가 중심이고 문화접변은 부수적인 것이다. 만약 그 반대라면 그 사회는 이제까지의 문화적 정체성을 급속도로 상실하고, 걷잡을 수 없는 문화적 혼란에 휩싸이게 될 것이다. 문화적 정체성을 잃으면 민족으로서의 정체성과 긍지 또한 잃게 된다. 그리고 외래문화 지향성이 더 높아진다(Said, 1993).

그러면 오늘날 한국의 학교는 문화전계와 문화접변 가운데 어느 쪽의 기능을 수행하고 있는가? 후자 쪽으로 더 기울어져 있다. 이 점은 제3세계의 학교교육이 보편적으로 지니고 있는 특성이다. 그러므로 식민 경험을 가진 국가의 교육학도들은 학교가 수행하고 있는 문화이식의 기능을 비판적으로 연구하면서, 전통문화를 발굴하고 동시에 세계적 보편문화를 도입하여 교육과정에 반영시켜야 할 이중적 과제를 안고 있다. 세계화의 진행에 따라 강대국이 지배하는 이른바 세계문화와 각국의 역사적 특성이 살아 있는 다양한 민족문화 간의 다툼이 격화되고 있다. 문화적 정체성 확립과 문화적 다양성 확보는 21세기 교육의 큰 화두이다.

3) 재생산이론

교육과정사회학의 중요한 연구 주제 중 하나는 교육과정내용과 교육과정의 선정 및 조직의 뒤에 숨겨져 있는 이데올로기 및 그 이데올로기를 떠

받치고 있는 사회구조 사이의 관계를 규명하는 것이다. 이 규명은 기존 사회가 교육을 통하여 어떻게 지속될 수 있는가에 초점을 맞춘다. 즉, 세대가 바뀌어도 경제구조, 문화, 이데올로기 등의 교육을 통하여 사회가 재생산(reproduction)되는 기제를 해명하려고 한다. 세대를 관통하는 지배 메커니즘을 밝히는 것이다.

이러한 문제를 규명하는 데 있어서, 보울즈와 진티스(Bowles & Gintis)는 경제와 학교 사이의 구조적 상응관계(correspondence)를 상정하였다. 경제재생산이론 또는 경제적 상응(economic correspondence)이론이라 부르는 그들의 이론은 학교 내의 사회관계와 자본주의 경제구조의 사회관계를 일치시켜 학교교육이 자본주의적 생산관계를 재생산한다고 본다. 학교조직의 가장 중요한 기능은 경제 영역에서의 지배 복종관계를 복제하는 것이다. 학교 내의 사회관계, 즉 교장과 교사, 교사와 학생, 학생과 학생 사이의 관계는 위계적인 노동분업을 그대로 본뜨고 있다. 학교는 이러한 사회적 관계구조를 통해 학생들을 작업장에서의 관계와 유사한 사회관계에 적응시키려고 한다. 즉, 학교의 전반적 생활 경험을 규율하는 일련의 사회관계는 학생들로 하여금 부지불식간에 체제순응적인 인성특성, 행동성향 및 의식구조를 학습하게 함으로써 기존 경제체제에 통합시키는 역할을 한다는 것이다. 한마디로 경제재생산이론은 마르크스의 하부-상부구조 모형을 그대로 받아들여 경제구조가 학교교육을 일방적으로 결정한다고 보았다.

그러나 학교가 자본주의적 사회구조에 학교 내의 사회적 관계를 일치시킨다거나, 자본주의 경제체제가 요구하는 기술인력을 공급하는 등의 방식으로 기존의 사회구조를 유지 · 존속시키는 측면도 있지만, 다른 측면으로는 학교가 상징적 체계, 즉 지식, 가치, 규범 등 이념의 교육을 통해서 사회를 존속시킬 수도 있다. 그러므로 지배집단은 겉으로 드러나는 공식적인 지배의 메커니즘을 사용하지 않고도, 이념교육을 통하여 사람들의 의식구조에 작용함으로써 사회구조를 지속시켜 갈 수 있다. 학교, 지식 및 일상생활에 대한 통제는 눈에 보이는 경제적 분업과 조직에 의해서뿐만 아니라 우리들의 삶을 받쳐주고 있는 사회의 기본원리와 의사소통방식, 특히 상식적인 사고방식과 실천에 대한 은밀한 영향력 행사를 통해서 이루어진다. 이렇게 일상생활과 사회의식 속에 깊이 스며있는 지배집단의 의미체계와 가치체계가 바로 헤게모니(hegemony)이다. 학교의 교육과정에는 헤게모니가 깊숙이 잠재되어 있으므로, 학교는 문화적 · 이념적 헤게모니의 매개자로서 보이지 않는 가운데 사회를 통제한다는 것이다.

학교가 하부구조인 경제구조에 의해서 주로 통제된다는 생각과, 경제구조 이외의 또 다른 힘, 예컨대 헤게모니와 같은 상부구조의 독자적인 통제에 놓이게 된다는 상반된 주장 사이의 논쟁은 결국 마르크스이론의 근간이 되는 하부구조와 상부구조의 관계를 재조명하는 쪽으로 나아가게 되고, 결국 두 구조 사이에 놓여 있는 또 다른 힘으로서의 '국가'라고 하는 것의 실체와 본질, 그리고 그것이 교육과 맺고 있는 관계에 대해 조명하게 하였다(Carnoy, 1974). 이러한 이론 전개는 밀리반드(Ralph Miliband, 1969)와 구조주의 마르크스주의자들, 예컨대 풀란자스(Nicos Poulantzas, 1978), 알튀세르(Louis Althusser, 1971) 등의 논쟁에 힘입은 바 크다. 먼저, 밀리반드는, 국가란 다수의 이해집단의 힘의 균형과 갈등 속에 통제되고 존재하며 어느 한 집단도 국가를 일방적으로 통제할 수 없다고 하는 기존의 논리에 반대하여, 국가란 어느 특정한 한 계급의 지배권을 보호 · 유지시켜주는 것을 주요 목적으로 한다고 주장한다. 비록 그 특정 집단이 직접적으로 국가를 통괄하는 것은 아닐지라도, 예컨대 자본주의 국가의 경우 국가 엘리트들은 국가체제의 근간인 자본가 집단을 옹호하고 보호하는 쪽으로 정책을 집행해 나간다는 것이다. 다시 말해서, 경제영역을 보이지 않게 지배한다는 것이 그의 주장이다. 한편, 풀란자스는 경제적 영역과 정치적 또는 이데올로기적 영역

간에는 매우 명확하고 결정적인 관계가 존재하는 것은 틀림없지만 정치적 영역이 경제적 영역의 단순한 반영은 아니므로 교육과 교육정책이 경제 분야의 단순한 부수현상으로 파악될 수는 없다고 주장함으로써 정치권력 구조로서 국가의 중요성을 부각시켰다.

알튀세르는 국가를 단순히 부르주아의 이익을 대변하는 경제적 하부구조의 반영물로 보지 않고 나름대로의 특성을 가진 존재로 파악한다. 국가는 통치기구로서 두 가지 장치를 가지고 있는데, 그 하나는 억압적 국가장치(repressive state apparatus: RSA)이고 다른 하나는 이데올로기적 국가 장치(ideological state apparatus: ISA)이다. 전자의 경우는 일반적인 마르크스주의자들이 일컫는 국가의 개념과 일치하는 것으로 경찰, 군대, 관공서 등으로 구성된다. 후자는 이데올로기와 관련된 교육, 종교, 가족, 법, 정치, 조합, 언론 등으로 구성된다. RSA와 ISA가 동일한 것이 아닌 만큼 상부구조로서의 이데올로기 부문은 경제 부문에 대하여 상당한 정도의 자율성을 유지한다는 것이다.

자본주의 사회의 이데올로기적 국가 장치의 한 부분으로서의 학교는 헤게모니를 유지하는 데 있어 결정적인 역할을 수행한다. 헤게모니는 단순히 물리적 힘이나 폭력에만 의존하는 것이 아니라 피지배계급으로부터 능동적 동의를 이끌어냄으로써 사회 전체에 대한 지도력을 확보하는 지배 방식을 일컫는다. 국가는 지배계급의 이익을 보장해 주면서도 마치 사회 전체의 일반이익을 구현하는 것으로 가장함으로써, 일반 대중의 불만의 소지를 제거하여 사회 전체의 응집 강화에 능동적으로 기여하는 정치적 역할을 수행하는데, 헤게모니의 획득과 유지를 위한 국가의 이러한 기능은 주로 이데올로기적 영역에서 찾아볼 수 있다. 학교는 이와 같은 이데올로기적 국가 장치의 한 부분으로서 지배계급의 헤게모니를 유지시킴으로써 자본주의 사회의 응집에 기여하는 능동적인 역할을 하고 있다. 학교는 다른 이데올로기적 국가 장치들과 마찬가지로 특수한 이해관계로부터 초월해 있는 것처럼 보이지만, 결국은 지배집단의 이해관계에 기초하고 있는 이데올로기를 학생들에게 주입시키는 데 기여한다. 이러한 역할은 업적주의, 부르주아 민주주의 등 학교 내에 널리 퍼져 있는 이데올로기를 통해 수행된다.

학교는 지배 이데올로기를 정당화할 뿐만 아니라, 지배계층의 문화를 통하여 사회를 재생산한다는 주장도 있다. 문화재생산이론에서는 학교교육을 '계급관계의 문화적 재생산'으로 파악하고, 학교는 지배집단의 '문화자본'을 재창조하고 정당화하는 역할을 수행한다고 설명한다. 이 이론에 속하는 대표적 학자로 프랑스의 부르디외(Bourdieu & Passeron, 1977; 김영화, 2020)를 들 수 있다. 부르디외는 학교교육이 수행하는 사회화 기능을 일종의 재생산이라고 규정한다. 문화재생산은 문화자본의 세대 간 상속으로, 부모세대의 문화적 생활양식과 그것 때문에 학교에서 얻게 되는 학업성취 등 제반 이익이 자식세대에 전수되는 것을 의미한다.

부르디외는 학교교육과정을 문화적 재생산의 도구로 보아야 한다고 강조한다. 학교는 문화적 재생산의 역할을 통하여 지배계급이 권력과 특권을 무리 없이 다음 세대에 전수할 수 있도록 만든다는 것이 부르디외 이론의 요점이다. 현대사회에서는 신분제도가 더 이상 용납되지 않기 때문에 권력과 특권은 세습할 수 없다. 높은 상속세율 등을 적용함으로써 자라나는 세대가 부모의 권력과 경제력 때문에 특별히 유리하거나 불리하지 않도록 만들자는 것이 현대사회의 이념이다. 즉, 능력주의가 현대를 지배하는 사회이념이다. 만약 권력과 경제력을 공공연히 세습하면 비난을 면치 못할 것이고 어느 정도의 제재까지도 피하기 어렵다. 그러면 이러한 능력주의 사회제도 하에서 경제력과 권력이 자녀에게 무리 없이 세습될 수 있는 길은 어떠한 경로를 통해서일까? 사회적 비난이나 제재를 받지 않고도 가능한 길이 없을까? 그가 보기에 교육이 바로 그러한 통로로 이용되고 있다는 것이다. 교육은 능력주의에 바탕을 둔 사회제도로 알려져 있으므로 이것을 통하여 경제력과 권력을 전수하는 것은 비난받을 것도 없고, 또 필요한 경우에 충분히 정당화될 수도 있다. 특히, 현대 산업사회의 부르주아에게는 더없이 고마운 제도이다(Bourdieu & Passeron, 1977: 210). 그는 또 이렇게 말한다.

> 권력과 특전을 무리 없이 대물림하여야 한다는 오랜 역사적 과제를 가장 훌륭하게 해결한 것이 현대 교육제도이다. 교육제도는 계급관계의 구조를 재생산하면서도 중립적 태도를 표방함으로써 그것이 수행하고 있는 기능을 은폐하기 때문에, 권력과 특전의 세습이 철저히 부정되는 사회에서 이보다 더 편리하면서도 말썽의 소지가 없는 제도는 없을 것이다(1977: 487-488).

학교는 학문과 지식을 비롯한 문화를 가르친다. 그렇기 때문에 일견 학생들이 속해 있는 계급과는 무관하게, 지적 능력과 재능이 학습결과를 결정짓는 것처럼 보인다. 학교성적이 능력과 노력의 결과라고 믿는 것은 이 때문이다. 그러나 학교의 교육과정은 계급구조와 무관한 것이 아니고, 학습결과인 성적 또한 학생이 속해 있는 계급의 영향에서 벗어나지 못한다고 부르디외는 주장한다. 그러면 문화자본의 전수, 즉 문화적 재생산은 경제자본과 권력의 전수, 즉 사회적 재생산을 대치한 것인가? 그는 그렇게 보지 않는다. 문화재생산이 경제재생산의 한 가지 위장된 현상이기는 해도 경제재생산과 독립된 현상으로 보기는 어렵다는 것이다. 왜냐하면 지능이니 학력이니 하는 것은 경제자본 및 그에 관련된 권력의 소유자에게 추가된 특수 형태의 자본에 불과할 뿐만 아니라, 학력은 '경화(硬貨)'가 아닌 '연화(軟貨)'인데다가 '학문시장(academic market)'에서나 통용되는 것이므로, 경제자본의 소유자는 문화자본 없이도 충분히 사회경쟁에서 잘 버틸 수 있기 때문이다(1977: 507). 그런 의미에서 부르디외는 문화재생산이론의 한계를 스스로 인정하고 있다.

한편, 카노이(Carnoy)는 초기에는 경제재생산이론에 기초하여 교육을 설명하였으나, 1990년대에 경제적 결정론을 주장하기보다는 국가를 문제시함으로써 교육의 정치적 과정을 부각시킨다. 그에 따르면, 학교는 자본가들이 하부구조의 계급투쟁을 저지 내지 완화하기 위해 이용하는 대표적 장치로 인식되어 왔다. 그러나 학교가 하부구조의 모순을 매개하는 과정에서 또 다른 모순이 유발된다. 즉, 노동자 계급 사이에 학교교육을 통해 계층 상승이 가능하다는 이데올로기가 형성되어, 그들의 교육수준을 높이고 민주주의 이데올로기를 학습하는 것이 결과적으로 부르주아 헤게모니에 대한 위협이 된다. 이러한 교육의 내재적 모순은 학교의 기존 구조 매개 능력을 감소시켜 지배계급의 기대와는 다른 결과를 가져올 수 있다. 즉, 국가는 하부구조에 의하여 전적으로 규정되지 않고, 교육도 마찬가지라고 그는 주장한다. 이와 같이 그는 국가의 상대적 자율성을 인정하고 학교도 역시 상대적 자율성의 가능성이 있음을 지적하였다. 현재로서 가장 중요한 것은 교육을 민주화하는 투쟁이라고 강조한다(Carnoy, 1974: 300).

넓은 의미에서 사회의 민주화를 위한 교육운동을 역설하는 교육과정 사회학자는 애플(Michael W. Apple)이다. 그는 미국교육을 오랫동안 지배하고 있는 우파(Right)에 대항하는 좌파(Left)의 조직적인 헤게모니운동을 통하여 사회를 변혁시키자고 역설한다. 교육과정의 지식은 "관제 지식(official knowledge)"으로서 지배집단의 효과적 무기이므로 그것이 지니고 있는 반교육성을 고발하고 바꿔야 한다는 것이다(Apple, 1979, 1993a, 1993b; Weis et al., 2006). 그는 교육운동을 통하여 지배집단의 재생산 기제인 학교교육과정에 대한 지배구조를 변혁하자고 주장하는 것이다. 그런데 이러한 비판적 교육론은 1990년대 이후 일시적으로 교육사회학의 중심으로부터 멀어지면서 학계에서의 영향력이 약화되었다. 그러나 비판적 교육사회학자들이 포용성, 공정성, 사회정의 등을 강조하면서 영향력을 회복하는 추세를 보이고 있다(Mehta & Davies, 2018: 23-27).

4. 문화갈등과 탈재생산이론

경제결정론은 두말할 나위도 없거니와 교육을 포함한 상부구조의 상대적 자율성을 인정하는 문화재생산이론과 자본주의 국가론도 인간을 수동적 존재로 파악하고 있다는 비판을 면하지는 못한다. 이러한 비판에 직면하여 근래에 와서는 일부 학자들 사이에서 재생산의 고리를 벗어나기 위한 이론적 노력이 이루어지고 있다. 소극적으로는 종래의 재생산이론이 지나치게 경제와 계급결정론에 빠져 있었음을 비판하면서, 계급, 성, 인종 등을 결정요인으로 인정하는 개방적 이론으로 확대해야 한다는 주장을 제기하기도 한다(Morrow & Torres, 1995: 438).

애플(Apple, 1982)은 좀 더 적극적으로, 문화 및 경제재생산은 우리들의 교육기관에서 일어나고 있는 현상의 전부가 아닐 뿐만 아니라, 교육에는 개인적 · 집단적 '대항 헤게모니' 운동에 중요한 기반을 제공해 주는 요소들도 있다고 주장함으로써 학교제도와 교육과정에 대한 지나친 경제결정론적 사고를 배격한다. 그는 재생산이론을 과신하면 결국 재생산에 봉사하는 이론이 될 뿐, 해결책은 없게 된다고 경고한다. 구체적인 사회형성은 생산양식과 하부구조로써만 설명할 수 없는 복잡성을 지니고 있으므로 단순한 사회구성체적 모형을 교육에 적용하는 것은 피해야 한다고 했다.

한편, 웩슬러(Wexler, 1982)는 많은 교육과정사회학자들이 사회구조가 인간행위의 동인이라기보다 산물이라는 사실을 망각했으며, '체제재생산'이론은 인간의 변혁능력을 미리 체제의 요구에 종속시키는 오류를 범했다고 비판한다. 경제재생산이론은 기본적으로 "학교지식이 사회적인 것을 반영하고 표상한다"는 지식사회학의 논리를 받아들였는데, 그들은 학교의 지식을 사회적으로 초월적인 것, 당연한 것으로 묘사하던 전통적인 교육과정이론에서는 벗어났으나, 점차 반영주의적 관점에 내재해 있는 한계에 부딪치게 되었다고 비판한다. 만약 그들이 지식과 사회적 조건이 어떻게 들어맞는가만을 이야기하고 들어맞지 않는 것과 불확실한 것을 감추게 된다면, '반영과 표상'이라는 단순한 논리를 중심으로 구성된 그들의 이론도 기존체제를 유지하는 보수적 이데올로기로 전락하게 된다. 이런 문제를 지적하면서 웩슬러는 체제지향적 반영주의를 뛰어넘어 지식을 '변혁의 과정'으로 분석할 것을 주장한다.

구조기능주의 사회학이나 마르크스주의적 구조주의 교육사회학은 주체(subject)가 따르고 있는 각본의 내용에 대해서는 이견을 보이지만, 각본대로 주체가 행위를 재현해낸다는 논리를 그대로 받아들이는 수동적 주체관을 가정하고 있다. 웩슬러는 이 수동적 주체관에 제동을 걸고, 주체가 텍스트나 각본에 의해 완전히 포섭되지 않으며, 부분적으로라도 변혁 행위를 실천하는 능동적 존재임을 주장하고 있다. 이 세상에는 여러 종류의 사회적 인간형이 창조되며 이들은 지식 및 교과서와 각기 다른 관계를 맺는데, 주체는 교과서로부터 의미해석의 단서를 취하나 서로 다른 의미체계에 비추어 받아들이게 된다. 이렇게 부분적 변혁을 실천하는 능동적 행위가 없다면, 인간은 일방적인 지배를 받는 단순한 객체로 전락하게 되고, 자신을 지배하는 존재에 대해 할 수 있는 일이 아무것도 없는 비극적 피조물에 불과할 것이라고 역설한다. 이하에서 교육과정과 교과서에 대한 능동적 행위를 이론화함으로써 재생산이론을 극복하려는 노력을 살펴본다.

1) 저항이론

재생산이론의 한계를 극복하고자 하는 문제의식이 구체적인 이론적 작업으로 나타나기 시작한 것은 교육에 '저항(resistance)'이라는 개념이 대두되면서이다. 저항 개념을 처음으로 부각시킨 사람은 영국의 윌리스(Willis, 1981)이다. 그는 종합화된 고등학교에 다니는 일부 노동계급 학생들이 어떻게 해서 아버지와 같은 노동계급의 직업을 선택하게 되는가를, 그들이 집단적으로 형성한 하위문화의 특성에 비추어 기술하였다. 그는 재생산이론으로는 노동계급의 학생들이 왜 스스로 노동계급의 직업을 선택하는지를 설명할 수 없다고 보았다. 그는 재생산이론에 대한 대안으로 문화적 저항이론을 제시하였다.

관찰 대상이 되었던 노동계급 학생들은 학교의 권위와 지적 활동의 가치 및 중요성을 거부하는 독특한 반학교 문화를 형성해 나갔다. 반학교 문화의 가장 기본적이고 두드러진 특징은 '권위'에 대해 집단적, 개인적으로 집요하게 저항하는 것이다. 이러한 감정은 '싸나이들'('lads': 이것은 반학교 문화 학생들이 스스로 붙인 이름이다)의 일상 언어에서 쉽게 드러난다.

조이: 그들[교사들]은 우리를 벌줄 수 있죠. 그들은 우리보다 덩치도 크고, 우리보다 더 거대한 제도 편에 서 있잖아요. 우리는 뭐 보잘것없고, 그들은 거대한 모든 것을 등에 업고 있구요. 하지만 우리는 어떻게 해서든 그들에게 복수하려 들지요. 그쵸, 권위란 게 띠껍지 않나요.

에디: 그들은 자기들이 선생이기 때문에 높고 힘이 있다고 생각해요. 그러나 정말 별 볼 일 없어요. 보통 사람들에 불과해요. 안 그래요?

빌: 선생님들은 자기가 전부인 줄 알아요. 우리보다 더 부유하고 더 높은

> 지위를 누리지요. 자기들이 훨씬 더 높은 데에 있다고 생각하지만 사실은 아니에요. (Willis, 1981/2004: 51-52)

'싸나이'들에게는 교사들 다음으로 '얌전이' 또는 '범생이'들이 표적이 되는데, 그것은 그 아이들이 교사의 권위에 너무 열성적으로 추종하기 때문이다. '얌전이'라는 이름은 학교에 순응하는 아이들의 수동성과 어리석음을 뜻하는 것이다.

학교에 대한 저항은 제도와 규율로부터 자유로운 자신들만의 상징적, 물리적 공간을 쟁취하기 위한 싸움과, 학교에서 중요하게 인식되는 목적, 즉 공부시키는 것을 타파하는 데서 가장 극명하게 드러난다. 몇몇 '싸나이'들은 수업시간에 자기들 마음대로 얼마든지 학교 주변을 돌아다닐 수 있는 배짱을 자랑한다. 그들은 학교가 짜놓은 일과표를 무시하고, 스스로 그리고 실질적으로 자기의 일과를 구성한다. 이러한 '내 마음대로 하기' 원리는 모든 수업시간과 그 밖의 많은 다양한 활동 속에서 발휘되는데 그중 몇 가지는 수업시간 빼먹기, 수업시간에 딴전 피우기, 엉뚱한 반에 들어가 앉아 있기, 장난거리를 찾아 복도 배회하기, 몰래 잠자기 등이다.

반학교 문화에서는 학교를 다님으로써 얻게 되는 자격이라는 것의 가치에 대한 깊은 불신이 담겨 있는데, 그것을 얻기 위해 치러야 하는 희생이 너무 크다고 여기기 때문이다. 그들이 생각하는 희생이란 대단하지도 않은 졸업장을 얻어내느라 지금 '얌전이'가 된다는 것, 그것은 어느 때라도 즉시 유쾌함을 만들어 내고 누릴 수 있는 '싸나이'의 능력을 포기하는 것을 뜻한다.

학교를 성실하게 다녀서 얻게 되는 그 자격은 '싸나이'들이 졸업 후 일자리를 선택하는 데 그다지 중요한 기준처럼 보이지 않는다. 학업의 '성공'과 그것에 따르는 직업서열에서의 상승이 도대체 무슨 의미가 있단 말인가? '싸나이'들에겐 지위상승이란 너무 먼 얘기이므로 의미가 없다. 그들에겐 남들이 말하는 '성공'이란 기껏해야 견습공 아니면 하급 사무직으로 들어가는 것인데, 그런 직업들은 일은 죽도록 시키면서 대우는 별 볼 일 없는 것들이다. 자유로운 대중문화의 즐거움, 친구들끼리의 허물없는 어우러짐, 길거리와 공장 작업장을 활개 치는 모험 가득한 생활, 이 모든 것이 주로 공식적인 성공을 좇다 보면 잃게 되는 것들이다. 공식적인 학교문화를 따르는 것은 순응주의적인 소인배의 짓이고, '얌전이'가 되어 작은 '성공'을 한다고 해보았자 별것이 아니라고 그들은 생각한다. 결국, '싸나이'들은 학교문화에 순응하지 않고 반학교문화를 형성하는 것이 학교생활에서의 '실패'의 길이고, 그것은 곧 졸업 후의 사무직과 노동직의 갈림길에서 노동직으로 가게 되는 것임을 알면서도, '싸나이'의 길을 버리지 않는 것이다. 말하자면 '싸나이'들은 스스로 육체노동직을 선택하는 것이다. 노동현장 문화에 몸담을 수 있는 자격은 반학교 문화에서와 마찬가지로 절대로 패배자의 그것이 아니다. 그 자격에는 기술, 솜씨, 자신감, 그리고 무엇보다도 어떤 살아 있는 사회적 힘을 더하는 태도 같은 것이 관련된다. 이 힘이란 생동하는 것으로 이력서를 통해 채용하는 공식적인 제도들에 의해 보호받고 구조화되며 조직화되는 종류의 것이 아니다. 반학교 문화에서 발견되는 남성상과 억척스러운 기질은 노동현장 문화에서 발견되는 주요한 주제들 중 하나이며, 그것은 곧 남성우월주의의 한 형태이다.

여기서 반학교적 저항문화가 대안적 사회질서를 창출하는 것으로 연결되지 못하고 오히려 기존 질서 안에 스스로 자리 잡고 마는 모순된 현상을 발견하게 된다. 반학교적 저항문화를 형성한 학생들은 정신노동의 우위와 경쟁적 개인주의와 같은 지배적 이데올로기를 배척하지만, 바로 그렇기 때문에 자신들의 저항이 사회변혁으로 연결될 수 있는 가능성을 차단하고 만다. 그들은 지적인 활동을 거부함으로써 비판적 사고가 사회변화의 힘으로 작용할 수 있다는 사실을 간과한다. 그리하여 현실에 대한 간파가 담고 있는 변화의 가능성이 새로운 사회질서의 창출로 연결되지 못하고 중단되고 만다.

이상의 논의를 통해 문화적 저항이론이 재생산이론의 사회화 모형과 근본적으로 다르다는 것을 알 수 있다. 적어도 학교교육에 대한 기대가 다르다. 재생산이론에서는 지배계급의 일사불란한 힘의 행사에 의해 지배이데올로기가 주입된다고 본 반면에, 저항이론에서는 피지배집단의 일상적인 삶의 경험 속에 지배 이데올로기를 거부하고 극복할 수 있는 잠재적인 힘이 있다고 본다. 노동계급 학생들의 반학교 문화는 그들의 부모가 작업장에서 형성한 문화를 근원으로 하고 있다. 학교공부를 거부하고 특히 지적 활동의 가치와 중요성을 거부하는 것은 이론보다 실천을 훨씬 중요하게 여기는 노동문화의 특성을 반영하고 있는 것이며, 남성다움에 가치를 두어 육체노동직을 선택하는 것은 노동문화의 남성우월주의를 반영하고 있는 것이다. 즉, 지배적인 이데올로기를 거부할 수 있는 잠재적 힘은 가지고 있지만, 결과적으로는 불평등한 사회관계를 재생산하게 되는 모순적인 저항문화는 노동계급의 구체적인 삶의 경험에서 기원하고 있다.

저항이론의 중요한 공헌은 재생산의 메커니즘이 결코 일방적인 것도 아니고, 완전한 것도 아니며, 언제나 그 안에 저항과 반대의 요소를 내포하고 있다는 사실을 통찰해 냈다는 데 있다. 지배는 단순히 외적인 힘이 강제된 결과만이 아니다. 재생산이론은 학교교육의 개혁을 위해서는 기존의 불평등한 사회관계에 근본적 변화가 일어나야 한다고 주장하고 있는 점에서 비판적인 입장을 견지하고 있지만, 기존 사회관계의 안정성을 지나치게 강조한 나머지 불평등 구조가 변화될 수 있는 계기 또는 조건을 포착하지 못하고 있다. 이에 비해 저항이론은 계급과 문화가 복합적으로 결합하는 방식에 대한 분석을 시도함으로써 비판적, 저항적 교육학을 구축할 수 있는 새로운 가능성을 제시하였다.

그러나 한편에서는 저항이론의 공헌에 대한 평가가 이 이론에 내재한

문제점을 지적하지 않은 채 긍정적인 면만을 과장하고 있다는 비판이 제기되고 있다. 저항이론에 대한 가장 심각한 비판은 저항의 실체와 본질이 무엇인지에 대한 엄격한 개념 정의가 이루어지지 않은 상태에서 남용되고 있다는 것이다. 윌리스의 연구에서 자극을 받은 몇몇 후속 연구에서는 저항 현상을 지나치게 확대하여 설정하고 있으며, 어떤 경우에는 반대행동을 낭만적으로 미화시키고 있기도 하다. 그러나 모든 반대적인 행동이 지배에 대한 저항을 표현하고 있는 것은 아니며, 또 진보적인 성격을 갖는 것도 아니라는 점이 지적된다(Giroux, 1983).

비판적 교육학자들이 저항이론에 매력을 느끼고 있는 것은 그 개념에서 사회변화를 위해 교육이 무엇인가를 할 수 있다는 가능성과 희망을 발견했다고 믿기 때문이다. 즉, 반학교 문화는 학교에 대한 도전과 반항으로 그치는 것이 아니라, 새로운 사회질서를 창출하는 싹이 될 수 있다고 보는 것이다. 이러한 믿음이 믿음으로 끝나지 않고 현실화되기 위해서는 학생들의 저항이 어떤 조건에서 비판적 의식으로 발전되고, 또 그것이 어떻게 사회변화의 동인으로 작용하게 되는가 하는 점을 밝히는 것이 중요한 과제로 대두된다.

저항이론은 1990년대에 들어서 비판적 교육사회학의 성장과 함께 더욱 관심을 끌었다. 최근에는 비판적 교육사회학의 큰 흐름 속에서 문화운동, 환경운동, 여성운동, 소수민족운동, 탈식민지운동 등 다양한 사회운동이 확대되는 사회여건과 맞물려 기존지배체제에 대한 동시다발적인 비판과 공격의 실천적 이론으로 주목받는다(Mehta & Davies, 2018: 23-27). 비판적 교육사회학은 거대 권력과 권위주의의 변혁을 추구하면서 교육에 총체적 민주화를 앞당기기 위한 운동성을 실어주고 있다. 다만 운동성의 강조로 선언적 주장에 비하여 엄격한 학문적 이론의 구축이 부족하다는 지적은 새겨들어야 한다.

2) 상대적 자율이론

위에서 언급한 이론들 가운데 초기의 것들은 교육체제가 사회 · 경제적인 하부구조에 의하여 일방적으로 통제된다는 것으로서, 그러한 의미에서 학교는 사회구조나 경제자본 혹은 문화자본을 단순 재생산함으로써 사회계급구조의 재생산을 매개해 주는 중간도구에 지나지 않음을 직 · 간접적으로 시사하는 것들이었다. 예컨대, 보울즈와 진티스는 경제생산의 도구로서의 학교를, 그리고 부르디외는 문화적 재생산 기제로서의 학교를 각각 상정함으로써 학교가 가지고 있는 고유의 자율성을 간과하였다. 그러나 최근 들어 일단의 이론적 흐름들은 학교가 가지는 내부적 저항(resistance), 상대적 자율성(relative autonomy) 및 자발성(voluntarism)을 드러냄으로써 학교 고유의 자율성을 강조하고 있다. 이들은 나름대로의 독특한 '학교문화'를 파악하려고 노력하고 있으며, 이러한 시각들이 기존의 재생산 일변도의 관점에 변화를 일으키고 있다.

학교체제가 사회 · 경제적 힘으로부터 어느 정도 자율성을 갖고 있음을 보다 구조적이고도 체계적으로 설명한 사람으로 번스타인(Bernstein, 1977, 1996)을 꼽을 수 있다. 뒤르켐 이론의 계승자인 그가 원래 의도하였던 연구의 주안점은 교육이 어떻게 사회구조를 유지할 수 있게 하는가라는 문제, 즉 교육제도를 통하여 경제적 재생산과 문화적 재생산이 어떻게 상호 간에 영향을 주고 갈등을 일으키면서 진행되는가를 밝히는 데 있었다. 그는 우선 사회언어분석(socio-linguistic analysis)에서 출발하여 교육과정의 조직형성과 사회적 지배원리의 관계에 관한 연구를 거쳐, 한 사회의 지배가 전수되는 기제를 밝히려고 시도하였다. 그는 교육과정을 시간의 길이와 그에 담겨 있는 내용들을 조직한 원칙으로 정의한다(Bernstein, 1977: 86). 아무런 원칙이나 규칙 없이 모아 놓은 내용의 집합은 교육과정이라 부를 수 없고, 어떤 원칙에 따라 어떤 길이의 시간으로 묶어 놓은 것이라야 교육과정이다. 그러므로 교육과정에 관한 연구는 내용의 종류, 시간의 길이, 조직된 방식 등을 분석함으로써 시작할 수 있다.

번스타인은 교육과정 분석에 "분류(classification)"와 "구조(構造, frame)"의 두 개념을 사용한다(Bernstein, 1977: 86-94). 여기에서 "분류"는 과목 간, 전공분야 간, 학과 간의 구분을 말한다. 다시 말하면, 구분된 교육내용들 사이의 경계의 선명도를 의미한다. 체계이론(systems theory)의 용어로 표현하면 '경계유지(boundary maintenance)'의 정도가 높으냐 낮으냐의 문제이다. 한편, "구조"는 과목 또는 학과 내 조직의 문제로, 가르칠 내용과 가르치지 않을 내용의 구분이 뚜렷한 정도, 계열성(sequence)의 엄격성, 시간배정의 엄격도 등을 포함하는 개념이다. 달리 표현하면, 교육내용의 선정, 조직, 진도, 시정(時程)에 대하여 교사와 학생이 소유하고 있는 통제력의 정도를 말한다. 구조화가 철저하면 교사나 학생의 욕구를 반영하기 어렵고, 반대로 구조화가 느슨하게 되어 있으면 다양한 욕구를 반영시키기 용이하다.

분류와 구조는 각각 강할 수도 있고 약할 수도 있다. 그러므로 다음의 조합이 가능하다.

(1) 강한 분류, 강한 구조
(2) 강한 분류, 약한 구조
(3) 약한 분류, 강한 구조
(4) 약한 분류, 약한 구조

번스타인은 여기에서 교육과정의 유형을 둘로 나누어 (1)과 (2)를 "집합형(集合型, collection type)"으로, (3)과 (4)를 "통합형(統合型, integrated type)"으로 불렀다(Bernstein, 1977: 179~180).

집합형 교육과정은 엄격히 구분된 과목 및 전공분야 또는 학과들로 구성되어 있어서 과목 간, 전공분야 간, 학과 간의 상호관련이나 교류는 찾아볼 수 없다. 즉, 횡적 관계는 무시되고 종적 관계가 중시된다. 교육이 진행됨에 따라, 즉 상급과정으로 올라감에 따라 점점 전문화되고, 세분되어 학습영역이 좁아진다. 예컨대, 심리학 또는 교육학에서 교육심리학으로 좁아지고, 다시 학습이론으로 전문화하고, 더 나아가면 스키너(Skinner) 학설로 또는 피아제(Piaget) 학설로 더 좁아진다. 그래서 '많이 배우면 많이 배울수록 아는 것이 좁아진다'는 말이 성립한다. 그러나 어느 분야에서든지 최고의 경지에 도달하면 분야 간의 장벽으로부터 완전히 자유로워지고, 분야 내 구조상의 제약으로부터도 해방된다. 예컨대, 최고 수준에 도달한 한 종류의 미생물 연구자는 기존 생물학 이론체계에 구속되지 않을 수 있으며, 동시에 물리학, 화학, 철학 등 타 학문과의 경계에 구애받지 않고 자유롭게 넘나들며 학문활동을 해 나갈 수 있다. 신비스러운 일이다.

이와 같은 집합형 교육과정에 있어서는 학생과 교사들이 어느 분야 또는 어느 학과에 속해 있는지가 분명하며 소속 학과에 대한 강한 충성심이 요구된다. 인간관계는 횡적 관계보다 종적 관계가 훨씬 중요하며, 상하 간의 위계질서는 뚜렷하고 엄격하다. 타 분야와의 교류는 제한된다. 그리고 교육과정의 계획과 운영에 학생들이 참여할 기회는 극히 적다. 그러므로 교육과정에서 학생들이 자유롭게 스스로 선택하고 결정할 수 있는 여유는 거의 없다.

한편, 통합형 교육과정은 집합형과 모든 점에서 대조적이다. 통합형은 과목 및 학과 간의 구분이 뚜렷하지 않아서 횡적 교류가 많아진다. 대체로 여러 개의 과목들이 어떤 상위개념이나 원칙에 따라 큰 덩어리로 조직된다. 예컨대, 역사, 지리, 정치, 경제가 사회생활로 통합된다. 통합된 사회생활 내에서의 역사, 지리 등의 구분은 없거나 약화된다. 또 하나의 예를 들면,

대학에서 학과 간의 울타리가 낮아져서 강좌를 상호개방하고, 더 나아가 생화학(biochemistry), 역사사회학 등 혼합학문(hybrid discipline)이 생겨난다. 자연히 단일학문보다 더 상위의 개념을 사용하고 점점 더 상위의 이론을 추구한다. 극단적인 통합형에서는 학문 그 자체의 경계가 약화되어 상식적 지식, 비상식적 지식이 뒤섞이고 실생활 문제가 교육과정에 직접 반영된다.

따라서 통합형에서의 인간관계는 횡적 관계가 강화되고 중시된다. 교사와 학생들의 재량권이 늘어나고, 교사와 교육행정가의 관계에서도 교사의 권한이 증대된다. 이 현상은 행정가, 교사, 학생 사이의 권한경계가 약화되는 것이라고도 표현할 수 있다. 그러므로 집합형 교육과정으로부터 통합형으로의 이행은 교육과정체제 내 힘의 구조와 분포의 변화를 초래한다.

이상의 논의를 종합하면 번스타인이 교육과정에 대하여 가지고 있는 관점이 분명해진다. 그가 중시하는 것은 교육내용보다도 내용의 조직원리이다. 교육과정의 조직원리가 사회질서의 기본원리를 반영하고, 학생들에게 그 원리를 내면화시킨다는 것이다. 흔히, 교육과정에 대한 관심은 그 속에 담겨있는 내용, 즉 지식과 규범에만 집중되는데, 번스타인은 내용도 내용이려니와 내용의 '조직원리'의 교육적 중요성을 극명하게 드러내었다. 그리고 그에게 있어서 교육과정은 사회적 힘의 분포와 직결되어 있을 뿐만 아니라 한 사회가 사회질서를 유지, 재생산해 가는 방식의 한 표현이기도 하다. 그러므로 교육과정 분석을 통하여 사회의 특성을 밝힐 수가 있는 것이다.

사회부문 간 분류(classification)가 강한 시대에는 교육과 생산 간의 구분이 분명하기 때문에 교육내용 및 교수활동에 관한 결정이 많은 부분 교육담당자들의 영향력 아래 이루어지게 됨으로써 교육의 자율성이 상당히 보장될 수 있다. 다시 말하여, 생산과 상징통제(symbolic control)의 분업구조가 분명히 구분되면, 교육의 목적, 내용, 방법, 학교행정, 학생지도, 평가방식 등에 관한 원칙인 '교육의 코드(codes of education)'를 형성하고 보급하는 일이 상당한 정도로 교육담당자들의 손에 놓이게 된다. 반면에 교육과 생산 간의 경계가 약한 시기는 교육과 생산의 관계가 밀착되었음을 암시하는 것이며, 이 경우, 교육은 흔히 자율성을 잃게 된다. 이런 상황에서 교육내용의 사회적 적합성은 생산구조(혹은 생산의 코드 codes of production)에 의해 결정되고 교육은 사회·경제적인 하부구조에 예속당하게 되는 것이다. 실제 교육상황을 결정하는 힘의 본질을 설명하는 데 있어 번스타인은 외부로부터 주어지는 힘을 '사회적 통제(social control)'라고 표현하였으며, 반면에 교육 내부의 자율적 통제력을 '통제의 원리(principles of control)'라고 구분함으로써 교육의 자율성에 미치는 범위 및 힘의 내용을 명료화하려고 노력하였던 것이다(Blackledge & Hunt, 1985).

한편, 주어진 하나의 교육상황 속에 존재하는 자율성의 단초를 파악하는 일은 우선 그것에 대한 "공식적인 결정과정"과 "실제 학교현장에서의 수행과정"을 구분하는 일에서 출발하여야 한다고 번스타인은 주장한다(Bernstein, 1996: 46-48, 54-81). 어떤 종류의 지식이 어떠한 방식으로 선정되고 조직되는가를 결정하는 기본적인 주체는 국가(state), 생산부문(field of production), 그리고 상징통제부문(field of symbolic control) 등이다. 이들 간의 상호작용을 통하여 지배적인 원칙(dominant principles)이 결정되고 그에 따라 가르칠 지식이 선정되고 조직되며 교육현장으로 보내진다. 번스타인은 이것을 "교육과정의 공식적 재맥락화 단계(Official Recontextualizing Field, ORF)"라고 한다. 즉, 학문영역에서 생산된 지식을 지배적인 원칙에 맞추어 교육과정화하는 단계를 말하는 것이다. 이러한 교육과정은 다시 실제 교육현장 속으로 들어가서 그 현장의 틀에 맞도록 재구조화되는데, 이를 "교수활동을 위한 재맥락화 단계(Pedagogic Recontextualizing Field, PRF)"라고 한다. 주어진 지식들을 현장에 맞도록 재조절하고 배열하는 작업이 이 단계에서 이루어지는 것이다.

여기에서 주의해야 할 것은 첫째, 교육내용을 선정하고 조직하는 두 가지 단계(ORF 및 PRF)가 동일하지 않다는 사실이다. 예를 들면, 영국 사립학교의 경우는 ORF로부터 PRF가 상당한 정도의 자율성을 유지하고 있다. 둘째로, 위의 두 가지 교육과정 결정 및 맥락화 단계에 영향력을 행사하는 힘은 생산부문(경제) 및 상징통제부문으로부터 나온다. 이 과정에서 '어떠한' 지식이 '어떠한 방식으로' 가르쳐질 것인가 하는 것이 아무런 갈등 없이 결정된다고 생각하는 것은 순진한 발상이며, 그 안에 경제부문과 상징통제부문 사이의 상당한 갈등이 내재한다는 사실을 간과해서는 안 된다. 셋째, 학생들은 그들에게 주어지는 코드(code)를 수동적으로 받아들이기만 하는 존재는 아니다. 그들이 교육과정을 받아들이는 것은, 즉 학습하는 것은 어디까지나 그들 스스로의 주체적이고도 때로는 자의적인 선택에 따르는 것이다(김신일, 2005).

여기에서, 학습은 기계적 수용이라기보다는 비판적 인식과정이라는 사실에 주목할 필요가 있다. 흔히, 지배문화의 전수자라고 비난받는 학교교육을 받은 사람들이 현 사회체제에 대한 저항세력으로 등장하는 예를 많이 볼 수 있다. 결국, 학교교육은 구조주의적인 논리만으로는 충분히 설명되지 않는, 자체의 논리를 가진 역동적 현장이다. 그리고 무엇보다도 학습자들에게는 비판적 학습능력이라는 값진 무기가 주어져 있는 것이다. 이 비판적 학습능력을 키우고 다듬는 것이 교육의 역할이다.

교육에 관한 논의를 학교에 한정하지 않고 학교 밖의 성인교육으로 확대하면, 성인학습자들이 비판적으로, 주체적으로 학습하는 모습을 쉽게 발견할 수 있다(강대중 · 최선주 · 이승협, 2012; 김신일, 2020; Jarvis, 1992; Merriam & Baumgartner, 2020). 평생학습이 보편화되는 시대에는 학습자의 자기주도성(self-directedness)이 과거 어느 때보다 강조될 것이다. 그러나 사람들의 주체적, 비판적 학습활동은 저절로 주어지는 것이 아니고 적극적 노력을 통하여 쟁취하고 '학습'하는 길밖에 없다는 사실을 강조하지 않을 수 없다.

제4부

교육사회학의 과제와 전망

제11장 교육사회학 담론의 확장

제12장 교육현실과 교육학의 과제

제11장

교육사회학 담론의 확장

이제 지도자가 된 당신은 잊지 말아라.
옛날에 지도자들에게 의심을 품었었기에
지금 지도자가 되었다는 것을!
그러므로 당신을 따르는 사람들에게 허용하라.
의심하는 것을!

브레히트, 「의심을 찬양함」

교육의 사회적 현상을 탐구하는 교육사회학은 그 현상이 변하고 확대됨에 따라 확장된다. 세계화, 여성주의, 학습사회는 전통적 교육사회학에는 낯선 주제들이지만, 이제는 더 이상 무관심할 수 없다. 이 새로운 현상들이 교육에 큰 변화를 일으키고 있기 때문이다. 교육사회학 담론이 그만큼 확장되고 있다.

인간사회에는 새로운 변화가 끊임없이 일어나고 있다. 많은 변화 가운데 그 자체로도 매우 큰 의미가 있지만, 특히 교육에 큰 영향을 주고 있는 것으로 세계화, 여성주의, 학습사회 담론을 뺄 수 없다. 세계화는 지난 여러 세기 동안 국가 단위로 살아가며 활동하던 인류에게, 국가들을 갈라놓고 있던 국경선이 물리적으로나 정신적으로 느슨해지는 새로운 시대를 만들고 있다. 경제활동을 비롯한 사회적 활동공간이 국가 단위로부터 세계 전체로 확대된 것이다. 그에 따라 인류의 모든 활동영역과 생활방식에 변화가 일어나고 있다. 당연히 교육도 예외가 아니다. 교육의 세계화 현상이 아직 그리 광범하지는 않지만, 매우 근본적인 변화가 빠르게 나가오고 있는 것만은 분명하다.

여성주의는 이제까지 오랜 역사를 남성 본위 문명 속에서 살아오던 인류에게, 그것은 정상이 아니었다고, 그러므로 바꿔야 한다고 외치고 있다. 이 주장에 대하여 많은 남성들은 아직도 귀를 기울이려 하지 않지만, 많은 여성들은 여기에 동의하고 행동으로 옮기고 있다. 그 주장의 내용이 무엇인지 살펴보고 이해할 필요가 있다. 그리고 여성주의가 주장하는 새로운 성 평등사회는 결국 실현될 것인데, 그 사회는 이제까지의 사회와 크게 다를 것이 분명하다. 교육도 물론 달라진다. 그 과정에서 이미 부분적으로 나타나고 있는 갈등도 더 커질 것이다. 그러므로 여성주의 관점으로 보는 교육의 문제, 미래교육의 방향을 이해하는 것은 매우 중요하다.

학습사회 담론은 교육학에 특히 더 중요하다. 이제까지의 교육학은 학교교육학이라 불러도 틀리지 않을 만큼 학교 중심으로 연구하고 논의하고 정책을 만들었다. 사람들의 학습생활과 교육에 관한 사고도 자연히 학교라는 한정된 교육기관의 범위를 벗어나지 못하였다. 그러나 교육은 이미 학교의 범위를 벗어나 사회 모든 영역으로 확산되고 있으며, 다양한 내용과 방법의 학습활동 역시 사회 곳곳에서 활발하게 이루어지고 있다. 그에 따라 제도와 정책에도 변화가 일어나고 있다. 미래학자들은 이미 40~50년 전부터 학교교육시대가 머지않아 끝난다고 역설해 왔다. 나아가 교육이라는 개념 자체에도 변화가 일어나지 않을 수 없는 상황이 벌어지고 있다. 도대체 학습사회가 어떤 것이기에 이런 큰 변화가 일어난단 말인가? 먼저 세계화부터 살펴보자.

1. 세계화

교육사회학 연구와 논의는 그동안 주로 각 국가를 단위로 하여 이루어졌다. 교육제도가 국가 단위로 형성되고 기능을 수행하였기 때문이다. 국가 단위의 논의 구조는 정치, 경제 등도 마찬가지였다. 정치와 경제의 국제적 현상에 관한 학문적 논의가 없었던 것은 아니지만, 국가가 기본 단위라는 관점이 사회과학을 지배하였다. 교육에서도 교육과정 변화와 학교교육 팽창을 세계체제의 관점에서 설명하려는 시도나(차윤경, 1994; 최충옥, 1994), 유학제도와 관련하여 국가 간 두뇌유출(brain drain) 현상을 분석하는 등의 초국가적 담론이 없지는 않았으나, 역시 각 국가 내에서 전개되는 교육현상의 설명이 기본이었다.

그러나 20세기 말부터 상황이 빠르게 변화하고 있다. 정보기술 혁명에 기인한 세계화(globalization)가 국민에 대한 각 국가의 통제력을 약화시키고 있다. 구체적으로 경제를 비롯한 정치, 문화 등의 국제적 교류 증대와 각종 국제적 표준의 영향력 확대가 국가 단위의 주도권을 약화시키고 국가 간 장벽을 낮추고 있다. 교육에도 같은 현상이 일어남에 따라 교육사회학 담론도 국가 단위로부터 초국가(transnational) 또는 세계 단위로의 확장이 요구되고 있다. 기존 국가 단위 간의 경계선을 넘어서 교육현상이 전개되고 있으며, 교육에 있어서 세계적 동질화 경향까지 부분적으로 나타나고 있다. 그렇다고 해서 국가 단위의 교육사회학 담론이 더 이상 의미가 없다는 말은 결코 아니다. 국가 단위의 교육현상에 관한 논의는 여전히 필요하고 중요하다. 다만 초국가적 교육현상에 관한 논의의 필요가 급속히 증대하고 있으므로, 이에 관한 교육사회학의 관심이 새롭게 요청되고 있다는 점을 강조하려는 것이다.

1) 세계화의 특징

세계화는 국가 간 물리적 국경을 뛰어넘는 정보화의 영향으로 국가 단위의 경계가 약화 또는 무력화되고, 각 분야의 표준이 세계적으로 단일화되어 세계 전체가 하나의 단위로 통합되어 기존의 국경기능을 약하게 만드는 과정이다. 세계화를 선도하는 것은 경제 부문이지만, 이것을 추동하는 힘은 정보혁명에서 나온다. 과거에도 종교, 이념 등이 국가 단위를 뛰어넘기는 하였으나, 사람들은 국가 단위로 묶여 있었다. 그러나 이제는 급속히 국가 단위의 경계를 벗어나 세계 단위로 편입되고 있다. 그에 따라 국민국가의 기능이 약화되고 있다. 유럽연합(European Union, EU)과 같은 블록화도 그러한 현상의 한 부분이다.

세계 거대 자본이 지배하는 미국을 비롯한 강대국들은 1980년대에 들어서자 과거와는 전혀 다른 새로운 세계 경제 질서를 추진하였다. 국가 단위 간의 무역을 전제로 삼는 가트(GATT), 즉 무역과 관세에 관한 일반협정체제를 종식시키고 세계 전체를 하나의 시장으로 개편하기 위한 우루과이 라운드(UR)를 1986년부터 시작하였다. 우루과이 라운드의 다자간 협상은 각국 요구조건이 매우 복잡하고 또한 완강해서 당초의 예정보다 기간이 오래 걸리기는 하였지만 결국 타결되었고, 1995년에 전 세계 시장을 단일 단위로 묶는 역할을 담당하는 세계무역기구(WTO)가 출범하였다. 즉, 지구 전체를 단일시장으로 연결하는 경제세계화의 관리기구가 탄생한 것이다.

경제 부문이 선도하여 시작된 세계화는 경제에만 머무르지 않고 사회 각 부문으로 파급되고 있다. 정치, 문화 그리고 교육 부문도 신속히 세계화의 길을 걷고 있다. 우루과이 라운드 출발부터 교육을 서비스산업으로 규정하고, 무역 자유화의 대상에 포함시켰다. 즉 교육도 서비스무역 자유화를 통한 세계화의 길을 걷게 된 것이다. 세계화의 특징을 다음과 같이 열거할 수 있다(Held, 1995; Castells, 2000 참조).

첫째, 전 세계가 단일 경제체제로 재편된다. 경제민족주의(economic nationalism)에 기초한 국가 단위의 경제구조는 급속히 약화되고 세계 단위의 경제체제로 편입된다. 단일 세계경제체제에서 누가 주도권을 잡느냐에 따라 세계 전체의 지배구조가 판가름 날 것이므로 치열한 경쟁이 진행 중이다. 세계 거대 자본들의 규모가 급속히 커지면서 그 영향력이 세계 구석구석에 파급된다. 2008년 뉴욕 월가에서 발생한 금융위기가 삽시간에 세계 전체의 경제를 혼란에 빠뜨린 것이 한 예이다.

둘째, 생활공간이 국경선을 넘어 지구 전체로 확대되고, 인류생존과 직결된 문제가 세계적 차원에서 발생하고 전개된다. 인류의 생존 문제를 이제는 국가 단위가 아니라 전 세계적 차원에서 논의하고 행동하지 않을 수 없는 상태가 된다.

셋째, 국가의 기능과 통제력이 급속히 위축되고 있다. 국제경제, 국제정치, 민간운동단체들의 국제연대 등이 국가의 영향력을 잠식하고 있다. 교육에 대한 국가의 통제도 마찬가지로 축소될 수밖에 없다. 국가가 자국의 정치, 경제, 교육을 과거처럼 완전히 통제할 수 있는 시대가 지나가고 있다.

넷째, 문화접촉이 빠르게 증폭하고 있어서 문화충돌 현상과 아울러 문화동질화 현상이 진행되고 있다. 서구의 고급문화뿐만 아니라 상업화된 대중문화는 더욱 빠르게 전 세계를 휩쓸고 있다. 각국, 각 민족의 고유문화가 소멸할지도 모르는 위험에 처해 있다. 인터넷과 위성방송이 이를 가속시키고 있다. 언어의 경우, 15세기에는 지구상에 약 15,000개의 언어가 사용되고 있었으나, 현재 남아 있는 것은 6,000개에 불과하다. 소멸된 언어들과 함께 그 언어들에 담겨 있던 문화의식도 사라졌을 것이다. 앞으로 100년이 지나면 현존 언어의 90퍼센트가 사라질 것이라고 언어학자들은 예측하고 있다(Janson, 2002).

다섯째, 세계 자본의 지배가 급속히 강화되고 있다. 기존 경제구조가 변화함에 따라 사회구조에도 변화가 일어난다. 부의 양극화 현상이 가속된다. 안정된 상용직, 즉 정규직 중심 고용구조로부터 불안정한 임시직, 즉 비정규직 중심 고용구조로 전환한다. 무엇보다도 거대 자본 중심으로 세계경제가 개편되기 때문에 국경을 초월하는 기업합병과 흡수통합이 많이 일어난다. 이에 따라 거대화하는 세계 자본의 횡포를 저지하는 제도적 장치의 수립이 국내외적으로 새로운 중대과제로 대두된다.

여섯째, 세계화는 교육 부문에도 불가피하게 일어난다. 우루과이 라운드 협상에서 교육은 이미 개방계획이 확정되었고, 세계무역기구의 관리를 받고 있다. 그러므로 교육시장의 국제 개방, 국제적 분교 설치, 원격교육과 출장교육방식을 통한 외국 교육의 국내 진입, 학력과 학위의 국제 표준화가 시행되고 있거나 추진 중이다. 현대교육의 주축을 이루었던 국가주도의 국민교육체제가 존속을 위협받고 있다. 근대 학교교육제도를 창출하고 주도해 온 서구 국가들이 유럽연합(EU)을 중심으로 새로운 시대의 세계교육을 선도하기 위하여 적극적으로 노력하고 있는 것에 주목할 필요가 있다.

2) 교육의 변화와 과제

빠르게 진행되고 있는 세계화는 교육에 엄청난 변화를 일으키고 있다. 교육 변화는 두 차원에서 진행되고 있다. 하나는 개별 국가 내에서 진행되는 변화이고, 또 하나는 초국가적으로 진행되는 변화이다. 개별 국가 내에서 일어나고 있는 변화는 기존 교육제도에 대한 신자유주의적 개혁으로 나타나고 있다. 대다수 국가가 인적자원개발(Human Resource Development, HRD)의 효율성을 높이기 위하여 교육에서 경쟁체제를 강화하고 있다. 경쟁체제 강화는 대학 간 경쟁, 학교 간 경쟁, 교수 간 경쟁, 학생 간 경쟁을 확대시키는 쪽으로 이루어지고 있다. 이에 대한 반발도 적지 않지만 그럼에도 불구하고, 각국은 세계화시대 국가 간 경쟁에서 뒤떨어지지 않기 위하여 경쟁지향적 교육정책을 확대하고 있다. 왜냐하면 세계경제체제의 새로운 질서는 국가권력이 경제에 직접 개입하는 것을 제한하기 때문에, 국가는 경제 그 자체에 대한 정책적 개입보다 신기술 개발, 고급인력 양성과 관리 등 교육을 통한 국가경쟁력 향상에 더 매달리지 않을 수 없게 되었다. 이제 국가의 진정한 경쟁력은 교육과 훈련체제의 질에 의하여 결정된다고 점점 더 많은 사람들이 믿게 되었다(Halsey et al., 1997: 7-8). 그러므로 각국은 세계화시대에 국가경쟁력을 높이기 위한 정책의 핵심에 교육을 두고, 교육의 개혁에 전력을 기울이고 있는 것이다. 그리하여 교육은 그 어느 때보다도 치열한 변화를 겪고 있다.

한편, 세계화가 부추기는 노동 유연화와 불안정한 취업구조는 사람들을 반복적인 취업-실업-취업-실업에 직면하도록 강요한다. 이러한 상황은 새로운 교육요구를 만든다. 안정된 평생직장 또는 평생직업이 중심이었던 시대의 교육체제를 그대로 유지하기 어렵다. 세계적으로 보면 평생교육이 크게 달라졌고, 고등교육에서도 구조조정이 진행 중이며, 중등교육과 초등교육에도 개혁의 바람이 불고 있다(김신일, 2020: 207-215).

많은 나라가 교육개혁을 통하여 도입하고 있는 교육에 대한 새로운 관리방식 원리는 말하자면 자본 중심 시장원리이다. 자본의 관점에서 교육의 효용성을 강화하는 신자유주의 지향의 변화라고 정리할 수 있다. 신자유주의 교육운영은 경제학자 하이에크(Friedrich Hayek), 프리드먼(Milton Friedman) 등이 오래전부터 대중교통, 공공설비관리, 공중보건, 교육 등을 정부의 관리보다 시장의 관리에 맡기는 것이 더 효율적이라고 강조한 주장에 뿌리를 두고 있다. 국영 또는 공영사업에 대한 영리 또는 비영리 민간조직들의 시장원리에 기초한 참여는 교육에 있어서 1980년대에 미국에서 공교육기관에 자녀를 취학시키는 부모들의 학교선택을 위한 바우처(voucher)로 시작하여, 1990년대 시작한 공립학교운영을 영리 또는 비영리 민간조직이 위탁받아 경영하는 차터스쿨 또는 위탁학교(charter school)로 발전한다. 위탁학교 방식은 미국 전역으로 급속히 확산되고, 영국, 스웨덴, 핀란드, 칠레 등으로 전파된다. 공교육을 위한 학교운영에 시장원리가 진입한 것이다(Abrams, 2016: 5-16). 이른바 신자유주의의 발호라고 흔히 지적되는 이 현상은 교육자들을 크게 당황하게 만들고, 교직에 대한 열정을 손상시키고 있다. 시장원리에 의한 학교 간 경쟁, 학교와 민간단체의 경쟁은 전통적 교육관을 지니고 있는 교육자들에게는 매우 낯설고 불쾌한 풍토이기 때문에 반발이 적지 않다(예컨대 김민호, 2007).

교육개혁에 있어서 여러 나라가 택하고 있는 신자유주의 정책은 자연히 많은 반론과 반발을 불러일으키고 있다(예컨대 노상우, 1999; 손순종, 1996; 이규환, 1996). 비판론의 핵심을 정리하면, 시장원리의 적용은 교육불평등을 심화시키고, 경제생산성 지향은 교육의 본질적 가치를 파괴하여 물신(物神)사회를 촉진하고, 결국 자본에의 인간 예속을 강요한다는 것이다. 그러므로 교육을 시장원리에 일임함으로써 교육에 대한 자본의 지배를 방치할 것이 아니라, 새로운 방식으로 교육에 대한 국가의 관리를 바로 세워야 한다는 주장도 제기된다(Torres & Antikainen, 2003; 고형일 · 이두휴, 2013). 결국, 교육의 지배구조에 대한 관심이 높아지고 있다. 앞으로 교육제도의 지배구조에 대한 담론이 활발해질 것이다.

한편, 세계화에 대응하는 각국의 교육개혁에 관한 논의도 활발하지만, 국가 단위를 넘어서서 세계 수준에서 일어나고 있는 새로운 교육현상에 대한 교육사회학의 관심도 앞으로 더욱 높아질 것이다. 이주노동자와 다문화가정의 교육문제, 모든 국가가 공동으로 추진해야 할 지속가능발전을 위한 교육, 교육의 상호인정과 세계적 표준화 등 새로 나타나는 세계적 교육현상에 대한 논의는 교육사회학의 담론을 확장시킬 것이다.

첫째, 경제의 세계화로 노동자의 국제적 이동이 급속히 확대되고 있다(Villalba, 2008: 45-46). 국제노동기구(ILO) 통계에 의하면 2014년에 전 세계적으로 약 2억 3천만 명 이상이 소속국가가 아닌 다른 나라에서 일하고 있다. 이 숫자는 1980년 국제 이주노동자 통계보다 2배 이상 증가한 것이다. 한국에도 불법체류자까지 포함하여 약 1백만 명의 이주노동자들이 일하고 있다. 그런데 문제는 이들을 위한 교육정책에 대하여는 많은 나라에서 관심이 적어 취학기회를 제한받고 학습권을 보호받지 못하고 있다는 점이다. 종래의 교육정책은 국민교육제도하에서 만들어졌으므로 외국인의 교육에 대하여는 관심이 없거나 부족했다. 이제 세계화시대에 급속히 증가하는 국제적 이주노동자들과 그 자녀들의 학습권을 보장해 주기 위한 교육은 더 이상 미룰 수 없는 과제이다. 다문화가정과 그 자녀들을 위한 교육도 마찬가지이다. 교육사회학적 관심이 요청되는 문제이다(김진희, 2014; 임철일 · 김선희 · 김성욱, 2014).

둘째, 지속가능발전을 위한 교육(Education for Sustainable Development, ESD)은 인류가 산업혁명 이후 경제발전을 위하여 자연을 남용하고 파괴한 결과로 지구온난화 등 인류의 생존을 위협하는 자연재앙이 임박한 데 대한 대응으로 전개되고 있는 세계적 교육운동이다. 로마클럽이 1972년 『성장의 한계』를 출판하여, 인류가 방향을 전환하지 않고 계속 경제성장만 추구하면 머지않아 지구의 종말에 이른다는 경고를 한 이후, 종말을 피할 수 있는 '지속 가능한 발전'을 모색하기 시작하였다. 그 후 지구의 기후변화를 예방하기 위한 여러 가지 방안을 세계의 정치지도자들이 모여 결의하고, 그 일환으로 유엔은 2005~2014년의 「지속가능발전을 위한 교육 10년」 계획을 선포하였다. 그리고 여기에서 한 걸음 더 나아가 유엔 산하기구인 유네스코는 모든 회원국들에게 지속가능발전을 위한 교육의 시행을 촉구하기 위하여 2015년 한국의 인천에서 세계교육포럼을 개최하고, 2016~30년에 유엔과 세계 각국이 실천할 목표와 구체적 실천방안을 발표했다(UNESCO, 2015). 이 방안에는 기후변화대책, 질병극복, 빈곤퇴치, 평생학습을 비롯한 17개 목표를 2030년까지 달성하기 위한 각 분야의 구체적 실천계획이 담겨 있다. 그러나 지속가능발전의 구체적 실천은 각국의 경제수준과 산업의 특성, 지리적 특성, 문화에 따라 이해관계가 달라서 논쟁과 갈등을 피할 수 없을 뿐만 아니라, 특히 아직도 강대국들이 국가이기주의를 벗어나지 못하고 있기 때문에, 지지부진한 실천으로 지구생태계의 황폐화를 따라잡지 못하고 있다. 그 결과 2019년 말에 발생한 코로나바이러스의 전 세계 대유행으로 2년이 지난 뒤까지도 전 인류가 엄청난 고통을 겪고 있다. 그러므로 지속가능발전을 위한 교육(ESD)은 앞으로 세계 전체의 교육내용과 교육방법에 커다란 영향을 미칠 것이 분명하므로 교육사회학적 논의에서 중시할 분야이다.

셋째, 교육의 여러 부문에서 초국가적 움직임이 일어나고 있는데, 그 가운데 하나가 고등교육 학위와 학력인정에 대한 국제적 협약이다. 유네스코가 추진하고 있는 이 협약은 세계를 6개 지역으로 구분하여 각 지역 내 국가들이 공동의 기준을 만들어 학위와 학력을 공동으로 인정하는, 말하자면 고등교육의 일치화 사업이다. 1970년대부터 시작한 이 사업은 다른 지역은 지지부진하지만, 유럽은 빠르게 진행시켜 유럽연합(EU) 국가들이 1999년에 볼로냐(Bologna) 선언을 채택함으로써 고등교육에 있어서 본격적인 하나의 유럽시대를 열었다. 유럽연합은 국가마다 달랐던 학사과정 연한과 석사과정 연한을 접근시키고, 학점교류를 실시하며, 학생, 교수, 연구자들의 국가 간 자유이동에 장애가 되는 모든 요인을 제거하고 있다(European Commission, 2018).

유럽연합의 고등교육 일치화가 지니는 의미 가운데 두 가지가 특히 중요하다. 하나는 현재와 같은 상태로 진행되면 세계의 고등교육은 또다시 유럽고등교육제도의 지배를 받게 될 가능성이 크다는 점이다. 20세기 대다수 국가의 고등교육이 유럽에서 발달한 제도가 이식되었던 것인데, 유럽연합이 새로운 시대를 위한 고등교육제도를 공동으로 앞장서서 빠르게 정착시키면 결국 새로운 시대에도 나머지 나라들이 그 영향을 받게 될 가능성이 높기 때문이다. 그런 의미에서 아시아를 포함한 다른 지역 국가들이 새 시대를 위한 고등교육 협약사업에 소홀한 것은 시대적 변화에 능동적으로 대응하지 못하고 또다시 종속되는 결과를 낳을 위험이 크다(김신일, 2002).

또 한 가지 중요한 의미는 세계의 고등교육, 나아가 교육 전체를 누가 지배하게 될 것이냐는 문제와 연결된다. 세계 교육을 지배하게 될 자는 교육의 세계표준(global standard)을 먼저 만들고 주도하는 자이다. 그런 의미에서 교육의 세계표준에 관한 경쟁은 이미 격렬하게 벌어지고 있으며, 그것은 결국 세계교육을 누가 주도할 것이냐가 걸린 지배구조(governance)를 둘러싼 경쟁과 갈등이다(Teodoro, 2003; 신현석 · 주영효, 2013). 앞으로 세계교육의 지배구조에 관한 연구와 논의도 교육사회학의 중요한 주제가 될 것이다.

2. 여성주의

대부분 공적 공간에서 아직도 그렇듯이, 그리고 많은 사적 공간에서도 마찬가지로 남성우월주의가 쉽게 눈에 띄고, 남성 중심 관점이 지배적이다. 교육에서도 마찬가지이다. 학교에서, 대학에서, 교육정책에서 과거보다는 달라졌다지만 남성우월주의와 남성 중심 관점은 여전히 우세하다. 분명히 세상의 절반은 여성이다. 그런데 왜 남성이 지배적인가? 여성의 능력이 남성보다 떨어져서? 여성의 경험이 적어서? 남성들이 결정권을 쥐고 있어서?

법과 제도가 남성 편이기 때문에? 그런데 이런 문제와 교육은 무슨 관계가 있는가?

1) 여성주의 관점들

여성주의(feminism)는 남성 중심 관점에 대응하여 여성 중심 관점에서 출발하여 발전하였다. 여성을 여성의 관점에서 바라보고 이해하며, 남성지배에 대한 대응책을 찾고 실천하자는 것이다. 여성주의는 한 가지가 아니다. 여성과 남성의 관계에 대한 인식의 차이와, 관계가 유지되는 사회역사적 맥락에 대한 해석의 차이에 따라 각각 다른 이론을 형성하였다. 실제로는 먼저 나온 이론에 대한 비판적 극복이 새로운 이론을 형성하는 기초를 만들어 주기도 하였다. 그렇게 형성된 이론들이 각기 다른 여성주의 관점을 뒷받침하고 있다.

그런데 먼저, 여성을 어떻게 규정하는가? 처음에는 상식적으로 생물학적 성(sex)으로 여성과 남성을 규정하였다. 즉, 여자와 남자로 구분하고, 여자가 여성이라는 인식이었다. 그러나 새로운 생각이 나온다. 여성이라는 것은 생물학적이라기보다 사회적으로 만들어진 개념이라는 것이다. 여성은 소극적이고 남성은 전투적이라는 등 이른바 여성상과 남성상은, 여성이라는 인간과 남성이라는 인간의 본질이 그런 것이 아니고, 양육되고 역할이 부여되는 과정에서 사회적으로 형성된 상이라는 것이다. 말하자면 사회적으로 형성된 성 인식, 즉 사회적 의미의 성이라고 할 수 있는데, '젠더(gender)'라고 흔히 사용한다. 여성주의 논의에서는 젠더가 기본이다. 이 절에서 사용하는 '성'의 개념은 따로 설명이 없으면 젠더의 뜻이다.

여성주의의 분류는 학자에 따라 차이가 있지만, 그래도 상당히 정리가 되어있다. 애커(Acker, 1997)와 단(Donn, 1997)은 각각 교육문제와 관련하여 자유주의적 여성주의, 급진적 여성주의, 사회주의적 여성주의로 구분하였다. 데이비스(Davies, 1997)는 이 구분에 여성주의적 탈구조주의를 추가하여 네 가지로 구분하였다. 그리고 헤이스와 플래너리(Hayes & Flannery, 2000)는 심리학적 여성주의, 구조주의적 여성주의, 후기구조주의적 여성주의로 구분한다. 한편, 렝거만과 니브르기-브랜틀리(Lengermann & Niebrugge-Brantley, 2000)는 남녀 관계의 성격에 대한 인식에 따라 중점적 문제의식이 성 차이, 성 불평등, 성 억압, 또는 구조적 억압으로 다르다고 보고, 성 차이를 중시하는 관점은 문화적 여성주의, 성 불평등을 중시하는 관점은 자유주의적 여성주의, 성 억압을 중시하는 관점은 급진적 여성주의, 구조적 억압을 중시하는 관점은 사회주의적 여성주의로 분류하였다. 그리고 여기에 여성주의적 포스트모더니즘도 또 하나의 관점으로 추가함으로써 매우 포괄적인 분류를 제시하였다. 이하에서 렝거만과 니브르기-브랜틀리가 정리한 분류(2000: 315-343)에 따르면서, 여러 학자들의 주장을 종합하여 여성주의 관점들을 살펴보겠다.

문화적 여성주의(cultural feminism)는 남성과 여성의 차이에 주목하고 여성적 특성의 장점을 강조한다. 여성을 남성에 비하여 열등하고 복종적인 존재로 인식하는 남성들의 가부장적 관점에 대항하여, 여성이 자애롭고 협력적이며 풍성한 감성을 가진 평화지향적 존재라는 점을 내세운다. 그리하여 여성은 남성과 다른 특성을 가진 존재이지 열등한 존재가 아니라는 사실을 주장한다. 남녀의 특성은 서로 다른 것이지 우열의 문제가 아니라는 것이다. 남녀의 특성을 비교하면 여성의 특성이 남성의 특성보다 오히려 가치가 높고 우수하다는 것이다. 그러므로 문화적 여성주의자들은 남성문화가 지배하는 '문제 많은' 기존 사회를 변화시키기 위해서는 장점이 많은 여성문화를 연구하여 밝혀내고 적극적으로 사회에 정착시키는 노력이 필요하다고 역설한다. 실제로 이들은 여성의 행동방식, 인간관계 특성, 사고방식, 세계관 등 여성적 존재방식에 관한 학술적 연구를 확대하면서, 사회의 제반 영역에 여성적 행동방식과 사고방식을 전파하기 위해서 노력한다. 그렇게 함으로써 사회를 더 안전하고 평화로운 문화가 주도하는 공간으로 만들어 갈 수 있다고 믿는다.

문화적 여성주의자들은 여성적 사고방식, 행동 특성, 문화를 학교에서 가르칠 것을 요구한다. 여학생뿐만 아니라 남학생에게도 가르칠 것을 주장한다. 교육과정에 여성의 특성과 여성적 문화에 관한 내용을 포함시키도록 요구하고, 남학생에게도 풍부한 감성, 경쟁적 심성보다 협동적 심성, 공격적 행동보다 보살핌 행동 등을 가르치기 위한 교육방법의 개발을 주장한다. 그럼에도 불구하고 여성을 더욱 여성답게 교육하는 것은 성의 차이를 더욱 확대시킬 수 있고, 남성 본위 사회가 여성문화를 수용하지 않으면 여성들의 사회적 불리는 지속될 위험이 있다.

자유주의적 여성주의(liberal feminism)는 남성 본위의 성 불평등(gender inequality)에 대항하여 발전하였다. 여성이 이성적 · 도덕적 능력에 있어서 남성과 동등함에도 불구하고 차별받는 부당성에 주목한다. 이러한 차별은 남자들에 의한 오래된 가부장적 역할 구분이 만든 결과이며, 이러한 차별은 모든 사회제도와 실생활에 스며들어 있음을 밝힌다. 또한, 다양한 법률과 각종 제도, 기업조직과 문화, 나아가 교육과 대중매체에도 견고하게 자리 잡고 있는 차별적 요소를 고발한다. 자유주의적 여성주의자들의 이러한 주장과 활동은 다음과 같은 신념에 토대를 두고 있다. 첫째, 모든 인간은 기본적 인간 특성, 즉 이성적 능력, 도덕성, 자아실현욕구를 가지고 있다. 둘째, 이러한 기본적 능력과 특성의 실현은 기본인권에 대한 법적 인정을 통해서 보장될 수 있다. 셋째, 남자와 여자 간의 성(sex)에 의한 불평등은 자연이 만든 속성이 아니라 사회적으로 만든 것이다. 넷째, 평등한 사회를 향한 변화는 조직적 호소와 국가권력을 활용하여 쟁취할 수 있다. 이 여성주의자들은 이러한 신념을 가지고 성의 개념을 생물학적 성(sex)으로부터 사회적 성(gender)으로 전환시키는 데 성공하였고, 그 결과 '젠더'는 많은 여성들의 정체의식을 변화시키는 데 크게 기여하였다. 그리고 일체의 차별을 철폐하는 법의 제정 또는 개정과 국가정책의 변화를 이끌어 내었다.

자유주의적 여성주의자들은 여성에 대한 교육의 차별을 철폐하기 위하여 전 세계적 운동을 전개한다. 일차적으로 소녀들에 대한 교육기회의 박탈에 대항하여 차별을 금지하는 법률 제정과 정책수립을 추진한다. 그러한 결과로 여성의 교육기회를 확대시켜 취학률을 향상시키는 데 공헌하였다. 그런데 남성 중심의 교육과정과 학교문화가 변하지 않은 상태에서 여성들을 학교에 취학시키는 경우에 여학생들이 남성의 관점을 배우고 남학생들의 행동 특성을 모방하는, 원하지 않는 결과가 일어나기도 한다(Davies, 1997: 63-64). 즉, 여성들을 남성세계에 편입시키는 역효과가 일어날 수 있는 것이다.

급진적 여성주의(radical feminism)는 여성문제의 본질은 여성이 단순히 남성과 다르다거나 불평등한 것에 있지 않고, 세상 모든 곳에서 억압받고 있다는 사실에 있다고 주장한다. 이 관점은 첫째, 여자들은 여자로서 중요한 가치를 지니고 있음에도 불구하고 남자 중심 세상이 여자의 가치를 깎아내리고 있을 뿐만 아니라, 둘째, 여자들은 모든 곳에서 가부장체제에 의하여 심하게 억압받고 있다고 믿는다. 이들은 마치 "흰색이 아름답고 검은색은 추하다"라는 의식을 흑인들에게 심어줌으로써 흑인들이 백인의 지배를 어쩔 수 없이 받아들였던 미국에서, 흑인 운동가들이 "검은 것은 아름답고 강하다"라고 역으로 주장하면서 흑인들을 민권운동에 결집시키고, 상한 조직을 결성하여 백인우월주의자들의 억압에 대항하였듯이, 여성운동도 같은 전략과 방식으로 추진해야 한다고 주장한다. 급진적 여성주의자들에게 있어서 가부장제도는 여성 억압의 악독한 장치이자 이념이다. 가부장제도는 역사 속에서만 여성을 억압해 온 것이 아니고, 오늘날에도 사회 모든 영역에서 강력하게 영향을 미치고 있다. 그러므로 가부장제도야말로 여성운동의 가장 뚜렷한 대항 목표이며, 이성적 양심에 고발하고 붕괴시켜야 할 대상이다. 이 목표를 위해서 이들은 가부장제도의 뿌리와 발전과정에 대한 사회경제적 · 역사적 연구를 통하여 이론을 강화하고, 교육을 통하여 행동가를 양성하고, 사회개혁을 지향하는 다양한 운동단체들과 연대하여 세력을 모으고 협동한다.

급진적 여성주의자들은 자유주의적 여성주의자들이 여성의 취학 확대에만 치중하여 남성지배 학교에 여성들을 입학시킴으로써, 결과적으로 여성이 억압당하는 일을 자초한 것을 비판한다. 이러한 결과를 피하기 위하여 이들이 택한 것은 여성학교의 설립이다. 여성의 특성을 최대한 살린 여성만의 학교를 설립하여, 남성의 지배하에 있는 여학생들을 여성들의 자유 공간으로 옮겨오는 것이다. 그러나 이 전략은 경우에 따라 여성을 더욱 고립시키는 원하지 않는 결과를 만들어내기도 하여 때때로 쟁점으로 떠오른다. 한편, 급진적 여성주의자들이 가장 뚜렷하게 성공한 사업은 여성학의 개발과 확산이다(Davies, 1997: 65). 대학에 강좌를 개설하고, 새로운 연구자들을 양성하여 여성주의의 토대를 확립하는 데 매우 크게 공헌하였다.

사회주의적 여성주의(socialist feminism)의 문제의식은 구조적 억압이다. 여성이 억압당하는 것은 남녀 간의 사회관계나 의식의 문제가 아니고, 역사적으로 형성된 사회구조에 근본적 원인이 있다는 것이다. 그 구조는 자본주의와 가부장제도이다. 자본주의적 생산양식과 분업구조가 가부장제도와 결합하여 여성에 대한 억압구조를 만들었다고 설명한다. 그러므로 근본적 해결은 가부장제도의 철폐만으로는 성취될 수 없고, 자본주의체제를 종식시켜야 비로소 성취될 수 있다는 것이다. 한편, 사회주의적 여성주의자들은 위의 관점들이 여성들을 남성과 대비시킴으로써 여성은 모두 동질성을 가지고 있는 것으로 상정한 데 대하여 여성들 사이에도 계급이 존재한다는 사실을 드러내었다. 미국의 여성운동을 주도하는 여성지도자들 대다수가 백인 중류계급 여성들로서 다른 계급이 배제되어 있는 점을 강하게 지적한다(Davies, 1997: 66).

여성주의적 포스트모더니즘(feminist postmodernism)은 포스트모더니즘의 관점과 논의방식을 원용하는 여성주의자들의 관점이라고 말할 수 있다. 그러므로 이들은 근대성(modernity)의 가치를 신봉하지 않는다(정민승, 2004). 즉, 여자와 성 같은 개념에 대해서도 그런 개념 규정의 신뢰성을 문제 삼는다. 이제까지 지녀온 소위 과학적 지식 자체를 문제 삼는다. 순수 이성의 작동을 전제한 근대주의적 인식론은 인간이 사물에 대한 객관적이고 완성된 지식에 도달할 수 있다고 믿었지만, 결과적으로 그것이 만들어 낸 것은 세상을 총체적으로 설명할 수 있다는 거대담론, 어느 지식은 언제나 옳은 것이라는 근본주의, 세상 어느 곳에도 적용되는 보편주의, 그 밖에도 인식론적 문제가 있는 주장들이었다는 것이다(Lengermann & Niebrugge-Brantley, 2000: 341-342). 그러므로 기존의 지식이나 권위자가 주창하는 지식을 그대로 수용할 수 없는 것이다. 여성과 관련된 지식들, 남녀의 사회적 관계에 관한 모든 지식을 문제 삼는 것은 기존의 남성 중심 인식론 자체를 문제 삼음으로써, 남성지배 구조를 해체시키는 길을 열 수도 있다.

2) 교육상황과 과제

그러면 여성주의 관점에서 보면 교육은 어떤 모습인가? 여성주의 연구자들은 남성주의가 지배해 온 교육현상을 비판적으로 분석하고 해석한다. 그리고 방향전환과 개혁을 요구한다.

교육기회

수많은 나라에서 20세기 중반까지만 해도 여성의 학교교육기회는 막혀 있었다. 우리나라도 50~60년 전까지 초등학교에조차도 딸들을 보내지 않는 농촌가정이 적지 않았다. 그러나 이제는 일부 국가를 제외하고는 초등학교는 물론이고 중등학교도 남녀 학생의 비율은 같아졌고, 여성의 취학률이 더 높은 경우도 적지 않게 볼 수 있다. 심지어 고등교육도 유럽과 북미의 국가들에서는 여성의 취학률이 남성을 앞지른 경우가 많다. 이 지역의 고등교육성평등지수(Gender Parity Index, GPI; 남학생 1명에 대한 여학생수의 비율)가 유럽연합(EU)은 1990년 0.97에서 2019년 1.20으로 역전되었고, 북미는 1990년 1.21에서 2019년 1.27로 일찍부터 여성이 앞서가고 있다. 이에 비하

표 11-1 OECD 대학신입생 전공분야별 여성 비율(2006) (단위: 퍼센트)

국가	전체	보건·복지	생명·물리·농학	수학·전산	인문학·교육	사회과학·경영·법	공학·기술
호주	55	74	52	19	68	53	22
핀란드	56	89	54	32	74	67	19
독일	55	77	49	35	71	53	16
헝가리	59	77	46	24	70	65	19
일본	49	62	31	…	69	48	13
한국	48	68	46	29	67	44	24
노르웨이	59	81	57	22	69	56	23
스웨덴	56	80	54	27	67	59	25
영국	59	81	48	28	65	56	19
미국	55	…	…	…	…	…	…
OECD 평균	54	75	50	24	68	55	22

출처: OECD(2008). p. 70.

면 한국은 1990년 0.47에서 2018년에 0.80으로 상당히 개선되었지만 여성이 여전히 뒤떨어져 있다(World Bank, 2020).

그런데 전반적 취학기회는 남녀 차이가 줄거나 여성이 오히려 강세로 바뀌기도 했지만, 대학의 전공영역별 성별 분포는 많은 나라에서 차이가 뚜렷하다. 〈표 11-1〉이 보여주듯이 여성들은 교육, 보건, 복지 등 서비스 분야의 학과에 집중되어 있고 인문학 분야에 많이 진학한다. 반면에 수학, 전산, 공학, 기술 분야에는 진학자가 남성에 비하여 매우 적다. 이러한 대학 전공선택의 성편향성은 최근까지 계속되고 있으며(OECD, 2016: 65), 한국의 대학에도 같은 현상이 뚜렷하게 나타난다(임선희 · 전혜영, 2004). 이것은 여성의 적성과 사회적 역할에 대한 의식과 문화가 영향을 미치기 때문으로 여성주의학자들은 설명한다. 그러므로 여성의 교육평등은 교육기회의 차별적 요소를 제거하여 전체적 취학률을 높이는 것만으로 성취되지 않는다.

교육내용, 방법

남성지배적 구조는 교육과정과 교과서를 통하여 학생들에게 영향을 미친다. 국내의 한 연구는 남성지배 이데올로기가 초등학교 교과서에부터 반영되어 여성들의 과학 분야 진학을 억제하는 결과를 만든다는 것을 밝혔다(유영미, 2004). 초 · 중 · 고의 과학교과서를 분석한 결과는 과학교과 내용의 선정 과정에서 남성들이 선호하는 주제들을 선택하고, 각 주제에 관한 사례와 설명 용어의 선택도 남성 중심으로 편향되어 있다는 것이다. 과학의 원리를 설명하는 사례의 선택에 있어서도 남성 취향의 사례가 훨씬 많다. 한편, 실과 교과서의 성차별 요소를 분석한 최근의 연구결과에서도 같은 경향이 보고되었다. 핵심개념에 대한 단원별 설명자료에 남성은 가정 밖 사회적 활동 중심이고 상황주도적인 반면, 여성은 가사 중심이고 감성적 존재로 상징화한 경우가 많이 발견된다(전세경, 2020).

교육과정과 교과서의 성 편향성은 세계적으로도 거의 모든 교과에 걸쳐 나타난다. 남성 중심 이데올로기가 지배하고 있는 것이다(Weis, McCarthy, & Dimitriadis, 2006: 26-33). 교과내용뿐만 아니라 삽화에도 남성문화가 강하게 반영된다. 예컨대, 남학생은 활동적 모습을, 여학생은 얌전히 앉아 있는 모습을 흔히 보여준다. 남학생은 주인공으로, 여학생은 보조자로 등장시키는 경우가 흔하다.

교과서 지배구조

교육과정과 교과서는 어떻게 해서 남성문화가 지배하는가? 근본적 원인은 교육이 한국의 전통적 남성지배문화의 영향 아래 있기 때문이지만, 직접적인 원인의 하나는 교과서 편찬 참여자가 남성 위주로 구성된다는 사실이다. 우리나라 과학 교과서의 경우에 〈표 11-2〉가 보여주듯이 조사 대상 과학교과서들의 저자 286명 가운데 남성이 271명, 여성이 15명으로 단 5퍼센트에 불과하다. 초등학교 교과서에만 소수의 여성이 포함되었을 뿐이고 중학교와 고등학교 교과서에는 여성이 한 명도 없다. 대다수가 남성이므로 무의식적으로도 남성 중심의 관점이 반영되는 것이다. 국어, 영어 등 다른 교과서의 저자 구성도 남성이 지배적이다.

표 11-2 과학교과서 편찬자 남녀 구성 (단위: 명(퍼센트))

학교	저자		
	남	여	전체
초등학교	183(92)	15(8)	198(100)
중학교	127(100)	0(0)	127(100)
고등학교	161(100)	0(0)	161(100)
계	271(95)	15(5)	286(100)

출처: 유영미(2004). p. 51.

교육은 중앙정부에서 단위 학교에 이르기까지 여러 단계의 의사결정 구조를 가지고 있다. 교육과정과 교과서뿐만 아니라, 교육방향, 인사, 재정 등 모든 영역에서 결정이 이루어진다. 여기에 작용하는 것이 지배구조의 성격이다. 남성이 지배적인 구조에서는 남성문화 지향적인 결정이 이루어질 확률이 높다. 현재 학교 교사의 성비는 여성이 높다. 초등학교에는 여성 교사들이 절대다수이다. 그러나 교장, 교육청 간부와 같은 정책 결정의 역할 담당자들은 남성이 대다수이다. 대학에도 여성 교수의 비율은 적다. 여성 교수의 구성비를 높이기 위해서는 법률과 정책 결정에 여성들의 주장이 반영될 수 있는 제도적 장치를 만들어야 한다(안재희 외, 2008; 김재인 외, 2007). 여성주의자들이 이 목적을 위해서 노력하고 있으나 성과는 아직도 낮다.

진로, 취업

위에서 살펴보았듯이 여성의 교육기회가 확대되어 유럽과 북미 여러 나라에서는 여성의 대학진학이 남성을 앞지르고 있다. 그러나 졸업 후의 진로는 여전히 남성 중심이 지배하고 있다. 오이시디 국가들의 성별 취업률은 모든 학력 수준에서 여성이 남성에 뒤떨어진다. 〈표 11-3〉을 보면 전체학력 평균 취업률이 남성 82.3%, 여성 64.1%로 여성이 낮고, 저학력일수록 여성이 더 심하게 불리한 것을 알 수 있다. 최근의 오이시디 대학졸업자 실업

표 11-3 OECD 학력별 · 성별 평균 취업률(2006)

(단위: 퍼센트)

성별	초등교육 이하	하급 중등교육 (중학교)	상급 중등교육 (고등교육)	전문대학	대학교	전체 학력
남	64.4	73.0	82.9	88.5	89.4	82.3
여	38.9	50.1	66.6	79.0	79.8	64.1

출처: OECD(2008). p. 152.

률 조사에서도 모든 나라에서 여성의 실업률이 남성보다 높게 나타나 여성의 취업기회가 낮은 것을 보여준다(OECD, 2020: 75).

이러한 경향은 우리나라에도 마찬가지로 나타난다. 직업세계가 남성지배 구조로 되어 있어서 여성이 진입하기가 어렵고, 직업세계 진입이 어렵다는 사실에 대한 인식이 고등학교와 대학의 여학생들에게 영향을 주어 진로결정 단계에서부터 불리하게 작용한다는 것이다(이혜정, 2012; 김정숙, 2007; 임선희 · 전혜영, 2004). 일단 형성된 불평등 구조가 어떻게 지속적으로 작동하는가를 보여준다. 그럼에도 불구하고 여성이 다수를 차지하는 학교 교사직의 경우에 전통적 성별분업을 탈피할 수 있는 긍정적 기회로 활용될 수 있다는 연구도 발표되고 있다(심미옥, 2012).

3. 학습사회

지난 20세기 후반에 시작된 정보혁명은 인류문명을 산업시대로부터 정보시대로 전환시켰다. 이러한 문명전환에 따라 교육에 있어서도 변화가 일어나고 있다. 그동안 학습생활을 아동 · 청소년기에 학교제도를 통하여 집중적으로 관리해왔지만 이제 전 생애에 걸쳐 사회 전체 영역에서 자발적인 학습활동을 중시하는 방향으로 흘러가고 있다. 그리하여 성인기와 함께 노년기의 학습활동이 급속히 증가하는 한편 유아기의 학습도 그 중요성이 새롭게 부각되고 있다. 학습활동이 이와 같이 전 생애로 확장됨과 동시에 학습의 내용도 학문적 교과지식 중심으로부터 사회생활과 직업세계에서의 실천적 현장지식과 기술의 통합을 중시하는 방향으로 확장되고 있다. 이러한 변화현상에 대하여 학교교육이 사회 전체로 확산된다는 점을 강조하여 "학교화된 사회(schooled society)"라고 부르기도 하지만(Baker, 2018), 학습활동이 아동 · 청소년기 중심으로부터 전 생애로 그리고 학교라는 한정된 공간으로부터 사회 전체로 확장된다는 점에서 "평생학습사회" 또는 간단히 "학습사회"라고 부르기 시작한 지도 반세기가 지났다(김신일, 2020: 104-106). 그러나 학습사회는 아직 완성된 것은 아니고, 그 방향으로의 전환이 진행 중인 것이 현재의 상황이다.

1) 평생학습활동의 확장

성인 학습활동의 빠른 증가는 전 세계적으로 나타나고 있는 현상이나. 경제적 선진국들의 모임인 오이시디 회원국에서는 성인의 학습활동이 더욱 빠르게 증가하고 있다. 오이시디 회원국 25~64세 성인 남녀의 형식교육과 비형식교육을 통한 평생학습 참여율은 평균 47%이고, 스웨덴과 네덜란드 64%, 오스트리아 60%, 미국 59%, 캐나다 58%, 핀란드 54%, 독일 52%이고, 한국은 50%이다(OECD, 2019: 141). 이것은 20세기 초의 세계 초등교육 평균 취학률을 넘어서는 수준이다.

성인들의 평생학습활동이 이렇게 빠르게 증가한 데에는 제3장에서 지적하였듯이 유네스코와 오이시디와 같은 국제기구들이 장차 세계의 교육은 학교 본위 교육 시대에서 벗어나 평생학습시대로 나아갈 것이므로 각국은 평생학습사회 건설을 목표로 제도개혁과 정책수립을 서둘러야 한다고 계속하여 강조한 영향이 크다. 그에 부응하여 세계 많은 나라들이 평생학습을 위한 제도개혁과 지원체제 구축을 추진한 결과이다. 지역사회 곳곳에 평생학습센터를 설립한 것은 물론, 도서관, 박물관, 문화관, 복지관 등의 평생교육기능을 강화하며, 일반시민을 위한 대학의 비학위과정을 확대하는 한편, 빠르게 진행되는 기술변화에 적응할 수 있는 기업의 계속교육을 강력히 추진하여 경제, 정치, 문화 등 정규 교육의 영역이 아닌 곳에서도 성인들의 학습기회를 확대한 것이다. 아울러 정보기술의 발달은 인터넷, 스마트폰 등을 통한 새로운 학습기회를 가져왔고, 원격교육, 무크(MOOC) 등의 발달도 학습기회를 확대시켰다. 나아가 학습기회의 확대에 그치지 않고 성인들이 학습에 참여하는 데 필요한 시간을 확보하고 비용을 지원하는 정책의 수립과 추진에도 결정적 영향을 미쳤다.

성인뿐만 아니라 노인의 평생학습참여도 빠르게 증가하고 있다. 수명 연장과 핵가족화가 겹치면서 노후의 생활을 스스로 관리해야 하는 상황이 확대됨에 따라, 인생 이모작 또는 삼모작을 위한 직업훈련을 받는 노인들이 증가하고 있다. 더욱이 두뇌 과학자들이 노인들도 젊은이들과 같이 학습이 가능하다는 연구를 연속 발표하고(예컨대, Medina, 2017), 노령화로 인한 치매를 비롯한 인지능력 퇴화를 저지 또는 지연시키는 데에 두뇌활동을 자극하는 학습활동이 효과적이라는 연구결과를 의학자들이 연이어 발표함에 따라 노인의 평생학습활동을 장려하는 정책이 강화되고 있다(박상철 · 최성재 · 곽충실, 2009).

유아기 교육도 빠르게 확대되고 있다. 대다수 국가에서 1970년대까지만 해도 교육은 초등학교에 취학하는 6세부터 시작하는 것으로 여겨서, 특별한 경우가 아니면 유치원이나 보육시설에 보내는 것은 부모의 선택이었으므로 주로 부유층이나 특수집단의 관심사였다. 그러나 1980년대부터 유아교육이 급속히 확대되어 90년대 중반에 영국, 독일, 스웨덴, 미국 등의 3세 어린이 보육 참여가 50%에 도달하였다. 그리고 2000년대에 계속 빠르게 확대되어 오이시디 회원국의 4세 어린이 평균 취원율이 2018년에 88%에 도달했고, 한국은 93%까지 올라갔다(OECD, 2019).

그런데 학습활동이 생애 전체로 확장만 된 것이 아니다. 학습의 목적과 내용에도 변화가 일어나 아동 · 청소년기에 끝내던 미래를 위한 준비학습 중심으로부터 각 생애단계마다 요구되는 현장학습을 강조하기 시작한 것이다. 아울러 평생에 걸쳐 필요한 기본 지식과 기능, 그리고 학습하는 방법에 대한 학습이 특히 중시되고 있다. 학교교육시대에는 교과별 지식학습이 중심이었지만 평생학습시대에는 기본지식과 함께 다양한 실제 생활영역의 경험에 기초한 현장지식 학습, 그리고 학습하는 방법의 학습이 강조되고 있다. 학습활동만 확장된 것이 아니다. 학습을 지도하고 촉진시키는 교육활동도 종적으로 그리고 횡적으로, 즉 생애의 모든 단계(lifelong)로 그리고 생활의 전 영역(lifewide)으로 확장되고 있다. 요컨대 평생학습의 확장으로 평생교육도 확장하는 것이다.

평생학습을 촉진하는 평생교육에는 생애 여러 단계와 생활의 여러 영역에서 국가나 교육실시자가 결정한 내용을 교사가 일방적 지도로 주입시키는 학교교육방식을 그대로 반복하는 것도 있지만, 학습자가 원하거나 필요한 것을 스스로 선택하고, 또는 능동적으로 찾아서 학습하는 자기주도적 학습활동이 점점 중시되면서 증가하고 있다. 그리하여 학습자들이 자신이 원하는 학습활동에 적합한 교육기관과 교육프로그램은 물론 자신의 학습을 잘 지도해 줄 교수자를 스스로 찾아 선택하는 것을 많이 볼 수 있다. 즉 학습사회에서는 단순히 학습활동이 증가할 뿐만 아니라, 학습활동의 주도성이 교육기관과 교수자로부터 학습자로 바뀌는 변화가 일어나고 있는 것이다. 이것이 학습사회의 학습자주도적 특성이다.

이상과 같이 학습활동이 생애의 모든 단계로 그리고 생활의 모든 영역으로 확장하고, 학습활동의 주도성이 학습자 중심으로 바뀌는 것은 학교교육사회와 달라진 평생학습사회의 특징이다. 그러면 이러한 현상을 일으키고, 촉진하는 요인은 무엇인가? 그것은 문명의 전환을 유발한 정보혁명이다. 정보혁명은 컴퓨터와 인터넷으로 출발해서 디지털과 바이오산업 및 물리학의 융합을 통하여 생산, 고용, 생활방식뿐만 아니라 사회 전반에 혁신적 변화를 이끌고 있다. 최근에는 인공지능, 사물인터넷, 빅데이터 등이 주도하는, 이른바 제4차 산업혁명으로 경제세계와 생활세계에 획기적인 변화를 일으키고 있다. 인간의 수명도 연장되고 학습과 교육을 위한 각종 매체도 다양하게 발전하여, 필요한 내용을 언제 어디서나 학습할 수 있는 환경이 확대되고 있을 뿐만 아니라 각자가 스스로 찾아 능동적으로 학습할 수 있는 여건도 확대되고 있다. 여기에 민주적 시민의식의 성숙으로 국가와 지역사회의 정치과정에 주권자로서 적극적으로 참여하고 권리를 행사하는 데 필요한 지식과 가치관 형성을 위한 자기주도적 학습이 어느 때보다도 강조되고 있다. 학습활동의 양상이 자기주도적으로 바뀌면서 새로운 사회를 지향하고 있는 것이다.

그러나 이러한 새로운 사회로의 전환은 과학기술의 진보에 따라 자동적으로 이루어지는 것은 아니다. 언제나 시대적 전환은 새로운 지식과 세계관, 그리고 새로운 인간관으로 무장한 사람들에 의하여 시작하고 추진된다. 농경사회와 산업사회도 그렇게 출발하고 발전했다. 정보혁명을 통한 학습사회도 역시 사람들이 출발시키고 발전시키고 있는 것이다. 학습사회 건설을 위한 제도와 정책 수립이 중요한 이유이고, 학습사회에 대한 사람들의 목적의식과 적극적 참여가 요청되는 이유이다. 더욱이 시민주권의 능동적 행사와 자기주도적 학습은 저절로 보장되지 않는다. 인류역사가 보여주듯이 시민, 곧 학습자들의 적극적이고 구체적인 공동의 노력으로 학습사회는 쟁취될 것이다.

2) 학습활동 관리의 변화

학습사회로의 전환을 문명사가와 미래학자들이 예단하고, 유네스코와 오이시디 같은 국제기구들이 세계적으로 추진하는 가운데, 한국에서는 1980년에 개정한 〈헌법〉 제29조에 "국가는 평생교육을 진흥하여야 한다"

고 처음 명시하고, 이어서 1999년에 〈평생교육법〉을 제정함으로써 학습사회를 향한 제도를 구축하기 시작하였다. 도서관, 박물관, 과학관, 미술관 등 문화 및 지식 관련 시설들도 평생교육기능을 수행하도록 관련법들을 개정하였다. 그리고 2001년에는 시 · 군 · 구 기초지자체들이 모든 교육 및 문화적 자원을 활용하여 주민들의 평생학습을 촉진하는 한편, 주민들의 적극적 학습을 통하여 도시의 경제, 정치, 문화의 발전을 견인하는 '평생학습도시' 조성사업을 시작한다. 각 지자체의 평생학습도시운영계획을 교육부가 심사하여 선정된 지자체에 정부가 재정과 정책개발을 지원하는 사업으로, 2023년 현재 전국 기초지자체의 86%인 195개가 평생학습도시로 운영되고 있다.

평생교육진흥을 위한 행정체계로는 중앙에 범부처 차원의 평생교육진흥위원회가 기본계획과 정책시행의 평가 및 부처 간 업무협력 등을 담당하고, 광역 및 기초지자체에는 각각의 평생교육협의회가 진흥계획과 시행을 위한 심의 및 유관기관 간 협력을 강화한다. 그리고 평생교육정책의 시행을 위해서는 중앙에 국가평생교육진흥원을 설치하였다. 각 시도에도 평생교육진흥원을 설치 운영하며, 기초지자체는 평생학습관 운영 및 각종 평생학습 관련 시설과 기관의 사업을 관리하면서 대다수가 평생학습도시로 체계화하여 학습사회를 향한 제도의 기본적 체계가 어느 정도 갖추어졌다.

그러나 본격적인 학습사회의 실현을 위해서는 제도를 더 구체적으로 발전시키고 정책시행의 효율성을 더 높여야 한다. 특히 제도권 밖에서 이루어지는 다양한 학습의 결과에 대한 사회적 인정제도 수립, 학습을 위한 경비의 지원체계 확립과 재원 확보, 학습사회를 관리하는 거버넌스의 정비 등은 시급하게 해결해야 할 과제이다.

첫째, 제도권 밖 학습의 결과에 대한 사회적 인정을 위한 제도는 한국에서 30년 전부터 부분적으로 시행하고 있으나 더 발전시켜야 한다. 1990년에 독학학위제와 1997년에 학점은행제를 위한 법을 각각 제정하여 출발했다.

전자는 단계적 시험으로 단계별 학습수준을 평가하여 학위를 수여하는 방식이고, 후자는 국가평생교육진흥원이 인정한 교육프로그램을 수강하여 학점을 취득하고 일정 수의 학점을 누적하면 학위를 수여하는 방식이다. 그러나 여러 다른 나라들은 다양한 학습과 경험을 통하여 축적한 지식과 역량을 '선행학습인증(Accreditation of Prior Learning, APL)', '선행학습인정(Recognition of Prior Learning, RPL)', '선행학습확인(Validation of Prior Learning, VPL)' 등의 방식으로 각종 증빙자료, 포트폴리오, 경력, 면접, 실기 등을 통하여 확인하고 자격과 학력으로 인정하는 개방적 학습인증제도를 발전시키고 있다(Duvekot et al., 2014; Duvekot, Kang, & Murray, 2014).

여기에서 한 걸음 더 나아가 기존의 학력제도를 대신할 새로운 학습인증제도는 위에서 언급한 우리나라의 독학학위제와 학점은행제를 포함하여 여러 나라에서 추진하고 있는 다양한 학습인증제도와 기존 학력제도를 통합 내지 연계하는 '국가자격체계(National Qualification Framework: NQF)'로 확대 발전시키고 있다. 국가자격체계는 학교교육의 학력, 직업현장의 훈련과 자격, 사회에서의 비형식 · 무형식 학습의 가치인증을 통합하여 인정하는 포괄적인 국가제도를 구축하자는 것이다. 1980년대에 영국에서 사회적 논의를 거쳐 시작하였고, 이후 여러 영연방국가들로 확산되었으며, 2000년대에 유럽연합이 많은 논의를 거쳐 '유럽자격체계(EQF, European Qualifications Framework)'를 수립함으로써 각국 내 국민들의 다양한 학습활동의 가치를 인정하여 학교와 대학의 졸업장 없이도 능력을 인정받을 수 있는 길을 넓게 열고, 회원국 상호 간의 학습인증과 자격인정을 용이하게 만들었다. 우리나라는 교육제도 밖의 직업현장 및 사회현장에서 이루어지는 다양한 학습활동의 결과를 평가하고 인정하여 학력 및 각종 자격과 연계시키는 국가자격역량체계와 같은 개방적 학력 및 자격제도를 더욱 발전시키고, 관련 전문가를 양성하고 배치하는 일을 서둘러야 한다.

둘째, 평생학습의 재정 문제이다. 학교교육은 공교육제도로 발전하였기 때문에 비용을 공공재정으로 감당하여 학습자에게 무상으로 제공하는 것에 원칙을 두어 왔다. 한국도 무상교육을 초등학교부터 실시하여 2021년에 고등학교까지 완성하였다. 대학의 경우 한국은 아직 비용의 대부분을 학습자가 부담하고 있지만, 유럽국가들에서는 무상이거나 비용의 대부분을 국가가 부담한다. 이러한 상황에서 평생학습은 유아기 교육과 성인기의 문해교육, 기초적 직업교육, 민주시민교육 등 기본교육의 비용은 공공재정이 부담하고, 성인기의 전문분야나 개인의 욕구충족을 위한 교육은 고용주나 개인이 부담하는 것을 원칙으로 만들어가고 있다. 다수의 유럽국가들에는 이러한 원칙이 상당히 실현되고 있지만 한국에서는 공공재정이 부담하는 평생학습이 아직도 매우 적기 때문에(김신일, 2020: 262-265), 한국의 평생학습은 대부분을 학습자가 부담하게 되어 소득수준에 따르는 양극화현상이 심각하다.

평생학습을 위한 재정은 나라에 따라 차이가 있으나 한국은 평생학습을 위한 재정의 비율이 가장 낮은 나라에 속한다. 유네스코의 2019년 발표에 따르면, 전체 교육예산 가운데 평생학습의 주요 부분인 성인교육에 배정된 평균 비율이 저소득국 0.9%, 중간소득국 2.2%, 고소득국 4%이지만(UNESCO Institute for Lifelong Learning, 2019: 44-45), 한국의 실질적 평생교육예산 비율은 0.1퍼센트에도 미치지 못한다(교육부, 2019: 130). 한국은 이처럼 평생학습을 위한 공공재정규모가 작아서 학습자 부담에 의존하기 때문에 유아기와 성인기 및 노년기 학습에서 소득수준별 차이가 클 뿐만 아니라, 개인적 필요를 위한 학습이 대부분을 차지하고 사회적 필요를 위한 공적 학습은 경시되고 있다. 많은 한국인들이 평생학습을 개인적 여가활동쯤으로 여기게 된 원인이 여기에 있다.

앞으로 한국의 학습사회 실현을 위한 재정의 방향은 기본적이고 공적인 학습은 공공재정으로 지원하되 취미나 개인의 욕구충족을 위한 학습은 개인이 부담하는 것을 원칙으로 만들어야 한다. 학습비 지원방식은 바우처, 유급학습휴가, 개인학습계좌제, 평생학습장학금 등 다양하게 발전하고 있다(김신일, 2020: 277-279). 그리고 재원은 국가, 지자체, 고용자, 개인이 나누어 부담하되 고용자와 개인이 부담하는 평생학습비에 대하여는 세금 감면 정책을 강화해야 한다. 국가와 지자체의 평생학습 재정규모는 현재보다 대폭 확대하여야 함은 말할 필요도 없다.

셋째, 학습의 관리와 지원에 대한 거버넌스 문제이다. 학교교육시대의 거버넌스는 대체로 교육부-교육청-학교로 이어지는 직선적 구조에서 거의 모든 권한을 장악한 교육부가 지방 교육청들을 지배하고, 교육청은 학교들을 지배하는 방식으로 '위에서 아래로'의 지배체계가 일반적이었다. 그러나 평생학습시대에는 학습활동 기간이 아동 · 청소년기를 넘어 생애 전체 기간으로 확대될 뿐 아니라 학습활동 영역도 학교를 넘어 지역사회, 기업, 노동, 복지, 정치, 문화 분야 등으로 확장되기 때문에, 교육부 주도의 거버넌스로는 한계가 있으므로 여러 관련 부처들이 참여하는 확장된 거버넌스를 구축하는 것이 국제적 추세이다(UNESCO Institute for Lifelong Learning, 2019: 42-43).

그뿐 아니라 지방분권화의 추세에 따라 평생학습 관리를 위한 각 지자체 단위의 거버넌스 기구도 여러 나라에서 운영하고 있으며, 시민사회와 개인의 자기주도적 학습이 강조됨에 따라 이들을 대변하는 대표의 참여도 강화되고 있다. 이는 학습사회의 실현을 위하여 매우 중요한 과제이다. 우리나라는 평생교육법에 의하여 설치되어 있는 범부처 협의체인 '평생교육진흥위원회'와 지자체 '평생교육협의회'에 평생학습에 관련된 모든 분야가 참여하여 실질적인 관리기능을 행사하는 거버넌스 기구로서의 역할과 권한을 강화할 필요가 있다.

3) 교육제도와 사회의 변화

문명의 전환에 따라 진행되고 있는 이러한 교육과 학습 세계의 변화는 근대국가 등장 이후 나라마다 국민의 학습생활을 지배해온 학교 중심 교육제도의 변혁을 불가피하게 만들고 있다. 교육의 제도적 틀이 전면적으로 변하고 있는 것이다. 국민의 학습활동을 국가가 관리하는 학교제도의 보편화가 이루어진 것을 제1교육혁명이라고 한다면, 자신에게 필요한 학습활동을 평생에 걸쳐 자유롭게 수행할 수 있는 환경을 조성하는 학습사회의 등장을 제2교육혁명이라고 부르기도 한다(Collins & Halverson, 2014; Kang, 2020). 그렇지만 교육혁명보다는 '학습혁명'이라고 부르는 편이 더 적절하다. 교육제도와 무관한 학습활동의 확장도 광범위하게 일어나고 있기 때문이다.

교육제도의 전면적 변혁은 국민의식 형성, 지식과 가치관 전수, 산업인력 양성, 문화생활 향상, 건강과 체능 향상 등을 이 제도에 의존해온 사회 자체의 변혁도 요구한다. 이러한 기존 교육제도와 사회의 변혁과 같은 거시적이고 혁명적인 변화는 반발과 저항 없이 이루어지지 않는다. 학교사회로부터 학습사회로의 전환에 많은 논란과 대립이 일어나고 있는 것은 당연하다. 위에서 열거한 기존 학교사회의 특성들에서 벗어나 새로운 사회로 나아가려는 변혁적 노력은 불가피하게 논쟁과 갈등을 불러일으키고 있다. 주요 쟁점을 살펴보자.

첫째, 학습과 교육의 내용에 관한 쟁점이다. 기존의 아동·청소년 대상 학교 중심 교육제도에서는 전통적인 3R, 즉 읽기, 쓰기, 셈하기로 시작하여 기본적 교과지식에 국가적 이념과 가치관을 가르치는 것을 중심으로 출발하였다. 그리고 점점 이론적으로 정리된 지식의 주입이 강화되어 실제 생활이나 직업현장과는 거리가 멀어졌다. 관념적 지식 중심의 교육에 대한 비판도 일어나 '경험 중심 교육', '문제 중심 교육' 등을 강조하는 운동이 벌어지기도 했으나, 학교에서는 여전히 이론적 지식을 가르치는 교육에서 벗어나지 못하였다. 그러나 이제 평생학습시대에는 성인기의 실생활과 직업현장이 요구하는 실무역량과 실용적 지식이 강조되고 있으므로, 생애 전체의 맥락에서 학습과 교육의 내용을 새롭게 설정하고 재구조화할 필요가 있다. 그런 의미에서 과학적 지식과 경험적 지식, 이론적 지식과 실용적 지식을 상호보완하고 융합하는 교육을 생애단계별로 어떻게 설정할 것이며, 그런 학습을 어떻게 조장할 것인지 더욱 활발한 연구와 토론이 이루어져야 할 것이다.

이 문제는 교육과 학습의 장소에 관한 기존의 관점에도 변화를 요구한다. 학교사회에서 제도적 교육활동은 학교라는 특별한 장소에서 이루어졌다. 학교의 설립과 교육과정은 교육제도에 의하여 관리되고 재정지원을 받았으며, 학생의 입학과 졸업도 제도적으로 관리되었다. 다시 말하면 사회가 인정하는 공식적인 교육은 학교라는 특별한 공간에서 이루어졌고, 따라서 제도적 학교를 벗어나면 공식적 교육으로 인정받지 못했다. 그런데 학습사회에서는 제도적 학교 밖에서도 학습과 교육이 활발하게 이루어질 뿐 아니라 점점 더 확대되고 있다. 학교뿐만 아니라 지역사회, 산업체, 문화시설, 시민단체 등에서도 학습하고 교육받는 사람들이 증가하고 있으며, 정보기술 발달의 결과로 인터넷, 스마트폰 등을 이용한 학습활동과 원격교육도 급속히 확대되고 있다. 성인학습자들을 겨냥한 영리적 교육산업도 증가하고 있다. 그리하여 평생학습시대에 진입하면서 전통적 학교와 같은 규격화된 시설과 공식적 교육과정을 갖춘 교육기관은 '형식(formal)' 교육으로 부르고, 형식성을 제대로 갖추지 않은 교육과 학습에 대하여는 '비형식(nonformal)' 또는 '무형식(informal)'으로 구별하면서도 교육과 학습으로 인정하기 시작했다. 다시 말하면 학습사회는 제도적 형식을 갖춘 것뿐만 아니라 비형식 내지 무형식의 교육과 학습활동들이 공존하고 인정받는 새로운 사회를 지향하고 있는 것이다. 이러한 변화는 교육과 학습을 위한 공간의 위치와 환경, 시설의 구조와 규모 및 설비, 교구와 교재 등에 대한 새로운 관점과 기준을 요구하며, 따라서 이 문제에 대한 많은 연구와 논의가 필요하다.

둘째, 전통적 교육제도 밖에서 이루어지는 다양한 비형식 및 무형식 교육과 학습의 가치를 인정하여 각종 자격, 취업 등에 기존의 학력과 마찬가지로 또는 학력의 보완자료로 활용하는 '학습인증제도'의 도입은 아무런 반발 없이 쉽게 받아들여지지는 않는다. 이렇게 큰 변화에 대하여 논쟁과 반발이 벌어지는 것은 당연하다. 학력주의를 타파한다는 큰 방향에 대하여는 표면적으로 동의하면서도, 이제까지 학력제도의 핵심인 졸업장과 학위의 관리를 독점해온 학교와 대학을 비롯한 기존 교육계가 반발한다. 한편 졸업장, 학위, 성적증명서에 의존하여 인물의 능력을 판단해 온 기업과 관공서 등 고용기관을 포함한 사회 각 분야도 졸업장과 학위 이외의 다른 방식을 능력 증명에 이용하려는 변화에 대하여 충분히 신뢰하지 못하는 상황이다.

학교제도 밖에서 이루어지는 교육과 학습을 인정하고 학력과 같이 활용한다는 것은 학교가 제도적으로 관리하는 '공적 학습(public learning)'에 더하여 학교제도 밖에서 이루어지는, 이제까지 무시해 온 '사적 학습(private learning)'도 절차를 거쳐 똑같이 인정한다는 발상이므로 논쟁과 대항은 불가피하다. 현재의 단계에 이르기까지도 많은 연구와 토론을 거쳤음은 말할 필요도 없다. 그러나 아직도 학교와 대학이 지배하는 학력사회를 완전히 벗어난 것은 아니므로 토론은 계속될 것이다. 이들에 비하면 한국은 이 문제에 대한 교육계와 정부의 관심이 매우 낮은 편이다. 일부 학자와 전문가들이 학력사회 탈피를 위한 연구와 정책제안을 하고 있지만(예컨대 강대중, 2013; 정향진 외, 2019), 사회의 전반적 흐름은 아직도 학력주의에서 벗어나지 못하고 있으며, 학교와 대학의 학력이 아닌 다른 학습인증 방식에 대하여는 신뢰하지 못하고 있다. 더 활발한 연구와 토론이 요청된다.

셋째, 아동 · 청소년을 대상으로 국가가 통제하는 교육을 실시해온 학교시대의 제도는 지식 중심 학습을 국가나 지방정부가 비교적 단순하고 직선적인 지배구조로 관리해왔으나, 모든 사람이 평생에 걸쳐 다양한 현장에서 다양한 학습을 계속하는 학습사회에서는 교육은 물론이고 경제, 과학, 사회, 문화 등 다양한 분야의 이해관계자들이 참여하는 확장된 지배구조가 필요해졌다. 그리고 지방분권화를 강화하고 각 지방의 특성을 반영하는 각 지방 교육의 지배구조, 즉 거버넌스도 중시되고 있다. 나아가 전통적 학교제도하에서는 학습자들이 미성년자들이기도 해서 지배구조의 참여에 소극적이었으나, 평생학습시대에는 성인들이 학습자의 다수를 차지하게 되어 자신들의 요구를 반영할 수 있는 지배구조 참여가 당연시되고 있다. 그뿐만 아니라 교육과 학습상황에서 학습자들의 능동적인 자기주도학습이 존중됨에 따라 지배구조에 대한 적극적 참여도 강조된다. 한마디로 학교시대와는 다른 새로운 지배구조와 작동방식이 필요해졌다.

한편, 아동 · 청소년을 대상으로 국가가 관리하는 학교교육의 비용을 공공재정으로 부담하는 것이 그동안 당연시되어, "공교육의 의무화와 무상화"가 근대 교육의 특성으로 인식되었다. 그러나 유아와 성인 및 노인을 포함한 모든 사람이 학습자가 되고, 학교 밖에서도 각종 시설과 공간에서 교사들뿐만 아니라 지식과 경험을 갖춘 사람이면 누구나 가르치고, 사회와 기업에 필요한 지식과 기능뿐만 아니라 개인적 목적과 관심을 위해 필요한 것들까지도 자유롭게 학습하는 활동에 대하여, 그리고 사람들이 원하는 학습기회를 상업적으로 제공하는 영리목적의 교육에 참여하는 활동까지도, 모든 비용을 공공재정으로 부담하자고 주장한다면, 엄청난 소요재정의 확보 자체가 어려운 것은 물론이고 모든 평생학습에 대한 전면적 공공 부담을 정당화하기도 어려울 것이다. 반면에 학교교육은 공공 부담을 기본으로 하되 성인기와 노인기의 학교 외 교육은 사적 부담을 기본으로 하자는 분리주의적 주장을 한다면 이것 또한 논란을 불러일으킬 것이다.

그러므로 학습사회의 실현을 위해서는 평생에 걸쳐서 사회 전체에서 진행되는 교육과 학습의 총체적 관리에 필요한 새로운 지배구조의 수립이 필요할 뿐만 아니라 새로운 교육재정의 원칙과 방식을 설계하지 않을 수 없는 상황이 벌어지고 있다. 새로운 지배구조와 재정체계의 설계에는 위에서 언급하였듯이 여러 쟁점이 숨어 있고 이해관계도 얽혀있어서 많은 연구와 광범한 사회적 논의가 필요하다. 교육과 학습에 대한 지배구조의 구성과 참여집단, 국가와 지방교육 지배구조의 역할 분담과 권한, 학습자의 지배구조 참여 여부 등이 중요한 쟁점이다. 재정문제에 있어서도 재원의 확대방안, 국가와 지방의 재정분담 비율, 학습자별 및 교육내용별 공공 부담과 사적 부담 구분 등이 주요 쟁점이다.

넷째, 더 근본적인 쟁점은 학교교육과 평생학습의 관계이다. 학교교육을 중심으로 보는 관점에서는 평생학습을 학교교육의 연장과 역할 확대로 인식한다. 평생학습사회를 '학교화 사회(schooled society)'라고 명명하는 것이 그런 예이다(Baker, 2018). 한편 평생학습을 기본으로 보는 관점에서는 교육보다 학습을 중심으로 생애의 모든 시기에 그리고 모든 장소에서 이루어지는 모든 학습활동을 포괄함으로써 학교교육을 평생학습의 한 부분으로 인식한다. 학교는 아동·청소년 대상의 제도화된 학습의 관리 장치에 불과하다는 것이다. 수많은 상황에서 이루어지는 성인과 노인들의 학습활동과 아동·청소년들의 다양한 학교 밖 학습이 학교교육을 능가할 뿐 아니라, 빠르게 변하는 지식과 기술에 뒤떨어지지 않기 위해서도 사회와 산업현장에서의 계속학습이 더욱 중요하다고 주장한다. 요약하면 학교교육의 연장이냐, 새로운 학습사회의 건설이냐다.

학교교육의 연장이든 개방적 평생학습을 지향하는 새로운 사회의 건설이든, 어느 쪽이든 기존의 학교교육이 그대로 유지될 수는 없고 혁명적인 변화가 불가피하다는 주장(예컨대 정민승, 2020; 한숭희, 2019: 347-356; Collins & Halverson, 2009: 171-181)은 당연하다. 문명적 시대변화의 과정에서 전개되는 교육혁명의 방향을 둘러싼 논쟁과 대립은 불가피하고 또한 필요하다. 다만 문명변화의 방향은 학교교육사회를 거쳐 학습사회를 지향하고 있음이 분명하다.

제12장

교육현실과 교육학의 과제

우리의 불쌍한 조국의 동포들은
참으로 힘을 예비하는 인물을 바라고 기다립니다.
우리는 '배우자'고 한 그 작정,
'옳은 사람 되자'고 한 그 작정을 잊지 맙시다.
잊었거든 다시 생각합시다.
결심을 더욱 강하게 합시다.

도산 안창호, "힘을 기르소서"(1921)

한국 교육은 일제 강점기와 해방 후 분단 상황을 거치면서 여러 가지 문제를 안게 되었다. 우리에게는 널리 퍼져 있는 학력주의, 국가주의, 도구주의 교육관을 극복하고, 학습권을 회복하여 교육의 민주화를 이루어야 할 과제가 있다. 또한 지금까지 학교 영역 내에서 실천 · 응용학문의 성격을 띠었던 교육학 역시 새로운 패러다임을 키워야 할 때이다.

교육은 역사의 산물이지만, 동시에 역사를 만드는 힘이다. 우리가 현재 가지고 있는 교육은 고난에 찬, 그러면서도 역동적인 현대사의 굴곡 속에서 형성된 것이다. 동시에 이 교육은 우리 민족의 역사 전개 과정의 한복판에서 때로는 건설적인, 때로는 부정적인 영향을 끼쳐왔다. 미래에도 교육은 민족의 역사와 변증법적 관계를 지속하면서 끊임없이 앞으로 나아갈 것이다. 우리 민족은 교육에 대하여 남다른 열정과 기대를 가지고 있다. 자식의 교육을 위해서라면 무엇이라도 서슴없이 바치는 사람들이 우리의 부모들이다. 그리고 교육만 잘 받으면 무엇이든지 할 수 있다고 믿는 사람들이 우리 한국인들이다. 교육받는 것 자체를 가치로이 여기고 존중한다. 그래서 교육에 대하여 일가견을 가지고 있지 않은 사람이 없다. 교육에 관한 한 한국인들은 적극적 행위자들이다.

그러나 우리 민족이 자생적으로 근대화를 이루기 위하여 안간힘을 기울이던 19세기 말 일본 제국주의자들이 우리를 침범하여 나라의 발전을 가로막고 비틀어 놓은 이래로, 그 피해를 가장 철저히 입은 부문이 교육이다. 해방 이후에도 우리의 바람과 의지와 달리 민족이 남북으로 분단되고, 이후 분단국가의 온갖 비극을 떨쳐버리지 못하고 지내는 동안 이 나라의 모든 부분이 정상적으로 발전하지 못하고 왜곡되었지만 그 가운데에서도 가장 크게 비뚤어진 부분 역시 교육이다.

교육은 지난 1960년대와 1970년대의 경제성장에 크게 기여하였으며, 이 점에서 한국은 교육을 통하여 경제발전을 이룩한 대표적 국가라는 주장도 있다. 이러한 주장은 국내외에 꽤 널리 퍼져 있어서 대표적 인간자본이론가인 노벨상 수상 경제학자 슐츠(Theodore Schultz)가 한국을 가리켜 교육에 투자하여 경제발전에 성공한 대표적 나라로 꼽는가 하면, 발전교육(發展敎育) 이론가들도 흔히 한국을 성공 사례로 언급한다. 국내 학자들 사이에도 이러한 평가를 내리는 사람들이 드물지 않다. 그러나 오늘날 한국의 교육은 분명히 정상이 아니다. 교육문제를 조금이라도 깊이 들여다보는 사람들은 이미 우리의 교육이 위기에 처해 있으며, 위기의 뿌리 또한 깊다는 것을 인식하고 있다. 교육은 매우 중대한 사회문제의 하나가 되어 있는 것이다.

우리의 교육이 안고 있는 문제는 어제오늘에 만들어진 것도 아니고, 한두 가지의 정부 시책으로 해결될 일도 아니다. 우리의 교육이 지니고 있는 문제는 조선왕조 말에 시대 변화에 적극적으로 대응하지 못하여 근대화의 출발이 늦어지고, 일본의 식민지 정책에 의하여 비뚤어지고, 해방 후에는 일제의 잔재를 청산하지 못한 채 분단에 이르는 동안 정상화되기는커녕 악화되어 왔다. 현재 핵심적인 교육문제는 민족이 처해 있는 현실을 직시하고 바로 인식하는 데 교육이 실패하였으며 민족의 지상 과제인 분단의 극복에 교육이 이바지하지 못하였다는 사실에서 비롯한다. 이것은 본질에서 벗어난 교육의 당연한 귀결이다. 제2차 세계대전 후 냉전체제의 제물로 한민족의 분단이 고착화되면서 교육은 다른 어떤 사회 부문보다도 철저히 냉전의 도구로 전락하였다. 분단의 실체를 정확히 파악하여 극복의 길을 모색하는 것이 아니라, 분단체제의 종속물로서 분단의 양편에서 대결도구로 이용되는 한편, 민족의 이질화에 제대로 대응하고 있지 못한 것이 교육의 현실이다. 교육내용이 민족문화 지향적이기보다는 오히려 외래문화 지향적이기 때문에 민족의 동질성을 유지·확대시키는 데 실패하고 있다. 이런 의미에서 해방 후부터 오늘날까지의 교육이 과연 민족교육이었던가 의문을 제기하지 않을 수 없다.

1. 성찰과 반성

지난 20세기 한국교육의 한 가지 특징은 도구주의이다. 교육을 경제와 권력의 도구로 보고 그 목적을 위한 도구로 활용하였다. 때로는 상반되는 가치를 신봉하는 집단 간에 교육의 지배권을 둘러싸고 경쟁을 벌이기도 하였으나 양편이 모두 교육을 '이용'하려는 점에 있어서는 일치하였다. 교육의 도구화는 곧 인간의 도구화를 의미한다. 교육의 대상이 인간이기 때문에 교육을 경제 또는 정치의 수단으로 이용하는 것은 교육의 대상인 인간을 수단으로 사용하는 것이다. 도구화된 교육은 인간이 목적이 아니고 수단인 사회, 따라서 인간이 주체가 아니고 객체인 사회를 유지하고 강화시켜 가는 셈이다. 도구주의적 교육은 1960년대부터 본격적인 모습을 나타내었지만 그 이전부터 한국교육을 지배하였으며, 이것은 일본 제국주의가 남긴 식민지 교육의 독소를 철저히 비판 · 극복하지 못한 결과이기도 하였다.

1) 식민지 교육의 잔재

우리 민족이 해방을 맞이하자 우선 일제 식민지 교육의 잔재를 청소하는 일을 서둘렀다. 일본어 교수용어(教授用語)를 한국어로 바꾸고, 한글 교과서를 발행하였다. 미군에 의한 군정 기간에 한국인으로 교육정책 수립과 행정에 참여하였던 오천석(吳天錫)은 이렇게 역설하였다.

> 우리의 일거일동을, 우리의 일사 일고를 엄숙히 반성하여, 일본적인 것의 깊은 함정에서 용감히 뛰어나와야 한다. 우리는 온갖 일본적인 생활과 정신을 깨끗이 청산하고 새 생활을 시작하여야 한다. 우리는 지리적으로 정치적으로 일본

에서 해방되었음과 같이, 정신적으로도 그들로부터 완전히 해방되어야 할 것이다. 이것이 우리의 신국가 건설의 제일보요, 새 교육의 출발점이다. 낡은 부대에 새 술을 넣을 수 없는 것이다. 그러기에 그들이 남기고 간 교육사업을 안과 밖으로 준엄히 검토하여 그로부터 온갖 일본적인 비민주주의적 잔재를 철저히 제거하기에 노력하여야 할 것이다(오천석, 1946: 7).

이러한 다짐을 가지고 새 나라의 교육을 세우자고 역설하였으나 실제로 만들어진 결과는 실망스러운 것이었다. 일제가 이 땅에 심어놓은 독소를 깨끗이 청소하기는커녕 오히려 그것에 연연하는 풍조마저 나타났다. 오천석의 다음과 같은 개탄은 현실이었다.

우리의 일상생활에, 우리 가정에, 우리 길거리에, 우리 시장에, 우리 사회에 일본적인 것이 가득 차 있다. 우리는 혹은 알고도 좋아서, 혹은 편리해서, 혹은 습관으로, 혹은 무지하여 일본적인 행동을 계속하고 있다. 우리 학생들은 아직도 병정처럼 걸으며 황국신민적 절을 하고, 우리 선생은 아직도 형식과 외양의 완미(婉美)를 금과옥조로 생각하며, 군대식 균일을 즐겨하고 외적 권위와 규율을 무기 삼는 경향이 있다.

그러나 이것은 오히려 덜 두려운 형태이다. 이보다 더욱 무섭고 전율할 만한 것은 우리 정신의 일본에의 예속 상태이다. 우리 마음속에는 아직도 일본적인 미균(微菌)이 깊이깊이 잠재해 있는 것이다. 우리의 정신적 생활에는 일본적인 사상과 사색 방법이 굳은 뿌리를 박고 있는 것이다. 그리하여 우리는 일본적 문화의 지나간 그림자에 방황하고 있으며, 우리의 지식 계급은 일본적 학문을 자랑하여 그 지적 양식을 일본에 구하려 하고, 우리의 학원은 일본적 전통을 동경하여 그 연연한 여정(餘情)을 금치 못하는 상태이다. 우리는 아직도 명령을 좋아하고, 복종을 미덕으로 생각하며, 제도 법규의 형식을 존중하고, 통제를 즐기며, 획일적 집단 동작을 요구한다(오천석, 1946: 6).

일제 식민지 시대의 잔재는 이처럼 쉽사리 씻기지 않는 사이에 우리의 교육관과 교육제도에 그대로 스며들고, 부분적으로는 더욱 확대되었다. 그럼에도 불구하고 그러한 교육관과 교육제도에 익숙해져서 이제는 그것이 식민지 교육의 잔재라는 사실조차 모르는 지경에 이르렀다. 지금도 우리말에 스며들어 있는 일본어와 일본식 외래어를 그런 줄 모르고 사용하는 경우가 적지 않다. 마찬가지로 식민지 교육의 잔재를 지니고 있으면서도 이를 깨닫지 못하고 있는 것이다. 그것은 해방 후에 반민족 친일세력을 징벌하기 위하여 제정한 「반민족행위 처벌법」을 엄정하게 집행하지 못하고, 식민지 교육의 잔재를 하나하나 집어내서 척결해 내는 작업을 철저히 실행하지 못하였기 때문이다. 어문 정책이 철저히 일본어 잔재를 씻어내는 일에 실패하였던 것처럼, 교육도 마찬가지였다. 일제 식민통치의 잔재로 아직도 우리 교육에 남아 해독을 끼치고 있는 요소 가운데 중요한 것은 사회 통제 수단으로 학력에 의한 사회적 지위 분배, 국가주의, 도구주의를 들 수 있다.

학력주의

일제가 식민지 통치의 수단으로 학력을 이용한 것은 제4장에서 서술한 총독부 교육정책을 음미해 보면 쉽게 간파할 수 있다. 그들은 조선 민족교육 세력을 말살하고 자신들의 손아귀에 있는 학교 제도를 사회적 지위 획득의 통로로 만듦으로써 한국인이 식민지 학교에 다니지 않을 수 없도록 만들었다. 즉, 학교를 제외한 다른 사회적 지위 획득 통로를 폐쇄함으로써 식민지 학교를 통하지 않고는 사회 진출이 어렵도록 만들어 놓고, 식민지 통치에 동조할 만한 사람을 선발하는 한편, 일단 선발된 사람에게는 철저한 '일본인화' 교육을 주입했다. 이러한 정책에 따라 앞서 언급한 바와 같이 제도 밖, 즉 학교 밖 교육을 강력히 제한하는 한편 야학이나 서당에서 받은 교육은 학력으로 인정하지 않았다. 즉, '학교가 아닌 곳에서 하는 교육은 교육이 아니다'라는 정책을 추진하였던 것이다. 어떤 이가 서당이나 야학에서 아무리 훌륭한 교육을 받았어도 그의 학력은 '무학'으로 처리되었다.

일제의 이러한 '학력사회화'는 식민지 교육의 특징을 그대로 나타낸 것이다. 식민통치자들은 식민지의 교육을 통제가 용이한 학교 제도로 단순화해 놓고, 모든 사회 활동에서 졸업증명 소지자를 우대하는 정책을 시행함으로써 식민지 주민들을 조종한다. 그러면서도 학교교육 기회를 개방하지 않고 제한해 놓음으로써 졸업장의 가치를 유지시키고, 그 제한된 양의 교육 기회를 식민 통치에 동조하는 사람들에게 선별적으로 분배하는 방식을 통하여 그들의 충성심을 더욱 확고하게 보장한다. 반면에 식민지에 나와 있는 본국인들에 대한 교육기회는 물론 개방되어 있다. 그러면서도 학교교육이 마치 개인의 지적 능력만을 선발 기준으로 삼고 있는 것처럼 과장함으로써 식민지 교육제도를 정당화한다. 스페인 정복자들이 원주민인 인디언들을 지배하고 있던 라틴아메리카에서(브라질 땅은 포르투갈이 정복) 학교 제도가 능률적으로 지배체제를 유지해 주었던 것은 전형적인 예이다(Paulston, 1977). 그 밖에도 아프리카에서 서구 여러 나라가 행한 것이나, 인도에서 영국이 행한 것이나, 필리핀에서 스페인과 미국이 행한 일들이 정도의 차이가 있을지언정 모두 그러한 식민지 교육정책이었다(Hanna, 1997: 842-844).

식민치하에서 학력사회로 만들어진 나라들이 해방된 뒤에 철저히 식민지 극복의 과정을 거치지 않으면, 아프리카 여러 나라, 인도, 필리핀 등에서 볼 수 있는 바와 같은 낭비적인 학력 경쟁에 휘말려들고, 그 결과 수많은 고등실업자를 만들어 내게 된다(Dore, 1976). 그러면서도 망국적인 학력 경쟁에서 쉽사리 벗어나지를 못한다. 학력 경쟁을 해서라도 되도록 많은 사람이 상급 학교의 학력을 따게 되면 그만큼 국민의 질적 향상이 이루어지는 것이 아니냐는 안일한 사고방식이 등장하기조차 한다. 이렇게 생각하는 사람들은 학력 경쟁하에서는 올바른 교육이 불가능하다는 사실을 제대로 이해하지 못할 뿐더러, 자신이 식민지 교육관을 탈피하지 못했다는 사실도 모르는 경우가 대부분이다. 많은 신생 독립국가들이 이러한 오도된 교육관에서 깨어나지 못하고 있으며, 우리나라도 그 범주에서 벗어나지 못한다.

한국의 학교인구 성장 속도는 서두에서 말한 바와 같이 세계적으로 그 유례를 찾기 어려우며 취학률은 선진국을 넘어서는 수준에 도달하였다. 그런데도 매년 입시철이면 치열한 입시경쟁이 벌어진다. 해마다 대학의 정원을 늘리는데도 불구하고 대학 입시 경쟁은 여전히 치열하다. 특히 1980년의 이른바 대학개혁조치의 일환으로 대학 정원을 대폭으로 증원한 정책은 입시경쟁의 문호를 넓힘으로써 입시교육과 '과열 과외'를 완화시켜보자는 계산에서 나온 것이었지만, 이는 학력 경쟁의 속성을 모르는 단순 사고의 소치였다. 학력 경쟁하에서는 대학인구가 증가함에 따라, 즉 대학 졸업자가 늘어남에 따라 고교 졸업장의 가치가 급속도로 하락하기 때문에, 고교 졸업으로 만족하려던 사람에게도 대학 진학을 자극하여 대입 희망자를 더욱 늘리게 된다. 1990년대에 대학 문호 개방 정책 채택의 결과로 2000년대에 들어와 대입 정원이 대학 진학 희망자 수를 초과하는 현상까지 나타났다. 더욱이 최근에 심각한 저출산 현상으로 고3 학생 수보다 대입 정원이 실질적으로 더 많아졌다. 그러나 상위권 대학이나 소위 인기 전공의 입시경쟁은 과거 어느 때보다 치열해졌다. 결국 입시 준비 교육은 크게 달라지지 않고 있다.

학력 경쟁은 앞에서 언급한 바와 같이 사회적 지위 획득의 통로를 학교 제도로 단일화시켜 놓았기 때문에 발생한다. 그러므로 이것을 탈피하기 위하여는 교육을 학교 제도에 국한시키지 말고 학교 외의 교육 기관을 발전시키는 한편, 취업과 승진 조건에서 학력 제한을 철폐 또는 완화하여야 한다.

이것이 쉬운 일은 아니다. 식민통치 기간 중에 학교 밖 교육을 압살하고 학력에 의한 사회적 지위 분배를 제도화하였기 때문에 그야말로 혁명적 과정을 거치지 않고는 극복하기가 어렵다. 인도가 1960년대부터 고등실업자 양산국으로 유명해지고 필리핀과 아프리카 여러 나라가 학력 과잉으로 고민하는 것도 그들이 식민지 교육의 해독을 쉽사리 씻어낼 수 없었기 때문이다. 우리도 역시 철저히 식민지 교육을 비판 · 극복하지 못하고, 학교에만 많이 보내면 된다는 식의 안일한 생각을 가지고 교육정책을 수립하고 시행해 왔기 때문에, 학력 경쟁과 나아가 과잉 학력에서 허우적거리고 있는 것이다.

학교 밖 교육을 도외시하고 학교만을 중심으로 교육정책을 펴온 것을 우리가 처음부터 극복했어야 했다. 그러나 해방 이후에도 우리의 교육정책은 여전히 학교만을 대상으로 하였으며, 학교 밖에서의 교육에는 관심이 없었다. 그 증거로 정부 수립 후에 제정한 「교육법」은 그 내용이 학교법으로 학교 밖 교육에 관해서는 언급이 없었다. 그리하여 평생교육은 방치되고 아무런 법적 대우도 보장도 받지 못하고 정부 당국의 통제만을 받았을 뿐이다. 학교 밖 교육에 관한 대표적인 법령은 「사설강습소에 관한 법률」이 고작이었는데, 이것도 1961년에야 제정되었으며, 그때까지는 일제가 우리 교육을 탄압하기 위하여 1913년에 만들었던 「사설학술강습소에 관한 령」을 그대로 준용해 왔으니, 우리가 식민지 교육의 독소를 찾아 쓸어내는 일에 얼마나 게을렀나를 짐작할 수 있다. 학교 밖 교육 전반에 관한 법적 근거를 마련해 주는 「사회교육법」은 1982년에야 겨우 제정되었다. 교육정책이 학교 일변도의 교육관에 사로잡혀 있던 증거가 아닐 수 없다.

반면에 우리의 민족교육을 말살하였던 일본은 패전 직후인 1947년의 「교육기본법」에 "가정교육과 노동의 장 및 기타 사회에서 행해지고 있는 교육은 국가 및 지방공공단체에 의하여 장려되어야 한다"(제7조)는 점을 명문화하고, 이어 1949년에는 「사회교육법」을 제정하여 학교교육과 학교 밖 교육을 병행하여 발전시킬 채비를 갖춘다. 우리의 교육을 비틀어 놓은 일본은 패전 후 빠르게 제 나라에서 교육을 바로잡아 가는데, 우리는 그들이 남기고 간 제도가 잘못된 것인 줄도 모르고 늦게까지 지켜온 것이다.

독일과 영국을 비롯한 서구 여러 나라의 학교 밖 교육은 매우 체계적이어서 학교 제도와 어깨를 나란히 하여 국민들의 학습 욕구를 충족시키고 있다. 동남아시아와 아프리카의 여러 나라들도 학교 밖 교육을 육성하기 위하여 행정적·재정적 지원을 아끼지 않고 있어 학교 밖 교육에 있어서는 우리가 크게 뒤떨어졌다. 다행히 늦게나마 1999년 8월 「평생교육법」을 제정하고 2007년에 전면 개정하여, 학교 밖 교육을 진흥하고 학교교육과 학교 밖 교육 간의 연계를 강화할 수 있는 제도적 기초를 마련하였다. 그러나 이것은 학력사회 타파를 위한 시작에 불과하다. 아직도 학력주의와 학벌이 한국 교육의 정상적 발전을 저해하고 있다.

국가주의

일제 식민지 교육의 두 번째 잔재는 국가주의 교육정책이다. 일제는 식민지의 교육을 능률적으로 통제·감시하기 위하여 모든 교육 활동을 자세한 부분까지 총독부가 직접 통괄하였다. 사적인 교육 활동은 극도로 제한하거나 금지하고, 소수의 사립 교육기관에 대하여는 공립보다 오히려 더 철저하게 통제하였다. 학생 선발, 졸업, 교사 채용, 교육과정, 교과서, 학사 운영 등 모든 부분에 총독부가 관여하여 직접 승인권과 취소권을 행사하였다. 교육의 자유도, 학습의 자유도 금지되었다.

해방을 맞이하여 우선 시급했던 것은 이러한 국가주의 교육제도를 척결하고 교육자와 일반 국민 중심의 민간 주도 교육으로 철저히 개혁하는 것이었다. 그러나 우리는 이것에 성공하지 못하였다. 미 군정청의 한 문서는 당시 한국인의 교육관을 이렇게 기술하고 있다.

> 한국인들이 40년 동안이나 일본인의 통치하에 살면서 … 주로 일본인의 학교에서 교육을 받아 왔기 때문에, 그들은 일본의 제도에 익숙해 있었다. 말을 바꾸면, 일본의 교육제도에 대한 한국인의 견해와 미국인의 그것이 판이하다는 것이다 … 한국인은 교육이라면 중앙집권화한 것 또는 정부가 베푸는 것으로만 생각한다는 말이다(강길수, 1980: 238 재인용).

해방 직후에는 미군정하에서 미국식으로 교육자와 학부모 중심의 교육을 발전시키기 위하여 교육 자치제를 도입하는 등 노력을 기울였다. 그러나 1948년 한국 정부가 수립되면서 식민지 교육의 철저한 비판적 극복을 거치지 않은 탓으로 위의 미군정 보고서가 말하듯이 식민지 교육행정 방식에 연연하는 관료들에 의하여 정부 주도로 흐르고 말았다. 처음에는 초등학교에서부터 시작하여, 중등교육을 거쳐 대학교육까지 정부의 통제가 확대되었다. 사립 교육기관도 특성을 살리기 불가능할 정도로 획일적 통제가 가해졌다.

국가주의 교육체제하에서는 일차적으로 교사들의 전문적 자율성이 위축된다. 교육 내용에 대한 결정권과 해석권이 제한되고 학사운영과 교육정책 수립에의 참여도 제한된다. 그리고 전문 집단으로서의 단체 활동도 크게 제약을 받는다. 이런 현상은 초·중등학교 교사들뿐만 아니라 대학교수들에게도 마찬가지로 나타난다. 학생의 입학·퇴학, 교육과정 결정, 학사운영, 대학 정책 등에 대한 영향력이 위축된다. 드물게 사립대학에 자율의 범위를 넓혀 주는 경우가 있지만, 그것은 대학 경영자의 재량의 폭을 넓혀 주는 것일 뿐, 교수에게는 권한의 확대를 가져다주지 않는다. 교사 중심의 교육운동과 교원노조 결성은 억압된다. 국가주의 교육에서 교사와 교수의 영향력이 제한된다는 것은 그 교육의 성격이 전문적 판단을 필요로 하지 않는 것을 의미한다. 즉, 교육의 본질적 가치보다는 교육의 도구적 가치에 목표를 둔 교육이기 때문에 교육자 자신들보다는 교육을 도구로 이용하는 집단의 판단에 따라 결정이 이루어진다는 것이다. 식민지의 교육은 바로 이런 이유 때문에 정부 통제 교육이 될 수밖에 없는 것이다. 비교육이 교육을 지배하는 것이다.

교사뿐만 아니라 학부모와 지역 주민들도 교육정책 결정과 학교 운영으로부터 소외되어 왔다. 국가주의 교육체제에서 국민은 교육의 대상으로만 인식되기 때문에 교육의 주체로 인정받지 못한다. 학부모에게는 자녀를 학교에 취학시키고, 필요한 교육 경비를 부담할 책임은 강조되지만, 자녀가 받는 교육에 관하여 학교의 결정 과정에 참여하고 발언하는 교육참정권이 인정되지 않는다. 식민지 교육에서 이와 같은 학부모의 교육참정권 배제는 당연시되었다. 학부모와 주민은 곧 식민통치의 대상이었기 때문이다. 식민지 교육이 심어 놓은 국가주의 교육정책의 지속 때문에 학부모와 주민의 교육참정권은 거부당해 왔다.

그러나 문민정부에 의한 1995년 교육개혁방안이 교육정책의 기본 방향을 공급자 중심으로부터 수요자 중심으로 전환하기 위하여, 국가의 통제권을 줄이고 학습자와 학부모의 참여권을 '학교운영위원회' 등을 통하여 확대하며 교사와 학교의 자율권을 강화하는 다양한 정책을 제시하였다. 그에 따라 교육의 민주화와 자율화가 상당 부분 진전되기는 하였으나, 연속적인 정권 교체에 의한 개혁의 일관성 상실과 학교와 대학의 자율성 확대에 상응하는 책임과 사회적 신뢰의 부족으로 아직도 혁신의 과제로 남아있다.

도구주의

일제가 이 땅에서의 식민통치에 교육을 어떻게 도구로 이용하였는가는

제4장에서 살펴본 바와 같다. 해방을 맞아 도구주의적 교육을 몰아내고 교육 본질을 되찾으려는 노력이 없었던 것은 아니나 잠시뿐이었다. 역시 식민지 교육의 본질에 대한 철저한 반성이 부족하였기 때문에 이를 극복하지 못하고 교육의 수단적 가치에서 벗어나지 못하였다.

도구주의적 교육관과 교육정책에서 벗어나지 못한 또 하나의 중요한 원인은 해방 공간에서의 정치 이념 성향에서도 찾아볼 수 있다. 남북이 분단된 채로 정부를 수립하여 민주주의 이념을 표방한 남쪽에 들어선 이승만 정부는 실용주의 노선을 견지하였다. 남북이 표방하고 있는 이념 대결 때문에 민족주의는 퇴색하였는데, 민족주의가 때로는 반공주의와 갈등을 일으킬 수도 있었기 때문이다. 그리고 이승만 정부에 있어 민주주의는 표방일 뿐이고 실제로는 비민주적 통치를 일삼았으므로 가장 내세울 만한 것은 실용주의였다. 여기에 일부 미국 교육학자들의 실용주의 교육이론이 접목되면서 이 나라의 교육은 실용주의로 흘러갔다. 더욱이 한국전쟁으로 파괴된 경제를 건설하는 데 있어서는 '1인1기 교육', '생산기술 교육'이 충분히 매력적이었다. 여기에 물론 반공교육이 항상 따라다녔다.

1960년대에 들어와서는 실용주의 교육이 더욱 뚜렷해져서 '경제 건설을 위한 교육', '근대화에 기여하는 교육' 등의 구호가 교육정책으로 채택되었다. 1960년대 전 기간을 통하여 당시의 박정희 정부가 내세운 '조국 근대화'에 기여하는 것이 교육의 사명으로 인식되었다. 이러한 교육정책은 발전교육론에 의하여 뒷받침되었다. 그러나 1960년대 말까지도 근대화에 기여하는 교육 또는 국가발전교육은 정책적 구호와 일부 학자들의 주장의 수준에서 크게 벗어나지 못하였다. 발전교육을 구체적 교육 시책으로 구현하기 시작한 것은 1970년대부터이다.

발전교육론의 기본 주장과 문제점에 관하여는 다음 항에서 다루기로 하고, 여기에서는 발전교육정책이 식민지 시대의 도구주의적 교육과 연관되어 있다는 점만을 지적해 두고자 한다. 교육은 그 자체의 본질적 가치가 있는 것이 아니고 경제정책과 통치를 위한 수단적 가치를 지니고 있을 뿐이라는 식민지 시대의 도구주의적 교육이론을 비판적으로 극복했어야 했다. 도구적 가치가 아닌 교육의 본질적 가치가 무엇인가를 찾아내기 위한 노력을 기울였어야 했다. 교육의 본질적 가치는 인간의 지적 · 인격적 성숙에 있으며, 교육 행위란 바로 이 지적 · 인격적 성숙을 지원하는 활동과 그 성숙을 저해하는 요소를 제거하는 활동을 말한다. 그러므로 교육의 본질적 가치는 사람을 충실한 생산 기계처럼 훈련시키려는 경제도구화와 대립되며, 특정 정치 이념을 주입하여 지배하려는 정치수단화와도 상치된다. 특정 종교적 교리를 무비판적으로 수용하도록 만드는 교조주의적 지배와도 물론 대립된다. 경제, 정치, 종교가 교육이라는 이름 아래 하고 있는 일들 가운데 많은 부분이야말로 도구주의적 교육 바로 그것이다.

2) 발전교육론

발전교육이 정책으로 구체화되고 교육 실제에 본격적으로 반영된 것이 1970년대에 들어서면서부터이므로, 1970년대의 한국 교육은 발전교육연대라고 불러도 좋을 것이다. 이때에는 1960년대 후반의 경제개발계획이 성공을 거두었다고 판단한 박정희 정부가 더욱 적극적으로 경제개발계획을 밀고 나갔으며, 집권 연장의 정당성을 경제 성장 추진에 둘 정도였다. 당시 박정희 정부는 '제2경제'를 역설하였다. 경제 자체가 '제1경제'라면 이를 지원할 가치관, 사고방식, 생활 태도 등은 제2경제이며, 제2경제가 제대로 발전하지 않으면 제1경제의 성장에도 한계가 있다고 강조했다. 교육은 제2경제의 핵심으로 경제 성장을 위한 지원 역할을 충실히 수행하여야 한다는 주장이 그 속에 포함되어 있었다. 새마을 교육도 그 한 부분이었다.

그리하여 1973년의 제3차 교육과정에는 경제 성장에 기여할 수 있는 교육 내용이 대폭 포함되었다. '생산하는 교육'은 어느 학교에서나 쉽게 발견할 수 있는 구호이기도 하였다. 교육 내용뿐만 아니라 학생 정원 책정에도 경제계획이 반영되었다. 경제계획이 반영되었다기보다는 경제계획에 따라 학생정원이 결정되었다는 말이 맞을 것이다. 1978년에는 이미 그동안 해마다 늘려 놓은 대학 정원마저 각 대학이 충분히 소화하지 못하는 상태였기 때문에, 신입생 정원을 소폭으로 늘리자는 당시 문교부 주장과 대폭으로 5만 명을 늘리자는 경제기획원 주장이 맞섰으나 대통령이 경제기획원 안으로 결정하였다. 문교부보다는 경제 부처의 경제 성장 정책에 대통령이 더 역점을 두고 있었음을 말해 주는 것이다. 1970년대의 교육은 단지 경제 성장의 수단으로만 이용된 것이 아니다. 민주주의를 유보시킨 '유신(維新)' 이후에는 이른바 유신 이념을 교육 내용에 적극적으로 반영하였다. 특히, 초 · 중등학교의 사회과에 관련된 교과목들은 유신 이념에 비추어 내용을 뜯어고쳤다. '정치발전을 위한 교육의 강화'가 내세운 이유였다.

발전교육론은 제2차 세계 대전이 끝나고 식민 치하에 있었던 나라들이 속속 독립하여 새로운 국가를 건설하는 1950년대에 시작하여 1960년대에 크게 유행하였던 이론이다. 그러나 발전교육론은 신생국과 발전도상국 지도자 및 정책 입안자들에게는 충분히 매력적인 것이었으나 실제의 결과는 실망스러운 것이었으며, 더욱이 교육의 본질적 가치를 크게 해치는 점에서 일부 교육학자들의 비판을 받아왔다. 대체로, 이론적인 수준에서는 1960년대가 발전교육론의 전성기라면 1970년대는 비판의 대상이 되었던 시기이며, 1980년대에 들어서는 발전교육을 탈피하여 교육발전을 추구하는 논의가 일어나던 시기이다. 그러나 이러한 시대별 특징은 이론적인 수준에서의 이야기이고, 교육정책과 교육실천은 여전히 발전교육의 지배 아래 있으며, 한국의 경우는 1970년대 말 이후 1980년대에 더욱 강세를 보였다.

발전교육론의 기본은 이렇다. 국가발전을 이룩하려면 새로운 공장과 댐을 건설하고 새로운 경제제도를 도입하여야 한다. 그런데 이러한 시설과 제도를 운영하고 생산 라인에서 일하는 것은 사람이므로, 사람을 그러한 일을 능률적으로 해낼 수 있도록 훈련시켜야 한다. 그런데 각 분야가 요구하는 기술 및 지식의 종류와 수준이 다르므로 각 분야의 인력 수요에 맞추어 교육계획이 수립되어야 한다. 한편, 국가발전은 경제성장만이 아니라 경제성장 추진에 필요한 정치의 발전도 동시에 이룩하여야 한다. 그런데 신생국들은 새로운 정치 이념을 국민들에게 보급하고, 혈연, 지역, 종교 등으로 분리된 국민들을 일체감을 갖는 국민으로 통합하여야 하고, 정치활동 담당자들을 충원하여야 하는데, 이러한 일은 교육이 담당하여야 한다. 그러므로 교육은 국가의 경제적 요구뿐만 아니라 정치적 요구도 수용하여야 한다. 따라서 교육은 사회 전체의 요구에 항상 민감하여야 하고, 이를 교육의 내용과 취학생 수에 반영하여야 한다. 그리하여 교육은 경제와 정치는 물론이고 온갖 사회문제에 대한 처방을 포함하여야 한다.

그러나 많은 나라에서 경제발전, 정치발전, 사회발전을 목표로 계획하고 시행한 교육이 실제로 성과를 거두었다는 증거를 찾아보기는 어렵다. 거의 모든 나라에서 발전교육은 실패로 나타났다. 일부 학자들 사이에 예외적으로 성공한 국가로 지적되는 한국도 교육이 경제 성장에 크게 기여하였는지는 연구 결과들이 엇갈린다. 한국의 경제 성장과 교육의 관계를 자세하게 분석한 한국개발연구원과 미국 하버드대학교의 공동 연구 결과조차도 교육이 경제성장을 선도하였다거나 촉진한 뚜렷한 증거를 찾을 수 없다고 결론짓고 있다(McGinn, Snodgrass, Kim, et al., 1980). 혹자는 한국은 다른 나라보다 학교교육의 성장 속도가 빨랐고 경제 성장이 그 뒤에 따라왔으므로 미리 길러놓은 축적된 양질의 노동력이 경제 성장의 원동력이 되었다고 주장한다. 만약 이런 식의 설명이 맞는다면 위에 소개된 보고서에서도 지적하고 있듯이 제2차 세계대전 이후 2, 30년간 꾸준히 대학을 졸업한 고등실업자를 축적해온 인도와 필리핀 등에서 경제 성장이 이루어지지 않는 것은 어떻게 설명할 것인가?

교육을 통하여 인간에게 투자하면 경제 성장을 가져온다는 슐츠(Schultz)식의 인간자본론(human capital theory)의 환상에 끌려, 교육제도를 경제 성장을 위한 수단으로 만들어 놓고 교육에 적지 않은 투자를 했던 수많은 식민지 독립국가들은 모두가 허탈한 실패만을 맛보았을 뿐이다. 바로 말하면, 인간자본론에 충실한 개발도상국의 교육정책은 사회경제적 불평등을 해소하고 국민의 생활 향상을 촉진하는 데 기여했다기보다는, 도리어 종속적 기업과 다국적 기업의 이윤을 확대하여 민족의 종속성을 심화하는 데 봉사했다고 볼 수 있을 정도이다(이규환, 1984: 303). 허친스(Robert M. Hutchins)는 발전교육은 교육을 경제 성장의 수단으로 만드는 바로 그 이유로 실패하며, 나아가 교육 그 자체도 망친다는 점을 지적하면서 이렇게 주장하고 있다.

> 경제 성장을 지향하는 교육은 국민을 생산의 도구로 간주하고 국민들이 스스로를 도구로 생각하도록 가르친다. 이 교육이 강조하는 것은 돈벌이이고 따라서 돈벌이에 관련된 지도에 힘쓴다. 교육의 각 단계는 학생들이 어떤 돈벌이를 할 수 있는 자격을 갖추었는지를 기준으로 하여 결정되기 때문에 만일 어떤 직종에 필요한 숫자 이상의 사람이 배출되면 정치적 불안정을 초래하게 된다.
>
> 이런 식의 교육은 인간을 생산 도구로 취급한다는 점에서 비인간적일 뿐 아니라, 생산을 위한 방법으로 적합하지도 않은 직업교육에 시간을 낭비하기 때문에 효과도 적고 또한 정치적 불안정을 유발하므로 경제 성장도 저해하게 된다(Hutchins, 1968: 56).

결국 발전교육론은 도구주의적 교육이론이며, 따라서 교육의 본질적 가치, 즉 인간의 지적·인격적 성숙을 왜곡시킨 것임을 알 수 있다. 이런 점에서 보면 발전교육론과 식민지 교육정책은 다른 것이 아니다. 식민지 교육은 식민지보다는 종주국의 이익을 위한 것이지만, 발전교육은 당사국을 위한 것이라는 점에서 다르다고 주장할 수도 있다. 그러나 식민지 교육자들은 종주국의 이익이 아니라 현지 주민의 이익을 위한 교육이라고 역설했었다는 사실과, 발전교육은 왕왕 전 식민지 종주국이나 새로운 지배-종속관계의 지배국에 이익이 된다는 사실을 상기하면 양자 간에 차이가 없음을 뚜렷이 알 수 있다. 실제로 발전교육은 과거의 식민지의 발전을 돕는다는 미명하에 새롭게 접근하기 위한 방편으로 이용된 경우가 적지 않다(Carnoy, 1974). 발전교육론은 식민지 교육론의 변형이라고 말해도 지나치지 않을 것이다.

3) 분단의 교육현실

한반도를 가로지르는 휴전선은 분단의 상징이자 실체이다. 이 분단선은 우리의 사고와 우리의 생활에도 그대로 작용한다. 교육에도 분단이 작용하는 것은 말할 필요도 없다. 분단은 우리의 모든 사고 활동과 생활 영역을 제약하지만, 그 가운데에서도 교육에 가해지는 제약은 더욱 심하다. 분단 이후 양편의 교육은 상대편을 부정하고 증오하도록 만드는 방편으로 이용되었다. 남쪽은 반(反)공산주의를, 북쪽은 반(反)자본주의를 가르침으로써 항상 상대편을 비판하고 증오하는 자세를 갖게 했다. 그리하여 민족공동체로서의 의식보다는 적대 의식을 높이는 방향으로 교육이 이루어졌다. 분단 상황이 민족공동체 의식의 유지와 고양에 큰 장애가 되었으며, 교육은 그 장애를 극복하기보다 오히려 강화하는 데 이바지했다.

분단하의 교육은 이데올로기에 대하여 대단히 신경질적으로 대응하여, 남북한 어느 쪽도 이데올로기에 관한 정상적 교육을 하지 못했다. 양쪽이 각기 금서목록을 만들어 교육은 항상 제한적인 내용만 가르치도록 관리하였다. 그러므로 한반도의 학교들은 이미 다른 나라들에서는 청산된 냉전 체제의 사고방식을 최근까지도 가르쳐 왔다. 현재도 물론 냉전 의식에서 완전히 벗어나지 못했다. 세계 전체에 지각변동이 일어난 듯 급속한 재편성이 일어나고, 이제는 어느 나라도 제한 없이 왕래하는 시대가 되었음에도 유독 남북한만 냉전적 사고방식에서 벗어나지 못하고 있다. 민족적 동질성보다 이념적 차이를 먼저 의식하는 곳이 한반도이다.

민족의식 및 민족주의의 약화는 남북 양쪽이 세계보편주의에 이끌리는 결과를 가져왔으며, 그에 따라 외래 지향적 문화가 교육의 중심을 차지하게 되었다. 북한은 처음부터 민족에 우선하여 마르크스 · 레닌주의를 들고 나왔으며, 사회주의 인간의 양성을 교육의 최종적인 목표로 내세웠다. 민족교육이 자리 잡기는 처음부터 어려웠다. 남쪽은 개방주의에 따라 미국을 비롯한 서양의 문화를 신속히 유입하였으며, 교육 내용 또한 서양 문화를 많이 포함하였다.

외래문화 지향적 교육내용은 거의 모든 교과에 퍼져 있으나 가장 뚜렷이 나타나는 것이 감성의 발달에 직접 영향을 주는 예술 과목이다. 음악과 미술은 어느 학년의 교육 내용을 보아도 서양 음악, 서양 미술 중심이다. 우리 어린이들은 초등학교 1학년부터 서양 음악을 배운다. 고등학교를 졸업할 때까지 음악 시간에 배우는 것은 대부분 서양 음악이다. 한국인이 작곡한 것일지라도 서양 음악일 뿐이다. 최근에 음악 교과서의 한쪽 귀퉁이에 '우리의 전통 가락'이나 '우리의 전통 악기'가 소개된다. 전통 악기 사진을 몇 장 싣고 그 아래에 이름을 써 놓았다. 그러나 어린이들이 음악 시간에 그 악기들의 실제 구조를 관찰할 기회는 거의 없으며, 더욱이 각 악기를 연주해

보기는 정말 어렵다. 우리의 전통 가락이라는 것도 우리의 악보인 정간보(井間譜)가 아니라 서양 악보에 담겨 있다. 그리하여 우리는 음악이라고 하면 서양 음악을 떠올리고, 우리의 음악을 지칭하려면 '국악'이라고 말해야 한다. 유럽의 사람들, 예컨대 독일인들이 '음악'은 동양 음악을 가리키고 자신들의 음악은 반드시 '독일 음악'이라고 말해야 알아듣는다는 말은 못 들어 보았다. 차이는 이것이다. 서양인들은 자기네 음악을 음악의 표준으로 생각하는 반면, 한국인은 우리 음악을 특수 민족 음악으로 생각하고 있다는 것이다. 저쪽이 중심이고 이쪽은 주변이라는 생각인데, 이 생각을 우리는 초등학교 1학년 때부터 주입하고 있다.

미술도 서양 미술 중심인 것은 다시 말할 필요가 없다. 우리의 선조들의 회화와 서예, 공예품들 역시 미술 교과서의 한쪽 귀퉁이에 잠깐 소개된 것이 고작이다. 미술이 자연과 인간을 포함하는 사물을 관찰하고 인식하는 눈과 그 사물과 인간의 관계를 파악하는 방식을 의미하는 것이라면 우리는 어릴 때부터 서양식 관찰 방법과 인식 방법, 나아가 서양식 자연관과 인간관을 길러주고 있는 셈이 된다.

이러한 외래문화 지향적 학교 교육과정은 민족문화의 전승에 이바지하기는커녕 민족문화를 쇠퇴시키는 기능을 하고 있다. 이미 식민지 시대에 일제에 의하여 우리 문화재의 대부분이 소실되었으며, 그들은 한국인에게 끈질기게 문화적 열등감을 심었으므로 그 영향을 받은 사람들은 우리의 전통문화를 업신여기고 있는 터이다. 식민 통치 시기 한국의 지적 풍토를 관찰한 한 서양인의 증언을 들어보자.

> 조선의 젊은이들이 그들의 위대한 고전을 읽고 연구하는 데 조금이라도 흥미를 느끼지 않는다는 것은 사실이다. … 그러기 때문에 현재(1928) 조선인이 서양의 것이면 무엇이든지 그것이 다만 서양의 것이라는 이유로 얻으려고 애쓰지

> 만, 조선의 것이면 그것이 단지 조선 내지 동양의 것 혹은 고풍(古風)이라 해서 멀리하는 따위의 바람직스럽지 않은 처지에 놓여있는 것이다. …
>
> 오늘날 동경제국대학의 [조선인] 졸업생들은 그의 조상들이 값진 유산으로 남겨 준 문학작품을 읽지 못한다. 이러한 일이 어느 나라에 있었다는 말인가. 조선의 위대한 문학적 전통은 이제 일인들에 의하여 대폭으로 말살되어 버렸으니 현세대의 사람에게는 남겨진 것도 없지만 말이다(강길수, 1980: 215 재인용).

즉, 일제 식민지 통치자들은 한국의 문화가 낡은 것이며, 근대화를 위하여는 장애가 되는 것이므로 버려야 한다는 식의 주장으로 교묘히 한국인들에게 전통문화에 대한 열등의식을 심는 한편, 이 땅의 값진 문화재는 일본으로 실어 가거나 파괴하였다. 자신들은 '화혼양재(和魂洋才)', 즉 일본 정신에 서양 재능을 강조했으면서도 말이다. 그리고 학교에서는 체계적으로 문화적 열등의식을 주입하였으므로 학교교육을 받은 사람일수록 전통문화를 배척하고 서양문화와 일본문화에 심취하게 되었다. 그런데 슬픈 사실은 이러한 현상이 식민지 시대로 끝나지 않고 오늘날까지 계속되고 있다는 점이다. 학교는 여전히 외래문화가 중심을 이루고 있으며, 전통문화를 사랑하고 간직하는 사람들은 학교교육을 덜 받은 민중이다. 일제시대에도 그랬고, 오늘날에도 그렇다. 우리의 교육이 식민지 교육의 독소를 씻어내는 데 얼마나 게을렀는가를 다시 한번 뉘우치지 않을 수 없다. 그렇다고 해서 문화적 배타주의를 주장하는 것은 아니다. 서양문화의 가치를 부정하고 한국문화만 고집하는 배타주의가 아니라, 서양문화를 포함한 외국의 다른 문화의 가치를 인정하고 존중하되 한국문화의 가치와 우수성도 인정하고 교육을 강화하자는 것이다.

학교교육은 그동안 민족문화의 전승과 창달에 큰 공헌을 하지 못했을 뿐만 아니라, 분단을 극복하고 언젠가 민족 통합을 이루게 될 날을 위한 준비도 제대로 하지 못하고 있다. 민족 통합을 앞당기거나, 통합의 기회가 왔을 때 이를 확고하게 실현하기 위해서는 민족으로서의 동질성을 유지 · 확대하는 것이 무엇보다도 긴요하다. 그러나 이 점에 있어서 남북의 학교교육은 이렇다 할 공헌을 하지 못한 것이다. 단지 학교교육에만 국한된 일은 아니다. 과거 동독과 서독은 통일 이전에도 공동의 국어사전을 편찬하고 정기적으로 보완 작업을 공동으로 해왔거니와, 우리는 이러한 노력도 하는 둥 마는 둥 하다 중단된 상태이다. 우리가 분단국으로서, 통일이 어느 것에도 우선하는 민족의 절대적 과업이라면 문화적 동질성을 유지하기 위한 교육은 가장 핵심적인 문제가 아닐 수 없다. 만약 정치적으로 통일이 된다고 하더라도 한 민족으로서의 문화적 동질성이 파괴되고 말았다면, 진정한 의미의 민족 통합은 불가능할 것이다. 이런 의미에서 남북 간에 정치 대화, 경제 대화, 체육 회담 등이 간헐적으로 진행되었지만, 그보다 더 중요하고 급한 것은 문화 대화와 교육 대화이다. 교육 대화를 통하여 이데올로기의 경쟁과 상호비판을 자제하고 한 민족으로서의 동질성 유지를 위한 언어, 역사, 지리, 문화 등에 관한 교육 문제를 논의할 수 있어야 할 것이다.

2. 교육의 새로운 현실

위에서 살펴본 바와 같이 해방 후 이제까지의 교육은 한마디로 표현해서 도구주의적 교육이었다. 도구로서의 교육은—이것은 물론 참된 의미의 교육이 아니지만—첫째는 일제의 간악한 식민지 교육을 철저하게 비판적으로 극복하지 못한 소산이며, 둘째는 식민지 교육이론의 변형인 발전교육론을 비판 없이 수용한 결과이며, 셋째는 남북의 분단 상황으로 교육이 남북 대결의 종속변수로 시종하였기 때문이다. 그래서 도구주의적 교육을 탈피하기는커녕 오히려 더 강화하였다. 그 결과 교육의 본질적 가치는 크게 약화하여 교육의 건전한 발전이 가로막히고, 민족문화의 전승과 발전에 오히려 역기능을 하였으며, 분단 극복을 위한 민족 동질성의 유지와 확대에도 이바지하지 못하였다. 이러한 교육 상황에서 교육학 또한 제구실을 못 하였다. 학문은 당연히 상황을 한 걸음 떨어져서 관찰하고 기술하여야 함에도, 이제까지의 교육학은 그 상황에 종속되어 상황의 전개에 오히려 일익을 담당하였다. 발전교육론이 그중의 하나다. 발전교육론은 교육이 경제 성장의 수단으로 기꺼이 봉사해야 한다고 역설하였다. 비민주적 정치를 위하여도 봉사할 것을 주장하였다.

잘못된 교육학 이론의 또 하나는 교육이 사회화 기능을 충실히 수행한다는 이론이다. 이 이론은 학교교육이 기존 사회의 문화를 자라나는 세대에게 학습시켜 그 사회의 유지와 존속을 가능하게 만든다는 것이다. 그러므로 이 이론은 우리의 학교교육이 마치 우리의 가치 있는 문화를 어린 세대들에게 잘 가르치고 있으므로 민족문화가 무리 없이 전계(傳繼)되고 있는 것으로 착각하게 했다. 그러나 앞에서 살펴본 바와 같이 학교교육은 문화 전승이 아니라 문화 단절의 기능에 더 치중해 왔다. 문화전계(文化傳繼, enculturation)가 아니라 문화접변(文化接變, acculturation)의 역할에 기울어짐으로써 민족의 전통문화를 약화하고 외래문화의 지배를 이끌었다. 정상적으로 발전한 교육이라면 민족문화를 유지하면서 발전시키는 한편, 세계 각국의 다양한 문화와 교류함으로써 자국의 문화를 풍부하게 만드는 데에 역점을 둘 것이다.

그런데 발전교육론과 교육의 사회화 이론은 모두 종래의 교육학이 지닌 학문적 성격에서 배태된 것이다. 종래의 교육학은 일종의 교직학 또는 교육방법 이론으로서, 교육 현상을 이해하고 설명하기보다는 교육 실천 지침을 개발하는 데 목적을 두고 있었다. 그러므로 종래의 교육학 이론은 사회의 이념과 체제를 주어진 것으로 볼 뿐만 아니라 교육이념과 내용도 미리 결정되어있는 것으로 받아들이고, 다만 그러한 이념과 내용을 가르치는 효과적 방법의 개발에만 주력하였다. 따라서 교육 현상 그 자체를 있는 그대로 기술하여 문제를 발견하고 그러한 교육 현상의 배후에 숨어 있는 비교육적 내용을 들추어내는 데는 실패하였다. 더욱이 교육을 정치, 경제 등 다른 부분의 종속변수로 파악함으로써 교육의 수단적 기능만을 강조할 뿐이고, 교육의 본질적 가치에는 무관심하였다.

1) 교육의 본질

교육의 본질은 인간의 지적·인격적 성숙의 가치에 대한 믿음이다. 인간은 물질을 생산하고 고르게 배분하는 경제적 가치를 오랫동안 신봉해 왔으며, 또 한편으로 개개인은 그들이 구성하고 있는 사회의 주체로서 그 사회의 모든 결정 과정에 참여하고 자신의 주장을 펼 권리가 있다는 정치적 가치도 신봉하고 있다. 그런가 하면 개인의 신앙생활이 자유로워야 한다는 종교적 가치도 지키고 있다. 이들 경제적, 정치적, 종교적 가치와 마찬가지로, 그리고 이들과 대등하게 개개인은 지적·인격적 성숙을 추구할 권리가 있다는 교육적 가치를 옹호하는 것이 다름 아닌 교육학의 기본정신이다. 이 교육적 가치를 옹호하기 위해서는 때로는 경제적 가치와 때로는 정치적 가치 또는 종교적 가치와 갈등을 일으킬 수도 있다. 왜냐하면 그러한 가치의 추구 과정에 있어서 개인의 지적 생활, 즉 자유롭게 사고하고 이해하고 표현하는 활동의 제한이 불가피하나고 내세우는 일이 흔하기 때문이다. 그러므로 그러한 갈등은 회피할 것이 아니라 당당히 대응해야 할 것이다.

개인으로서 그리고 민족으로서 지적으로 인격적으로 성숙한다는 것은 정치, 경제, 종교의 지배를 벗어나 한 인간으로 자유롭게 지적으로 탐구하고 사고할 수 있어야 함을 의미한다. 남북 분단의 문제도, 이데올로기 대립의 문제도, 우리 사회 내부의 여러 갈등도 현상에 대한 올바른 인식과 성숙한 판단에 바탕을 둔 주체적 행동을 통하여 해결의 실마리를 풀 수 있는 것이라면, 교육적 가치의 회복과 이를 위한 교육학 이론의 정립이야말로 시급한 과제가 아닐 수 없다. 그런 의미에서 교육학은 모든 사람의 '알 권리'와 '사고의 자유'를 신장시키는 데 적극적으로 공헌하여야 할 것이다.

교육은 그것을 어떻게 정의하든 간에 그 본질적 성격은 주체의 학습에 대한 타자의 간섭과 조정이다. 빈번하게 통제도 일어난다. 교육을 담당하고 있는 사람들은 항상 학습자를 '위하여' 간섭하고 조정하고 통제하는 것이라고 말한다. 그래서 교육을 정의할 때는 항상 당위론적 용어를 사용한다. 규범적으로 '옳고 가치로운 방향으로' 학습을 조종 · 통제한다는 것이다. 흔히는 학습을 '촉진하고 선도한다'라고 말한다. 그러므로 교육은 교육을 행하는 입장과 관점에서는 언제나 '가치로운' 것이다. 어느 시대에나 어느 집단이나 자신들이 실시하는 교육의 가치를 믿었고 그것을 주장하였다. 공산주의 국가에서는 공산주의 교육이 가치 있고, 자본주의 국가에서는 자본주의 교육이 가치 있다. 특정 종교가 지배하는 사회에서는 그 교리에 따라서 실시하는 교육이 옳고 바람직하다. 이러한 생각이 확대되면, 한 사회 내에서도 각 집단은 그 나름의 가치로운 교육을 가지고 있으며, 심지어 개인마다 그 나름의 가치로운 교육을 가지고 있다고 말할 수 있다. 교육은 그것을 실시하는 사람의 입장에서는 항상 가치로운 것이다.

그러나 명백한 것은 특정 교육의 실시자가 스스로 아무리 가치롭다고 생각하여도 그것은 상대적이라는 점이다. 다른 사람, 다른 집단의 관점에서 보면 가치롭지 않을 수도 있고, 틀린 교육일 수도 있고, 해로운 교육일 수도 있다. 바로 이러한 사실 때문에 교육사회학자들은 교육을, 특히 획일적이고도 강제성을 띤 학교 제도에 의거한 교육을 교육에 대한 관점과 이해관계를 달리하는 집단 간의 주도권 다툼으로 파악한다. 학교는 교육의 목적과 내용 그리고 결과의 해석을 둘러싼 여러 집단 간의 경쟁과 갈등이 벌어지는 현장이다. 교육을 둘러싼 갈등은 그동안 힘의 대결로 나타났다. 교육을 정치적 과정이라고 부르는 것은 바로 이 점을 지적한 것이다. 힘이 강한 지배집단이 교육을 지배하였다. 이 현상은 역사 속에서 끊임없이 되풀이되어 왔다.

2) 교육권

그러나 교육이 학습을 간섭 · 조정 · 통제하는 것이라면 그렇게 할 수 있는 권리, 즉 교육의 권리는 무엇에 의하여 정당화되느냐는 문제가 해명되어야 한다. 한 개인이나 집단, 또는 국가가 다른 개인과 집단과 국민을 교육할 권리는 무엇에 의하여 부여되고 정당화되는가? 교육권의 근거는 무엇인가? 흔히 교육권은 먼저 지식을 습득한 사람, 더 나은 인격을 갖춘 사람에게 주어지는 것으로 생각한다. 그러나 이러한 논리는 앞에서 지적하였듯이 교육의 상대적 가치 때문에 정당화되기 어렵다. 더 많은 지식과 더 나은 인격이라고 하지만 그것은 상대적이기 때문이다. 예컨대 진화론과 창조론을 둘러싸고 논쟁이 끊이지 않는다. 미국의 다른 주에서는 진화론을 가르치지만, 기독교의 한 교파가 지배적인 캔자스주에서는 진화론의 교육은 금지되고 창조론만을 가르친다. 또한 자본주의 국가에서는 공산주의를 비판하지만, 공산주의 국가에서는 공산주의를 하나의 교조로 가르치고 자본주의는 부정되어야 하는 것으로 가르친다. 교육 권리의 근거를 교육실시자 관점에서 찾으면 결국 상대적 가치 문제에 빠지고 만다.

교육권의 근거는 다른 데에서 찾아야 한다. 타인을 가르칠 권리는 가르침을 받는 사람에게서 오는 것이다. 왜냐하면, 배울 권리, 즉 학습의 권리와 가르칠 권리, 즉 교육의 권리 가운데 더 근본적인 인권은 학습의 권리이기 때문이다. 사람들이 가르칠 자유를 가지고 있다 해도, 특정인으로부터 배우기를 거부하는 사람에게 강제로 가르칠 권리는 없는 것이다. 학습하기를 거부하는 사람에게 지식과 가치관을 강제로 가르칠 권리는 정당화될 수 없다. 그것은 하나의 자연권이다. 인간은 누구나 어떤 사상을 가질 권리와 함께 특정 사상을 강요받지 않을 권리를 가지고 있다. 이것이 사상과 신념의 자유에 관한 권리이다. 그러므로 교육권은 학습권을 가지고 있는 자로부터 교육을 위탁받았을 때만 성립되는 것이다. 민주주의 국가에서는 주권자인 국민이 동의한 헌법에 따라 국가가 교육을 관리하는 제도적 권한을 행사한다. 이것은 학습자의 관점에서 자신의 학습을 위하여 교육을 선택할 수 있음을 의미한다. 그런 의미에서 학습권의 행사는 교육에 대한 선택권으로 구체화한다. 따라서 교육의 선택권이 부정되는 사회는 자연권으로서의 학습권이 보장되지 않은 사회라고 말할 수 있다.

3) 학습권

요약하면 교육은 학습을 간섭 · 조정 · 통제하는 행위이며, 학습의 자유는 가장 근본적인 자연권이므로 학습하려는 자의 자유의사에 의한 위임에 의해서만 교육권은 인정되는 것이다. 학습의 자유의 구체적 행사는 교육에 대한 자유로운 선택권으로 표현된다. 언제나 학습권이 교육권에 우선하는 것이고 그 반대는 정당화될 수 없다.

그러나 19세기 이후로 형성된 학교 본위의 공교육 체제는 국민의 학습권보다 국가의 교육권이 우선한다는 주장에 근거하고 있다. 근대국가의 형성 과정과 산업화의 과정에서 국민을 교육의 대상으로 간주하고 국가가 획일적인 통일적 교육제도에 국민을 강제로 밀어 넣어 교육하는 것이다. 여기에는 학습권의 자유로운 행사, 즉 교육의 선택권은 보장되지 않는다. 좋으나 싫으나 국가가 실시하고 통제하는 교육을 받지 않을 수 없는 제도이다. 정치 · 경제체제에 종속된 교육을 강요받고 있는 것이다. 이것이 현대 학교 제도교육의 기본 특성이다(김신일, 2005a).

수많은 사상가와 교육자들이 오늘날의 학교 제도를 비판해 왔으며, '탈학교사회' 주장까지 나왔다. 학교교육이 지배층의 이익에 봉사한다는 주장은 오래되었다. 학교는 '비교육적 기관'이라고까지 비난하는 사람도 있다. 학교 제도에 대한 이러한 비판은 부분적으로 모두 정당하기는 하지만 문제의 본질을 명백히 드러내는 데는 성공하지 못하였다. 문제의 본질은 학교가 '좋은' 교육을 제공하지 못하는 데에 있는 것이 아니라, 학습의 자유가 정당화될 수 없는 방식으로 제한되고 통제되고 있다는 사실에 있다. 이 점을 명백히 이해하여야 한다. 교육은 어디까지나 학습의 보조 수단이다. 학습을 위하여 교육이 존재하는 것이지, 교육을 위하여 학습이 존재하는 것은 아니다. 교육상황에 있어서 최종적인 선택권은 학습자에게 있는 것이지 교육자에게 있는 것이 아니다(김신일, 2005b: 93-97).

여기에 한 가지 문제가 제기된다. 교육받는 어린 아동이 스스로 자신의 학습을 결정할 능력이 있는가 하는 문제이다. 즉, 어린 아동이 여러 교육이 주어진다고 할 때, 현명하게 선택할 수 있는 능력이 없지 않으냐는 것이다. 그러나 어린 아동이라고 해서 주체적인 학습 능력이 전혀 없는 것은 아니다. 이 점은 좀 더 많은 연구를 해야 할 일이지만 이제까지의 심리학과 교육학의 연구 결과들은 어린 아동도 어느 정도까지는 주체적으로, 능동적으로 학습할 수 있음을 밝히고 있다. 그럼에도 불구하고 어린 아동에게 자신의 학습생활을 전적으로 방임해 주기는 어렵다. 아직 미성년자들이기 때문이다. 그러므로 이들의 학습권의 행사는 일차적으로 그들의 부모 또는 보호자에게 위임된 것으로 볼 수 있다. 정치나 경제 생활에 있어서 미성년자는 일차적으로 부모나 보호자의 보호 속에 두는 것과 마찬가지로 학습 생활에서도 부모 또는 보호자의 보호 아래 두어야 할 것이다. 만약 부모의 의사와 관계없이 타인의 강제적인 교육권을 휘두른다면 정당화되기 어렵다. 교육의 권리에 관한 논쟁에서 학부모가 중요한 당사자가 되어야 함은 이 때문이다.

교육의 권리를 둘러싼 경쟁과 갈등이 국가와 교사 사이에 자주 일어난다. 교사들이 교육권을 주장하고 있는 것은 현 상태에 비추어 보면 당연하다. 교육전문가로서의 교사들에게 교육의 자유권이 제한되어 있기 때문이다. 그러나 교사들의 교육 자유권이 확보된다고 해서 교육권을 둘러싼 문제가 모두 해결되는 것은 아니다. 학습자의 학습권 문제가 해결되어야 한다. 성인학습자는 스스로 학습의 자유 권리, 즉 교육의 선택권을 행사할 수 있으므로 학습자들이 직접 당사자로 나서서 자신들의 권리를 주장할 것이다. 그러나 미성년 학습자들의 경우는 부모가 대리자로 나서서 학습의 자유 권리를 주장할 수 있어야 한다. 이런 의미에서 학부모들은 교육에 대한 현명한 선택과 권리의 행사를 위하여, 학습과 교육에 관하여 공부하여야 한다. 학부모들의 조직화도 필요하다. 부모들이 자녀들을 대리하여 학습의 권리를 보장받고, 교육의 선택권을 확보하여야 한다. 이렇게 되면 교육을 둘러싼 당사자들은 학습자(또는 학부모), 교사, 국가의 세 집단이 될 것이다. 이들 세 교육 당사자 간의 조정과 합의에 따라 교육의 제도가 수립되고 구체적 교육의 실천 방향과 방법이 결정될 것이다. 그러나 오늘날의 교육 현실은 국가가 주도권을 쥐고 강력하게 행사하고 있다.

국가가 주도권을 장악하고 있는 현실은 교육의 민주화가 아직 충분히 이루어지지 않았다는 것을 의미한다. 민주화는 말 그대로 민(民)이 주권자인 체제를 말한다. 교육에 있어서 민(民)은 모든 시민인 학습자이다. 민(民)인 학습자들이 자신의 학습 생활, 자신들이 대상이 되는 교육의 주권자로서 권리를 행사할 수 있을 때, 참된 의미의 교육민주화가 달성되는 것임은 말할 필요가 없다.

4) 교육민주화: 민주화의 완성

교육의 역사는 소수 지배 집단을 위한 배타적 교육 단계로부터 대중적 학교교육, 즉 공교육 단계에 이르렀으며, 이제 학습사회 단계로 접어들고 있다. 학습사회 단계는 교육의 민주화 과정의 완성을 의미한다. 교육의 민주화란 교육 상황에서의 민(民)에 해당하는 학습자, 곧 시민이 교육의 주권자로 등장함을 의미한다. 이제까지 오로지 교육의 객체로만 인식되어 오던 시민들이 교육의 주체로 등장하는 것이다. 소수의 지배층이 교육을 지배하였고, 교회가 교육을 지배하였으며, 정치 · 경제체제로서의 국가가 교육을 지배하는 시대로부터, 시민들이 자신들이 받을 교육을 스스로 관리, 통제하는 시대로 진입함을 의미한다. 시민들이 자신의 교육을 통제하는 것은 자신들의 자연적인 학습의 권리를 행사하는 한 방편이다. 교육을 스스로 통제하지 못하고서는 자신들의 학습의 자유에 관한 권리를 확보할 수 없기 때문이다. 그리하여 교육이 민주화된 사회에 있어서는 교육을 위하여 학습이 존재하는 것이 아니라 학습을 위하여 교육이 존재하는 것으로 된다.

교육의 이러한 민주화는 인류 역사가 끊임없이 성취해 온 민주화의 긴 역정의 완성을 의미한다. 종교개혁을 통하여 절대 권력인 교회가 지배하던 종교 생활로부터 벗어나 개개인이 신앙을 통하여 신과 직접적 관계를 맺을 뿐만 아니라 신앙의 자유를 누릴 수 있는 종교의 민주화를 이룩하였으며, 경제 혁명을 통하여 개개인이 경제 활동의 자유를 보장받는 경제의 민주화를 성취하였으며, 프랑스 대혁명을 위시한 정치 혁명을 통하여 시민들이 정치체제를 선택하여 스스로 지배할 수 있는 자유를 누리는 정치의 민주화를 달성하였다. 그렇지만 시민들이 가르침과 배움의 자유를 누릴 수 있는 교육의 민주화는 아직 이룩하지 못하였으니, 이제 인류는 이것을 성취하여야 할 단계에 서 있는 것이다. 교육의 민주화는 이제까지 성취한 민주화의 불완전성을 완성하는 최종 단계의 민주화 과제이다.

인류가 종교, 경제, 정치에 있어서 민주화를 이룩하였다고 하지만 교육의 민주화를 이루지 않고서는 완전한 민주화를 성취하였다고 말할 수 없다. 왜냐하면 정치적 민주화가 이루어졌다고 해도 특정 정치 이념만을 주입하는 교육에 따라 훈련받는 시민들이, 즉 헤게모니의 틀 안에서 교육된 시민들이 '자유롭게' 정치적 결정을 내린다고 하더라도 그 헤게모니의 범위를 벗어나지 못하는 '자동 인형'이 된다면 참된 의미의 정치적 민주사회는 못 되기 때문이다. 통제된 교육체제 아래에서 어려서부터 특정 정치 이념만을 교육받은 사람들은 스스로 선택한다고 해도 그 정치 이념의 범위를 벗어날 수 없기 때문이다. 이러한 예는 얼마든지 어렵지 않게 찾아볼 수 있다. 종교와 경제의 경우도 마찬가지이다. 어려서부터 특정 종교만을 교육받은 사람들은 스스로 종교를 선택하도록 자유가 주어진다 해도 다른 것을 선택할 능력을 상실하는 경우를 얼마든지 볼 수 있다. 그러므로 어려서부터 모든 정치 이념과 종교신앙, 경제체제에 관하여 자유롭게 그리고 편중되지 않게 학습할 수 있을 때만 진정한 의미의 주체적 인간이 길러질 수 있는 것이다. 그런 의미에서 교육이 민주화될 때만 이제까지 성취해 온 종교, 경제, 정치의 민주화가 완성될 수 있는 것은 명백하다.

이제까지 주장한 교육의 민주화, 즉 학습이 교육에 우선하고 따라서 교육 상황에서 학습자가 주체자가 되고 교육자가 협조자가 되는 교육은 아직도 많은 사람에게는 선뜻 받아들이기 어려운 것이다. 현재의 지배적 교육관은 교육의 주체는 교육자이고, 학습자는 객체로서의 대상에 불과하다는 전제에 입각해 있다. 즉, 학습권보다 교육권이 우선한다는 생각이다. 이렇게 믿고 있는 사람들에게는 학습권이 교육권에 우선한다는 주장은 이해하기도 어렵고 받아들이기는 더욱 어려운 것이다. 오늘날의 교육제도가 교육권 우선의 교육관에 바탕을 두고 있고, 사람들은 오랫동안 이 교육관에 사로잡혀 있어서 새로운 주장을 이해할 수 있는 안목을 가지고 있지 못하기 때문이다.

그러나 역사는 바뀌고 있다. 인류의 역사가 민주화의 방향으로 진행하는 한 반드시 학습권이 우선하는 시대가 온다. 새로운 시대는 이미 시작되었으며 이렇게 주장할 수 있는 근거는 많다. 현대의 학교 본위 교육제도에 대한 회의와 비판들은 그 근본적인 문제의식이 대부분 교육의 주체가 누구이어야 하는가에서 출발하고 있으며, 학교 제도가 완성된 이 시점에서 학교 제도에 대한 하나의 대안으로 평생학습이 대두된 것도 따지고 보면 그 밑바닥에는 학습자가 주체가 되는 교육에 대한 갈망이 깔려 있는 것이다.

21세기 전반부는 교육사적으로 볼 때 중대한 과도기이다. 교육권 우선의 시대로부터 학습권 우선의 시대로 이행이 본격화하고 있다. 학교 제도를 통해 아동과 청소년을 교육하는 사회에서 누구나 평생 학습하는 사회로의 전환이 일어나고 있다. 그 학습을 어떻게 보장할 것인가를 두고 세계 각국이 정책 경쟁을 하고 있다. 국가는 국민 개개인의 평생에 걸친 지적, 인격적 성숙을 위한 학습을 지원하고 보장할 책임을 가지고 있다는 자각이 세계적으로 보편화하고 있는 것이다. 이것이 학습사회 시대 국가의 기능이다. 인간은 생애 어느 단계에 있든 간에 누구나 지적으로, 인격적으로 성숙하기 위하여 학습할 권리를 가지고 있으며, 이 권리는 누구도 침해할 수 없는 가장 기본적인 것이다. 이처럼 학습권이 보장되는 사회의 도래를 촉진하고, 국민 개개인이 학습의 주체로서 학습공동체를 현명하게 형성하도록 지원하는 일이야말로 교육학도의 우선적인 임무이다(김신일, 2020).

3. 새로운 교육학 패러다임 모색

교육학은 전통적으로 실천이론으로 일관해 왔다. 교육학이 애당초 교사 지망생과 교사를 위한 교직 과목으로 성장해 왔으며 오늘날에도 여기에서 크게 벗어나지 않고 있음이 이를 말해 준다. 교육 실천가를 위한 여러 가지 규범과 실무적 원리 및 '처방'이 중심을 이룬다. 그러므로 교육 실천에 직접 도움을 주지 못하는 지식과 이론은 교육학계에서 별로 환영받지 못한다. 교육학이 이러한 성격이기 때문에 교육사회학도 초기에는 자연히 교육 현상에 관한 설명적 이론의 추구보다는 실천을 위한 원리와 처방의 개발에 주력해 왔다.

그러나 교육학이 교육 현상을 기술 · 설명 · 이해하려면, 즉 하나의 과학으로 정립되려면 실천이론에만 매여 있어서는 안 된다. 실천이론으로 머물러 있는 한 교육 현상을 설명하는 이론을 형성할 수 없을 뿐더러 경제학, 정치학, 사회학 등과 같은 사회과학으로 성장할 수 없다. 이하에서 종래의 교육학의 학문적 성격을 검토하고, 새로운 교육학의 등장이 불가피하게 된 역사적 배경과 교육학의 전망을 살펴보겠다.

1) 교육학의 성격

교육의 학문적 성격에 관한 논쟁은 끊이지 않았지만, 그런 논쟁이 교육학의 발전에는 이렇다 할 도움을 주지 못하였다. 물론, 그동안 국내외에서 벌어졌던 교육학 토론 가운데에는 학문 논쟁으로서 모자라는 것도 없지는 않았으나 훌륭한 것도 적지 않았다. 그럼에도 교육학의 발전에 크게 기여하지 못한 것은 교육학의 본질 문제에 정확히 접근하지 못했기 때문이다.

어느 학문이건 위기에 처하게 되면 그 학문의 성격과 또는 이제까지의 방법론에 대한 심각한 반성이 일어나게 마련이다. 그 학문이 이제까지 지켜온 학문의 대상, 관점, 방법론 등에 대하여 처음부터 다시 시작하는 자세로 반성 · 검토함으로써 위기를 극복하려 한다(예컨대, 장상호, 1997). 그러므로 학문의 성격에 관한 토론이 활발하다는 것은 그 학문이 새롭게 비약할 수 있는 계기를 맞이하고 있다는 뜻이기도 하다.

지난 1960년대와 1970년대 교육학의 성격에 관한 국내의 논쟁은 주로 교육방법론에 집중하였다. 논쟁은 정범모(鄭範謨) 교수가 그의 저서 「교육과 교육학」(1968)에서 교육을 "인간 행동의 계획적인 변화"로 정의하고, "교육학은 교육사상(教育事象)에 관한 여러 개념, 법칙, 이론들을 포함하는 과학이며, 교육사상이 경험적 사실의 세계인 한, 교육학은 경험적 과학을 구성한다"고 언명한 데에서부터 시작되었다. 그는 교육학을 경험과학으로 단정하였을 뿐만 아니라, 이어서 "교육에 문학적, 철학적, 가치관적인 면은 있고, 또 있어야 한다. 그렇다고 교육학이 그럴 수는 없다. 그렇게 된다면 교육학은 과학이기를 멈추고, 따라서 교육사상을 기술, 설명, 예언하는 힘도 없는 그야말로 공리공론이 될 것이기 때문"이라고 덧붙임으로써 교육학에서 규범적 요소를 제외하려 하였다.

이러한 경험과학적 교육학에 대하여 주로 교육철학자들이 반론을 제기하였다. 이규호(李奎浩) 교수는 경험과학적 교육학의 한계를 1967년 한국교육학회 연차대회 주제 강연을 통하여 이렇게 지적하였다.

> 이러한 경험과학적인 대표자들은 그들의 소위 경험적인 방법의 통달 범위나 그 제한성을 생각해 보는 일은 거의 없이 자연과학의 모범을 따라서 그들의 방법을 거리낌 없이 신뢰하고 있습니다. … 그러므로 철학적이고 해석학적인 방법에 있어서 비과학적이었던 교육학이 이제는 과학적 발전단계에 도달하였다느

니, 혹은 철학적인 교육학은 이미 뒤떨어진 것이기 때문에 새로운 과학적인 교육학을 통해서 극복되어야 한다고 생각하는 것은 너무 단순하고 문제의 성격을 바로 이해하지 못한 것이라 할 수 있겠습니다. 그런 생각을 하는 사람은 대체적으로 '경험'이니 '철학'이니 하는 개념들을 이미 지나간 계몽주의 시대의 사조에 따라서만 이해하고 있는 것입니다.

그러므로 그는 주장하기를 교육학은 경험과학적인 연구를 배제할 것은 아니지만 그 한계를 인정하고 이용해야 하며, 철학적 인간학, 특히 해석학의 도움을 받아야 한다고 했다. 즉, 경험과학과 철학의 상호보완 위에 교육학이 세워져야 한다는 것이다. 결국 정범모 교수는 규범적 요소를 제외한 과학적 교육과학의 정립을 역설한 데 반하여, 이규호 교수는 규범적 요소의 포함을 강조한 셈이다.

교육학의 성격을 방법론적 관점에서 접근하여 규범과학이냐 아니면 경험과학이냐를 놓고 벌인 토론은 영국에서의 허스트(Paul Heywood Hirst, 1927-2020)와 오코너(Daniel John O'Connor, 1914-2012) 사이에 벌어졌던 토론과 비슷한 데가 있다(O'Connor, 1957; Hirst, 1966, 1972; Langford & O'Connor, 1973). 이들은 교육에 관한 가치 판단을 배제해야 하는가, 그리고 그것이 가능한가를 놓고 논쟁을 벌였다. 허스트는 비록 현재는 가치 판단의 기준을 과학적 인식의 대상으로 삼는 데 한계가 있다 하더라도, 가치 판단의 문제를 교육이론에서 배제해서는 안 된다고 주장하였다. 이에 반하여 오코너는 가치 판단의 기준을 객관적으로 밝힐 수 없다면 이를 교육의 과학적 이론에 포함시키는 것은 잘못이며, 교육이론의 발전을 위하여 하등 도움이 되지 않는다고 내세웠다. 이는 마치 국내 교육학자들 사이에 '교육철학을 떼어낸 교육과학'의 가능성을 공방하던 것과 비슷하다.

그런데 허스트와 오코너는 교육학의 본질에 관하여는 같은 생각을 가지고 있었다. 그들은 교육에 관한 이론은 교육 실무를 위한 원리의 체계라는 점에는 합의하였다. 다만, 허스트는 그것을 '이론'일 수 있다고 내세운 반면, 오코너는 '이론'이란 실천 원리가 아니라 사실을 설명하고 사태를 예견 · 통제할 수 있어야 하므로 교육의 이론은 이론이 아니라는 입장을 취한 것이다. 그러나 여하튼 교육학이 교육 실천을 위한 원리를 발견하고 체계화하는 학술활동이라는 사실에는 같은 생각을 가지고 있었다. 허스트는 이를 명백하게 표현하여 "교육이론은 실제적 활동을 위한 지침으로서의 원리를 체계화하고 정당화한 것"이라고 하였다.

우리는 이들이 교육학을 교육 실천 원리의 체계로 보고 있는 사실에 주목할 필요가 있다. 국내 학자들의 토론에서도 교육학의 본질에 관하여는 '응용과학', '종합과학', '실천과학' 등의 명칭하에 교육 실천 원리의 체계라는 점에서 일치하고 있음을 기억할 필요가 있다. 교육학을 교육 실천을 위한 원리의 체계로 보는 것은 실상 하나도 새삼스러울 것이 없다. 17세기 코메니우스(Comenius)의 「대교수학(大教授學)」을 비롯하여 주요 교육 고전들과 오늘날의 교육 저서들의 내용이 대체로 교육을 통하여 길러야 할 덕목들과 효과적 교육을 위한 방법상의 지침으로 구성되어 있다. 더욱이 대학에서의 교육학 강좌들은 교육 실천가인 교사의 양성을 위한 교직훈련 과정으로 발전하였으며, 사범대학 교육학과의 교육과정은 이러한 내용을 체계화한 교직 과정의 확대판적 성격이다.

따지고 보면 교육학은 교사 양성을 위한 교직 과정으로부터 발전한 것이다. 장차 교사가 될 사람들에게 교육의 규범과 방법을 훈련시키기 위하여 실천적인 원리와 지침을 체계한 분야로 발전하였다. 실천적 원리와 지침은 여러 학문의 이론과 지식을 광범위하게 참고하고 교육현장의 상황을 고려하여 다소 '창의적'으로 구안된다. 그러므로 자연히 응용과학의 성격이 된다. 뿐만 아니라 다른 학문의 상황을 항상 살펴서 교육 실천에 응용할 만한 것이 있으면 재빨리 도입해야 한다. 그동안 교육심리학, 교육사회학, 교육철학 등 교육학의 대부분 하위 전공영역은 이러한 목적에서 발전한 것이다.

실천이론은 항상 규범과 과학의 두 요소를 함께 지니고 있다. 왜냐하면, 실천이론은 그 학문 대상이 무엇이든 그 실천 행위가 인간에게 미칠 영향에 대한 가치 판단을 거쳐야 하며, 다른 한편으로는 일단 가치 있다고 판단된 행위를 가장 효과적으로 수행할 수 있는 방법을 개발해야 하기 때문이다. 예컨대, 초등학교 3학년 음악 시간에 외국 가요를 가르치는 일을 놓고 우리는 외국 가요를 가르치는 것이 과연 가치가 있는가 여부를 따지지 않으면 안 된다. 아무 노래나 무작정 가르쳐서는 안 될 것이며, 이 문제의 결정은 교육학이 관여할 바가 아니라고 주장하면 책임 회피가 될 수 있다. 그러나 그렇다고 해서 노래 가르치기의 가치 판단에만 집착해서는 안 된다. 가르치기로 했다면 그 노래를 가장 효과적으로 가르치는 방법을 연구해 내야 한다. 능률적으로 가르치되 곧 잊어버리지 않을 그러한 교수방법을 찾아야 한다. 그러므로 외국 가요 가르치기에 관한 교육 연구는 규범적 요소와 과학적 요소를 동시에 포함할 수밖에 없다.

앞에서 살펴본 경험과학적 이론 대 규범적 이론의 대립은 교육 실천 이론이 지니고 있는 이러한 양면적 성격 때문에 불가피한 것이다. 과학적 교육방법의 개발을 위해 노력하는 사람들은 탈가치적 이론을 추구하는 데 집중한다. 한편, 교육학을 철학적 관점에서 접근하여 교육 행위의 규범적 성격을 규명하려는 사람들은 철학적 교육이론을 정립하려 노력하므로 이들은 자연히 '무엇을, 왜 가르쳐야 하는가'의 문제에 치중하게 된다. 그러므로 경험적 교육론과 규범적 교육론 사이에는 항상 긴장이 있을 수밖에 없다. 실천이론은 어느 한쪽도 배제할 수 없기 때문이다.

2) 교육학의 새 패러다임

그러면 교육학의 성격과 방법론에 관한 이제까지의 논쟁은 교육학의 발전에 어떤 도움을 주었는가? 위에서 살펴본 '경험적' 교육이론과 '규범적' 교육이론 간의 논쟁은 실천이론으로서의 균형을 유지하는 데는 도움을 주었다. 그러나 오늘날 교육학이 처해있는 근본적인 위기의 극복에는 도움을 주지 못하였다. 교육학이 처해 있는 위기는 무엇인가? 단도직입적으로 말해서 교육학이 교육 현상을 설명 또는 이해하는 데에 도움을 주지 못하고 있다는 사실이다. 교육 현상에 관하여 모르고 있다는 것이다. 이렇게 말하면 교육학에 대한 모함으로 들릴는지 모른다. 그러나 교육 현상에 대한 개념체계조차도 이제부터 만들어야 할 상황에 있다. 교육학의 이러한 상황은 한국에만 국한된 것이 아니라 모든 나라에 동일하게 나타나는 현상이다(Lagemann, 2002). 이 문제를 잠시 논의해 보자.

예컨대, 심리학자 피아제(Jean Piaget)가 1935년의 교육학의 학문적 수준과 그로부터 30년이 지난 1965년의 교육학의 학문적 수준을 세밀히 검토한 뒤에 얻은 결론은 그동안 달라진 것이 없다는 것이었다. 교육 현상에 대한 지식다운 지식을 찾아볼 수 없기는 30년 전이나 후나 마찬가지라는 것이다. 다른 학문 분야는 같은 기간 중에 놀랄 정도로 많은 새로운 지식과 이론을 쌓았음에도 불구하고 교육학만이 이렇듯 잠자고 있는 것은 이해할 수 없는 현상이라고 피아제는 개탄하였다(1970: 5-6). 한편, 독일의 푀겔러(Franz Pöggeler, 1979)는 한 논문에서 독일의 교육학은 교육정책에 무력하고 오히려 사회학, 경제학, 정치학 쪽의 교육연구자들이 교육정책을 주도하고 있는데, 이것은 그쪽의 학자들이 더 우수해서가 아니라 교육학자들이 교육의 현실 문제에 관심이 없기 때문이라고 지적하였다. 이러한 상황은 영·미에서도 마찬가지이다. 교육의 현실 문제를 파헤치고 있는 학자들은 대개 사회학자, 경제학자, 정치학자, 인류학자들이다.

그러면 교육학자들은 무엇을 하고 있는가? 이들은 교육 실천에 매달려 있다. 교육과정 계획, 교육방법 개발, 행정조직 정비, 학생지도 계획, 학교 시설 보완, 교육공학 활용 등 교육 실천을 위한 새롭고 능률적인 방법을 찾아내는 데 매달려 있다. 그러므로 이들은 자기 자신들을 포함하여 '교육이 어떻게 돌아가고 있는지'에 관하여는 주의를 기울일 여지가 없다. 교육학자의 대부분이 교육학을 실천학문, 즉 교직학으로 인식하고 있기 때문이다. 그러면 교육학은 앞으로도 실천이론, 즉 교직이론으로만 머물러 있고 교육현상에 관한 연구는 다른 사회과학자들에게 맡겨둘 것인가? 그럴 수는 없다. 교육학이 교육현상을 다루는 학문이라면 모든 교육현상에 대한 연구를 스스로 해나가야 한다. 교육현상을 외면한 교육학은 이미 교육학이 아니다.

교육학이 교육 실천을 위한 원리와 방법의 연구에만 매이지 않고 교육자, 학습자, 학부모, 정부, 나아가 사회 전체의 교육에 관련된 행위를 연구하려면 교육학이 이제까지 의존해 온 실천 패러다임(paradigm)을 극복하여야 한다. 그러면 실천 패러다임을 극복하기 위하여 무엇이 필요한가? 교육학의 현재 위치를 학문사적 관점에서 조명하는 일이 필요하다. 그렇게 함으로써 교육학이 지향해야 할 방향이 무엇인가를 파악할 수 있을 것이다.

사회과학은 어느 것이나 세 가지 요소를 지니고 있다. 그것은 규범적 요소, 방법적 요소, 과학적 요소이다. 이 세 요소는 한 학문 내에 동시에 존재하면서 서로 경쟁한다. 그러나 이들 간의 힘의 관계는 그 학문의 발전 단계에 따라 달라진다. 예컨대, 어떤 단계에서는 규범적 요소가 지배적이지만 다른 단계에서는 과학적 요소가 그 학문을 지배한다.

사회과학의 처음 출발은 규범적 접근을 중심으로 시작한다. 즉, 그 학문이 대상으로 삼는 현상의 규범적 측면에 주로 관심을 갖는다. 교육을 예로 들면, 교육의 당위적 상태를 밝히는 것이 연구의 중심이다. 교육을 통하여 길러야 할 인간상, 가르쳐야 할 덕성, 교사의 윤리 등을 제시하는 것이 중심과제가 된다.

다음에 등장하는 것이 방법적 접근의 단계이다. 제시된 인간상을 길러낼 효과적 방법, 덕성을 가르칠 능률적 교수방법, 합리적 평가방법, 교육 기관의 효과적 관리방법 등이 주요 관심사가 된다. 그런데 효과적이고 능률적인 방법의 발견은 사변적, 논리적 연구 방법으로는 어렵다. 경험적 연구에 주로 의존하게 된다. 예컨대, 도덕성을 가르치는 방법 중 갑과 을 가운데 어느 것이 더 효과적인가는 경험적 연구를 통하여 밝힐 수 있다. 그런 점에서 방법적 접근은 과학적일 수 있다. 한 교수방법이 지닐 수 있는 규범적 측면을 배제하고 어떤 상황에서도 활용될 수 있는 교수방법의 발견을 목표로 삼는 학자라면 특히 '과학적'이기를 바랄 것이다. 이 대목에서, 앞서 살펴본 바와 같은 규범지향 대 경험지향 간의 논쟁이 자주 일어난다. 그러나 이 단계의 이론이 철저히 '과학적'이기 어려운 것은, 방법적 접근은 보편적 진리의 탐구에 매달릴 겨를이 없이 항상 변하는, 그리고 갖가지 제약으로 가득 차 있는 주어진 여건에서 '최선'의 방법을 찾아내는 일에 쫓기고 있기 때문이다.

세 번째 단계에 등장하는 것이 과학적 접근이다. 연구대상을 기술하고 설명 또는 이해하여 보편지(普遍知)의 형성에 기여하는 것이 주 관심이다. 즉, 개인적, 사회적 교육현상을 연구함으로써 교육에 관한 지식과 이론의 축적에 이바지한다. 학교에서 가르치고 있는 것은 무엇인가, 교육은 누가 지배하는가 등이 과학적 접근의 관심을 끌 만한 문제의 예이다.

이상의 세 단계 가운데 처음 두 단계와 세 번째 단계 사이에는 축적적 진행이라고만 말할 수 없는, 쿤(Thomas Kuhn, 1980)의 이른바 패러다임의 혁명과 비슷한 질적 변화를 동반한다. 이렇게 말할 수 있는 것은 흔히 한 학문이 과학으로 정립된 것으로 지적되는 시기가 바로 이 과학적 접근이 지배하게 되는 때이기 때문이다. 정치학, 경제학, 사회학 등이 각각 하나의 독립된 과학으로 정립된 때가 바로 두 번째 단계로부터 세 번째 단계로 이행하던 시기이다. 그것은 세 개의 접근 가운데 처음 두 가지, 즉 규범적 접근과 방법적 접근은 실천 지향이라는 공통점을 함께 지니고 있으며, 세 번째, 즉 과학적 접근은 설명 그 자체에 비중을 두는 설명 지향이라는 특징을 지니고 있기 때문이다. 과학적 접근, 즉 설명 지향적이라고 해서 연구 대상으로 삼고 있는 현상에 관한 지식과 이론의 실천적 측면에 무관심한 것은 아니다. 그러나 실천적 측면에 대한 관심은 이차적이고, 지식과 이론의 형성에 일차적 관심을 둔다.

그러면 한 학문이 실천 지향에서 설명 지향으로 이행하는 것은 어떤 계기로 일어나는가? 사회과학의 역사는 이에 관하여 우리에게 흥미로운 사실을 알려주고 있다. 사회과학이 실천보다 설명에 일차적 목표를 두는 과학으로 정립된 것은 시민사회의 형성과 때를 같이한다는 것이다. 시민사회가 형성된다는 것은 사회생활에 대한 결정권이 절대자로부터 시민에게로 돌아온다는 것을 의미한다. 그래야 사회 현상을 과학적으로 탐구하는 일이 가능해진다. 예를 들어, 종교학이 가능하려면 종교 현상을 특정 종교에 얽매이지 않고 객관적으로 다룰 수 있어야 한다. 특정 종교가 지배하고 있는 사회에서는—국교가 지배하는 사회에서는 더욱이—그 종교만을 절대적 종교로 인식하고 다른 종교는 종교로 인정하려 들지 않기 때문에 그 종교를 다른 종교와 대등한 위치에 놓고 객관적 입장에서 토론하는 일이 허용되지 않는다. 국가와 그 종교지도자들이 허용하지 않고, 국민들(모두 그 종교의 교도들이므로)도 허용하지 않는다. 종교에 관한 학문이 있다면, 그 종교의 경전과 교리를 해설하고 신앙을 인도하는 신학이 있을 뿐이고 종교학은 존재하지 않는다. 있다면 종교사(교회사) 정도이다. 그러므로 종교학이 가능하려면 참된 의미의 신앙의 자유가 이루어져야 한다. 시민 한 사람 한 사람이 자유롭게 종교를 선택하고 신앙 생활을 해나갈 수 있어야 한다. 그리고 종교들도 자유롭게 경쟁할 수 있어야 한다. 이러한 상황은 종교적 혁명을 거친 뒤가 아니면 안 된다. 즉, 종교 생활에 있어서의 '시민사회화'가 이루어져야 한다. 정치학, 경제학, 사회학 등이 다 같이 절대 권력을 벗어나 시민이 주인으로 등장하는 시민사회의 출현과 더불어 발달한 것은 그 때문이다. 시민들이 경제상황의 주체가 되고 그들이 자유로운 경제 활동을 할 수 있었을 때 비로소 과학으로서의 경제학이 출발하였으며, 시민들이 주권자로 인정되고 그들이 자유로운 정치 생활을 할 수 있었을 때에 정치학이 가능하였다. 그런 의미에서 절대 권력이 지배하는 사회에서는 오늘날에도 정치학은 제대로 발전하지 못한다.

이런 점에서 보면 기존의 교육학, 즉 교직학이 지배층과 교육 실시자를 위한 것이었음이 뚜렷해진다. 학습자 또는 국민의 입장에서 교육 현상을 이해하기 위한 것이라기보다 교사, 학교 그 위에 있는 국가의 입장에서 국민을 가르치는 일에 충실한 것이었다. 이것은 시민사회 성립 이전의 종교, 경제, 정치 등에 관한 학술 활동과 같은 것이다. 그런 의미에서 교육학은 아직도 시민사회 이전의 학문적 단계에 머물러 있다고 보아도 좋을 것이다.

그러면 교육현실은 어떠한가? 결론적으로 말해서 교육 행위의 주체가 교육을 실시하는 자 특히 국가로부터, 교육받는 자 즉 시민 쪽으로 옮겨가는 과정에 있다. 과거의 종교혁명, 경제혁명, 시민혁명의 과정에서 나타났던 현상이 교육에서 현재 나타나고 있다는 말이다. 학교교육에서 학생과 학부모의 학습권이 거론되고, 평생교육에서 성인 학습자의 자기주도적 학습이 강조되는 현상이 그러한 예이다.

과거의 교육은 페다고지(pedagogy), 즉 수동적으로 교육받는 아동교육이었으나 이제는 안드라고지(andragogy), 즉 능동적으로 학습하는 성인교육으로 중심이 옮겨가고 있다. 사실은 처음부터 성인들도 교육의 대상이었다.

백성의 교화사업(教化事業)이 바로 그러한 예의 하나이다. 교회와 절에서도 끊임없이 신도를 교육하였다. 교육을 받으면서도 이를 의식하지 못했을 뿐이다. 교육은 마치 학교에 다니는 어린이들만이 받고 있는 것으로 착각하고 있었을 뿐이다. 오늘날에는 성인들에 대한 교육이 더욱 늘어나고 체계화되고 있다. 성인들의 교육이 늘면서 나타나고 있는 한 가지 현상은 그들의 선택권도 늘고 있다는 것이다. 평생학습관, 문화센터, 학원, 교양강좌 등을 수강생들이 골라서 등록하고 수강하는 일이 늘고 있다.

이제는 평생학습 시대이다. 유아기에서 노년기에 이르기까지 누구나 평생에 걸쳐 원하는 것을 학습하고 필요한 교육을 받는 시대가 되었다. 학습자의 선택권이 확장되는 이유는 학교교육과 달리 성인을 위한 평생교육에서 가르치는 일을 맡는 교·강사의 자격이 유연하게 관리되기 때문이다. 전문 영역에 장기간 종사하며 역량을 키운 이들이 스스로 평생교육 프로그램을 만들고 강사로 직업을 전환하기도 한다. 민간 영역에서 지도자나 강사 관련 자격을 부여하는 단체도 점점 많아지고 있다. 학습 동아리를 통해 교·강사 없이 학습자들끼리 공동으로 협동하여 학습하기도 한다. 학습자 스스로 능동적으로 학습 활동을 관리하는 것이 점점 더 현대 사회의 특징으로 자리 잡고 있기 때문에 평생학습사회라는 용어가 점점 더 널리 사용되고 있다. 우리나라는 평생학습사회의 실현을 제도적으로 뒷받침하기 위하여 1999년에 「평생교육법」을 제정하고, 2007년에 보완하여 개정하였다(김신일·강대중·김민호 외, 2019).

그러나 교육의 주체가 시민으로 옮겨가는 일은 아직도 시작에 불과하다. 아직은 교육의 주체는 역시 교육 실시자, 즉 교사, 학교, 기업, 국가이다. 교육에 관한 권한을 교육 실시자들이 쥐고 있다는 뜻이다. 그러나 변화는 일어나고 있다. 교육에 관한 권한이 학습자 쪽으로 옮겨가는 일이 시작되었으며, 더욱 가속될 것으로 보인다(김신일, 2020). 교육 영역에서 '시민사회'의 출현은 교육학에 어떤 변화를 가져올 것인가? 다른 사회과학에서 일어났던 변화가 일어날 것이다. 교육 현상에 대한 이해와 설명을 위한 새로운 학문이 발전할 것이다. 이것은 교육학에 있어서의 새로운 패러다임의 등장을 의미한다. 실천을 위한 원리가 아닌, 교육 현상에 대한 이해와 설명을 중심으로 하는 현대적 사회과학으로서의 교육학의 등장을 의미한다. 신학에 대하여 종교학이, 군왕도(君王道)와 통치술에 대하여 정치학이 그러했던 것처럼, 교직학적 교육학을 극복하고 새로운 교육학이 등장할 것이다. 새로운 교육학의 등장은 교육학 자체의 질적 변화이므로 학문의 목적, 연구 영역, 성과 기준, 수요자 등에도 변화가 일어난다.

첫째, 학문적 목적이 달라진다. 종래의 교직학적 교육학은 교육 활동의 개선에 목적을 두어 왔으나 새로운 교육학은 현상의 이해와 설명에 목적을 둔다. 새로운 교육학이 교육실천의 개선과 개혁에 무관심하다는 뜻은 아니다. 그러나 개선과 개혁도 현상의 정확한 이해에 기초하여야 올바른 것이 될 수 있다. 정확한 이해에 근거하지 않은 개혁은 시행착오의 연속일 뿐이다.

둘째, 학문의 연구 영역이 확대된다. 종래의 교육학은 연구의 관심을 실천적 현실 문제에 집중시키고 당장의 문제와 직접 관계가 없는 연구문제는 도외시하였으나, 새로운 교육학은 교육에 관련된 사회, 경제, 정치, 문화의 현상이 모두 연구 대상으로 포함되므로 연구 영역이 엄청나게 확대된다. 이것은 단순히 연구 영역의 범위 확장으로 끝나지 않고, 확장된 영역의 기존 학문들과 교류가 불가피해지는 결과도 가져온다. 그러므로 교육학은 학문적 고립 내지는 주변적 위치로부터 벗어나 대등한 지위를 가지고 다른 학문들과 새로운 관계를 형성하게 된다.

셋째, 학문적 성과의 판단 기준이 달라진다. 종래의 교육학에 있어서의 평가기준은 실천적 효용성에 있었다. 즉, 교육현장의 실제 문제를 개선하는 데 얼마나 도움이 되느냐가 기준이었다. 그러나 새로운 교육학에 있어서의 평가 기준은 현상을 얼마나 정확하게 이해하고 설명하느냐에 있다. 즉, 실천 지향적 교육학은 연구 결과를 현장에 적용했을 때 얼마나 효과적으로 문제를 해결하고 방법을 개선하느냐에 따라 연구 결과의 우열이 판가름난다. 흔히 '꿩 잡는 놈이 매'요, '모로 가도 서울만 가면 된다'는 원칙이 적용되었다. 이에 비하면 설명 지향적 교육학은 연구결과가 현실을 정확히 드러냈는가 아닌가를 가지고 우열을 판가름한다.

넷째, 학문의 봉사 대상 또는 수요자가 확대된다. 실천 지향적 교육학은 교육 실천자, 즉 교사, 자녀교육자로서의 부모, 교육행정가 등에 봉사하지만, 설명 지향적 교육학은 교육 실천가들뿐만 아니라 교육의 대상자들에게도 봉사한다. 교육을 교육 실시자와 교육 대상자, 즉 학습자로 구분하면, 종래의 교육학은 교육 실시자에게만 필요한 지식을 제공하였으나, 새로운 교육학은 그들과 아울러 학습자들에게 필요한 지식도 제공한다. 교육, 즉 학습에 개입하는 행위와 제도에 관한 현상의 정확한 이해는 교육하는 자만이 아니라 학습하는 자들에게도 더욱 필요하기 때문이다. 그런데 인간은 평생에 걸쳐 학습하는 존재이다. 따라서 이제까지 교육학이 학령기 학생을 주요한 봉사대상으로 삼았다면, 새로운 교육학에서는 태어날 때부터 죽을 때까지 인간 전체가 봉사대상이다. 평생학습에 관한 이해와 설명은 교육학의 연구 영역을 크게 확장할 것이다.

이렇듯 교육학에 새로운 패러다임이 등장하면 교육사회학은 어떻게 될 것인가? 새로운 교육학의 성립과 발전에 있어서 핵심적 역할을 담당하게 될 것이 분명하다. 왜냐하면 기존의 교육학 분야 가운데 사회과학에 가장 근접해 있다는 이유 말고도, 교육사회학은 교육 현상을 탐구함에 있어서 실천 지향적이기보다는 설명 지향적이려고 노력해 왔기 때문이다. 그런 의미에서 새로운 교육학의 발전을 위한 교육사회학의 역할은 크다. 이제 교육학은 교육 실시자 중심의 학문으로부터 학습자를 중심에 포용하는 새로운 학문으로 거듭나는 단계에 이르렀다. 교육학의 새로운 패러다임 정립은 학문사적으로 보아 피할 수 없는 과제이다.

참고문헌

서론

Bergson, H-L. (1907). *L'evolution Créatrice*. 황수영(역)(2005). 창조적 진화. 이카넷.

Wells, S. (2006). *Deep Ancestry: Inside the Genographic Project*. National Geographic. 채은진(역)(2007). 인류의 조상을 찾아서-제노그래픽 프로젝트. 말글빛냄.

제1장 교육사회학의 발달

강창동(2010). 단일민족사관의 사회사적 형성과 다문화교육의 방향 탐색. 교육사회학연구, 20(4), 1-25.

강창동(2011). 고전적 자유주의 관점에서 본 신자유주의 교육관의 이념적 한계. 교육사회학연구, 21(1), 1-23.

고형일(1988). 사회구성체론과 한국교육의 위상. 김신일 외. 한국교육의 현단계. 교육과학사. 31-63.

고형일, 이두휴(2013). 글로벌라이제이션과 교육사회학 탐구영역의 변화. 교육사회학연구, 23(2), 1-27.

권인탁(2004). 지역평생학습공동체구축을 위한 학습동아리 활성화 방안. 교육학연구, 42(2), 185-215.

김경근(2012). 「교육사회학연구」 20년: 궤적, 성취, 그리고 과제. 교육사회학연구, 22(1), 25-49.

김경희(1996). 한국적 맥락에서 사회교육의 이념과 과제정립에 있어서 현대성, 탈현대성과 관련된 쟁점. 현대성, 탈현대성 그리고 동서양의 관점에서 본 사회교육의 이념과 실제(국제 사회교육학술회의 자료집, 1996년 5월 27-28일, 중앙대학교), 177-197.

김경희(1998). 의사소통학습의 전개와 평생교육: 하버마스의 의사소통행위이론의 실천적 함의. 평생교육연구, 4(1), 61-90.

김기석(1987). 문화재생산 이론. 교육과학사.

김기석(1999). 교육역사사회학. 교육과학사.

김기홍(1999). 포스트모던 문화사회에서 문화교육의 사회적 역할에 관한 연구. 교육사회학연구, 9(2), 31-46.

김선호(1961). 교육사회학: 한국사회와 교육. 선명문화사.

김성천 · 양정호(2007). 전문성을 지닌 교사리더로 성장하기: 협동학습연구회에 대한 문화기술적 연구. 교육사회학연구, 17(4), 1-33.

김신일 외(1989). 한국교육의 현단계. 교육과학사.

김안나(2007). 교육사회학에서의 성 불평등 논의. 교육사회학연구, 17(2), 49-66.

김영화(2006). 한국 교육시민단체의 조직 및 운영 진단. 교육사회학연구, 16(3), 65-94.

김정숙(2007). 여자 대학생들의 직업포부는 어떻게 형성되는가?: 가정과 노동시장에서의 성별 분업에 대한 인식과 대응 양식을 중심으로. 교육사회학연구, 17(1), 77-108.

김정원(2006). 국내 몽골 출신 외국인 근로자 자녀 학교교육 실태 분석. 교육사회학연구, 16(3), 95-129.

김천기 · 김양자(2003). 공교육의 문제와 그 대안에 대한 서구교육이론의 한국적 타당성 고찰. 교육사회학연구, 13(1), 77-107.

노상우(1999). 신자유주의적 경제논리와 민주적 교육논리. 한국교육연구, 5(2), 1-23.

박부권(2008). 사립학교의 자주성과 공공성에 대한 소고. 교육사회학연구, 18(1), 21-38.

박용헌 · 이상주 · 김영찬(1979). 학교와 지역사회. 교육출판사.

박철희(2007). 다문화 교육의 관점에 기초한 초등 사회 · 도덕 교과서 내용에 대한 비판적 고찰. 교육사회학연구, 17(1), 109-129.

서덕희(2006). "교실붕괴" 이후 신자유주의 교육담론의 형성과 그 저항-홈스쿨링에 관한 담론분석을 중심으로-. 교육사회학연구, 16(1), 77-105.

서덕희(2015). 결혼이주여성의 자녀교육 어려움에 대한 종단적 사례연구: 학력에 따른 아비투스와 문화접변 전략을 중심으로. 교육사회학연구, 25(1), 211-247.

서덕희 · 테레사 편(2017). 한국태생 국제결혼가정 청소년의 진로 형성 과정에 관한 종단적 사례 연구. 교육사회학연구, 27(3), 57-98.

손준종(1996). 90년대 교육개혁의 사회적 성격에 관한 논의. 교육학연구, 34(1), 149-167.

손홍숙(2004). 양성평등교육정책: 주변에서 주류로?. 교육사회학연구, 14(2), 129-150.

신재영(2005). 교육개혁 체험 연구—'이해찬 1세대'의 내러티브를 중심으로—. 교육사회학연구, 15(1), 163-187.

신현석 · 주영효(2013). 글로벌 거버넌스와 한국의 교육정책. 교육학연구, 51(3), 133-159.

심미옥(2012). 여자교육대학생의 교직에서의 진로계획 결정에 관한 연구. 교육사회학연구, 22(2), 97-125.

심성보(1999). 참여민주적 교육개혁과 우리 교육개혁의 방향. 한국교육연구, 5(2), 44-84.

안재희 · 오새림 · 유숙란(2008). 한국, 스웨덴, 독일의 여교수확대정책 비교 분석. 교육사회학연구, 18(1), 67-91.

오성배(2006). 한국 사회의 소수 민족(ethnic minority), '코시안'(Kosian) 아동의 사례를 통한 다문화 교육의 방향 탐색. 교육사회학연구, 16(4), 137-157.

오욱환(2007). 보상 패러다임의 성인교육: 한계와 극복. 교육사회학연구, 17(2), 67-87.

오욱환(2008). 교육정책에서 공적 가치와 사적 자유의 딜레마. 교육사회학연구, 18(1), 93-109.

우용제 · 류방란 · 한우희 · 오성철(1998). 근대한국초등교육연구: 동몽교육에서 초등교육으로. 교육과학사.

이건만(1994). 마르크스주의 교육사회학. 교육과학사.

이경희(2011). 한국 다문화교육 정책에 대한 비판적 고찰. 교육사회학연구, 21(1), 111-131.

이규환(1962). 교육사회학원론: 사회집단과 교육. 중앙교육 출판사.

이규환(1979). 학교와 지역사회. 형설출판사.

이규환(1987). 비판적 교육사회학. 한울.

이규환(1996). 교육개혁에 있어서 보수주의와 급진주의. 한국교육연구, 3(1), 7-50.

이남인(2004). 현상학과 해석학. 서울대학교출판부.

이민경(2013). '다문화교육' 연구동향과 쟁점: 교육사회학 연구에의 시사점을 중심으로. 교육사회학연구, 23(4), 177-205.

이혜정(2012). 1970년대 고등교육을 받은 여성의 '공부' 경험과 가부장적 젠더규범. 교육사회학연구, 22(4), 227-266.

이혜정, 박미희(2020). 여성 교사 연구에 대한 젠더 분석: 교육 연구에서 여성 교사는 어떻게 표상되는가?. 교육사회학연구, 30(1), 179-211.

임선희 · 전혜영(2004). 여자대학생의 직업세계 이행과 진로장벽-지역대학의 사례-. 교육사회학연구, 14(1), 101-120.

장은영 · 이정아(2018). 국내 다문화교육 연구 동향 분석: 이중언어(교육)에 대한 고찰을 중심으로. 교육문화연구, 24(3), 501-521.

정민승(2004). '합리적 대화'를 넘어 '차이 배우기'로: 후기구조주의 페미니즘의 교육학적 의미지평 탐색. 교육사회학연구, 14(3), 183-206.

정민승 · 조지연(2012). 한국 다문화교육의 이데올로기적 재생산 기제 비판. 교육사회학연구, 22(2), 211-232.

정유성(1998). 공동체로의 해방을 위한 사회교육. 평생교육연구, 4(1), 1-10.

제3세계문화연구소(1988). 한국교육의 재인식. 한신대학 출판부.

조혜영 · 서덕희 · 권순희(2008). 다문화가정 자녀의 학업수행에 관한 문화기술적 연구. 교육사회학연구, 18(2), 105-134.

진원중(1962). 교육사회학원론: 전근대적 및 근대적 사회와 교육. 범문사.

진원중(1969). 교육사회학원론: 전근대적 및 근대적 사회와 교육. 법문사.

한국교육문제연구회(1989). 학교교육문제연구. 제2집. 푸른나무.

한국교육사회학연구회(1990). 한국사회와 교육갈등. 양서원.

한국사회학회(1990). 한국사회학 45년. 한국사회학회.

한숭희(1998). IMF체제하에서의 교육의 구조조정. 윤정일 · 문용린 · 한숭희 편역. IMF 구조조정과 교육. 도서출판 하우, 9-18.

한숭희(2004). 지식혁명의 포스트모던조건과 평생학습의 난제. 아시아교육연구, 5(3), 141-163.

황종건(1961). 교육사회학: 지역사회와 학교. 재동문화사.

황규호(2012). 글로벌 시대 다문화국가에서의 애국심 교육 방향 탐색. 교육학연구,

50(3), 229-251.

Angell, R. C. (1928). Science, Sociology and Education. *Journal of Educational Sociology, 1*(7), 406-413.

Apple, M. W. (1979). *Ideology and Curriculum*. London: Routledge and Kegan Paul. 박부권 · 이혜영(역)(1985). 교육과 이데올로기. 한길사.

Apple, M. W. (1996). *Cultural Politics and Education*. Teachers College Press.

Archer, M. (1984). *Social Origins of Educational Systems*. Sage.

Banks, O. (1976). *The Sociology of Education* (rev. ed.). Scholcken Books.

Berger. P. L. & Luckman, T. (1966). *The Social Construction of Reality*. Doubleday & Company. 박충선(역)(1982). 지식형성의 사회학. 홍성사.

Bernbaum, G. (1977). *Knowledge and Ideology in the Sociology of Education*. The Macmillan Press.

Bernstein, B. (1973a). *Class, Codes and Control(vol, 1): Theoretical Studies towards a Sociology of Language*. Routledge and Kegan Paul.

Bernstein, B. (1973b). *Class, Codes and Control(vol, 2): Applied Studies towards a Sociology of Language*. Routledge and Kegan Paul.

Bernstein, B. (1977). *Class, Codes and Control(vol, 3): Toward a Theory of Education Transmissions* (2nd ed.). Routledge and Kegan Paul.

Bernstein, B. (1996). *Pedagogy, Symbolic Control and Identity*. Taylor & Francis.

Blackledge, D. & Hunt, B. (1985). *Sociological Interpretations of Education*. Croom Helm.

Brookover, W. B. & Erickson, E. L. (1975). *Sociology of Education*. The Dorsey Press.

Collins, R. (1977). Some comparative principles of educational stratification. *Havard Educational Review, 47*(1), 1-27.

Durkheim, E. (1922). *Éducation et Sociologie*. Paris: Alcan.(1956). *Education and Sociology*. Free Press, 이종각(역)(1978). 교육과 사회학. 배영사.

Eggleston, J. (1977a). *The Ecology of the School*. Methuen.

Eggleston, J. (1977b). *The Sociology of the School Curriculum*. Routledge and Kegan Paul.

Garfinkel, H. (1967). *Studies in Ethnomethodology*. Prentice Hall.

Gorbutt, D. (1972). Education as the Control of Knowledge: The New Sociology of Education. *Education for Teaching*. 89, 3-11.

Hallinan, M. T. (Ed.). (2000). *Handbook of the Sociology of Education*. Kluwer Academic/Plunum Publishers.

Karabel, J. & Halsey, A. H. (1977). *Power and Ideology in Education*. Oxford University Press. 강순원(역)(1983). 교육과 사회구조. 한울. 최희선(역)(1984). 교육의 사회적 구조와 이데올로기. 교육과학사.

Keddie, N. (1971). Classroom Knowledge, In M. F. D. Young (Ed.). *Knowledge and Control* (pp. 133-160). Collier Macmillan.

Kuhn, T. (1970). *The Structure of Scientific Revolutions*. The University of Chicago Press. 조형(역)(1980). 과학혁명의 구조. 이화여대출판부.

Mannheim, K. & Stewart, M. A. C. (1962). *An Introduction to the Sociology of Education*. Routledge and Kegan Paul.

Mehta, J. & Davies, S. (2018). *Education in a New Society: Renewing the Sociology of Education*. The University of Chicago Press.

Miller, G. W. (1971). *Educational Opportunity and the Home*. Longman.

Ottaway, A. K. C. (1953). *Education and Society: An Introduction to the Sociology of Education*. Routledge and Kegan Paul. 김종철(역)(1961). 교육사회학개론. 범문사.

Pink, W. T. & Noblit, G. W. (1995). *Continuity and Contradiction: The Futures of the Sociology of Education*. Hampton Press.

Taylor, W. (1966). The Sociology of Education. In J. W. Tibble (Ed.). *The Study of Education*. Routledge and Kegan Paul.

Torres, C. & Antikainen, A. (Eds.). (2003). *The international Handbook on the Sociology of Education*. Rowman & Littlefield Publishers.

Waller, W. W. (1932). *The Sociology of Teaching*. Wiley.

Weis, L., McCarthy, C. & Dimitriadis, G. (Eds.). (2006). *Ideology, Curriculum, and the New Sociology of Education*. Routledge.

Wexler, P. (1982). Structure, text, and subject: a critical sociology of school knowledge. In M. W. Apple (Ed.). *Cultural and Economic Reproduction in Education* (pp. 275-303). Routledge and Kegan Paul.

Whitty, G. & Young, M. (1976). *Explorations in the Politics of School Knowledge*. Nafferton Books.

Williamson, B. (1974). Continuities and Discontinuities in the Sociology of Education. In F. Michael & A. John (Eds.). *Educability, Schools and Ideology* (pp. 3-14). Wiler.

Wright, E. & Perrone, L. (1977). Marxist Class Categories and Income Inequality. *American Sociological Review, 42*(1), 32-55.

Young, M. (1971). *Knowledge and Control: New Directions for the Sociology of Education*. Collier-Macmillan.

Zook, F. Z. (1926). Residence and Migration of University and College Students. Bulletin No. 11. Bureau of Education. Government Printing Office.

제2장 경쟁하는 이론들

김기석(1987). 문화재생산이론. 교육과학사.

김기석 외(1996). 한국교육 100년-학제 및 인구통계적 변천. 서울대학교 교육연구소 한국교육사고.

김기석(1999). 교육역사사회학. 교육과학사.

김신일(1988). Durkheim 교육이론연구. 교육과학사.

김영찬 · 이영덕 · 김신일 · 김기석(1990). 중등학교의 교직현실과 교원의식에 관한 연구. 서울대학교 교육연구소.

김종엽(1998). 연대와 열광: 에밀 뒤르켐의 현대성 비판 연구. 창작과비평사.

백승학(1998). 에밀 뒤르케임의 교육이론에 관한 연구: 질서와 변동을 중심으로. 성균관대학교 박사학위 논문.

소련교육과학원(1988). 김태성 역. 맑스 · 엥겔스 교육론 I. 한울림.

소련교육과학원(1989a). 김태성 역. 맑스 · 엥겔스 교육론 II. 한울림.

소련교육과학원(1989b). 김태성 역. 맑스 · 엥겔스 교육론 Ⅲ. 한울림.

우용제 · 류방란 · 한우희 · 오성철(1998). 근대한국초등교육연구: 동몽교육에서 초등교육으로. 교육과학사.

유네스코한국위원회(2015). 교육 2030 인천선언과 실행계획. 유네스코한국위원회.

이건만(1994). 마르크스주의 교육사회학. 교육과학사.

이영덕 · 김영찬 · 김기석 · 김신일(1991). 중고등학생의 생활과 진로에 대한 종단적 연구. 서울대학교 교육연구소.

이인효(1994). 입시위주 수업의 특질: 암죽식 수업. 김기석(편). 교육사회학 탐구 Ⅱ (pp. 243-272). 교육과학사.

이종각(1995). 교육사회학 신강. 동문사.

진티스 · 보울즈(1991). 교육이론에서의 모순과 재생산. 이인효 외. 교육과 사회 (pp. 63-82). 교육과학사.

차경수 · 최충옥 · 이미나(1995). 교육사회학의 이해. 양서원.

차인석(1980). 사회과학의 철학. 민음사.

한국현상학회(1984). 현상학이란 무엇인가. 심설당.

Abrahamson, M. (1978). *Functionalism*. Prentice-Hall.

Alexander, J. (1987). *Twenty Lectures: Sociological Theory since World War II*. Columbia University Press. 이윤희(역)(1993). 현대 사회이론의 흐름. 민영사.

Althusser, L. (1971). *Lenin and Philosophy and Other Essays*. Monthly Review Press.

Apple, M. W. (1979). *Ideology and Curriculum*. Routledge and Kegan Paul. 박부권 · 이혜영(역)(1988). 교육과 이데올로기. 한길사.

Apple, M. W. (1982). *Education and Power*. Routledge. 최원형(역)(1991). 교육과 권력. 한길사.

Apple, M. W., Oliver, A., Zenk, C. (1996). *Cultural Politics and Education*. Teachers College Press. 김미숙 · 이윤미 · 임후남(역)(2004). 문화 정치학과 교육. 우리교육.

Apple, M. W. (1999). *Official Knowledge*. Routledge. 박부권 · 심연미 · 김수연(역)

(2001). 학교지식의 정치학. 우리교육.

Archer, M. (1984). *Social Origins of Educational Systems* (The University Edition). Sage.

Bauman, Z. (2000). *Liquid Modernity*. Polity. 이일수(역)(2009). 액체근대. 강.

Beck, U. (1986). *Risikogesellschaft: Auf dem Weg in eine andere Moderne*. 홍성태(역)(2014). 위험사회: 새로운 근대(성)을 향하여. 새물결.

Bell, D. (1976). *The Coming of Post-industrial Society*. Basic Books. 김원동 · 박형신(역)(2006). 탈산업사회의 도래. 아카넷.

Bidwell, C. E. (2000). School as Context and Construction: A Social Psychological Approach to the Study of Schooling. In M. T. Hallinan(Ed.). *Handbook of the Sociology of Education* (pp. 15-36). Kluwer Academic/Plunum Publishers.

Blackledge, D. & Hunt, B. (1985). *Sociological Interpretations of Education*. Croom Helm.

Bowles, S. & Gintis, H. (1976). *Schooling in Capitalist America: Educational Reform and the Contradictions of Economic Life*. Basic Books. 이규환(역)(1986). 자본주의와 학교교육. 사계절.

Carnoy, M. (1974). *Education as Cultural Imperialism*. David Mckay.

Castells, M. (2004). *The Network Society*. Edward Elgar. 박행웅(역)(2009). 네트워크 사회. 한울.

Collins, R. (1977). Some Comparative Principles of Educational Stratification. *Harvard Educational Review, 47*(1), 1-27.

Cornforth, M. C. (1962). *Mistorical Materialism*. (rev. ed). International Publishers. 홍영두(역)(1990). 사적유물론. 두레.

Dahrendorf, R. (1959). *Class and Class Conflict in Industrial Society*. Stanford University Press. 정대연(역)(1980). 산업사회의 계급과 계급갈등. 홍성사.

Dos Santos, T. (1973). The Structure of Dependence. in C. K. Wilber (Ed.). *The Political Economy of Development and Underdevelopment* (pp. 109-117). Random House.

Dreeben, R. (1967). The contribution of schooling to the learning of norms.

Harvard Educational Review, 37(2), 211-237.

Durkheim, E. (1893). *De la Division du Travail Social*. Simpson, G. (trans). (1933). *The Division of Labor in Society*. Free Press.

Durkheim, E. (1895). *Les Règles de la Méthode Sociologique*. 민혜숙(역)(2021). 사회학적 방법의 규칙들. 이른비.

Durkheim, E. (1969). *L'Évolution Pédagogique en France*. Collins, P.(trans). (1977). *The Evolution of Education Thought*. Routledge and Kegan Paul.

Giddens, A. (1991). *Modernity and Self-identity: Self and Society in the Late Modern Age*. Stanford University Press. 권기돈(역)(2001). 현대성과 자아정체성: 후기 현대의 자아와 세계. 새물결.

Giddens, A. (1998). *Conversations with Anthony Giddens: Making Sense of Modernity*. Stanford University Press.

Habermas, J. (1985). Questions and Counterquestions. In R. J. Bernstein (Ed.), *Habermas and Modernity* (pp. 192-216). MIT Press.

Halsey, A. H. (1997). Trends in Access and Equity in Higher Education. in A. H. Halsey, H. Lauder, P. Brown & A. S. Wells (Eds.). *Education: Culture, Economy and Society* (pp. 638-645). Oxford University Press.

Hargreaves, D. H. (1972). *Interpersonal Relations and Education*. Routledge.

Hargreaves, D. H. (1982). *The Challenge for the Comprehensive School: Culture, Curriculum and Community*. Routledge.

Hopper, E. (1981). *Social Mobility: A Study of Social Control and Insatiability*. Wiley-Blackwell.

King, R. (1980). Weberian Perspectives and the Study of Education. *British Journal of Sociology of Education, 1*(1), 7-23.

Lyotard, J. F. (1984). The postmodern condition: A report on knowledge (G. Bennington & B. Massumi, Trans.). Minneapolis: University of Minnesota Press. (Original work published 1979).

Marx, K. (1867a). *Das Kapital: Kritik der politischen Ökonomie*. 김수행(역)(2015a). 자본론 I [상]. 비봉출판사.

Marx, K. (1867b). *Das Kapital: Kritik der politischen Ökonomie*. 김수행(역)(2015b). 자본론 I [하]. 비봉출판사.

Marx, K. & Engels, F. (1932). *Die Deutsche Ideologie*. 김대웅(역)(2015). 독일 이데올로기. 두레.

Marx, K. & Engels, F. (1985). *Karl Marx Frederick Engels Collected Works Volume 21*. Progress Publishers.

Morrow, R. A. & Torres, C. A. (1995). *Social Theory and Education*. State University of New York Press.

Parelius, A. P. & Parelius, R. J. (1978). *The Sociology of Education*. Prentice-Hall.

Parsons, T. (1951). *The Social System*. Free Press.

Parsons, T. (1959). The School Class as a Social System: Some of Its Functions in American Society. *Harvard Educational Review, 29*, 297-318.

Parsons, T. (1971). *The System of Modern Societies*. Prentice-Hall.

Rossides, D. W. (1978). *The History and Nature of Sociological Theory*. Houghton Mifflin.

Sadovnik, A. R. (1995). Postmodernism in the sociology of education: Closing the rift among theory, practice, and research. In W. T. Pink & G. W. Noblit (Eds.). *Continuity and Contradiction: The Futures of the Sociology of Education* (pp. 309-325). Hampton Press.

Sadovnik, A. R. (2016). Theory and Research in the Sociology of Education. In A. R. Sadovnik & R. W. Coughlan (Eds.), *Sociology of Education: A Critical Reader* (pp. 3-22). Routledge.

Saha, L. J. & Zubrzycki, J. (1997). Classical Sociological Theories of Education. In L. J. Saha (Ed.). *International Encyclopedia of Sociology of Education* (pp. 11-20). Pergamon.

Said, E. W. (1978). *Orientalism*. Penguin. 박홍규(역)(2015). 오리엔탈리즘. 교보문고.

Sarup, M. (1978). *Marxism and Education*. Routledge Kegan & Paul. 이혜영 외(역)(1987). 마르크스주의와 교육이론. 한길사.

Torres, C. A. & Antikainen, A. (2003). *The International Handbook on the*

Sociology of Education. Rowman & Littlefield.

Tyler, W. (1988). *School Organisation: A Sociological Perspective*. Croom Helm. 김형관 · 김용일(역)(1997). 학교조직론: 사회학적 이해. 양서원.

Waller, W. (1932). *The Sociology of Teaching*. John Wiley and Sons.

Warshay, L. H. (1975). *The Current State of Sociological Theory: A Critical Interpretation*. David Mckay.

Weber, M. (1947). *The Theory of Social and Economic Organization*. Free Press.

Wilber, C. K. (Ed.) (1973). *The Political Economy of Development and Underdevelopment*. Random House.

Willis, P. (1977). *Learning to Labour*. Routledge. 김찬호 · 김영훈(역)(2004). 학교와 계급재생산: 반학교문화, 일상, 저항. 이매진.

Woods, P. (1983). *Sociology and the School*. Routledge. 손직수(역)(1998). 학교사회학: 상호작용론적 견해. 원미사.

제3장 교육제도의 형성과 확대

강대중(2002). 대안학교는 학교가 아니다. 박영률출판사.

강대중(2013). 옮긴이의 말. 삶에서 길어 올린 교육, 삶을 길러 내는 교육; 성인교육의 의미를 한국 평생교육 맥락에서 읽기. E. C. Lindeman(1926). *The Meaning of Adult Education*. New Republic. 김동진 · 강대중(역)(2013). 성인교육의 의미(pp. 126-139). 학이시습.

김성기(2017). 학업중단 예방 및 대안교육 관련 법제 개선방안. 교육법학연구, 29(3), 1-21.

김신일(1988). 민중교육론의 전개와 사상적 배경. 한국교육현실과 민중교육론. 한국정신문화연구원.

김신일(1999). 학습권론의 형성과 전개. 평생교육연구, 5(1), 1-16.

김신일(2005). '학습권론'의 형성과 전개. 김신일 · 박부권(편). 학습사회의 교육학 (pp. 39-60). 학지사.

김신일(2020). 학습사회. 학이시습.

민들레 편집실 엮음(2000). 새로운 길을 여는 부모들의 이야기: 홈스쿨링, 오래된 미래. 민들레.

우메네 사토루(梅根 悟)(1990). 세계교육사. 풀빛.

유네스코 21세기세계교육위원회(1997). 21세기를 위한 새로운 관점과 전망. 김용주 외(역)(1997). 오름.

유네스코한국위원회(2015). 교육 2030 인천선언과 실행계획. 유네스코한국위원회.

육권인 · 박명희(2020). 교육민영화 관점에서 홈스쿨링 제도화 관련 쟁점 고찰: 미국과 한국 사례를 중심으로. 미래교육연구, 10(4), 1-34.

이은주(2017). 대안학교의 교육이념과 실제의 간극 탐구. 교육인류학연구, 20(3), 189-225.

이종태(2001). 대안교육과 대안학교. 민들레.

장세룡(2019). 해제-마르퀴 드 콩도르세: 정치, 역사의 진보. 장세룡(역)(2019). 인간 정신의 진보에 관한 역사적 개요(번역 개정판) (pp. 121-196). 책세상.

정연순 · 이로미(2009). 탈(脫)학교, 입(入)학습: 실천공동체 관점에서 분석한 청소년의 대안적 학습경험. 평생교육학연구, 15(1), 67-94.

정유성(1997). 대안교육이란 무엇인가: 다름과 새로움. 내일을 여는 책.

정진화(2014). 교사주도 학교개혁 운동의 등장. 교육사회학연구, 24(2), 243-276.

한국콘텐츠미디어(2018). 2018 전국 학교 현황. 한국콘텐츠미디어.

황준성 · 이혜영(2010). 대안학교 관련 법제 정비방안 연구. 교육법학연구, 22(1), 169-197.

Bantock, G. H. (1973). *Education in an Industrial Society*. Faber and Faber.

Botkin, J. W., Elmandjra, M. & Malitza, M.(1979). *No limits to learning*. Pergamon. 김도수(역)(1997). 한계없는 학습. 양서원.

Boyd, W. (1964). *The History of Western education* (7th ed). A & C Black. 이홍우 · 박재문 · 류한구(역)(2008). 서양교육사(개정 증보판). 교육과학사.

Condorcet, M. d. (1791). *Cing Mémoires sur l'instruction publique*. 장세룡(역)(2019). 인간 정신의 진보에 관한 역사적 개요(번역 개정판). 책세상.

Coombs, P. (1968). *The World Educational Crisis*. Oxford University Press.

Dave, R. H. (1976). *Foundations of Lifelong Education*. Pergamon Press.

Faure, E. et al. (1972). *Learning To Be: The World of Education Today and Tomorrow*. UNESCO. 이현경(역)(2021). 존재하기 위한 학습: 교육세계의 오늘과 내일. 유네스코한국위원회.

Foucault, M. (1975). *Surveiller et punir: Naissance de la prison*. Éditions Gallimard. 오생근(역)(2016). 감시와 처벌: 감옥의 탄생. 나남.

Giesecke, H. (1996). *Das Ende der Erziehung: Neue Chancen für Familie und Schule*. Klett-Cotta. 조상식(역)(2002). 근대 교육의 종말: 가족과 학교에 대한 새로운 대안. 내일을 여는 책.

Marx, K. & Engels, F. (1985). *Karl Marx Frederick Engels Collected Works Volume 21*. Progress Publishers.

Mayberry, M., Knowles, J. G., Ray, B., & Marlow, S. (1995). *Home Schooling*. Corwin. 이혜영(역)(2002). 미국의 홈스쿨링. 박영률출판사.

Parsons, T. (1971). *The System of Modern Societies*. Prentice-Hall.

Schleunes, K. A. (1989). *Schooling and Society: The Politics of Education in Prussia and Bavaria 1750-1900*. Berg Publishers.

Soboul, A. (1995). *Prècis d'histoire de la Rèvolution Francaise*. Éditions Gallimard. 최갑수(역)(2018). 프랑스혁명사. 교양인.

제4장 한국교육제도의 변천

강동진(1980). 일제의 한국 침략정책사: 1920년대를 중심으로. 한길사.

강순원(1988). 제3세계 학교교육과 신식민주의. 제3세계문화연구소 편. 한국교육의 재인식. 한신대학출판부. 13-33.

교육개혁위원회(1995). 세계화 · 정보화 시대를 주도하는 신교육체제 수립을 위한 교육개혁 방안.

교육개혁위원회(1998). 한국교육개혁백서.

김동선(2018). 미군정기 공민교과서의 성격과 집필진 구성. 한국민족운동사연구, 94,

103-154.

김병연 · 김지수(2020). 김정은 시대 북한 교육의 질 향상을 위한 교육조건과 환경 변화에 대한 연구. 북한연구학회보, 24(1), 175-205.

김석향 · 김경미(2017). 「로동신문」에 나타난 북한의 전반적 12년제 의무교육 분석. 통일정책연구, 26(1), 105-134.

김선 · 임수진(2017). 분단초기(1945-1967) 북한 고등교육에서의 소련 제도의 전이와 변용. 교육사회학연구, 27(3), 1-28.

김신일(1997). 교육개혁 분석모형과 논의구조: 교개위안을 중심으로. 나산박용헌교수 정년기념논문집 간행위원회(편). 한국교육의 성장과 개혁 (pp. 265-300). 교육과학사.

김신일 · 문용린 · 한숭희(1999). 세계 속의 한국대학. 교육과학사.

김옥자(2015). 북한 교육 패러다임 전환—1960년대 후반 기술교육 중심에서 유일사상교육으로. 현대북한연구, 18(3), 59-86.

김정원 · 김지수 · 한승대(2015). 북한 초 · 중등 교육과정 및 교과서 정책 변화 방향. 한국교육, 42(4), 29-55.

김지수(2013). 북한 의무교육제도의 전개와 12년제 의무교육제도 추진에 대한 연구. 교육사회학연구, 23(3), 59-82.

김태근(2019). 개항 후 지방 전통 교육 체제의 변화 연구. 동양학, 74, 77-98.

김태윤(2018). 해방 직후 북한 과학기술 교육기관 교원의 충원과 구성(1945~1948). 역사와 현실, 107, 409-447.

노영택(1979). 일제하 민중교육 운동사. 탐구당.

류방란(1992). 육영공원 소고. 교육사학연구, 4, 121-136.

박종배(2020). 근대 전환기 한국 전통교육체제의 새로운 모색과 좌절. 한국교육사학, 42(1), 61-88.

박찬석(2015). 2010년대 북한 교육의 이해. 초등도덕교육, 49, 241-268.

서명일(2014). 육영공원의 교과서와 근대 지식의 전파. 한국사학보, 56, 181-213.

서재복(2011). 다산 정약용의 초등교육사상 연구. 교육종합연구, 9(3), 1-15.

신용하(1974). 우리나라 최초의 근대학교 설립에 대하여. 한국사연구, (10), 191-204.

신용하(1980). 한국근대사와 사회변동. 문학과 지성사.

안홍선(2015). 식민지시기 중등학교의 '국민성' 양성 교육 연구: 일본어, 수신과, 공민과 교과서 분석을 중심으로. 한국교육사학, 37(3), 27-49.

엄현숙(2017). 2000년대 이후 교육법제 정비를 통한 북한 교육의 현황. 현대북한연구, 20(1), 96-129.

오자와 유사쿠(小澤有作, 1985). 민족해방과 교육운동. 백산서당.

우용제(1999). 조선후기 교육개혁론 연구. 교육과학사.

이명화(2007). 조선총독부 학무국 운영과 식민지 교육의 성격. 향토서울, 69, 145-207.

이혜영 외(1990). 교육이란 무엇인가. 한길사.

임재천(2013). 북한 초등학교에서의 김일성·김정일 우상화 교육—지도자 신화 배우기와 의식 참여를 중심으로. 한국학연구, 47, 241-269.

전경남(2014). 북한의 영재교육. 한국학연구, 48, 243-265.

정재철(1985). 일제의 대한국 식민지 교육정책사. 일지사.

정재철(2000). 한국에서의 일제식민지시대 교육사 연구 동향. 한국교육사학, 22(2), 213-234.

최보영(2012). 육영공원의 설립과 운영실태 재고찰. 한국독립운동사연구, 42, 257-319.

한국교육사연구회(편)(1972). 한국교육사. 교육출판사.

한국교육신문(1993). 임시정부 교육정책. 한국교육신문, 8월 18일자. 5면.

한만길·이관형(2014). 북한의 12년 학제 개편을 통한 김정은 정권의 교육정책 분석. 북한연구학회보, 18(2), 233-254.

한숭희(1998). IMF체제하에서의 교육의 구조조정. 윤정일 외(편역). IMF 구조조정과 교육. 도서출판 하우.

황인표(2014). 최근 북한의 교육법제 동향에 대한 이해 -고등교육법을 중심으로-. 윤리연구, 96, 169-202.

Altbach, P. G. & Kelly, G. P. (1984). *Education and the Colonial Experience* (2nd ed). Transaction Books.

Popkewitz, T. (1991). *A Political Sociology of Educational Reform*. Teachers College Press.

제5장 학교교육의 확대와 원인

경제기획원(1971, 1985, 1990). 한국통계연감.

고용노동부(2019). 고용형태별근로실태조사 보고서.

교육부(1998, 2014, 2015, 2019). 교육통계연보.

교육통계서비스(2020). 연도별 취학률. (https://kess.kedi.re.kr/kessTheme/zipyo?itemCode=03&menuId=m_02_03_01)

김부태(1995). 한국학력사회론. 내일을 여는 책.

김경근(2004). 한국의 사회변동과 교육. 문음사.

김기석(1989). 유상중등교육의 팽창. 김신일 외, 한국교육의 현단계. 교육과학사.

김기석(2008). 한국고등교육연구. 교육과학사.

김상봉(2004). 학벌사회. 한길사.

김성남(2018). 마이스터고 학제 개편 방향 탐색 및 관계자 인식 분석. 직업교육연구, 37(5), 1-23.

김신일(1991). 시험의 교육적 기능과 사회적 기능. 이영덕(편). 교육과정과 수업의 탐구. 교육과학사.

김신일 · 문용린 · 한숭희(1999). 세계 속의 한국대학. 교육과학사.

김영철 · 공은배(1983). 교육의 경제발전에 대한 기여. 한국교육개발원.

김윤태(1991). 한국산업화 과정에서의 인력수급의 실태 및 평가. 한국교육개발원.

김홍균 · 문용호(2007). 내부수익률을 통한 교육의 사회적 투자수익률 추정. 한국경제연구, 18, 237-269.

김희복(1992). 학부모 교육열문화연구. 서울대학교 박사학위논문.

노동부(1991). 직종별 임금실태 조사.

박세일(1982). 우리나라 교육투자수익률 분석. 한국개발연구, 4(3), 94-124.

배종근(1978). 교육투자의 적정화와 경제적 효과에 관한 연구. 문교부 학술연구조성연구 보고서.

배종근(1992). 교육경제학. 한국교육재정경제의 과제. 지암 배종근박사 교육논선집. 정민사

배종근(2012). 가정 배경에 따른 학업성취격차와 수행평가의 관계. 교육사회학연구,

22(3), 111-131.

백일우(2007). 교육경제학 (2판). 학지사.

양정승(2013). 기업의 일반대학원 석사인력 활용 실태조사. 한국직업능력개발원.

오욱환(2000). 한국사회의 교육열: 기원과 심화. 교육과학사.

유네스코(2020). 포용과 교육: 모두는 모든 이를 의미한다. 2020 세계 교육 현황 보고서 요약본. 유네스코한국위원회.

이건만(1994). 마르크스주의 교육사회학. 교육과학사.

이건만(2007). 한국사회의 학벌주의와 계급갈등: 학벌자본의 이론화를 향해. 교육사회학연구, 17(4), 63-85.

이종각(2003). 교육열 올바로 보기. 원미사.

이혜영(1992). 대학입학정원 결정의 사회적 동인에 관한 연구. 서울대학교 박사학위논문.

정범모(1997). 인간의 자아실현. 나남.

정진화(1996). 고학력화와 인구정책의 방향. 산업연구원.

최강식 · 정진호(2005). 대졸 청년층의 증가와 교육투자수익 연구. 한국노동연구원(편). 교육과 노동시장 연구 (pp. 6-25). 한국노동연구원.

통계청(1995, 1998, 2013). 한국통계연감.

통계청(2007, 2012, 2017). 한국의 사회지표.

통계청(1997, 2008, 2019). 경제활동인구연보.

한성신 · 조인숙(2007). 한국의 교육투자수익률 및 학위효과: 남녀비교. 노동경제론집, 30(1), 1-30.

한영우(2014). 과거, 출세의 사다리. 지식산업사.

Archer, M. (1982). *The Sociology of Educational Expansion: Take off, Growth and Inflation in Educational System*. Sage.

Becker, G. (1964). *Human Capital*. National Bureau of Economic Research.

Bendix, R. (1964). *Nation-Building and Citizenship*. Wiley.

Bowles, S. & Gintis, H. (1976). *Schooling in Capitalist America: Educational Reform and the Contradictions of Economic Life*. Routledge & Kegan Paul.

Bowles, S. & Gintis, H. (1986). *Democracy and Capitalism: Property, Community, and the Contradictions of Modern Social Thought*. Routledge & Kegan Paul.

Brown, P. (1995). Cultural Capital and Social Exclusion: Some Observations on Recent Trends in Education, Employment and the Labour Market. *Work Employment & Society, 9*(1), 29-51.

Burris, V. (1983). The Social and Political Consequences of Overeducation. *American Sociological Review, 48*(6), 454.

Clark, B. R. (1962). *Educating the Expert Society*. Chandler Publishing Company.

Collins, R. (1971). Functional and Conflict Theories of Educational Stratification. *American Sociological Review, 36*(6), 1002-1019.

Collins, R. (1989). Sociology: Proscience or Antiscience? *American Sociological Review, 54*(1), 124-139.

Downey, D. (2018). Schools as great distractors. In J. Mehta & S. Davies (Eds.). *Education in a New Society: Renewing the Sociology of Education* (pp. 333-344). University of Chicago Press.

Dronkers, J. & Van Der Ploeg, S. W. (1997). Educational Expansion: Sociological Perspective. In L. J. Saha (Ed.). *International Encyclopedia of Sociology of Education* (pp. 430-437). Pergamon.

Featherstone, J. (1976). Review of Schooling in Capitalist America. *The New Republic*. May.

Fuller, B. (1983). Youth Job Structure and School Enrollment, 1890-1920. *Sociology of Education, 56*(3), 145-156.

Guest, H. S. (2014). Maslow's Hierarchy of Needs - the Sixth Level. *The Psychologist, 27*(2), 982-983.

Hurn, C. J. (1993). *The Limits and Possibilities of Schooling: An Introduction to the Sociology of Education* (3rd ed.). Pearson.

Illich, I. (1970). *Deschooling Society*. Harper and Row. 박홍규(역)(2009). 학교 없는 사회. 생각의 나무.

Jeong, Chang Young. (1974). *Rates of Return on Investment in Education: The Case of Korea*. Korea Development Institute.

Katz, M. (1975). *Class, Bureaucracy and Schools*. Praeger.

Kim, Kwang Suk. (1968). *Rates of Return on Education in Korea*. Unpublished Paper for the USAID.

Maslow, A. H. (1943). A Theory of Human Motivation. *Psychological Review, 50*(4), 370-396.

Maslow, A. H. (1967). A Theory of Metamotivation: The Biological Rooting of the Value-Life. *Journal of Humanistic Psychology, 7*(2), 93-127.

Maslow, A. H. (1987). *Motivation and Personality* (3rd ed.). Pearson Education. 오혜경(역)(2022). 동기와 성격: 인간 본성에 대한 탁월한 통찰. 연암서가.

Maslow, A. H. (1999). *Toward a Psychology of Being* (3rd ed.). John Wiley & Sons. 정태연 · 노현정(역)(2005). 존재의 심리학. 문예출판사.

Morrow, R. & Torres, C. (1995). *Social Theory and Education: A Critique of Theories of Social and Cultural Reproduction*. State University of New York Press.

OECD (2007, 2008). *Education at a Glance*. OECD.

OECD (2013). *Program for International Students Assessment*. OECD.

Psacharopoulos, G. (1980). Return to Education: An International Comparison. In T. King & R. A. Berry (Eds.). *Education and Income* (pp. 73-110). World Bank.

Ramirez, F. O. & Rubinson, R. (1979). Creating Members: The Political Incorporation and Expansion of Public Education. J. W. Mayer & M. T. Hannan(Eds.), *National Development and the World System* (pp. 72-84). University of Chicago Press.

Reimer, E. W. (1971). *School is Dead: An Essay on Alternatives in Education*. Penguin. 김석원(역) (1981). 인간 없는 학교. 한마당.

Rodriguez, O. (1978). Occupational Shifts and Educational Upgrading in the American Labor Force between 1950 and 1970. *Sociology of Education, 51*(1), 55-67.

Rubinson, R. & Ralph, J. (1984). Technical Change and the Expansion of Schooling in the United States, 1890–1970. *Sociology of Education, 57*(3), 134–152.

Schultz, T. W. (1977). Investment in Human Capital. In J. Karabel & A. H. Halsey(Eds.), *Power and Ideology in Education* (pp. 313–324). Oxford University Press.

Silberman, C. E. (1971). *Crisis in the Classroom; the Remaking of American Education*. Vintage. 배영사편집실(역) (1980). 교실의 위기. 배영사.

Todd, S. (1997). *Learning Desire: Perspectives on Pedagogy, Culture, and the Unsaid*. Routledge.

Trow, M. (1961). The Second Transformation of American Secondary Education. *International Journal of Comparative Sociology*, 2, 144–166.

UNESCO. (2000). *World Education Report 2000*. UNESCO Publishing.

UNESCO. (2008). *Global Education Digest*. UNESCO Publishing.

UNESCO Institute for Statistics. (2020). *National Monitoring: Gross Enrolment Ratio by Level of Education, Lower Secondary & Upper Secondary*. URL: http://data.uis.unesco.org/

Walters, P. (2000). The Limits of Growth: School Expansion and School Reform in Historical Perspective. In M. T. Hallinan (Ed.), *Handbook of the Sociology of Education* (pp. 241–261). Springer.

Weber, M. (1946). *From Max Weber: Essays in Sociology* (Translated, Edited, and with an Introduction by H. H. Gerth and C. W. Mills). Oxford University Press.

제6장 사회평등과 교육

고병헌(2003). 평생학습-삶을 위한 또 다른 기회인가, 교육불평등의 확대인가. 평생교육학연구, 9(1), 211–239.

고용노동부(2009). 2008 고용형태별 근로실태조사 보고서. 고용노동부.

고용노동부(2022). 2021 고용형태별 근로실태조사 보고서. 고용노동부.

김경년(2020). 복지국가제도의 해석과 성인의 학습참여. 교육학연구, 58(3), 1–25.

박미희(2020). 대졸자의 노동시장 성과와 지역 격차: 출신 지역 및 대학 소재를 중심으로. 교육사회학연구, 30(1), 27-56.

안치민 · 홍두승(1995). 해방50년 한국사회의 계층구조와 변화. 한국사회학 광복50주년 기념 학술대회발표논문집.

유팔무(1981). 세대간 사회이동과 교육기회 불평등. 한국사회학연구, 5, 65-93.

이성균 · 신광영 · 조돈문(2007). 세계화와 소득불평등. 집문당.

통계청(2017). 통계분류포털 https://kssc.kostat.go.kr:8443/ksscNew_web/index.jsp

통계청(2023). 2023년 3/4분기 가계동향조사 결과. 통계청.

Anderson, C. A. (1961). A Skeptical Note on Education and Mobility. In A. H. Halsey, J. Floud & C. A. Anderson(Eds.). *Education, Economy, and Society* (pp. 164-179). Free Press.

Baker, D. P. (2018). Social Theory and the Coming Schooled Society. In J. Mehta & S. Davies(Eds.). *Education in a New Society: Renewing the Sociology of Education* (pp. 61-82). The University of Chicago Press.

Berg, I. (1971). *Education and Jobs: The Great Training Robbery*. HarperCollins.

Blau, P. M. & Duncan, O. D. (1967). *The American Occupational Structure*. John Wiley.

Bowles, S. (1977). Unequal Education and the Reproduction of the Social Division of Labor. In J. Karabel. & A. H. Halsey. (Eds.). *Power and Ideology in Education* (pp. 137-152). Oxford University Press.

Bowles, S. & Gintis, H. (1976). *Schooling in Capitalist America: Educational Reform and the Contradictions of Economic Life*. Basic Books. 이규환(역)(1986). 자본주의와 학교교육. 사계절.

Boudon, R. (1977). Education and Social Mobility: A Structural Model. In J. Karabel & A. H. Halsey(Eds.). *Power and Ideology in Education* (pp. 186-196). Oxford University Press.

Campbell, R. T. (1983). Status Attainment Research: End of the Beginning or

Beginning of the End? *Sociology of Education, 56*(1), 47-62.

Carnoy, M. (1972). The Political Economy of Education. In T. La Belle (Ed.). *Education and Development: Latin America and the Caribbean.* UCLA Latin American Center.

Chiswick, B. R., & Mincer, J. (1972). Time-Series Changes in Personal Income Inequality in the United States from 1939, with Projections to 1985. *Journal of Political Economy, 80*(3), S34-S66.

Diamond J. B. (2018). Race and White Supremacy in the Sociology of Education: Shifting the Intellectual Gaze. In J. Mehta & S. Davies(Eds.). *Education in a New Society: Renewing the Sociology of Education* (pp. 345-362). The University of Chicago Press.

Dronkers, J. (1997). Social Mobility, Social Stratfication and Education. In L. J. Saha (Ed.). *International Encyclopedia of Sociology of Education* (pp. 430-437). Pergamon

Fields, G. S. (1980). Education and Income Distribution in Developing Countries: A Review of Literature. In T. King & R. A. Berry(Eds.), *Education and Income* (pp. 231-315). World Bank.

Ganzeboom, H. B. G., Heath, A. F. & Roberts, J. (1992). *Trends in Educational and Occupational Achievement in Britain.* Paper presented to ISA Research Committee 28 on Social Stratification and Social Mobility, Trento, Italy, May 1992.

Hauser, R. M., & Featherman, D. L. (1976). *Occupations and Social Mobility in the United States.* (Discussion Paper no. 336-76). Wisconsin University Institute for Research on Poverty.

Havighurst, R. (1961). Education and Social Mobility in Four Societies. In A. H. Halsey, J. Floud & C. A. Anderson (Eds.). *Education, Economy, and Society* (pp. 105-120). Free Press.

Heath, A., Mills, C. & Roberts, J. (1992). Towards Meritocracy? Recent Evidence on an Old Problem. In C. Crouch & A. Heath(Eds.). *Social Research and Social*

Reform (pp. 217-244). Clarendon Press.

Jary, D. & Jary J. (Eds.). (1991). *The HarperCollins Dictionary of Sociology*. Harper Perennial.

Jencks, C. et al. (1972). *Inequality: A Reassessment of the Effect of Family and Schooling in America*. Basic Books.

Jonsson, J. O. (1993). Persisting Inequalities in Sweden?. In Y. Shavit & H-P. Blossfeld(Eds.). *Persistent Inequality: Changing Educational Attainment in Thirteen Countries* (pp. 101-132). Westview Press.

Kerckhoff, A. C. (2000). Transition from School to Work in Comparative Perspective. In M. T. Hallinan(Ed.). *Handbook of the Sociology of Education* (pp. 453-474). Springer.

Khan, S. (2018). Talking Pigs? Lessons from Elite Schooling. In J. Mehta & S. Davies(Eds.). *Education in a New Society: Renewing the Sociology of Education* (pp. 183-199). The University of Chicago Press.

Ogbu, J. (1994). Racial Stratification and Education in the United States: Why Inequality persists. *Teachers College Record, 96*(2), 264-298.

Sewell, W. H. & Hauser, R. M. (1975). *Education, Occupation, and Earnings: Achievement in the Early Career*. Academic Press.

Tachibanaki, T. (1997). Education, Occupation and Earnings. In L. J. Saha (Ed.). *International Encyclopedia of Sociology of Education* (pp. 293-297). Pergamon.

Tinto, V. (1977). Does Schooling Matter? A Retrospective Assessment. *Review of Research in Education, 5*(1), 201-235.

Thurow, L. C. (1972). Education and Economic Equality. *The Public Interest*, 28, 66-81.

Wright, E. O. & Perrone, L. (1977). Marxist Class Categories and Income Inequality. *American Sociological Review, 42*(1), 32-55.

제7장 교육평등론

강희돈(1989). 한국의 사회이동과 학교교육의 효과. 고려대 박사학위논문.

교육인적자원부(2007). 교육통계연보.

교육부 학생부종합전형조사단. (2019). 대입제도 공정성 강화 방안. 교육부.

국가교육통계센터, 교육통계 https://kess.kedi.re.kr/index

김경근(2005). 한국사회 교육격차의 실태 및 결정요인. 교육사회학연구, 15, 1-27.

김경근(2020). 변화의 시대를 맞이한 한국 고등교육의 주요 과제 및 대안. 교육사회학연구, 30(4), 1-32.

김경근 · 변수용(2006). 한국사회에서의 상급학교 진학 선택 결정요인. 교육사회학연구, 16(4), 1-27.

김명언 · 곽금주 · 정지현(2005). 2005학년도 서울대학교 신입생 특성조사 보고서. 서울대학교 대학생활문화원.

김성식 · 류방란(2008). 고등학교진학에 대한 가정배경, 학생노력, 학교경험의 영향력 분석. 교육사회학연구. 18(2), 31-51.

김수정 · 차영화 · 최샛별(2020). 불평등한 미래: 청소년의 '꿈', 지위표식이 되다. 한국사회학, 54(1), 101-138.

김영화(1993). 한국의 교육불평등. 교육과학사.

김위정(2012). 계층간 학력 격차의 변화: 학교정책의 영향을 중심으로. 교육사회학연구, 22(3), 49-76.

김창환 · 신희연(2020). 입시 제도에서 나타나는 적응의 법칙과 엘리트 대학 진학의 공정성. 한국사회학, 54(3), 35-83.

남궁지영 · 김혜자 · 박경호 · 송승원 · 김양분(2018). 2018 한국교육종단연구-중학생의 교육경험과 교육성과(III): 10년 주기 코호트 간 비교. 한국교육개발원.

류기철(1995). 고졸근로자의 대학진학양상 및 결정요인에 관한 연구. 교육사회학연구, 5(1), 195-214.

류방란 · 김성식(2006). 교육격차: 가정배경과 학교교육의 영향력 분석. 한국교육개발원.

박경호 · 김지수 · 김창환 · 남궁지영 · 백승주 · 양희준 외(2017). 교육격차 실태 종합분석. 한국교육개발원.

서울대학교 학생생활연구소(1999). 서울대학교 신입생 특성조사 보고서. 서울대학교.

서울대학교 대학생활문화원(2003; 2008; 2016). 서울대학교 신입생특성조사보고서. 서울대학교.

성기선(1988). 고등학교 계열화의 사회배치 기능에 관한 종단적 연구-계열배치 결정과 졸업 후 진로 결정을 중심으로. 서울대 석사학위논문.

손준종(1999). 정의로운 교육기회 분배에 관한 논의: 왈쩌(M. Walzer)를 중심으로. 교육사회학연구, 9(2), 121-142.

여유진(2008). 한국에서의 교육을 통한 사회이동 경향에 대한 연구. 보건사회연구, 28(2), 53-80.

우천식 편(2004). 사교육의 효과, 수요 및 그 영향요인에 관한 연구. 한국개발연구원.

윤민종(2018). 생애 초기 교육 격차: 만 3세 유아의 어휘력과 학습 태도가 아동의 언어 발달 및 학업 수행 능력에 미치는 영향. 교육학연구, 56(4), 317-342.

윤민종(2022). 수시 전형이 '특권층의 대물림 통로?' 대입전형이 고등교육기회 분배구조에 미치는 영향력 분석. 교육학연구, 60(1). 236-260.

이영덕 · 김영찬 · 김기석 · 김신일(1991). 중고등학생의 생활과 진로에 대한 종단적 연구. 서울대학교 교육연구소.

이종재 편(2010). 사교육: 현상과 대응. 파주: 교육과학사.

이혜영(2004). 교육복지 투자우선지역 지원사업을 위한 연구 · 지원사업 결과 보고서. 한국교육개발원.

이혜정 · 이지연 · 이희원(2019). '명문대' 저소득가구 전형 입학생의 대학교육 경험에 관한 연구. 교육학연구, 57(4), 247-277.

이희연 · 김경애 · 김효정 · 유경훈 · 이성회 · 정동철 외(2020). 교육복지 지원 기준 개발 및 활용 방안 연구. 한국교육개발원.

전하람 · 김경근(2006). 고등학생의 교육포부 결정요인 분석: 의미 있는 타인의 영향을 중심으로. 교육사회학연구, 16(4), 185-206.

정익중(2011). 초중고 사교육비의 사회계층적 예측요인과 성적에 미치는 영향. 한국아동복지학, (35), 73-98.

조우현(2004). 아버지 학력과 노동시장 불평등. 노동경제논집, 27(2), 67-89.

최윤진(2015). 대학생들의 입시 사교육 경험 의미 분석: 사교육 주체, 동기, 관점을 중심으로. 교육사회학연구, 25(4), 83-124.

최필선 · 민인식(2015). 부모의 교육과 소득수준이 세대 간 이동성과 기회불균등에 미치는 영향. 사회과학연구, 22(3), 31-56.

통계청, 국가통계포털 https://kosis.kr/statisticsList

통계청(1960, 1975, 1985, 1990, 1995, 2005). 인구주택총조사 보고서.

한국교육개발원(2020). 2020 OECD 교육지표. 한국교육개발원.

Anderson, T. H. (2004). *The Pursuit of Fairness: A History of Affirmative Action*. Oxford University Press.

Aurini, J. & Hillier, C. (2018). Reopening the Black Box of Educational Disadvantage: Why We Need New Answers to Old Questions. In J. Mehta & S. Davies (Eds.). *Education in a New Society: Renewing the Sociology of Education* (pp. 309-333). The University of Chicago Press.

Bourdieu, P. & Passeron, J-C. (1977). *Reproduction in Education, Society and Culture*. Sage.

Bowles, S. (1977). Unequal Education and the Reproduction of the Social Division of Labor. In J. Karabel. & A. H. Halsey. (Eds.). *Power and Ideology in Education* (pp. 137-152). Oxford University Press.

Brown, P. (1997). Cultural Capital and Social Exclusion: Some Observations on Recent Trends in Education, Employment and the Labour Market. In A. H. Halsey, H. Lauder, P. Brown & A. S. Wells (Eds.). *Education: Culture, Economy and Society* (pp. 736-749). Oxford University Press.

Coleman, J. (1968). The Concept of Equality of Educational Opportunity. *Harvard Educational Review, 38*(1), 7-22.

Coleman, J. S. (1988). Social Capital in the Creation of Human Capital. *American Journal of Sociology, 94*, 95-120.

Coleman, J. S. et al. (1966). *Equality of Educational Opportunity*. U.S. Government Printing Office.

Farrell, J. P. (1997). Social Equality and Educational Planning in Developing

Nations. In L. J. Saha (Ed.). *International Encyclopedia of Sociology of Education* (pp. 473-479). Pergamon.

Field, S., Kuczera, M. & Pont, B. (2007). *No More Failures: Ten Steps to Equity in Education*. OECD.

Goldthorpe, J. (1997). Problems of 'Meritocracy'. In A. H. Halsey, H. Lauder, P. Brown, & A. S. Wells (Eds.). *Education: Culture, Economy and Society* (pp. 663-682). Oxford University Press.

Halsey, A. H., Heath, A. F. & Ridge, J. M. (1980). *Origins and Destinations: Family, Class, and Education in Modern Britain*. Clarendon Press.

Halsey, A. H., Lauder, H., Brown, P. & Wells, A. S. (Eds.). (1997). *Education: Culture, Economy and Society*. Oxford University Press.

Herrnstein, R. J. & Murray, C. (1994). *The Bell Curve: Intelligence and Class Structure in American Life*. Free Press.

Husén, T. (1975). *Social Influences on Educational Attainment. Research Perspectives on Educational Equality*. CERA, OECD.

Karabel, J. & Halsey, A. H. (Eds.). (1977). *Power and Ideology in Education*. Oxford University Press.

Karen, D. (2018). The Expansion of the "School Form" and Deepening Inequality. In J. Mehta & S. Davies (Eds.). *Education in a New Society: Renewing the Sociology of Education* (pp. 299-308). The University of Chicago Press.

Khan, S. (2018). Talking Pigs? Lessons from Elite Schooling. In J. Mehta & S. Davies (Eds.). *Education in a New Society: Renewing the Sociology of Education* (pp. 183-199). The University of Chicago Press.

Konstantinovski, D. (2003). In C. Torres & A. Antikainen (Eds.). *The international Handbook on the Sociology of Education* (pp. 232-255). Rowman & Littlefield Publishers.

McDonough, P. M. & Fann, A. J. (2007). The Study of Inequality. In P. J. Gumport (Ed.). *Sociology of Higher Education: Contributions and Their Contexts* (pp. 53-93). Johns Hopkins University Press.

McIntosh, D. M. (1959). *Educational Guidance and the Pool of Ability*. University of London Press.

Oxenham, J. (1997). Equality, Policies for Educational. In L. J. Saha (Ed.). *International Encyclopedia of Sociology of Education* (pp. 443-452). Pergamon.

Rawls, J. (1971). *A Theory of Justice*. Harvard University Press.

Reeves, R. V. (2017). *Dream Hoarders*. Brookings Institution Press.

Rosenbaum, J. E. (1976). *Making Inequality: The Hidden Curriculum of High School Tracking*. John Wiley.

Sandel, M. (2020). *The Tyranny of Merit: What's Become of the Common Good?*. Penguin Books. 함규진(역)(2020). 공정하다는 착각. 와이즈베리.

Stromquist, N. P. (1997). Gender and Education. In L. J. Saha (Ed.). *International Encyclopedia of Sociology of Education* (pp. 539-544). Pergamon.

UNESCO. (2012). *International Standard Classification of Education ISCED 2011*. UNESCO.

UNESCO. (2015). *Education for All*. UNESCO.

Warikoo, N. K. (2018). Race, Ethnicity, and Cultural Processes in Education: New Approaches for New Times. In J. Mehta & S. Davies (Eds.). *Education in a New Society: Renewing the Sociology of Education* (pp. 363-386). The University of Chicago Press.

Welton, M. (2005). *Designing the Just Learning Society*. NIACE.

Wolfle, D. (1961). Educational Opportunity, Measured Intelligence, and Social Background. In A. H. Halsey, J. Floud & C. A. Anderson (Eds.). *Education, Economy, and Society* (pp. 216-240). Free Press.

van Zanten, A. (2009). The Sociology of Elite Education. In M. W. Apple, S. J. Ball, & L. A. Gandin (Eds.). *The Routledge International Handbook of the Sociology of Education* (pp. 329-339). Routledge.

제8장 교육선발과 시험

강대중 · 정제영 · 이경림 · 양영유(2019). 대입제도 개편 공론화 과정을 다룬 신문 사설의 프레임 연구. 교육사회학연구, 29(4), 1-35.

교육부(2008, 2014, 2017, 2020). 교육통계연보.

김천기(2015). 사회적 불평등 맥락에서 본 대학입학 기회배분의 주류적 공정성 모델 한계와 대안적 공정성 모델 탐색. 교육사회학연구, 25(4), 1-24.

김천기(2019). 대학 입학사정관전형의 편향성: 서울대 입학전형에서의 잠재력, 환경, 다양성 교육의 의미 구성. 교육사회학연구, 29(3), 37-59.

박희진 · 정문숙 · 정수정 · 배수옥 · 서원주(2012). 주요국들의 대학입시에서 고교내신 성적 반영방법 및 시사점. 세계교육정책 인포메이션, 제10호. 한국교육개발원.

서봉언(2018). 대학 입학전형요소와 교육성과 간 메타분석. 교육사회학연구, 28(1), 35-62.

윤민종 · 강충서(2018). 대학은 성적순? 대학 입학에 있어 언더매칭 현상과 부모의 사회경제적 지위와의 관계 탐색. 교육사회학연구, 28(4), 1-29.

이경림 · 강대중 · 정제영(2020). '조국 사태' 이후 문재인 정부 대입제도 개편 과정을 다룬 신문 사설의 프레임 분석 연구. 교육사회학연구, 30(2), 75-103.

이광현(2018). 학생부종합전형의 쟁점분석과 대입제도 개선방향. 교육사회학연구, 28(3), 57-95.

임영일(1996). 국가, 계급, 헤게모니: 그람씨 사상연구. 풀빛.

한국교육개발원(2006, 2011, 2014). OECD 교육지표.

한국교육학회(2005). 평준화정책의 진단과 과제. 2005년 추계학술대회 특별분과.

APEID. (1978). *Examination Reform*. UNESCO Regional Office For Education In Asia and Oceania.

Bourdieu, P. & Passeron, J. (1977). *Reproduction in Educational Society and Culture*. Sage.

Broadfoot, P., Murphy, R., & Torrance, H. (1990). *Changing Educational Assessment: International Perspectives and Trends*. Routledge.

Butterfield, S. (1990). The Development of Secondary Assessment and Examination. In R. Riding & S. Butterfield (Eds.). *Assessment and Examination in the Secondary School* (pp. 1-30). Routledge.

Camara, W. J. & Kimmel, E. W. (2005). *Choosing students: Higher education admissions tools for the 21st century*. L. Erlbaum Associates.

Foucault, M. (1975). *Surveiller et punir: Naissance de la prison*. Éditions Gallimard. 오생근(역)(2016). 감시와 처벌: 감옥의 탄생. 나남.

Gramsci, A. (1971). *Selections from Prison Notebooks*. International Publishers.

Kelly, D. M. (1997). School Dropouts. In L. J. Saha (Ed.). *International Encyclopedia of the Sociology of Education* (pp. 582-586). Pergamon.

Little, A. (1990). The Role of Assessment, Re-examined in International Context. In P. Broadfoot et al. (Eds.). *Changing Educational Assessment: International Perspectives and Trends* (pp. 9-22). Routledge.

Manns, M. (2018). *The cuture of of testing: Sociocultural impacts on learning in Asia and the Pacific*. UNESCO.

Mathews, J. C. (1985). *Examinations*. George Allen & Unwin.

Montgomery, R. (1978). *A New Examination of Examinations*. Routledge and Kegan.

Riding, R. & Butterfield, S. (1990). *Assessment and Examination in the Secondary School: A Practical Guide for Teachers and Trainers*. Routledge.

Oakes, J. (1997). Ability Grouping and Tracking in Schools. In L. J. Saha (Ed.). *International Encyclopedia of the Sociology Education* (pp. 395-400). Pergamon.

Oakes, J. & Heckman, P. E. (1997). Age Grouping of Students. In L. J. Saha (Ed.). *International Encyclopedia of the Sociology Education* (pp. 401-404). Pergamon.

OECD. (2014). 교육지표 2014(Education at a Glance). 한국교육개발원.

UNESCO. (2015). *Education for all 2000-2015: achievements and challenges*. UNESCO.

Vial, S. (2005). *Prepabac-Examen-Philosophie Tle L/ES/S*. 이용주 · 백연화 · 채기병(역)(2006). 바칼로레아 철학 논술 수험서. 이지북.

제9장 학업성취와 격차

강상진 · 장원섭 · 김주아 · 장지현 · 김양분 · 윤종혁 외(2005). 고교 평준화 정책 효과의 실증 분석 연구. 한국교육개발원.

공은배 · 한만길 · 이혜영(1984). 학교 · 학급의 적정규모. 한국교육개발원.

교육부(2022). 교육부고시 제2022-33호 초중등학교 교육과정 총론 및 각론.

곽수란(2003). 학교효과 평가를 위한 교사 관련 과정 변인 분석. 교육사회학연구, 13(1), 1-20.

구자옥 · 김경주 · 김준식 · 박상복 · 박지현 · 성경희 외(2019). 국가수준 학업성취도 평가 결과에 기반한 2009 개정 교육과정의 학업성취 특성 및 추이 분석. 한국교육과정평가원.

김경근(2020). 변화의 시대를 맞이한 한국 고등교육의 주요 과제 및 대안. 교육사회학연구, 30(4), 1-32.

김경근 · 변수용(2007). 한국사회에서의 학업성취에 대한 문화자본의 영향. 교육사회학연구, 17(1), 23-51.

김경희 외(2013a). 2012년 국가수준 학업성취도 평가 결과: 중학교 학업성취도 변화 추이. 한국교육과정평가원.

김경희 외(2013b). 2012년 국가수준 학업성취도 평가 결과: 초등학교 학업성취도 변화 추이. 한국교육과정평가원.

김기석 · 이종재 · 강태중 · 류한구 · 최길찬 · 김성식 외(2005). 평준화 정책이 학업성취에 미치는 영향에 대한 종단적 분석. 한국교육개발원.

김달효(2006). 학생의 능력별 집단편성에 대한 비판적 접근. 교육사회학연구, 16(3), 25-42.

김병성 · 라정 · 이혜영(1981). 도농학교의 사회적 체제 비교분석. 한국교육개발원.

김성숙 · 백순근 · 채선희 · 노국향 · 이선경 · 박선미(1998). 1998년도 초 · 중 · 고 학업성취도 평가 연구. 한국교육과정평가원.

김소영(2011). 수준별 교육과정(이동수업) 운영의 효과성 탐색: 다층자료 분석모형 이용. 아시아교육연구, 12(2), 135-158.

김소영 · 김진한(2011). 학교 특성이 중학생의 국어, 영어, 수학 성취도에 미치는 영향. 교육학연구, 49(4), 205-229.

김영철(2003). 학급규모의 교육효과. 교육방법연구, 15(2), 57-77.

김영철 · 한유경(2004). 학급규모의 교육효과 분석. 교육재정경제연구, 13, 175-202.

김영화(2012). 문화자본의 개념화와 문화자본연구의 주요쟁점에 관한 비판적 검토. 교육사회학연구, 22(2), 31-63.

김위정(2012). 계층간 학력 격차의 변화: 학교정책의 영향을 중심으로. 교육사회학연구, 22(3), 49-76.

김현진(2008). 고교 평준화제도와 일반계 고등학교 2학년 학생의 사교육비 지출의 관계 실증 분석 연구. 교육행정학연구, 26(2), 1-22.

김현진(2013). 교사 · 학교장 신념과 중학생의 자율성 및 자기효능감, 학업성취도의 관계 분석. 교육학연구, 51(2), 117-143.

김희삼(2010). 학업성취도, 진학 및 노동시장 성과에 대한 사교육의 효과 분석. 한국개발연구원.

도승이 · 김성식(2014). 중학생 학업성취도에 대한 사교육 및 자기조절학습의 효과 분석. 교육학연구, 52(1), 59-87.

도승이 · 김성식 · 김현철 · 손수경(2012). 사교육 의존도에 따른 학업우수 중학생의 특성 분석 -국어.영어.수학 교과를 중심으로-. 교육학연구, 50(4), 185-220.

류방란 · 김성식(2006). 교육격차: 가정배경과 학교교육의 영향력 분석. 한국교육개발원.

박성호(2012). 도농간 중학생 학력격차감소에 미치는 학교교육의 영향. 교육사회학연구, 22(1), 77-108.

박수억(2020). 학교 유형과 학업성취도 변화: 특목고와 자사고의 환상 효과(phantom effect). 교육사회학연구, 30(1), 83-110.

박현정 · 상경아 · 강주연(2008). 사교육이 중학생의 학업성취에 미치는 효과. 교육평가연구, 21(4), 107-127.

백병부(2012). 문화자본의 보유 및 학업적 보상 양상에 대한 교사들의 인식연구. 교육사회학연구, 22(2), 65-95.

백병부 · 김정숙(2014). 학교 내 사회자본이 학업성취 격차에 미치는 영향. 교육학연구, 52(1), 221-249.

변수용 · 김경근(2008). 한국 고등학생의 교육결과에 대한 문화자본의 영향. 교육사회학연구, 18(2), 53-82.

성기선(2006). 우리나라 중학교의 학교효과에 관한 연구: Creemers의 학교효과 이론 모델의 검증. 교육사회학연구, 16(4), 93-114.

성기선(2010). 중학생들의 학업성취도에 미치는 가정배경의 영향력 변화에 관한 연구. 교육사회학연구, 20(3), 83-104.

성기선(2011). 학교급별 도 · 농 간 학업성취도 격차에 관한 연구. 교육사회학연구, 21(4), 125-148.

성기선 · 김준엽(2010). 고등학생들의 사교육 참여 시간과 학업성취도와의 관련성 비교연구-한국, 일본, 핀란드 과학성취도를 중심으로-. 교육사회학연구, 20(1), 103-126.

성열관(2008). 수준별 교육과정의 감환된 의미로서 영어, 수학 이동수업의 효과성 검토. 교육과정연구, 26(2), 167-189.

시기자 · 박인용 · 구남욱 · 김완수 · 구슬기 · 임현정 외(2015). 국가수준 학업성취도 평가 종단자료에 기반한 학업성취도 변화 추이 분석. 한국교육과정평가원.

신인철 · 김기헌(2010). 학업성취도가 사교육 이용 결정에 미치는 영향. 교육사회학연구, 20(1), 127-150.

양정호 · 김경근(2003). 학업성취에 대한 학교조직의 효과—TIMSS-R의 위계적 선형모형 연구—. 교육사회학연구, 13(2), 165-184.

우천식 외(2004). 사교육의 효과, 수요 및 그 영향요인에 관한 연구. 한국개발연구원.

유선 · 정영애(2012). 사회경제적 지위와 학업성취의 관계: 문화자본과 교사기대지각의 매개효과. 교육학연구, 50(4), 1-22.

이아진(2017). 학급규모가 학업성취도에 미치는 영향 분석. 교육재정경제연구, 26(1), 1-26.

이영덕 · 김영찬 · 김기석 · 김신일(1991). 중고등학생의 생활과 진로에 대한 종단적 연구. 서울대학교 교육연구소.

이자형(2013). 비인지적 능력이 지위획득에 미치는 영향에 관한 연구-청년취업자를 중심으로-. 교육사회학연구, 23(2), 173-206.

이종재 · 이희숙(2008). 사교육 현상에 대한 세계적 동향 분석-사교육을 유발하는 수요기제를 중심으로-. 아시아교육연구, 9(2), 203-228.

이해성(1990). 지능검사의 문화적 편파성. 교육사회학연구, 1(1), 141-149.

임성택 · 어성민(2013). 학부모의 사교육 동기와 부담감의 관계. 교육학연구, 51(2), 63-87.

임혜정 · 전하람(2019). 초등학교 고학년 시기 수학 학습부진을 경험한 학생들의 성취도 종단분석: 가정배경 및 가정의 교육적 지원 효과. 교육사회학연구, 29(1), 85-113.

조지민 · 김명화 · 최인봉 · 송미영 · 김수진 · 남민우 외(2007). 국가수준 학업성취도 평가 연구: 2003~2006년 변화 추이. 한국교육과정평가원.

최돈민 · 윤여각 · 현영섭 · 강대중 · 이세정(2013). 가족구조가 중고등학생의 학업성취도에 미치는 영향. 교육학연구, 51(4), 119-153.

최성수, 이승현(2022). 불평등의 상이한 경로. 교육사회학연구, 32(3). 241-279.

최윤진(2015). 대학생들의 입시 사교육 경험 의미 분석: 사교육 주체, 동기, 관점을 중심으로. 교육사회학연구, 25(4), 83-124.

최필선 · 민인식(2015). 부모의 교육과 소득수준이 세대 간 이동성과 기회불균등에 미치는 영향. 사회과학연구, 22(3), 31-56.

최호성(2000). 수준별 교육과정 운영에 관한 국내외 연구성과의 메타분석. 한국교사교육, 17(1), 279-313.

통계청(2019). 2019 한국의 사회지표.

통계청(각 연도). 초중고 사교육비조사.

한국행동과학연구소(1973). 학교교육의 전국적 평가연구.

한세희(2018). 사회자본과 지방정부의 재정역량. 한국지방공기업학회보 학술대회 자료집. 23-37.

황여정(2008). 수준별 이동수업이 학업성취에 미치는 효과. 한국교육학연구, 14(1), 71-101.

황여정(2010). 능력별 집단편성이 중학생의 학업성취에 미치는 영향. 교육사회학연구, 20(4), 191-222.

Alexander, K. L. & McDill, E. L. (1976). Selection and Allocation within Schools: Some Causes and Consequences of Curriculum Placement. *American Sociological Review, 41*(6), 963-980.

Alexander, L. & Simons, J. (1975). *The Determinants of School Achievement in Developing Countries*. World Bank.

Arnot, M. (2016). Sociological Understanding of Conternporary Gender Transformation in Schooling in the UK. In A. R. Sadovnik & R. W. Coughlan (Eds.). *Sociology of Education: A Critical Reader* (pp. 377-392). Routledge.

Aurini. J. & Hillier. C. (2018). Reopening the Black Box of Educational Disadvantage: Why We Need New Answers to Old Questions. In J. Mehta & S. Davies (Eds.). *Education in a New Society: Renewing the Sociology of Education* (pp. 309-333) The University of Chicago Press.

Baker, D. P., Akiba, M., LeTendre, G. K. & Wiseman, A. W. (2001). Worldwide Shadow Education: Outside-School Learning, Institutional Quality of Schooling, and Cross-National Mathematics Achievement. *Educational Evaluation and Policy Analysis, 23*(1), 1-17.

Berliner, D. C. (2016). Effects of Inequality and Poverty vs. Teachers and Schooling on America's Youth. In A. R. Sadovnik & R. W. Coughlan (Eds.). *Sociology of Education: A Critical Reader* (pp. 469-484). Routledge.

Bernstein, B. (1973a). *Class, Codes and Control(vol, 1): Theoretical Studies towards a Sociology of Language*. Routledge and Kegan Paul.

Bernstein, B. (1973b). *Class, Codes and Control(vol, 2): Applied Studies towards a Sociology of Language*. Routledge and Kegan Paul.

Boocock, S. S. (1980). *Sociology of Education: An Introduction*. Houghton Mifflin.

Bourdieu, P. & Passeron, J-C. (1977). *reproduction in Education, Society and Culture*. Sage.

Bridge, R. G. (1979). *The Determinants of Educational Outcomes: The Impact of Families, Peers, Teachers, and Schools*. Ballinger Publishing Company.

Brookover, W. et al. (1979). *School Social Systems and Student Achievement:*

Schools can Make a Difference. Praeger.

Cicourel, A. V. & Kitsuse, J. (1977). The School as a Mechanism of Social Differentiation. In J. Karabel & A. H. Halsey (Eds.). *Power and Ideology in Education* (pp. 282-291). Oxford University Press.

Coates, J. F., Mahaffie, J. B. & Hines, A. (1997). *2025: Scenarios of US and Global Society Reshaped by Science and Technology*. Oakhill Press.

Coleman, J. S. et al. (1966). *Equality of Educational Opportunity*. U.S. Government Printing Office.

Coleman, J. (1988). Social Capital in the Creation of Human Capital. *American Journal of Sociology. 94*. 95-120.

DiMaggio, P. (1982). Cultural Capital and School Success: The Impact of Status Culture Participation on the Grades of U.S. High School Students. *American Sociological Review, 47*(2), 189-201.

Eggleston, J. (1977). *The Ecology of the School*. Methuen.

Epstein, J. L. & Sanders, M. G. (2000). Connecting Home, School, and Community: New Directions for Social Research. In M. T. Hallinan (Ed.). *Handbook of the Sociology of Education* (pp. 285-306). Springer.

Fielder, W., Coben. R., & Feeney, S. (1971). An Attempt to Replicate the Teacher Expectancy Effect. *Psychological Report, 29*, 123-128.

Fraser, S. (1997). Introduction to the Bell Curve Wars. In A. H. Halsey, H. Lauder, P. Brown, & A. S. Wells (Eds.). *Education: Culture, Economy, and Society* (pp. 779-783). Oxford University Press.

Goyal, N. (2016). *Schools on Trial: How Freedom and Creativity Can Fix Our Educational Malpractice*. Doubleday.

Hanushek, E. A. (1997). Education Production Functions. In L. J. Saha (Ed.). *International Encyclopedia of Sociology of Education* (pp. 297-303). Pergamon.

Herrnstein, R. J. & Murray, C. (1994). *The Bell Curve: Intelligence and Class Structure in American Life*. Free Press.

Inkeles, A. (1979). National Differences in Scholastic Performance. *Comparative Education Review, 23*(3), 386-407.

Jencks, C., Smith, M., Acland, H., Bane, M. J., Cohen, D., Gintis, H. et al. (1972). *Inequality: A Reassessment of the Effect of Family and Schooling in America*. Basic Books.

Jensen, A. R. (1973). *Educability and Group Differences*. Routledge.

Keddie, N. (1970). Classroom Knowledge. In M. F. D. Young (Ed.). *Knowledge and Control: New Directions for the Sociology of Education*. Collier-Macmillan. 이인효 · 이혜영 · 김정원 · 류방란 · 오성철(편역)(1991). N. 케디. 교실지식. 교육과 사회 (pp.120-160). 교육과학사.

Khan, S. (2018). Talking Pigs? Lessons from Elite Schooling. In J. Mehta & S. Davies (Eds.). *Education in a New Society: Renewing the Sociology of Education* (pp. 183-199). The University of Chicago Press.

Lee, V. E. (2000). School Size and the Organization of Secondary Schools. In M. T. Hallinan (Ed.), *Handbook of the Sociology of Education* (pp. 327-344). Springer.

McDonald, J. P. & Cities and Schools Research Group. (2014). *American School Reform*. University of Chicago Press.

Mehen, H. (1992). Understanding Inequality in Schools: The Contribution of Interpretive Studies. *Sociology of Education, 65*(1), 1-20.

Oakes, J. (1997). Ability and Tracking in Schools. In L. J. Saha (Ed.). *International Encyclopedia of Sociology of Education* (pp. 395-400). Pergamon.

OECD. (2001). *Knowledge and Skills for Life: First Results from the OECD Program for PISA 2000*. OECD.

OECD. (2014). *PISA 2012 Results: What Students Know and Can Do-Student Performance in Mathematics, Reading and Science (Volume I, Revised edition*. OECD.

OECD. (2020). *Education at a Glance*. OECD.

Rist, R. (1970). Social Class and Teacher Expectations: The Self-fulfilling Prophecy in Ghetto Education. *Harvard Educational Review, 40*, 411-451.

Rosenbaum, J. E. (1976). *Making Inequality: The Hidden Curriculum of High School Tracking*. John Wiley.

Rosenthal, R. & Jacobson, L. (1966). Teachers' Expectancies: Determinants of Pupils' IQ Gains. *Psychological Reports, 19*(1), 115-118.

Rumberger, R. W. & Gándara, P. (2016). Seeking Equity in the Education of California's English Learners. In A. R. Sadovnik & R. W. Coughlan (Eds.). *Sociology of Education: A Critical Reader* (pp. 345-359). Routledge.

Schneider, B. (2000). Social Systems and Norms: A Coleman Approach. In M. T. Hallinan (Ed.). *Handbook of the Sociology of Education* (pp. 365-385). Springer.

Simmons, J. (1975). *How Effective is Schooling in Promoting Learning?: A Review of the Research*. IBRD & World Bank.

Steenbergen-hu, S., Makel, M. C., & Olszewski-Kubilius, P. (2016). What One Hundred Years of Research Says about the Effects of Ability Grouping and Acceleration on K-12 Students' Academic Achievement. *Review of Educational Research, 86*(4), 849-899.

Tapscott, D. (2008). *Grown Up Digital*. McGraw-Hill Education. 이진원(역)(2009). 디지털 네이티브. 비즈니스북스.

Taylor, G. & Ayres, N. (1970). *Born and Bred Unequal*. Longman.

제10장 교육과정의 사회적 성격

강대중 · 최선주 · 이승협(2012). 자력학습 인터넷 논객들의 학습생활 연구-'아고라 경제토론방 고수'를 중심으로-. 평생교육학연구, 18(4), 33-63.

김기석(1983). 교육사회학탐구. 교육과학사.

김병욱(1995). 교과내용 개정을 위한 시도들의 특성분석. 교육사회학연구. 5(1). 39-62.

김신일(2005). 학습시대의 교육학 패러다임. 김신일 · 박부권(편). 학습사회의 교육학

(pp. 61-101). 학지사.

김신일(2020). 학습사회. 학이시습.

김영화(1990). 한국교육과정변천의 사회경제학적 함의: 공업교육과정변천을 중심으로. 교육사회학연구, 1, 75-97.

김영화(2020). 피에르 부르디외와 교육. 교육과학사.

역사교육을 위한 교사모임(1989). 제5차 교육과정 개편에 따른 중학교 국사교과서 분석: 살아있는 삶을 위한 역사교육. 푸른나무.

오욱환(1990). 학교교육과 불평등. 교육과학사.

윤구병 (편)(1988). 교과서와 이데올로기. 천지.

윤철경(1989). 70년대 정치체제 및 경제정책에 관한 교육내용 분석: 유신체제하 학교교과서를 중심으로. 교육출판기획실(편). 분단시대의 학교교육. 푸른나무.

이온죽 · 장지연(1999). 여성 · 가족 · 사회. 세영사

이혜영(1989). 교과서에 나타난 국가. 한국교육문제연구회(편). 한국교육문제연구, 제2집. 푸른나무.

전국교직원노동조합 교과위원회(1990). 참교육실현을 위한 교과서 백서. 푸른나무.

조용환(1997). 사회화와 교육. 교육과학사.

한국교육사회학연구회(1983). 한국교육의 사회적 기초. 교육과학사.

Acker, S. (1997). Feminist Critiques of Educational Practices and Research. In L. J. Saha (Ed.). *International Encyclopedia of the Sociology of Education* (pp. 215-217). Pregamon.

Althusser, L. (1971). *Philosophy and Other Essays*. Monthly Review Press.

Anyon, J. (1979). Ideology and United States History Textbooks. *Harvard Educational Review, 49*(3), 361-386. 이인효 외(역)(1991). 교육과 사회. 6장 이데올로기와 미국 역사교과서. 교육과학사.

Apple, M. W. (1979). *Ideology and Curriculum*. 박부권 · 이혜영(역)(1985). 교육과 이데올로기. 한길사.

Apple, M. W. (1982). *Cultural and Economic Reproduction in Education*. 배종근(역)(1987). 교육의 재생산이론. 성원사.

Apple, M. W. (1999). *Official Knowledge*. Routledge. 박부권 · 심연미 · 김수연(역) (2001). 학교지식의 정치학. 우리교육.

Apple, M. W. (1993b). What Postmodernists Forget: Cultural Capital and Official Knowledge. *Curriculum Studies, 1*(3), 301-316.

Arnot, M. (2016). Sociological understanding of contemporary gender transformations in schooling in the UK. In A. R. Sadovnik & R. W. Coughlan (Eds.). *Sociology of Education: A Critical Reader* (pp. 377-392). Routledge.

Bernstein, B. (1977). *Class, Codes and Control(vol, 3): Toward a Theory of Education Transmissions* (2nd edition). Routledge and Kegan Paul.

Bernstein, B. (1996). *Pedagogy, symbolic Control and Identity*. Taylor Francis.

Blackledge, D. & Hunt, B. (1985). *Sociological Interpretations of Education*. Croom Helm.

Bourdieu, P. & Passeron, J. (1977). *Reproduction in Educational Society and Culture*. Sage.

Bowles, S. & Gintis, H. (1976). *Schooling in Capitalist America: Educational Reform and the Contradictions of Economic Life*. Routledge and Kegan Paul.

Carnoy, M. (1974). *Education as Cultural Imperialism*. David McKay Company. 김쾌상(역)(1990). 교육과 문화적 식민주의. 한길사.

Cookson, P. Jr., Sadovnik, A., & Semil, S. (1992). *International Handbook of Education Reform*. Greenwood Press.

Davies, S., & Guppy, N. (1997). Globalization and Educational Reforms in Anglo-American Democracies. *Comparative Education Review, 41*(4), 435-459.

Donn, G. (1997). Feminist Approach to the Curriculum. Saha, L. J. (Ed.). *International Encyclopedia of the Sociology of Education* (pp. 130-135). Pregamon.

Dreeben, R. (1977). The Contribution of Schooling to the Learning of Norms. *Harvard Educational Review, 37*(2), 211-237.

Durkheim, É. (1961). *Moral Education: A Study in the Theory and Application of the Sociology of Education* (E. K. Wilson & H. Schnurer, Trans.). Free

Press of Glencoe. 박덕규(역)(1987). 에밀 뒤르껭의 도덕교육. 교육문화사.

Eggleston, J. (1977). *The Sociology of the School Curriculum*. Routledge & Kegan Paul.

Giroux, H. (1983). Theories of Reproduction and Resistance in the New Sociology of Education: A Critical Analysis. *Harvard Educational Review, 53*(3), 257-293.

Goldman, R. F., Weber, W.H., & Noah, H. (1974). Some Economic Models of Curriculum Structure. E. W. Eisner, & E. Vallance (Eds.). *Conflicting Conceptions of Curriculum* (pp. 80-103). McCutchan Publishing Corporation.

Halsey, A. H., Lauder, H., Brown, P., & Wells, A. S. (1997). *Education: Culture, Economy and Society.* Oxford University Press.

Jarvis, P. (1992). *Paradox of Learning*. Jossey-Bass.

Karabel, J. & Halsey, A. H. (1977). Educational Research: A Review and an Interpretation. In J. Karabel & A. H. Halsey (Eds.). *Power and Ideology in Education* (pp. 1-85). Oxford University Press.

Karabal, J. & Halsey, A. H. (Eds.). (1977). *Power and Ideology in Education*. Oxford University Press. 강순원(역)(1983). 교육과 사회구조. 한울. 최희선(역)(1984). 교육의 사회적 구조와 이데올로기. 교육과학사.

McEneaney, L. H. & Meyer, J. W. (2000). The Content of the Curriculum. In M. T. Hallinan (Ed.). *Handbook of the Sociology of Education* (pp. 189-211). Springer.

McLaren, P. (1997). Multiculturalism and the Postmodern Critique: Toward a Pedagogy of Resistance and Transformation. In A. H. Halsey, H. Lauder, P. Brown, & A. S. Wells (Eds.). *Education: Culture, Economy and Society* (pp. 520-540). Oxford University Press.

Mehta, J. & Davies, S. (2018). Education in a New Society: Renewing the Sociology of Education. In J. Mehta & S. Davies (Eds.). *Education in a New Society: Renewing the Sociology of Education* (pp. 1-58). University of Chicago Press.

Merriam, S. B. & Baumgartner, L. (2020). *Learning in Adulthood: A Comprehensive*

Guide (Fourth Edition). Jossey-Bass.

Meyer, J. W., Kamens, D., & Benavot, A. (1992). *School Knowledge for the Masses: World Models and the National Primary Curricular Categories in the Twentieth Century*. The Falmer Press.

Miliband, R. (1969). *The State in Capitalist Society*. Weidenfeld and Nicholson.

Morrow, R.A. & Torres, C. A. (1995). *Social Theory and Education*. State University of New York Press.

Poulantzas, N. (1978). *State, Power, and Socialism*. New Left Books.

Parsons, T. (1959). The School Class as a Social System: Some of Its Functions in American Society. *Harvard Educational Review, 29*, 297-318.

Ravitch, D. (2004). *The Language Police*. Vintage Books.

Said, E. W. (1993). *Culture and Imperialism*. Knopf. 정정호(역)(2011). 문화와 제국주의(개정판). 창.

Veblen, T. B. (1918). *The theory of the Leisure Class: An Economic Study of Institutions* (New ed.). B. W. Huebsch. 이종인(역)(2018). 유한계급론. 현대지성.

Weis, L., Dimitriadis, G., & McCarthy, C. (Eds.)(2006). *Ideology, Curriculum, and the New Sociology of Education*. Routledge.

Wexler, P. (1982). Structure, text, and subject: a critical sociology of school knowledge. In M. W. Apple (Ed.). *Cultural and Economic Reproduction in Education* (pp. 275-303). Routledge.

Willis, P. E. (1981). *Learning to Labour*. Columbia University Press. 김찬호 · 김영훈(역)(2004). 학교와 계급재생산. 이매진.

Young, M. F. D. (1971). An approach to the study of curricula as socially organized knowledge. In M. F. D. Young (Ed.), *Knowledge and Control: New Directions for the Sociology of Education* (pp. 19-46). Collier Macmillan. 이인효 외(역)(1991). 교육과 사회. 4장 사회적으로 조직된 지식으로서의 교육과정. 교육과학사.

제11장 교육사회학 담론의 확장

강대중(2013). 선행경험학습인정 정책 및 연구 동향. 서울대 한국인적자원연구센터 · 교육부.

고형일 · 이두휴(2013). 글로벌라이제이션과 교육사회학 탐구영역의 변화. 교육사회학연구, 23(2), 1-27.

교육부(2019). 2018 평생교육백서. 교육부 · 국가평생교육진흥원.

김민호(2007). 세계화에 따른 지역 교육의 변화에 대한 비판적 분석: '제주국제자유도시' 추진 사례를 중심으로. 교육사회학연구, 17(2), 23-48.

김신일(2002). 아태지역 고등교육 학위인정협약의 요청과 과제. 아태지역 고등교육학위인정협약전문가회의보고서. 유네스코한국위원회, 11-29.

김신일(2020). 학습사회. 학이시습.

김재인 · 곽삼근 · 윤덕경 · 김원홍 · 김태홍 · 민무숙 외(2007). 성평등정책론. 파주: 교육과학사.

김정숙(2007). 여자 대학생들의 직업포부는 어떻게 형성되는가?: 가정과 노동시장에서의 성별 분업에 대한 인식과 대응 양식을 중심으로. 교육사회학연구, 17(1), 77-108.

김진희(2014). 다문화주의를 둘러싼 국제 갈등 이슈와 다문화교육의 방향 성찰. 다문화교육연구, 7(1), 101-129.

노상우(1999). 신자유주의적 경제논리와 민주적 교육논리. 한국교육연구, 5(2), 1-23.

박상철 · 최성재 · 곽충실(2009). 한국형 노후생활설계 교육프로그램 개발 연구. 보건복지가족부.

손순종(1996). 90년대 교육개혁의 사회적 성격에 관한 논의, 교육학연구, 34(1), 149-167.

신현석 · 주영효(2013). 글로벌 거버넌스와 한국의 교육정책. 교육학연구, 51(3), 133-159.

심미옥(2012). 여자교육대학생의 교직에서의 진로계획 결정에 관한 연구. 교육사회학연구, 22(2), 97-125.

안재희 · 오재림 · 유숙란(2008). 한국, 스웨덴, 독일의 여교수확대정책 비교 연구. 교육사회학연구, 18(1), 67-92.

유영미(2004). 과학교과서에 내재된 성별 지배이데올로기 분석. 교육사회학연구, 14(1), 39-67.

이규환(1996). 교육개혁에 있어서의 보수주의와 급진주의-한국을 중심으로. 한국교육연구, 3(1), 7-50.

이혜정(2012). 1970년대 고등교육을 받은 여성의 '공부' 경험과 가부장적 젠더규범. 교육사회학연구, 22(4), 227-266.

임선희 · 전혜영(2004). 여자대학생의 직업세계 이행과 진로장벽-지역대학의 사례. 교육사회학연구, 14(1), 101-120.

임칠일 · 김신희 · 김성욱(2014). 문화다양성 교육을 위한 교육과정 및 문화예술 기반 교육방법 탐색. 다문화교육연구, 7(2), 27-57.

전세경(2020). 성평등 관점에서 본 실과교과서 분석 연구. 한국실과교육학회지, 33(3), 21-43.

정민승(2004). '합리적 대화'를 넘어 '차이 배우기'로-후기구조주의 페미니즘의 교육학적 의미지평 탐색-. 교육사회학연구, 14(3), 183-206.

정민승(2020). 배움의 독립선언, 평생학습. 살림터.

정향진 · 김상진 · 김윤아 · 강일규(2019). 교육 분야 한국형 국가역량체계(KQF) 적용 방안. 한국직업능력개발원.

차윤경(1994). 세계체제의 형성과 통합이 교육과정에 미치는 영향. 김기석(편). 교육사회학 탐구 II(pp. 107-146). 교육과학사.

최충옥(1994). 한국교육팽창에 미친 세계체제 요인의 효과 연구. 김기석(편). 교육사회학 탐구 II(pp. 31-105). 교육과학사.

한숭희(2019). 교육이 창조한 세계. 교육과학사.

Abrams, S. E. (2016). *Education and Commercial Mindset*. Harvard University Press.

Acker, S. (1997). Feminist Critiques of Educational Practices and Research. In L. J. Saha (Ed.). *International Encyclopedia of the Sociology of Education* (pp. 215-217). Pergamon.

Baker, D. P. (2018). Social Theory and the Coming Schooled Society. In J. Mehta & S. Davies (Eds.). *Education in a New Society: Renewing the Sociology of Education* (pp. 61-82). University of Chicago Press.

Castells, M. (2000). *The Rise of the Network Society* (2nd ed.). Blackwell Publishers.

Collins, A. & Halverson, R. (2009). *Rethinking Education in the Age of Technology: The Digital Revolution and Schooling in America*. Teachers College Press. 황기우(역)(2014). 공교육의 미래(개정판). 원미사.

Davies, B. (1997). Gender Theories in Education. In L. J. Saha (Ed.). *International Encyclopedia of the Sociology of Education* (pp. 62-67). Pergamon.

Donn, G. (1997). Feminist Approaches to the curriculum. In L. J. Saha (Ed.). *International Encyclopedia of the Sociology of Education* (pp. 130-135). Pergamon.

Duvekot, R., Halba, B., Aagaard, K., Gabršček, S., & Murray, J. (Eds.). (2014). *The Power of VPL Validation of Prior Learning as a Multi-targeted Approach for Access to Learning Opportunities for All*. Inholland University AS & European Centre for Valuation of Prior Learning.

Duvekot, R., Kang, D. J., & Murray, J. (Eds.). (2014). *Linkages of VPL: Validation of Prior Learning as a Multi-targeted Approach for Maximising Learning Opportunities for All*. Vught, Netherlands: Inholland University AS & European Centre for Valuation of Prior Learning.

European Commission. (2018). *The European Higher Education Area in 2018: Bologna Process Implementation Report*. Publications Office of the European Union.

Halsey, A. H., Lauder, H., Brown, P., & Wells, A. S. (1997). The Transformation of Education and Society: An Introduction. In A. H. Halsey, H. Lauder, P. Brown, & A. S. Wells (Eds.). *Education: Culture, Economy, and Society* (pp. 1-45). Oxford University Press.

Hayes, E. & Flannery, D. D. (2000). *Women as Learners: The Significance of Gender in Adult Learning*. Jossey-Bass. 박상옥(역)(2017). 여성 학습자: 성인학

습에서 젠더의 중요성. 학이시습.

Held. D. (1995). *Democracy and Global Order*. Stanford University Press.

Janson, T. (2002). *Speak: a Short History of Language*. Oxford University Press.

Kang, D. J. (2021). Disrupted, Ruptured, and in Between: Ruins of Schooling and Utopian Learning Society. In S. Ra, S. Jagannathan, & R. Maclean (Eds.). *Powering a Learning Society During an Age of Disruption* (pp. 63-73). Springer.

Lengermann, P. M. & Niebrugge-Brantley, J. (2000). Contemporary Feminist Theory. G. Ritzer (Ed.). *Modern Sociological Theory* (5th ed.) (pp. 307-356). McGraw-Hill.

Medina, J. (2017). *Brain Rules for Aging Well: 10 Principles for Staying Vital, Happy, and Sharp*. Pear Press. 서영조(역)(2018). 젊어지는 두뇌 습관: 생기 넘치고 스마트한 뇌를 위한 10가지 조건. 프런티어.

OECD. (2016). *Education at a Glance*. OECD.

OECD. (2019). *Education at a Glance*. OECD.

OECD. (2020). *Education at a Glance*. OECD.

Teodoro, A. (2003). Educational Policies and New Ways of Governance in a Transnationalization Period. In C. A. Torres & A. Antikainen (Eds.). *The International Handbook on the Sociology of Education* (pp. 183-210). Rowman & Littlefield.

Torres, C. A. & Antikainen, A. (Eds.). (2003). *The International Handbook on the Sociology of Education*. Rowman & Littlefield.

UNESCO. (2015). *Education 2030: Incheon Declaration and Framework for Action for the Implementation of Sustainable Development Goal 4*. UNESCO.

UNESCO Institute for Lifelong Learning. (2019). *The 4th global report on adult learning and education*. UIL.

Villalba, M. (2008). Adult Education: Migration and Integration from an International Perspective Challenges and Opportunities. *Adult Education and Development, 70,* 45-62.

Weis, L., McCarthy, C., & Dimitriadis, G. (2006). *Ideology, Curriculum, and the New Sociology of Education*. Routledge.

World Bank. (2020). School Enrollment, Tertiary, Gender Parity Index. https://data.worldbank.org/indicator/SE.ENR.TERT.FM.ZS에서 인출(2021년 8월 30일)

제12장 교육현실과 교육학의 과제

강길수(1980). 한국 교육행정사 연구초. 재동문화사.

김신일(2005a). '학습주의' 관점에서 본 현대교육제도의 문제. 김신일 · 박부권 (편)(2005). 학습사회의 교육학 (pp. 13-37). 서울: 학지사.

김신일(2005b). 학습시대의 교육학 패러다임. 김신일 · 박부권 (편)(2005). 학습사회의 교육학 (pp. 61-101). 서울: 학지사.

김신일(2020). 학습사회. 학이시습.

김신일 · 강대중 · 김민호 외(2019). 평생교육론. 교육과학사.

오천석(1946). 민주주의 교육의 건설. 국제문화공회.

이규환(1984). 제3세계의 교육. 이규환 · 강순원(편). 자본주의 사회의 교육 (pp. 275-308). 창작과비평사.

장상호(1997). 학문과 교육 (상). 서울대학교출판부.

정범모(1968). 교육과 교육학. 배영사.

Carnoy, M. (1974). *Education as Cultural Imperialism*. Longman. 김쾌상(역)(1980). 교육과 문화적 식민주의. 한길사.

Dore, R. P. (1976). *The Diploma Disease: Education, Qualification and Development*. University of California Press. 이건만 · 김성학(역)(1992). 졸업장 열병: 학력사회의 교육병리. 양서원.

Hanna, J. L. (1997). Social Change and Education. In L. J. Saha (Ed.). *International Encyclopedia of the Sociology of Education* (pp. 842-844). Pergamon.

Hirst, P. H. (1966). Educational Theory. In J. W. Tibble (Ed.). *The Study of*

Education (pp. 29-58). Routledge & Kegan Paul. 이홍우(역)(1980). 교육이론. 현대교육의 이해. 교육과학사.

Hirst, P. H. (1972). The Nature of Educational Theory: Reply to D. J. O'Connor. *Journal of Philosophy of Education*, 6(1), 110-118.

Hutchins, R. M. (1968). *The Learning Society*. Frederick A. Praeger.

Kuhn, T. (1980). *The Structure of Scientific Revolutions*. The University of Chicago Press. 조형(역)(1980). 과학혁명의 구조. 이화여대출판부.

Lagemann, E. C. (2002). *An Elusive Science: The Troubling History of Education Research*. University of Chicago Press.

Langford, G. & O'Connor, D. J. (Eds.). (1973). *New Essays in the Philosophy of Education*. Routledge & Kegan Paul.

McGinn, N. F., Snodgrass, D. R., Kim, Y. B., Kim, S. B., & Kim, Q. Y. (1980). *Education and the Development of Korea*. Harvard University Press.

O'Connor, D. J. (1957). *An Introduction to the Philosophy of Education*. Routledge & Kegan Paul.

Paulston, R. G. (1977). Educational Stratification and Cultural Hegemony in Peru. In J. Karabel & A. H. Halsey (Eds.). *Power and Ideology in Education* (pp. 412-422). Oxford University Press.

Piaget, J. (1970). *Science of Education and the Psychology of the Child*. Orion Press.

Pöggeler, F. (1979). Educational Science as a Political Science. *Education, 20*, 26-38.

찾아보기

[인명]

ㄱ

가핑클(Harold Garfinkel) 55, 105
갈퉁(Johan Galtung) 430
고버트(David Gorbutt) 53
그람시(Antonio Gramsci) 86, 89, 90
기든스(Anthony Giddens) 119

ㄴ

닐(Alexander S. Neill) 141

ㄷ

다렌도르프(Ralf Dahrendorf) 90
던컨(Otis D. Duncan) 256
데리다(Jacques Derrida) 118
뒤르켐(Émile Durkheim) 46, 47, 48, 69, 70, 103, 136, 137, 417, 420
드리븐(Robert Dreeben) 79, 418, 419

ㄹ

라 샬로테(La Chalotais) 130
라이머(Everett Reimer) 140, 211
라이트(Wright) 262
라캉(Jacque Lacan) 118
레비스트로스(Lévi-Strauss) 359
롤스(John Rawls) 305
루소(Jean-Jacques Rousseau) 181, 182
리오타르(Jean-François Lyotard) 118, 120

ㅁ

마르크스(Karl Marx) 38, 82, 83, 84, 353, 433
만하임(Karl Mannheim) 49
매슬로(Abraham Maslow) 206
매킨토시(McIntosh) 300
메이어(John Meyer) 417
미드(George Mead) 105
민서(Jacob Mincer) 266
밀리반드(Ralph Miliband) 86, 434

ㅂ

바우만(Zygmund Bauman) 119
반톡(Geoffrey H. Bantock) 136
번스타인(Basil Bernstein) 52, 57, 373, 399, 446, 447, 450
베르그송(Henry Bergson) 23
베버(Max Weber) 38, 104, 114, 138, 223
베블런(Thorstein Veblen) 424, 425
베커(Gary Becker) 213
벡(Ulrich Beck) 119
벤딕스(Bendix) 229
보드리야르(Jean Baudrillard) 119
보울즈(Samuel Bowles) 92, 93, 218, 219, 259, 425, 433
부동(Raymond Boudon) 268
부르디외(Pierre Bourdieu) 292, 353, 373, 398, 436, 437
브루코버(Wilbur B. Brookover) 48, 49
블로(Peter M. Blau) 256
블루머(Herbert Blumer) 105

ㅅ

슈츠(Alfred Schutz) 55, 104, 213
슈타이너(Rudolf Steiner) 141
슐츠(Theodore Schultz) 211, 495
스잘로(Henry Suzzalo) 43
실버맨(Charles E. Silberman) 210
사이드(Edward Said) 99
써로우(Lester C. Thurow) 266

ㅇ

아리스토텔레스 206
아처(Margaret Archer) 117
안창호 253
알튀세르(Louis Althusser) 90, 96, 434, 435
애니언(Jewn Anyon) 416, 426
애플(Michael W. Apple) 58, 97, 415, 438, 439
앤더슨(C. Arnold Anderson) 267
앤젤(Robert C. Angell) 48
엥겔스(Friedrich Engels) 91
영(Michael F. D. Young) 52, 412

오자와 유사쿠 168
오천석 497, 498
오코너(Daniel John O'Connor) 528
옥슨햄(John Oxenham) 295
월러(Willard Waller) 48, 106
웩슬러(Philip Wexler) 58, 439, 440
윌리스(Paul Willis) 97, 441
이규호 527
이규환 510
이글스톤(John Eggleston) 53, 413
이이(李珥) 23
이혜영 234
일리히(Ivan Illich) 140, 211, 212

ㅈ

정범모 527
제프리 알렉산더(Jeffrey Alexander) 64, 80
젠크스(Christopher Jencks) 267
진티스(Herbert Gintis) 92, 93, 218, 219, 260, 425, 433

ㅊ

치스위크(Barry Chiswick) 266

ㅋ

카노이(Martin Carnoy) 98, 261, 430, 438
카렌(David Karen) 298
캠벨(Richard T. Campbell) 265
캣츠(Michael Katz) 218
코메니우스(Comenius) 529
콜린스(Randall Collins) 116, 232
콜맨(James S. Coleman) 293, 297, 303, 371, 373, 392, 399
콩도르세(Marquis de Condorcet) 131
쿤(Thomas Kuhn) 55, 533
쿰스(Philip Coombs) 140
클라크(Burton Clark) 213

ㅌ

타일러(Ralph W. Tyler) 347, 414
트로우(Martin Trow) 200

ㅍ

파슨스(Talcott Parsons) 75, 76, 153, 418
패럴(Joseph P. Farrell) 297
페론(L. Perrone) 262
포르(Edgar Faure) 140
푀겔러(Franz Pöggeler) 531
푸코(Michel Foucault) 119
풀란자스(Nicos Poulantzas) 434

플라톤(Plato) 181
플로드(Jean Floud) 49
피아제(Jean Piaget) 531
피터 우즈(Peter Woods) 106
피히테(Johann Gottlieb Fichte) 134
필즈(Gary S. Fields) 257

ㅎ

하그리브스(David Hargreaves) 79, 106, 107
해비거스트(Robert J. Havighurst) 254, 255
핼시(Albert H. Halsey) 49
허스트(Paul Heywood Hirst) 528
허친스(Robert M. Hutchins) 510
호레이스 만(Horace Mann) 253, 270
호만스(George Homans) 105
호퍼(Earl Hopper) 79
후설(Edmund Husserl) 104
휘티(Geoff Whitty) 53

[내용]

5 · 31교육개혁방안 186

ㄱ

가치중립성 92
가트(GATT) 460
갈등이론 81, 100
개인학습계좌제 486
거대담론 120, 473
건국강령 172
결정론 86, 89, 99
결혼이주민 42
경당 163
경제자본 437
경제재생산이론 433, 438, 440
경제적 결정론 86
계급구조 262
계몽주의 118, 131
계속교육 479
계층 68
계층구조 247, 248, 249, 265
계층이동 250
고등학교 졸업자격시험 340
공공재 275
공교육 127, 131, 133, 152, 181, 182
과거 162, 163, 221, 222, 354
관학 162
교사 107
교육개혁 39, 40, 152, 186, 188

교육결과의 평등 304
교육과정사회학 55
교육권 519, 522, 524
교육권 신수설 129
교육기회 263, 275, 277, 278, 279, 286, 287, 289, 290, 291, 292, 294, 298, 299, 301, 302, 311, 364, 474, 500
교육민주화 341, 523
교육법 175
교육복지우선지원사업 306
교육선발지수 279, 282, 285
교육수익률 224, 225, 261
교육열 234, 240, 294
교육우선지역 305
교육의 사회학(Sociology of Education) 29
교육인플레이션 226
교육적 사회학(Educational Sociology) 29, 43
교육조건의 평등 303
교육평가 347
교육행위 63
교환이론 105
구조적 분화론 81
국가교육위원회 192
국가자격체계 484
국가주의 503
국가평생교육진흥원 483, 484
국민교육제도 129, 139, 154, 159, 166, 176, 465
국민통합이론 228
국제교육표준분류 280
국제노동기구(ILO) 465
국제학업성취평가협회 383
귀속주의 222
근대성 118, 119, 121
급진적 여성주의 471, 472
기간학제 176
기능기술이론 216
기능이론 100
기능주의(functionalism) 50, 67
기술기능이론 212, 220, 230, 232
기회비용 224

ㄴ

내신성적 334
네트워크사회 120
논술고사 334, 344
능력주의 94, 254, 258, 261, 275, 292, 296, 305, 311, 313, 436

ㄷ

단선제 321
단선학제 54
대안학교 141, 142

대중평등주의 181
대학별 본고사 333
대학본고사 334
대학수학능력시험 334
대학입학예비고사 334
대학입학학력고사 334
도구주의 497, 505
독학학위제 145, 483, 484
동기이론 206
두뇌유출 459
두 번째 근대성 119

ㄹ

로마클럽 465

ㅁ

면접고사 334
무관계론 264, 267
무상교육 485
무크(MOOC) 177, 480
문해교육 197, 485
문해율 197
문화자본 293, 373, 374, 398, 436, 437
문화재생산이론 436, 437, 439
문화적 여성주의 469
문화전계 431, 432, 516
문화접변 432, 516
문화충돌 461
민속연구방법 105
민족방법론(民族方法論, ethnomethodology) 55
민주시민교육 485
민중교육 155

ㅂ

바우처 486
바칼로레아 327, 359
반교육적 행위 63
발도르프학교 142
발전교육론 49, 506, 507, 508, 509, 516
방계학제 176
방송통신고등학교 177, 178
방송통신대학 177
방송통신중학교 177, 178
보상적 평등주의 305
보장적 평등 301, 302
보편교육 133
보편적 사회화 71, 72, 73, 137
복선제 321
복선학제 54
볼로냐(Bologna) 선언 466
불교 163
비교육적 행위 63
비판적 교육사회학 51

비형식교육 147, 479

ㅅ

사교육 130, 133, 162, 293, 338, 376, 377, 378, 379
사립학교 171
사립학교령 166, 167, 169
사이버대학 177
사하 162
사회계급 247
사회계층 247, 259, 287, 294, 302, 311
사회과학 32, 37, 537
사회교육법 502
사회구성체 논쟁 37
사회이동 250, 256, 258, 265
사회자본 293, 373, 374, 397, 399
사회주의적 여성주의 472
사회체계 68
사회화 71, 75, 102, 417, 418, 431, 516
산업국가 137
산업체부설 특별학교 177
상응이론 95, 217
상징적 상호작용이론 105
상향이동 250, 255, 256
상호주관성 104
새마을운동 34, 35, 37
생존율 327
생태학적 세계체제이론 80
생활세계 104
서당 169, 171
서당규칙 169
선발 75, 76, 77, 94, 100, 221, 222, 254, 265, 299, 317, 322, 323, 327, 332, 338, 354, 355
성균관 162
성인교육 155
성찰적 근대화 119
세계무역기구(WTO) 460
세계화 184, 457, 459, 460
세대 간 이동 250, 259
세대 내 이동 250, 256, 259
세속화 153, 154
소학교 165, 166
소학교령 165, 166
순환교육 149
시민사회 136
시험 138, 163, 221, 345, 348, 355, 356, 368
신교육사회학 52
신교육체제 186, 187
신기능주의 80
신마르크스주의 58
신식민주의 430
신자유주의 40, 81, 153, 307, 462, 463, 464

실증주의 103
실천지향적 교육사회학 29, 44

ㅇ

아비투어 327
안드라고지 535
액체 근대성 119
야학 169, 171
억압적 국가 장치 96, 435
업적주의 222
여성주의 42, 457, 468
여성주의적 포스트모더니즘 473
역사적 유물론 83
오이시디 148, 149, 279, 382, 477, 479, 480, 482
우루과이 라운드(UR) 460, 462
원격교육 177, 480
원산학사 164
위험사회 120
유급 323, 325, 326
유급학습휴가 486
유네스코 35, 148, 152, 279, 482
유럽연합(European Union, EU) 460, 462, 466
유럽자격체계 484
유비쿼터스 학습 178
유학 161, 163
유한계급 425
육영공원 165
의무교육 137, 219, 253
이데올로기 84, 137, 229, 231, 415, 416, 426, 427, 428, 433, 435, 436, 443, 475, 476, 512
이데올로기적 국가 장치 96, 435
이론지향적 교육사회학 29, 45
인간자본론 213, 397, 510
인재군 299, 300
인적자원개발 462
인천선언 150
임금격차 223, 249
입시교육 139
입학사정관 336

ㅈ

자기완성적 예언 389
자기주도성 451
자유의지 105
자유주의적 여성주의 470, 471
잠재적 교육과정 95, 347, 415, 428
재생산 101
재생산이론 432
재정자본 397
저항이론 97, 441
적성 370

절대왕정 130, 136
정보혁명 460, 478, 481, 482
정예주의 181
정체성 229
제1인터내셔널 92
제3세계 429, 430, 432
제국주의 98, 430
젠더 468
조선교육령 167, 169
종속이론 82
주체 440
중등교육증서 327
지능 292, 300, 305, 369, 392, 393, 394, 395
지속가능발전 465, 466
지속가능발전목표 122
지속가능성 121
지식사회학 53, 55
지역사회학교 35, 44
지위경쟁 139, 227
지위경쟁이론 221, 228, 232
지위획득 275
지위획득모형 256
직업교육 74
진급률 279
진원중 32
집합형 교육과정 448

ㅊ

차터스쿨 464
취학률 197, 198, 199, 204, 279

ㅌ

탈근대주의 118
탈락률 281
태학 163
통합형 교육과정 448
특수 사회화 71, 73
팀스(TIMSS) 366, 367

ㅍ

페다고지 535
평등화론 253
평생교육 40, 147, 148, 149, 150, 152, 153, 155, 309, 463, 481, 502
평생교육법 189, 483, 503, 536
평생교육진흥위원회 483
평생학습 40, 59, 152, 309, 479, 481, 491, 536, 538
평생학습관 483
평생학습도시 483
평생학습장학금 486
평준화 277, 304, 330, 331, 387, 389
포스트모더니즘 118, 119, 120, 121

피사(PISA) 366, 367, 370, 371, 374, 376

ㅎ

하향이동 250
학교계층 279
학교붕괴 144
학교생활기록부 190, 335, 336
학교와 지역사회 34, 35, 36, 37
학교팽창 233
학교풍토 392
학교화사회 268
학력 275
학력경쟁 138, 227
학력사회 346
학력인정학교 176
학력주의 499
학벌 238
학부모 522
학생 109
학생문화 392
학술강습회 169
학습권 144, 156, 465, 520, 521, 522, 524, 525, 535
학습동물 23
학습사회 152, 290, 457, 479, 482, 487, 488, 490, 491, 523, 525
학습욕구이론 206, 210, 212, 230
학습인증제도 484, 489
학습하는 방법의 학습 481
학습행위 63
학습혁명 156, 487
학업성취도 293, 339, 365, 383, 385, 401, 402
학점은행제 145, 146, 483, 484
학제 176
한국교육학회 33
한국표준직업분류 252
한글 161
한성사범학교관제 165
한자 161
합리주의 118
행위자 104, 105, 113, 114, 122
허용적 평등관 299
헌법 482
헤게모니 434, 435, 438
혁신학교 141
홈스쿨링 143, 144, 145
후기구조주의 119
후기 근대성 119
후기산업사회 120

| 저자 소개 |

김신일(金信一)

서울대학교 사범대학과 대학원에서 교육학을 전공하고,
미국 피츠버그대학교에서 교육학 박사학위를 받음.

서울여자대학교와 서울대학교에서 교육학과 교수로 재직하고,
한국교육사회학회 회장, 한국교육학회 회장,
백석대학교 석좌교수, 부총리 겸 교육부장관을 역임함.
현재, 서울대학교 명예교수, 한국평생교육총연합회 명예회장.

「학습사회」(2020), 「평생교육론」(2019), 「서울대 김신일교수의 교육생각」(2006), 「학습사회의 교육학」(2005), 「평생교육학」(2001), 「세계속의 한국대학」(1999), 「시민의 교육학」(1995) 등의 논저가 있음.

강대중(姜大仲)

서울대학교 사범대학과 대학원에서 교육학을 전공하고,
미국 조지아대학교에서 철학박사(성인교육전공) 학위를 받음.

현재, 서울대학교 교육학과 교수로 재직하고 있으며,
한국학부모학회 회장, 한국교육학회 부회장을 맡고 있음.
국가평생교육진흥원 원장, 유네스코한국위원회 교육분과위원장,
한국평생교육학회 부회장, 부총리 겸 교육부장관 정책보좌관을 역임함.

「Powering a Learning Society During an Age of Disruption」(2021), 「코로나19, 한국 교육의 잠을 깨우다」(2020), 「평생교육론」(2019), 「학부모와 공교육-학부모 담론의 시작」(2019), 「최신교육학개론(3판)」(2018), 「미래교육, 교사가 디자인하다」(2016), 「Life and Learning of Korean Artists and Craftsmen: Rhizoactivity」(2015) 등의 논저가 있음.

제6판 교육사회학

1985년 7월 15일 초판 1쇄 발행
1992년 8월 15일 초판 7쇄 발행
1993년 2월 25일 제2판 1쇄 발행
1999년 2월 15일 제2판 10쇄 발행
2000년 2월 25일 제3판 1쇄 발행
2003년 2월 20일 제3판 6쇄 발행
2003년 6월 20일 제3판 수정 1쇄 발행
2008년 8월 20일 제3판 수정 15쇄 발행
2009년 2월 25일 제4판 1쇄 발행
2014년 8월 25일 제4판 15쇄 발행
2015년 2월 25일 제5판 1쇄 발행
2021년 8월 25일 제5판 14쇄 발행
2022년 2월 28일 제6판 1쇄 발행
2025년 2월 28일 제6판 5쇄 발행

지은이 • 김신일 · 강대중
펴낸이 • 한정주
펴낸곳 • 교육과학사

경기도 파주시 광인사길 71
전화 • 031)955-6956~8 / 팩스 031)955-6037
Home-page • http://www.kyoyookbook.co.kr
E-mail • kyoyookbook@daum.net
등록 • 1970년 5월 18일 제2-73호

정가 22,000원
ISBN 978-89-254-1673-1

낙장 · 파본은 교환해 드립니다.
Printed in Korea.